子藏

莊子書目提要

方勇 著

國家圖書館出版社

圖書在版編目（CIP）數據

子藏·莊子書目提要／方勇著.—北京：國家圖書館出版社，2015.5

ISBN 978-7-5013-5565-5

Ⅰ.①子…　Ⅱ.①方…　Ⅲ.①先秦哲學—研究②《莊子》—圖書目録
Ⅳ.①B220.5②Z88：B223.5

中國版本圖書館CIP數據核字（2015）第052433號

書　　名　子藏·莊子書目提要
著　　者　方　勇　著
責任編輯　張愛芳　廖生訓
裝幀設計　九雅工作室

出　　版　國家圖書館出版社（100034　北京市西城區文津街7號）
（原書目文獻出版社　北京圖書館出版社）
發　　行　（010）66114536　66126153　66151313　66175620
66121706（傳真），66126156（門市部）
E-mail　cbs@nlc.gov.cn（郵購）
Website　www.nlcpress.com→投稿中心
經　　銷　新華書店
印　　裝　河北三河弘翰印務有限公司
版　　次　2015年5月第1版　2015年5月第1次印刷

開　　本　710×1000毫米　1/16
字　　數　449千
印　　張　29.5

書　　號　ISBN 978-7-5013-5565-5
定　　價　260.00圓

外物　寓言

讓王　盜跖

第十卷

說劒　漁父

列御寇　天下

目錄終

莊子南華眞經卷一

內篇

逍遙遊

郭象注

而爲鳥其名爲鵬

以是有魚其名爲鯤鯤之大不知其幾千里也化

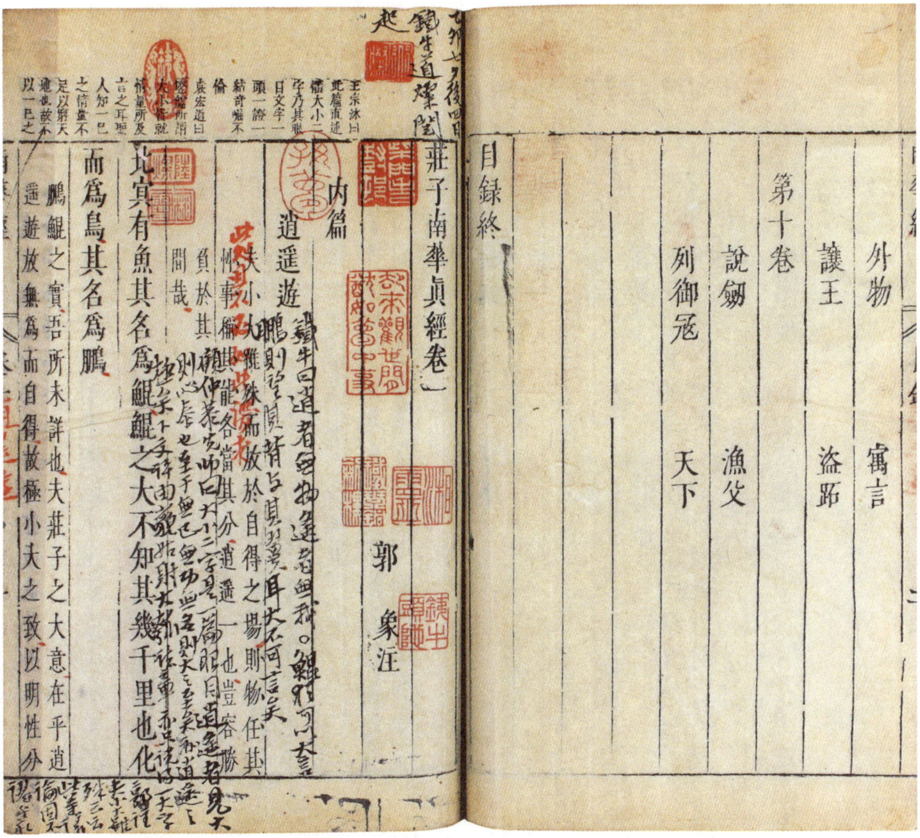

莊子南華真經十卷　（晉）郭象注　（清）錢陸燦批點並跋　明刊本

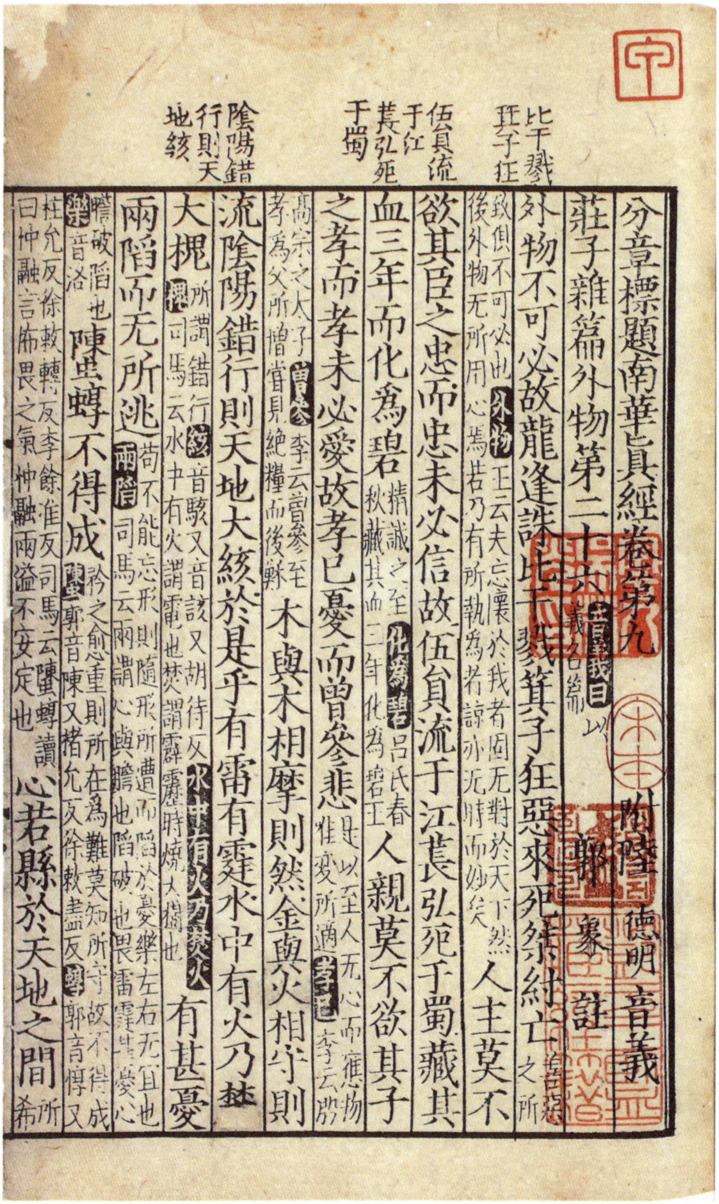

比干戮箕子狂

伍員流于江萇弘死于蜀

陰陽錯行則天地大絯

分章標題南華真經卷第九　　附陸德明音義

莊子雜篇外物第二十六 音義曰以義名篇　　郭象註

外物不可必故龍逄誅比干戮箕子狂惡來死桀紂亡 之所致俱不可必也 外物 王云夫忘懷於我者固无對於天下然後外物无所用心焉若乃有所執為者諒亦无時而妙矣 人主莫不欲其臣之忠而忠未必信故伍員流于江萇弘死于蜀藏其血三年而化為碧 精誠之至 化為碧 呂氏春秋藏其血三年化為碧玉 人親莫不欲其子之孝而孝未必愛故孝己憂而曾參悲 是以至人无心而應物唯變所適 孝己 李云殷高宗之太子 曾參 李云曾參至孝為父所憎嘗見絕糧而後蘇 木與木相摩則然金與火相守則流陰陽錯行則天地大絯於是乎有雷有霆水中有火乃焚大槐 所謂錯行 絯 音駭又音該又胡待反 水中有火乃焚大槐 司馬云水中有火謂電也焚謂霹靂時燒大樹也 有甚憂兩陷而无所逃 苟不能忘形則隨形所遭而陷於憂樂左右无宜也 兩陷 司馬云兩謂心與膽也陷破也畏雷霆生憂心膽破陷也 樂 音洛 陳蛗蜳不得成 矜之愈重則所在為難莫知所守故不得成 陳蛗 郭音陳又褚允反徐敕盡反 蜳 郭音惇又柱允反徐敕轉反李餘准反司馬云蛗蜳讀曰忡融言怖畏之氣忡融兩溢不安定也 心若縣於天地之間 所希

分章標題南華真經十卷　（晉）郭象注　（唐）陸德明音義　勞健題款　宋刊本

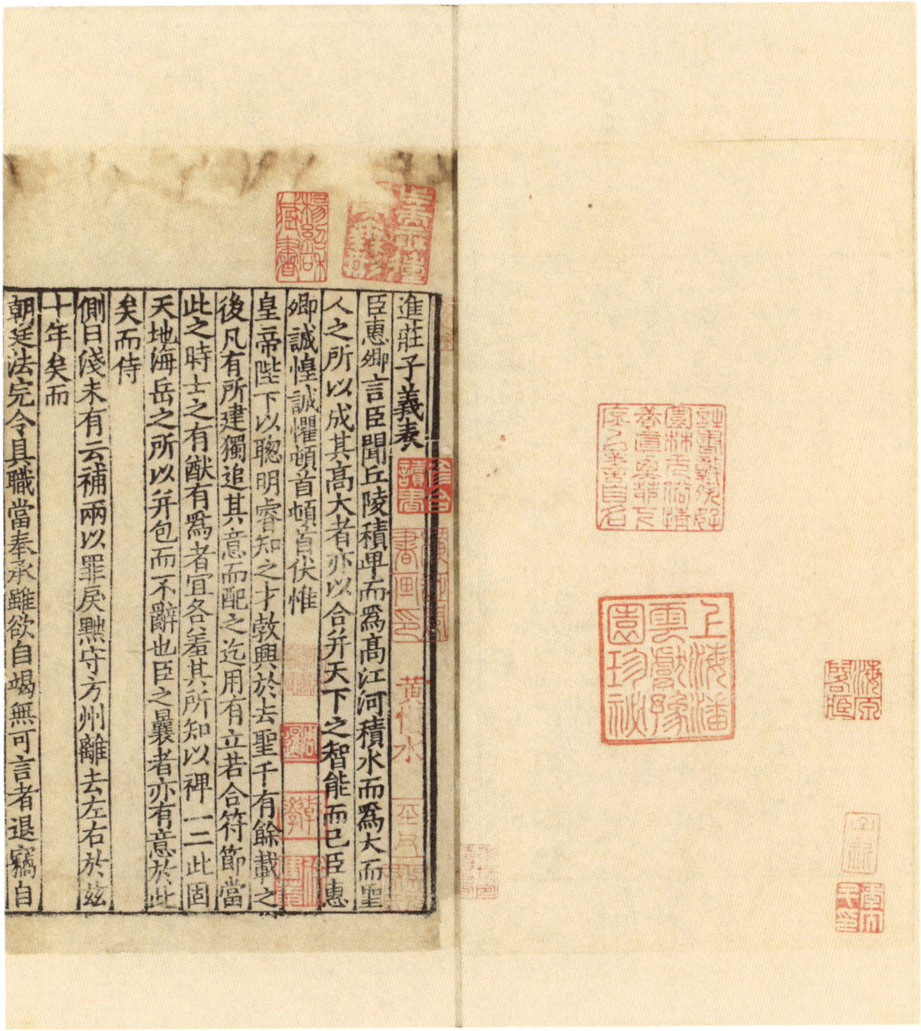

進莊子義表
臣惠卿言臣聞丘陵積卑而爲高江河積水而爲大而聖
人之所以成其高大者亦以合并天下之智能而已臣惠
卿誠惶誠懼頓首頓首伏惟
皇帝陛下以聰明睿知之才敦興於去聖千有餘載之
後凡有所建獨追其意而配之迄用有立若合符節當
此之時士之有猷有爲者宜各罄其所知以裨一二此固
天地海岳之所以并包而不辭也臣之曩者亦有意於此
矣而侍
側日淺未有云補兩以罪戾黜守方州離去左右於茲
十年矣而
朝廷法完令具職當奉承雖欲自竭無可言者退竊自

壬辰重改證呂太尉經進莊子全解十卷　（宋）呂惠卿撰　（明）文彭　吳元恭題款　金大定十二年（1172）刊本

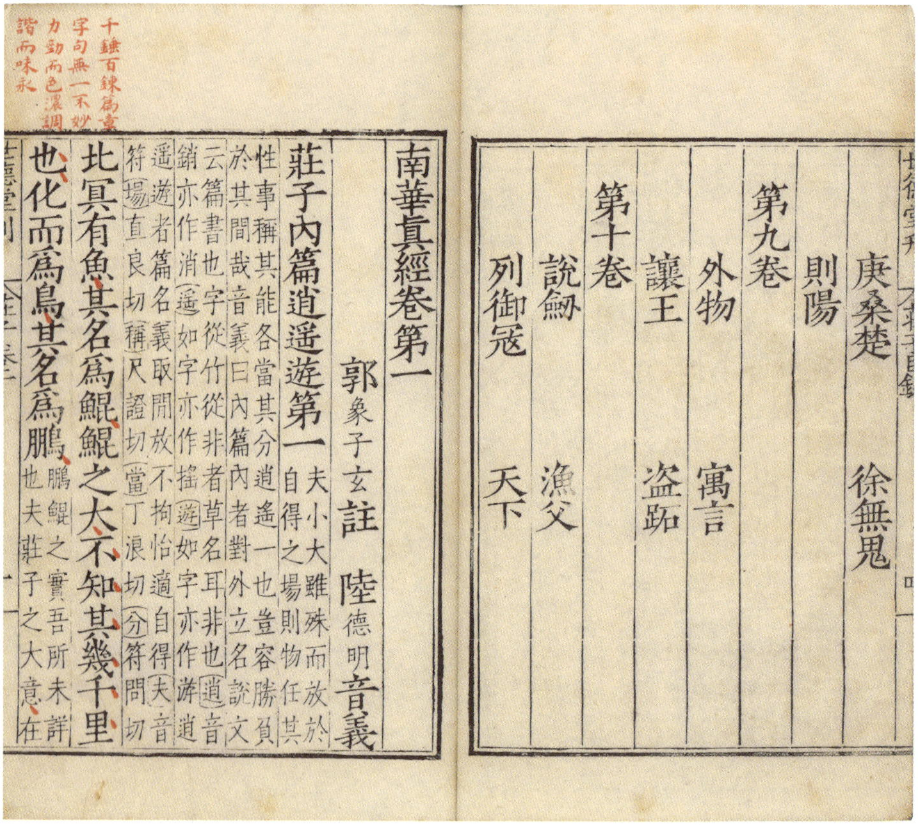

千錘百鍊爲章
字句無一不妙
力勁而色濃調
諧而味永

南華真經卷第一

郭象子玄註　陸德明音義

莊子內篇逍遥遊第一　夫小大雖殊而放於自得之場則物任其性事稱其能各當其分逍遥一也豈容勝負於其間哉音義曰內篇內者對外立名說文云篇書也字從竹從非者草名耳非也逍音銷亦作消遥如字亦作搖遊如字亦作游逍遥遊者篇名義取閒放不拘怡適自得夫音符場直良切稱尺證切當丁浪切分符問切

北冥有魚其名爲鯤鯤之大不知其幾千里也化而爲鳥其名爲鵬　鵬鯤之實吾所未詳也夫莊子之大意在

庚桑楚　徐無鬼
則陽
第九卷
外物　寓言
讓王　盜跖
第十卷
說劒　漁父
列御寇　天下

南華真經十卷　（晉）郭象注　（唐）陸德明音義　（明）孫鑛評點
明世德堂刊本

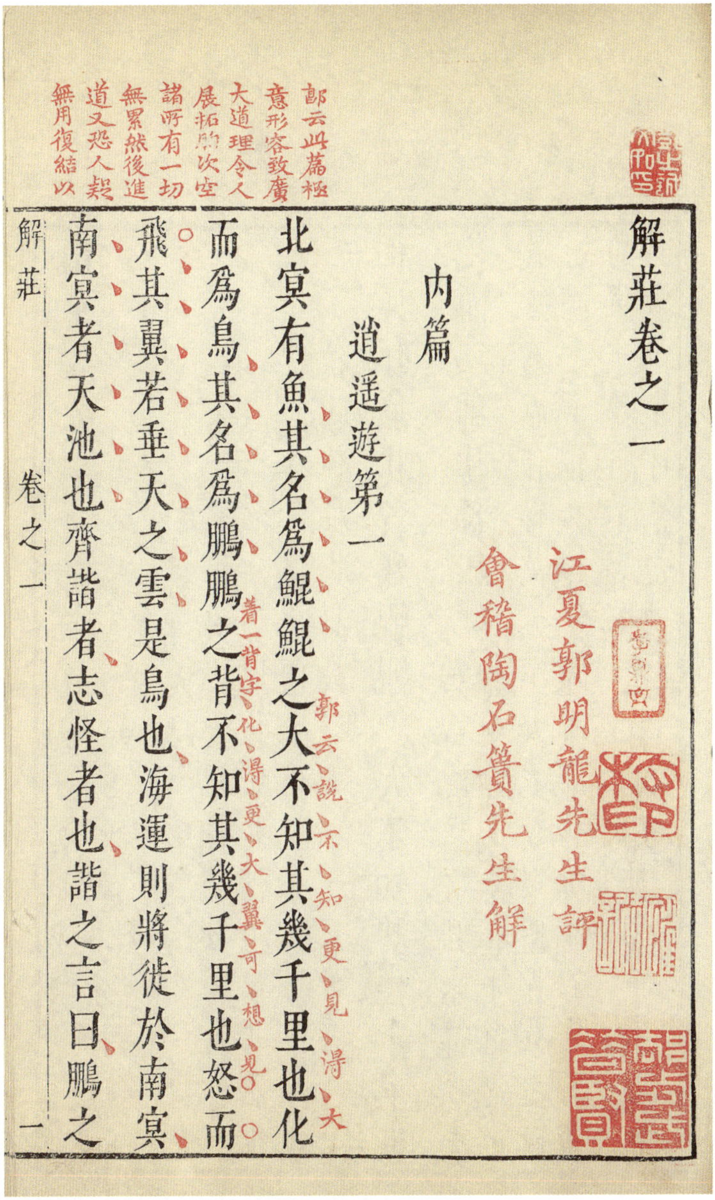

解莊卷之一

江夏郭明龍先生評

會稽陶石簣先生解

內篇

逍遥遊第一

郭云此篇極意形容致廣大道理令人展拓胸次空諸所有一切無累然後進道又恐人起無用復結以

北冥有魚其名爲鯤鯤之大不知其幾千里也化（郭云說不知更見得大）而爲鳥其名爲鵬鵬之背不知其幾千里也（着一背字化得更大翼可想見）怒而飛其翼若垂天之雲是鳥也海運則將徙於南冥南冥者天池也齊諧者志怪者也諧之言曰鵬之

解莊　卷之一　一

解莊十二卷　（明）陶望齡撰　（明）郭正域評　明天啓元年（1621）吳興茅兆河刊朱墨套印本

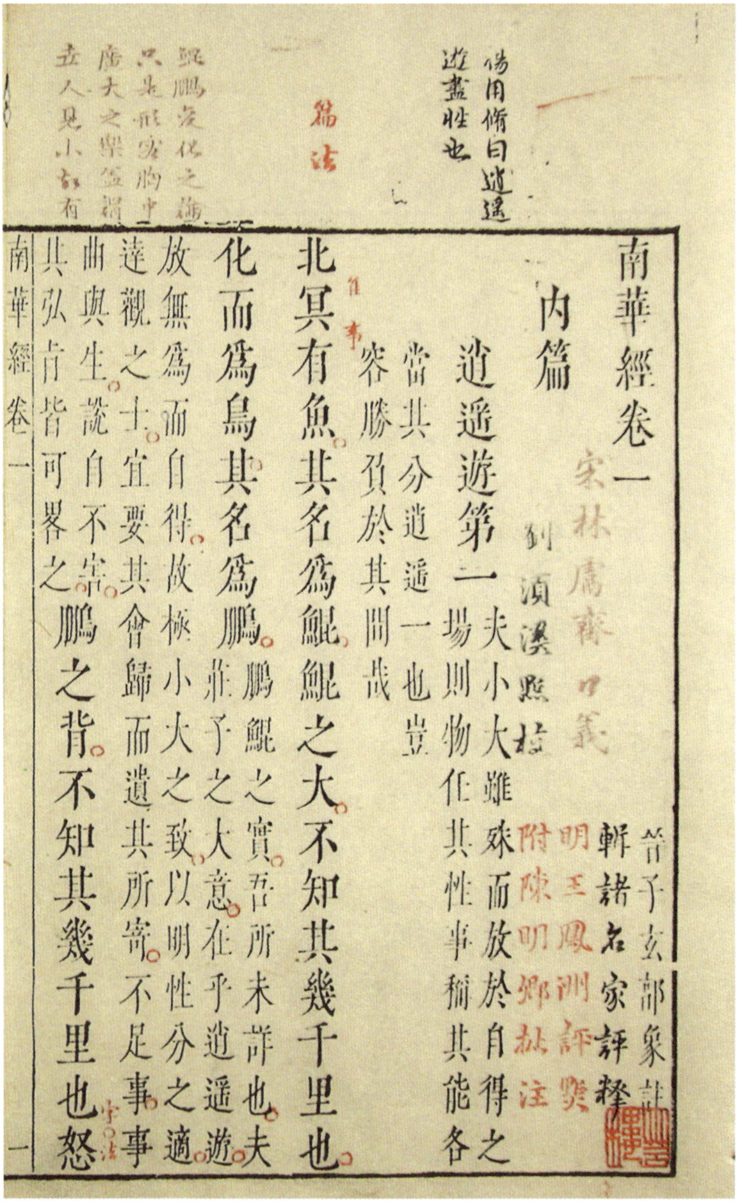
南華經卷一　宋林鬳齋口義　劉須溪點校　晉子玄郭象註　軒諸名家評釋　明王鳳洲評點　附陳明卿批注

内篇

逍遙遊第一　夫小大雖殊而放於自得之場則物任其性事稱其能各當其分逍遙一也豈容勝負於其間哉

北冥有魚其名爲鯤鯤之大不知其幾千里也化而爲鳥其名爲鵬　鵬鯤之實吾所未詳也夫莊子之大意在乎逍遙遊放無爲而自得故極小大之致以明性分之適達觀之士宜要其會歸而遺其所寄不足事事曲與生說自不害其弘旨皆可畧之　鵬之背不知其幾千里也怒

南華經卷一　一

南華經十六卷　（晉）郭象注　（宋）林希逸口義　劉辰翁點校
（明）王世貞評點　陳仁錫批注　明吳興淩君寔刊五色套印本

《子藏》總序

方　勇

宇宙綿邈，唶高才之陵替；時世移易，唯百家之代興。信乎諸子之爲顯學也！方今海内右文圖治，操觚懷鉛之士，希風前秀，爭崇國學，穿穴百氏，出入九流，不唯後生小子，皆翕然從風，抑或百工商賈，亦欣然景慕矣。乃華東師範大學，敢以振興文教自任，啓動《子藏》工程，蒐天下之遺籍，極百家之大觀，其霑溉子學，嘉惠來茲，蔑以加矣。今值是書成編，揆以古例，用製序文，以弁簡端云爾。

昔周道既微，諸侯放恣，上下失序，九流並作。孔丘祖述堯舜，憲章文武，修《春秋》，闢私學，哀其遺言，是爲《論語》。孟軻聞其風，慕而悦之，私淑有得，斯有《孟子》。老聃絕聖棄智，絕仁棄義，知雄守雌，知白守辱，因有《老子》。莊周以虛遠之説，恣縱之言，卮之寓之，重之覆之，遂成《莊子》。墨翟用夏政，倡兼愛，崇節儉，而《墨子》出焉。荀況尊孔氏之學，采衆家之長，而《荀子》備焉。若斯之儔，後先接踵，皆英才特達，奮其智慮，騰口舌以競辯，著文章以立説，乃中土學術之源頭，華夏文化之瑰寶也。

逮嬴政即位，滅典禁學，唯韓非、李斯，相繼鳴高，而百家競唱，頓失聲響。漢承秦政，亦鄙文事，然經世致用之學，廷議對策之文，實因君主望治，固已應運而生。若賈誼《過秦》《治安》，晁錯《賢良》《貴粟》，不讓戰國之縱橫；陸賈《新語》、賈氏《新書》，比美諸子之盛藻。方是時也，文帝、竇后，推尊黃老，風被草上，士臣效焉。淮南劉安，廣致門客，纂成《鴻烈》，思以『統天下，理萬物』(《淮南子·要略》)，旨近老莊，而博采孔、墨、陰陽、申、韓，黄老之學，至此而集大成。洎漢武改運，一尊儒術，諸家之説，悉摒弗用。迨元、成以還，揚雄著《法言》，王充成《論衡》，發論煌煌，復振子學。漢季士尚横議，王符作《潛夫》，荀悦張《申鑒》，踵武前修，經綸天下，無愧百家，諸子於是乎騰聲，著述以此而增價。

爰及魏晉，士習苟安，虚慕玄遠，爲學空追柱下，博物不離七篇。何晏、王弼之倫，依傍老聃，啓玄風之溟溟；嵇康、阮籍之儔，寄情莊周，避世情之炎炎。向秀、郭象之輩，雖乏奇藻，唯雅尚《莊子》，自有會心；司馬、崔譔之徒，咸有根柢，訓詁《莊》書，類多可述。凡此皆道家之餘響，俗世之殊韻也。嗣後南北懸隔，王道淪失，百家之書，學者未遑，非力有不逮，實世風之日替。然中流有在，綿綿若存，若葛洪《抱朴》，意新辭茂；元帝《金樓》、之推《家訓》，佚名《劉子》，皆識見非凡，不讓前秀。

李唐尊佛老，崇釋道，收士人之心，廣開科第，《老》《莊》《列》《文》，並駕六經，治子之風日盛，注述彬彬而出。然此爲梯進之媒，實非中心好之，固與魏晉玄士有間矣。趙宋謀國，權術是依，承安三教，意非進取。太宗、徽宗，寄心道流，而名士荊公、子瞻之倫，皆助瀾推波。是以老莊復興，闡述者衆，若陳景元、吕惠卿、王元澤、林希逸、褚伯秀，咸有可述。然正議格辯，亦復高漲。吕公著上書請禁，以爲：『主司不得出題老莊書，舉子不得以申、韓、佛書爲學。』(《宋史·吕公著傳》)葉適則謂：『蓋周之書，大用於世者再，其極皆爲夷狄亂華、父子相夷之禍，然則楊、墨、申、韓之害，曾不若是之遠已！』(《水心先生别集·莊子》)固知老、莊、楊、墨、申、韓之跡未替，與儒學並世而異流矣。

明正德以還，王守仁高張宗旨，與朱子殊科。其後天下從風，若楊慎、焦竑、李贄、方以智者，天資既非尋常，而筆底風雲，或以佛老通義理，或由莊周自照心，老莊浸盛，一時沛然不可禦者矣。而傅山力倡『經子不分』(《雜記三》)，以爲『有子而後有作經者也』(同上)，持論高曠，足以動俗。其於《老子》《莊子》《列子》《管子》《墨子》《公孫》《鄧析》《荀子》《鬼谷》《亢倉》《尹文》《鶡冠》《商君》《淮南》，靡所不究，豈非近代子學之先聲耶！

清帝右文，但嚴於防備，爲政多忌，禁網重罹。故士憚不意之殃，下筆謹慎若寒蟬，放言之未敢，豈高論之煌煌！

全身之計，唯耽樸學，此不得不然。高士若盧文弨、王念孫、洪頤煊、俞樾之儔，姚文田、江有誥、馬國翰、孫馮翼之輩，皆智在上人，學通四部，咸矻矻於辨音，肆意於考訂，孜孜於鉤韻，窮年於輯佚，無分經、子之畛域，一視而同仁。子學駸駸，同並經史，樸學實與有力焉。至於辭章之士，貝錦於百家，妙析文理，翫之不已。若林雲銘、宣穎、胡文英、劉鳳苞皆其儔也。清社既屋，政體更易，國運殊艱，禁網難張，兼以西學東漸，觀念開放，論述恣縱，横議隨心，亦勢所必然。如章炳麟、劉師培、聞一多、錢穆、馮友蘭、于省吾、王叔岷、陳奇猷諸公，或以其襟抱之寬博、氣度之恢奇，或以其視界之宏遠、思維之深邃，奮書申志，遙接華夏學術之慧命；鋪議精義，大明九流乎西學湯湯之時；提振子學，百家之説洋洋乎大興，厥功偉矣。

清季新學肇興，民智大張，承學之士，皆思撰述，或倡『西學源於諸子』之論，務欲張揚國粹。鄒伯奇以泰西科技、宗教、文字濫觴於《墨子》，薛福成以西洋電學、化學權輿於《莊子·外物》，張自牧以西人算學、重學、數學、聲學、熱學、光學、電學、化學、醫學、天文學、氣象學、地理學、機械學、測量學、植物學出自《墨子》《關尹》《淮南》《亢倉》《論衡》。鄧實《古學復興論》則謂：『墨荀之名學，管商之法學，老莊之神學，計然、白圭之計學，扁鵲之醫學，孫吳之兵學，皆卓然自成一家言，可與西土哲儒並駕齊驅者也。』如斯之類，皆有激於時，持論雖偏，無補於學術，然推挹九流，用昭萬邦，用心可謂良苦矣。

百年以來，地不愛寶，逸文故書，時有出土，關乎諸子者，在在而有。若敦煌之《老》《列》《莊》，黑水城之吕惠卿《莊子義》，馬王堆之《老子》，定州之《文子》，銀雀山之《孫子》《孫臏》《六韜》《尉繚》，雖殘損不完，亦可補上古文獻之不足，訂傳世文書之訛誤，其爲用也亦大矣。

觀夫百家競聲，流溉無已，至於近世，新境别開，動人心魄。其形諸文字，足以充棟，於六藝以外，蔚爲大國，而於中土文化，影響至巨，且至深也。歷世通才碩學，或嗜古耽文者，豈能自外於此乎？

昔者莊周，慨百家衆技之蜂起，憫道術將爲天下裂，乃奮著《天下》之篇，放眼古今學問，歷敘其淵源之所自，風流之所及，舉凡墨翟、禽滑釐派，宋鈃、尹文派，彭蒙、田駢、慎到派，關尹、老聃派，莊周派，惠施、桓團、公孫龍派，靡不較論，褒貶偏至，歸宿大道。評較諸子，此爲濫觴。荀況明道，著爲《解蔽》，深譏諸子之偏弊，以爲『墨子蔽於用而不知文，宋子蔽於欲而不知得，慎子蔽於法而不知賢，申子蔽於勢而不知知，惠子蔽於辭而不知實，莊子蔽於天而不知人』，雖見機穎，未必服人；復爲《非十二子》之論，大類訶詈，皆有所激，難稱持平。唯其評騭諸子，流別部居，區分學派，若它囂、魏牟派，陳仲、史鰌派，墨翟、宋鈃派，慎到、田駢派，惠施、鄧析派，子思、孟軻派，仲尼、子弓派，臚陳列示，類多可徵，振響莊周之後，宜乎與《天下》並傳。其門人韓非，著《解老》《喻老》，融法入老，變混宗旨，曲柱下以非其義，意未深接，難免有狂躁之譏。然治老之作，實導乎此也。

炎漢司馬談，著爲《要指》，範圍學藝之名實，綜陰陽、儒、墨、名、法、道德六家，司判得失，先秦學術，大體粗定。劉歆復撰《七略》，增益縱橫、農、雜、小説，定爲十家。此百氏分合之歸宿，家數定稱之厥初也。班固《藝文志》深探本源，論定諸子皆起於『王官』，曲承莊周《天下》『古之道術有在於是者』之論緒，觀流索源，唯義説爛漫而無可徵信。然於儒術得令之際，敢次列儒家於諸子之間，足見學術公論，不爲利禄所淹殺也。孟堅詮敘諸家，雖辟猶水火，然相滅亦相生，誠見理識。至於書録，儒家五十三，道家三十七，陰陽家二十一，法家十，名家七，墨家六，縱横家十二，雜家二十，農家九，小説家十五，統四千三百二十有四篇。十家著述載録，蓋云備矣。百世之下，班《志》所述，稽古猶須賴焉。

典午以後，簿録雲構，鄭默《中經》、荀勗《新簿》、王儉《七志》、阮孝緒《七録》、劉遵《梁東宮四部目録》，多承前志，別類各殊，然大勢所趨，則合爲四部，所謂甲、乙、丙、丁是也。迨《隋志》修纂，參酌先例，定名經、史、子、集，以代甲、乙、丙、丁，後世式焉。其子部則并班《志》諸子略、兵書略、數術略、方技略，所謂儒、道、法、名、墨、縱横、雜、農、小説、兵、天文、歷數、五行、醫方諸類是也。爾後簿録相承，遞爲損益，見備《四庫》，若儒家、兵家、法家、農家、醫家、天文演算法、術數、藝術、譜録、雜家、類書、小説家、釋家、道家咸歸子部，所謂『自六經以外立説者，皆子書也。』（《四庫全書總目・子部總敘》）

六朝以還，道術承變，頗思頡頏儒釋；羽流不甘，亦廣訪秘典，博搜奇編，彙爲道經。始則劉宋陸修靜，總括三洞，校理目次，成《三洞經書目録》。唐人復輯《三洞瓊綱》，遞至趙宋，《寶文統録》《大宋天宫寶藏》《政和萬壽道藏》之集，煌煌矣。金、元刊刻，板亦漫滅。今存明正統《道藏》，收録凡五千三百零五卷；萬曆《續道藏》，凡一百八十卷，皆道典之總彙。清彭定求《道藏輯要》、閔一得《道藏續編》，近世守一子《道藏精華録》，續有增補。而諸子遺編，其涉道術者亦録其中，文獻有存，則藏之爲用亦大矣。

宋龔士卨始輯《五子纂圖互注》，所録五書，一曰《纂圖互注老子章句》，二曰《纂圖互注南華真經》，三曰《纂圖互注荀子》，四曰《纂圖互注揚子法言》，五曰《文中子》。後此以往，叢刻叠見。明李瀚《新刊五子書》、歐陽清《五子書》、張懋寀《楊升菴先生評注先秦五子全書》、許宗魯《六子書》、顧春《六子書》、陶原烺《六子全書》、謝汝韶《二十家子書》、陸明揚《紫薇堂四子》、吴勉學《二十子全書》、史起欽《諸子纂要》、董逢元《四子全書》、陳楠《四子書》、黄之寀《二十子》、張登雲《中立四子集》、閔齊伋《三子合刊》，皆明人標榜家數之遺風；復有周子義《子彙》、馮夢禎《先秦諸子合編》、方疑《且且菴初箋十六子》、佚名《合諸名家批點諸子全書》、汪定國《諸子褒異》、歸有光《諸子彙函》，清有吴鼒《韓晏合編》、王子興《十子全書》、王纕堂《廿二子全書》、馮雲鵷《聖門十六子書》、崇文書局《子書百家》、浙江書局《二十二子》、鴻文書局《二十五子彙函》、育文書局《子書二十八種》，民國有五鳳樓主人《子書四十八種》、陳乃乾《周秦諸子斠注十種》、國學整理社《諸子集成》，則學術爲宗，入門稱便。若斯之類，陳陳相因，或采擇未精，或板刻漫漶，然其别裁分體，或配隸自殊，或槖函衆家，或籠罩百氏，不唯惠及學人，即今從事編纂，亦可酌采其法，漁弋其所録之文也。

縱覽千祀，詳觀衆志，目録所載，子部所列，不啻充棟汗牛，抑亦塞乎區宇矣。然歷世編録，子部所收，端緒茫如，最稱龐雜，舉凡淩雜不倫，無可附麗者，皆可强入之，不足以爲準式。且儒者用心，排斥異端，官方纂輯，六藝爲先，子書非所矚目也。若《四庫》標榜『全書』，所收《管子》《晏子》《老子》《莊子》《墨子》《商君》《荀子》《韓子》《吕覽》《淮南》白文本，與乎相關研治之著作，僅得數十。宋明以還，雖好事者恒有，動輒災梨禍棗，刊爲子書叢編，亦不過擥要摘精，豈可窺其大全乎！兩岸隔絶之日，臺灣有嚴靈峰者，用展襟抱，旁搜廣輯，日有孜孜，於《老》《列》《莊》《墨》《荀》《韓》諸子，所得甚夥，影印成編，彙爲《無求備齋諸子集成》，功駕前人之上。然嚴公以一己之力，雖黽勉從事，蓋有不支焉。

且以一水相隔，子學卷帙所儲，實以大陸爲富，而得之爲難，豈可諧其夙願！又爲技術所限，所印六子集成，模糊不清者，蓋居其泰半，學人多病之，可爲歎息者也。

今海内昇平，文運昭回，凡志懷天下者，莫不欲高翥青冥，周覽八極，收古今政道人生之智慧，綜歷代成敗得失之經驗，鑒别中西學藝，重建强國話語，亟思奮勵，所以修齊而治平也。華東師範大學，用敢以振興文命自任，以副天下之望，遂勉先秦諸子研究中心垂意，廣徵高識學人，蒐四方遺文，綜百家大觀，嘉惠學人，貽功來葉。予雖不敏，豈敢不勉！先是創辦《諸子學刊》，用弘斯業；繼而編纂《子藏》，求全且精，庶或無愧於古人，而來業知所歸。年前春三月，禮邀宿儒碩學，共論滬上。大德如傅璇琮、卿希泰、陳鼓應、許抗生、陸永品、王水照、蕭漢明、張雙棣、趙逵夫、鄭傑文、張湧泉、廖名春諸先生，皆慷慨相持，莫不奮言，學人共識，皆融此際。未克與會之李學勤先生，欣然惠賜雅論，亦云：『如能彙集成爲《子藏》，實在是功莫大焉。』是知編纂《子藏》，乃人心之所向，爲時代之事業，以故當下起行，一往無前也。

夫『子藏』者，言網羅放佚，次第編摩，俾子學遺籍，盡彙一藏也。『藏』爲儲物之所，佛典之總謂《佛藏》，道經之彙稱《道藏》。今總彙子學遺編，則謂之《子藏》也。蓋漢孝武以還，儒術獨尊，莫與比盛，公私册府，皆庋藏其籍，而他家子書，則多散佚，難以尋覓，故采掇蒐羅，彙爲一藏，與天下共之，其嘉惠學林也甚溥矣哉！

劉勰云：『諸子者，入道見志之書。』（《文心雕龍・諸子》）誠哉斯言！然披觀志録，子部配隸，殊有可議。如《漢志》所列『農家』，多勸農桑，或言耕稼之書；『小説家』則有《周考》二十六篇，班固自注曰『考周事也』，亦非『入道見志』之書明矣。《隋志》合《漢志》諸子略、兵書略、數術略、方技略而爲『子部』，歸攝天文、歷數、五行、醫方，此皆方術，殊非見志。《四庫》『子部』，旨在兼包，采擇失統，諸如推步、算書、數學、占候、相宅相墓、占卜、命書相書、陰陽五行、雜技術、書畫、琴譜、篆刻、器物、食譜、雜學、雜考、雜説、雜品、雜纂、雜編、雜事、異聞、瑣語，無所不包，門類有失於冗雜。然沿用已久，積非成是，見諸《中國叢書綜録》。準是以求，則津逮多迷，雜學充斥，而子學『入道見志』之旨，益惑於簿録。今之治子學者，若尤而效之，援爲法戒，則必長見笑於大方之家矣。

若乃觀諸叢刻，宋明以降，『子學』固與『子部』别矣。其中尚見疑似者，如王纕堂《廿二子全書》録《古三墳》一卷、

《忠經》一卷、《農説》一卷、《佛説四十二章經》一卷、《葬經》一卷，崇文書局《子書百家》録《齊民要術》十卷、《焦氏易林》四卷、《燕丹子》三卷、《山海經》十八卷、《海内十洲記》一卷、《搜神記》二十卷、《博物志》十卷，浙江書局《二十二子》録《竹書紀年統箋》十二卷、《補注黄帝内經素問》二十四卷，皆非入道之書，亦無關見志。唯嚴靈峰輯《無求備齋諸子集成》，並《周秦漢魏諸子知見書目》，去取之間，頗具識力，足資參詳。

揚搉古今，參稽舊説，折衷群議，雜以私意，輒以爲《子藏》之『子』，當取思想史『諸子百家』之『子』，而非因襲目録學『經、史、子、集』之『子』也。善乎章炳麟《諸子略説》所言：『所謂諸子學者，非專限於周秦，後代諸家，亦得列入，而必以周秦爲主。』持是以求，本藏所録，非止先秦，其漢魏六朝之子書，並歷世學人校覈、注釋、研究專著，皆蒐羅盡備。故子書正言，可得而理，曰：《老子》《莊子》《墨子》《子華子》《鬻子》《晏子》《鄧析子》《文子》《尹文子》《亢桑子》《惠子》《公孫龍子》《曾子》《子思子》《孔子家語》《孔叢子》《商君書》《慎子》《申子》《尸子》《鬼谷子》《孫子》《吴子》《司馬法》《尉繚子》《六韜》《三略》《素書》《關尹子》《鶡冠子》《陰符經》《荀子》《韓非子》《呂氏春秋》《新語》《新書》《淮南子》《春秋繁露》《鹽鐵論》《新序》《法言》《太玄》《桓譚新論》《白虎通》《論衡》《獨斷》《中論》《申鑒》《昌言》《傅子》《抱朴子》《金樓子》《劉子》，流別清晰，皆子學之本體。若以思想史言之，儒術本爲子學，視彼《漢志》，即以《孟子》入諸子。訖乎『五四』，儒學受挫，學者堅稱，《論語》《孟子》，亦莫非子學，故《諸子集成》以置簡首。以彼例此，《子藏》亦當録之，方可名副其實，而此二書，亦體有所適，義有攸歸焉。至於歷世校覈、注釋、研究專著，録止於民國卅八年，而出土簡帛，其有關乎諸子者，則下限無隔。

《子藏》之纂，要義有二，一曰『全』，二曰『精』。『全』也者，即凡例合收録原則者，務必蒐盡無餘，俾世之治是學者，得盡窺全豹焉。『精』也者，仿《四部叢刊》之法，版本必善，務欲精益求精，庶無貽譏於大方也。故手稿、抄本，蒐輯具備，用昭册府；諸印本並存者，則較善甄擇，然後去取焉。明清以還，傳學多有眉批、圈點，皆足見讀者會心，若標點整理，或僅摘版心，縮小影印，則大失原意，此學者之所病也。《子藏》版面，設爲十六開本，原大影印，以存本真，不施點畫，以免重蹈諸叢編之失。全藏收書，約計五千。今視阮孝緒《七録》，析『子兵録』爲十一部，若『儒部』『道部』『法部』『名部』『墨部』『雜部』『兵部』是也；又《道藏》分『洞真』『洞玄』『洞神』『太玄』『太平』『太清』『正乙』諸部，佛藏亦多分部以統衆經。故《子藏》特設諸『部』，以標識各家，分攝衆子，亦利分輯刊行，士林稱便焉。並爲衆著，各製提要，按子系列，先出單行之本（較小系列作適當合并），後則彙爲總目提要。提要其備，務求準確簡要，著者生平、世次、爵里，悉爲臚列，以爲知人論世之資；簡述内容，大體先存焉；詳敘版本流變，讀者知所用力焉。

然則《子藏》之纂，廣蒐博采，薈萃群籍，若渤澥納百川之流，太倉聚萬斛之粟，自有子書以來，無有如斯之富有美備，蔚然稱盛，不特策府藉資充盈，用垂久遠，凡四方治子學者，蓋不俟於遐搜之力，患乎旁稽之艱，亦可愜意饜心，足資觀覽矣。唯工程浩大，周折殊多，且是非交至，弗暇接將。然一意學術，雖千萬人，吾往矣。志意既立，則義無反顧；兼且諸路（涉及文學、史學、哲學、文獻學等）學者之鼎力支持，四方同仁之通力合作，公私庋藏，若中國國家圖書館、中國科學院國家科學圖書館、上海圖書館、南京圖書館、北京大學圖書館、復旦大學圖書館、北京師範大學圖書館等，莫不相助，編纂遂稱順利。信乎夫子之言，德不孤，必有鄰也！

辛卯（2011年）仲秋謹撰

前言

方勇

經過八年的努力，《子藏·道家部·莊子卷》已於二〇一一年十二月問世，共收書三百零二部，整合爲精裝十六開本一百六十二册，可謂是一座巨大的《莊子》文獻傳世寶庫。在此基礎上，筆者又經過三年的努力，終於爲《莊子卷》所收三百零二部莊學著作寫完提要，將這本《子藏·莊子書目提要》奉獻給讀者，希望能爲大家閲讀這批莊學著作提供方便。

一

關於莊子的歷史記載頗少，其生前默默無聞，死後也長時間少人問津，家世淵源、師承關係、生卒年月均不甚明瞭。在戰國時期，除了惠施有『子之言大而無用』（《莊子·逍遥遊》引）、荀子有『莊子蔽於天而不知人』（《解蔽》）等幾句批評的話之外，幾乎沒有其他的評論留傳下來，甚至同時期的孟子對他也隻字未提。後世瞭解莊子，主要是通過《史記·老子韓非列傳》及《莊子》一書。《老子韓非列傳》對莊子僅有二百多字的記載，但目前看來，這是古文獻中對莊子所作的最早的較詳細記録，可將其作爲瞭解莊子其人的基本綫索；而關於莊子的詳細情況，則大部分要來源於《莊子》一書。

莊子姓莊，名周，除去《漢書》爲避漢明帝之諱而有時稱其爲『嚴周』外，世人皆稱其爲莊子或莊周。但是莊子的字卻直至很晚纔出現，隋唐陸德明《經典釋文・序録》在『姓莊，名周』下注曰：『太史公云：「字子休。」』但現在所見《史記》中，並無此説。此外，唐成玄英《南華真經注疏序》、司馬貞《史記・越王勾踐世家》索隱也提到莊子字子休。可見，莊子字子休一説大約到唐代纔出現或流行開來，但就今天所能看到的材料，這種説法的依據還不得而知。至於莊子正式號『南華真人』是始於唐玄宗，但梁代梁曠著《南華論》，以及唐初成玄英《南華真經注疏序》中已經稱莊子爲『南華』。『南華』這一稱號的來歷説法不一，北宋陳景元在《南華真經章句音義》中認爲是取『離明英華』之義，清宣穎在《南華經解》中則認爲是由於莊周曾隱於曹州的南華山之故。

根據司馬遷的記載，莊子是『蒙人』，但他並未明指是何國之『蒙』。《莊子・列禦寇》中説莊子居宋，漢代人也一般認爲莊子爲宋人。如《史記・老子韓非列傳》索隱引劉向《别録》：『宋之蒙人也。』《淮南子・脩務訓》高誘注：『莊子名周，宋蒙縣人。』《漢書・藝文志》『莊子』班固自注：『名周，宋人。』張衡《髑髏賦》：『吾宋人也，姓莊名周。』由於戰國時的宋在漢代屬梁，因此隋唐學者根據《漢書・地理志》的記載，便認爲莊子爲梁人，如《隋書・經籍志》、陸德明《經典釋文・序録》等，即有這樣的説法。

莊子的生活時代可以確定爲戰國中期，但其確切的生卒年由於年代久遠，缺乏確鑿證據，已無法考證，衹能根據與莊子大約同時的人物來進行推測。《史記・老子韓非列傳》中説莊子『與梁惠王、齊宣王同時』，又説『楚威王聞莊周賢，使使厚幣迎之，許以爲相』，那麼莊子應當大約與梁惠王、齊宣王、楚威王同時。近人馬敘倫《莊子年表》據《莊子》中對魏文侯、武侯都稱謚號，對惠王則是先稱其名，又稱其爲王，從而推斷莊子出生於魏文侯、武侯之世，最晚也在惠王初年，這是很有道理的。

莊子所處的年代，一方面社會經歷着劇烈的動蕩，戰爭頻發，生靈塗炭；另一方面正值百家爭鳴的黄金時代，文化成爲一種强烈的需要，於是『士』這一階層的人大量出現。這種社會與文化狀況對莊子思想的形成起着重大作用，彼時孟子正遊説各國，墨家門徒遍及天下，齊國稷下之學也正當鼎盛，而莊子卻主動地選擇了『無用』和貧困。《莊子》中描述他身居陋巷，以織草鞋爲生，餓得形容枯槁，面孔黄瘦，受人譏嘲，有時甚至連温飽都無法解決，還得向人借米；見魏王時，他也衹是穿着打補丁的粗布衣服，踏着用麻繩綁着的破布鞋。但《秋水》《列禦寇》篇中都曾描述他斷然拒聘的故事，《史記·老子韓非列傳》中也曾記載楚威王欲聘莊子爲相，莊子卻表示『寧遊戲汙瀆之中自快，無爲有國者所羈，終生不仕，以快吾志焉』。雖然這些故事有可能是莊子門徒爲抬高莊子地位而杜撰的，但也可以從中窺見莊子超然世外、『獨與天地精神往來』（《天下》）的風度，以及視富貴榮華如敝屣的生活態度。

莊子雖也曾經做過漆園吏這樣的小官，但決非出於他的主動選擇，可能衹是爲了謀生而不得不做出的退讓。《史記·老子韓非列傳》説『周嘗爲蒙漆園吏』，關於『漆園吏』的説法不一，據推測可能是專管種植漆樹的小官。《莊子》書中也多次提到漆的生産和使用，如《人間世》篇『漆可用，故割之』，《駢拇》篇『待繩約膠漆而固者』。此外，《莊子》書中也常引述一些工匠的故事，如《養生主》篇『庖丁解牛』，《人間世》篇『匠石之齊』，《達生》篇『梓慶削木爲鐻』等等，這説明莊子是比較熟悉當時下層工匠勞動情況的。

莊子向來認爲『天下爲沉濁，不可與莊語』（《天下》），因此與之來往的朋友極少，即使有門徒可能也數量不多，正如朱熹所説：『莊子當時也無人宗之，他衹在僻處自説。』（《朱子語類》卷一百二十五）但也有例外，便是惠施，他可謂是莊子平生唯一的契友，《徐無鬼》篇中講『莊子送葬，過惠子之墓』，不禁感傷，以『匠石運斤』的故事表達自惠子死後，自己『無以爲質』『無與言之』的寂寞心情。妻子去世也要鼓盆而歌的莊子，卻對惠子的死感到如此遺憾，足見二人情誼之深。但是莊子與惠施不僅在現實生活上存在距離，在學術觀點上也相互對立，他們的友誼也是建立在多次針鋒相對的辯論上。這些辯論主要集中於三個方面：『大而無用』（《逍遥遊》）、『人故無情』（《德充符》）、濠梁『魚之樂』（《秋水》）。這些辯論對於理解莊子的思想有着極其重要的意義，從中可以看到他們在認識的態度上的顯著不同：莊子偏於美學上的觀賞，因此更富有藝術家的風貌，而惠子則偏於知識論的判斷，因此顯示出更多邏輯學家的思維特性。

莊子大體上繼承了老子的學説，『其學無所不窺，然其要本歸於老子之言。故其著書十餘萬言，大抵率寓言也。作《漁父》《盜跖》《胠篋》，以詆訿孔子之徒，以明老子之術。』（《史記·老子韓非列傳》）當然，莊子並非僅僅是對老子思想進行發揮，而是有其獨自見解，並形成了其個性鮮明的哲學、藝術特色。

二

《莊子》一書，《漢書·藝文志》著録爲五十二篇。陸德明《經典釋文·序録》云：『《漢書·藝文志》「《莊子》五十二篇」，即司馬彪、孟氏所注是也。』據此，司馬氏的本子即爲班固《漢書·藝文志》所載的本子。但有不少資料表明，這兩個本子並不完全相同。如郭象《莊子注》三十三篇本主要是删削司馬彪五十二篇本而成，而陸德明據郭象本作《莊子音義》時，卻於《齊物論》篇『夫道未始有封』下引崔譔云：『《齊物》七章，此（指篇内『夫道未始有封』一章）連上章，而班固説在外篇。』又於同篇『大塊』一詞下云：『司馬云：大樸之貌。衆家或作「大槐」，班固同。』這説明，後來司馬彪的本子與班固的本子，無論在篇章的劃分上還是在字句方面，都存在着一定的差異。

司馬彪所著《莊子注》，《晉書·司馬彪傳》未詳其卷數。《隋書·經籍志》録爲十六卷，並注云：『本二十一卷，今闕。』而《舊唐書·經籍志》《新唐書·藝文志》所録皆作二十一卷，則當爲後來復得之足本。陸德明《經典釋文·序録》於『司馬彪注二十一卷、五十二篇』下注云：『内篇七、外篇二十八、雜篇十四、解説三、爲音三卷。』這裏所謂的『爲音三卷』，肯定不是《莊子》原文，而『解説三』，也不可能是莊子或莊子學派的文章，而應當是後人解説《莊子》或莊子學派文章的文字。今案《文選》任昉《齊竟陵文宣王行狀》李善注引云：『淮南王《莊子略要》曰：「江海之士，山谷之人也，輕天下，細萬物，而獨往者也。」司馬彪注曰：「獨往自然，不復顧世。」』這段文字，《文選》謝靈運《入華子崗》詩、江淹《雜體詩》（擬許詢）、陶淵明《歸去來辭》李善注也都曾加以引用，説明淮南王劉安確實著有《莊子略要》，西晉時的司馬彪還爲它作過注。又《文選》張協《七命》李善注引云：『《莊子》曰「庚市子肩之毁玉也」，淮南子《莊子後解》曰：「庚市子，聖人無欲者也。人有争財相鬥者，庚市子毁玉於其間，而鬥者止。」』這説明，劉安除了著有《莊子略要》外，還曾撰寫過《莊子後解》。顧名思義，並從其佚文本身來分析，《莊子後解》當主要是對《莊子》文句或典故的訓解。因此，清俞正燮在《癸巳存稿・莊子司馬彪注輯本跋》中指出，劉安《莊子略要》爲司馬彪五十二篇本《莊子》中之一篇。日本武内義雄在《老子與莊子》一書中除了接受俞氏的這一觀點外，還提出了《莊子後解》也是司馬彪本中之一篇的看法。這些分析都很有見地，值得重視。

司馬遷《史記・老子韓非列傳》謂莊周『著書十餘萬言』，並列舉了《莊子》中的《漁父》《盜跖》《胠篋》《畏累虚》《亢桑子》等五個篇名，這説明他所見到的本子比後來郭象删定的三十三篇本《莊子》的字數要多得多，篇目也有郭象本所無者。人們至今無法知道，班固本、司馬彪本與司馬遷所據本到底有何關係。不過，據宋陳景元《南華真經章句音義敘》説，郭象本《莊子》三十三篇共計六萬五千九百二十三字，平均每篇近二千字，以此推算，則司馬遷所見『十餘萬言』的《莊子》當是由五十來個單篇組成，與班固本、司馬彪本大致相當。

據陸德明《經典釋文・序録》著録，六朝時除了司馬彪二十一卷本之外，還有如下幾種重要本子：『崔譔注十卷，二十七篇。清河人，晉議郎。内篇七，外篇二十。』『向秀注二十卷，二十六篇。一作二十七篇，一作二十八篇，亦無雜篇，爲音三卷。』『李頤集解三十卷，三十篇。字景真，潁川襄城人，晉丞相參軍，自號玄道子。一作三十五篇，爲音一卷。』『孟氏注十八卷，五十二篇。不詳何人。』『郭象注三十三卷，三十三篇。字子玄，河内人，晉太傅主簿。内篇七，外篇十五，雜篇十一，爲音三卷。』陸德明又在《莊子音義》中摘引了梁簡文帝《莊子義》《莊子講疏》的文字多達六十條，在《序録》『注解傳述人』中敘述到《易》的傳述人時説他的老師周弘正著有《莊子義疏》，但都未曾予以著録。下面，將陸氏所著録的幾種重要本子予以簡單的分析論述。

孟氏本。關於孟氏，陸德明已謂『不詳何人』。清姚振宗在《隋書經籍志考證》中疑即爲魏明帝時曾注《漢書》的孟康，但至今人們還拿不出確鑿的證據來證明他的這一觀點。更爲遺憾的是，陸德明在《莊子音義》中沒有引述孟氏本異文和孟氏的注文，所以我們也就無法更具體地瞭解孟氏的本子了。而且孟氏本與司馬彪本的卷數又不合，但陸德明既然謂班固本『即司馬彪、孟氏所注是也』，則孟氏本仍不失爲最接近古本《莊子》原貌的本子之一。

崔譔本。《晉書》無崔譔傳，唯陸德明《經典釋文・序録》稱其爲『清河人，晉議郎』，而《隋書・經籍志》則云：

『梁有《莊子》十卷，東晉議郎崔譔注，亡。』若證以《世説新語・文學》劉孝標注所引《向秀别傳》謂秀『唯好《莊子》，聊應崔譔所注，以備遺忘』等語，則崔譔生世當不得晚於晉初的向秀。今案陸德明《莊子音義》所出示的内篇異文，往往有崔譔本、司馬彪本相同者，如陸氏於《逍遥遊》篇『聾者無以與乎鐘鼓之聲』下云『崔、向、司馬本此下更有「眇者無以與乎眉目之好，夫刖者不自爲假文履」』，於同篇『汾水』下云『司馬、崔本作「盆水」』，似皆可證明崔譔本内篇即承襲司馬彪所據本而來。崔譔本『外篇二十』的情形又如何呢？《莊子音義》所出示的外篇、雜篇異文，崔譔本、司馬彪本相同者亦復不少，當亦可證明崔譔本的『外篇二十』即選自司馬彪所據本的外、雜篇。至於此『外篇二十』到底指哪些篇目，壽普暄在《由經典釋文試探莊子古本》中分析説：『《釋文》内、外、雜各篇，陸氏以司馬、崔、向、郭諸家音義雜然並列，但可異者，外篇《天道》《刻意》《田子方》，雜篇《讓王》《説劍》《漁父》六篇，於崔、向二氏音義一無所引。……且以此六篇與二十七篇（指崔譔本内、外篇共二十七篇）相加，正爲三十三篇，與現存之郭本洽合。若然，則此六篇者，即崔、向本所不著，而爲郭象增添者乎？』（《燕京學報》第二十八期）這一分析是可信的。據此，則崔譔本『外篇二十』的篇目依次爲：《駢拇》《馬蹄》《胠篋》《在宥》《天地》《天運》《繕性》《秋水》《至樂》《達生》《山木》《知北遊》《庚桑楚》《徐無鬼》《則陽》《外物》《寓言》《盜跖》《列禦寇》《天下》。從現有的文獻資料來看，崔譔所編定的《莊子》二十七篇本是歷史上最早的一個選本，這個選本使《莊子》五十二篇傳統本受到了第一次嚴峻挑戰。

向秀本。《世説新語・文學》劉孝標注引《向秀别傳》云：『或言秀遊托數賢，蕭屑卒歲，都無注述，唯好《莊子》，聊應崔譔所注，以備遺忘云。』則向秀本是以崔譔二十七篇本爲基礎的。陸德明《經典釋文・序録》載向秀《莊子注》二十六篇，並説『一作二十七篇，一作二十八篇，亦無雜篇，爲音三卷。』所謂『二十八篇』，當是在崔譔本二十七篇數目的基礎上再加序目一篇而成；而據《世説新語・文學》所載『唯《秋水》《至樂》二篇未竟而秀卒』來推測，陸氏所謂向秀《莊子注》『二十六篇』者，則應是指在崔譔本篇目中減去向秀未注完的《秋水》《至樂》二篇，再加上序目一篇而成的本子而言。今案陸德明《莊子音義》出示《莊子》異文，每以崔譔本、向秀本並引，正可證明向秀本基本上是對崔譔本的因襲。

李頤本。陸德明《經典釋文・序録》載『李頤集解三十卷，三十篇』『爲音一卷』，又載『李軌音一卷』，但於《莊子音義》所徵引的有關音義之前，除有數處標明『李頤云』之外，其餘數百條卻均僅標有『李云』字樣，則所謂『李云』者，到底是指李頤還是指李軌？委實使人百思不得其解。不過，我們卻可據陸氏的記載而看到李頤《莊子集解》所選篇目數量與他本皆不同，而其彙集前人解莊之精華，則更標誌着一種新的解莊方法的起始。

郭象本。此本子看不出與李頤本有任何關係，但與司馬彪本、崔譔本、向秀本的關係則甚爲明顯，我們將於下文予以揭示。關於郭象《莊子注》的卷數，陸德明《經典釋文・序録》著録爲『三十三卷』，與敦煌殘卷伯二四九五號『莊子内篇第一逍遥遊』之前小字所云『《莊子》三帙，合卅三卷，郭子玄注』、梁阮孝緒《七録》所録『三十三卷』相合，説明在六朝時，郭象注本皆作三十三卷，每卷一篇。但《隋書・經籍志》著録的郭象注本爲『三十卷，目一卷』，而自《舊唐書・經籍志》以後則又合爲十卷，包括内篇三卷共七篇、外篇四卷共十五篇、雜篇三卷共十一篇，這就是獨傳千年而至今爲大多數治莊者所依賴的《莊子》本子。

今案陸德明《經典釋文・序録》云：『莊生宏才命世，辭趣華深，正言若反，故莫能暢其弘致。後人增足，漸失其真，故郭子玄云：「一曲之才，妄竄奇説，若《閼弈》《意脩》之首，《危言》《游鳧》《子胥》之篇，凡諸巧雜，十分有三。」《漢書・藝文志》「《莊子》五十二篇」，即司馬彪、孟氏所注是也。言多詭誕，或似《山海經》，或類占夢書，故注者以意去取。其内篇衆家並同，自餘或有外而無雜，唯子玄所注特會莊子之旨，故爲世所貴。』又日本鐮倉時代高山寺所藏《莊子》殘鈔本《天下》篇後有跋語云：『夫學者，尚以成性易知爲德，不以能政（攻）異端爲貴也。然莊子閎才命世，誠多英文偉詞，正言若反，故一曲之士，不能暢其弘旨，而妄竄奇説，若《閼亦（弈）》《意循（脩）》之首，《尾（危）言》《游易（鳧）》《子胥》之篇，凡諸巧雜，若此之類，十分有三，或牽之令近，或迂之令誕，或似《山海經》，或似夢書，或出《淮南》，或辯形名，而參之高韻，龍蚍並御，且辭氣鄙背，竟無深澳，而徒難知，以因（困）後蒙，令沉滯失乎（平）流，豈所以求莊子之意哉？故略而不存。令（今）唯哉（裁）取其長，達致存乎大體者焉爲三十三篇者。』此跋語不詳其作者，但與陸德明之語甚是相關，則其亦必爲郭氏所作無疑。由此可知，郭象三十三篇本就是對司馬彪五十二篇本進行『以意去取』的結果。

郭象一共删去了司馬彪本的十九個篇目，而據郭象跋語和陸德明《經典釋文・序録》，其中可確知的有《閼弈》《意脩》《危言》《游鳧》《子胥》等五個篇目。今案《文選》顏延之《車駕幸京口侍遊蒜山作》李善注引《莊子》云：『閼弈之隸與殷翼之孫、遏氏之子，三士相與謀致人於造物，共之元天之上。元天者，其高四見列星。』此當爲《閼弈》篇中的文字。又《太平御覽》卷五三〇引《莊子》云：『游島（鳧）問雄黄曰：「今逐疫出魅，擊鼓呼噪，何也？」雄黄曰：「黔首多疾，黄帝氏立巫咸，使黔首沐浴齋戒以通九竅，鳴鼓振鐸以動其心，勞形趨步以發陰陽之氣，飲酒茹葱以通五藏。夫擊鼓呼噪，逐疫出魅鬼，黔首不知，以爲魅祟也。」』此當爲《游鳧》篇中的文字。可以認爲，這二則佚文確似『妄竄奇説』之辭，看來《閼弈》《意脩》《危言》《游鳧》《子胥》五篇的文字大概也多屬此類，故郭象皆予刊落。又司馬彪本還包括了『解説三』，是後人爲《莊子》文章所作的解説文字，故郭象亦予以删除。此外，郭象還删去了一些『或似《山海經》』、或明顯出於莊周後學手筆的文字。

陸德明據郭象三十三篇本撰成的《莊子音義》，出示向秀本的異字甚多，但在出示有司馬彪本異字的篇章中，卻幾乎完全看不到向秀本的異字。如《天地》篇出示司馬彪本的異字凡十五次，《天運》篇出示八次，《至樂》篇出示九次，《達生》篇出示六次，《徐無鬼》篇出示十六次，但各篇都不見有向秀本的異字，這足可證明郭象曾據向秀本來校改司馬彪本的這些篇章，或這些篇章就是直接以向秀本作爲底本的。而向秀本大致以崔譔本爲基礎，則郭象本又與崔譔本有着一定的承因關係。

從上述可以清楚看到，司馬彪五十二篇本《莊子》經過郭象的『以意去取』而成爲三十三篇本《莊子》後，無論從篇章還是從字句方面來看，無疑都顯得更爲精純，因而後世便漸奉郭氏本爲定本，流傳千年而不滅。如在東晉時期，『徐仙民、李弘範作音，皆依郭本，以郭爲主』（《經典釋文・序録》）。其後，陸德明依郭象注本而作《莊子音義》，成玄英亦『依子玄所注三十篇，輒爲疏解』（成玄英《莊子注疏序》），而孫應鰲《莊義要删》、李廷機《莊子玄言評苑》、陳懿典《新鍥南華真經三注大全》、沈汝紳《南華經集評》、鄒之嶧《莊子郭注》、歸有光《南華真經評注》、孫鑛《莊子南華經》、馬其昶《莊子故》、郭慶藩《莊子集釋》等等，或以郭象本爲底本，或引郭象注以爲立論的依據，亦皆可説明郭象《莊子注》

對後世有着巨大影響。但可惜的是，由於郭象的這一『以意去取』，卻使古本《莊子》失去了約『十分有三』的篇章，而且這將可能成爲永遠無可挽回的損失。

不過，郭象本儘管成了後世的定本，但其在流傳過程中還是發生了一些細微的變化。如北宋陳景元著有《南華真經章句音義》《莊子闕誤》，其所校得各三十三篇本《莊子》原文異字凡三百四十九字。據陳氏《南華真經章句餘事》末所附《覽過南華真經名氏》、褚伯秀《南華真經義海纂微》卷首《陳碧虚解義卷末載覽過莊子注》可知，其著《南華真經章句音義》《莊子闕誤》時據以考訂《莊子》文字異同的本子有：宋真宗景德四年（一作三年）國子監刊行本，徐鉉、葛湍所校江南古藏本，徐靈府所校天台山方瀛宫藏本，張君房所校郭象注中太一宫本，張君房所校成玄英解疏中太一宫本，張君房所校文如海正義中太一宫本，散人劉得一所注本，張潛夫所注江南李氏書庫本。這些來源各異、刊印時間不一的《莊子》本子，基本上反映出了唐宋時期流傳着的各種郭象本的文字異同情況。其後，各種郭象本在流傳過程中還進一步出現了文字差異。如明正統《道藏》所收《南華真經》白文本、成玄英本、王雱本、林希逸本、褚伯秀本、羅勉道本、吴澄訂正本的文字都比較接近，而與《道藏》外各種本子的文字則有較大不同，這説明郭象本至此已形成了不同的版本系統。

從版本流變的角度來看，各郭象本的這些文字差異主要當是由於長期轉抄過程中的筆誤所造成，但也不能完全排除有一部分乃是由於人們的有意爲之所致。如陳景元在《南華真經章句音義》卷五中出示了《胠篋》篇『曷嘗不法聖智哉』一語，並云：『舊作「曷嘗不法聖人哉」。「善人不得聖人之道不立，跖不得聖人之道不行，則聖人之利天下也少」「聖人生而大盜起」「掊擊聖人」「聖人已死」「聖人不死」「雖重聖人」「是乃聖人之過也」「彼聖人者，天下之利器也」。自此已上十一「聖人」，張君房本並作「聖智」。』據此，則各本《胠篋》篇本來多作『聖人』，而後來的人們在儒學獨尊的封建專制文化背景下，爲儘量避免直接抨擊儒家心目中的最高道德典範『聖人』，便有目的地將『聖人』改爲『聖智』，致使今本《胠篋》篇皆以抨擊『聖智』爲全文主旨。

三

在戰國時，荀子對莊子已有所批判，但又往往對莊子學説加以改造、發揮，以爲己用。《呂氏春秋》對莊子思想和内容也多有引用，西漢前期的淮南王劉安、司馬遷都對莊子有所研究，秦漢辭賦、經學也都吸納、改造了部分莊子思想。

魏晉時期，玄風大振，以阮籍、嵇康爲代表的『竹林七賢』在思想與行爲上皆以莊周爲模則，並提出『越名教而任自然』。魏晉注《莊》者甚多，郭象之前便有幾十家，其中爲世所重者有崔譔、向秀、司馬彪、孟氏諸家的注和李頤的集解。郭象注則以其精純而爲世人所貴，流傳至今，其餘諸人的注解，或佚失，或僅殘存於陸德明《經典釋文·莊子音義》和他書注文及類書之中。東晉南北朝佛教盛行，般若學與儒、道互相滲透，使此時的莊子學帶有濃重的佛學化色彩，許多名僧也參與研究莊子思想，如慧遠早年『博綜六經，尤善莊老』，支遁作《逍遥論》等。東晉道教亦迅速發展，其理論往往通過改造、發展老莊思想而成，許多道教理論家對《莊子》進行了積極闡釋，如葛洪曾著《修訂莊子》十七卷，當是一部以道教理論來修正莊子學説的專著。

隋唐兩代，道學地位陡增，尤其唐朝出於神化『李』姓的目的，對老子大加崇拜，這在唐玄宗時達到了高潮，他不僅大力提高老子的地位，也對其後繼者莊子、列子大加推崇，詔號《莊子》爲《南華真經》，加封莊子爲『南華真人』，並在科舉之中對道學加以重視，促成了唐代莊子學的盛行。隋唐兩代，關於莊子的著作可以考知的有二十多種，但流傳下來的衹有陸德明的音義和成玄英的注疏。陸德明《莊子音義》三卷，廣集並審訂了漢魏六朝衆多學者爲《莊子》所作之音義，並於這些舊音義之外自作音義，可謂爲漢魏以來所取得的治《莊》成果作了一次前所未有的總結，許多珍貴的莊子研究資料因此而得以保存。唐初道士成玄英作《莊子注疏》，在繼承郭象注的基礎上，既吸取了佛教的許多思想觀念和思維方式，又承因了部分道教思想。他從訓釋字詞入手，進一步對語辭章句進行梳理貫通，彌補了郭象衹重義理不重訓釋的不足，因此可謂是一部吸納、融合魏晉六朝多種思想學術精華而又有所進益的著作。

宋明時期儒、道、佛三家並立而以儒爲尊，故宋明莊子學表現出明顯的儒學化，以儒評莊、引莊入儒是宋明兩代莊子學的最大特點。此外佛、道兩家的學者也對莊子學貢獻頗大。宋明時期重要的文人學者包括理學家，都對《莊子》進行過評論，如王安石、蘇軾、黄庭堅、周敦頤、程頤、程顥、朱熹、宋濂、楊慎、歸有光、李贄、袁宏道、袁中道、鍾惺、譚元春等，其中王安石、蘇軾對後世莊子學影響極大。而宋明理學雖試圖劃清與道家的界綫，仍不免吸納了道家的理論元素與思維方法。宋明佛教尤其是禪宗，不但大膽吸收了莊子思想，還積極參與了對莊子思想的闡釋。宋明道教因其與道家的獨特關係，對莊子學貢獻甚大，許多道教學者都撰有莊子學專著，如陳景元《南華真經章句音義》、褚伯秀《南華真經義海纂微》、陸西星《南華真經副墨》等。宋明時期以詩文詞曲評莊釋莊的現象也大量出現，典型的如宋王安石、蘇軾、劉辰翁，明歸有光等，爲莊子學的發展起了特殊的作用。

清代莊子學結合了義理闡釋與文章學研究兩方面，如林雲銘《莊子因》、宣穎《南華經解》等，取得了很大成績。乾嘉之後的莊子學受乾嘉學風的影響，又大量引入訓詁、考據等方法，如盧文弨《莊子音義考證》、王念孫《莊子雜志》、俞樾《莊子平議》、孫詒讓《莊子郭象注札迻》等，也取得了很大成就。晚清還出現了一些集合衆家研究成果的著作，如郭慶藩《莊子集釋》、王先謙《莊子集解》等皆是。民國時期，中國政治、經濟、文化都發生了劇烈變化，西方文化的傳入，使中國傳統文化的研究在受到種種衝擊之後，表現出許多新的特點，並産生了一大批具有新興思想與研究方法的學者，因此近代莊子學出現了兩種不同的趨勢，一種以傳統的訓詁校勘方法進行更深入的研究，如馬敘倫《莊子義證》、劉文典《莊子補正》、王叔岷《莊子校釋》、胡遠濬《莊子詮詁》、聞一多《莊子内篇校釋》、楊樹達《莊子拾遺》等；另一種則吸收了西方哲學與科學的成果進行新的闡釋，如蘇甲榮《莊子哲學》、郎擎霄《莊子學案》、葉國慶《莊子研究》等，爲莊子研究注入了新的活力。

四

陸德明《莊子音義》，以其集漢魏六朝諸家爲《莊子》所作音義之大成，兼載《莊子》衆本之異文，開啓了歷史上搜輯整理有關《莊子》文獻資料之先河。其後，陳景元《南華真經章句音義》、褚伯秀《南華真經義海纂微》、王應麟《莊子逸篇》(《困學紀聞》)、焦竑《莊子翼》、陳治安《南華真經本義》附録、孫馮翼《司馬彪莊子注》、茆泮林《司馬彪莊子注》、劉鳳苞《南華雪心編》、郭慶藩《莊子集釋》等，復續有所推進，而以臺灣嚴靈峰纂輯《莊子集成》初編、續編和《老列莊三子集成補編》所收莊子資料最稱繁富，共一百七十二部，但仍給今天編纂《子藏・道家部・莊子卷》留下了很大的空間。

《子藏・道家部・莊子卷》文獻資料的搜集整理，起始於二〇〇三年四月，至二〇〇六年四月編纂完畢，並按合同要求把全部稿子交給了學苑出版社（數年後因故中止出版合同）。但這僅僅屬於編纂者個人的學術行爲，在嚴重缺乏經費的情況下，無法講究版本的遴選，更不可能得到海内外圖書館所藏稿本、抄本、孤本等莊子文獻資料，連編纂者本人也深感無以盡遂人意。到了二〇一〇年，《子藏》編纂上升爲華東師範大學校級超大型科研項目，旨在打造出一座巨大的諸子學傳世經典文庫，因而對包括《莊子卷》在内的整個編撰提出進一步的高標準和嚴要求，以不辜負海内外子學研究專家和諸子愛好者的厚望。

自二〇一〇年三月二十八日《子藏》專家論證會確定『全』且『精』的編纂原則後，原有《莊子卷》的稿子基本被撤換，而代之以精善之本，並力求覓得第一手資料。尤其在尋找手稿、抄本、孤本、稀有之本等方面，更是苦心經營，共搜輯到中國歷代莊子學著作（原則上截止於一九四九年）三百零二部，比嚴靈峰《莊子集成》初編、續編和《老列莊三子集成補編》中莊子部分的總數超出一百三十部，應該説已做到了竭澤而漁，一網以盡之，庶幾可使莊學專家和《莊子》愛好者免卻遺珠之憾。

《子藏・道家部・莊子卷》尤爲重視對版本的遴選。如明正統《道藏》收有白文本《南華真經》五卷、陳景元《南華真經章句音義》十四卷、王雱《南華真經新傳》二十卷、賈善翔《南華真經直音》一卷、李士表《莊列十論》一卷、褚伯秀《南華真經義海纂微》一百六卷、羅勉道《南華真經循本》三十卷、吴澄《莊子内篇訂正》二卷等，嚴靈峰《莊子集成》及其他大型叢書凡收入這批著作，皆用民國間上海涵芬樓借北京白雲觀所藏明正統《道藏》加以影印之本作爲底本，而涵芬樓影印時已將各書中衆多扉畫盡皆删去，版式也多有改動，已非原書之舊貌。因此，《子藏·道家部·莊子卷》則直接以北京白雲觀原藏梵夾本明正統《道藏》作爲底本，以便世人能夠直接看到這批著作的更真實原貌。中國國家圖書館藏有明朱得之撰、傅山手批《莊子通義》十卷，某大型古籍叢書爲了統一版式，將眉批文字盡行割去，而《子藏·道家部·莊子卷》則據原書按原大予以影印，使讀者得以看到傅山批點中最具學術價值的文字。

對於珍稀之本，一經發現，《子藏·道家部·莊子卷》必設法羅致之。如明邵弁撰《南華真經標解》六卷、張居正撰《少師張先生批評莊子義》十卷、張位撰《南華真經題評》十卷、李栻輯《南華真經義纂》十卷、顧起元撰《遯居士批莊子内篇》一卷、盧復輯《南華經晉注》十卷、金兆清撰《莊子榷》八卷、陳榮選輯《南華經要删注釋評林》十卷、吳伯敬撰《南華經臺縣》三卷、傅山撰《傅青主先生法書南華經》、文德翼撰《讀莊小言》一卷、曹宗璠撰《南華泚筆》二卷、陶崇道撰《拜環堂莊子印》八卷，清胡文蔚撰《南華真經合注吹影》三十三卷、顧如華撰《讀莊一吷》、程從大撰《詠莊集》一卷、王泰徵輯釋《檀山南華經質》、吳承漸輯注《莊子旁注》五卷、沈堡撰《唱莊》一卷、何如漋撰《莊子未定稿》四卷、何夢瑶撰《莊子故》、席樹馨輯《莊子審音》、曾和瑞撰《莊子集辨》，民國王傳燮撰《莊子發微》、朱青長撰《莊子解》、李大防撰《莊子王本集注》、孫至誠撰《逍遥遊釋》、陶西木撰《莊子洛誦》、石永楙撰《莊子正》一卷等等，皆爲珍稀之本，爲嚴靈峰《莊子集成》等所未收，而《子藏·道家部·莊子卷》一一收録之，實能使心儀莊子者近覩真容。特别需要説明的是，北宋吕惠卿所著《莊子義》十卷在歷史上具有很重要的學術地位，但現在一般人所能見到的唯有宋末褚伯秀《南華真經義海纂微》所引録的文字，和民國時陳任中據褚著引録及黑水城出土的吕著殘頁整理而成的《宋吕觀文進莊子義》十卷，無緣一覩深藏於中國國家圖書館的金大定十二年（1172）刊本《壬辰重改證吕太尉經進莊子全解》十卷之真容，而《子藏·道家部·莊子卷》將其收録出版，使明文彭、吳元恭朱筆題款等一同公佈於世，無疑會使得莊學研究者大開眼界。

在搜輯存世抄本方面，《子藏·道家部·莊子卷》也收獲頗豐。如中國國家圖書館藏明抄宋王雱《南華真經新傳》二十卷，各篇皆有朱、墨圈點，甚可珍貴；又藏清陶浚宣《南華經講義》二十八卷、一九五三年抄近人劉武《章太炎莊子解詁駁義》二卷，皆有較高學術價值，同樣十分珍貴。北京大學圖書館藏手抄明莊元臣《南華雅言》一卷（《莊忠甫雜著》），亦爲稀世珍品，卻惜深鎖館閣。山西省圖書館藏劉起庚於清光緒三年手抄清劉鳳苞《南華贅解》，此後《莊子》文章學研究集大成之作——光緒二十三年所刊劉鳳苞《南華雪心編》八卷，實由此抄本發展而來，二者之間的文字差別雖然很大，但可明顯見出其演進之跡，對於人們全面深入研究劉氏的莊子學助益匪淺。北京大學圖書館藏古學院抄清末民初王樹枏《莊子大同説》，中國國家圖書館藏陶廬精抄王樹枏《莊子大同説》，又藏手抄佚名《莊子大同學》，前二者文字有出入，佚名所撰係改寫前二者而成，但三者皆已引進自由平等的新思想，爲莊子研究注入了新血液，具有一定的學術價值。《子藏・道家部・莊子卷》輯得以上諸書，自可爲莊子文獻庫增色不少。

《子藏・道家部・莊子卷》在手稿搜輯方面，成績更爲顯著。如中國科學院國家科學圖書館所藏清張士保手稿《南華指月》六卷、《南華外雜篇辨僞》四卷，上海圖書館所藏清楊祖桂手稿《莊子節選》、戴煦手稿《莊子內篇順文》、楊沂孫手稿《莊子正讀內篇》，浙江圖書館所藏清朱敦毅手稿《莊子南華經心印》，河北大學圖書館所藏清劉鍾英手稿《莊子辨訛》等，皆一一輯入《子藏・道家部・莊子卷》，爲讀者提供了甚爲珍貴的莊學文獻資料。又有上海圖書館所藏清郭慶藩手稿《讀莊子劄記》八卷，足可與郭氏名著《莊子集釋》有關文字互爲參詳，學術價值甚高。更有中國國家圖書館所藏聞一多手稿《莊子章句》《莊子校補》《莊子校拾》《莊子義疏》，實爲莊子學文獻資料之瑰寶。這批手稿的收録，也使《子藏・道家部・莊子卷》的價值因之而倍增。

現已發現的一批留有名人手校、手批、跋語、題識等的莊學善本、孤本書，《子藏・道家部・莊子卷》也已一一予以輯録。如中國國家圖書館藏清錢陸燦批點並作跋語的明刊本《莊子南華真經》十卷、清沈巖校勘並作跋語的明嘉靖世德堂刊《六子書》本《南華真經》十卷、民國傅增湘校跋並録清羅振玉題識的明刊本《南華真經》十卷、民國勞健題款的宋刊本《分章標題南華真經》十卷等，非但皆爲善本，甚或屬於孤本，而且名家的手校、手批、跋語、題識等從未對外公佈，可謂一字千金，《子藏・道家部・莊子卷》予以輯録，無疑能使讀者一飽眼福。

《子藏・道家部・莊子卷》還彌補了以往所編叢書的一些缺失。如明張位著有《南華經標略》，嚴靈峰《莊子集成》

初編所收僅有雜篇，而《子藏·道家部·莊子卷》則輯得上海圖書館所藏明萬曆十八年刊足本《南華經標略》六卷。又嚴氏《莊子集成》初編收近人張栩《莊子釋義》，僅至内篇《齊物論》『萬物一馬』而止，並於《周秦漢魏諸子知見書目》二『張栩《莊子釋義》』條下云：『在《古學叢刊》第二、四、五、六、七各期内。』而《子藏·道家部·莊子卷》從復旦大學圖書館所藏《古學叢刊》第一至九期（民國二十八至二十九年）輯得張栩《莊子釋義》，排印至《養生主》『道大窾』止，從而彌補了嚴氏《莊子集成》初編的缺失。

五

依據《子藏》『求全且精』的原則，《莊子卷》共收録先秦至民國時期（原則上截止於1949年）《莊子》白文本及其校勘、注釋、研究著作三百零二部，整合成精裝十六開本一百六十二册影印出版。本卷所收各書，略以著者生年先後爲序。因而出現個别的例子，如明袁中道《導莊》雖著於其兄袁宏道《廣莊》之前，也衹得置於《廣莊》之後。然自晚清以來，出書時間間隔不斷縮小，晚輩所著每在長輩之前，所以於『略以著者生年先後爲序』原則外，亦不乏視實情而作適當調整者。

《莊子卷》所收著作，原則上都采用原書全稱。如所收僅爲某書的一部分，不便於使用原書全稱者，則作適當處理。如唐魏徵等編有《群書治要》，宋洪邁撰有《經子法語》，明黎堯卿輯有《諸子纂要》，清高嵣撰有《歸餘鈔》，而本卷僅録其中有關《莊子》的文字，故今依據原有書名，並視所録内容，分别定名爲《莊子治要》《莊子法語》《莊子纂要》《莊子鈔》，以方便讀者檢索。

《子藏·莊子書目提要》所撰條目凡三百零二則，各書名稱、著者稱謂、版本依據、排列次序等，皆一一與《莊子卷》相對應。但對於《莊子卷》中出現的個别訛誤，則在相應的提要中予以糾正。如《莊子卷·總目録》著録《莊子審音》作者『席樹聲』之『聲』爲『馨』字之誤，《莊子正》作者『石永楙』之『楙』爲『楙』字之誤，劉鍾英『《莊子辨訛》

之『辨』爲『辯』字之誤，王叔岷《郭象莊子注校記》『據一九五〇年上海商務印書館排印本』之『排』爲『石』字之誤等，在本書相關提要中皆一一爲之糾正，希望儘可能做到正確無誤。然而由於本次撰寫提要數目衆多，且涉及各書作者、思想内容、學術價值、文獻價值、版本流傳遞嬗等複雜情況，難度自覺甚大，紕漏亦在所難免，尚祈專家學者不吝批評指正。鑒於諸子學著作之學術價值主要體現在其思想内容方面，故筆者爲《莊子卷》撰寫提要，重在揭示各書之思想内容特徵，與傳統的提要寫法或有不同，若有不妥，亦敬請方家匡正。

在《子藏》正式啓動之前，我與吴平教授已初步編出《莊子》文獻集成，當時我曾删削拙著《莊子學史》中有關章節作爲一部分提要，也爲此外一些莊學著作撰寫了提要，在此過程中得博士後張洪興協助。《子藏》全面啓動後，我課題組廣搜博輯，又輯得莊學著作一百二十多種，《莊子卷》規模始定。此卷於二〇一一年十二月出版後，我對原有提要作了認真改寫、提煉，並新增寫一百二十多則提要，《子藏・莊子書目提要》全稿方成。三年來，每改寫或增寫一則提要，皆經由課題組成員葉蓓卿過目，聽取她的修改意見，爲提高此書的學術質量起到了不少作用。在此，筆者一并致以由衷感謝！

二〇一四年七月

目録

南華真經五卷（周）莊周撰 …… 一
莊子南華真經十卷（周）莊周撰（明）王懋明校 …… 三
南華真經十卷（周）莊周撰（明）陳楠校刻 …… 四
莊子南華真經三卷（周）莊周撰（明）吴勉學校 …… 五
南華經不分卷（周）莊周撰 佚名圈校 …… 六
南華真經十卷（晉）郭象注 …… 七
莊子南華真經十卷（晉）郭象注（清）錢陸燦批點並跋 …… 一〇
南華真經十卷（晉）郭象注（唐）陸德明音義（清）沈巖校並跋 …… 一一
南華真經十卷（晉）郭象注（唐）陸德明音義 傅增湘校跋並録清羅振玉題識 …… 一三
南華真經十卷（晉）郭象注（唐）陸德明音義 傅增湘校並跋 …… 一四
莊子郭注十卷（晉）郭象注（唐）陸德明音義（明）鄒之嶧校刻 …… 一五
分章標題南華真經十卷（晉）郭象注（唐）陸德明音義 勞健題款 …… 一六
莊子音義三卷（宋元遞修本）（唐）陸德明撰 …… 一七
莊子音義三卷（日藏宋刊本）（唐）陸德明撰 …… 二〇

莊子治要（唐）魏徵等節選……二一
南華真經注疏十卷（唐）成玄英撰……二三
南華邈一卷（唐）文如海撰……二六
南華秋水篇（宋）劉敞書……二七
南華真經章句音義十四卷（宋）陳景元撰……二八
南華真經章句餘事一卷（宋）陳景元撰……三〇
南華真經闕誤（宋）陳景元撰……三一
南華真經餘事雜録二卷（宋）陳景元輯……三三
壬辰重改證呂太尉經進莊子全解十卷（宋）呂惠卿撰（明）文彭 吴元恭題款……三四
宋呂觀文進莊子義十卷（宋）呂惠卿撰 陳任中校輯……三七
廣成子解一卷（宋）蘇軾撰……三八
南華真經新傳二十卷（明正統《道藏》本）（宋）王雱撰……四〇
南華真經新傳二十卷（明抄本）（宋）王雱撰……四三
南華真經直音一卷（宋）賈善翔撰……四四
莊列十論一卷（宋）李士表撰……四六
莊子論（宋）程俱撰……四八
莊子法語四卷（宋）洪邁撰……四九
莊子鬳齋口義十卷（宋）林希逸撰……五一
纂圖互注南華真經十卷（宋）龔士卨撰……五三
南華真經義海纂微一百六卷（宋）褚伯秀撰……五五

莊子逸篇 （宋）王應麟輯……五六
莊子南華真經三卷 （宋）劉辰翁點校……五八
莊子南華真經三卷 （宋）林希逸口義 劉辰翁點校 （明）唐順之釋略……六〇
南華真經循本三十卷 （宋）羅勉道撰……六一
莊周氣訣解一卷 （宋）宇文居鎡撰……六三
莊子内篇訂正二卷 （元）吴澄撰……六五
莊子養生主 佚名集注……六六
莊子天運 佚名集注……六七
莊子纂要 （明）黎堯卿輯……六八
莊子通義十卷 （明）朱得之撰 （明）傅山批點……六九
莊子解一卷 （明）楊慎撰……七二
莊子闕誤一卷 （明）楊慎撰……七四
莊子難字 （明）楊慎撰……七五
南華真經標解六卷 （明）邵弁撰……七六
翼莊一卷 （明）高犛撰……七八
廣成子疏略一卷 （明）王文禄撰……七九
南華真經副墨八卷 （明）陸西星撰……八〇
少師張先生批評莊子義十卷 （明）張居正撰……八二
莊子鬳齋口義補注十卷 （明）張四維撰……八四
莊義要删十卷 （明）孫應鰲撰……八五

南華經解二卷　（明）李贄撰……八七
莊子類纂　（明）沈津撰……八九
莊子通十卷　（明）沈一貫撰……九〇
南華經標略六卷　（明）張位撰……九二
南華真經題評十卷　（明）張位撰……九三
莊子南華真經四卷　（明）謝汝韶批校……九五
莊子翼八卷　（明）焦竑撰……九六
新鍥翰林三狀元會選莊子品彙釋評四卷　（明）焦竑校正　翁正春參閱　朱之蕃圈點……九七
南華真經義纂十卷　（宋）褚伯秀　（明）朱得之撰　（明）李栻纂……九九
南華真經十卷　（晉）郭象注　（唐）陸德明音義　（明）孫鑛評點……一〇〇
莊子南華真經十卷　（明）張登雲參補……一〇一
南華發覆八卷　（明）釋性通撰……一〇二
莊子品節　（明）陳深撰……一〇四
觀老莊影響論一卷　（明）釋德清撰……一〇六
莊子內篇注四卷　（明）釋德清撰……一〇七
南華經品節五卷　（明）楊起元撰……一〇九
南華真經旁注五卷　（明）方虛名撰……一一一
南華真經八卷　（明）馮夢禎校注……一一三
南華真經八卷　（明）黄正位批校……一一四
莊子弋説　（明）沈長卿撰……一一五

南華經別編二卷　（明）王宗沐撰……一一六
玉堂校傳如崗陳先生南華經精解八卷　（明）陳懿典撰……一一七
南華真經三注大全二十一卷　（明）陳懿典撰……一一八
莊子　（明）歸有光輯評……一一九
南華真經評注十卷　（晉）郭象注　（明）歸有光批閱　文震孟訂正……一二〇
解莊十二卷　（明）陶望齡撰　（明）郭正域評……一二三
莊子雋一卷　（明）陳繼儒撰……一二四
莊子膏盲四卷　（明）葉秉敬撰……一二五
遯居士批莊子內篇一卷　（明）顧起元撰……一二六
新刻葵陽黃先生南華文髓八卷　（明）黃洪憲撰……一二七
廣莊一卷　（明）袁宏道撰……一二八
導莊一卷　（明）袁中道撰……一三〇
說莊三卷　（明）李騰芳撰……一三一
莊子南華真經四卷　（明）閔齊伋輯校……一三三
新刻韓會狀注釋莊子南華真經狐白四卷　（明）韓敬撰……一三四
莊子奇賞四卷　（明）陳仁錫評選……一三五
南華經十六卷　（晉）郭象注　（宋）林希逸口義　劉辰翁點校　（明）王世貞評點　陳仁錫批注……一三六
古蒙莊子四卷　（明）王繼賢訂正　吴宗儀校釋……一三七
南華經因然六卷　（明）吴伯與撰……一三九
南華經晉注十卷　（明）盧復輯……一四〇

莊子翼評點八卷（明）董懋策撰……一四一
丈荷齋南華日抄四卷（明）徐曉撰……一四二
測莊一卷（明）石人隱士撰……一四四
莊子権八卷（明）金兆清撰……一四五
莊子南華真經三卷（明）譚元春評閲　張溥參正……一四六
莊子提正一卷（明）覺浪道盛撰……一四八
南華詁六卷（明）魏光緒撰……一五一
南華經集注七卷（明）潘基慶撰……一五二
南華經句解四卷（明）陳榮選撰……一五三
南華經要删注釋評林十卷（明）陳榮選校輯……一五五
南華經薈解三十三卷（明）郭良翰撰……一五六
南華真經本義十六卷附録八卷（明）陳治安撰……一五七
南華真經注疏四卷（明）程以寧撰……一五九
南華春點八卷（明）劉士璉撰……一六一
南華經臺懸三卷（明）吴伯敔撰……一六一
傅青主先生法書南華經（明）傅山撰……一六二
莊子（解）（明）傅山撰……一六四
藥地炮莊九卷附録三卷（明）方以智撰……一六五
藥地炮莊九卷（明）方以智撰……一六七
莊子詁不分卷（明）錢澄之撰……一六九

漆園指通三卷（明）佷亭淨挺撰……一七〇
讀莊小言一卷（明）文德翼撰……一七二
南華真經影史九卷（明）周拱辰撰……一七三
莊子通一卷（明）王夫之撰……一七六
莊子解三十三卷（明）王夫之撰……一七七
南華雅言一卷（明）莊元臣撰……一七九
南華泚筆二卷（明）曹宗璠撰……一八〇
拜環堂莊子印八卷（明）陶崇道撰……一八一
莊子之學（清）馬驌撰……一八二
南華真經合注吹影三十三卷（清）胡文蔚撰……一八四
莊子因六卷（清）林雲銘撰……一八五
讀莊子法一卷（清）林雲銘撰……一八七
讀莊一吷不分卷（清）顧如華撰……一八八
詠莊集一卷（清）程從大著……一八九
聯莊（清）張潮撰……一九〇
檀山南華經質（清）王泰徵輯釋……一九一
莊子讀本一卷（清）方人傑撰……一九二
莊子旁注五卷（清）吳承漸輯注……一九三
莊子釋意三卷（清）高秋月集説（清）曹同春論正……一九四
莊子解十二卷（清）吳世尚撰……一九六

南華經解三十三卷（清）宣穎撰……一九七
南華經傳釋一卷（清）周金然撰……一九九
莊子辯正六卷（清）胡方撰……二〇〇
唱莊一卷（清）沈堡撰……二〇一
南華簡鈔四卷（清）徐廷槐撰……二〇二
莊子存校（清）王懋竑撰……二〇四
莊子未定稿四卷（清）何如漋撰……二〇六
南華通七卷 舊題（清）屈復撰……二〇七
莊子彙考等四卷（清）陳夢雷 蔣廷錫輯……二〇九
莊子鈔（清）浦起龍撰……二一〇
南華通七卷（清）孫嘉淦撰……二一一
南華本義不分卷（清）林仲懿撰……二一三
擬摘入藏南華經一卷（清）吴震生撰……二一四
莊子解一卷（清）吴峻撰……二一五
南華經大意解懸參注五卷（清）藏雲山房主人撰……二一七
莊子述記一卷（清）任兆麟撰……二一八
莊子音義考證三卷（清）盧文弨撰……二一九
莊子獨見不分卷（清）胡文英撰……二二一
南華真經義海纂微考證（清）王太嶽等纂……二二三
莊子鈔（清）高塘撰……二二四

南華瀝摘萃一卷 （清）馬魯摘評……………………二二五
莊子章義五卷 （清）姚鼐撰……………………二二六
方齋補莊一卷 （清）方正瑗撰……………………二二八
莊子雜志 （清）王念孫撰……………………二二九
莊子雪三卷 （清）陸樹芝撰……………………二三一
莊子節選 （清）楊祖桂撰……………………二三三
莊子故三卷 （清）何夢瑶撰……………………二三三
司馬彪莊子注附莊子注考逸 （清）孫馮翼輯……………………二三五
莊子選四卷 （清）張道緒撰……………………二三七
莊子逸篇 （宋）王應麟輯 （清）萬希槐集證……………………二三八
莊子逸篇 （宋）王應麟輯 （清）翁元圻注……………………二三九
莊子南華經心印不分卷 （清）朱敦毅撰……………………二四一
南華經三卷 （清）郎懋學參注……………………二四二
莊子本義二卷 （清）梅沖撰……………………二四三
逍遥遊釋 （清）徐潤第撰……………………二四五
讀莊子叢録 （清）洪頤煊撰……………………二四六
莊子韻讀 （清）江有誥撰……………………二四七
司馬彪莊子注附莊子司馬注補遺等 （清）茆泮林輯……………………二四九
莊子内篇順文不分卷 （清）戴煦撰……………………二五一
莊子司馬彪注附逸莊子 （清）黄奭輯……………………二五二

莊子一卷（清）曾國藩節選……二五三
詳注莊子雜鈔（清）曾國藩鈔……二五四
莊子正讀内篇（清）楊沂孫撰……二五五
莊子扎記一卷（清）郭嵩燾撰……二五六
讀莊劄記一卷（清）朱景昭撰……二五七
南華指月六卷（清）張士保撰……二五九
南華外雜篇辨僞四卷（清）張士保撰……二六一
南華經解不分卷（清）方濳撰……二六二
莊子平議三卷（清）俞樾撰……二六三
莊子人名考一卷（清）俞樾撰……二六四
莊子審音不分卷（清）席樹馨輯……二六六
南華贅解不分卷（清）劉鳳苞撰……二六七
南華雪心編八卷（清）劉鳳苞撰……二六八
莊子約解四卷（清）劉鴻典撰……二七〇
南華真經正義不分卷附録三卷（清）陳壽昌撰……二七二
莊子王氏注二卷（清）王闓運撰……二七四
百大家評注莊子南華經十卷（明）歸有光等批點（清）王闓運輯評……二七五
南華經發隱一卷（清）楊文會撰……二七六
莊子點勘十卷（清）吴汝綸撰……二七八
莊子集辨（清）曾和瑞撰……二八〇

莊子識小一卷　（清）郭階撰……二八一
莊子集解八卷　（清）王先謙撰……二八二
莊子集釋十卷　（清）郭慶藩撰……二八四
讀莊子札記八卷　（清）郭慶藩撰……二八六
南華經講義二十八卷　（清）陶浚宣撰……二八八
莊子辯訛六卷　（清）劉鍾英撰……二八九
莊子札迻　（清）孫詒讓撰……二九〇
莊子校書三卷　（清）于鬯撰……二九二
莊子補釋一卷　（清）寧調元撰……二九三
莊子經説敘意　廖平撰……二九四
莊子天下篇新解　廖平撰……二九五
莊子淺説四卷　林紓撰……二九六
莊子大同説十卷　王樹枏撰……二九八
莊子大同説二卷　王樹枏撰……二九九
莊子大同學　佚名撰……三〇〇
莊子故八卷　馬其昶撰　嚴復評點……三〇一
莊子評點　嚴復撰　曾克耑校録……三〇三
莊子札記三卷　武延緒撰……三〇四
莊子發微　王傳燮撰……三〇五
讀莊子札記一卷　陶鴻慶撰……三〇六

莊子文粹二卷 李寶淦撰……三〇八
莊子南華經内篇 無名氏抄寫圈點 聶守仁附識……三〇八
南華真經殘卷校記一卷 羅振玉撰……三〇九
莊子札記一卷 孫毓修撰……三一一
莊子天下篇釋義 梁啓超撰……三一二
莊子奇文演義四卷 香夢詞人撰……三一四
莊子解四卷 朱青長撰……三一四
莊子集注稿本五卷 阮毓崧撰……三一五
重訂莊子集注五卷 阮毓崧撰……三一六
莊子匯通 鄭星駟撰……三一八
莊子解故一卷 章炳麟撰……三一九
齊物論釋一卷 章炳麟撰……三二〇
齊物論釋定本一卷 章炳麟撰……三二二
莊子王本集注 李大防撰……三二三
莊子斠補一卷 劉師培撰……三二四
逍遥遊釋不分卷 孫至誠撰……三二六
莊子詮詁不分卷 胡遠濬撰……三二七
莊子菁華録八卷 張之純撰……三二八
莊子淺訓 蔣兆燮撰……三二九
莊子補注四卷 奚侗撰……三三一

莊子天下篇講疏　顧實撰……三三三
莊子章義　胡樸安撰……三三五
莊子內篇章義淺説　胡樸安撰……三三六
莊子管見　金其源撰……三三七
莊子哲學附莊子內篇解説　曹受坤撰……三三九
讀莊窮年録二卷　秦毓鎏撰……三四〇
莊子研究及淺釋　王治心撰……三四一
莊子新義　朱文熊撰……三四三
莊子音義辨證　吴承仕撰……三四四
莊子釋滯一卷　劉咸炘撰……三四六
莊子洛誦　陶西木撰……三四七
莊子瞻明　陶西木撰……三四八
莊子大傳　陳登澥撰……三四九
莊子音義繹　丁展成撰……三五〇
莊子學案　郎擎霄撰……三五一
莊子哲學一卷附莊子字義一卷　佚名撰……三五二
莊子集解補正　胡懷琛撰……三五三
讀莊子天下篇疏記　錢基博撰……三五四
莊子天下篇類纂　錢基博撰……三五六
莊子天下篇釋一卷　方光撰……三五七

莊子校釋　支偉成撰……三五九
莊子哲學　蘇甲榮撰……三六〇
莊子正一卷　石永楙撰……三六一
莊子新疏　黄元炳撰……三六二
白話譯解莊子　葉玉麟（麟）撰……三六三
莊子内篇學　陳柱撰……三六四
闡莊　陳柱撰……三六六
莊子内篇證補　朱桂曜撰……三六八
莊子引得　聶筱珊等編纂……三六九
莊子内篇校釋　聞一多撰……三七〇
莊子章句　聞一多撰……三七三
莊子校補　聞一多撰……三七四
莊子校拾　聞一多撰……三七五
莊子義疏　聞一多撰……三七六
莊子新探　施章撰……三七七
南華直旨　楊文煊撰……三七九
莊子天下篇自述其學説九句之解釋　胡子霖撰……三八〇
南華經解選讀　周學熙選……三八一
莊子拾遺一卷　楊樹達撰……三八二
章太炎莊子解詁駁義二卷　劉武撰……三八三

莊子集解內篇補正　劉武撰……三八四
莊子札記　馬敘倫撰……三八六
莊子義證三十三卷　馬敘倫撰……三八七
莊子天下篇述義　馬敘倫撰……三八九
莊子天下篇校釋一卷（油印本）　譚戒甫撰……三九〇
莊子天下篇校釋一卷（排印本）　譚戒甫撰……三九二
莊子瑣記　劉文典撰……三九三
莊子補正十卷　劉文典撰……三九四
莊子詁義十卷　范耕研撰……三九六
莊子新釋　張默生撰……三九七
莊子文選　張默生撰……三九八
莊子新證二卷　于省吾撰……三九九
莊子選注　沈德鴻撰……四〇〇
莊子哲學　蔣錫昌撰……四〇一
莊子釋義　張栩撰……四〇三
莊子諸篇考辨　蔣復璁撰……四〇四
莊子逍遥遊講録等　鄭奠輯録……四〇六
莊子天下篇箋證　高亨撰……四〇七
莊子今箋　高亨撰……四〇八
莊子天下篇要詮　王蘧常撰……四〇九

莊子研究　葉國慶撰……四一〇
莊子精華　上海中華書局編……四一二
莊子講解　張貽惠撰……四一四
莊子天下篇薈釋　單晏一撰……四一五
莊子校證　楊明照撰……四一七
莊子校釋五卷　王叔岷撰……四一八
郭象莊子注校記五卷　王叔岷撰……四一九
敦煌莊子殘卷附黑水城莊子殘本　葉蓓卿輯……四二〇

南華真經五卷

（周）莊周撰

莊周，宋國蒙人，生卒年不詳，約與梁惠王、齊宣王同時。所著《莊子》一書，《史記·老子韓非列傳》謂凡十餘萬言，《漢書·藝文志》著録爲五十二篇，今僅傳三十三篇，包括內篇七、外篇十五、雜篇十一，當爲西晉郭象所删定。

今完整保存《莊子》三十三篇之較早刻本，有中國國家圖書館所藏南宋刻郭象《南華真經注》十卷本、南宋刻林希逸《莊子鬳齋口義》十卷本、南宋末刻《分章標題南華真經》十卷本、宋刻元明遞修本龔士卨《纂圖互注五子》之《纂圖互注南華真經》十卷本、金大定十二年刊《壬辰重改證呂太尉經進莊子全解》十卷本，及臺灣『中研院』傅斯年圖書館藏南宋蜀趙諫議宅刊《南華真經注》十卷本等。明正統《道藏》所收《南華真經》白文本、成玄英《南華真經注疏》本、王雱《南華真經新傳》本、林希逸《南華真經口義》本、褚伯秀《南華真經義海纂微》本、羅勉道《南華真經循本》本、吳澄《莊子內篇訂正》本等，也是較早刻本，各本文字較爲一致，而與《道藏》外各本有較大出入，此一現象值得注意。且以歷來很少有以《莊子》白文單刻者，故此次特從明正統《道藏》中選出《南華真經》白文本予以影印。

明正統《道藏》所收《南華真經》白文本凡五卷，前有莊周小傳，采自《史記·老子韓非列傳》，文字略有出入。正文三十三篇，《逍遥遊》《齊物論》《養生主》《人間世》《德充符》五篇爲第一卷，《大宗師》《應帝王》《駢拇》《馬蹄》《胠篋》《在宥》六篇爲第二卷，《天地》《天道》《天運》《刻意》《繕性》《秋水》《至樂》七篇爲第三卷，《達生》《山木》《田子方》《知北遊》《庚桑楚》《徐無鬼》《則陽》七篇爲第四卷，《外物》《寓言》《讓王》《盜跖》《説劍》《漁父》《列禦寇》《天下》八篇爲第五卷。其卷數及如此分卷，皆不見於現存所有明正統以前之刻本與明以前歷代志書之著録，或當依據古代某一傳本，或爲編纂《道藏》者自定，均未可知。

以具體文字觀之，明正統《道藏》所收《南華真經》白文本與其所收成玄英本、王雱本、林希逸本、褚伯秀本、羅勉道本、吳澄訂正本往往較爲接近，而與《道藏》之外各本則有較大差別。如世所傳本《齊物論》篇『天鈞』，《道藏》所收白文本則作『天均』，成玄英本、林希逸本、褚伯秀本、羅勉道本並同；世所傳本《人間世》篇『相札』，《道藏》所收白文本則作『相軋』，王雱本、林希逸本、褚伯秀本、羅勉道本、吳澄訂正本並同；世所傳本《德充符》篇『豘子』，《道藏》所收白文本則作『豚子』，王雱本、林希逸本、褚伯秀本、羅勉道本並同；世所傳本《大宗師》篇『善妖』，《道藏》所收白文本則作『善夭』，王雱本、林希逸本、褚伯秀本、羅勉道本、吳澄訂正本並同；世所傳本《應帝王》篇『藏仁』，《道藏》所收白文本則作『臧仁』，成玄英本、褚伯秀本並同；世所傳本《在宥》篇『止蟲』，《道藏》所收白文本則作『昆蟲』，林希逸本、褚伯秀本、羅勉道本並同。今考成玄英《南華真經注疏》、王雱《南華真經新傳》、羅勉道《南華真經循本》等完整原刻本皆已不傳，《道藏》所收褚伯秀《南華真經義海纂微》、吳澄《莊子內篇訂正》是否爲原刊本，則已不得而知。但中國國家圖書館所藏南宋刻林希逸《莊子鬳齋口義》十卷當爲原刻之本，其中『天鈞』之『鈞』、『相軋』之『軋』、『豚子』之『豚』、『善夭』之『夭』，均與《道藏》所收林氏《南華真經口義》本相同。此現象或可説明，《道藏》所收《南華真經》白文本與成玄英本、王雱本等都比較接近某些較古本子或原刻本，對我們校勘《莊子》文本具有較高學術價值。

與上述相比較，明正統《道藏》所收《南華真經》白文本還有一些更值得重視之異文。如世所傳本《天運》篇於『建之以太清』句下多有『夫至樂者，先應之以人事，順之以天理，行之以五德，應之以自然，然後調理四時，太和萬物』七句，而《道藏》所收白文本則無此七句，成玄英本（成本此七句爲疏文）、王雱本、林希逸本並同。《玉海》卷一百三引《莊子》文，亦無此七句。蘇轍、唐順之、沈一貫、宣穎、徐廷槐、姚鼐、武延緒、傅增湘、馬敘倫、劉文典、王叔岷、于省吾等，並以此七句爲注疏文字誤入正文者。《人間世》篇有『其大蔽牛』語，世所傳本多於『牛』上有『數千』二字，而《道藏》所收白文本則無此二字，王雱本、林希逸本、褚伯秀本、羅勉道本、吳澄訂正本並同。法藏敦煌殘卷 Pel.chin.2495《莊子郭象注・人間世》、俄藏黑水城文獻 TK6《宋刻本呂觀文進莊子義・人間世》，及《北堂書鈔》卷八十七、《藝文類聚》卷三十九引《莊子》文，亦皆無此二字。今案此句以『牛住其旁而不見』（《經典釋文》引李頤語）寫正榦之大，下句以『絜之百圍』中寫正榦之大，既以正榦言，則無『數千』二字爲是。世所傳本《人間世》篇有『俯而見其大根』之語，而《道藏》所收白文本『見』字作『視』，王雱本、林希逸本、褚伯秀本、羅勉道本、吴澄訂正本並同。《藝文類聚》卷八十八、《太平御覽》卷九五二引《莊子》文，亦並作『視』。劉武説：『蓋見無心，視有意。句冠「俯」字，即俯身視察之也。』（《莊子集解内篇補正》）當依劉説，作『視』字爲是。

總之，明正統《道藏》所收《南華真經》白文本與成玄英本、王雱本、林希逸本、褚伯秀本、羅勉道本、吴澄訂正本一樣，對我們校勘《莊子》文本具有重要文獻價值。但其中有些異文很可能爲《道藏》編校者所私改，並不一定有版本根據。如《大宗師》篇『參日』，《道藏》所收《南華真經》白文本作『三日』，王雱本、林希逸本、褚伯秀本、羅勉道本並同，但世所傳本及其他任何文獻資料所引《莊子》文均尚未發現有此例者，當爲《道藏》編校者所私改。

此次影印《南華真經》五卷白文，據中國國家圖書館藏原北京白雲觀藏梵夾本明正統《道藏》。

莊子南華真經十卷

（周）莊周撰　（明）王懋明校

王懋明，字僅初，明嘉靖間蘇州府長洲人，生卒年不詳。早歲英爽，讀書經目輒誦，裒撮舊聞，多所撰述，人稱爲經笥，爲學士華察所知。僑居錫山，時以察與懋明及施漸、姚咨爲錫山四友。曾刻華察《巖居稿》八卷，校《莊子南華真經》十卷。

今檢王氏所校《莊子南華真經》十卷，每葉版心下方皆刻有『如禪室藏』字樣。其卷一爲《逍遥遊》《齊物論》，卷二爲《養生主》《人間世》《德充符》，卷三爲《大宗師》《應帝王》，卷四爲《駢拇》《馬蹄》《胠篋》《在宥》，卷五爲《天地》《天道》《天運》，卷六爲《刻意》《繕性》《秋水》《至樂》，卷七爲《達生》《山木》《田子方》《知北遊》，卷八爲《庚桑楚》《徐無鬼》《則陽》，卷九爲《外物》《寓言》《讓王》《盜跖》，卷十爲《説劍》《漁父》《列禦寇》《天下》，與世所傳郭象注本分卷多相合，而與明正統《道藏》所收各本分卷皆不合。然比對文字，則多與《道藏》所收各本相吻合，而與《道藏》外所傳各本反有不合者。如王所校《莊子南華真經》本，其《齊物論》篇『天均』、《人間世》篇『相軋』、《德充符》

篇『豚子』、《大宗師》篇『善夭』、《在宥》篇『昆蟲』，與《道藏》所收《南華真經》白文本、成玄英《南華真經注疏》本、林希逸《南華真經口義》本、褚伯秀《南華真經義海纂微》本、羅勉道《南華真經循本》本基本一致，而與《道藏》外所傳各本多有不同，疑王氏校《莊子南華真經》十卷時，曾參照了《道藏》中有關文本。

王懋明校《莊子南華真經》本，間有簡單音注，或用反切，或用直音，以之與陸德明《莊子音義》相比對，可見其承因之跡。如陸氏《莊子音義·逍遥遊》於『行比一鄉』之『比』下云『毗至反，徐扶至反』，王校本亦注云：『毗至反。』於同篇『藐姑射』之『射』下云『徐音夜，又食亦反，李實夜反』，王校本亦注云：『夜。』此處所舉王校本之音注，皆承自陸氏《莊子音義》甚明。但王校本每有以聲調標示者，如《知北遊》篇於『正獲之問於監市履狶』之『監』下注云：『平聲。』於『處不知所持』之『處』下注云：『上聲。』於『未離其内』之『離』下注云：『去聲。』於『聞不若塞』之『塞』下注云：『入聲。』凡此，在陸德明《莊子音義》中皆無先例。若以王校本所標反切、直音、聲調，與晚明其他刊本相比對，亦每有不同，具有一定文獻價值。今以王懋明學問功底及本書卷首題『王懋明校』推之，凡此書中所標反切、直音、聲調，當皆爲王氏所爲。

此次影印王懋明校《莊子南華真經》十卷，據中國國家圖書館藏明如禪室刊本。

南華真經十卷　（周）莊周撰　（明）陳楠校刻

陳楠，字彦材，浙江上虞人，生卒年不詳。少穎敏，日記數千言，遂博綜群籍，稱巨儒。明嘉靖五年登進士，授長沙府推官，歷大理寺正，尋出知寶慶，遷按察副使，備兵蘇松，不悦於當路，遂罷歸，杜門讀書，清約如寒士。萬曆九年（1581）曾校刻《四子書》。

陳氏刻《四子書》二十三卷，包括《道德真經》二卷、《文始真經》三卷、《沖虚真經》八卷、《南華真經》十卷。其《南華真經》十卷末，附明施堯臣於萬曆五年（1577）所作《一日謁》，謂淩汝成稱『此《四子》書乃襄陽刊也』，並舉以授施堯臣，施氏『謹奉刊，置紫薇堂中』。據有關資料，《四子》書由陸明揚編訂。陸氏爲上海縣人，萬曆三十一年舉人，萬曆四十二年任靖江教諭，次年即卒於官。宅名『紫薇堂』，著有《紫薇堂集》《五經輯要》《周易繫辭正義》等。施堯臣，號華江，南直隸青陽人，嘉靖二十九年進士，歷官浙江蕭山令、吏部尚書郎、開封禹州知州等。則施氏萬曆五年所刻《紫薇堂四子》二十三卷，乃以此前陸明揚所編、襄陽刊《四子》二十三卷爲底本。

今觀陳氏《四子書》末施堯臣《一日謁》後，又有陳楠萬曆九年自跋，作於其任兩淮都轉運鹽使司運使之時。其自述翻刻過程云：『嘗閲《老子》《關尹子》《列子》《莊子》書，大都以虚無爲本，以因循爲用，言雖殊而旨則同，實道家之宗祖也。施華江公珍此書，已刻於東粤矣，繄淮揚爲文獻名藪，詎可亡乎！大司馬撫臺淩公，乃出此本，以授楠，命翻刻之。謹捐俸募工，間有差訛，輒加校訂，梓於慎德書院。』是知陳楠本人頗重《老子》《關尹子》《列子》《莊子》四書，又因上司淩汝成之提命、推薦，遂於萬曆九年翻刻施堯臣所刻《紫薇堂四子》爲《四子書》二十三卷，以濟淮揚學士之所需。

陳楠所校刻《南華真經》十卷，既爲《四子書》之一種，翻刻於施堯臣所刻《紫薇堂四子》本，則其與施氏本版式相一致，版心依次刻有『禮』（第一—十一篇）、『義』（第十二—十八篇）、『廉』（第十九—二十五篇）、『恥』（第二十六—三十三篇）四字，卷端頂格題『南華真經』，次一行低兩格爲篇名；各章首行頂格書寫，其餘皆低一格；凡半葉九行，行十七字。然陳氏謂『間有差訛，輒加校訂』，如將施氏本《天運》篇『目之窮乎所欲見』之『之』訂正爲『知』，將《人間世》篇『以下拊其上者也』之『拊』訂正爲『拂』、『未始有回譬』之『譬』訂正爲『也』、『天且不止』之『天』訂正爲『夫』，又判定《達生》篇『反以相天子』之『子』字爲衍文而予以删除，則使其所刻本更爲精確可依。

此次影印《南華真經》十卷，據華東師範大學圖書館藏明萬曆九年校刻《四子書》本。

莊子南華真經三卷　（周）莊周撰　（明）吴勉學校

吴勉學，字肖愚，歙縣人，生卒年不詳。曾建書肆『師古齋』，廣刻各類書籍，爲晚明徽州藏書最富、刻書最多者。《歙縣志》稱其『博學藏書，嘗校刻經、史、子、集數百種，讎勘精審』。《莊子南華真經》三卷，即爲其所輯校刊行《二十子》之一種，無注釋，前有皖人顔素所識《莊子題語》，書末題『新安吴勉學校梓』『金陵徐智督刊』，並附《莊子難字音義》。

通觀吴勉學所校《莊子南華真經》，其校勘確實頗爲『精審』。如吴氏本《人間世》篇有『其大蔽牛』之語，而世所傳本多於『牛』上有『數千』二字。今案《道藏》各本均無『數千』二字，法藏敦煌殘卷 Pel.chin.2495《莊子郭象注・人間世》、俄藏黑水城文獻 TK6《宋刻本吕觀文進莊子義・人間世》，亦皆無此二字。誠然，此句以『牛住其旁而不見』（《經典釋文》引李頤語）寫正榦之大，下句以『絜之百圍』申寫正榦之大，既以正榦言，則當依吴氏本等無『數千』二字爲是。又吴勉學本《漁父》篇有『方將杖挐』『不聞挐音』『杖挐逆立』之語，而世所傳本三『挐』字多作『拏』，均誤。今案陸德明《莊子音義》所出示正作『挐』，並引司馬彪云『橈也』，即『挐』通『橈』，謂船篙，説明吴氏本作『挐』實爲可從。

吴勉學所校《莊子南華真經》末所附《莊子難字音義》，分内、外、雜三大部分，包括《莊子》全書三十三篇之難字音義。據筆者統計，此《莊子難字音義》共收『難字』五百五十九字，其所謂『音義』，實際上衹釋音，並不釋義，唯於《達生》篇『凝』字下云『古本作「疑」』，於同篇『崒（崪）』字下云『一本作「莘」』，於《天下》篇『倚』字下云『或作「畸」』；而其釋音，多采用直音，偶爾用反切。今以吴勉學《莊子難字音義》與唐陸德明《莊子音義》、宋陳景元《南華真經章句音義》、賈善翔《南華真經直音》等相比照，所作音注顯得甚爲不同；與宋林希逸《莊子釋音》（《莊子鬳齋口義》附録）、明張四維《莊子釋音》（《莊子鬳齋口義補注》附録）等相比照，亦每每有所不同。或許此《莊子難字音義》爲吴氏損益前人所作音義而成，增添當時讀音較多，有一定學術價值。

此次影印吴勉學所校《莊子南華真經》三卷，據上海圖書館藏明萬曆中刊《二十子》本。

南華經不分卷　（周）莊周撰　佚名圈校

《南華經》不分卷，清抄本。全書無目録，亦無序跋，僅抄《莊子》三十三篇白文。其朱筆批語，有引及清初林雲銘者，可知此書當抄於清代，而晚於林氏《莊子因》。

通觀全書，内篇七篇題目下皆有『内篇』二字，外篇十五篇題目下皆有『外篇』二字，雜篇十一篇題目下皆有『雜篇』二字，以示内、外、雜三者有所區別。全書抄寫工整，每半葉八行，每行二十二字；於抄錯之字，以朱筆訂正之；於難讀之字，以朱筆直音之；疑《莊子》原文有訛者，偶爾予以校勘，如於《大宗師》篇『不知就先，不知就後』下，略承林雲銘《莊子因》之意云：『就字宜作孰。』尤引人注目者，還在於以朱筆爲全書作圈點，可使讀者知其句讀、警策之所在。且每篇皆以朱筆標出段落，復於每段中標出層次，可使讀者知其結構、綮窾之所在。

書中朱批，還有疑外、雜篇某些段落爲贋筆者，則更值得注意。如於《田子方》『莊子見魯哀公』故事旁批云：『此是贋筆。』於『臧丈人』故事旁批云：『語意稚弱，真屬贋筆。』於《外物》篇『莊周家貧』故事旁批云：『贋筆。』於《列禦寇》『宋人有曹商者』『有見宋王者』故事旁並批云：『此段贋筆。』查對此等批語，多本之林雲銘《莊子因》，但亦有批者見解摻入。批者復於《寓言》篇末云：『林西仲云：「此篇與後《列禦寇》總爲一篇，是全書收束，後人竄入《讓王》等四篇，故分爲兩。」細玩之，果然。』又於《列禦寇》篇末引林雲銘另一段話，以申述此説。由此説明，批者不僅認可自蘇軾以來的傳統説法，以《讓王》《盜跖》《説劍》《漁父》四篇爲僞作，主張合《寓言》《列禦寇》爲一篇，且復從林雲銘之説，斷外、雜篇中某些章節爲贋筆。

細審本書，抄寫、圈點、批校等當係一人所爲，可見其用力頗勤。今據湖北省圖書館藏清抄本予以影印。

南華真經十卷　（晉）郭象注

郭象（253—312），字子玄，河南（今河南洛陽）人。少有才理，好老莊，能言善辯，時人咸以爲王弼之亞。常閑居，以文論自娱。後辟司徒掾，稍至黄門侍郎。東海王越引爲太傅主簿，甚見親信倚重，遂任職當權，熏灼内外，由是素論去之。著作除《莊子注》流傳至今外，他如《老子音》《莊子音》《論語隱》《論語體略》《郭象集》等，均已散佚。唯《論語體略》，梁皇侃《論語義疏》中有引文，清馬國翰《玉函山房輯佚書》中有輯本。事蹟主要見《晉書・郭象傳》《世説新語・文學篇》。

《莊子》古本，據《漢書・藝文志》載録凡五十二篇，郭象以爲：『一曲之才，妄竄奇説，若《閼奕》《意脩》之首，《危言》《游鳧》《子胥》之篇，凡諸巧雜，十分有三。』（陸德明《經典釋文・序録》引）日本鐮倉時代高山寺所藏《莊子》殘鈔本《天下》篇後有跋語云：『夫學者尚以成性易知爲德，不以政（攻）異端爲貴也。然莊子閎才命世，誠多英文偉詞，正言若反。故一曲之士，不能暢其弘旨，而妄竄奇説，若《閼亦》《意循（脩）》之首，《尾（危）言》《游易（鳧）》《子胥》之篇，凡諸巧雜，若此之數，十分有三。或牽之令近，或迂之令誕，或似《山海經》，或似〔占〕夢書，或出《淮南》，或辯形名，而參之高韻，龍蛇並御，且辭氣鄙背，竟無深澳，而徒難知，以因（困）後蒙，令沈滯失乎（平）流，豈所求莊子之意哉？故皆略而不存。令（今）唯哉（裁）取其長，達致全乎大體者爲三十三篇者。』以《經典釋文・序録》所引郭氏之語相比勘，可斷定此段跋語爲郭象所作無疑，則今傳三十三篇《莊子》當即爲郭象作注時裁定之本。據《隋書・經籍志》，郭象《莊子注》『三十卷，目一卷』。後世多合爲十卷，即：內篇三卷共七篇，卷一爲《逍遥遊》《齊物論》；卷二爲《養生主》《人間世》《德充符》；卷三爲《大宗師》《應帝王》。外篇四卷共十五篇，卷四爲《駢拇》《馬蹄》《胠篋》《在宥》；卷五爲《天地》《天道》《天運》；卷六爲《刻意》《繕性》《秋水》《至樂》；卷七爲《達生》《山木》《田子方》《知北遊》。雜篇三卷共十一篇，卷八爲《庚桑楚》《徐無鬼》《則陽》；卷九爲《外物》《寓言》《讓王》《盜跖》；卷十爲《説劍》《漁父》《列禦寇》《天下》。

然而，關於郭象爲《莊子》作注，歷來説法不一：或以爲郭注竊於向秀之注，或以爲乃是依向注『述而廣之』。『剽竊』之説出於《世説新語・文學》：『初，注《莊子》者數十家，莫能究其旨要。向秀於舊注外爲解義，妙析奇致，大暢玄風。唯《秋水》《至樂》二篇未竟而秀卒。秀子幼，義遂零落，然猶有別本。郭象者，爲人薄行，有儁才，見秀義不傳於世，遂竊以爲己注。乃自注《秋水》《至樂》二篇，又易《馬蹄》一篇，其餘衆篇，或定點文句而已。後秀義別本出，故今有向、郭二《莊》，其義一也。』《晉書・郭象傳》大致因襲此説。『述廣』之説出於《晉書・向秀傳》：『莊周著內外數十篇，歷世方士雖有觀者，莫適論其旨統也。秀乃爲之隱解，發明奇趣，振起玄風，讀之者超然心悟，莫不自足一時也。惠帝之世，郭象又述而廣之，儒墨之跡見鄙，道家之言遂盛焉。』今檢東晉張湛《列子注》，於《列子》原文與《莊子》相同處，每引向秀之注以注之，以之與今傳郭象《莊子注》中有關文字相對勘，則或相同，或相異，甚或有義理相背馳者。張湛亦屢引郭象之注以注《列子》而不及向秀，而此等注語與今傳郭象《莊子注》中有關文字復又幾乎全同，似可説明向秀於此無注，或不及郭注義長，故而使張湛獨采郭注以爲之注。此外，郭象《莊子注》所謂『無』不能生『有』云云，當出於裴頠之『崇有論』，而向秀死時，裴頠尚是孩童，何受裴氏影響之有？由是推之，則郭象《莊子注》並非剽竊而來，乃是『述而廣之』，在向注基礎上發展起來的一部學術著作。

郭象之注《莊子》，特別重視内篇，不但詳注正文，還爲各篇解釋題意。對於外篇、雜篇則一概不作題解，文中注語亦較爲簡略，甚至像《讓王》《盜跖》兩篇僅各出注語三條，《漁父》篇僅出一條，《説劍》篇則無注。在義理詮釋上，郭象於傳統莊學多有修正。如『獨化』説，即其重要命題之一。郭氏以爲，『無既無矣，則不能生有。』（《齊物論注》）『非唯無不得化而爲有也，有亦不得化而爲無矣。』（《知北遊注》）此即所謂：『凡得之者，外不資於道，内不由於己，掘然自得而獨化也。』（《大宗師注》）從而既修正了先秦莊周以『道』爲宇宙萬物本原之學説，又否定了當時玄學家王弼等『無能生有』之理論，而有所批判地發展了裴頠的『崇有』思想。基於此種理論主張，郭象進而提出『名教』即『自然』之命題。如其注云：『聖人雖在廟堂之上，然其心無異於山林之中，世豈識之哉！』（《逍遥遊注》）又云：『未有極遊外之致而不冥於内者也，未有能冥於内而不游於外者也，故聖人常遊外以冥内，無心以順有。』（《大宗師注》）所謂『遊外』乃指超乎禮法名教制度之外，『冥内』則指篤於禮法名教的現實社會。郭象以爲，此兩者誠可合而一之，聖人並非真欲於現實之名教制度外去尋求一個自然的理想社會纔算逍遥。至此，郭氏既否定了何晏、王弼『名教本於自然』之説法，又批判了嵇康、阮籍『越名教而任自然』之『異端』思想，終於完成了『名教即自然』之哲學論證，甚是滿足了當時門閥士族精神和社會現實之需要。

正因郭象憑藉其高超思辯能力，修正並發展了時人所取得的莊學研究成果，從而將玄學理論推向最高峰，遂使『儒墨之跡見鄙，道家之言遂盛焉。』（《晉書·向秀傳》）而其《莊子注》，亦隨之『爲世所貴，徐仙民、李弘範作音，皆依郭本，以郭爲主。』（《經典釋文·序録》）自唐以後，甚至還獲得了《莊》注絕學的獨尊地位，致使一千數百年來，凡研究《莊子》者，可謂皆於郭《注》基礎上進行之。如唐成玄英《莊子注疏》、清劉鳳苞《南華雪心編》、郭慶藩《莊子集釋》等皆爲其例。此外，完整收録郭注者尚有南宋龔士卨《五子纂圖互注》本《纂圖互注南華真經》、明嘉靖吴郡顧氏世德堂刻《六子全書》本《南華真經》、萬曆武林鄒之嶧刻《莊子郭注》本、清乾隆《四庫全書》本《莊子注》、光緒浙江書局刻《二十二子》本《莊子》等，而獨以郭注配經文而尤值得珍視者，則有宋刻郭注《南華真經》十卷。經版本專家鑒定，此書刻於南宋高宗間，可能爲鄂州刻本。且全書有朱筆校點，天頭並有朱墨筆批注及校勘，從其避諱可知，注亦爲南宋人作，當在光宗之後，而其批注時所匯資料，則頗多已佚古本信息，同樣甚有價值。此書曾經汪士鐘、楊氏海源閣遞藏，後歸周叔弢，於一九五二年捐獻給北京圖書館（今中國國家圖書館），茲據以影印。

莊子南華真經十卷　（晉）郭象注　（清）錢陸燦批點並跋

錢陸燦（1612—1698），字爾韜，號湘靈、圓沙、鐵牛翁，常熟（今屬江蘇）人。清順治十四年舉人。好藏書，室名東圃書堂、調運齋。出入經史，旁貫百家，教授常州、揚州、金陵間，從遊者甚衆。著有《調運齋詩文隨刻》，曾批點《南華真經》十卷。

經查對，錢陸燦所批點《南華真經》十卷，底本乃是明盧復編、明錢塘劉氏溪香館刻《三經晉注》所收《南華真經》十卷。溪香館刻本依郭象注本《莊子》，眉欄選刻李士表、林希逸、劉辰翁、楊慎、唐順之、王維楨、王宗沐、李贄、許孚遠、孫鑛、徐常吉、袁宏道等人雜説爲批語，而錢陸燦據此刻本，復以朱、藍、墨三色，隨閱隨圈隨批隨點，間引郭象、葛洪、沈括、林希逸、劉辰翁、陸西星、釋德清、趙文毅、孫鑛、譚元春、錢謙益等人之説，而以其先師顧大韶之説爲多，與溪香館刻之批語相顯而益彰。其師顧氏遺説，賴此書而得倖存，則尤可珍視。據錢氏於卷首與書尾所記，其批點此書，始於『乙卯七夕後四日』，『七月二十日東圃書堂閲完』，共費時九日。乙卯爲清康熙十四年（1675），此年錢氏六十三歲。

錢陸燦以九日之力，隨閲隨圈隨批隨點，多屬即興，點到爲止，然細加尋繹，亦每見其有條理者。如於《逍遥遊》篇，錢氏先引其先師顧大韶云：『「小大」二字，是一篇眼目。逍遥者，見大則心泰也。至於無己、無功、無名，則大之至矣，亦逍遥之極矣。』接着，錢氏依次批點，或曰『寫鵬飛，大之至矣』，或曰『以大椿言之，冥靈爲小，而彭祖又小之小』，或曰『知效一官』等爲『小而小』，宋榮子、列子爲『大而小』，唯乘正御辯以下，『方歸到至人、神人、聖人，以見其大』，至篇終復『歸到無所可用之爲大』而『結出「逍遥」二字』，使《逍遥遊》宗旨軒豁呈露。錢氏批點《逍遥遊》篇，緊扣『大小』二字，正代表了晚明以來的一種風氣。於《齊物論》篇，錢氏開頭即批云：『物之所以不齊，惟其有耦也。故先以有耦發端。』繼而通過依次圈閲批點，錢氏於篇末復引明陸西星語作爲總批，認爲『「喪我」二字爲一篇之眼目』，『繼以天籟提上一步説，爲眼目中之正眼，如下照之以天均、天府、天倪，皆從此生』，而後『提出「因是」二字作爲齊物之眼目，以下反覆議論，祇説「因是」以和是非而休天均』。可見一經錢氏批點，《齊物論》篇之脈絡、主旨乃得顯露。對於雜篇，錢氏信從蘇軾《莊子祠堂記》之説，以《讓王》《盜跖》《説劍》《漁父》四篇爲僞作，主張將《寓言》篇末段『入《列禦寇》爲一篇』，並於《盜跖》篇末批云：『重義輕利，道學之常談，不待莊兒饒舌，故決其爲僞篇。』此説亦自有一定見地。

明錢塘劉氏溪香館刻、錢陸燦批點《南華真經》十卷，藏於中國國家圖書館，今據以影印。

南華真經十卷 （晉）郭象注（唐）陸德明音義（清）沈巘校並跋

沈巘（1679—？），字穎谷，號賓硯，蘇州府長洲人。師從何焯，名列《義門弟子姓氏録》。曾校《南華真經》《世説新語》等。

檢沈巘校跋《南華真經》十卷，其底本爲明嘉靖十二年顧春世德堂刻《六子書》之《南華真經》十卷，每葉八行，行十七字，小字雙行，版心上鐫『世德堂刊』四字。卷尾有沈巘朱筆題『安仁趙諫議宅刊行一樣□子』『安仁趙氏本覆校一過』者，並署云：『聖清雍正庚戌夏五月望後一日宋本對校訖。吳門寶硯居士沈巖記。』此趙氏本，民國初繆荃孫謂爲北宋趙文定安仁所刊，孫毓修以爲南宋重開北宋本。傅增湘則據文中玄、弘、殷、讓、敬、匡、貞、完、構、慎等字有缺筆，及對趙氏所屬郡縣之分析，斷其爲南宋孝宗時蜀中所梓。後人多以傅説爲近是，則沈巖援以校對者，爲南宋初蜀中趙氏所刻本。

沈巖校跋《南華真經》十卷，共分四册。沈氏於第一册末云『雍正庚戌四月廿有五日校畢此册』，於第四册末云『雍正庚戌夏五月望後一日宋本對校訖』，以此推之，則其校對此書，費時幾近一月。今視全書，於《莊子》之原文、郭象之注解、陸德明之音義等，凡兩本有相異者，大到句群，小至字詞，甚或異體字，皆精校細勘，施朱筆於底本，可謂纖毫不遺。如底本《天運》篇中有『夫至樂者』至『太和萬物』七句，凡三十五字。沈氏於天頭云：『北宋刊本無「至樂者」至「太和萬物」三十五字，「四時」上旁有一圈。南宋小字本亦無此三十五字。』於地脚云：『趙氏本亦無此三十五字。』此處引趙氏本和另兩個宋本，一同來比勘世德堂本，以便讀者明白其異同。又如將底本卷首郭象序『混芒』之『芒』依宋趙諫議本改訂爲『茫』，『源流深長』改訂爲『源深流長』，『進躁之士』之『士』改訂爲『壬』；將《駢拇》篇『黄鐘』之『鐘』改訂爲『鍾』，郭注『棄財』之『財』改訂爲『才』，郭注『此數字』之『字』改訂爲『子』，郭注『舉群品萬殊』之『舉』改訂爲『雖』，郭注『有爲者之所上』之『上』改訂爲『尚』；甚或將全書中所有『無』字改訂爲『无』，『滛』字改訂爲『淫』，遇宋諱者依宋趙諫議本改訂爲缺筆字等等，使底本與宋趙諫議本有相異者，巨細靡不畢現。

宋趙諫議宅刻本《南華真經》十卷，不知幾經輾轉收藏，民國時爲傅增湘所購得，如獲異寶。經其精心考證，斷爲天下孤本，亦即沈巖用以對校明世德堂刻本者。張元濟《〈四部叢刊〉刊成記》謂，沈氏校跋《南華真經》十卷，曾被立入《四部叢刊》目録，擬予朱墨套印，後因故未果。沈氏校跋本後爲北京圖書館（今中國國家圖書館）收藏，茲據以影印。

南華真經十卷　（晉）郭象注　（唐）陸德明音義　傅增湘校跋並録清羅振玉題識

傅增湘（1872—1949），字沅叔、潤沅，别署雙鑒樓主人、藏園居士、藏園老人、清泉逸叟、長春室主人等，四川江安縣人。清光緒二十四年進士，入翰林院爲庶吉士，民國時曾任教育總長，是近現代著名的教育家、藏書家、版本目録學家。其從事目録、版本、校勘學研究近五十年，生平藏書約二十萬卷，其中用善本手自校勘者約一萬六千卷。

今檢中國國家圖書館所藏，有多種明嘉靖十二年世德堂刻《六子書》本之《南華真經》十卷，其中有經傅增湘多次手校者。其朱筆後跋云：『壬子（1912）春二月既望，避地上海，寂寥寡懽，從張菊生（元濟）前輩，假涵芬樓所藏宋本，盡數日之力，迻校一過。緣北還期迫，不及覆核，遺漏或不免也。自第一卷至六卷，南宋刊本，半葉十行，行十七、八、九字不等；小字雙行，二十二、三、四字不等。北宋本無音義。』此宋本即後來收入《續古逸叢書》之南北宋合璧本《南華真經》十卷，傅氏將其異文以朱筆録入世德堂本，並於每卷末各記其校訖日期。傅氏又有藍筆跋語云：『楊惺吾（守敬）藏古鈔本《莊子》三卷，存《庚桑》《外物》《寓言》三篇，假校一過，其文字異處，頗有出北宋本外者，句尾虚字增益尤多，可謂秘本矣。甲寅（1914）十二月二十一日沅叔記。』據楊守敬《日本訪書志》卷七所記，此古鈔本《莊子》三卷，爲楊氏抄自日本小島學古迻録本，傅氏藉以對校，將其異文以藍筆録入世德堂本。『乙卯（1915）九月，假顧巨六（鼇）新得敦煌唐卷子本校勘一過』（《天運》末題語），以藍筆録異文於世德堂本《天運》篇。同年十月，復借顧氏所藏敦煌殘卷《知北遊》，對勘一過，以藍筆録其異文於世德堂本之相應位置。此外，案《逍遥遊》篇地脚，有二十一條藍色校語提及南宋趙諫議刻本，不知爲何時所書。

傅增湘於壬子年、甲寅年、乙卯年等，先後借涵芬樓藏南北宋合璧本、楊守敬藏古鈔本《莊子》三卷、顧鼇藏敦煌唐卷子殘卷《天運》《知北遊》，以及利用南宋趙諫議本《逍遥遊》篇，以對校世德堂刻《南華真經》十卷，累年堅持不懈，使之盡顯諸本異文，訂正底本譌奪。其中南北宋合璧本，據羅繼祖《永豐鄉人行年録》卷上所記，爲清宣統三年（1911）二月，由田吴炤自日本購回，羅振玉亟假歸，校勘於世德堂本上，並作跋語云：『《南華真經》宋本，僅士禮居及海源閣有之。蕘圃（黄丕烈）不知尚在人間否。楊（海源閣楊氏）本雖現存，朱門深鎖，亦不啻已佚。此本前六卷爲南宋刊，後四卷則北宋槧本，以校世德堂本，補正訛奪字殆逾千（名），而與成元英注疏本多合。元英卒於初唐，所據爲六朝古本，則此雖宋槧，實與唐寫本不異。年來所見宋槧諸書，以此爲第一矣。宣統三年二月，上虞羅振玉稽校一過，並識語卷末，以記眼福。』傅增湘以爲，『《南華》古刻，莫先於此，明清諸儒咸未之見』（《藏園群書題記》附録），對南北宋合璧本表示十分珍視，故特以朱筆迻録羅氏跋語於書末，藉以表示自己尤其看重以南北宋合璧本來對勘之價值。傅氏累年所校明世德堂所刻《南華真經》十卷，藏於中國國家圖書館，今據以影印。

南華真經十卷

（晉）郭象注　（唐）陸德明音義　傅增湘校並跋

傅增湘生平事蹟已見上一則提要。其所校跋另一《南華真經》十卷，亦爲明嘉靖十二年顧春世德堂刻《六子書》之一，有晉郭象注、唐陸德明音義。視其校勘，有朱、藍二色。其所校篇章，包括書前郭象序、《逍遥遊》《齊物論》（至『雖然請嘗言之』而止）、《説劍》《漁父》《列禦寇》《天下》，而不及其餘各篇。

今檢是書，傅增湘於《列禦寇》篇末有藍筆題云：『辛巳（1941）十二月依蜀刻本校。』又於《天下》篇末題云：『壬午（1942）元日據安仁趙諫議本校於長春室。』現所傳南宋趙諫議刻《南華真經》十卷（藏於臺灣中央研究院傅斯年圖書館），書末更有傅氏於壬午年暮春所作長跋一篇，謂其曾於辛亥（1911）冬，從上海涵芬樓借出清沈巘手校本（援以對校底本者爲趙諫議本），『臨校於世德堂本，未得終卷而罷』；後復購得趙諫議本（即爲沈巘用以對校者），並於辛巳末、壬午初，『取世德堂本卷十對勘，改訂至數十字。』舉其正文言之，如《説劍》篇「韓魏爲夾」，「夾」作「鋏」；「忠勝士」，「勝」作「聖」。《漁父》篇「須眉交白」，「須眉」作「鬚眉」；「國技不巧」，「國技」作「工技」；「兩容頰適」，「頰」作「顔」；「早湛於僞」，「僞」上有「人」字。《列禦寇》篇「十饕」，「饕」作「漿」；「而猶若食」，「食」作「漿」；「搖而本才」，「才」作「性」；「食而遨遊」，「食」上有「飽」字；「而甘冥乎」，「冥」作「瞑」；「殆哉汲乎」，「汲」作「圾」；「雖以士齒之」，「士」作「事」；「仁義多則」，「則」作「責」；「食以芻叔」，「叔」作「菽」』，最後希望：『竢筆墨少閑，當詳勘一通，撰爲校記。』據傅增湘題識及爲趙諫議本所作跋語，並以傅氏所校是書與清沈巖手校本相比照，可斷其爲郭象序、《逍遥遊》《齊物論》（部分）所作校勘，即是辛亥冬從涵芬樓借沈巖手校本『臨校於世德堂本，未得終卷而罷』者，而《説劍》《漁父》《列禦寇》《天下》四篇則校於辛巳末、壬午初，援以直接校對者爲趙諫議本，所舉『鋏』『聖』『漿』『性』『瞑』『圾』『事』『責』『菽』等字，即出於趙氏本。

傅增湘所用底本與趙諫議本、清沈巖手校本，卷一皆包括《逍遥遊》《齊物論》兩篇，卷十皆包括《説劍》《漁父》《列禦寇》《天下》四篇。傅氏校郭象序、《逍遥遊》《齊物論》（部分），凡用朱筆者，皆辛亥冬從沈巖手校本迻録而來，個別用藍筆者則爲其所私加。其校《説劍》《漁父》《列禦寇》《天下》四篇，一律用藍筆，且與卷一不同，地脚皆不出校語，校勘亦較簡略。今竊以爲，傅氏以古稀之年，喜獲趙氏孤本，而終不能遂其『詳勘一通』之願，實以氣力已有所不支也。然綜觀其一生，除校勘而外，所作詩文、題跋等涉及《莊子》者，在在而有，於其版本、刻家之論定，文字訛誤之訂正，皆與有功焉。傅氏所校跋明嘉靖十二年世德堂刻《六子書》之《南華真經》十卷，藏於中國國家圖書館，今據以影印。

莊子郭注十卷　（晉）郭象注　（唐）陸德明音義　（明）鄒之嶧校刻

鄒之嶧（1574—1643），字孟陽，號湖山主人，世居浙江海寧，後徙錢塘東溪。善畫，與歙縣李流芳友善。明萬曆三十三年（1605），曾校刻《莊子郭注》十卷。

與前人所刻《莊子》郭象注本版式不同，鄒之嶧所校刻之《莊子郭注》十卷，郭注亦一律用大字，唯低一格附於《莊子》相關文字之後；陸德明音義則用小字，緊接郭注之後，亦低一格。卷一、七、十，由鄒之嶧分任校刻；卷二、五、八，由鄒光胤分任校刻；卷三、六，由聞啓祥分任校刻；卷四、九，由嚴武順分任校刻。書前有馮夢禎、陳繼儒所作序及吳之鯨題辭各一篇。鄒之嶧爲馮夢禎、吳之鯨門人，與陳繼儒爲友。馮序謂『注《莊子》者，郭子玄而下凡數十家，而精奥淵深，其高處有發莊義所未及者，莫如子玄氏。蓋莊文日也，子玄之注月也，諸家繁星也，甚則爝火、螢光也』，並云：『近世金陵焦弱侯並行《老莊翼》，蓋全收郭注而旁及諸家，趙女、吴娃俱充下陳，余則盡去諸家而單宗郭氏，回頭一顧，六宫無色。今先列正文，低一字即録郭注，俱爲大字，無所隆殺，進之也。……門人鄒孟陽，亦深於讀《莊》者，故命之表章郭氏，而陸德明《音義》附焉。』陳氏題辭亦云：『《莊子》注，舊有四十九部五百一十六卷，近世《老莊翼》最稱駢辨，而吾友鄒孟陽則謂餘注皆可盡廢，獨以郭子玄孤行足矣。』縱觀歷世，多宗郭注，晚明學人，每於序跋及之，甚者則以莊文擬日，郭注擬月，馮氏即爲力倡者。鄒氏承其師説，亦獨尊郭注，鄙夷諸家，甚或欲廢焦竑《莊翼》，使衆注黜而不用，故校刻《莊子郭注》，用大字録郭注，以示表章之意，所謂『無所隆殺，進之也』。推而論之，郭注誠可冠衆家而千古不滅，然其意在借注《莊》以立新説，每與漆園之旨相左，而馮鄒師徒之意，則欲獨行郭注而盡廢衆説，無乃太甚乎！

鄒之嶧校刻《莊子郭注》十卷，明萬曆三十三年校刻於小築，雖不及明世德堂校刻本之精審，然於明季衆多校刻本中，仍屬較爲拔萃者。此次影印鄒氏校刻《莊子郭注》十卷，據上海辭書出版社圖書館藏萬曆三十三年小築刊本。

分章標題南華真經十卷

（晉）郭象注　（唐）陸德明音義　勞健題款

《分章標題南華真經》十卷，有晉郭象注，附唐陸德明音義，爲南宋末坊刻本，不知編者何人。半葉十三行，每行二十三字；注及音義，小字雙行，每行二十八字。此書首尾數葉，視其字體、款式，當爲他人所抄配。卷一末題『戊辰（1928）二月桐鄉勞健篤文觀』。勞健（1905—1938），字篤文，浙江桐鄉人，爲清京師大學堂總監勞乃宣之子。精書法，善治印，與周叔弢過從甚密，周氏藏書多倩其抄補善本，題跋題簽，《分章標題南華真經》十卷即經其觀覽題款。

是書以『分章標題』命名，並無隻字説明。今檢各篇天頭，皆題有若干言辭，如《養生主》之『庖丁解牛』『以神遇不以目視』『刀刃若新發硎』『聞庖丁之言得養生』，《胠篋》之『雞狗之音相聞』『四子之賢身不免戮』『脣竭齒寒』『聖人天下之利器』等，既非點評之語，亦無校勘之意，而與章旨相應，似有標目之用，豈所謂『標題』者乎？又檢各篇，每有以圓圈置於各章之首，以爲標識者，豈所謂『分章』者乎？誠若是，則創意頗多，不枉其用心之苦。然視全書，體例不一，如無圓圈以爲標識者，亦復不少。且細審各篇，有明顯訛文、倒文、衍文、脱文者，凡七十餘處。如《養生主》篇『動刀甚微』之『刀』訛爲『力』、《人間世》篇『至乎曲轅』之『曲』訛爲『田』、《大宗師》篇『無怛化』之『怛』訛爲『怚』；《胠篋》篇『至德之世』之『至』字、《天地》篇『睆睆然』之『然』字、《駢拇》篇『黄鍾大吕之聲非乎』之『非乎』二字，皆已脱漏；《齊物論》篇『其次以爲有封焉而未始有是非也』、《人間世》篇『未聞以無翼飛者也聞以有知知者矣』、《大宗師》篇『而後能外生已外生矣』、《在宥》篇『則可以托天下愛以身於爲天下』等語句，亦皆脱漏。則坊賈分章標題，偶施圓圈，旨在標新以射利，故不免粗糙歟？雖然，以宋刻罕存，且收陸氏《莊子音義》，可與宋刻諸《經典釋文》相關文字相比勘，故此書已屬傳世異寶。

版本專家據此書中多方鈐印，斷其先爲清南海鹽藏家吴榮光所藏，傅增湘《藏園群書經眼録》云此書『乙丑（1925）歲暮翰文齋郭姓持來，似粤中黎氏書，收自孔氏嶽雪樓』，則此書後應爲晚清廣東嶽雪樓主孔廣陶所有。孔氏書散去，此書落入書賈之手，後爲天津周叔弢所得。周氏以喜得此書與南宋高宗間刻本郭注《南華真經》十卷，遂名其藏書室爲『雙南華館』。一九五二年，周叔弢將此二書捐獻北京圖書館（今中國國家圖書館），茲據其所獻《分章標題南華真經》十卷影印。

莊子音義三卷（宋元遞修本）

（唐）陸德明撰

陸德明，名元朗，以字行，蘇州吴（今江蘇吴縣）人，生卒年不詳。初學於周弘正，善言玄理。南朝陳時，曾任始興國左常侍。陳亡，歸鄉里。隋煬帝時，擢秘書學士，遷國子助教。入唐，拜國子博士，封吴縣男。事蹟具《舊唐書》《新唐書》本傳。著有《老子疏》十五卷、《易疏》二十卷，今皆不存。所傳者，唯《經典釋文》三十卷，包括《序録》一卷、《周易音義》一卷、《古文尚書音義》二卷、《毛詩音義》三卷、《周禮音義》二卷、《儀禮音義》一卷、《禮記音義》四卷、

《春秋左氏音義》六卷、《公羊音義》一卷、《穀梁音義》一卷、《孝經音義》一卷、《論語音義》一卷、《老子音義》一卷、《莊子音義》三卷、《爾雅音義》二卷，是一部集漢魏古注、六朝音義之大成，並精於經籍版本校勘的重要著作。

陸德明《經典釋文・序録》云：『粤以癸卯之歲，承乏上庠，循省舊音，苦其太簡，……遂因暇景，救其不逮，研精六籍，采摭九流，搜訪異同，校之《蒼》《雅》，輒撰集五典、《孝經》《論語》及《老》《莊》《爾雅》等音，合爲三帙三十卷，號曰《經典釋文》。』自陳至唐初共有兩個『癸卯之歲』：一是在陳後主至德元年、隋文帝開皇三年（583），一是在唐太宗貞觀十七年（643）。宋李燾、清桂馥等，皆將陸氏所説『癸卯之歲』斷爲唐太宗貞觀十七年癸卯（李燾説，見盧文弨《經典釋文序録考證》引；桂馥説，見《劄樸》卷七）。然《册府元龜》卷九十七載：『（貞觀）十六年四月甲辰，太宗閲陸德明《經典音義》，美其弘益學者，歎曰：「德明雖亡，此書足可傳習。」因賜其家布帛百匹。』清錢大昕據此申述云：『太宗閲其書，嘉德明博辨，以布帛二百段賜其家，是元朗卒高祖朝，不及事太宗也。元朗嘗從學於周宏正。宏正卒於陳高宗太建六年甲午（574），至後主至德元年癸卯，相距十載，元朗年當在三十左右，若貞觀癸卯尚存，則耄耋頽齡，恐不能著書矣。』（《十駕齋養新録》卷二十）據此，陸德明撰寫《經典釋文》，實起始於陳後主至德元年，而傳世本署其唐時官銜者，乃後人所追題。以此推之，則《莊子音義》當撰寫於陳、隋之際。《子藏》及提要凡涉陸德明，仍題其爲唐人者，聊從衆説耳。

《經典釋文・序録》有『注解傳述人』，於所注各書之傳授次第、整理情況等，每有詳細考述。於《莊子》一書，陸德明重在考述莊學源流、《莊子》本子之變遷，可視爲《莊子音義》之序録。陸氏之考述，始於敘述莊子之生平、思想、文章，認爲漆園實屬『宏才命世』，『辭趣華深』，『正言若反』，其所言逍遥、自然、無爲、齊物之旨，世人『莫能暢其弘致』。所以進而説：『後人增足，漸失其真。』所謂『後人增足，漸失其真』，陸氏主要指古本《莊子》而言，即謂其『言多詭誕，或似《山海經》，或類占夢書』。誠然，稽考古本《莊子》，不乏此類文字。如慧琳《一切經音義》《藝文類聚》《太平御覽》等，其所引《莊子》佚文，即多有『似《山海經》』者。即使今本《莊子》，視其外雜諸篇，無論文字抑或旨趣，亦每與内篇相左。陸氏由是推斷，《莊子》書中當有『後人增足』者。實際上，陸氏此處已涉及『莊子』學説之源流問題。即在他看來，《莊子》中除了作爲『源』的莊周學説而外，還包括了不少諸如『言多詭誕，或似《山海經》，或類占夢書』的篇章文字，此即屬於『後人增足，漸失其真』之『流』。以陸氏所謂『莊生振徽音於七篇』（《莊子音義・天下》）者推之，則作爲『源』的莊周學説便指内七篇而言。

陸德明還考察了《莊子》本子之變遷。嘗謂：『《漢書・藝文志》「《莊子》五十二篇」，即司馬彪、孟氏所注是也。』然則，陸氏果曾親見班固古本乎？《莊子音義・齊物論》於『夫道未始有封』下引崔譔云：『《齊物》七章，此連上章，而班固説在外篇。』又於『天倪』下引崔譔云：『或作霓，音同，際也。班固曰：天研。』又於『恂』下引崔譔云：『戰也，班固作眴也。』又於『大塊』下引司馬彪云：『大樸之貌。衆家或作大槐，班固同。』由此可知，崔譔、司馬彪曾親見班固五十二篇本，而陸氏考察《莊子》本子之流傳、變遷，則當依據於崔譔、司馬彪等之所引述。陸氏並謂，郭象所删削者，爲古本《莊子》中『巧雜』文字，當是『一曲之才』之所摻入，故删去之後，遂使《莊子》趨於精純，因而爲世人所重，如『徐仙民、李弘範作音，皆依郭本，以郭爲主』，自己亦依郭氏本而作《莊子音義》。

陸德明訓釋《莊子》，多以音注爲主，而於前人所作音注，多兼收而並蓄之，即所謂『其音堪互用，義可並行，或字有多音，衆家别讀，苟有所取，靡不畢書，各題氏姓，以相甄識。』（《經典釋文・序録》）然所謂『靡不畢書』，並非盡羅前人舊音，而是『苟有所取』，尚須『微加斟酌』，即取長存異而已。陸氏於廣收舊音而外，亦兼收舊義。

古人多重以音寄義，音義相關，故陸德明收録前人釋義文字，往往與收録注音文字交互進行，而將釋義文字置於注音文字之後。且陸氏於廣收舊音舊義之時，亦頗重自作音義。嘗謂：『夫書音之作，作者多矣。前儒撰著，光乎篇籍，其來既久，誠無間然。但降聖已還，不免偏尚，質文詳略，互有不同。漢魏迄今，遺文可見，或專出己意，或祖述舊音，各師成心，製作如面，加以楚夏聲異，南北語殊，是非信其所聞，輕重因其所習，後學鑽仰，罕逢指要。』（《經典釋文・序録》）有鑒於此，陸氏除將『會理合時』之舊音『標之於首』而外，還每每自作音注，置於所有舊音之前。若審注音方法，陸氏重在采用反切，同時兼用直音，然罕有用假借字以標音者。據《周易音義・周易略例》所謂『隨世音焉』，《禮記音義・曲禮》所謂『隨俗而音』云云，則其爲《莊子》作音注，當亦以時音（以當時金陵音爲代表之南音）爲準。

陸德明除廣列衆説而外，又每有所補充，或時加考辨、校勘。據筆者統計，其所撰《莊子音義》三卷，爲所用底本（郭象本）所作之校勘竟多達八百餘處，重在校字、詞之異同，校語句、章節之異同，校文字之是非，每能顯示其見地。清四庫館臣云：『《經典釋文》……所采漢魏六朝音切凡二百三十餘家，又兼載諸儒之訓詁，證各本之異同，後來得以考見古義者，注疏以外，惟賴此書之存，真所謂殘膏賸馥，沾溉無窮者也。』其中《莊子音義》三卷，則是以集漢魏六朝諸家爲《莊子》所作音義之大成，兼載《莊子》衆本之異文，復又精於考釋、校勘，故能享譽千年，爲歷世治莊者所推重。《經典釋文》有唐敦煌寫本殘卷、宋刊宋元遞修本（中國國家圖書館藏）、明崇禎十年葉林宗抄本、清康熙二十九年通志堂刊本、乾隆五十六年盧文弨刊《抱經堂叢書》本等。此次影印《莊子音義》三卷，據中國國家圖書館所藏宋刊宋元遞修《經典釋文》本。

莊子音義三卷（日藏宋刊本）　（唐）陸德明撰

陸德明生平事蹟已見上一則提要。其所撰《莊子音義》三卷，有不依附《經典釋文》而單刻者，今藏日本奈良天理大學圖書館。全書綫裝三册，封面皆有原收藏者清原國賢所題書名及『青松』字樣，藏書印有『國賢』『船橋藏書』等。清原國賢爲日本慶長時期之儒者，則可斷定該書至遲在晚明時已流傳於日本。二戰後不久，天理圖書館從京都匯文堂廉價購得此書，收藏至今。

天理本《莊子音義》三卷，每半葉八行，每行十五字；注文小字雙行，每行二十字。版心上刻頁數，中刻『莊釋上（中、下）』或『莊上』『釋下』等，下刻刻工姓名。上卷首行刻有『《經典釋文》卷（墨釘）』，中卷、下卷首行皆刻有『《經典釋文》（墨釘）』；上卷末刻有『《經典釋文》卷第二十六』，中卷末刻有『《經典釋文》卷第（墨釘）』，下卷末刻有『《經典釋文》卷第二十七』。此刻或剜去卷數而代以墨釘，且下卷末『卷第二十七』當爲『卷第二十八』之誤，説明刻者較爲倉促，而有意剜去卷數，則意在表明，此刻已從《釋文》抽出。據版心下所刻刻工姓名，書中避宋諱至『慎』字，當可推定爲南宋時刻本。書末有魏峴跋語云：『漆園吏書，瑰偉諔詭，河南氏以爲知本，獨訓注增衍虛譚。余少時嘗得元英師疏，其解釋明白，不穿鑿，不艱深，讀之易曉。長落宦海，書失之久。楚游復得於士友，開卷了然，如見故人。亟鋟諸梓，以廣其傳云。彊圉大困獻中和節，壽春魏峴。』據《四庫全書·四明它山水利備覽》《至正四明續志》等，魏峴爲鄞縣人，宋寧宗嘉定間官朝奉郎，提舉福建路市舶；理宗淳祐初起知吉州軍事兼管內勸農使。又丁之歲陽謂彊圉，亥之歲名謂大淵（困）獻，中和節爲農曆二月一日。則天理本《莊子音義》三卷，當刻於南宋理宗寶慶三年丁亥（1227，魏峴後跋撰於此年二月一日），而附於『亟鋟諸梓』的成玄英《南華真經注疏》末，不知何時與成疏分離而單獨流傳。

正如中日學者所指出，與中國國家圖書館所藏宋刊宋元遞修《經典釋文·莊子音義》相比對，日本天理本《莊子音義》三卷，無論在版式還是在異體字、誤刻字、缺筆字、反切用法等方面，皆有一定差異，但它們當出於同一祖本。因此，加强對宋元遞修《經典釋文·莊子音義》與天理本《莊子音義》三卷的比較研究，既有利於窺見陸德明《莊子音義》之原貌，也對研治《莊子》文本及六朝學人的注解等大有裨益。今據日本奈良天理大學圖書館所藏南宋理宗寶慶三年刻《莊子音義》三卷影印。

莊子治要

（唐）魏徵等節選

《莊子治要》在《群書治要》內，爲魏徵等奉敕修撰。魏徵在年輕時曾出家爲道士，使他與道家學說有較多接觸。而在隋末參加農民起義和唐初參預朝政過程中，他更清楚地認識到了一個政權之所以會致亂的緣由：『隋氏以富强而喪敗，動之也；我以貧窮而安寧，靜之也。靜之則安，動之則亂。』（《貞觀政要·刑法》）此種認識，與其主子唐太宗頗爲一致。如太宗嘗謂侍臣曰：『往昔初平京師，宮中美女珍玩，無院不滿。煬帝意猶不足，征求無已，兼東西征討，窮兵黷武，百姓不堪，遂致亡滅。此皆朕所目見，故夙夜孜孜，惟欲清淨，使天下無事。遂得徭役不興，年穀豐稔，百姓安樂。夫治國猶如栽樹，本根不搖，則枝葉茂榮，君能清淨，百姓何得不安樂乎？』（《貞觀政要·政體》）正因魏徵與唐太宗都有着這樣一種共同的思想認識，故魏徵等在奉敕撰書時便以這一思想認識作爲指導原則，以便儘可能符合『太宗欲覽前王得失』之要求。今觀其《莊子治要》，乃節録《莊子》之《胠篋》《天地》《天道》《知北遊》《徐無鬼》五篇中有關文字，並附郭象注語，略加删削修改而成，正是唐初最高統治階級有關治國思想原則之體現。

在《莊子》之《胠篋》《天地》《天道》《知北遊》《徐無鬼》諸篇中，有較多文字論述了『無爲而治』思想。魏徵等認爲這些文字正可以幫助太宗『覽前王得失』，因而予以節選，使之成爲《莊子治要》之主體。魏徵等在節選《莊子》有關文字過程中，實際上已經有目的地重新闡釋了《莊子》之『無爲』思想。因爲就整部《莊子》來看，其所包含的『無爲』思想是具有多層意義的。大致説來，内篇所説的『無爲』，即是超然於現實之外的逍遥無爲。而外篇、雜篇所謂的『無爲』，卻已轉向現實政治關懷，即屬於《漢書・藝文志》所説的『君人南面之術』。我們從《莊子治要》中可以清楚看到，魏徵等節選《莊子》的文字，完全是從現實關懷出發，所以他們徹底拋棄了最能代表莊周本人思想的内篇，而對外篇、雜篇中的有關文字卻給予了充分重視，但對於其中那些不合於『君人南面之術』的句子仍要予以删削。

《莊子》外、雜篇所謂的『無爲而治』，還包含了『君無爲』『臣有爲』的重要思想。尤其是《天道》篇，更是這方面的專論，認爲君道效法天道，無爲而貴，臣道拘於人道，有爲而卑。魏徵向唐太宗進獻『無爲而治』之方略，正是以有爲之臣道來補充無爲之君道爲前提。如他曾上疏云：『簡能而任之，擇善而從之，則智者盡其謀，勇者竭其力，仁者播其惠，信者效其忠。文武爭馳，君臣無事，可以盡豫遊之樂，可以養松、喬之壽，鳴琴垂拱，不言而化，何必勞神苦思，代下司職，役聰明之耳目，虧無爲之大道哉！』（《貞觀政要・君道》）基於這一政治主張，魏徵等便視《天道》篇爲《莊子》中最爲重要之一篇，而將其中近一半文字選進《莊子治要》，從而使君無爲、臣有爲之思想在此書中占據了十分重要之位置。此外，《天道》篇亦與儒家思想相融會，諸如『君先而臣從，父先而子從，兄先而弟從，長先而少從，男先而女從，夫先而婦從』，『宗廟尚親，朝廷尚尊，鄉党尚齒，行事尚賢』，及『不敖無告，不廢窮民，苦死者，嘉孺子而哀婦人』等等，皆屬此類。此等思想，與唐太宗表面上宣稱所謂『朕今所好者，惟在堯舜之道、周孔之教』（《貞觀政要・慎所好》）者相一致，故魏徵等亦將其一並收進《莊子治要》。

由上述可見，魏徵等所撰《莊子治要》實爲一部專言『君人南面之術』之書，其將《莊子》外、雜篇中『無爲而治』思想提升到了一個嶄新層次，從而爲唐初政權建設起到了理論上的指導作用。

《群書治要》有《宛委別藏》本、《連筠簃叢書》本、《粤雅堂叢書》本、《叢書集成初編》本等。此次影印《莊子治要》，據民國八年上海涵芬樓《四部叢刊》影印日本天明七年刊《群書治要》本。

南華真經注疏十卷

（唐）成玄英撰

成玄英，字子實，陝州（治所在今河南陝縣）人，生卒年不詳。曾隱居東海（今江蘇北部），唐太宗貞觀五年被召入京，加號西華法師。高宗永徽中流郁州（今江蘇連雲港東雲臺山），不知坐何事。《新唐書·藝文志》載：『道士成玄英注《老子道德經》二卷，又《開題序訣義疏》七卷。注《莊子》三十卷，《疏》十二卷。』並稱：『書成，道王元慶遣文學賈鼎就授大義，嵩高山人李利涉爲序，唯《老子注》《莊子疏》著録。』《四庫全書總目提要·四庫未收書目》則云：『《南華真經注疏》三十五卷……，唐成元英撰。……諸家著録，卷帙多寡不同。《唐志》十二卷，《書録解題》三十卷，《郡齋讀書志》《文獻通考》皆三十三卷，《宋史·藝文志》十卷，《讀書敏求記》二十卷。今依明《道藏》本抄録，爲卷三十五。』《南華真經注疏》，原名《莊子注疏》，乃是一部『研精覃思三十［年］』『依子玄（郭象）所注三十［三］篇輒爲疏解』（成玄英《南華真經注疏序》）之莊學名著。

成玄英在長期研治《莊子》過程中，對郭象所撰《莊子注》最爲信服，故其作疏解，便多承郭注加以引申發揮。概括起來，主要有此數端：一是本郭象『獨化』説而爲之引申發揮，二是本郭象『足性逍遥』説而爲之引申發揮，三是本郭象『寄之人事、當乎天命』説而爲之引申發揮，四是本郭象『遊外冥内』説而爲之引申發揮，對郭象理論觀點既有明顯宗承，又有大膽引申發揮，從而進一步推動了莊學之發展。

但郭象爲《莊子》作注，自謂『宜要其會歸而遺其所寄，不足事事曲與生説，自不害其宏旨，皆可略之耳』（《逍遥遊注》)，故其注文，往往過於簡略，甚至有整篇僅出數條注語者。故成玄英除依郭注作疏而外，還作大量無注之疏，並探究一些未經郭象探究之問題。首先是對內、外、雜篇之關係作了獨特詮釋，認爲：『所言內篇者，內以待外立名，篇以編簡爲義。……內則談於理本，外則語其事蹟。事雖彰著，非理不通；理既幽微，非事莫顯。欲先明妙理，故前標內篇。內篇理深，故每於文外別立篇目，……《逍遥》《齊物》之類是也。自外篇以去，則取篇首二字爲其題目，《駢拇》《馬蹄》之類是也。……內篇明於理本，外篇語其事蹟，雜篇雜明於理事。內篇雖明理本，不無事蹟；外篇雖明事蹟，甚有妙理。但立教分篇，據多論耳。』(《南華真經注疏序》)即內篇乃是相對於外篇而『立名』，而內篇『於文外別立篇目』，屬於命題作文，外篇、雜篇僅是『取篇首二字爲其題目』，題目與文章內容則並無多大關係。成氏明確指出，標題之不同正反映着理趣之深淺，故『內篇明於理本，外篇語其事蹟，雜篇雜明於理事。』所謂『理本』即指抽象之義理，『事蹟』則指具體之事象。成氏認爲，內篇主要用來闡明抽象義理，外篇主要用來顯現具體事象，雜篇則兼明『理』『事』，乃是抽象義理與具體事象之互相結合。但三者復又不可分割，共同構成了一個整體。尤其是『明於理本』之內篇與『語其事蹟』之外篇，則更有着相互補充和印證之關係，故云：『事雖彰著，非理不通；理既幽微，非事莫顯。』在此基礎上，成氏又着重探究了內篇表現在各篇排列次序上之奥妙，以環環相扣之方法依次探尋各篇之旨意，將內七篇視爲一個整體，這無疑有助於人們融會貫通地理解《莊子》內七篇之思想意蘊。

對於字義、名物，郭象不屑爲之作解，甚至采取『存而不論』態度。成玄英疏解《莊子》，則多從訓釋字義入手，以便真正探求到莊子命意之所在，在很大程度上彌補了郭象注『大半空言，無所徵實』(四庫館臣語)缺陷。特別對外篇、雜篇，成氏更是作了大量無注之疏。正由於此等緣故，後人遂多謂郭注與成疏必須配合而讀，方可使郭注能得到極大補充。

由於成玄英爲唐初著名道士，他在《南華真經注疏序》中，按照六朝以來一部分道士之説法，謂莊子『師長桑公子，受號南華仙人。』故清四庫館臣云：『至序文云「莊子字子休，生宋國睢陽蒙縣，師長桑公子，受號南華仙人」，殆出《真誥》之類，殊可以廣異聞。』對於出現於《莊子》中之『老聃』，成玄英則更按道教徒之信仰作了解説，將其當作無世不存的至尊之神。然而，由於道教理論不如佛教教義具有高度抽象之思維特徵，亦不如佛理多可與老莊學説互爲發明，故成氏主要還是借用佛教的一些理論和方法來疏解《莊子》，較明顯地反映出了佛理化傾向。具體地説，這種傾向往往表現於其闡述『重玄』等理論之時。

所謂『重玄』，蓋源於老子『玄之又玄』（《老子》一章）之説。莊子闡説『道』之特徵，基本上就是沿着老子之説而加以發揮。到了東晉，孫登進一步提出了『托重玄以寄宗』説法。成玄英復『以孫氏爲正』，對重玄理論作了更爲具體的闡發。如《齊物論》篇有語云：『今且有言於此，不知其與是類乎？其與是不類乎？類與不類，相與爲類，則與彼無以異矣。』成玄英疏解説：『類者，輩徒相似之類也。但群生愚迷，滯是滯非。今論乃欲反彼世情，破茲迷執，故假且説無是無非，則用爲真道。是故復言相與爲類，此則遣於無是無非也。既而遣之又遣，方至重玄也。』在成氏看來，世人『愚迷』，既滯於是，又滯於非。衹要使他們破除『迷執』，既不滯於是，又不滯於非，並且『遣之又遣』，使之進而既不滯於滯，又不滯於不滯，這樣就能達到重玄境界。十分明顯，這裏所運用的否定再否定之思維方法，主要是借鑒了佛教中觀派雙遣雙非的否定思維方式，從而開了道教學者以佛解莊的先河。

清四庫館臣云：『（成）疏之所本爲郭象注。象注掃除舊解，標新領異，大半空言，無所徵實，不免負王弼注《易》之累。元英此疏，則稱意而談，清言曲暢。』其實，我們在本節中需要談的，還遠不止這些方面。誠然，成玄英雖然『依子玄所注三十篇輒爲疏解』，較多地繼承了郭象體現於《莊子注》中的學術思想，但他又『稱意而談』，即按照自己對莊子學説的獨特理解，大膽揚棄魏晉玄學家的有、無之辯，而每以佛教中觀派的否定思維方式和『諸法皆空』的基本理論，對《莊子》全書進行了痛快淋漓的闡釋，這就創造性地發展了郭象的莊子學思想，也打破了支遁僅以佛理詮釋莊子逍遥遊思想的局限，真正爲以佛解莊開拓了廣闊的空間。另外，由於郭象所采用的是『每寄言以出意』（《山木注》）的闡釋方法，故其『標新領異，大半空言，無所徵實』，而成玄英則大抵皆先從字詞的訓釋入手，進而對語句章節進行梳理貫通，從而把莊子文章的意思明白、完整地呈現給讀者。總之，成玄英《莊子注疏》在有所宗承郭象注的基礎上，既吸取了佛教的思想觀念和思維方式，又繼承了道教學者的思維成果，從而成爲一部吸納、融合六代多種學術之精華而又有所進益、與郭注並傳千年而不衰的莊子學著作。

成玄英《南華真經注疏》有《道藏》本、《道藏舉要》本。另有日本新見旂山所藏宋刊《南華真經注疏》殘卷，僅存十分之五，缺第二至六卷。清光緒中，遵義黎庶昌據以影刻，並以《道藏》本、坊刻本補足其所缺五卷文字，謂之覆宋本，輯入《古逸叢書》。今據華東師範大學圖書館藏黎氏《古逸叢書》所收覆宋本《南華真經注疏》十卷予以影印。

南華邈一卷　（唐）文如海撰

文如海，新舊《唐書》無傳，唯宋晁公武《郡齋讀書志·後志》、褚伯秀《南華真經義海纂微》卷首《陳碧虛解義卷末載覽過莊子注》及元吴澄《莊子正義序》謂其爲唐明皇時劍南道士，著有《莊子正義》（晁志作『《莊子疏》』）十卷，可惜早已失傳。但據吴澄序言和晁公武《郡齋讀書志·後志》於『文如海《莊子疏》十卷』下所作注語可知，文氏撰寫《莊子正義》之目的，一是爲了矯正以郭象《莊子注》爲代表的魏晉莊子學『放乎自然而絶學習』之『失』，二是爲了發明莊子的『經世之用』思想，將莊子學進一步引向對現實政治之關懷。北宋陳景元在《南華真經章句音義》中引有文氏《莊子正義》諸多文字，我們可據以進一步窺見他具體發明『莊子經世之用』思想之大概。如《莊子·盗跖》有『五紀』一詞，司馬彪注云：『歲、日月、星辰、曆數。』（陸德明《莊子音義》引）成玄英疏云：『祖、父、身、子、孫也，亦言金、木、水、火、土五行也，仁、義、禮、智、信五德也。』（《莊子注疏》）文如海則詮釋云：『天爲地紀，日爲星紀，君爲臣紀，父爲子紀，夫爲妻紀。』（陳景元《南華真經章句音義》引）説明文氏之解釋比起前人之注疏，顯然更具有以儒弘道之思想傾向，從而爲統治階級實行以禮義治國、要求臣民以君爲紀提供了理論依據。

據元脱脱《宋史藝文志·道家》載録，文如海還著有《南華邈》一卷，今存於《道藏》中，全書由論述《天地》《天道》《天運》《刻意》《説劍》《漁父》《列禦寇》七篇題旨之文字組成（其中論述《列禦寇》題旨之文字已缺）。這些文字正可證明，文如海的莊子學確實具有明顯會通儒道之思想傾向。如他論《天地》篇云：『天尊地卑，乾坤所以列位；君上臣下，貴賤所以崇班。天地均化於無心，君臣股肱於一體，故得陶鈞萬類，康濟蒼生，九有宅心，萬方樂業，野老不知於帝力擊壤，豈識於堯年變澆俗之頹風、歸淳素於上古？此所以合《天地》之旨也。』又論《説劍》篇云：『一夫之勇，非君子之器，不得已而用之。今以賢相爲工，良牧爲治，明宰爲炭，百姓爲銅，淬元氣之鋒，礪氛氲之鍔，用仁義爲匣，以禮樂爲鐔，自然巨盜亡魂，奸臣喪魄，萬方歸化，四夷來王，按之無敵於天下。此《説劍》之旨也。』由此可見，文如海所作論述的最明顯特徵便是從《莊子》中引申出儒家綱常倫理思想和經世安邦理論，對郭象莊子學『玄虛之失』起到了一定的矯正作用。

此次影印文如海《南華邈》，據中國國家圖書館藏原北京白雲觀藏梵夾本明正統《道藏》。

南華秋水篇

（宋）劉敞書

劉敞（1019—1068），字原父，世稱公是先生，江西新喻人。舉宋仁宗慶曆六年進士，擢知制誥，拜翰林院學士，侍英宗講讀，改集賢院學士。學問淵博，天文、地理、卜醫、數術、浮圖、老莊之説，無所不通。又善楷書，曾書《南華秋水篇》，甚爲後人所重。

今檢《南華秋水篇》，始自《莊子·秋水》『秋水時至』，迄於『是謂反其真』，末有劉敞跋語云：『每讀《南華》至《秋水》，輒三復不能已。因得聖從所遺蜀烏絲欄自書之，至「夔憐蚿」以下不録，聊取所賞適云。嘉祐庚子秋七月廿九日，劉敞中邍（原）父題。』仁宗嘉祐五年庚子（1060），劉敞四十一歲。據《宋史·仁宗紀》及劉敞本傳，嘉祐四年六月，群臣請爲仁宗加尊號曰『大仁至治』，因劉敞上疏阻之乃罷，然『敞以識論與衆忤，求知永興軍』，則此時期，心情自是欠佳，故次年秋季，聊取《秋水》篇書之，以求一時之適。據明張丑《清河書畫舫》卷七、清卞永譽《書畫彙考》卷九載，宋、元、明三朝爲劉氏《南華秋水篇》題跋者甚衆，如王季海、潘奕惇、潘桂、徐木潤、鮮于樞、李桓晉、李衎、柳貫、趙暎、李東陽、徐霖、邵寶、董其昌、張丑等，或題曰『莊生《秋水》雄無敵，原父真書韻有餘』（李衎），或題曰『不識劉公字，今方覩一斑。筆兼歐蔡體，品在上中間』（徐木潤），或題曰『筆墨鮮潤，楷法豐美，出入蔡薛間而無窘束，信一時書苑之珍哉』（柳貫），既肯定其書法藝術之高超，亦讚美其人品氣度之不凡。又據今所知，《南華真經》存世版本，以南北宋合璧本爲最古，前六卷爲南宋刊，後四卷爲北宋槧本，《秋水》篇在卷六中，爲南宋時所刻，而劉敞《南華秋水篇》，則書於北宋中期，爲今存最古之《秋水》篇抄本，文獻價值極高。且劉氏獨書《秋水》篇，必能引發後人看重此篇。如金翰林學士馬定國云：『吾讀漆園書，《秋水》一篇足。安用十萬言，磊落載其腹。』（《讀莊子》）當亦受劉敞之啓發。

民國間上海有正書局所影印劉敞《南華秋水篇》一册，前有狄葆賢（平子）所作序，謂其於清光緒二十六年庚子（1900），在北京購得此册原件，售者云『本内府卷子，且有題跋，後改裝爲册，跋則另爲一册，不知去向矣。凡内府字畫，每年六月六日曬畫時，人多以僞跡易出之』，然疑售者所言不實，『此卷當是易出後，去其題跋，改裝爲册，蓋變換其形式，以泯其竊取之跡。此册第三行有乾隆御覽印章，字文刮去，此其明證也。』據此，則劉敞《南華秋水篇》卷子，至遲在乾隆時已爲清廷所收藏，清末流入民間，狄葆賢交上海有正書局影印出版者，已非完卷，而所割去之題跋，當即爲明張丑《清河書畫舫》、清卞永譽《書畫彙考》所載者。

兹影印《南華秋水篇》，據復旦大學圖書館藏民國間上海有正書局依宋嘉祐五年劉敞手書影印本。

南華真經章句音義十四卷

（宋）陳景元撰

陳景元（1025—1094），字太初，一字太虚，玄號碧虚子，建昌南城（今屬江西）人。曾大父知遜，大父令忱，皆養高不仕。父正，擢進士第，解朐山令，寓居高郵，以疾終。有子四人，景元爲季。不久，伯仲繼夭，景元乃介然獨有方外志。宋仁宗慶曆二年（1042），師事高郵天慶觀道士韓知止，三年試經，度爲道士。後負笈遊名山，抵天台，閱三洞經，遇高士張無夢，遂得《老》《莊》微旨。爾後隱於江淮間，以琴書自娱。久之，欲觀光京輦，維揚使君禮部侍郎王琪薦之翰林承旨王岐，岐令其講《老子》《莊子》，亹亹不絶，公卿大夫無不欲爭識者。於是醴泉觀提總奏充本觀修撰，遇邳王謁真君祠下，召問道家事，以該通，奏賜紫衣。神宗聞其名，召對天章閣，累遷右街副道籙，賜號真靖。久之，以事累稠遝，乞去，歸隱於廬山。時在京道官一十二員，以京城内外宫觀主焚修勤績者充，景元輒奏請：凡闕員，乞試《道德》《南華》《靈寶度人》三經十道義。神宗准其請，自此則道家之學翕然一變。哲宗元祐三年（1088），因過京師，爲中太一宫道士所挽留，朝廷復其右街副道籙之職。早年嘗服丹砂，晚年好餌雲母粉。歿後，世人或以唐代著名道士司馬承禎、吴筠、杜光庭比擬之。事蹟主要見《道藏》薛致玄《述道德真經藏室纂微開題科文疏》及無名氏《宣和畫譜》卷六、朱熹《跋道士陳景元詩》、厲鶚《宋詩紀事》卷九十等。其著作存於《道藏》者，有《道德真經藏室纂微篇》《莊子注》（在褚伯秀《南華真經義海纂微》内）、《南華真經章句音義》《南華真經章句餘事》《莊子闕誤》《南華真經餘事雜録》《西升經集注》等。

陳景元《南華真經章句音義敘》云：『今述章句，復成七卷，謂離章辯句，委曲枝派也。……其次《讓王》《盜跖》《在宥》《天地》《天道》《天運》《秋水》《至樂》……，曰雜篇。』按，今《道藏》所收陳景元《南華真經章句音義》凡十四卷，若依敘言所列篇目，則其中於《在宥》篇下已缺《天地》《天道》《天運》《秋水》四篇，而此處之卷次卻又與前後相銜接，説明《道藏》收録陳氏此著時當已無完本，故衹得暫依殘本重新編定其卷次。或此本子爲前人所重編，《道藏》乃不得已而收録之。而陳景元所撰原書，當依其敘言所謂『今述章句，復成七卷』之説，作七卷。高似孫《子略》卷二、鄭樵《通志》卷六十七、薛致玄《述道德真經藏室纂微開題科文疏》並載有陳景元《南華章句》七卷，亦足證陳氏《南華真經章句音義》原著當作七卷。據陳景元《南華真經章句音義》卷首所敘『元豐甲子歲（1084）上元日敘』之語，則陳氏此著當作於神宗元豐間。由此可知，陳景元自神宗熙寧間著成《莊子注》後，已由偏重義理闡釋轉向章句、音義並重之治《莊》道路。

在《南華真經章句音義》中，陳景元對《莊子》内、外、雜篇有自己的獨特看法。他明確指出，内篇七篇皆以三字爲題，無疑爲莊子之命題作文。而從整體上來看，此七篇又是一個非常完整的邏輯結構體系。至於外篇、雜篇二十六篇，各篇僅摘取篇首二字或三字爲題，而其文章又皆『别無指義』，則不過是『衍暢七篇之妙』而已。陳景元還按照他自己獨特理解，將二十六篇内具有『兩字標目而一段成篇』特徵之《駢拇》《馬蹄》《胠篋》《刻意》《繕性》《説劍》《漁父》七篇取出，組合成外篇，作爲相對於内篇七篇的一個篇目單元；又將其餘十九篇組合成雜篇，作爲内篇、外篇之外的一個篇目單元。陳氏作如此編次，確實是一次前所未有的大膽嘗試，其所具有的創新意義不可否認。

陳景元在重新編定篇目的基礎上，又將《莊子》三十三篇分爲二百五十五章，隨指命題，號曰章句。如《逍遥遊》篇分爲七章，依次曰『順化逍遥』，曰『極變逍遥』，曰『無己逍遥』，曰『無功逍遥』，曰『無名逍遥』，曰『適物逍遥』，曰『無爲逍遥』，從不同角度揭示了《逍遥遊》篇之主旨。並於全書各章之下，音字解義，釋説事類，標爲章義。如於《逍遥遊》篇『順化逍遥』章『鯤』字下云：『鯤，公渾切。《爾雅》：「魚子也。」名鯤者，謂魚卵初化，未辯鯨、鮍，取其混同之義。』此處不但爲『鯤』字標了音、解了義，而且還探討了莊子寄寓在此字中之深刻用意。

由上述可見，陳景元《南華真經章句音義》十四卷實際上是一部以篇目、章句、音義並重的莊子學著作。現在所能見到的有《道藏舉要》本、《指海》本等。此次影印，據中國國家圖書館藏原北京白雲觀藏梵夾本明正統《道藏》。

南華真經章句餘事一卷　（宋）陳景元撰

陳景元生平事蹟，已見《南華真經章句音義》提要。其所撰《南華真經章句餘事》一卷，在《道藏》中次於《南華真經章句音義》十四卷之後。明白雲霽《道藏目録詳注》卷三著録，並云：『內分章篇目，並覽過《南華真經》姓氏九家，闕誤異同，各有異旨。』此所謂『分章篇目』，是指《南華真經章句餘事》之内容結構而言；而所謂『覽過《南華真經》姓氏九家，闕誤異同，各有異旨』，則是指附於《南華真經章句餘事》後之《莊子闕誤》成書過程和勘誤考異情況而言。鄭樵《通志》卷六十七載陳景元《南華總章》一卷、高似孫《子略》卷二載陳景元《南華總章》二卷、薛致玄《述道德真經藏室纂微開題科文疏》載陳景元《南華經總章》三卷，疑皆即爲陳氏《南華真經章句餘事》內之《篇目》及《章目》。

《南華真經章句餘事》一卷，將《莊子》三十三篇重新編排，依次爲：《逍遥遊》《齊物論》《養生主》《人間世》《德充符》《大宗師》《應帝王》（以上七篇爲内篇）；《駢拇》《馬蹄》《胠篋》《刻意》《繕性》《説劍》《漁父》（以上七篇爲外篇）；《讓王》《盗跖》《在宥》《天地》《天道》《天運》《秋水》《至樂》《達生》《山木》《田子方》《知北遊》《庚桑楚》《徐無鬼》《則陽》《外物》《寓言》《列禦寇》《天下》（以上十九篇爲雜篇）。並依此篇目次序，將三十三篇共分爲二百五十五個章目。

如《讓王》篇共分爲十八章，依次爲『治内』『處身』『自得』『高蹈』『尊生』『惡患』『知輕重』『完身』『遠非義』『遵法度』『守節』『養志』『行修』『趣高』『樂道』『羞辱』『廉清』『避世』。以上篇目次序、章目名稱與陳景元《南華真經章句音義》中篇目次序、章目名稱相比較，則除了在《在宥》篇後多出《天地》《天道》《天運》《秋水》四個篇目及相關章目而外，其餘皆一致。由此説明，陳景元《南華真經章句音義》在《在宥》篇後已散佚《天地》《天道》《天運》《秋水》四篇章句音義之全部内容。

那麽，陳景元爲何要從《南華真經章句音義》中取出《莊子》三十三篇之新目次及二百五十五個章目而編成《南華真經章句餘事》？今案陳氏《南華真經章句音義敘》云：『烏乎，後之學者不幸不見漆園簡策之完，篇章之大體妙指，浸爲諸家裂！』復據此敘言十分看重其所編定之《莊子》篇章目次等情況來分析，則可清楚看到，他編撰《南華真經章句餘事》，其目的便是要努力改變『浸爲諸家裂』，尤其爲『郭象所刪修』的《莊子》之體例，並揭示出《莊子》全書之意旨，使人們通過閱讀此書，可見到『漆園簡策之完，篇章之大體妙指』。

陳景元《南華真經章句餘事》一卷，有《道藏舉要》本、《指海》本等。此次影印，據中國國家圖書館藏原北京白雲觀藏梵夾本明正統《道藏》。

南華真經闕誤

（宋）陳景元撰

陳景元生平事蹟，已見《南華真經章句音義》提要。其所撰《南華真經闕誤》，在《道藏》中屬於《南華真經章句餘事》之一部分，至《説郛續》《四庫全書》《金陵叢書》中則皆單獨作一卷。關於《南華真經闕誤》之成書過程及其他情況，陳景元《南華真經章句音義敘》嘗云：『書（指《南華真經章句音義》）成，嘗數其正經，得六萬五千九百二十三言，合馬遷之所記，十亡其四矣。復將中太一宮《寶文統録》内有《莊子》數本，及笈中手鈔諸家同異，校得國子監景德四年印本，不同共三百四十九字，仍按所出，別疏《闕誤》一卷，以辯疑謬。』據此可知，陳氏撰成《南華真經章句音義》後，乃開始撰修《南華真經章句餘事》,《闕誤》即在其中。而其撰修《闕誤》,所用底本爲國子監宋真宗景德四年印本,此本《莊子》原文共有六萬五千九百二十三字,與今本《莊子》原文字數大致相當。陳氏用來校勘、考異之本子是中太一宮所藏《寶文統録》內數種《莊子》及笈中諸家手鈔本。今案《道藏》陳景元《南華真經章句餘事》末附有《覽過南華真經名氏》云:『景德四年國子監本;江南古藏本,徐鉉、葛湍校;天台山方瀛宮藏本,徐靈府校;成元英解疏中太一宮本,張君房校;文如海正義中太一宮本,張君房校;郭象注中太一宮本,張君房校;散人劉得一注,大中祥符時人;江南李氏書庫本,張潛夫補注。』凡此本子,當即爲陳景元撰修《闕誤》時所用之本子,亦即爲其敘言中所謂《寶文統録》內之數種《莊子》及笈中諸家手鈔本。

《道藏》本《南華真經闕誤》所出示之《莊子》三十三篇目次,與陳景元《南華真經章句音義》《南華真經章句餘事》所出示之《莊子》三十三篇目次相一致。其所校得各本《莊子》原文異字共三百四十九字,分屬各篇之異字情況爲:《逍遥遊》十三字,《齊物論》十二字,《養生主》七字,《人間世》二十字,《德充符》十四字,《大宗師》七字,《應帝王》五字,《駢拇》二字,《馬蹄》一字,《胠篋》十一字,《刻意》一字,《繕性》九字,《説劍》一字,《漁父》三字,《禪(讓)王》五十五字,《盜跖》十一字,《在宥》二字,《天地》十三字,《天道》九字,《天運》十七字,《秋水》十四字,《至樂》三十八字,《達生》十四字,《山木》七字,《田子方》一字,《知北遊》十一字,《庚桑楚》十二字,《徐無鬼》十二字,《則陽》二字,《外物》五字,《寓言》四字,《列禦寇》十二字,《天下》三字。陳氏所出示之異字,當基本反映出流傳於北宋時各本《莊子》原文之異同情況,甚爲後人所珍視。如《逍遥遊》篇出有『槍榆枋而止』五字,並於其下注云:『見文本及江南本。舊闕。』近人劉文典説:『「而止」二字舊敚,今據碧虚子校引文如海本、江南古藏本補。《文選》江文通《雜體詩》注、《御覽》九百四十四引亦並作「搶(槍)榆枋而止」,與文本、江南古藏本合。上文「去以六月息者也」,郭注:「小鳥一飛半朝,搶榆枋而止。」是郭所見本亦有「而止」二字。』(《莊子補正》)由此即可窺見陳氏此著文獻價值之一斑。

《函海》《子書百家》《百子全書》皆收有《莊子闕誤》一卷,題無名氏撰,或題明楊慎撰。其中篇目編次雖與陳景元

《南華真經闕誤》不同，內容亦略有出入，但皆據陳氏《南華真經闕誤》原文略加改編而成，故其著作權當仍應屬於陳景元。此次影印陳氏《南華真經闕誤》，據中國國家圖書館藏原北京白雲觀藏梵夾本明正統《道藏》。

南華真經餘事雜録二卷

（宋）陳景元輯

陳景元生平事蹟，已見《南華真經章句音義》提要。其所撰《南華真經餘事雜録》二卷，在《道藏》中次於《南華真經章句餘事》一卷之後。明白雲霽《道藏目録詳注》卷三著録。全書收有公孫龍《白馬論》《指物論》，唐《天寶手詔》，郭象《南華真經序》，成玄英《南華真經疏序》，楊嗣復《九證心戒並序》。但陳景元於《南華真經章句音義敘》中云：『公孫龍三篇，以備討尋。』又於《南華真經章句音義》卷二中云：『夫指、馬之義，自司馬彪、向秀、郭象至有唐名士，皆謂漆園寓言構意而成斯喻，遂使解疏者旨歸不同。今按公孫龍六論內有《白馬》《指物》二論，乃知漆園稽考述作有自來矣。故備録二論附《章句餘事》之後，以示將來云。……夫離堅白、合同異，前輩亦講説不一。今備録公孫龍《堅白論》續《指物》《白馬論》之後，以補闕疑。』據此，則今所傳陳景元《南華真經餘事雜録》，至少已闕公孫龍《堅白論》一篇。

依據陳景元上述説法，則莊子《齊物論》所謂『以指喻指之非指，不若以非指喻指之非指也；以馬喻馬之非馬，不若以非馬喻馬之非馬也。天地一指也，萬物一馬也』云云，未必爲『漆園寓言構意而成』，而應與公孫龍之説法有淵源關係。然細審之，公孫龍之《白馬》《指物》等論旨在分離萬物之同，以爲雖是同一匹馬，亦有是非之分，正如同一手指，亦有彼我之分。而莊子意在混同彼此，泯滅是非，以爲即使天地與手指，萬物與馬匹，亦並無區別，何況手指與手指，馬匹與馬匹！可見，莊子雖亦取喻於手指、馬匹，而其用意則與公孫龍相反，故章炳麟《齊物論釋》云：『指、馬之義，乃破公孫龍説。』則陳氏之説未必符合莊子原意。然其將公孫龍《白馬》《指物》《堅白》三論録入是書，以便人們解讀莊子《齊物論》時可資比較，甚是值得肯定。

陳景元《南華真經餘事雜録》二卷，有《道藏舉要》本、《指海》本等。此次影印，據中國國家圖書館藏原北京白雲觀藏梵夾本明正統《道藏》。

壬辰重改證呂太尉經進莊子全解十卷

（宋）呂惠卿撰 （明）文彭 吴元恭題款

呂惠卿（1032—1111），字吉甫，泉州晉江（今屬福建）人。宋仁宗嘉祐二年進士，調真州推官。秩滿入都，見王安石，論經義，意多合，遂定交。神宗熙寧初，王安石當政，設制置三司條例司，以爲檢詳文字，事無大小必與謀，凡所建請章奏皆其筆。擢太子中允、崇政殿説書、集賢校理、判司農寺。後爲天章閣侍講，同修起居注，進知制誥，判國子監，與王安石、王雱同修《三經新義》（即《詩義》《書義》《周官義》），見解多相一致。熙寧七年，王安石罷相，薦爲參知政事，遂叛王氏。八年，王安石復相，出知陳州、延州。元豐五年知單州，六年知太原。哲宗即位，貶爲光禄卿，分司南京。再責建寧軍節度副使，建州安置。紹聖中復資政殿學士，知大名府，加觀文殿學士。著作有文集、奏議、《縣法》《論語義》《道德真經傳》《莊子義》《新史吏部氏》《建安茶用記》《三略素書解》《孝經傳》等，多已散佚。

今存呂惠卿所著《道德真經傳》四卷，據其在《道德真經傳進表》中所題年月判斷，此著當作於背叛王氏後之熙寧末。《道藏闕經目録》卷下載呂惠卿《南華真經義解》三十三卷，《宋史·藝文志四》作『呂惠卿《莊子解》十卷』，晁公武《郡齋讀書志·後志》作『《呂吉甫注莊子》十卷』，楊紹和《海源閣藏書目》又題『《呂太尉經進莊子全解》十卷』，而陳振孫《直齋書録解題》卷九則云：『《莊子義》十卷，參政清源呂惠卿吉父撰。元豐七年，先表進内篇，其餘蓋續成之。』由此説明，呂惠卿當是在著成《道德真經傳》之後纔爲《莊子》陸續撰寫義解，並先將爲内篇所作之義解進呈給朝廷。因其爲《莊子》作義解乃是陸續進行，故有可能形成各種不同本子，致使後世志書所載書名、卷數亦各不相同。

長期以來，人們一般僅能從宋末褚伯秀《南華真經義海纂微》、明焦竑《莊子翼》中見到呂惠卿《莊子義》之删節文字，不能全面瞭解呂氏之莊子學思想。民國時，陳任中從褚伯秀《南華真經義海纂微》中輯出有關呂氏《莊子義》之删節文字，並校以俄國博物院所贈黑水城《呂觀文進莊子義》殘本膠片（共五十一葉），輯成《宋呂觀文進莊子義》十卷，成爲數十年來最通行之呂氏《莊子義》讀本。而俄探險家柯茲洛夫一九〇八至一九〇九年間在我國内蒙古黑水城遺址發掘所得北宋刊《呂觀文進莊子義》殘本，僅一百一十葉，起自《齊物論》篇『解者，是旦暮遇之也』，終於《天運》篇『今蘄周於魯，是猶推』，中間還偶有殘損，仍遠遠不能讓人們看到呂氏《莊子義》全貌，更何況陳任中用來校補者僅是黑水城《呂觀文進莊子義》殘本之一半葉數。

對於呂惠卿《莊子義》完本，不少學者曾苦苦尋覓。如傅增湘先生於《國立北平圖書館館刊》第五卷第二號上撰文云：『呂氏所注，尚有《老子》四卷，爲元豐元年知定州時所進，列入《道藏》「必」字號，故世多傳之。《莊子義》獨不見收，元明以來，又無傳刻。遍檢各家書目，唯季氏《延令書目》有宋刻本，題《呂太尉經進莊子全解》十卷，明文彭、吳元恭識尾。此本今藏楊氏海源閣。考其目録所記行格，爲半葉十二行，每行大字二十四至二十七，小字二十八、九不等。其結銜及書名，與此本迥異。楊紹和《跋》謂是南宋初刻本，則視此已遜一籌矣。抄本可考者有明邢氏來禽館本，見楊紹和《楹書隅目》。又崑山徐健庵藏本，見王蓮涇《孝慈堂書目》（凡三百二十五番），亦不知流傳何所。』（《跋宋本呂惠卿〈莊子義〉殘卷》）陳任中《宋呂觀文進莊子義》序亦云：『傳聞瑞安孫氏、嘉興沈氏、滿洲盛昱氏、萍鄉文氏尚各有轉抄之本，並訪求累年，未獲一見。』時至今日，傅、陳二先生所提及之刻本、抄本，除楊氏海源閣所藏題《呂太尉經進莊子全解》十卷而外，其餘未獲一見，可能皆已不存於世。

山東聊城楊氏海源閣所藏《呂太尉經進莊子全解》十卷，全稱爲《壬辰重改證呂太尉經進莊子全解》，楊紹和《楹書隅目》著録作宋本，有明代文彭、吳元恭二人題款。古籍版本專家趙萬里先生據其版式及紙墨刀法，則斷爲金代刻書中心平水縣（在今山西省臨汾縣境一帶）書坊於金世宗完顔雍大定十二年壬辰（1172）重翻北宋刻本，半葉十二行，行二十三至二十七字不等。一九三四年春，此刻本歸古籍收藏家周叔弢先生收藏。一九五二年八月，周先生將其無償捐獻給北京圖書館（今中國國家圖書館）。此書爲今世所傳最古最完好之呂惠卿《莊子義》孤本，十分珍貴，爲治莊子學及研究呂惠卿學術思想者久所嚮往，但因深藏密閣，一般學者始終未能一覩其真容。

據此重翻北宋刻本卷首所收呂惠卿《進莊子義表》一文，可知呂氏著此書，乃爲闡述莊子『内聖外王之道，深根固蒂之理』，以備神宗『乙夜之觀』。呂惠卿認爲，道家『無爲而治』之政治論，兼具高度理論性與現實操作性，可作爲儒家治道之補充。他還試圖通過對孔子形象進行道家化改造，以爲儒道融合之橋樑，從而達到『內聖外王』之目的。

基於上述目的，呂惠卿便在其儒道合一思想支配下展開對《莊子》之闡釋。當他遇到《莊子》中某些詆毀孔子之言論時，往往會對其進行辯解或加以轉化。如《外物》篇假借『老萊子』之口，批評『孔丘』『躬矜』『容知』之假斯文，認爲他並非真『君子』。對此，呂惠卿則闡釋道：『聖人之跡雖有不同，而其所以爲聖人者未嘗不同，則老萊子之於孔子，豈有聞（間）然哉！蓋世之學孔子者，不能得其心而得其跡，故寓之老萊子，以明其跡之爲患至於無躬（窮），則詩禮竊冢者是也。』又《天運》篇假借『師金』之口，批評『孔子』率弟子死守先王之道，實在與醜婦效顰無異，故不免於『伐樹於宋，削跡於衛，窮於商周』。對此，呂惠卿則闡釋道：『夫有教立道而無心者仲尼也，則雖取先王應世之跡，而弦誦講習，晝夜不息，固豈有所係哉！彼視宋之伐樹、衛之削跡、商周之窮、陳蔡之阨，猶觀雀蚊虻相過乎前也。道之不行，已知之矣。則奚舟陸之必行，周魯之必用，而不知無方之傳，以至俯仰得罪於人，而不知禮義法度應時而變，與夫顰之所以美哉！蓋學孔子而不知孔子之所以爲孔子者，則其弊常若此，此莊子所以數言之也。』說明在呂惠卿看來，孔子與老子本來並無『間然』，二者完全可以和合融通。唯因儒家後學不知孔子之所以爲孔子，亦『不知禮義法度應時而變，與夫顰之所以美』，結果衹能死守先王糟粕而不能有所變通。莊子因看到儒家後學嚴重偏離孔子本人真實思想，故『數言之』。呂惠卿如此闡釋，實與蘇軾《莊子祠堂記》所謂『莊子，蓋助孔子者』說法頗爲一致。

當然，呂惠卿之闡釋亦多有深得莊子妙意之處，每每顯示出其獨特見解，具有較高的學術水準。在闡釋方法上，他不拘拘於章句名物，務求闡明其義理，則又表現出宋代學者研治《莊子》之新精神，故博得後人普遍好評。如朱熹云：『舊看郭象解《莊子》，有不可曉處，後得呂吉甫解看，卻有說得文義的當者。』（《朱子語類》卷七十八）焦竑引李彥平說：『呂吉甫讀《莊子》，至「參萬歲而一成純」，遂大悟性命之理，故其《老》《莊》二解獨冠諸家。』（《老子翼》卷三）但亦有對呂氏之莊子學頗持懷疑態度者，如譚元春嘗曰：『人傳呂惠卿讀至「參萬歲而一成純」，遂悟性命之理。昔有悟《法華》者，因「無所住而生其心」一句，遂爾大悟。吉甫奸人，效顰盜竊之事耳，未必真爾也。』（《南華真經評點・閱齊物論第二》）陳治安亦云：『王雱、呂惠卿兩人慫恿王安石貽害宋世，何乃俱解《莊子》？』（《南華真經本義·附録卷六》）凡此皆因呂氏人品而疑及其莊子學，並非公允之論。

此次影印，據中國國家圖書館藏金大定十二年刻呂惠卿《壬辰重改證呂太尉經進莊子全解》十卷。

宋呂觀文進莊子義十卷

（宋）呂惠卿撰　陳任中校輯

呂惠卿生平事蹟，已見《壬辰重改證呂太尉經進莊子全解》提要。其所著《莊子義》，各志書所載書名及卷數多不一。《道藏闕經目録》卷下載呂惠卿《南華真經義解》三十三卷，《宋史·藝文志四》載『呂惠卿《莊子解》十卷』，晁公武《郡齋讀書志·後志》載『《呂吉甫注莊子》十卷』，楊紹和《海源閣藏書目》題『《呂太尉經進莊子全解》十卷』，陳振孫《直齋書録解題》卷九云『《莊子義》十卷，參政清源呂惠卿吉父撰』，前後説法皆不統一。

傅增湘《跋宋本呂惠卿〈莊子義〉殘卷》謂：自元明以來，呂氏《莊子義》無傳刻，而遍檢各家書目，唯季氏《延令書目》有宋刻本，題《呂太尉經進莊子全解》十卷，此本今藏楊氏海源閣，然密不示人。抄本可考者有明邢氏來禽館本，見楊紹和《楹書隅目》。又崑山徐健庵藏本，見王蓮涇《孝慈堂書目》，亦不知流傳何所。陳任中《宋呂觀文進莊子義》序亦云：『傳聞瑞安孫氏、嘉興沈氏、滿洲盛昱氏、萍鄉文氏尚各有轉抄之本，並訪求累年，未獲一見。』故傅氏欲取黑水城出土宋刻《莊子義》殘卷，以校補宋末褚伯秀《南華真經義海纂微》所收呂氏注文之删節文字，整理出一部新版《莊子義》，然『文字繁多，苦難補綴，殊可喟也。』不久，陳任中經過努力，終於校輯成《宋呂觀文進莊子義》十卷，除了以黑水城殘卷校補褚氏所收删節文字之外，還另引其他多種資料進行參校。

陳任中（1874—1945），號仲騫、耐廬，江西贛縣人。民國時政治家、學者，曾先後任教育部僉事兼秘書、總統府秘書、教育部次長、北平圖書館館長等職。《宋呂觀文進莊子義》十卷，即爲陳氏任職北平圖書館館長時所校輯，書前有黄郛《輯本呂氏莊子義序》、李翊灼《新刊呂吉甫莊子義贅言》，及陳氏自撰《校輯呂注莊子義序》之一、之二。據此書後所附陳氏《讀呂惠卿傳》，可推知其校輯《宋呂觀文進莊子義》，除了旨在爲學界輯成一部新版《莊子義》而外，還頗有欲爲呂氏『奸黨』惡名翻案之用意。

今檢陳任中《校輯呂注莊子義序》之一云：『壬申（1932）夏季，余在館編纂有暇，輒就此殘本（指黑水城殘本），先録一編，以與《四庫》及《道藏》本《義海纂微》詳互參校，始覺褚氏所删節者，僅爲原注復述加證之文約十之一二。其中精義要旨，多已采録，實較焦書（指焦竑《莊子翼》）爲佳。更參考景印唐寫卷子本，及北宋本《莊子》原文，與殘本暨通行本互校，詳加修正若干條，裒輯一年，遂將殘缺之内篇二卷，全缺之内篇五卷，雜篇三卷，半缺之外篇各卷，一一校輯完竣，不揣陋拙，勉付印行。』據陳氏於各篇題目下所作按語，其所校輯呂氏注，乃以輯録褚氏《南華真經義海纂微》所删節者爲主，以黑水城殘本呂注爲輔：《逍遥遊》《齊物論》《養生主》《人間世》《應帝王》《刻意》《繕性》《秋水》《至樂》《達生》《田子方》《知北遊》《庚桑楚》《徐無鬼》《則陽》《外物》《寓言》《讓王》《盜跖》《説劍》《漁父》《列禦寇》《天下》等二十三篇之呂注皆援自《南華真經義海纂微》，《德充符》《大宗師》《駢拇》《馬蹄》《在宥》《天地》《天運》等七篇之呂注由《南華真經義海纂微》所删節者與黑水城殘卷有關注語組合而成，《胠篋》《天道》等二篇之呂注皆援自黑水城殘卷，而利用其他資料寫成之少量校語則置於各篇之末。儘管陳氏用來校輯之黑水城《呂觀文進莊子義》殘本總共不過五十一葉，僅爲原俄國博物院所贈此書殘本膠片之一半，但在一般學者能一覩金刻本《壬辰重改證呂太尉經進莊子全解》十卷真容，以及原俄國博物院所贈黑水城出土宋刻《呂觀文進莊子義》殘本膠片影印本之前，其所做此項校輯工作已不失爲最佳之舉措，有益於莊學研究者甚多。

今影印陳任中校輯《宋呂觀文進莊子義》十卷，據華東師範大學圖書館藏民國二十三年北京大北印書局鉛排本。

廣成子解一卷

（宋）蘇軾撰

蘇軾（1037—1101），字子瞻，號東坡居士，眉山（今屬四川）人。蘇轍《亡兄子瞻端明墓誌銘》謂：『初好賈誼、陸贄書，論古今治亂，不爲空言。既而讀《莊子》，喟然歎息曰：「吾昔有見於中，口未能言。今見《莊子》，得吾心矣。」』事實表明，蘇軾入仕後，逆境多於順境，故漸與莊子相契合。神宗元豐元年，蘇氏因蒙城縣令秘書丞王兢之求而撰成《莊子祠堂記》。在此文中，蘇軾一反司馬遷『詆孔』說，而極力倡言所謂『莊子蓋助孔子者』，說明當他處於入世與出世、兼濟與獨善矛盾中時，甚是希望通過融合儒、道思想來化解內心這一矛盾。

但蘇軾節録《莊子·在宥》『黄帝問道於廣成子』一章文字，單獨爲之作解，著成《廣成子解》，卻與撰寫《莊子祠堂記》大爲不同，並無明顯流露出儒道合一思想。晁公武《郡齋讀書志·後志卷二》於『東坡《廣成子解》一卷』下云：『右皇朝蘇軾撰，軾取《莊子》中「黄帝問道於廣成子」一章爲之解。景迂嘗難之，其序略曰：某晚玷先生薦賢中，安敢與先生異論？然先生許我不苟同，翰墨具在。』晁說之（景迂）具體非難蘇軾《廣成子解》之文字今已不可得見，但清四庫館臣爲晁氏《景迂生集》所作之提要謂，晁氏少慕司馬光之爲人，一生博極群書，而尤長於經術，說明其爲一位恪守正統儒學之人，故所著《儒言》《晁氏客語》《景迂生集》，嘗激烈批判莊子，認爲『莊子，叛聖人者也』（《晁氏客語》），『莊生毁棄禮義，不知物我之所當然者。乃始語忘儒者，非所宜言也』（《景迂生集·忘》）。以此推之，則晁說之之非難蘇軾《廣成子解》，當主要在批評蘇氏未能用儒學之是非標準去評判《在宥》篇『黄帝問道於廣成子』寓言，而卻『爲莊子荒唐之言所惑』（《景迂生集·大神》），盡是發揮『莊老恍惚虚無之論』（《景迂生集·傳易堂記》）。通讀蘇軾《廣成子解》，確實未見儒學跡象，而所發揮基本爲莊子之本真思想。如蘇氏解語云：『得道者不問，問道者未得也。』又云：『窈冥昏默之狀，而致道之方也。如指以爲道，則夫窈冥昏默者，可得謂之道乎？』如此解釋，皆甚符合莊子道體論之基本精神。

蘇軾著《廣成子解》，於前人某些說法有所揚棄。如陸德明《莊子音義》於《在宥》篇『廣成子』下謂：『或云即老子也。』成玄英亦云：『廣成，即老子别號也。』以廣成子爲老子，顯然是附會，故蘇軾不肯人云亦云。又郭象於注解『黄帝問道於廣成子』一章時，大有『獨化論』傾向，認爲『夫莊老之所以屢稱無者，何哉？明生物者無物，而物自生耳』。郭氏此說，亦已爲蘇氏所揚棄。但蘇軾於揚棄前人説法之際，自己卻表現出一些道教思想。如於『今夫百昌，皆生於土而反於土』等語下，蘇氏作解云：『蓋將有示化去世、形解入土之意也歟？』此處顯然已摻雜道教方術思想，尤其所謂『形解』云云，則更爲方仙道之説法。

蘇軾《廣成子解》之問世，説明《莊子・在宥》篇『黄帝問道於廣成子』一章，已成爲專題研究之對象。自晚明以降，叢刻家每有收録《廣成子解》者，使之流傳甚廣。而王文禄撰《廣成子疏略》、汪定國撰《廣成子褒異》、金堡撰《廣成子評》、李元珍撰《廣成子類編》、李丙曜撰《校訂廣成子解》，則更是對蘇氏專題研究之推進。

《廣成子解》有明嘉靖間范欽編《范氏奇書》本、萬曆間孫幼安校刊《稗乘》本、天啓間刊《諸子褒異》本、溪香書屋刊《合刻周秦經書十種》本，清順治間刊《説郛續》本、乾隆間李調元刊《函海》本、嘉慶間刊《藝海珠塵》本，民國八年上海掃葉山房石印《百子全書》本、民國十五年上海醫學書局排印《道藏精華録》本、民國二十七年上海商務印書館《景印元明善本叢書十種》本等。此次影印，據華東師範大學圖書館藏清乾隆中綿州李氏萬卷樓刊、嘉慶十四年李鼎元重校《函海・廣成子解》（前有清李調元序，後有明范欽跋）本。

南華真經新傳二十卷（明正統《道藏》本）

（宋）王雱撰

王雱（1044—1076），字元澤，撫州（今屬江西）人，王安石之子。爲人慓悍陰刻，無所顧忌。性敏甚，未冠已著書數萬言。宋英宗治平四年舉進士，調旌德尉。神宗熙寧四年任太子中允、崇政殿説書，參與修撰《三經新義》，擢天章閣待制兼侍講。安石更張政事，雱實導之。九年遷龍圖閣學士，以病辭，未幾卒，年三十三，特贈左諫議大夫。事蹟附見《宋史・王安石傳》。所著《南華真經新傳》，《宋史・藝文志》不著録，宋晁公武《郡齋讀書志・後志》作『十卷』，而明萬曆間刻本爲二十卷，故清四庫館臣『疑《讀書志》誤脱「二」字，或明人重刊，每卷分爲二歟？』

《道藏》王雱《南華真經新傳》卷首，有無名氏所撰序文云：『王元澤待制《莊子》舊無完解，其見傳於世者，止數千言而已。元豐（宋神宗年號，1078—1085）中，始得完本於西蜀陳襄氏之家，其間意義淵深，言辭典約，向之無説者悉皆全備焉。予是時鋭意科舉，思欲獨善，遂藏篋笥。蓋有歲，……乃以其書親加校對，以授於崔氏之書肆，使命工刊行焉。丙子歲（宋哲宗紹聖三年，1096）季冬望日序。』今《道藏》所收此刊本，凡二十卷，缺《駢拇》《馬蹄》《胠篋》《在宥》《天地》等五篇，與《四庫全書》所收明萬曆間刻本正相同。但明刻本二十卷包括書末所附《拾遺》《雜説》一卷在内，而宋刊本則不然，説明王雱此著在流傳過程中，顯然已出現卷數不同之本子，晁公武《郡齋讀書志·後志》所載『十卷』本，當即爲各種本子之一種，故似不必『疑《讀書志》脱誤「二」字』。

那麽，無名氏所謂『王元澤待制《莊子》舊無完解，其見傳於世者，止數千言而已』，又當指王雱哪些文字而言？今案《道藏》褚伯秀《南華真經義海纂微》，於書前《今所纂諸家注義姓名》下有『王雱注，内篇』之語，而全書則僅於《逍遥遊》《齊物論》二篇中引有王雱説莊文字數條，共計七百多字，其内容與《南華真經新傳》中相關部分甚爲不一，當即屬於無名氏所見『數千言』文字之一部分。則褚伯秀所謂『王雱注，内篇』，亦可能屬於《今所纂諸家注義姓名》中所列『李士表《莊子十論》』『王旦《莊子發題》』一類雜説文字，故世人或謂褚伯秀《今所纂諸家注義姓名》所列『王雱注，内篇』，即爲晁公武《郡齋讀書志·後志》所載『王元澤《莊子》十卷』，此説顯然不可信從。

清四庫館臣評王雱《南華真經新傳》云：『是書體例略仿郭象之注而更約其詞，標舉大意，不屑屑詮釋文字。』誠然，宋代學者，多不滿於傳統儒學章句傳注之學，王安石便爲其中之代表。王雱受其深刻影響，認爲《莊子》一書，『本於道』『反性命之正』，若欲得其真意，猶孔孟之書，亦不可借助於章句傳注之法，而必須超越於語言文字之外。故王雱認可郭象所謂『宜要其會歸而遺其所寄』（《逍遥遊注》）之説，略仿其《莊子注》之體，爲《莊子》作傳亦僅要求領會其精神實質，而不屑作逐字逐句之訓釋。且『史稱雱睥睨一世，無所顧忌，其很愎本不足道，顧率其傲然自恣之意，與莊周之滉漾肆論，破規矩而任自然者，反若相近』（清四庫館臣語），稟性如此之人，斷不肯死守傳統章句傳注之法，必樂仿郭象注《莊》之體以標舉《莊子》大意。

但王雱既爲宋代青年學者，則其闡釋指向不可能與魏晉玄學家郭象相一致。如《南華真經新傳》開宗明義云：『郭象謂「物任其性，事稱其能，各當其任，逍遥一也」，是知物之外守，而未爲知莊子言逍遥之趣也。』（《逍遥遊新傳》）認爲鯤、鵬潛則必有賴於北冥，飛則必遷徙於南冥，高升必憑九萬里之上，休息必待六個月之後；蜩、鷽之飛，遠則不過榆枋，時或不至，祇得落於地而已，此皆爲造化所制，陰陽所拘，因而郭象所謂『物任其性，事稱其能，各當其任，逍遙一也』云云，祇不過是『知物之外守，而未爲知莊子言逍遙之趣』。王雱大致以易學象數派理論來闡釋莊子逍遥遊思想，而最終仍能歸到《逍遥遊》篇所謂萬物皆『有所待』主旨之上，不但有力地糾正了郭象對莊子逍遥遊思想之錯誤理解，而且還標誌着在繼東晉支遁以佛教即色空義闡釋《逍遥遊》篇後，對莊子逍遥遊思想之闡釋又有了新進展。

若就王雱《南華真經新傳》之主要思想傾向而論，正如明孫應鼇所謂『元澤持莊子解莊子』，清四庫館臣所謂『顧率其傲然自恣之意，與莊周之滉漾肆論，破規矩而任自然者，反若相近，故往往得其微旨。』但王雱爲王安石之公子兼門人，其莊子學思想中某些重要觀點又是明顯繼承王安石之思想觀點而來。如他在詮釋《天下》篇時説，由於到了莊子生活時代，天下皆『棄絶乎禮義之緒，奪攘乎利害之際，趨利而不以爲辱，殞身而不以爲怨，漸漬陷溺，以至乎不可投（救）已』，所以『莊子病之，思以其説教（矯）天下之弊而歸之於正』，即『其心過慮，以爲仁義禮樂皆不足以正之，故同是非，齊彼我，一利害，而以足乎心爲得，此其所以矯天下之弊者也。』王雱此處不外是要告訴人們，莊子攻擊儒家仁義禮樂是爲了『矯天下之弊而歸之於正』，其用意無疑甚佳。王雱此説，基本源於王安石《莊周》一文，亦頗欲緩和莊子思想與儒學間之矛盾。但所不同者，王雱在高度肯定『莊子之意』時，並不像王安石那樣將『莊子之説』宣判爲『其爲亂大矣』（見《答陳梠書》）之『邪説』（《莊周》），而是認爲莊子在『矯世俗之弊』時雖説得有點過分，但仍不失爲『高言盡道』。王雱此等説法，無疑是對王安石有關思想觀點之超越和發展。

據現存文獻資料可知，諸如司馬彪、向秀、郭象、陸德明等人皆曾對《莊子》内篇某些篇目作過題解，但未曾有人對《莊子》中任何一篇之作意作過探究。王雱則發凡起例，對《莊子》内、外、雜篇各篇之作意幾乎皆作過認真探究，並撰成扼要説明文字，置於各篇題目之下。此等説明文字，雖未必完全符合各篇實際情況，但對人們理解《莊子》各篇主旨無疑很有啓發性，而這一做法本身所具有之開創性意義，則更是不言而喻。

王雱還從義理角度，對莊子制定人名、地名等之用意幾乎皆作過認真探討，從而又從某些方面彌補了成玄英疏解之不足。但他對莊子制名寓意之發微，往往主觀想像成分較多，甚或失之臆測，必須予以指出。

王雱《南華真經新傳》二十卷，有《四庫全書》本、《道藏舉要》本等。此次影印，據中國國家圖書館藏原北京白雲觀藏梵夾本明正統《道藏》。

南華真經新傳二十卷（明抄本）

（宋）王雱撰

王雱生平事蹟，已見《南華真經新傳》（明正統《道藏》本）提要。此著另有明抄本傳世，亦二十卷，無界欄，綫裝六册，藏於中國國家圖書館。其卷一、卷五、卷十、卷十四，各卷首下方皆鈐有『汪士鐘印』『藝芸主人』朱印；書前《南華真經新傳序》題目下方，自上而下鈐有『小嫏嬛福地』『鐵琴銅劍樓』『古里瞿氏』『北京圖書館藏』朱印。今案清長洲汪士鐘爲藝芸書舍主人，搜羅宋元明舊刻舊鈔甚富。咸豐間，汪氏藏書散出，其中長編巨册，皆爲常熟瞿氏所得，餘歸海源閣楊氏。常熟古里瞿氏爲鐵琴銅劍樓主人，『小嫏嬛福地』爲鐵琴銅劍樓印章，其第二代主人瞿鏞嘗得長洲汪氏藝芸書舍藏書之半，由是鐵琴銅劍樓驟然崛起，遂爲近代四大藏書樓之一。瞿鏞《鐵琴銅劍樓藏書目録》載：『《南華真經新傳》二十卷、附《拾遺》一卷，舊鈔本，題「王雱元澤傳」，其《拾遺》一卷題「王雱元澤集」，卷首有自序及無名氏序。』解放後，瞿氏後人將所藏圖書分别捐贈給北京圖書館、上海圖書館、常熟圖書館等。故明抄本王雱《南華真經新傳》二十卷，當先由長洲汪氏藝芸書舍收藏，後爲常熟瞿氏鐵琴銅劍樓所得，最後歸北京圖書館。

檢王雱《南華真經新傳》明抄本，缺《駢拇》《馬蹄》《胠篋》《在宥》《天地》等五篇，與《道藏》本、《四庫全書》本相同。其分卷與《道藏》本相一致，但《道藏》本《大宗師》篇『夫藏舟於壑』句前分開，前面部分爲卷五，後面部分和《應帝王》篇組成卷六，而明抄本卷六前『南華真經新傳卷之六』『宋王雱』『大宗師篇』三行文字，抄成後又以黑筆劃去，卷末則徑抄成『南華真經新傳卷之五』字樣。全書每葉行數，每行字數，並每葉每行之首字與最末一字，多與《道藏》本相對應，可斷定此《南華真經新傳》二十卷及附《拾遺》一卷皆抄自《道藏》本。至於《道藏》本前二序，後序低一格附於前序之後，沒有題目，而明抄本則以後序另起一葉，且頂格抄寫，冠以『南華真經新傳序』七字；《道藏》本各卷首皆題『宋王元澤傳』，附《拾遺》題『宋王元澤集』，而明抄本則題『宋王雱元澤傳』『宋王雱元澤集』，凡此當皆爲抄者有意爲之。

通觀明抄本《南華真經新傳》，全書皆有朱筆圈點，而評語每施其側，如『雅字』『工詞』『峭語』『妙語』『字法』『句法』『章法』『倒句』『用韻』『音節』『波瀾』『頓挫』『警策』『形容』『轉折』『善論』等，頗能揭示莊子文章特徵，具有一定學術價值。此外值得指出者，圈點者還校改了某些文字。如《道藏》本《列禦寇》篇『伯昏無人射』上缺『列禦寇爲』四字，明抄本予以補足；《庚桑楚》篇『庚桑子聞之，南面而不釋，然弟子異之』，明抄本改『然』字屬上句讀；《徐無鬼》篇『登乎狙之上』，明抄本以『山』訂正『上』字；《則陽》篇『惠子明之而見戴晉人』，明抄本以『聞』訂正『明』字；《列禦寇》篇『其爲權也輕而猶若食』，明抄本以『是』訂正『食』字；《天下》篇『未於天下』，明抄本以『離』訂正『未』字。諸如此類，皆甚正確，應予肯定。但明抄本之『訂正』亦有不可取者，如《道藏》本《盜跖》篇『故觀之名，計之利，而信真是也』，本來並無錯誤，而明抄本改其爲『故觀之名利之利，而信真是也』，反而弄巧成拙，於上下文義不順。

今據中國國家圖書館藏明抄本王雱《南華真經新傳》二十卷影印。

南華真經直音一卷

（宋）賈善翔撰

賈善翔，號蓬丘子，生平事蹟不詳。《道藏》收録其《南華真經直音》一卷，題『崇德悟真大師臣賈善翔上進』。明白雲霽《道藏目録詳注》卷三則作『《南華真經直指》，崇德悟真大師賈善淵進』，書名與著者姓名皆與《道藏》略有不同，疑白氏著録有誤。據賈善翔於《南華真經直音序》末所題『（宋哲宗）元祐丙寅（1086）之冬，蓬丘子記』等語，則賈氏爲北宋中期人，其《南華真經直音》與陳景元《南華真經章句音義》大致爲同一時期著作。賈善翔於《南華真經直音序》後列有《莊子》三十三篇篇名，説明其曾爲《莊子》三十三篇皆作過音注，但《道藏》所收《南華真經直音》僅至《天運》篇而止，以下《刻意》《繕性》《秋水》《至樂》《達生》《山木》《田子方》《知北遊》《庚桑楚》《徐無鬼》《則陽》《外物》《寓言》《讓王》《盜跖》《説劍》《漁父》《列禦寇》《天下》等十九篇皆缺而不見，則今所傳賈氏《南華真經直音》並非完本。

在《南華真經直音序》中，賈善翔主要在説明撰寫此書之緣起和目的：『天下搢紳之士，始束髮讀書，則擇師友而受之，故能高談奥論，别白真僞，而後享貴富，流聲無垠，未始不始於斯，所謂一卷之書，必立之師者是已。然世之好事者，不暇擇師友，每乘閑披覽，以適性情，而其間有深字，及點發、假借稱呼者，往往不識，遂考之於釋音。然釋音有類格、翻切之難，不能洞曉，於是檢閲至於再，至於三，其心已倦怠，而不覺掩卷就枕。不識字則不知義，不知義則無味，無味則不樂，不樂則欲無倦怠，其可得耶？愚非聞之於交遊，實目擊斯人之若此，因吐納之暇，輒以《老》《莊》深字，洎點發、假借者，皆以淺字志之，其有難得淺字可釋者，即以音和切之，庶披覽者易得其字，命之曰《直音》，亦小補於學者之一端云。』誠然，《莊子》一書，義理抽象深奥，文字艱深難讀，雖曾爲之作音義者甚衆，仍每每使披覽者無所適從。如《天地》篇『俋』，陸德明《莊子音義》云：『徐於執反，又徐直立反。李云耕貌，一云耕人行貌。又音秩，又於十反。』《天道》篇『繙』，陸氏《莊子音義》云：『敷袁反，徐又音盤，又音煩。』《大宗師》篇『頯』，陸氏《莊子音義》云：『徐去軌反，郭苦對反，李音沈，一音逵。』對於此等生僻字，歷代注家雖曾作過多種注音，但披覽者仍很難確定應選擇何種讀音。而且凡此注音，多以反切表示，而反切並非人所皆知，正所謂『釋音有類格、翻切之難，不能洞曉』，因而更使披覽者增加閲讀難度。有鑒於此，賈善翔便径以淺字志深字，希望能給披覽者解決讀音難問題。如：《逍遥遊》篇『閼』，賈氏標之曰：『遏。』《養生主》篇『踦』，賈氏標之曰：『幾。』《人間世》篇『菑』，賈氏標之曰：『災。』《馬蹄》篇『蹩』，賈氏標之曰：『泄。』《胠篋》篇『耎』，賈氏標之曰：『軟。』《天地》篇『漻』，賈氏標之曰：『流。』《天運》篇『僨』，賈氏標之曰：『忿。』從音韻學史角度來看，自直音演進爲反切，表明標音之術已漸精詳。就此説來，賈善翔復用直音之舉顯然不值得肯定。但其爲解決讀音難問題，徑以淺字志深字，無疑具有積極意義。

賈善翔之直音形式，又往往以在所用之淺字上標一『音』字來表示。如其爲《德充符》篇作音注，於『假』字下云『音格』，於『説』字下云『音税』，於『惡』字下云『音烏』，便皆屬於此種形式。今觀陸德明《莊子音義》等前人音韻著作，此種形式僅作爲一種輔助形式置於反切之後，但賈善翔爲某些深字注音時卻作爲唯一標音形式，從而亦爲閲讀者提供方便甚多。而對於《莊子》中另一些深字，賈善翔則以在所用之淺字下標上聲調來表示。如：《逍遥遊》篇『膠』，賈氏云：

『教平。』《養生主》篇『批』，賈氏云：『篇入聲。』《人間世》篇『徇』，賈氏云：『旬去聲。』《駢拇》篇『跬』，賈氏云：『奎字上聲。』顯然，以此種方式標音，亦甚是方便披覽者。賈善翔有時又僅在某些深字下直接標上聲調，以直接將讀音明白告訴披覽者。如其於《齊物論》『隱』字下標『去聲』，於《人間世》『散』字下標『上聲』，於《應帝王》『便』字下標『平聲』，便爲披覽者指明各深字之聲調。另外，對於某些無法用上述方法注音標調者，賈善翔『即以音和切之』。所謂音和，傳統音韻學上是指反切上字與所切之字聲母相同，反切下字與所切之字聲調及韻母相同之反切，屬於反切之一種，故亦稱音和切。而賈氏所謂『以音和切之』，則指一般反切而言。從《南華真經直音》所保存之反切來看，一部分是直接徵引陸德明《莊子音義》等前人音韻著作中有關反切資料而來，另一部分則可能由賈氏所自作，但無論屬於何種情況，其所用反切皆以『切』字來表示。如於《逍遥遊》篇『坳』字下標『於交切』，於《天道》篇『絰』字下標『田結切』，於《天運》篇『憯』字下標『七感切』，凡此皆顯然援引於陸德明《莊子音義》，但已將原來之反切之『反』一律改成『切』字，在很大程度上滿足了當時人諱言『反』字之心理需求。

總之，從音韻發展史角度來看，賈善翔《南華真經直音》以淺字志深字並非先進方法，但無疑爲人們提供方便甚多，應該予以肯定。而且，歷史上雖有衆多學者曾爲《莊子》作音注，但其著作除陸德明《莊子音義》、陳景元《南華真經章句音義》等流傳至今外，便僅有賈善翔《南華真經直音》能夠保存到現在，此其所以能在莊子學史上占有一定地位。

賈善翔《南華真經直音》一卷，有《道藏》本、《道藏舉要》本。兹據中國國家圖書館藏原北京白雲觀藏梵夾本明正統《道藏》影印。

莊列十論一卷　（宋）李士表撰

李士表，字元卓。褚伯秀《南華真經義海纂微》卷首《今所纂諸家注義姓名》載『李士表《莊子十論》』，焦竑《莊子翼》卷首《采摭書目》載『元卓著《莊列十論》』，但焦竑《莊子翼》附録所收卻作《莊子九論》，故清四庫館臣所撰《莊子翼》

提要云：『李士表，自陳振孫《書録解題》已不知爲何許人，《宋史·藝文志》載其《莊子十論》一卷，唯此存其九，亦未喻何故。』誠然，關於李士表，宋末陳振孫《直齋書録解題》已謂『未詳何人』。但據方達《〈莊子十論〉著者考》（《諸子學刊》第一輯）考證，李士表實爲宋徽宗宣和間太學教授。

今所存李士表《莊列十論》，由十個部分組成，依次爲《莊周夢蝴蝶論》《庖丁解牛論》《藏舟山於壑澤論》《顔回坐忘論》《季咸相壺子論》《象罔得玄珠論》《莊子遊濠梁論》《醉者墜車論》《古之道術論》《宋華子病忘論》。此十論，實際上便是十篇專論。如《古之道術論》，即專論《莊子·天下》篇中有關『道術』思想觀念。他首先對老莊所謂『道』作了具體闡釋，並依據《莊子》中一些思想資料進一步發揮説，『道』作爲産生世界萬物之本體，它超越空間，又超越時間，既不表現爲『有』，又不表現爲『無』，因而不能借助於任何名稱或概念加以指稱、表述。故李士表接着説：『昔之明在在之妙於天下者，不敢以形數擬，不敢以畛域倪，即其亘古今而自成、入散殊而皆一者，强名之曰古人之大體。……古之人即之以爲道術者，非累於心也，故不可謂之心術；非鑿於智也，故不可謂之智術；非機也，故不可謂之機術；非技也，故不可謂之技術。此術者而謂之道，其該遍者也。』在李氏看來，《天下》篇作者正因爲看到『道』具有超越時空性質，所以『不敢以形數擬，不敢以畛域倪，即其亘古今而自成、入散殊而皆一者，强名之曰古人之大體』，將古人之『道術』看成是對大道進行全面體認之學問。實際上，李士表此處便是説，古人之『道術』包涵了宇宙間一切真理，絶對不能以出於『心』『智』『機』『技』之『心術』『智術』『機術』『技術』相比擬。所以他進而指出，諸如後世墨翟、禽滑釐、宋鈃、尹文、彭蒙、田駢、慎到、關尹、老聃等，『或以獨任不堪而滯道，或以强聒不舍而滯道，或以死生之説而滯道，或以博大之域而滯道，計其術之在道中，猶礨空之在大澤也，猶稊米之在太倉也，猶小石之在太山、毫末之在馬體也』，豈可與包涵宇宙間全部真理之『道術』相比擬？毫無疑問，像李士表這般對莊子『道術』思想作如此深入細緻論述者，實在是前無古人。

但在《莊列十論》中，李士表所闡釋者，以《莊子》中重要寓言爲多。如他作《庖丁解牛論》，即專用來闡發《養生主》篇『庖丁解牛』寓言，認爲莊子撰寫此則寓言，旨在藉以闡述其養生論，而將《養生主》次於《逍遥遊》《齊物論》之後，則是因爲養生必以逍遥、齊物爲前提。李氏如此闡釋，頗有見地，值得重視。

總之，李士表不取前人注疏形式，而專注於專題化、理論化、縱深化，在莊子學史上具有一定開創意義。

李士表《莊列十論》有《道藏》本、《指海》本等。此次影印，據中國國家圖書館藏原北京白雲觀藏梵夾本明正統《道藏》。

莊子論　（宋）程俱撰

程俱（1078—1144），字致道，號北山，衢州開化人。紹聖四年進士，歷官吴江主簿、太常少卿、秀州知府、中書舍人侍講、提舉江州太平觀、徽猷閣待制。程氏治學，除專心於儒家經典而外，於諸子百家、方外之書等，亦多有研究。如其《北山小集》中，有《老子論》五篇、《列子論》三篇、《莊子論》五篇、《維摩詰所説經通論》八篇等，足證其於儒家外，還涉及各家學説。

因程俱治學，『自六經、百氏之書、世傳之史、方外之書，無不讀』（宋鄭作肅《北山小集》序），故其闡釋老莊，亦每融合他説。今觀其《莊子論》五篇，則主要表現爲大量吸收儒家思想，並認爲莊子著書，不與孔孟相背馳：『雜篇而終之以《天下》，則知孔子之書終言堯、舜之事，……孟子之書終言禹、湯、文、武者，皆是莊子之微旨也。』（《莊子論二》）謂莊子作《天下》篇，其用意與《論語・堯曰》《孟子・盡心》末章，以讚美堯、舜、禹、湯、文、武爲全書之收結，大致相同。故進而説：『莊子所謂聖人之道，非孟子所謂聖歟？莊子所謂聖人之才，非孟子所謂智歟？』（《莊子論三》）將莊子之所謂聖人之道、聖人之才，與孟子所謂聖、智説混爲一談。

甚而至於，程俱還指出，即使是《莊子》書中對儒家仁義、禮樂、聖智所作批判，亦並非真要對儒家仁義、禮樂、聖智進行批判：『莊子毁仁義，毁諸已乎？曰蹩躠踶跂，唯攘棄之而天下元同，是毁仁義已矣。然而曰至義不物，至仁無親，遠而不可不居者義，親而不可不廣者仁，則周蓋未嘗毁仁義也。莊子滅禮樂，滅諸已乎？曰澶漫摘僻，唯不用而性情不離，是滅禮樂已矣。然而曰禮以導行，樂以導和，禮之意子貢不能知，死不歌墨子之所短，則周蓋未嘗滅禮樂也。

聖人不死，大盜不止，是周絶聖之言也。然而以謂：神全形全，聖人之道也；澹然無極，衆美從之，聖人之德也；通於天地，推於萬物，聖人之心也；手撓指顧，四方俱至，聖人之治也；天地之鑒，萬物之境，聖人之靜也；知窮知通，臨難不懼，聖人之勇也。其言如此，絶聖矣乎？任知則民相盜，去知以歸其天，是周棄知之言也。然而以謂：真人以之爲時，聖人以之爲孽；心徹爲知，知徹爲德；以恬養知，以知養恬。其言如此，棄知矣乎？』（《莊子論五》）至此，程俱在繼承王安石、蘇軾莊學觀基礎上，更將莊學儒學化推進了一步。

此次影印程俱《莊子論》，據華東師範大學圖書館藏民國二十三年上海涵芬樓依江安傅氏雙鑑樓藏景宋寫本《北山小集》。

莊子法語四卷　（宋）洪邁撰

洪邁（1123—1202），字景盧，號容齋，別號野處，饒州鄱陽（今江西波陽）人。宋高宗紹興十五年中博學宏詞科，官至端明殿學士，謚文敏。學識博洽，自經史百家以至醫卜星算，皆有論述。著作有《野處類稿》《容齋五筆》《夷堅志》《萬首唐人絶句》《經子法語》《左傳法語》《史記法語》《西漢法語》《後漢精語》《三國精語》《晉書精語》《南史精語》《唐書精語》等。

宋陳振孫《直齋書録解題》卷十四云：『此《法語》諸書，皆所以備遺忘，而洪氏多取句法。』又清四庫館臣云：『邁兄弟並以詞科起家，此書蓋即摘經子新穎字句以備程試之用者。』據此，則《經子法語》二十四卷僅爲洪邁爲『備程試之用』而鈔録者，但洪氏《容齋隨筆》有『尺棰取半』『文章小伎』等條，《容齋續筆》有『月不勝火』『靈臺有持』『蜘蛛結網』『有扈氏』『東坡論莊子』『無用之用』『淵有九名』『物之小大』等條，皆爲精心考釋《莊子》之文，説明其對《莊子》有一定研究。由此看來，洪邁《經子法語》中有關《莊子》之文字，雖亦爲『備程試之用』而鈔録者，但必能反映出其選録水平和取舍原則。

選録《莊子》字詞者，當以唐陸德明《莊子音義》三卷爲最早，而較早節選《莊子》語句和章節者，則爲梁庾仲容《子鈔》和唐馬總《意林》。但陸德明意在保存異文、訓釋音義，庾仲容、馬總則主要在尋找契合己意或有關經世濟民之思想資料，均與後來洪邁之取舍原則有很大不同。從文化背景來看，南宋最重詞科，士大夫多節録古書以備遺用，洪邁《莊子法語》正爲此種産物。故通讀洪邁此書，多爲『新穎字句』，如『大有逕庭』（《逍遥遊》）、『遁天倍情』（《養生主》）、『虚室生白』（《人間世》）、『刻彫衆形』（《大宗師》）、『用心若鏡』（《應帝王》）、『魚不可脱於淵』（《胠篋》）、『尸居龍見』（《在宥》）、『行不崖異』（《天地》）、『以恬養知』（《繕性》）、『以天合天』（《達生》）、『虚己以遊世』（《山木》）、『目擊而道存』（《田子方》）、『至言去言』（《知北遊》）、『運斤成風』（《徐無鬼》）、『搖脣鼓舌』（《盜跖》），以及『鳧脛雖短，續之則憂；鶴脛雖長，斷之則悲』（《駢拇》）、『井蛙不可以語於海，夏蟲不可以語於冰』（《秋水》）、『强哭者，雖悲不哀；强怒者，雖嚴不威；强親者，雖笑不和。真悲無聲而哀，真怒未發而威，真親未笑而和』（《漁父》）等，皆爲精詞雋句，能見出選家眼光甚爲獨特。换言之，洪邁《莊子法語》似可稱爲莊子精詞雋句字典，在莊子學史上具有一定創新意義，非但可備當時重詞科者之遺用而已。

洪邁《莊子法語》亦間摘陸德明《莊子音義》注文，以雙行齊下形式置於《莊子》相應詞語之下。如此書於《在宥》篇『嚆矢』下云：『許交反。矢之猛者。又曰矢之鳴者。』此處『許交反』爲陸德明《莊子音義》所標音注，『矢之猛者』爲陸氏所引郭象之注，『矢之鳴者』爲陸氏所引向秀之注。有時，洪邁還徑摘陸德明《經典釋文》之注文，與所摘《莊子》之詞語相並列。如此書於《逍遥遊》篇出示『其大如天一面雲』，於《胠篋》篇出示『以趙厚酒易魯薄酒』，前者爲陸德明《莊子音義》所引崔譔之注，後者爲陸氏所引許慎注《淮南子》之語，而洪邁皆以之與《莊子》之詞語相並列。不可否認，洪邁以所引注文與《莊子》原文相並列，顯然具有大膽創意，但亦確實亂了傳統體例，不可不予指出。

洪邁《莊子法語》有宋孝宗淳熙十三年婺州容齋原刊《經子法語》本、明刊《説郛》所收《經子法語》本等。兹據華東師範大學圖書館藏民國十五年景刊景鈔宋本《擇是居叢書初集・經子法語》影印。

莊子鬳齋口義十卷

（宋）林希逸撰

林希逸（1193—1271），字肅翁，一字淵翁，號竹溪，又號鬳齋、獻機，福建福清縣人。宋理宗端平二年進士，爲平海軍節度推官，以清白稱。淳祐中遷秘書省正字，入對乞信任給諫，又乞早決大計，以慰人望，理宗皆開納。歷翰林權直學士兼崇政殿説書，以直秘閣知興化軍。景定間官司農少卿，後除太常少卿。度宗咸淳間入京掌詞翰，終中書舍人。清四庫館臣云：『希逸之學本於陳藻，藻之學得於林光朝。所謂樂軒者，藻之别號；艾軒者，光朝之别號。凡書中所稱先師，皆指藻也。』但據黄宗羲《宋元學案》卷四十七、王梓材《宋元學案補遺》卷四十七、李清馥《閩中理學淵源考》卷八所列艾軒學派學術譜系，陳藻系林亦之（網山）學生，而亦之之學出於林光朝，光朝之學出於陸景端（子正），景端之學出於尹焞（和靖），焞之學出於程頤（伊川），則林希逸之學術淵源還可遠溯到北宋二程洛學。林希逸著作頗多，存於世者有《鬳齋續集》三十卷、《竹溪十一稿詩選》一卷、《考工記解》二卷、《道德真經口義》二卷、《沖虚真經口義》八卷、《南華真經口義》十卷等。《莊子鬳齋口義》又稱《南華真經口義》《莊子口義》，除《道藏》本作『《南華真經口義》三十二卷』外，其餘宋、元、明、清與日本各本皆作十卷。

所謂『口義』，原指唐代明經科試士時要求應試者口頭答述經義之口試。林希逸同窗林經德所撰《莊子鬳齋口義》云：『此書以《口義》名者，謂其不爲文，雜俚俗而直述之也。』説明林希逸以『口義』命名其莊學著作，目的是要像應試者口頭答述經義一般，以明白通俗語言來詮釋《莊子》。故其闡釋之際，雖俚歌俗諺，時加援引。

林希逸撰寫《莊子鬳齋口義》，表示『欲爲南華老仙洗去郭、向之陋。』（林經德序引）林氏何以有此主張？推測起來，可能主要有兩個方面原因：一是向秀、郭象所作注語太抽象化，二是向、郭莊學實際上僅能代表魏晉玄學思想，凡此皆與艾軒學派學術傳統，尤其與林希逸學術思想格格不入，故林氏表示要『洗去郭、向之陋』。但林氏在『欲爲南華老仙洗去郭、向之陋』之際，卻走向另一極端，將宋代莊學儒學化推到了最高峰。如他在詮釋《逍遥遊》篇時説：『遊者，心有天遊也；逍遥，言優遊自在也。《論語》之門人形容夫子衹一「樂」字；《三百篇》之形容人物，如《南有樛木》、如《南山有臺》曰「樂祇君子」，亦止一「樂」字。此之所謂逍遙遊，即《詩》與《論語》所謂「樂」也。一部之書，以一「樂」字爲首，看這老子胸中如何？』此處表明，對於《莊子》中一些思想內容，林氏幾乎皆可引儒學予以詮釋，不免混淆了兩者之實質區別。

比較起來看，林希逸還更善於以程朱理學所謂『天理』來替代《莊子》中『道』『天』等概念。如《外物》篇有『僨然而道盡』之語，林氏云：『道盡者，言其天理滅盡也。蓋謂衆人汩於利欲，終身不悟，至於滅盡天理而後已也。』莊子此處所謂『道』，是指自然之道所賦予之生理，而林氏卻以程朱理學所謂『天理』加以解釋，使之具有了合自然與倫理之本體意義。又《人間世》篇有『爲人使易以僞，爲天使難以僞』之語，林氏云：『爲人使易以僞，言爲人欲所役，則易至於欺僞。唯冥心而聽造物之所使，則無所容僞矣。人使即人欲也，天使即天理之日用者也。』此處以『造物』解釋自然而然而能生化萬物之『天』，基本符合莊子本體論思想。而以體現於『日用』中之『天理』來解釋莊子所謂『天』，則明顯具有程朱理學强調日常道德踐履之思想傾向。凡此皆説明，《莊子》中所謂『道』『天』等哲學概念與程朱理學所謂『天理』本來並非一回事，但在林氏《莊子鬳齋口義》中幾乎皆可得到融合。

理學表面上雖然排斥佛、道，實際上卻出入佛、道而以儒學爲最終依歸。如艾軒學派中重要人物林亦之、陳藻，『其衛吾道，辟異端甚嚴』（劉克莊《城山三先生祠堂記》），但林希逸在注解《駢拇》篇時曾謂：『先師嘗曰：「佛書最好證吾書，證則易曉也。」』而且，陳藻所作《讀莊子》詩又有句云：『堯無是處桀無非，此語堪驚與道違。造物恩私多嵬瑣，始知莊子得真機。』凡此皆説明，艾軒學派對佛理與莊子學説都有所肯定。林氏在繼承先師學術觀點基礎上又有很大發展。其《莊子鬳齋口義發題》云：『希逸少嘗有聞於樂軒，因樂軒而聞艾軒之説，文字血脈稍知梗概。又頗嘗涉獵佛書，而後悟其縱横變化之機，自謂於此書稍有所得，實前人所未盡究者。』唯林氏每因『佛書』而後悟《莊子》之『縱横變化之機』，故在《莊子鬳齋口義》中便大量引用佛理來闡釋莊子思想。同時，林氏又不時指出佛理往往源出於《莊子》，以期更好地達到其整合莊子學説與佛理爲一體之目的。如他在《莊子鬳齋口義發題》中説，《莊子》一書『不可不讀』，『《大藏經》五百四十函皆自此中紬繹出』。在闡釋《德充符》篇『死生亦大矣』之語時説：『釋氏一《大藏經》，祇從此五字中出。』

此處將佛教中許多重要觀點説成源出於《莊子》，似乎皆爲無稽之談。但據林氏在闡釋《大宗師》篇時所説有關話來看，他本來便瞭解『佛至（東漢）明帝時始入中國』之歷史常識。由此看來，林氏所謂佛理每出於《莊子》云云，當亦包含古印度佛教在傳入中國後已嚴重老莊化之意思，則其説亦有一定道理。

總之，林希逸《莊子鬳齋口義》既遠承東晉支遁、唐成玄英等以佛解莊之思想成果，又近繼北宋王安石、蘇軾等以儒道爲一之思維模式，並將二者加以綜合與發展，從而爲適應宋代『三教合一』文化發展態勢而將前人以儒、釋解莊之思維模式發展到『完美』程度。兼以此著每以佛教思維方式尋繹《莊子》文章之『語脈機鋒』，『悟其縱横變化之機』，對《莊子》散文之脈絡、筆法、意境皆有深刻揭示，故時人稱之曰：『竹溪既盡其師之傳，又搜獵釋老諸書於六經子史之外，故能究此老之隱微，盡此老之機解，使南華而可作，必以竹溪爲知我者也。』（林經德序）又曰：『鬳翁著此書，解若江海之浸，膏澤之潤，情其情而思其思，夢其夢而覺其覺，故能言其言而指其指，聲音笑貌，身親出之而人親覿之，……卓然起莊子於朽骨，發千古之寶藏，鬳翁亦博大弘偉，豪傑巨儒哉！』（徐霖序）林氏《莊子鬳齋口義》對後世影響極大。大約在明朝初年，此著還傳到日本，曾一度替代郭象莊子學之地位。

《南華真經口義》有《道藏》本、《道藏舉要》本、《四庫全書》本、《鬳齋三子口義》本等。今影印《莊子鬳齋口義》十卷，據中國國家圖書館藏宋刻本。

纂圖互注南華真經十卷

（宋）龔士卨撰

龔士卨，字子質，號石廬子，宋理宗時人，生平爵里均無考。著作有《五子纂圖互注》四十二卷，《四庫全書總目提要·存目》有提要，《欽定續文獻通考》卷一百七十八、《欽定續通志》卷一百六十等皆著録。

《五子纂圖互注》原有宋刊本，包括《老子》二卷、《莊子》十卷、《荀子》十卷、《揚子法言》十卷、《文中子》十卷，前有龔士卨所撰總序，題『景定（理宗年號）改元』，當爲閩地書坊請人編輯而成，以爲士子應對考試之書。今世所存又有元刻本《五子纂圖互注》及纂圖互注《六子全書》。《六子全書》於《五子纂圖互注》外增《纂圖互注列子》一書，其通體字劃與五子不類，故《欽定天禄琳琅書目》卷九疑爲『明人翻刻時始增』。《纂圖互注南華真經》書前依次有郭象《南華真經序》《莊子太極説》《周子太極圖》《南華真經篇目》。經文下雙行小字，先列郭象注，次列陸德明音義，最後偶有龔氏增注，標以『互注』或『重意』字樣。

龔士卨總序云：『聖賢之學，大概從頭徹底做出。老莊祇直截説，從向上處去，故葛玄謂其爲天地立根，蓋體道之自然。』認爲儒、道二家學説在本質上大有相通之處，祇是其所表述之方式方法有所不同而已。故龔氏撰《纂圖互注南華真經》，其『互注』『重意』除了大量引用《老子》之外，便是廣泛引用儒家經典（涉及《周易》《尚書》《詩經》《左傳》《論語》《孟子》《禮記》《揚子法言》等）來發明《莊子》。尤其值得注意者，因《莊子·大宗師》有『太極』二字，龔氏遂摘出其所在一段文字，置於書前，名爲《莊子太極説》，並附以宋周敦頤《太極圖》，表示儒學與莊子可互通，在窮究先天之道上更無二致。

其實，周敦頤《太極圖》雖亦吸收老莊本體論思想，但正如黄宗炎《圖學辯惑》所説，二者在本質上卻有很大區别。故清四庫館臣謂，龔氏『因《大宗師》篇有「太極」二字，遂附會以周子之圖，尤爲無理』。其『互注』『重意』，每引儒説以解《莊子》，亦同樣顯得頗爲『無理』。如《盜跖》篇有『湯放桀，武王殺紂，貴賤有義乎』之語，認爲此二事説明，世間本無是非、貴賤可言，而龔氏『互注』，卻證以《孟子》之言，以湯放桀、武王殺紂爲仁義之舉，顯然與莊子本意大相徑庭。《逍遥遊》篇有『堯讓天下於許由』寓言，謂堯治天下，乃是效法庖人之割，故終爲聖人許由所不取，而龔氏『互注』，卻引《揚子法言》以釋之，讚揚堯爲聖明君主，亦與莊子本意相背離。當然，就龔氏多數『互注』『重意』來看，其所引述文字，大致可與莊子本意相合，於人們解讀《莊子》有一定幫助。

《纂圖互注南華真經》有宋原刻《五子纂圖互注》本、元刻《五子纂圖互注》本、明刻纂圖互注《六子全書》本。此次影印，以上海圖書館藏元刻《纂圖互注南華真經》本爲底本，其中卷五至卷六據另一元刊本配補。

南華真經義海纂微一百六卷

（宋）褚伯秀撰

褚伯秀，一名師秀，號雪巘，又號環中子，杭州人，卒年八十餘。據周密《癸辛雜識·後集》載，元世祖至元丁亥（1287）九月，褚氏嘗與周密、王磐隱遊閱古泉，則其入元尚健在。褚氏博學通經術，性清介絶俗，寄跡黄冠，隱於天慶觀，閉戶著書不輟。事蹟主要見周密《浩然齋雅談》卷中、鄭元祐《遂昌雜録》、萬斯同《宋季忠義録》卷十四、王梓材《宋元學案補遺》别附二、仲蘅《武林元妙觀志》卷二等。著作主要有《南華真經義海纂微》一百六卷，今保存於《道藏》《四庫全書》之中。清四庫館臣謂纂成於宋度宗咸淳庚午（1270），下距宋亡僅六年，但書前劉震孫、文及翁、湯漢三序皆撰於宋度宗咸淳元年（1265），則四庫館臣之説似不可從。

今案褚伯秀《南華真經義海纂微》卷首有《陳碧虚解義卷末載覽過莊子注》云：『景德三年國子監刊行本；江南古藏本，徐鉉、葛湍校；天台山方瀛宫本，徐靈府校；郭象注中太一宫本，張君房校；成玄英疏中太一宫本，張君房校；文如海正義中太一宫本，成、文並唐道士；江南李氏書庫本，張潛夫補注；散人劉得一本，大中祥符時人。』凡此校刊本或注疏文字，即多爲褚氏所利用，成爲其校勘、解説時重要依據。又有《今所纂諸家注義姓名》云：『郭象注，吳門官本；呂惠卿注，川本；林疑獨注，舊麻沙本；陳詳道注，藏本；陳景元注，字太初，號碧虚子，建昌人，熙寧間主中太一宫，召對進《道德》《南華》二經解，頒行入藏；王雱注，内篇；劉概注，外、雜篇，繼雱之後；吳儔注，已上五家並見《道藏》；崇、觀間人；虚齋趙以夫注，内篇，福本；竹溪林希逸《口義》，福本；李士表《莊子十論》；王旦《莊子發題》；無隱范先生講語，名元應，字善甫，蜀之順慶人。』此處所列『十三家之説』，則更成爲褚氏纂輯對象。而其中多數大家解莊之説，正是依賴褚氏此書收録而得以保存至今。

褚伯秀《南華真經義海纂微》因『主義理，不主音訓』，故陸德明《莊子音義》、成玄英《莊子注疏》、文如海《莊子正義》、張潛夫《莊子補注》、陳景元《南華真經章句音義》等著作皆不得列於十三家，而兩宋時凡重在闡釋《莊子》義理者則多成爲輯録對象，明顯反映出褚氏學術思想所具有之宋學精神。基於此種學術精神，褚氏在輯録時衹要求保存其主要精神，而不主張依原文照抄照録。故若以此著所録説解文字與有關存世原著相對照，則可發現二者大有簡繁之別。

在纂集衆家文字之後，褚伯秀則『斷以己意』，謂之『管見』。今細審『管見』，可知褚氏莊學思想之中，亦有魏晉玄學、唐宋儒道佛三教並行之影響痕跡。但從總體上來看，則『管見』大抵以道家解《莊子》，係承因並發展其師范元應莊學思想而來。

褚伯秀纂集《南華真經義海纂微》，『凡七載而畢業』，其考校《莊子》文本，用力亦勤，所寫校勘文字，多見諸『管見』。此外，褚氏於《莊子》篇目真僞，亦曾予認真分析，不乏獨特看法。如《駢拇》篇末『管見』云：『本經内篇命題本於漆園，各有深意；外、雜篇則爲郭象所删修，但摘篇首字名之，而大義亦存焉。』認爲外、雜諸篇，雖不如内篇『各有深意』，或爲莊周門人所補續，但其『大義亦存』，『指歸不失大本』，故蘇軾撰《莊子祠堂記》，將《讓王》《盜跖》《説劍》《漁父》四篇，不僅視爲僞作，又從而删去之，實在失之武斷。但儘管如此，褚氏仍未能盡脱蘇氏『助孔』説之影響。

褚伯秀《南華真經義海纂微》一百六卷，有《道藏舉要》本、《四庫全書》本等。此次影印，據中國國家圖書館藏原北京白雲觀藏梵夾本明正統《道藏》。

莊子逸篇

（宋）王應麟輯

王應麟（1223—1296），字伯厚，號深寧居士，慶元府（治所在今浙江鄞縣）人。宋理宗淳祐元年舉進士，寶祐四年復中博學宏詞科，累官至禮部尚書兼給事中。宋亡後，常與慶元遺老相酬唱，以抒其故君故國之懷。博洽多聞，於經史百家、天文地理等均有研究。且熟悉掌故制度，頗長於考證。著作甚富，主要有《玉海》二百卷、《困學紀聞》二十卷、《漢藝文志考證》十卷等。

清四庫館臣云：『應麟博洽多聞，在宋代罕其倫比。雖淵源亦出朱子，然書中辨正朱子語誤數條，……皆考證是非，不相阿附。不肯如元胡炳文諸人堅持門戶，亦不至如明楊慎、陳耀文、國朝毛奇齡諸人肆相攻擊。蓋學問既深，意氣自平。……故能兼收並取，絕無黨同伐異之私，所考率切實可據，良有由也。』今觀《困學紀聞》卷十『諸子』，其中論及莊子者，亦實有如四庫館臣之所説。如王氏云：『五峰云：「《莊子》之書，世人狹隘執泥者，取其大略，不爲無益。若篤行君子，句句而求，字字而論，則其中無真實妙義，不可推而行也。」愚謂此讀《莊子》之法。』又云：『王坦之著《廢莊論》而其論多用莊語，胡文定《春秋綱領》有取於莊子之言，其可廢乎！』由此可見，王氏於《莊子》一書，既未予完全肯定，亦不肯全盤否定，而是援引胡宏（號五峰）之説，予以中肯分析。並進而指出，像東晉王坦之，必欲盡廢《莊子》而後快，顯然不可取。王氏如此持論，殆即由『學問既深』之後，『意氣自平』所致。

今視王應麟《困學紀聞》卷十『諸子』，其纂輯《莊子逸篇》，則顯得更爲重要。《莊子逸篇》凡輯得《莊子》佚文三十九條，置陸德明《經典釋文·序録》之語於前，表明其同意郭象和陸氏有關説法，亦認爲古本《莊子》中有『後人增足，漸失其真』成分，『若《閼弈》《意修》之旨，《危言》《遊鳧》《子胥》之篇，凡諸巧雜，十分有三』，故『注者以意去取』。王氏並撰後跋説，以今本《莊子》與古本《莊子》相比較，則『《莊子》逸篇十有九』，而此十九篇逸篇之片斷，有些還保存於《淮南子》《藝文類聚》《太平御覽》及《世説新語》《文選》《後漢書》注解中，雖『斷圭碎璧』，亦『足爲篋櫝之珍』，可供『博識君子』摭拾觀賞。所以，他努力搜索，從上述諸書及注解中輯得《莊子》佚文共三十九條，題曰《莊子逸篇》，爲纂輯《莊子》佚文開了先河。

《北齊書·杜弼傳》謂杜氏曾『注《莊子·惠施》篇』，王應麟據此而認爲《莊子》逸篇十九篇中有《惠施》篇，但其説未必正確。因爲，《北齊書·杜弼傳》所謂杜氏『注《莊子·惠施》篇』者，祇不過是表明因爲他『耽好玄理』（《杜弼傳》）而特重『名家者』言，於是裁出惠施歷物十事和辯者二十一事，單獨爲之詳釋罷了。但王氏此説，卻能引起後人探究《莊子》逸篇之興趣，具有一定積極意義。

總之，王應麟《莊子逸篇》爲莊學史上首部輯佚專著，雖然其所搜索範圍欠廣，所輯條目不算太多，但其所具有之啓迪性卻顯而易見，後世纂輯《莊子》佚文者，即幾乎皆在王氏基礎上進行。如清代閻若璩、翁元圻爲王氏《困學紀聞》作箋注，又各輯得《莊子》佚文若干條，而民國時馬敘倫、王叔岷分別纂成《莊子佚文》（附《莊子義證》後）、《莊子逸文》（附《莊子校釋》後），則搜求更爲廣泛、細心，從而把《莊子》輯佚推到了高峰。《困學紀聞》有《四庫全書》本、《摛藻堂四庫全書薈要》本、《四部叢刊》本、《四部備要》本、《四明叢書》本等。此次影印王應麟輯《莊子逸篇》，據華東師範大學圖書館藏清同治九年揚州書局依太原閻氏箋本重刊《困學紀聞》本。

莊子南華真經三卷　（宋）劉辰翁點校

劉辰翁（1231—1297），字會孟，號須溪，廬陵人。宋理宗寶祐六年貢於鄉，對策激烈，『嚴君子、小人、朋黨之辨』。景定三年，以廷試，極言『忠良戕害可傷，風節不競可憾』，忤賈似道之意，洎奏名，理宗親置之於丙第。以親老請濂溪書院山長。後以江萬里薦，除太學博士，固辭不就。宋亡，逃之方外，以示不臣於蒙元之意。有《須溪集》十卷、《須溪四景詩集》四卷。曾評點前人詩文極多，爲我國詩文評點之開創者。明人彙刻其所評各書爲《劉須溪批評九種》，其中包括《班馬異同評》三十五卷，《老子》《莊子》《列子》上、下卷，《世説新語評》三卷，《王摩詰詩評》四卷，《杜工部詩集評》二十卷，《李長吉歌詩評》四卷，《蘇東坡詩評》二十五卷。另有明刊劉須溪評點《三子》本《莊子南華真經》三卷，以林希逸《莊子口義》爲基礎進行評點。

劉辰翁點校《莊子南華真經》，多引林希逸之注語爲基礎，而對於林氏某些訓釋，尤其對林氏儒佛化傾向，則每持批判態度，往往能表現出真知灼見。但劉氏此著，論其價值，主要還是體現於評點方面。衆所周知，魏晉以來對《莊子》文本之詮釋，大致都采用注疏形式。劉辰翁則與傳統詮釋方法不同，主要采用評點形式。其最大特點，在於無須借助傳統訓詁、考據等手法，而僅以隨手點評之方法，運用生動活潑、富於情感之語言，即每能將自己獨特理解傳達給讀者，使之體悟到《莊子》之真意，感悟到《莊子》散文之藝術魅力。如他評點《駢拇》篇，開筆即云：『觀書大略如《莊子》，尤不可以訓詁理。』故其於此篇『長者不爲有餘』一段下，僅評之曰：『緩而激。』於『今世之仁人蒿目而憂世之患』一段下，僅評之曰：『痛快！愈緩愈激。』於『曲者不以鉤』一段下，僅評之曰：『辯而急。』於『天下誘然皆生而不知其所以生』

一段下，僅評之曰：『至此則其説愈橫，未嘗不莊語也。』於『古今不二』一段下，僅評之曰：『語極綿至痛快。』於『小惑易方』一段下，僅評之曰：『起得又健。』於『三代以下者』一段下，僅評之曰：『峻。』於『小人則以身殉利』一段下，僅評之曰：『語無沾惹，翩翩直下，略不可御詰。』劉氏以爲《莊子》具有『不可以訓詁理』特徵，便以即興隨筆式之評點來引導讀者去感悟審美客體。其結果，遂使歷來嚴肅枯燥之訓詁讓位於隨意性很强之直覺感悟，從而引發了讀者尋求《莊子》義理之興趣，和鑒賞《莊子》散文藝術之濃厚情趣。

綜觀劉辰翁之評點，『奇』爲其最重要審美範疇。如《德充符》篇有語云：『物視其所一而不見其所喪，視喪其足猶遺土也。』評之曰：『語奇。』此乃讚美莊子用語之奇。《駢拇》篇有語云：『駢拇枝指出乎性哉，而侈於德；附贅縣疣出乎形哉，而侈於性。』評之曰：『其所謂性，即所謂德也。其言扶疏，其字錯落重出，初非有意，亦非無謂者，故其所以爲奇也。』此乃讚美莊子用字之奇。《列禦寇》篇有『鄭人緩也』之語，評之曰：『個般起語，便是莊子撰得奇。』此乃讚美莊子起名之奇。《達生》篇有『祝宗人説彘』寓言，評之曰：『玄冠説彘，皆奇事也。』此乃讚美莊子用事之奇。總之，『奇』爲劉辰翁所追求的重要審美理想，更爲他用來評論《莊子》的一個重要審美範疇，是對林希逸《莊子口義》每以『奇特』爲審美範疇來評論《莊子》的進一步發展。

劉辰翁所標舉之『奇』，又往往與『神』『怪』『詭』『俊』等概念相聯繫。如《德充符》篇有語云：『刖者之屨，無爲愛之。……取妻者止於外，不得復使。』劉氏評之曰：『娶妻不使，本非以形不全，故經他變化，無不神奇。』《至樂》篇有語云：『支離叔與滑介叔觀於冥伯之丘，昆侖之虚，黄帝之所休。俄而柳生其左肘，其意蹶蹶然惡之。』劉氏評述説，此事實在可稱『怪奇』。《天運》篇有語云：『風起北方，一西一東，有上彷徨，孰嘘吸是？孰居無事而披拂是？』劉氏評述説，此處所表述之意思，實可謂『參差奇詭而近於物情』。《馬蹄》篇末謂馬因受到人爲約束而學會盜智，劉氏便指出此番話頭真可謂『奇俊』。由此可見，劉辰翁通過引『神』『怪』『詭』『俊』入『奇』，在『奇』中容納『神』『怪』『詭』『俊』等因素，從而大大拓展了『奇』之審美範疇，極大豐富了『奇』之思想內涵。不可否認，以此來評點《莊子》，應當更能揭示出《莊子》之諸多特徵。總之，劉氏以其獨特審美感悟，並運用富於情感之語言和隨手點評之方式，爲《莊子》

藝術評點開創了先河。

此次影印，以上海圖書館藏明萬曆刊劉辰翁點校《莊子南華真經》三卷爲底本。

莊子南華真經三卷　（宋）林希逸口義　劉辰翁點校　（明）唐順之釋略

明徐常吉所緝梓《莊子南華真經》三卷，凡三十三篇，卷首題『宋鬳齋林希逸口義』『須溪劉辰翁點校』『明荊川唐順之釋略』『後學徐常吉緝梓』。全書注文批語，皆大字低一格刊印。其中林希逸口義、劉辰翁點評，皆照録於劉氏點校《莊子南華真經》，分别冠以『林云』『劉云』字樣。而冠以『唐云』者爲唐順之釋文，冠以『愚按』者爲徐常吉按語，皆係徐氏緝梓時所增添。

此書前有徐氏《刻宋劉須溪點校莊子口義序》云：『解之者，自向秀而下，無慮數十家，惟宋林鬳齋氏《口義》頗著於近代，然句句而訂之，字字而釋之，恐非莊子曼衍謬悠之意。求其隱約連綴，深中肯綮，則宋劉須溪氏爲最，而我明荊川唐先生，亦略爲之訓釋，若兩家者，即使蒙莊復生，直可與之印證矣。』此序作於明神宗萬曆十年（1582），此時正值林氏《莊子口義》復盛之際，但徐氏卻認爲，林著『句句而訂之，字字而釋之』，恐非莊子本意，反不如劉氏之點評、唐氏之訓釋，雖簡明而『深中肯綮』，直可與莊子相『印證』，故特予緝梓而成此書。

在《莊子》闡釋史上，郭象注以『清辭遒旨』擅勝，林希逸口義以通俗明白爲特徵，而劉辰翁則采取點評方法，重在追求審美感悟。同時，劉氏雖每引郭象、林希逸之語以解《莊子》，但亦時有尖鋭批評。如劉氏於《逍遥遊》篇云：往昔嘗以爲郭氏『適性逍遥』説頗勝，如今卻認爲『郭解乃篇外意』，即無疑偏離了莊子宗旨。而對於林氏所謂《逍遥遊》篇『衹是形容胸中廣大之樂』之説，亦深以爲『近之而非也』。因爲林氏此説，衹是一味膠著於篇名，以爲衹要『縱觀宇宙之大』，『勝於蜩、鳩、斥鴳』，便算達到『胸中廣大之樂』，即『《詩》與《論語》所謂「樂」也』。劉氏進而指出，郭象、林希逸之所謂逍遥遊，實際上皆屬於拘限『耳目間』之逍遥遊，而決非真正之逍遥遊。但通觀全書，劉辰翁對林希逸之批評，主要還是批評其以儒佛解莊之傾向，不少見解值得肯定。當然，劉氏對莊子學之貢獻，最值得重視者，則在於開啓了評點之風氣，使《莊子》闡釋不再局限於注疏一途。

今案唐順之釋略，焦竑《莊子翼》卷首《采摭書目》云：『《荊川釋略》，明唐中丞順之著，門人徐常吉士彰刻之以傳，士彰《解》附。』清陳夢雷主編《古今圖書集成·莊子部》亦予著録，説法與焦氏《莊子翼》大致相同。徐秉義《培林堂書目·道家》著録作『《南華經釋略》』，注云：『唐順之釋略、林希逸口義、劉辰翁點校。』凡此，當皆指徐常吉緝梓《莊子南華真經》所收唐氏『釋略』，徐氏之『解』（按語）多附於後。通觀書中唐氏『釋略』，少至片言隻字，多不過廖廖數語，以《齊物論》篇爲例，爲唐氏最措意者，所撰釋語，亦不過十一條而已。但唐順之爲文學大家，其釋語以此書保存最多，而唐氏輯《文編》、焦竑撰《莊子翼》、歸有光輯《南華真經評注》等，僅是摘引部分條目而已，故尤其值得珍視。

此次影印《莊子南華真經》（林希逸口義、劉辰翁點校、唐順之釋略），據中國科學院國家科學圖書館藏明萬曆十年徐常吉刊本。

南華真經循本三十卷

（宋）羅勉道撰

羅勉道，號竹峰，廬陵人。今觀《南華真經循本》，書中嘗間引邵雍、張載、沈括、蘇軾、鄭樵、朱熹、洪邁諸人之説，而未及後人，據此推測，羅氏當爲宋末人。

此書以『循本』命名，目的是要用心尋繹《莊子》本旨。羅勉道於書前所撰《釋題》云：『諸家解者，或敷演清談，或牽聯禪語，或强附儒家正理，多非本文指義。漫曰：此文字奇處妙絶，又惡識所謂奇妙！寥寥千八百載間，作者之意鬱而未伸，剽竊之用轉而多誤，豈非群書中一欠事！勉道幸以蚤遂退閑，托志清虚，因得時以鄙見梳剔一二。爰筆其説，不覺成帙，自謂庶幾循其本指，題曰《莊子循本》云。』此處所説，實爲解讀本書之重要鑰匙。

所謂『敷演清談』，當指宋代學者或以郭象之説來闡釋《莊子》，而羅勉道則力求抵制郭象莊學思想。如郭氏以『獨化』説闡釋《寓言》篇『罔兩問景』寓言，林自『敷演』道：『形來則我與之來，形往則我與之往，形强陽則我與之强陽，此皆由於獨化，又何足以有問乎！』（褚伯秀《南華真經義海纂微》引）褚伯秀亦『敷演』云：『夫影生於形，非日火則莫見，有若相因也。日火雖光，非形則無影，本於獨化也。』（《南華真經義海纂微》）林、褚此處所謂『獨化』，與郭象所謂『推而極之，則今之所謂有待者，卒至於無待，而獨化之理彰矣』云云，雖性質有所不同，但無疑仍應看成是對郭氏『獨化』説之『敷演』。對於兩宋學者此類『敷演清談』，羅勉道則堅決予以屏棄，因而對《寓言》篇『罔兩問景』寓言作出如下闡釋：『若影，則遇火與日照之則屯聚，遇天陰方夜則代去，無火日則雖有形不能爲我影。如此看來，則彼之形雖能爲吾影而必有所待，況罔兩又用影之有待者乎！』顯然，羅氏此説已徹底消除郭象莊學思想之影響，甚能揭示出莊子寄寓於此則寓言中之本真思想。

在莊子學史上，東晉支遁即以佛教即色理論闡釋《逍遥遊》篇旨義。唐初成玄英著《莊子注疏》，亦每每反映出其以佛解莊之思想傾向。至宋代，因文化領域内儒、道、釋三教不斷走向融合，《莊子》闡釋亦每見禪理，而以林希逸所著《莊子口義》最爲明顯。對於此類『牽聯禪語』之做法，羅勉道卻予以堅決反對。對於儒家學説，羅氏雖視其爲高於莊子學説之『正理』，亦堅決反對人們以『儒家正理』來闡釋《莊子》。總之，羅氏在屏除清談、禪理、儒學牽聯附會大前提下來尋繹《莊子》本旨，確實頗能達到其『庶幾循其本指』之預期目的，從而在一定程度上糾正前人，尤其是宋人在闡釋《莊子》過程中所存在之偏頗。

羅勉道於《釋題》中云：『《莊子》爲書，雖恢恑譎怪，佚宕於六經外，譬猶天地日月，固有常經常運，而風雲開闔，神鬼變幻，要自不可闕，古今文士，每每奇之。』正因《莊子》具有如此特點，故羅氏便要求顧其字句、行文等特徵，以便更好尋繹出《莊子》本旨。

對於《莊子》書中所表現出之變化觀，羅勉道特别予以關注。其於解釋《逍遥遊》篇鯤『化而爲鳥』之『化』字時云：『篇首言鯤化而爲鵬，則能高飛遠徙。引喻下文，人化而爲聖、爲神、爲至，則能逍遥遊。初出一「化」字，乍讀未覺其有意，細看始知此字不閑。』對於《莊子》書中首次出現之『化』字，前人確實皆未能從中看出有何特殊意義，而羅氏卻『知此字不閑』，説明他一開始便與莊子關於『萬物皆化』思想甚有共鳴。他並於《逍遥遊》篇末云：『此篇以《逍遥遊》名，而終篇貫串衹一「化」字。第一段，言鯤、鵬、蜩、鳩、斥鴳之化，大小不同，故其飛有高下。第二段，言人之化亦有大小不同，故其爲逍遥遊有優劣。第三段，言人能因無用而化爲有用，則亦可以逍遥遊。夫天之所賦，各有定分，豈可强同蜩、鳩、斥鴳於鯤、鵬哉！而人則無智、愚、賢、不肖，皆可以階大道，然亦有自視若蜩、鳩、斥鴳者焉。故於篇終曉之曰：人雖如呺然難舉之瓠、擁腫卷曲之樗，苟能因其資質用之，隨事而化，豈失其爲逍遥遊哉！』在莊子學史上，像羅氏這般來尋繹莊子逍遥義，確實前無古人，值得重視。

羅勉道還以『二十六篇』説來修正蘇軾之真僞觀。其於《逍遥遊》篇題下云：『按《漢（書）·藝文志》「《莊子》五十二篇」，郭象固已辨其巧雜，十分有三。今所存三十三篇，東坡蘇氏又黜《讓王》《盜跖》《説劍》《漁父》，而以《列禦寇》接《寓言》之末，合爲一篇，其説精矣。然愚尚謂《刻意》《繕性》亦復淺膚非真，宜定爲二十六篇。』不可否認，羅勉道之『二十六篇』説，與蘇軾視《讓王》《盜跖》《説劍》《漁父》四篇爲僞作一樣，亦不免帶有一定主觀猜測因素。然而，羅氏此説畢竟動摇了蘇軾真僞觀之地位，爲後來《莊子》篇目真僞研究帶來了新氣象，使不少研究者認識到，於《讓王》《盜跖》《説劍》《漁父》四篇之外，可能還雜有另一些非莊子本人所撰之文章。

羅勉道《南華真經循本》三十卷，有《道藏》本、《道藏舉要》本。此次影印，據中國國家圖書館藏原北京白雲觀藏梵夾本明正統《道藏》。

莊周氣訣解一卷

（宋）宇文居鎡撰

《道藏》收有《莊周氣訣解》一卷，不著撰者姓名。白雲霽《道藏目録詳注》卷三、［雍正］《江南通志》卷一百九十二著録，亦皆不著姓名。《宋史·藝文志四》作『《莊周氣訣》一卷』，屬之『守（宇）文居鎡』名下，今姑從之。但宇文居鎡之生平事蹟皆不可考，唯《莊周氣訣解》中曾引及《陰符經疏》之文，而據《宋史·藝文志四》、鄭樵《通志》

卷六十七、高似孫《子略》卷一、王應麟《玉海》卷五著録，《陰符經疏》三卷（或作一卷）爲北宋袁淑真所著，則《莊周氣訣解》當成書於宋代，今姑列於宋末。

《莊周氣訣解》開首即摘取《莊子・養生主》篇末數語，並冠以『莊子曰』三字云：『莊子曰：「指窮於爲薪，火傳也。」』復引郭象之注闡釋説：『窮，盡也；爲薪，猶前薪也。將以指盡前薪之理，故火傳而不滅；心得納養之中，故命續而不絕。夫養生，乃生之所以生也，不知其盡也。夫時不再來，命不一停，故人之生也，乃一息一得耳。向息非今息，納養而命續；前火非後火，故薪傳而火續。由夫納養，得理其極，世豈知其生而盡哉！』莊周、郭象此處以薪喻形，以火喻神，所要發揮者乃道家重視精神護養思想，認爲人之形體有枯萎窮盡之時，但善養生者卻視生爲『時』，死爲『順』，故其自謂形死之時，其神猶存，正無異於薪盡之時，其火猶傳。但《莊周氣訣解》作者借莊周、郭象語開篇，則顯然是要從中引出道教所謂長生不老思想。他接着大量引述道教經典《陰符經》系列中有關『五賊』説法，便是用來進一步闡發此種長生不老思想。

《陰符經》系列有『五賊』理論，認爲天以陰陽五行化生萬物，若五行不能和合，便成『五賊』，必然會傷人性命。《莊周氣訣解》作者借助於此種理論闡述説，衆庶貪溺五味，便成『五賊』，足以危害性命，而『不食五味者，仙真也』，『可以長生』。並進而指出：『夫欲神仙，當先營氣。能益能易，名上仙籍；不益不易，不離死厄。但能握固，閉氣吞液，氣化爲血，血化爲精，精化爲神，神化爲液，液化爲骨，胎結丹田，綿綿長存，行之不倦，神光體溢。』『營氣』本爲中醫術語，但此處卻爲道教所謂『行氣』『食氣』『服氣』同義詞，指呼吸吐納等内修功夫。應當指出，《莊周氣訣解》作者從《莊子・養生主》中引申出『長生』思想，並進而把『行氣』『食氣』『服氣』之類内修功夫説成是『莊周氣訣』最重要内容，看作是『莊周』養生思想最高境界，顯然有背於莊子本真思想，因爲莊子所倡導之養生思想並非宗教實踐，何況他在《刻意》篇中就曾批評『吹呴呼吸』『吐故納新』是『養形之人』之行爲！

此次影印《莊周氣訣解》一卷，據中國國家圖書館藏原北京白雲觀藏梵夾本明正統《道藏》。

莊子内篇訂正二卷　（元）吳澄撰

吳澄（1249—1333），字幼清，撫州崇仁（今屬江西）人。宋度宗咸淳六年領鄉薦，春省下第，還構草屋，講學著書其中。入元官至翰林學士，程鉅夫嘗題其所居草屋曰『草廬』，故學者稱草廬先生。爲學主張折衷朱熹、陸九淵兩派，而最終近於朱熹。著作有《吳文正集》一百卷、《道德真經注》四卷等。

危素《（吳澄）年譜》於『（大德）十一年丁未』下云：『校定《老子》《莊子》《太玄》章句。公以《老》《莊》二子，世之異書，讀者不人人知其本旨，注釋者又多荒唐自誑，公爲之參考訂定，將使智之過高者不至陷溺於其中，凡下者不至妄加擬度於高虛云爾。』《道藏》收有吳澄《道德真經注》四卷，末附吳氏題記云：『老氏書字多誤，合數十家校其同異，考正如右。莊君平所傳章七十二，諸家所傳章八十一，然有不當分而分者，定爲六十八章云。上篇三十二章，二千三百六十六字，下篇三十六章，二千九百二十六字，總之五千二百九十二字云。臨川吳澄題。』今翻檢吳氏《道德真經注》，全書確重編爲六十八章，且對字句亦多有改動，往往不乏創見，當即爲其於大德十一年所撰述訂定者。至於吳澄在此期間如何研究、考訂《莊子》，今已不得詳知。但《吳文正集》收有吳澄《老莊二子敘録》一文，其中包括兩大部分内容，即第一部分爲《老子敘録》，第二部分爲《莊子敘録》，而《老子敘録》即完全爲《道藏》所收《道德真經注》末附吳澄之題記，則《莊子敘録》當是爲其所著有關莊子學著作所寫之題記。據此題記，今大致可窺見吳澄於大德、至大之際研究、考訂《莊子》之成果，特别是其所提出之新見解。

吳澄《莊子敘録》云：『莊氏書内篇，蓋所自著。外篇，或門人纂其言以成書，其初無所謂雜篇也。竊疑後人僞作《讓王》《漁父》《盜跖》《説劍》勦入《寓言》篇中，離隔《寓言》之半爲《列禦寇》篇，於是分末後數篇，並其僞書，名爲雜篇，以相淆亂云爾。今既從蘇氏説，黜其僞，復以《列禦寇》合於《寓言》而爲一篇。《庚桑楚》以下與《知北遊》以上諸篇，不見精粗深淺之不侔，通謂之外篇可也。夫莊氏書，瑰瑋參差，不以觭見之。唯《駢拇》《胠篋》《馬蹄》《繕性》《刻意》五篇自爲一體，其果莊氏之書乎，抑亦周秦間文士所爲乎？是未可知也。故特别而異之，以俟夫知言之君子詳焉。蘇氏所黜四篇亦存之以附其後。或曰：「《史記》稱：莊子作《漁父》《盜跖》《胠篋》，以詆訾孔子之徒。當時去戰國未遠也，而已莫辨其書之異同矣。且其書汪洋恣縱乎繩墨之外，而乃規規焉、局局焉議其篇章，得無陋哉！」曰：「得意固可以忘言，將欲既其實而謂不必既其文，欺也。楊倞注荀卿書，定其篇次，讀者咸以爲當。予於莊氏之書，亦然。」』在此處，人們確實窺見了吴澄在研究、考訂《莊子》方面之主要成果，特别是其對《莊子》内、外、雜篇之獨特見解。尤其值得注意者，他還曾略師唐代楊倞注解校訂《荀子》之意而校定《莊子》篇章、篇次，而其所校定之《莊子》，除了依蘇軾之説而將所謂《讓王》《漁父》《盜跖》《説劍》四篇僞作移至卷末作爲附録，又將《寓言》《列禦寇》二篇合爲一篇而外，復又特將《駢拇》《胠篋》《馬蹄》《繕性》《刻意》五篇『别而異之』，以期後人來進一步探討『其果莊氏之書乎，抑亦周秦間文士所爲乎』問題。兼以吴澄還認爲除了被删去四篇作品和『别而異之』五篇作品而外，内、外篇中其餘所有篇章則『不見精粗深淺之不侔，通謂之外篇可也』，故其所校定之《莊子》實際上可能衹包括内篇和外篇兩大部分，而其所認可之總篇數又衹有二十三篇而已，甚至比羅勉道《南華真經循本》還要少三篇。可惜這個别具一格之《莊子》本子早已不存於世，但《道藏》所收吴澄《莊子内篇訂正》二卷，全書七篇，共分三十七章，包括《逍遥遊》篇五章、《齊物論》篇四章、《養生主》篇三章、《人間世》篇六章、《德充符》篇六章、《大宗師》篇七章、《應帝王》篇六章，雖皆不加注釋，卻對其中文句有所訂正，當是他所校定《莊子》之内篇部分。

吴澄《莊子内篇訂正》二卷，有《道藏》本、《道藏舉要》本。

此次影印，據中國國家圖書館藏原北京白雲觀藏梵夾本明正統《道藏》。

莊子養生主　佚名集注

《永樂大典》共二萬二千八百七十七卷，明成祖永樂間由解縉等受命輯撰而成。嘉靖、隆慶間，又依永樂時所繕正本另摹副本一份。正本約毁於明亡之際，副本自清代以來散佚殆盡，今所存者僅爲原書百分之幾，但其中一百三十多處引有

《莊子》文字（部分還附有後人注疏），幾乎涉及了《莊子》全書所有篇目，爲人們研究元末、明初莊子學提供了不少依據。類書大量摘録《莊子》文字，前此已有《藝文類聚》《太平御覽》等書。但與之相比較，《永樂大典》之最大特點還在於敢於大膽打破傳統，整篇或大段收録莊子學資料，從而使人們窺見了元、明之際某些已佚莊子學著作之概貌，同時亦能看到大典編撰者之莊子觀。如《永樂大典》卷八千五百八十七『生』下録有《莊子·養生主》篇，並順文集録郭象《莊子注》、陸德明《莊子音義》、成玄英《莊子注疏》、林希逸《莊子口義》、劉辰翁《莊子南華真經（點校）》相關文字作爲注解。從此處所收前人文字來看，以劉辰翁《莊子南華真經（點校）》爲最晚。劉氏卒於元成宗大德元年（1297），《永樂大典》之編撰始於明成祖永樂元年（1403），竣工於永樂六年，則《養生主》篇有關資料之輯集當爲元、明之際人所爲。

此處所集前人注解、校勘《莊子》之文字非常豐富。如其於《養生主》篇『吾聞庖丁之言，得養生焉』下云：『郭象《注》：「以刀可養，故如生亦可養。」成玄英《疏》：「魏侯聞庖丁之言，遂悟養生之道也。美其神妙，故歎以善哉！」陸德明《音義》：「爲戒，於僞反……。」劉辰翁《點校》：「……此結卻是記體，無要緊。一轉更妙。此其所以不闕折也，但語言款曲，亦不可及。若以養生言之，正是險處得自在力。至於收拾變化，寫得提刀四顧躊躇，亦覺此老神氣獨王。」林希逸《口義》：「此雖然一轉，甚有意味。蓋言人之處世，豈得皆爲順境，亦有逆境當前之時，又當委曲順以處之……。」』所輯相關資料如此豐富，自宋末褚伯秀《南華真經義海纂微》之後，直至晚明之前，僅此一見，甚是值得珍視。今影印《莊子養生主》，據中國國家圖書館藏明鈔本《永樂大典》卷八千五百八十七。

莊子天運　佚名集注

《永樂大典》卷一萬五千九百五十五録有《莊子·天運》篇，並順文集録郭象《莊子注》、陸德明《莊子音義》、成玄英《莊子注疏》、林希逸《莊子口義》、劉辰翁《莊子南華真經（點校）》相關文字作爲注解；接着又收録《莊子句解》文字，皆未題著者姓名。《莊子句解》文字之後，復又收録陸德明《莊子音義·天運》中全部文字。今案《莊子句解》所引文字，有於闕文處空出六個字位置而書以『缺』字者，則此《莊子句解》等當成書於永樂之前。但各志書均未予以著録，宋末褚伯秀《南華真經義海纂微》卷首所列各家莊子學書目亦無涉及，則此《莊子句解》等又當爲宋末後問世著作。

細檢大典所録《莊子句解》文字，原係由著者提煉成玄英《莊子注疏》中有關文字而成。如其云：『《莊子句解》：「天其運乎」，天稟陽氣，無心運行而自動也。「地其處乎」，地稟陰氣，無心寧靜而自安處。「日月其爭於所乎」，晝夜往來，無心於代謝，何所爭處？』此段文字在成玄英《莊子注疏》中原來面貌爲：『「天其運乎」，言天稟陽氣，清浮在上，無心運行而自動。「地其處乎」，地稟陰氣，濁沉在下，亦無心寧靜而自止。「日月其爭於所乎」，晝夜照臨，出沒往來，自然如是。既無情於代謝，豈有心於爭處！』大典中句解文字雖采摘於成玄英疏語，但通過加工潤色後卻仍顯得天然渾成，使人毫無支離之感，説明《莊子句解》著者對《莊子》文本以及後人注疏都有一定研究，故其提煉能渾成如此。還需要指出，大典所收《莊子句解》，僅是有關《天運》篇中部分文字。從中可以看出，大典編撰者所删去之《莊子句解・天運》中文字，基本上皆爲否定孔子、抨擊仁義之語，説明《永樂大典》中莊子學思想在一定程度上體現了當時官方思想意志。

此次影印《莊子天運》，據中國國家圖書館藏明鈔本《永樂大典》卷一萬五千九百五十五。

莊子纂要

（明）黎堯卿輯

黎堯卿，忠州（今重慶市忠縣）人，生卒年不詳。明孝宗弘治六年（1493）進士，曾輯《諸子纂要》八卷，雜抄諸子之文以備科舉之用。全書仿明高棅《唐詩品彙》之例，分爲『正宗』『接武』『餘響』『羽翼』『傍流』等格，將所摘諸子文字分屬其中，頗可方便讀者，稍能指示路徑，然體例略嫌雜亂，抄撮不免失當，如『正宗』一格，録有《國語》《左傳》《易》《尚書》《毛詩》《春秋》《小戴禮》相關文字，誠非子學，故清四庫館臣嘗譏之。

《莊子纂要》所收莊子相關文字，與老子、楊雄、列子、荀子、鄧析子、子華子、尹文子、鬻子、淮南子、文子、慎子、墨子等相關文字，合爲一處，録入『羽翼』中。《莊子纂要》起首處，頂格引録宋黄震《黄氏日抄》之語：『莊子以不羈之材，肆跌宕之説，創爲不必有之人，設爲不必有之物，造爲天下所必無之事，用以眇末宇宙，戲薄聖賢，走弄百出，芒無定蹤，固千萬世詼諧小説之祖也。然時有出於正論者，所見反過老子。老子之説可録者，不過卑退自全；莊生之説可録者，往往明白中節。』接着爲主體部分，低一格摘録《莊子》文字凡六十餘條，涉及《逍遥遊》《齊物論》《人間世》《德充符》《大宗師》《應帝王》《天地》《天道》《天運》《刻意》《繕性》《秋水》《達生》《田子方》《知北遊》《外物》《讓王》《盜跖》《漁父》《列禦寇》《天下》等二十一篇。最後爲『補遺』，先摘引郭象《莊子注序》之語，繼而摘録《莊子》諸篇文字，凡二十餘條，大多爲摘句。

通觀《莊子纂要》所收文字，幾已遍涉《莊子》全書，於内、外、雜篇無所厚薄，唯着眼於是否合於科舉之用，固與唐魏徵等摘編《莊子治要》，務在有益政治而有明顯側重者不同。且視所録文字，中間每有删節。如《逍遥遊》篇『北冥有魚』至『亦若此矣』一條，其中自『齊諧者』至『且適南冥也』約四百字，盡被删去。《齊物論》篇『莊周夢爲蝴蝶』一條，其中『自喻適志與，不知周也』，及『周與胡蝶，則必有分矣』，皆被删去。《秋水》篇『秋水時至』至『自多於水乎』一條，其中『野語有之』等二十字，『方存乎見少』等十字，『號物之數』等十一字，『人處一焉』等十字，悉爲所删。大凡删節之後，視其上下文義，仍能一氣貫下，而無齟齬之感，甚是方便科舉之用。然輯者特設『補遺』，復録若干《莊子》之文，豈非設置重複，體例紊亂乎！

此次影印黎堯卿《莊子纂要》，據華東師範大學圖書館藏明刊《諸子纂要》本。

莊子通義十卷　（明）朱得之撰　（明）傅山批點

朱得之（1485—？），字本思，號近齋，又號參玄子，直隸靖江（今屬江蘇）人。以歲貢官桐廬縣丞，尋挂冠歸。曾從學於王守仁，其學頗近於老氏，爲南中王門心學主要代表。所著有《老子通義》《列子通義》《莊子通義》等。事蹟見明毛憲《毘陵人品記》卷九、黄宗羲《明儒學案》卷二十五、［康熙］《靖江縣志》卷九、［光緒］《靖江縣志》卷十一。

《莊子通義》書前有朱得之嘉靖庚申（1560）所撰《刻莊子通義引》《讀莊評》，書末附褚伯秀《褚氏後序自撰》。《莊子通義目録》則分章標題，並加小注云：『褚氏《義海纂微》，其籍自擬篇目，自爲後序。今刻既附其籍，因亦附注其目於篇目之下。』卷首題『參元朱得之傍注並通義』『附錢塘褚伯秀《義海纂微》』『雲谷王潼録校刊』，每段下首列『通義』，次附褚伯秀《南華真經義海纂微》中之『管見』，並偶加旁注。據朱氏《刻莊子通義引》所署年份，可知《莊子通義》爲其晚年時所著。

朱得之繼承並發展了司馬遷所謂『要本歸於老子之言』説法，認爲莊子『學繼老、列』，《莊子》諸多章節便是對老子思想之直接發揮。並指出，不但莊子學繼老子，而且孔子亦遵信老子，與老子有着『授受』關係。如他在爲《達生》篇『仲尼適楚』一章作通義時説：『此即事以演《老子》之言，以見孔之信老也。』在爲《田子方》篇『孔子見老聃』一章作通義時説：『李、孔之授受，莫此爲精。』凡此説法，似皆不能成立。朱得之還進一步認爲，老子、孔子二聖實際上是相規、相正、相許，甚至心有靈犀一點通。如他在爲《天道》篇『孔子西藏書於周室』一章作通義時説：『此章大意，籍中屢見，無煩多訓，但記孔、李相見之因耳。其相聞必久，故有相規相正之言，後篇則漸相同相許也。』在爲《天運》篇『孔子謂老聃』一章作通義時説：『前章見孔之許老，此見老之許孔。二聖之心，二聖者自知之。』應當指出，朱得之以看待老子、莊子關係之態度來看待老子、孔子之關係，顯然已偏離了《莊子》之宗旨。

由於在朱得之看來莊子之學來源於老子，而老子與孔子又『相同相許』，所以他便認爲莊子亦必然『篤信』孔子。如《大宗師》篇寫『顔回』達到了『坐忘』境界，『孔子』聽説後便讚歎道：『同則無好也，化則無常也。而果其賢乎！丘也請從而後也。』此處讓『孔子』背叛儒家宗旨，操起道家腔調，無疑是對儒家泰斗孔子之極大『詆訿』。但朱得之卻爲之作通義説：『請從而後，正尼父忘己好學之實，於此可見孔、顔之所謂忘，亦可以見莊子篤信孔、顔處。』於是將莊子對孔子之『詆訿』闡釋成了對孔子之篤信。

朱得之莊子學之儒學化傾向，還表現在引儒家經典尤其是《孟子》之語來印證《莊子》等方面。如他在爲《漁父》篇作通義時説：『此曰世俗之所爲，則指後世習於儀文之弊，正《孟子》所謂「非禮之禮」也。』在爲《德充符》篇作通義時説：『舉動不失天，則乃其當然之位，或有不能盡善，至於犯難者，亦其所遇之命不能逃焉耳。此猶《孟子》「命也，有性焉」之意。』説明在朱得之看來，《莊子》中有些思想觀念實與儒家經典尤其與《孟子》中一些思想觀念相通，因此他在闡釋《莊子》過程中便特别重視援引《孟子》中像『良心』『良知』『良能』一類能表達孟子重要思想觀念之詞語，並進而使莊子學與王守仁所倡導之心學結下不解之緣。

此外，朱得之還認爲莊子表述思想内容之方式不同於一般，即所謂『隨意出詞，絶無結構，《莊》文也。如曰「其生也有涯」「知天之所爲」之類，在他人則不如此開口。』而『外篇、雜篇疑或有聞於莊子者之所記，猶二戴之《禮》非出一手，明目者自能識也。』如他在《庚桑楚》篇題目下説：『此篇敷流曼衍，固非老子之言，亦非莊所述也。』認爲全篇文字敷流曼衍，根本不能體現出莊子文章『隨意出詞，絶無結構』而又渾然一體之特徵，所以當是『有聞於莊子者之所記』。對於《馬蹄》篇，他則説：『此篇意不多而詞費，其擬莊之作乎！』認爲之所以要懷疑此篇不是莊子本人手筆，便是因爲其『意不多而詞費』，遠不能像莊子文章那樣做到言語簡約而意藴無窮。他甚至在爲《繕性》篇作通義時説：『此章（篇）聲氣體裁，皆類東漢。』朱得之此處將羅勉道、吴澄有關説法推向極端，未免過於偏激，但對後來卻有一定影響，至今爲少數學者所承因。

在此刊本上，傅山曾有大量批點，以眉批爲主，而輔之以旁批、根批、圈點。所批對象，主要爲《莊子》原文，其次爲褚伯秀『管見』、朱得之『通義』。其中最值得注意者，一是指出《莊子》用韻特徵，如於《莊子通義目録》後總批云：『《莊子》篇中，多用韻語，有韻相隔遠而不知者，有兩句而韻歇者，有叶韻者，不可不察也。』並於批點全書過程中，隨時予以揭示。二是對朱得之『通義』之評論，如於《刻莊子通義引》上總批云：『朱先生得之，注《莊》雖不盡精，卻可與對席説話地人物。』此後批點過程中，對朱氏時有評論，對褚氏亦是如此，每有獨到見解，甚是值得珍視。

《莊子通義》有明嘉靖三十九年朱氏浩然齋刊本、嘉靖四十四年朱氏浩然齋刊《三子通義》本。此次影印，據中國國家圖書館藏傅山批點嘉靖三十九年浩然齋刊本。

莊子解一卷　（明）楊慎撰

楊慎（1488—1559），字用修，號升庵，四川新都人。年二十四，舉明武宗正德六年殿試第一，授翰林修撰。世宗時，因上議大禮疏，謫戍雲南永昌。既投荒多暇，於書無所不覽，明世記誦之博、著作之富，當推慎爲第一。詩文之外，雜著多至二百餘種。後人輯其存世詩文、雜著爲《升庵集》八十一卷、《升庵外集》一百卷、《升庵遺集》二十六卷等。

焦竑所編《升庵外集》卷四十六《子説部》收有楊慎所著《莊子解》，札記體，凡七十三條，依次爲：『羅勉道莊子循本序』『莊子憤世』『郭象注莊子』『康節論莊子』『莊子論經不言禮樂』『穎濱評』『陳碧虛景元語』『逍遥遊』『其名爲鯤』『野馬』『鷽鳩』『肌膚若冰雪』『窅然喪其天下』『不龜手洴澼絖』『林疑獨注天籟』『謞者』『真人八字義』『賦芧』『芧杼二字之分』『猨猵狙以爲雌』『倪研同音』『儵忽渾沌』『孟浪之言』『林疑獨夢説』『寱』『澤雉』『傴拊』『夫子告顔子教子高』『液樠』『挫針治繲』『藏舟於壑』『諔詭幻怪之名』『有旦宅而無情死』『徬徨乎塵垢之外』『鯢桓之審爲淵』『離朱非吾所謂明也』『喬詰卓鷙』『臠卷傖囊』『莊子語暗合中庸』『冥冥』『天德而出寧』『膠膠擾擾』『是謂昭曠』『蠣蠆之尾』『遥而不悶掇而不跂』『嚆矢』『陳詳道注君子不仁則不成不義則不生』『恬智安慮誠明』『至樂解』『髑髏』『不鞭其後者也』『苟生有軒冕之榮死得於腞楯之上』『與齊俱入與汩偕出』『冷禹』『壞植散群』『監市履狶』『知北遊』『外韄内韄』『天弢天袠』『屏偃』『介者拸畫』『甘寢秉羽』『鋤色銷聲』『鹵莽滅裂』『外物』『蹍蹲不得成』『阿門』『月固不勝火』『玄英解』『子路危冠』『馮字新解』『飾羽而畫』『丁子有尾』。

今案楊慎《譚苑醍醐》卷一、《丹鉛總録》卷十八、《升庵集》卷四十六亦皆有《莊子解》，各自所收條目依次爲二十五條、六條、十七條，排列次序不盡相同。那麼，三書所收《莊子解》到底有何關係？清四庫館臣云：『慎博覽群書，喜爲雜著，計其平生所敘録，不下二百餘種。其考證諸書異同者，則皆以《丹鉛》爲名。……凡《丹鉛餘録》十七卷、《丹鉛續録》十二卷、《丹鉛閏録》九卷。慎又自爲删薙，名曰《丹鉛摘録》，刻於嘉靖丁未。後其門人梁左，裒合諸録爲一編，删除重複，定爲二十八類，名曰《丹鉛總録》，刻之上杭。……又萬曆中，四川巡撫張士佩重刊慎集，以諸録及《譚苑醍醐》等書删並爲四十一卷，附於集後。』《譚苑醍醐》乃楊慎親自編定。由此可以推知，《譚苑醍醐》所收《莊子解》爲楊慎所自定，《丹鉛總録》所收當爲梁左據楊氏手定而改編之，《升庵集》所收當又爲張士佩據楊、左等人所編而改定之。又案晚明顧起元爲焦竑編《升庵外集》所作序云：『（竑）閎覽博物，以視升庵先生，又所謂後代之子雲也。生平讀其書而好之，凡所爲閟而弗傳者，廣爲搜輯，聚於帳中，以代飴枕已。乃虞部帙之浩繁，惜披覽之緯繣也，手自排纘，……異者疏之，同者合之，複者删之，互者仍之，疑者闕之，誤者正之。就一部之中，別之以類；就一類之內，辨之以目，巨細畢收，網維不紊。』（《升庵外集序》）焦竑平生服膺楊慎，曾購求其著述長達數十年，又托曹能始觀察在蜀中訪求其書，搜羅甚富。萬曆四十五年，復取諸雜著，編成《升庵外集》百卷。據此似可推知，《升庵外集》所收《莊子解》當是焦竑所編訂。今翻檢楊慎《丹鉛餘録》《丹鉛續録》《丹鉛摘録》《丹鉛總録》《譚苑醍醐》《異魚圖贊》等雜著，皆有節選、考訂、評論《莊子》或治莊者成果之文字分散其中，此亦當爲焦竑所取資。又《升庵集》所收《莊子解》僅六條文字有標目，《譚苑醍醐》《丹鉛總録》所收甚至皆無標目，而《升庵外集》所收《莊子解》七十三條文字則幾乎全部『辨之以目』，顯得眉目清晰，可使覽者一新耳目，此亦應歸功於焦竑。由此看來，《升庵外集》所收《莊子解》，當是焦竑依楊慎在《譚苑醍醐》中所定『《莊子解》』之名稱及條目，復輯楊氏他書中有關文字，然後加以排比、删削、訂正而成，並爲各條目標上名稱。

楊慎《莊子解》所收七十三條文字，視其内容，大致可分爲三端：一爲節録諸家注解或評語，多有保存之功；二爲於舊注舊説後申述己意，此類所占比重較大；三爲不依不傍，自創全新之説，此類最能反映楊慎獨特見解。要之，楊慎《莊子解》雖最終當是由焦竑編定，其體裁屬於札記體，其内容或僅節録各家注解、評語而已，然仍甚有學術價值，實爲楊氏主要莊學成果。

此次影印楊慎《莊子解》一卷，以清乾隆六十年養拙山房刊《升庵外集》本爲底本。

莊子闕誤一卷　（明）楊慎撰

楊慎生平事蹟，已見《莊子解》提要。其所著《莊子闕誤》，收録於焦竑所編《升庵外集》卷四十六《子説部》中。《明史·藝文志》、清黄虞稷《千頃堂書目》皆著録爲『楊慎《莊子闕誤》一卷』。李調元編《函海》，又據以全文收録，並作《莊子闕誤序》云：『《莊子闕誤》一卷，見於焦竑所刻《升庵外集》中……。按明代著書，自升庵後，博洽者無過於竑，而竑有《莊子翼》八卷，末亦載《莊子闕誤》一卷，則全録宋景元《南華經解》之文，雖足以資考證，比之升庵此書，則上下牀别矣。』今案楊氏《莊子闕誤》，雖不似李調元所言，其學術價值在陳氏所著之上，但確亦有值得注意之處。第一，楊著所出示《莊子》三十三篇目次爲《逍遥遊》《齊物論》《養生主》《人間世》《德充符》《大宗師》《應帝王》《駢拇》《馬蹄》《胠篋》《在宥》《天地》《天道》《天運》《刻意》《繕性》《秋水》《至樂》《達生》《山木》《田子方》《知北遊》《庚桑楚》《徐無鬼》《則陽》《外物》《寓言》《讓王》《盜跖》《説劍》《漁父》《列禦寇》《天下》，顯然已將陳景元於《莊子闕誤》中按己意所排目次作了較大調整，從而與世上所傳本《莊子》三十三篇目次完全保持一致。第二，陳景元著《莊子闕誤》，用來作底本者爲國子監宋真宗景德四年印本，用來作校勘、考異者爲中太一宫所藏《竇文統録》内數種《莊子》及另外諸家手鈔本（包括江南古藏本、天台山方瀛宫藏本、成元英疏本、文如海正義本、郭象注本、散人劉得一注本、江南李氏書庫本等多種本子），一般是先出示各本異文，然後再作校勘語。而楊慎撰《莊子闕誤》，則一般皆將各本異文移到校勘語中。如陳景元於《逍遥遊》篇出示『槍榆枋而止』五字，校語云：『見文本及江南本。舊闕。』楊慎則出示『搶榆枋時則不至』七字，校語云：『文本及江南舊本「枋」下有「而止」字。』又陳氏於《人間世》篇出示『其大蔽數千牛』六字，校語云：『文、成、李、張本同。舊闕。』楊氏則出示『其大蔽牛』四字，校語云：『文、成、李、張諸本「其大」下俱有「數千」字。』楊慎如此做，比較符合後世樸學家之校勘思路，此當即爲李調元認爲楊氏《莊子闕誤》高於陳氏《莊子闕誤》之主因。第三，楊慎《莊子闕誤》之内容，尚有超出陳景元《莊子闕誤》者。如陳氏於《應帝王》篇出示『紛然而封哉』五字，校語云：『見張本。舊闕。』楊氏則出示『紛而封哉』四字，校語云：『張本「封」下有「然」字。』又一本作「紛而封戎」。』今案陸德明《經典釋文·莊子音義》於『紛而封哉』下云：『崔本作「戎」，云：「封戎，散亂也。」』説明楊慎於陳氏《莊子闕誤》，尚據他書予以補充。

楊慎於《莊子闕誤》末附有《真經名氏》，内容與陳景元《莊子闕誤》末所附《覽過南華真經名氏》相同。然值得注意者，楊慎已於標目中特意删去『覽過』二字，説明其撰寫《莊子闕誤》，並非於親自『覽過』陳氏所覽過諸種本子基礎上進行，而衹是依陳氏《莊子闕誤》加以改排、補充而已。但儘管如此，此書卻更適合世人閲讀習慣，故得以廣泛流傳於世。

楊慎《莊子闕誤》一卷，有《函海》本、《百子全書》本等。此次影印，據華東師範大學圖書館藏清光緒元年湖北崇文書局刊《子書百家》本。

莊子難字　（明）楊慎撰

楊慎生平事蹟，已見《莊子解》提要。其所撰《莊子難字》在《經子難字》中，題『成都楊慎訂釋』『孫宗吾編輯』『後學王尚修校閲』。《經子難字》卷首有王尚修於萬曆三十二年所作序。清四庫館臣云：『《經子難字》二卷，明楊慎撰。……下卷乃讀諸子所記，凡《老子》《莊子》《列子》《荀子》《法言》《中説》《管子》《十洲記》《戰國策》《太元經》《逸周書》《楚詞》《文選》十三書。或摘其字音，或摘其文句，絶無異聞。蓋隨手雜録之文，本非著書。其孫宗吾，過珍手澤，編輯成帙，而王尚修序刻之，均失慎本意也。』因而僅入之《四庫全書總目提要·經部·小學類存目》而已。蓋因萬曆時刻印數量不多，兼以後人不予重視，故《經子難字》流傳不廣，致使蜀人李調元於乾隆間編《函海》時，已有『余遍采未獲』（《莊子闕誤序》）之歎。

今案《升庵外集》《函海》《百子全書》等所收楊慎《莊子闕誤》，其中多數篇末皆附有難字，但總共不過七十餘字。而《莊子難字》卻爲一部内容豐富、頗成體系之莊學著作，所謂『雖多仍舊音，叢載故詁，而中有全篇奥隱，用析片詞，陳説牽纏，無嫌詳剖，或借喻於方言，或援引於別録，罔弗朗然冰釋，皎若日臨，不特昭其切葉，且兼擷乃英華者矣。』（王尚修《經子難字序》）誠然，楊氏《莊子難字》雖多沿襲陸德明《莊子音義》舊音義，然亦已傾注其大量心力。如陸德明《莊子音義》於《人間世》篇『傴拊』下云：『傴，紆甫反；拊，徐、向音撫。李云：「傴拊，謂憐愛之也。」崔云：「猶嘔呴，謂養也。」』楊慎於『仍舊音』基礎上又『補入餘義』云：『傴，紆甫反；拊、撫同。謂憐愛之也。崔云：「猶嘔呴。」《左氏》作「燠休」，于喻反；休，虛喻反。痛念之聲。呴，或作「欨」，亦作「咻」。《周禮·考工記》「夫角之末，休與（於）氣」，通作「煦」。《禮記》「嫗煦覆育」。《晉書》：「江東之政，煦嫗豪强，時有行法，施之寒劣。」王幼學曰：「氣曰煦，體曰嫗。煦物照物者，天之氣；嫗物育物者，地之體。猶子有疾，父母以體嫗之，以口呴之也。」補入餘義。』此處，楊慎爲前人音義所作補充甚多，真可謂用心非同尋常！又陸德明於《齊物論》篇『天倪』下云：『李音崖，徐音詣，郭音五底反。李云：「分也。」崔云：「或作霓，音同際也。」班固曰：「天研。」』楊慎『補入餘義』云：『天倪，自然之分也。音霓。班固作「天研」。《吳越春秋》「計倪」，一作「計研」，又作「計然」，則「天倪」又云「天然」也。』可見楊氏此處補入『餘義』，甚有創見。總之，楊慎所撰《莊子難字》，實爲一部具有一定創見性、系統性之莊學著作，並非《莊子闕誤》各篇末所附難字之簡單組合。

此次影印楊慎《莊子難字》，據華東師範大學圖書館藏明萬曆三十三年手抄《楊升庵字學四種》本。

南華真經標解六卷

（明）邵弁撰

邵弁，字元偉，蘇州太倉沙溪人，生卒年不詳。清黄虞稷謂其『嘉靖癸丑（1553）避寇幽居，以經自隨久之』（《千頃堂書目》卷二），四庫館臣謂其爲『隆慶（1567—1572）中貢生』。著作有《春秋尊王發微》十卷、《詩序解頤》一卷、《老子彙注》《南華真經標解》六卷等。

《南華真經標解》六卷，今存於中國國家圖書館，書前、書尾皆有缺頁，卷首題『沙溪邵弁注』『後學邵祖雍校』。今案王世貞《弇州四部稿續稿》卷五十，有《邵弁莊子標解序》云：『吾友邵弁氏，用經術，困諸生久，晚而讀是書，若有會焉，有所標解，而因以名之。其文不盡載，取其粹然者而已；其語不盡析，取吾之犂然者而已。夫簡珠者汰其瑟而珠良，攻玉者琢其瑕而玉完。於乎，此所以爲邵弁氏《莊子》也。』王世貞出生於明世宗嘉靖五年（1526），卒於神宗萬曆十八年（1590）。邵弁既被王氏稱爲『吾友』，而於晚年讀《莊子》『若有會焉，有所標解』，則年齡當與王氏相仿佛，《南華真經標解》當著於萬曆初。

邵弁是書之注語特徵，確如王世貞所言，粹然犂然，簡潔明瞭，與時人朱得之《莊子通義》、陸西星《南華真經副墨》、孫應鰲《莊義要删》、陳懿典《南華真經三注大全》等，皆有所不同。對於内篇，邵弁持有獨特看法，認爲前六篇乃是『明内聖之道』（《逍遥遊》題解），第七篇《應帝王》便落到『外王之道』上，即所謂『有内聖之德，斯可以應帝王之治。』（《應帝王》題解）而《駢拇》《馬蹄》《胠篋》《在宥》《天地》《天道》《天運》七篇，『皆明外王之道，與内篇《應帝王》相表裏。』（《駢拇》題解）其中《在宥》《天地》《天道》《天運》四篇，『皆論純王之道』（《在宥》篇題解），認爲應帝王者當純以天德用事，以無爲之心治天下，故最與《應帝王》篇主旨互爲表裏。至於雜篇，邵弁云：『雜者，内、外雜也。細大美惡，雜舉成文，瑰詭譎怪，道通爲一，亦因是也。』（《庚桑楚》題解）認爲所謂雜篇，就是雜取内、外篇某些思想資料，經過演繹而成之文。邵氏此等説法，雖不可盡信，但多爲前人所未曾言。

今觀邵弁此書，大率持莊子以解《莊子》，但少數篇章卻引入佛教思想，而以《齊物論》篇最爲明顯，至謂：『《華嚴經》一字有六相，謂總別同異成壞也。《金剛經》以人我相攝總别，以衆生相攝同異，以壽者相攝成壞。「吾喪我」，是無人我相也；「今之隱几，非昔之隱几」，是無成壞相也。無人我相，則是非之辨不立，而成毁遷流之相亦泯矣。此一篇之宗旨也。』但邵弁最喜引佛教者，當爲『四大』説，視其所注《德充符》《大宗師》《至樂》《田子方》等篇，即可見一斑。應當指出，邵氏如此標解，雖每可會通佛莊，然牽强附會者亦復不少。

此次影印邵弁《南華真經標解》六卷，據中國國家圖書館藏明萬曆沙溪邵氏草玄堂刻本。

翼莊一卷　（明）高𢍰撰

高𢍰，字允叔，自號三一子，生平事蹟不詳。

《翼莊》又名《郭子翼莊》，明嘉靖間天一閣刊本題『三一子高𢍰允叔纂，明兵部侍郎范欽訂』；《函海》本題『晉郭象撰，明高𢍰允叔纂，錦州李調元校』，前有清乾隆間李調元小序。全書録郭象《莊子注》八十二條，不分篇，不分類，不引《莊子》原文，每條目次行後底一格書寫，無序號。

案明嘉靖天一閣刊《翼莊》，卷首有高𢍰所撰小序云：『晉郭象注《莊子》，人言《莊子》注郭象，妙處果然。傳稱本向秀所爲，秀本不行，象竊取之耳。秀耶？象耶？吾不知也。然其言真足羽翼莊氏，而獨行天地間。爲八十一章，名之曰《翼莊》。』又《函海》本李調元所撰序：『世又謂向秀所爲，象竊取之，或未必然。然要足以羽翼《莊子》，故高允叔擇其元之又元者，爲八十一章，名曰《翼莊》。』今檢《翼莊》，確實僅録郭象之注，凡八十一條，計《逍遥遊》注十一條、《齊物論》注六條、《養生主》注二條、《人間世》注六條、《德充符》注一條、《大宗師》注十二條、《應帝王》注一條、《駢拇》注三條、《胠篋》注三條、《在宥》注二條、《天道》注二條、《秋水》注十一條、《至樂》注三條、《達生》注二條、《山木》注一條、《田子方》注四條、《知北遊》注二條、《徐無鬼》注一條、《則陽》注二條、《外物》注五條、《讓王》注一條、《盜跖》注一條、《列禦寇》注一條。

高𢍰因服膺郭注而輯是書，但輯録時又每予改造删節。如《翼莊》有條目曰：『悲生於累，累絕則悲去，悲去而性命安矣。』而郭象《逍遥遊》篇注則云：『悲生於累，累絕則悲去，悲去而性命不安者，未之有也。』此處對郭象注之字詞、句式曾予改造。又如《翼莊》曰：『哀樂生於失得，任其所受，則哀樂無所措於其間。』而郭象《養生主》篇注則云：『夫哀樂，生於失得者也。今玄通合變之士，無時而不安，無順而不處，冥然與造化爲一，則無往而非我矣。將何得何失，孰死孰生哉！故任其所受，而哀樂無所措其間矣。』此處删節甚多，僅取郭注兩端主要語句。至於《翼莊》所録『當其時則無賤，非其時則無貴』一條文字，或許本之《徐無鬼》篇郭象注：『凡此諸士，用各有時，時用則不能自已也。苟不遭時，則雖欲自用，其可得乎！故貴賤無常也。』可見，高氏如此改造刪節，雖措意於『元之又元者』，然終對郭注原意有所損傷，讀者不可不察。

高巽《翼莊》，有明嘉靖天一閣刊《范氏奇書二十一種》本、明萬曆間胡文煥刊《格致叢書》本、清順治四年陶珽重校宛委山堂刊《説郛》本等。此次影印，據華東師範大學圖書館藏清乾隆中綿州李氏萬卷樓刊、嘉慶十四年李鼎元重校《函海》本。

廣成子疏略一卷　（明）王文禄撰

王文禄（1503—?），字世廉，號沂陽子，浙江海鹽人。嘉靖十年舉人，萬曆十二年尚在世。性嗜書籍，藏書極多。醫文皆精，有《王生藝草》《竹下寤言》《文脈》《策樞》《書牘》等。所輯《百陵學山》，收録明人著作近百種。生平略見《徐氏家藏書目》卷七、《百陵學山》所附王氏跋文。

《廣成子疏略》一卷，收於《百陵學山》，卷首題『浙嘉郡武原王文禄疏略』。書前有王文禄自序云：『同年方十洲兄寄予《廣成子解》，范東明訂者，閲之喜甚，足慰予求師之心，殆精神感召乎！按：廣成子，黄帝師之，聞至道。其問答語載在《莊子·在宥》篇。蘇東坡取爲解，晁景迂序之，見《文獻通考》。解雖晦，表章甚高，蓋寤寐廣成，遊羲、黄之上，超卓之見也。紬思月餘，始克援筆，要惟守一，故不外中。《道德》《南華》《沖虚》《參同契》皆本此，萬世玄學之宗祖也。悟之誠可沖舉，非結胎出神之術。』蘇軾節録《莊子·在宥》『廣成子』一章文字，單獨爲之作解，著成《廣成子解》，後爲明范欽（寧波天一閣主人，號東明）於嘉靖間收入《范氏奇書》。王文禄得到范氏所刻《廣成子解》，喜不自禁，乃紬思月餘，著成《廣成子疏略》一卷。

王文禄此書，與蘇氏《廣成子解》相比，葉數、字數皆倍之，而版式則大致相同，《莊子》原文皆頂格，疏語皆低一格。然王氏爲《莊子》原文分段，前面皆一準蘇氏，而自『我守其一』之後，則分合自作主張，不知何故。檢其疏語，凡引蘇軾解語三條、褚伯秀『管見』二條，以及《靈樞經》、魏伯陽《周易參同契》、林希逸《莊子口義》、朱得之《莊子通義》有關文字各一條，其餘皆爲王氏所自撰。今細審王氏疏語，多貼合《莊子》原意，而其能指出治身重於治天下，自序謂此『非結胎出神之術』，尤切合莊子爲文之本意。然此則寓言本爲虛構，不可據爲典要，而王氏所謂『《道德》《南華》《沖虛》《參同契》皆本此，萬世玄學之宗祖也』，則並無史實可以佐證，無法令人信從。

今影印王文禄《廣成子疏略》一卷，據華東師範大學圖書館藏民國二十七年上海涵芬樓景印明隆慶刊《百陵學海》本。

南華真經副墨八卷　（明）陸西星撰

陸西星（1520—1601或1606），字長庚，號潛虚，又號方壺外史，揚州興化縣人。少爲諸生，有逸才，名重鄉郡。九試不中，遂棄儒爲道士。自稱於嘉靖二十六年（1547），偶以因緣遭際，得遇法祖呂洞賓於北海草堂，遂得内丹真傳。據此撰成《賓翁自記》《道緣彙録》，以述其道法淵源。又著《黄帝陰符經測疏》《老子道德經玄覽》《周易參同契測疏》等書十五種，彙集爲《方壺外史》叢編。其丹法主張陰陽雙修，性命兼行，後世道門尊其爲内丹東派之祖。晚年頗喜研習佛經，欲合道、釋爲一家，參悟玄通，竟究義理。此期所著主要有《南華真經副墨》六卷，爲明代最重要之莊學著作。

陸西星於《南華真經副墨》卷末自謂『起草於萬曆丙子（1576）六月六日，脱稿於戊寅（1578）八月八日』，三易歲乃完稿。著者因從蘇軾之説，認爲《讓王》《盜跖》《漁父》《説劍》四篇乃後人竄入，斷非莊子手筆。並謂『虚靜恬淡寂寞無爲』八字，乃《莊子》全書内容之核心，故舉以分其卷帙，依次曰虚集、靜集、恬集、淡集、寂集、寞集、無集、爲集，以爲如此便可『使人開戶見山，因標指月』（李茂年《南華真經副墨後敘》），從而窺見《莊子》奥旨微義之所在。『副墨』一詞出於《莊子・大宗師》，意謂文字憑藉翰墨而書之簡册，僅爲『道』之副貳。據陸西星爲《大宗師》篇所作注語，似其已體會到莊子此一深意，認爲文字於尚未入門者或許有一定用處，但其畢竟具有很大局限性，僅爲大道之副貳，故悟道者必須超越『副墨』之外，而『領之以心，會之以神』，則可達到『朝徹』『見獨』境界。説明陸氏以『副墨』一詞命名其著作，意謂人們通過閲讀此書，並『領之以心，會之以神』，便可體悟到『道妙』。

司馬遷作《史記·老子韓非列傳》，以莊子附於老子之後，並明確指出：『其學無所不窺，然其要本歸於老子之言。』此後，凡學者言及老、莊關係，一般都承因司馬遷之説。如朱得之《莊子通義》，便曾提出關於莊子每每『敷演《道德經》』之類説法。陸西星著《南華真經副墨》，則更舉出大量例子，以『證實』莊子學説確係出於老子，復又大力倡言《莊子》爲《老子》注疏之説。其《南華真經副墨自敍》云：『《南華》者，《道德經》之注疏也。』並以此觀點貫穿於全書著述過程。在陸氏看來，莊子爲《老子》作注疏，其契合處便在『道德』二字。今案其《老子道德經玄覽》云：『莊子云：「性修返德，德至同於初。」初即無名之始，道之謂也。「道德」二字，世人罕知，漢興以來，箋疏《老子》代不乏人，略記百有餘家，得其旨者，莊子《南華》之外，指不可以屈。蓋自河上之説已屬可疑，其散焉者則狃於儒説之支離，而於所謂妙徼重玄之秘，則概乎其未有得也。』此處不僅指出《莊子》重在闡發《老子》『道德』旨意，而且獨能深契其真意，實爲古今箋疏《老子》之第一部重要著作。

但陸西星作爲道教内丹東派之祖，在詮釋老莊思想時便會引進一些丹法理論。如其將《齊物論》篇中『真君』、《應帝王》篇中『未始出吾宗』之『宗』、《天地》篇中『形體保神』之『神』等等，皆解釋成道教内丹學所謂『元神』，即『神通於無極，父母未生以前之靈真也。』（陸氏《玄膚論·元精元氣元神論》）又由於陸氏晚年頗喜研習佛經，欲合道教、佛教爲一家，而據其《南華真經副墨》卷末所署年月來推算，則此著當撰寫於五十五歲之後，正是晚年時著作，故書中每可見其以丹書、佛典一同印證莊子思想之闡釋指向。如其闡釋《齊物論》篇『真君』時云：『禪家謂之真主人，道家（教）謂之元神。』在闡釋《應帝王》篇『示之以未始出吾宗』之『宗』時云：『即禪家所謂本性，道家（教）所謂元神。』在闡釋《天地》篇『形體保神』之『神』時云：『道家（教）謂之元神，佛氏謂之元性，一也。』可見在陸氏看來，佛教所謂『真主人』『本性』『元性』皆完全等同於道教内丹學所謂『元神』，皆可一同用來印證甚或替代莊子一些哲學概念。故其《南華真經副墨自敍》云：『予嘗謂震旦之有《南華》，竺西之貝典也。』於闡釋《德充符》篇時云：『當時西竺之經未至，而佛法已在中國。』認爲《莊子》簡直便是佛經，佛典完全可用來印證《莊子》。

陸西星還常用道士悟丹法、禪師參公案方法來探究《莊子》文章，尤其表現於其對全書結構及各篇文脈之潛心體悟上。如於内七篇之末解釋云：『莊子《南華》二十九篇，篇篇皆以自然爲宗，以復歸於樸爲主，蓋所以羽翼《道德》之經旨。其書有玄學，亦有禪學，有世法，亦有出世法，大抵一意貫串，所謂天德王道，皆從此出。』故依蘇軾之説，以《讓王》《盜跖》《漁父》《説劍》四篇爲贋品，而自認爲其餘二十九篇皆出於莊子手筆，思想結構體系甚爲完整。並指出：『内篇七篇，莊子有題目之文也，其言性命道德、内聖外王備矣。外篇則標取篇首兩字而次第編之，蓋所以羽翼内篇而盡其未盡之藴者。予嘗謂讀《南華》者，當熟内篇。内篇熟，則外篇、雜篇如破竹，數節之後可以迎刃而解矣。』

大致説來，陸西星《南華真經副墨》於每篇皆先作題解，然後分段疏義，探究文脈，最終復作『亂辭』，以四言或五言文字來隱括全文大義，揭示全篇結構特徵。而且，陸氏還在内篇前三篇『亂辭』後分别撰寫『文評』。如云：『意中生意，言外立言。纊中綫引，草裏蛇眠。雲破月映，藕斷絲連。作是觀者，許讀此篇。』（《逍遥遊》文評）『鈞天之樂，韃鞳鏗鏘。常山之蛇，首尾相望。驅車長阪，倏爾羊腸。過脈微眇，結局廣洋。尋其正眼，開卷數行。』（《齊物論》文評）此等做法，實在前無古人，於後世影響甚大。

《南華真經副墨》八卷，有明萬曆六年李齊芳首刊本（書前有陸西星、陸律《南華真經副墨序》、李齊芳《刻南華真經副墨序》及《讀南華經雜説》《批點莊子法》，書尾有鄭材跋語、李茂年《南華真經副墨後敘》，卷首題『方壺外史陸西星長庚述』『青霞外史李齊芳子蕃、從吾山人陸律子和、蓬萊侶人陸鎬宗京、太和散人徐楝隆夫同校』）、萬曆十三年孫大綬天台館重校刊本、清光緒十一年興化傳薪書室重刊本、清末刊《方壺外史虚集》本、民國二十二年上海受古書店石印本等。此次影印，據華東師範大學圖書館藏明萬曆六年李齊芳首刊本。

少師張先生批評莊子義十卷　（明）張居正撰

張居正（1525—1582），字叔大，號太岳，湖廣江陵人。嘉靖進士，由編修官至侍講學士領翰林院事。隆慶元年入閣，萬曆初爲首輔，前後當國十年，極力推行改革，頗有成效。萬曆十年卒，贈上柱國，謚『文忠』。不久被彈劾，盡奪官階，籍其家。著作有《張太岳集》《書經直解》《少師張先生批評莊子義》等。

《少師張先生批評莊子義》十卷，書前有饒仁侃萬曆八年《少師張先生批評莊子義序》，書尾有劉維萬曆八年《後序》，卷首題『巡按雲南監察御史劉維校正』『布按二司左布政使陶幼學，按察使魏體明，參政李良臣、王續之、李文續，副使徐可久、劉伯燮、歐陽柏、馬顧澤、胡心得、熊子臣，參議駱問禮，僉事顧養謙、胡僖、羅良禎閲梓』。據饒仁侃序、劉維後序及卷首所題校刻人姓名可知，張居正往日校書宮廷時，曾隨筆評注《莊子》以示其子，後由門生屬吏劉維、陶幼學等抄録、校梓而成此書。故視其評注，多屬隨筆性質，並無嚴密體系，字數亦多寡不一，大抵內篇評注較多，外雜篇則較少，甚或不著一語，如《山木》篇僅有評注四條，《田子方》《外物》二篇各一條，《達生》《知北遊》《庚桑楚》《寓言》《讓王》《盜跖》《説劍》《漁父》《列禦寇》九篇則皆不施一語。然細審張氏評注文字，卻每有值得注意者，不可因隨筆體而貶低其價值。

張居正評注《莊子》，每能於篇首揭明全篇『眼目』或主旨。如謂《逍遙遊》篇，『大小二字是其眼目』；《大宗師》篇，『天人二字是一篇眼目』；《駢拇》篇，『性』乃『一篇主宰』；《胠篋》篇，『通篇皆言好知之過』；《天道》篇，『德則主靜，治則無爲，是一篇主意。』凡此説法，多有真知灼見，值得重視。且張氏評注，還能注意揭示文章脈絡，以便讀者探尋作者本意。如其於《逍遙遊》篇題下謂，『此篇乃直述體』，『鯤鵬大者，鷽鳩、斥鴳小者，文字一頭二證一結』，並進而於篇中指出，『北冥有魚』一節是一頭，『齊諧』一節是一證，『湯之問棘』一節是二證；於《齊物論》篇題下謂，『此篇長體，本以齊物論爲主，卻借風起，後始入題』，並在評注全篇過程中，一一予以揭明；復於《應帝王》篇末指出，『文字最看歸結處，內篇有七，篇篇結得別』，《逍遙遊》篇之『本樹』、《齊物論》篇之『夢蝶物化』、《養生主》篇之『火傳』、《人間世》篇之『有用無用』、《德充符》篇之『以堅白鳴』、《大宗師》篇之『命也夫』、《應帝王》篇『撰出一個儵忽渾沌，結之曰「七日而渾沌死」』，『看他如此機軸，詎不奇特！』至於評注外篇《馬蹄》《天道》《刻意》《繕性》《秋水》等，張氏亦多施以此類方法，對於讀者尋找《莊子》文章脈絡，深求作者寓意所在，同樣甚有幫助。然以張氏居內閣首輔之尊，其屬下饒仁侃撰序謂『少師翁超脱世俗之見，神會於百世之上，其所批評，藉莊子復起，有不能易者』，劉維撰後序謂『茲注出而群注之得失不能遁』，則未免有過譽之嫌。

張居正《少師張先生批評莊子義》十卷，有中國國家圖書館藏明萬曆八年劉維刊本，今據以影印。

莊子鬳齋口義補注十卷　（明）張四維撰

張四維（1526—1585），字子維，號鳳磐，蒲州（治所在今山西永濟縣境内）人。嘉靖三十二年進士，萬曆間因張居正舉薦，官至禮部尚書、東閣大學士，入贊機務，謹事居正。張居正卒後，四維當國，則力除張居正改革新政。卒年六十，謚文毅，《明史》有傳。著作有《條麓堂集》三十四卷。

《莊子鬳齋口義補注》爲張四維以宋林希逸《莊子鬳齋口義》爲底本而作之補注，卷首題『宋寶謨閣直學士主管玉局觀鬳齋林希逸注』『明吏部左侍郎兼翰林院學士鳳磐張四維補』『賜進士工部營繕司員外郎鳳隅陳以朝校』。正文中，《莊子》原文頂格書寫，林希逸『口義』低一格書寫，而張四維補注則多冠有『補注』字樣，小字雙行低一格作解或順文雙行夾注，較側重内七篇。每篇後大都引褚伯秀《南華真經義海纂微》爲該篇所作總論作結，亦偶引朱得之《莊子通義》中有關論述文字，並標明『義海總論』『通義』字樣。後附《莊子釋音》、林經德《莊子後序》、汪偉《莊子口義跋》以及江汝璧《重刊三子口義後序》，而原《莊子口義》前林希逸所作《莊子口義發題》及林同、陳夢炎、徐霖等所作諸序悉被删去。

張四維爲《莊子鬳齋口義》作補注，主要體現在以下幾個方面：一是引郭象《莊子注》、褚伯秀《南華真經義海纂微》、朱得之《莊子通義》中内容，補充、豐富林希逸之注釋。二是在篇末作補注，總論全篇（以内七篇爲主），如《逍遥遊》篇末補注云：『逍遥遊，乃莊子著書立言之本旨，全部中無非此意，故冠於篇首，而末段借惠子之難，明白説破。』《齊物論》篇末補注云：『《莊子》前篇爲《逍遥遊》，而結以惠子誚己之言，明己之能逍遥遊也；次篇爲《齊物論》，而結以夢蝶之自喻，明己之能齊物論也。物論之齊本於忘己，忘己則彼我不立，是非兩行，而物論自齊矣。南郭之喪耦，莊周之物化，皆忘己也，此其首尾相照處。』三是爲林希逸注解糾偏補正，如《養生主》首段『緣督以爲經』句，林氏引朱熹『以督訓中』，張氏補注則云：『督訓中，自郭、崔以來皆然，非獨晦庵。』《德充符》開篇林氏題解云：『符，應也，有諸己則可以應諸外。充，足也，德足於己，則隨所應而應也。』張氏補注則云：『德充符者，言德充於内自然徵驗於外，非形所能爲損益，非智所能爲隱顯，觀篇中所述，足可知矣，非隨應而應意。』四是對《莊子》文意不明處予以説明，間或指明最佳注解，如《齊物論》篇『故昔者堯問於舜曰』一段話後，補注云：『此一段引證，文義絶不相蒙，恐有脱誤，諸家解亦牽强難通。』《德充符》篇『常季曰彼爲己以其知』一段話後，補注云：『此段義疑，諸説各異，唯《通義》似優。』

此外，張四維還對《莊子》諸篇章進行一些辨僞工作。一是認爲《駢拇》《馬蹄》《胠篋》《盜跖》《説劍》等篇皆非莊子所作。《胠篋》篇末補注云：『《駢拇》《馬蹄》《胠篋》乃辭家文字，秦漢間人語，《呂覽》《淮南》者流擬《莊》之作也。』《盜跖》篇末云：『此篇的係擬《莊》者妄撰非聖之語，且文義粗漫，殊不類《莊》。即封侯、宰相，皆非秦以前語，而又避漢文帝諱，以田恒爲田常，則非南華手筆猶屬明甚。』二是認爲《在宥》《列禦寇》等篇中某些段落爲外文竄入。《在宥》篇末補注云：『此篇文雜，中有數段似作關、老語，末數段又似作荀、揚語，非盡莊子筆也。中間文勢模擬處，不免有婢學夫人態，具眼者自得之。』《列禦寇》篇中『孔子曰凡人心險於山川』段後補注云：『此乃戰國譎詐之談也。聖人觀人固自有道，安用此瑣猥者哉？殆亦莊生所不取也。』從此處，我們亦可看到張四維較爲鮮明的儒家立場。

張四維《莊子鬳齋口義補注》十卷，有明萬曆二年敬義堂刊《三子口義》本、明萬曆五年何汝成校刊《三子鬳齋口義》本。此次影印，據華東師範大學圖書館藏明萬曆二年敬義堂刊《三子口義》本。

莊義要删十卷　（明）孫應鰲撰

孫應鰲（1527—1584或1586），字山甫，貴州青平籍，南直隸如皋人，號淮海山人。嘉靖三十二年進士。因禦流寇有功，累遷至鄖陽巡撫。萬曆初，首請恤録建文死事舊臣，入爲大理卿，遷禮部右侍郎。再起爲南工部尚書，卒謚文恭。著作有《易談》四卷、《律呂分解發明》四卷、《學孔精言舍彙稿》十六卷、《莊義要删》十卷等。

《莊義要删》前有萬曆八年孫應鰲《莊義要删序》、巡按雲南監察御史江陵劉維《刻莊義要删序》，繼録郭象《南華真經序》、成玄英《南華真經疏序》、碧虚子（陳景元）《南華真經章句音義敘》、羅勉道《南華真經循本釋題》、劉震孫《南華真經義海纂微序》、文及翁《南華真經義海纂微序》、湯漢《南華真經義海纂微序》以及《太史公·（莊子）列傳》，編有《莊義要删摭采書目》《淮海孫先生校莊凡例》，並附《莊義要删校刊姓氏》。卷首題『明禮部侍郎掌國子監祭酒事清平孫應鰲編校、吏部右侍郎夷陵王篆校録、巡按監察御史江陵劉維校正』。正文中，《莊子》原文頂格書寫，順文雙行小字作注，然後依次擇取郭注等諸家解釋。該書是孫應鰲主要依據褚伯秀《南華真經義海纂微》及《莊子》古今注解，删其繁、取其要，予以編纂，故謂之『要删』；經王篆録藏，後由周光鎬、方揚、方沆三人『釐音義，正句讀，剔諸家蕪謬』（《莊義要删摭采書目》後周光鎬按語），並增加蘇子瞻《廣成解》、張居正《評莊》、張四維《莊子鬳齋口義補注》、朱得之《莊子通義》中内容而最後刻録成書。

《莊義要删摭采書目》共分爲三類，一是陳碧虚解義卷末載覽過莊子注，二是『今』所纂諸家注義姓名，三是續增入諸家名氏。由此摭采書目亦可以看出，《莊義要删》即是在褚伯秀編纂十三家莊子注基礎上增益、删減而已。

孫應鰲删繁取要之儒家立場十分鮮明。他在《莊義要删序》中，認爲《莊子》並没有悖離六經，而是『成濟』六經者，倡導以『融六經』之法讀《莊》。他説：『故泥六經以讀莊則莊無稽，執六經以讀莊則莊無用，外六經以讀莊則莊無據，融六經以讀莊則莊無忤。』認爲祇有融彙六經，以儒解莊，纔能真正領悟莊子之本意，纔能『善讀莊與善讀莊義之要删』。由於《莊義要删》僅是雜録各家，缺乏如褚伯秀《南華真經義海纂微》『管見』之論，且在擇取諸家學説時常臆改文字，故該書雖集多人編纂之功，但其學術價值及其歷史影響遠不如褚氏之書。

孫應鰲《莊義要删》十卷，有明萬曆八年陶幼學等刊本、萬曆八年雲南官刻本等。此次影印，據中國國家圖書館藏明萬曆八年陶幼學刊本。

南華經解二卷　（明）李贄撰

李贄（1527—1602），本姓林，原名載贄，號卓吾，又號宏甫，別號溫陵居士，泉州晉江人。二十六歲鄉試及第，三十歲始爲河南共城教諭，後歷任國子監教官、禮部司務、南京刑部主事等職。五十一歲出任雲南姚安知府，三年後辭官，按照入滇前與好友耿定理之約，至湖北黄安寄住於耿家。耿定理病逝後，因與耿定理之兄耿定向之學術思想嚴重分歧，便移居麻城龍潭湖畔芝佛上院，於此處讀書著述長達十餘年。後寺院被焚毁，遂避至河南商城黄蘗山中，不久又流落到北京附近之通州，依馬經綸居住。七十六歲時，被朝廷以『敢倡亂道，惑世誣民』罪名逮捕入獄，迫害致死。曾評點《水滸傳》《西廂記》《琵琶記》等小説、戲曲作品。著作主要有《初潭集》《藏書》《續藏書》《焚書》《續焚書》《李溫陵集》《老子解》《莊子解》等。

《南華經解》僅解内篇七篇，於每章之後，評釋其大旨。在《逍遥遊》《人間世》《德充符》《應帝王》諸篇題目下，皆撰有總論，以評論各篇之大意。對於爲何僅解内篇，李贄《續焚書·讀南華》云：『《南華經》若無内七篇，則外篇、雜篇固不妨奇特也。異哉，以有内七篇也。故余斷以外篇、雜篇爲秦、漢見道人口吻，而獨注内七篇，使與《道德經注解》並請正於後聖云。』在李氏看來，《莊子》外、雜篇固然亦皆可稱爲『奇特』之文，但與内篇畢竟大有不同，大抵即爲『秦漢見道人口吻』，所以他僅解内篇七篇，以與其《老子解》一同請正於後世之聖賢。此處李贄將外、雜篇與内篇嚴格區分開來，而特重内篇七篇，這固然不可謂之獨創，然其斷外、雜篇爲秦、漢見道人口吻，卻無疑頗爲新穎，對後世有一定影響。

李贄解《莊子》内篇，對宋代學者吕惠卿、王雱、陳景元、林希逸、褚伯秀、李士表等人闡釋文字每有援引，但徵引最多者則爲郭象之注，此蓋與其特重向秀、郭象之研究成果有關。其《焚書·養生論》云：『若向秀注《莊子》，尤爲已見大意之人，真可謂莊周之惠施矣。』同書《又與從吾孝廉》復云：『如向、郭注《莊子》，不可便以《莊子》爲經，向、郭爲注；如左丘明傳《春秋》，不可便以《春秋》爲經，左氏爲傳。何者？使無《春秋》，左氏自然流行，以左氏又一經也；

使無《莊子》，向、郭自然流行，以向、郭又一經也。然則執向、郭以解《莊子》，據左氏以論《春秋》者，其人爲不智矣。』可見李贄甚是推許向、郭之注。然而，李贄乃是一位有獨特見解之思想家，他對《莊子》之評釋決不會一味因襲前人，而是時時閃耀出其獨特思想光芒。

細審李贄對《莊子》內篇各篇之評釋，確實皆有其獨特見解。如其評釋《逍遥遊》篇云：『夫目之所不見，耳之所不聞者，古今何多也，獨鯤鵬乎哉？聞之而不聞，見之而不見者，古今何多也，況藐姑射之山乎哉？故斥鴳見鵬飛而竊笑，肩吾聞接輿而大驚，亦以耳目之拘耳。是故言其所見則以爲尋常，言及其所不見則以爲語怪，聽其所知則以爲至極，聽其所不知則以爲無當。烏乎，是尚可以語逍遥也乎哉！』意謂唯有做到不爲耳目所拘，便可以談論逍遥遊矣。故進而云：『夫適莽蒼者不見千里，何可謂世遂無千里也？彼其以數仞之飛而視鵬摶於九萬里之外，其笑之也固宜。然則小知之不知大知也，猶小年之不知大年也。……故又自知效一官等而上之，至於無所待而後爲至焉。蓋有所待，則不逍遥矣。』不可否認，李贄以拘於耳目爲有所待，爲不逍遥遊，確實爲一種全新解釋，反映出其堅決主張打破當時思想禁錮而要求獨立思考世間一切問題之真實思想。對於《齊物論》篇，李贄之解説亦與前人不同。如云：『天地間一大是非耳，未有能聽之者。聽之則是非蜂起，不聽則悶然無當。聽與不聽又自有是非矣，何時一歟？』認爲既然是非無定，不可分別，則何可『咸以孔子之是非爲是非』（《藏書世紀列傳總目前論》）？故李氏於闡釋篇中『瞿鵲子問乎長梧子』寓言時進一步説，對於『聖人不從事於務，不就利，不違害，不喜求，不緣道，無謂有謂，有謂無謂，而遊乎塵垢之外』之類要言妙道，『若孔某則全不知此矣』。意謂孔子連此等道理都不懂，則決不可以之爲裁決天下是非之標準。説明李贄之闡釋，已充分表現出其堅決否定儒家學説之大無畏精神。

尤其值得指出者，《大宗師》篇描寫『真人』，並未涉及孔子，而李贄卻云：『此言古之真人而形容其似有如此者。「以刑爲體」以下，皆勤行之事，又以破笑孔某，而言其不得爲真人也。以德爲循者，言但與有足而能行者，皆可至於孔某也。學而不厭，誨人不倦，其勤如此！豈知真人之道，用之不勤，而是人真以爲勤行者，是萬物衆多，皆必待於雕琢之勞也，不亦愚歟！』可見其嘲諷孔子之意甚明。

李贄《南華經解》有明新安洪唯中校刊本、萬曆四十三年亦政堂刊《廣祕笈》本、萬曆四十六年宛陵劉遜之刊《老莊合解》本、明燕超堂刊《李卓吾先生叢書》本等。此次影印，據上海圖書館藏明刊《南華經解》本。

莊子類纂

（明）沈津撰

沈津，浙江慈溪人，生卒年不詳。明嘉靖三十一年舉人，曾任含山縣教諭。著作有《百家類纂》四十卷，《明史》卷九十八、《欽定續通志》卷一百六十、《欽定續文獻通考》卷一百七十八、黄虞稷《千頃堂書目》卷十二等皆著録。《莊子類纂》在《百家類纂》十四卷、十五卷内，前有《莊子題辭》，篇首題『百家類纂，道家類』，分篇節録《莊子》原文，間有簡單音義注解，偶有評論。

沈津似對莊子『謬悠之説、荒唐之言』甚不以爲然。《齊物論》篇末有按語云：『齊物論者，言欲齊衆論而爲一也。戰國之世，學問不同，更相是非。故莊子以爲不若是非不爭，利害不計，與物相忘而歸之自然，此其立言之宗旨也。然《老子》衹四句盡之，曰：「挫其鋭，解其紛，和其光，同其塵。」便覺含畜不露。而此篇漫衍謬悠，至於無極，雖文字絶奇，然視《老子》遠矣。』認爲『漫衍謬悠』之《齊物論》，不如《老子》四句十二個字『含畜不露』，由此可知沈津於《莊子》之基本態度。基於此，沈氏於節録《莊子》時對其中一些『荒唐之言』予以黜落，如《德充符》篇中對兀者王駘、申徒嘉、叔山無趾、哀駘它等寓言皆棄而不録，而僅保留兩三節内容。

四庫館臣謂《百家類纂》云：『是書所録，自周、秦諸子下逮於明，殊爲冗濫。』對該書評價不高。《莊子類纂》節録《莊子》原文，殊少注釋、評論（有借鑒林希逸《莊子鬳齋口義》處），其學術價值也不大。

沈津《百家類纂》有明隆慶元年含山县儒學刊本、朝鮮肅宗十八年閔昌道刊本等。此次影印《莊子類纂》，據上海圖書館藏朝鮮閔昌道刊《百家類纂》本，其中《逍遥遊》《齊物論》則據明隆慶元年刊本配補。

莊子通十卷

（明）沈一貫撰

沈一貫（1531—1615），字肩吾，號龍江，浙江鄞人。明穆宗隆慶二年進士，神宗萬曆間累官户部尚書、武英殿大學士。萬曆四十三年卒，贈太傅，謚文恭。著作有《易學》《經史宏辭》《吴越遊稿》《莊子通》等。事蹟主要見《明史》卷二百一十八、顧憲成《顧端文公遺書·奉壽沈相國龍江先生八十序》。

《莊子通》卷首有沈一貫《莊子通序》《讀莊概辨》。其序有語云：『余讀《莊》三十年，頗有所會，未遑於赫蹄。丁亥（1587）春，偶疏《大宗師》《應帝王》二卷。既得陸長庚《副墨》，爲之斂衽。戊子（1588）赴闕，無何，引疾還。舟中寂無事，因日課數十行以自嬉於無何有之鄉，實四月廿三日托始於德州。憶舊年解《老》竣於是，而乃今復於是乎始《莊》，豈冥數耶？會水落，寄泊清源、聊城之間者一月，遂得專其精神。迨畢工於濟上，則六月朔矣。……萬曆十六年（1588）六月八日，四明沈一貫書於淮陰舟中。』説明沈一貫自二十六歲後，經過長達三十年研讀，至五十多歲時對《莊子》已『頗有所會』，故能在極短時間内著成《莊子通》一書。

沈一貫《莊子通序》云：『《莊子》盛於晉，故郭子玄爲之解，次則唐道士成玄英，二書具在，殊未暢於人心，自餘直可束高閣矣。』認爲即使在莊子成爲人們精神需求之魏晉時代，名士們對《莊子》之闡釋亦『殊未暢於人心』。如他指出：『嵇叔夜之賢也，猶曰好讀《莊子》而增其放曠。余謂叔夜非善《莊子》者也。我願世人以闇然自修、廓無所係之心讀《莊子》，而遺其言之所寄，不以莊子爲怪，然後可謂善《莊子》。孫登之規叔夜曰：「火生有光，而不用其光；人生有才，而不用其才。用光在於得薪，故可以續其明；用才在於識真，故可以全其年。」』（《莊子通序》）誠然，嵇康所表現出勇猛無畏之批判精神，主要就是對莊子那種特有批判精神之發揚光大，但他卻忽視莊子所强調之韜光晦跡，以『無用』來遠禍全身之思想，所以終不免爲司馬氏集團所誅殺。由此看來，嵇康確實未能全面理解莊子，因而沈一貫所謂『叔夜非善《莊子》者』云云，並非沒有道理。然而，沈一貫並沒有一概否認前人莊子學成果。其《莊子通序》云：『既得陸長庚《副墨》，爲之斂衽。』説明沈氏在研讀當代人陸西星所著《南華真經副墨》後，不禁流露出欽佩之情。因此他在後來闡釋《莊子》

過程中，便自覺吸納陸氏一些學術觀點。但從沈氏整部《莊子通》來看，他稱引最多者還是郭象注語。尤其需要指出者，他還自覺吸納了作爲郭象本體論哲學思想核心之『獨化』論。

依沈一貫看來，『莊子本淵源孔氏之門，而洸洋自恣於方外者流，竺乾氏未東來，而語往往與之合，故當居三教間』（《莊子通序》），認爲莊子思想與孔子學説有淵源關係，復與佛教思想每相一致。但他又指出：『古稱「不朽之言立」，立難言哉！而莊子猶不朽，以至於今也。然語立於聖人之門，未也。子謂可與共學，未可與適道；可與適道，未可與立。若莊子，可與適道乎？否哉！不知莊之得失者，鮮不蝕孔氏。余之解《莊》也，曰：「極其説而後知吾之是也。」程子謂：「佛之言近理而害甚，學者當比之於淫聲美色。」以余觀於莊，其近理而害甚也愈於佛。何也？佛之起教在出世，故其言非無與吾合者，而窮竟旨歸，則出世焉，止矣。故曰易辨也。莊則不然，亦以「內聖」自許，而放於逍遥之場；亦以「外王」自許，而終不可施之實用。引而置之門牆，謂其語天而遺人可也；麾而擯之夷裔，謂其罪浮於桀紂可也。毫芒之際，最難辨哉！』（《讀莊概辨》）認爲莊子雖亦以『內聖外王』自許，但他實際上是『語天而遺人』，一味『放於逍遥之場』，所以終究不可施之實用，其罪甚至超過桀紂；而與被北宋理學家程氏斥爲『淫聲美色』之佛教相比，其言雖似近理，但其對世人所造成之危害卻有過之而無不及。沈氏特撰《讀莊概辨》一文，置於卷首，其目的即爲辨明莊子與佛教，尤其與孔子之異同，從而使人們真正讀懂《莊子》一書。他在詮釋《莊子》全書過程中，亦時時反映出這一思想認識。

與前人一樣，沈一貫亦認爲內篇七篇『皆莊子微言』，處處有莊子深意。他在《逍遥遊》篇題下云：『逍遥者，放任自得之名也。至人獨往獨來而敖倪於萬物之上，舉世無以纓紼其心，安往而不自得哉！俯而視之，世味皆腥螻膻惡，世構皆累塊積蘇而已。內篇者，皆莊子微言也。』認爲莊子撰寫《逍遥遊》篇之深意，便是要借『獨往獨來而敖倪於萬物之上』之『至人』形象來蔑視世俗人之思想行爲，從而使『至人無己』上升爲最超拔境界。對於外篇，沈一貫在《駢拇》篇題下云：『外篇者，內篇之輔也。大旨不出內篇，縱而言之，時則有矣。』認爲外篇主要就是對內篇思想內容之補充和發揮。如《田子方》篇有『孔子見老聃』等二章文字，沈氏云：『此二章，皆莊學之大宗旨，即《逍遥遊》所謂「無窮」二字，而此章尤爲明切。』意謂此處老聃引導孔子『遊心於物之初』，實際上就是在發揮《逍遥遊》

篇所謂『至人』『神人』『聖人』無所待『以遊無窮』意旨。《秋水》篇主要由河伯與北海若數番問答構成，沈氏云：『《秋水》一篇，總是一意反覆，有矩度可誦。……莊子此種議論，其詳見於《齊物論》中。』意謂河伯與北海若問答不但在形式上遵循着《齊物論》篇反復鋪陳之『矩度』，而且在思想内容上更是發揮了《齊物論》篇相對主義哲學觀點。對於雜篇，沈一貫在《庚桑楚》篇題下云：『雜篇者，零金剩玉，龐雜而出，其語非一端也。故其文不貫串，要之宗旨不異。』如《寓言》篇有『衆罔兩問於景』一段文字，沈氏云：『此段與内篇文同，而意更加異，蓋愈出愈奇矣。』《則陽》篇有『少知問於太公調』一章文字，沈氏云：『此一章書是《齊物論》及《秋水》義疏，而無一句相似，多發其所未發，當是《莊子》書成之後，更有妙悟，以成此簡爾。』但沈氏又認爲，雜篇中有些篇章確實顯得『文不貫串』，甚至『意見庸劣』，決非莊子本人手筆。他在《讓王》篇題下云：『今觀此四篇（指《讓王》以下四篇）者，文氣鄙弱，視他作固已天淵，而旨趣又淺陋不倫，與莊子學問全無交涉，稍有識者，皆以爲贋無疑矣。』不可否認，沈氏此等看法值得重視。

此次影印沈一貫《莊子通》十卷，據華東師範大學圖書館藏明萬曆十五年至十六年蔡貴易刊、二十七年重修《老莊通》本。

南華經標略六卷

（明）張位撰

張位（1538—1605），字明成，號洪陽，江西新建人。隆慶二年進士，改庶起士，授翰林院編修。萬曆八年任司業，後因妖書案獲罪，回鄉隱居南昌南湖，曾與湯顯祖、劉應秋等於此飲酒縱詩。貫通經史，工詩善文，著有《閑雲館集鈔》《叢桂山房匯稿》《詞林典故》《南華經標略》等。

《南華經標略》六卷，内篇、外篇、雜篇各分爲上、下卷。書前有吴中行於萬曆十八年所撰《南華經標略引》，卷首題『豫章洪陽張位標略』，卷尾題『門人惲應翼句讀、後學吴宗雍（奕、玄）校梓』。吴中行引云：『洪陽先生，稟淳葆真，探玄詣粹，偶觸微幾，時發緒論，借彼辭指，抒我性靈，蓋《莊子》一南華，而先生胸臆亦自一南華。誦茲編者，因先生而通《莊子》之義固可，因《莊子》而會先生之心亦可，萬仞長風，千載曠覽，神而明之，存乎人焉。門人惲貢士攜之歸，兒子輩受而卒業，僉謂宜公之人也，遂付諸梓，而余爲之引其端。』今觀《南華經標略》，全書正文不作注釋，唯於眉欄略有批語，篇題下多有簡解文字，固爲張位往日偶發緒論，藉以發抒胸臆，而由門人晚輩集而付梓者，故不可謂爲精心撰述、體系完密之著。

然張位仕宦既有作爲，且通經史、工詩文、善著述，則其標略《莊子》，亦多有獨特之處。要而論之，一是所作題解，往往言簡意賅，頗能揭示全篇宗旨，如云『《逍遥遊》，樂其大也』『《人間世》，居人間處世之道』『《應帝王》，應爲帝王自然之治』者皆是。二是所作眉批，簡明扼要，甚能概括各章大意，如《養生主》篇眉欄謂『神如刀刃必以虛養』『介雖人與，其實天定』『哭者不達』，《天運》篇謂『至樂無常聲』『古跡不可襲』『至道非虛器』『有爲之治喪真』等，皆爲此類。三是有時能指出內、外篇之關係，甚有見地，如謂《達生》『與《養生主》篇相發』、《山木》『當與《人間世》並看』者即是。尤其值得指出者，自蘇軾以來，學者多謂《讓王》《盗跖》《説劍》《漁父》四篇爲僞作，而張位非但不盲從他人之説，還爲每篇作了題解，謂『《讓王》，此篇歷引薄富貴而重生、安貧賤而樂志者』『《盗跖》，此篇凡三段，皆言不矯行傷生以求聲名富貴，有激之談也』『《漁父》，大意言不宜分外求世，惟守其真而道存矣』，凡此説法，多能揭示篇旨。後來題爲歸有光批閱、文震孟訂正《南華真經評注》，蓋每有勦襲此書之處。

茲影印張位《南華經標略》六卷，據上海圖書館藏明萬曆十八年晉陵吴氏籍甚齋刊本。

南華真經題評十卷　（明）張位撰

張位生平事蹟，已見《南華經標略》提要。其所撰《南華真經題評》十卷，卷一爲《逍遥遊》《齊物論》，卷二爲《養生主》《人間世》《德充符》，卷三爲《大宗師》《應帝王》，卷四爲《駢拇》《馬蹄》《胠篋》《在宥》，卷五爲《天地》《天道》《天運》，卷六爲《刻意》《繕性》《秋水》《至樂》，卷七爲《達生》《山木》《田子方》《知北遊》，卷八爲《庚桑楚》《徐無鬼》《則陽》，卷九爲《外物》《寓言》《讓王》《盜跖》，卷十爲《説劍》《漁父》《列禦寇》《天下》，分卷與《南華經標略》甚爲不一。卷首題『洪陽張位』，與《南華經標略》題『豫章洪陽張位標略』者，亦略有不同。

是書既題《南華真經題評》，則『題評』二字當予注意。今檢全書，原《南華經標略》各篇解題文字，悉已移至卷首《張太史南華經題評篇目》内，分列於三十三篇題目之下，以集中體現其『題評』之意。然於移録過程中，除個别字詞有更改外，於文句亦偶有增損。如《南華經標略·大宗師》題解云：『得大道而可宗可師之人，遺生死。』移録至《張太史南華經題評篇目》，則僅取前句，而將後句仍留於《大宗師》篇題之下。《南華經標略》之《駢拇》《馬蹄》《胠篋》《繕性》《説劍》篇題解末皆有『通篇一意』四字，移録諸篇題解時均未將此四字一同歸入《張太史南華經題評篇目》，而仍留於各篇題目之下。《南華經標略·則陽》題解有句云：『八論靈公，末陳至言。』移録至《張太史南華經題評篇目》，則予更改云：『八論性成自然，末陳至言極論。』《南華經標略·山木》眉欄有批語云：『此篇當與《人間世》並看。』移録至《張太史南華經題評篇目》，則僅取其中『當與《人間世》並看』七字，接於《山木》題解之末。

《南華真經題評》眉欄有較多批語，但與《南華經標略》出入較大。如《南華經標略·逍遥遊》有批語云『以上明大小之分。以小形大，非小大各適其適也』『數數，舊注：猶汲汲也』，移録至《南華真經題評》，則删去其中『以小形大，非小大各適其適也』『舊注』之内容。《南華經標略·繕性》眉批中有『又明行中有藏』一語，《南華真經題評》則不見此語，但所録『不離乎正』『士人得失繫念，祇是軒冕爲累』等三條批語，卻爲《南華經標略》所無，不知何故。

綜上所述，尤據明萬曆十八年晉陵吳氏籍甚齋所刻《南華經標略》六卷，前有吳中行所撰《南華經標略引》言成書原委始末甚詳，卷尾復題有『門人惲應翼句讀、後學吳宗雍（奕、玄）校梓』字樣，而於《南華真經題評》十卷中皆無，唯版心下鐫有萬曆間刻工名『毛有爲』『李文』，則其當在《南華經標略》六卷基礎上，重新編排刊刻而成。今據上海圖書館藏明萬曆刊《南華真經題評》本影印。

莊子南華真經四卷

（明）謝汝韶批校

謝汝韶，字其盛，福州長樂人，生卒年不詳。明嘉靖三十七年舉人，初授錢塘諭，弟子翕然稱得師。隆慶間知安仁縣，以廉明著稱。後忤權貴，四十餘即辭官閉門著書，著有《天池存稿》《碎金集》等。

謝汝韶批校《莊子南華真經》四卷，分爲内篇、外篇上、外篇下、雜篇四個部分。前有《莊子序》，乃承襲司馬遷《史記》有關莊子文字而成，唯於文末增添『唐封南華真人，書爲《南華真經》』二語。正文僅録《莊子》白文，頂格書寫。眉欄處注解以釋意爲主，如《逍遥遊》篇釋『北冥』爲『北海』，《寓言》篇釋『大本』爲『造物』，皆較爲簡略，新意亦不多。個别篇末有論及篇章結構者，如《齊物論》篇結尾謂『末蝴蝶一段，正所以結通篇齊物之意』，《馬蹄》篇結尾謂『末復以馬提起，此乃首尾相應文法』，尚有識見。

除《秋水》篇外，謝汝韶對其餘各篇皆作有題解，但受陸德明《莊子音義》影響較爲明顯。如謂《天道》《天運》《刻意》《繕性》《至樂》《山木》《田子方》《知北遊》《外物》《寓言》《列禦寇》諸篇皆『以首句名篇』，《庚桑楚》《徐無鬼》《則陽》諸篇皆『以首事名篇』，《盗跖》篇『以篇首名篇』，《説劍》篇『以事名篇』，《漁父》篇『以人名篇』，顯然與陸氏『舉事以名篇』『以義名篇』『以人名篇』等説法有一定承因關係。然視《逍遥遊》《齊物論》《養生主》《人間世》《德充符》《大宗師》《應帝王》《駢拇》《馬蹄》《胠篋》《在宥》《天地》《達生》《讓王》《天下》諸篇，多已不受陸氏説法所拘限，甚或自出新意，若於《齊物論》篇題下云『《齊物論》者，取其彼我兩忘之義』，於《讓王》篇題下云『此篇多言辭讓之事，故以「讓王」名篇』，皆有一定見地。

今影印謝汝韶批校《莊子南華真經》四卷，據上海圖書館藏明萬曆六年吉藩崇德書院刊《二十家子書》本。

莊子翼八卷　（明）焦竑撰

焦竑（1540—1620），字弱侯，號澹園，亦稱漪園，南京旗手衛人。明神宗萬曆十七年進士第一，官至翰林院修撰。博極經史，旁通釋道典籍，巋然負通人之望。曾師事耿定向、羅汝芳，而與李贄交誼最篤，黄宗羲《明儒學案》將其列入《泰州學案》。著作有《澹園集》《澹園續集》《焦氏筆乘》《焦氏筆乘續集》《老子翼》《莊子翼》等。

據《莊子翼》卷首《采摭書目》所列，其所采摭四十九種書目依次爲：郭子玄注、呂吉甫注、林疑獨注、陳詳道注、陳碧虚注、王元澤注、劉概注、吴儔注、趙以夫注、林希逸口義、李士表論、王旦莊子發題、范無隱講語、褚氏管見、王雱南華新傳、羅勉道莊子循本、劉須溪點校莊子、荊川釋略、陸西星南華副墨、朱得之莊子通義、張四維補注、方揚莊義要删、支道林注、肇論、向秀注、崔譔注、李頤注、張湛列子注、梁簡文帝講疏、張機講疏、司馬彪注、梁曠論、成玄英疏、蘇子瞻廣成解、洪邁容齋隨筆、江遹列子注、楊慎丹鉛録、焦氏筆乘、郭象音、李軌音、徐邈音、賈善翊直音、司馬彪音、周弘正文句義、陸德明文句義、碧虚子章句、碧虚子莊子餘事、碧虚子莊子闕誤、吴幼清訂正。今細審《莊子翼》全書，大致有如清四庫館臣爲其所作提要云，除采録郭象、呂惠卿、褚伯秀、羅勉道、陸西星等家説法較多而外，其餘祇是間出數條，略備家數而已。書末附有陳景元《莊子闕誤》、潘佑《贈别》、王雱《雜説》、李士表《莊子九論》等。

焦竑編纂《莊子翼》，於選輯諸家説法後，往往斷以己意，謂之『筆乘』。焦氏於卷首《采摭書目·焦氏筆乘》下注云：『竑舊所劄記，間及《莊子》者悉附入，以就正四方有道之士。』今案其《焦氏筆乘》《焦氏筆乘續集》，有『惠淨衍莊子』『消搖』『堯夫詩似莊子』『成心』『佛典解莊子』『向秀莊義』『向秀注多勝語』『外篇雜篇多假托』『御六氣之辨』『百骸九竅六藏』『羊角』『齊物論』『九萬里』『官天地府萬物』『蒼蒼』等條目，當即所謂『竑舊所劄記，間及《莊子》者』。此等條目文字，後來有部分被收入《莊子翼》『筆乘』。

據稱，焦竑早年即『以道德經術標表海内』（徐光啓《澹園續集序》）。如從學術師承方面看，焦氏爲耿定向、羅汝芳之弟子，因此黄宗羲《明儒學案》遂列其於泰州學派。而泰州學派具有似儒、似道、似禪，亦儒、亦道、亦禪之特徵，與正宗儒學大有不同，故焦竑既爲該派成員，其『道德經術』，亦即不能爲正宗儒學。且焦氏視李贄爲知音，與公安三袁爲摯友，明顯受到諸人信禪崇道思想影響，則其思想更具有以儒爲本，融會佛、道之特徵。焦氏闡釋《莊子》，即在此基本思想指導下進行。如其《莊子翼》卷首序言謂，老子與孔子同時，莊子又與孟子同時，而孔子、孟子未嘗攻擊老子、莊子，説明儒、道兩家雖然路徑不同，其學説精髓卻可融通無礙。並指出，從路徑上看，『孔、孟之言詳於有，而老、莊詳於無』，即孔子、孟子所主張者乃是下學而上達，姑且就世情所能明瞭之『有』而首先加以引導，使之由『有』而趨於『無』，而老子、莊子因有見於世俗之儒局限於『有』，祇知下學而不能上達，便以爲祇有通於『無』乃可以理解『有』，所以重在提掇『無』一面，以冀有助於儒學之不足，可見儒、道兩家之終極目的完全一致。其闡釋《徐無鬼》篇『以目視目，以耳聽耳，以心復心』等語時則認爲，莊子把心與耳、目並提，與佛教以意與眼、耳、鼻、舌、身並稱六根之用意相同。基於此種理解，其爲《列禦寇》篇『賊莫大乎德有心而心有睫（眼），及其有睫（眼）也而内視，内視而敗矣』等句作『筆乘』時復云：『《文子》曰：「道有知則亂，德有心則險，心有眼則眩。」何者？有眼必有見，學道者每患於無見，而不知見爲德之賊也。釋氏所説五種眼，唯天眼、肉眼在面，慧法、佛眼皆在心。彼心眼者，德之成；此心眼者，德之敗。知其所以敗，則知其所以成，無二理也。』由此可見，焦竑《莊子翼》除了具有較明顯儒學化傾向外，還受到佛學思想一定影響。

焦竑《莊子翼》有《續道藏》本、《四庫全書》本、《金陵叢書·甲集》本。此次影印，據華東師範大學圖書館藏明萬曆十六年王元貞校刊《老莊翼》本。

新鍥翰林三狀元會選莊子品彙釋評四卷　（明）焦竑校正　翁正春參閲　朱之蕃圈點

《新鍥翰林三狀元會選莊子品彙釋評》四卷，卷首題『從吾焦竑校正、青陽翁正春參閲、蘭嵎朱之蕃圈點』。焦竑、翁正春、朱之蕃依次爲明神宗萬曆十七年、二十年、二十三年狀元，故是書以『三狀元』命名。各篇注釋文字，多取自陸西星《南華真經副墨》，而未曾標明出處。眉欄有徐逖、郭子玄、支遁、李軌、呂吉甫、王元澤、陳碧虛、陳詳道、李士表、林疑獨、趙以夫、劉槪、吳儔、真德秀、林希逸、范無隱、褚伯秀、劉須溪、羅勉道、董份、唐荊川、孫大綬、陸西星、焦竑、王荊石等人批語，甚是豐富，可資參考。

是書爲《新鍥翰林三狀元會選二十九子品彙釋評》二十卷之卷一、卷二、卷三、卷四，次於『首卷』所收《老子道德經》之後。清四庫館臣所撰《二十九子品彙釋評提要》云：『其書雜録諸子，毫無倫次，評語亦皆托名，謬陋不可言狀，蓋坊賈射利之本，不足以當指摘者也。』今細審各篇，此説雖言之過重，卻不乏事實依據。其中最爲明顯者，莫若眉欄批語，每每張冠李戴，意在提高此書身價。如《在宥》篇『此段正答所以長生之意』條冠以『林道支（支道林）曰』，《逍遥遊》篇『人必大其心而後可以入道』條冠以『孫大授（綬）曰』，《胠篋》篇『夫聖人以聖知仁義治天下』條冠以『焦漪園曰』，而《盜跖》篇『譏侮列聖』條、《説劍》篇『戰國策士之雄譚』條、《漁父》篇『論亦醇正』條並托之『翁青陽曰』，其實皆爲陸西星《南華真經副墨》之語。次則語欠倫次，謬誤頗多。如陸西星爲《天地》篇所作題解謂：『（此篇）頭緒別起，不可串爲一章。中間根極性命之語，百世以俟聖人，終莫有易。』而《莊子品彙釋評》爲此篇所作題解則云：『此章中間根極性命之語，百世以俟聖人，終莫能易。』《二十九子品彙釋評》書前《目録》於《莊子南華經》下標『全帙』二字，《凡例》又謂：『諸家茲輯，有簡編、全録。如老氏、莊氏，不去一字。』而《目録》所列篇名，《莊子品彙釋評》所收篇章，則皆缺《徐無鬼》《寓言》《列禦寇》三篇。至於眉欄所冠名公名家，如誤『支道林』爲『林道支』『陳碧虛』爲『陳碧』『陳詳道』爲『陳説道』『孫大綬』爲『子大授』者，更是所在多有。可見，包括《莊子品彙釋評》在内的《新鍥翰林三狀元會選二十九子品彙釋評》，當爲坊賈射利而刻者，學術價值不高，所謂『焦竑校正』『翁正春參閲』『朱之蕃圈點』，蓋依托耳。然舉子研讀《莊子》，多尚其文章之奇幻，無意於其注釋、批語之真僞，而坊賈投其所好，廣輯評釋，並施圈點，裨士子展卷，有所解悟，則此書之價值，又另當別論。

《新鍥翰林三狀元會選二十九子品彙釋評》二十卷，有中國國家圖書館藏明萬曆四十四年刊本。今據以影印《新鍥翰林三狀元會選莊子品彙釋評》（原書缺卷四第六十六葉）四卷。

南華真經義纂十卷　（宋）褚伯秀　（明）朱得之撰　（明）李栻纂

李栻，字孟敬，號石龍，江西豐城縣人，生卒年不詳。明嘉靖四十四年進士，初知魏縣，後擢河南御史，歷巡光禄大倉、漕河，補浙江副使。疏請致仕，結廬西山，究心性理學。著作有《困學纂言》《惜陰稿》《論語外編》等。萬曆間，嘗輯刻《道宗六書》。事蹟見《蘭臺法鑒録》《同治豐城縣志》等。

《南華真經義纂》十卷，卷首題『李栻纂、褚伯秀《義海》、朱得之《通義》』。書前以明朱得之《莊子通義》末之《褚氏後序自撰》爲《南華真經義海纂微序》，以《刻莊子通義引》《讀莊評》《莊子通義目録》爲《莊子通義引》《讀莊評》《南華真經義纂目録》。今細審全書，其《南華真經義纂目録》，三十三篇題目下皆分章標題，與朱氏《莊子通義目録》相一致，而各篇之實際内容，則與《莊子通義》多有不同，主要表現爲：一、朱氏《莊子通義》原有較多旁注、夾注，李氏基本予以删除；二、朱氏於正文各章後原有自撰之『通義』，李氏則酌情而偶予删除，凡未删去者，便冠以『朱氏曰』字樣；三、朱氏於『通義』後原引有褚伯秀之『管見』而謂之『義海』，李氏則予以大量删除，凡未删去者，便冠以『褚氏曰』字樣。準此，則《南華真經義纂》乃是删削《莊子通義》而成，内容已遠不如原著該備富美，然視其全帙，仍有纂者體例可循，且刻工精美，校對精細，亦可珍視。

今所存完整《南華真經義海纂微》一百六卷，僅有《道藏》本及《四庫全書》本兩種。如仔細對校朱得之、李栻所引與《道藏》本相應部分，則可發現朱、李二本每每相同而與《道藏》本相異。如《道藏》本第九卷《人間世》『理極而不失乎中道也』之『失』，朱本、李本並作『先』，訛；《道藏》本第十七卷《大宗師》『目擊道存』之『擊』，朱本、李本並作『繫』，訛；《道藏》本第二十一卷《應帝王》『至人非有心於出奇以屈人也』之『於出奇』三字，朱本、李本並無；《道藏》本第三十三卷《在宥》『故以存民有衆爲懷』之『懷』，朱本、李本並作『德』；《道藏》本第三十九卷《天地》『泛觀以道通行以德』之『通』，朱本、李本並作『直』。無論訛文、脱文，抑或一般異文，朱、李二本大多一致。猶可注意者，朱、李二氏在《至樂》篇末皆云：『此篇褚氏不爲總論，其指無不明也。』但視《道藏》本《南華真經義海纂微》《至樂》篇末同樣有總論，長達三百五十多字。

由此皆可説明，李本出自朱本，而與《道藏》本差異較大。

今影印李栻纂《南華真經義纂》十卷，據中國國家圖書館藏明刊本。

南華真經十卷　（晉）郭象注　（唐）陸德明音義　（明）孫鑛評點

孫鑛（1543—1613），字文融，號月峰，湖上散人，浙江餘姚人。明神宗萬曆二年會試第一，累官南京兵部尚書，加太子少保，參贊機務。

《孫月峰先生批評禮記》卷首載《孫月峰先生評書》目録，列孫鑛評點著作四十三種，遍及經、史、子、集。今存據明世德堂本翻刻《南華真經》十卷，封面題『孫月峰評點南華真經』，即其評點諸子著作之一。此書底本收郭象注、陸德明音義，孫鑛朱筆圈點多在正文旁，亦偶有施及郭氏注、陸氏音義者。眉批分朱、墨兩色，以朱色者居多，係孫鑛之所爲，墨色者則皆爲引述，涉及成玄英、呂惠卿、陳景元、蘇軾、陳詳道、劉概、趙以夫、林自、林希逸、褚伯秀、劉辰翁、羅勉道、朱得之、陸西星、張四維、焦竑、方揚等人之語，多轉引於褚氏《南華真經義海纂微》。

孫鑛評點《南華真經》，所持文學思想深受七子影響，推崇兩周文章，認爲『精腴簡奥，乃文之上品』（《與李于田論文書》），極品『皆千錘百煉而出者』（《與余君房論文書》），故其謂《逍遥遊》篇『千錘百煉，篇章字句，無一不妙，力勁而色濃，調諧而味永』，而每以『精腴』『最腴』『淡而腴』『峭而腴』等語評點其他篇章。與此相關聯，孫鑛還頻頻使用諸如『奥』『嚴』『險』『冷』『軟』『饒致』『有致』『有態』『形容』『明切』『醒』『快』『醒快』『壯偉』等詞語，而用得最多者，則是與『奇』字相關詞語，如『奇峭』『奇險』『奇絶』『奇妙』『奇巧』『奇俊』『奇肆』『奇意』『奇語』『奇處』『甚奇』『意奇』『語奇』『事奇』等，頗具其獨特審美趣味。

基於上述認識，孫鑛認爲《駢拇》《馬蹄》《胠篋》三篇，或『太發越，少蘊籍』，或『氣格殊淺薄，祇是調今而意肆』，或『畦徑太分明，便似近代文字』，而《讓王》《盗跖》《説劍》《漁父》四篇，更是『粗淺無骨力』『蕪率淺弱』，甚或『祇是戰國時策士游談，正與《弋説》及《幸臣論》相似，然氣格視彼二篇更爲淺薄」，可見『的非莊作』。孫氏此説，可資參考。

今據上海辭書出版社圖書館藏翻刻明世德堂《南華真經》十卷予以影印。此書封面原題『孫月峰評點南華真經』。

莊子南華真經十卷

（明）張登雲參補

張登雲（1553—1639），字攀龍，寧陽縣（今山東寧陽縣）人，萬曆九年進士，曾先後任鳳陽知府、遼海道台及遼東巡撫副使、漢中觀察史、陝西參政使，著述有《葛石山房詩集》等。朱東光（1532—1618），字元曦，臨川（今江西臨川）人，隆慶二年進士，曾任平陽知縣、祁門知縣、戶部給事、潁州僉事，後升山東、廣東副使，轉右參政，以老子在亳，莊子在濠，管子在潁，淮南子在壽春，皆中都所轄地，因與鳳陽知府張雲登合刊《中都四子集》六十四卷，包括《老子道德經》二卷、《莊子南華經》十卷、《管子》二十四卷、《淮南鴻烈解》二十八卷。時郭子章奉使鳳陽，爲每書分別題辭。

因明初設置中立府，府治鳳陽定爲中都，故《中都四子集》又名《中立四子集》。清四庫館臣以爲，此四子集『刊版頗拙，校讎亦略，又於古注之後時時妄有附益，殆類續貂。』今案其中《莊子南華經》十卷，前有郭象《莊子南華真經序》、郭子章《莊子題辭》，卷首題『晉河南郭象注釋』『唐陸德明音義』『明臨川朱東光輯訂、寧陽張登雲參補、休寧吳子玉繙校』，所刻各篇文字，正如清四庫館臣所言，殆有失之拙略者。如《列禦寇》篇『而猶若是』之『是』訛爲『食』，『泛若不係之舟』之『係』訛爲『擊』，『齊人之井飲者』之『井』訛爲『共』，『相捽也』之『相』訛爲『扣』，『遁天之刑』之『遁』訛爲『道』，『不離苞苴』之『離』訛爲『難』，『仁義多責』之『責』訛爲『測』等，皆爲其例。《齊物論》篇郭注『吾所不能二』之『二』訛爲『一』，『若有真宰使之然』之『有』訛爲『自』，『皆説之』之『皆』訛爲『此』，『乃天地自然』之『自』訛爲『旁』，『任之而自爾』之『任』訛爲『在』，『故儒墨之辨』之『辨』訛爲『非』，『故曰道通爲一』之『爲』訛爲『于』，『若勞神明於爲一』之『明』訛爲『而』，『付之自稱』之『稱』訛爲『然』，『晉獻公之嬖』之『獻』訛爲『處』，『常遊於獨者』之『遊』訛爲『道』，『非假寐之夢者』之『假』訛爲『驟』；《逍遥遊》篇陸氏音義『伺遨翔之物』訛爲『何遨難之物』，《齊物論》篇『于靳反』訛爲『放閑反』，並隨意删節陸氏音義，使讀者無可適從，故不免遺譏於清四庫館臣。

然《中立四子集》以《老子》《莊子》《管子》《淮南子》裒爲一集，頗有創意，而所刻《莊子南華經》十卷，與晚明部分坊刻本相較，亦每勝一籌。且此書間有張登雲參補文字，尤其值得重視。如《逍遥遊》篇『之二蟲』，郭象注：『二蟲，謂鵬、蜩也。』張登雲『補』云：『二蟲，指蜩與鷽鳩也。』此説甚是，足可糾正郭氏之失。又《達生》篇『以黄金注者』，張氏『補』云：『注，射也。射而賭物曰注。』《外物》篇『嬰兒生無石師而能言』，張氏『補』云：『石之爲言碩也。碩大之師。』凡此，皆於義爲長，多可從。然則譏以『妄有附益』，未免有失公允。

兹據復旦大學圖書館藏明萬曆七年朱東光刊《中立四子集》本，影印其中《莊子南華經》十卷。

南華發覆八卷

（明）釋性通撰

釋性通，字藴暉，梁溪（今江蘇無錫）人，生卒年不詳。約於嘉靖、天啓間居金陵清涼山孔雀庵，自號『孔雀頭陀』。嘗與釋正勉共編《古今禪藻集》二十八卷，今存。關於其生平及研治《莊子》情況，陳繼儒《南華發覆敘》云：『《南華發覆》，清涼山孔雀庵藴暉老人所著也。老人繩戒精緊，狀貌清孤，望之類須菩提，衣表瘦骨可捫而數也。長於詩，無浮屠語。與之談方内方外之書，旁及《南華經》，往往能結吾輩舌。蓋少而習之，長而遊於空山大澤間，所見無非莊者，積三十年而後發覆之注出焉。正如稿木蒸爲芝菌，精神肅爲舍利，非俄頃歲月可襲取得也。』據此，則《南華發覆》乃是釋性通三十來年研治《莊子》之結晶。陳繼儒此敘撰於天啓六年丙寅（1626），徐必達《南華發覆序》亦有『丙寅春……通公忽持其《南華發覆》者來禾，且囑序』之語，方應祥《南華發覆序》復謂『吾交藴師自神廟，庚子（萬曆二十八年）間聚其徒治莊生言』，則釋性通治莊活動主要當在萬曆間。

《南華發覆》書前有釋性通《自序》云：『古今詮釋子史者，尚矣。獨《南華》一書，解者無論數十百家，皆己之《南華》，非蒙莊之《南華》也。何則？其旨玄，其文奥，玄則非悟莫得，奥則幽隱難見，是以往往披文者出之淺，鈎玄者入之深，最難摸索也。至如「内」「外」篇二字，《逍遥遊》之「遊」字，「乘天地之正」之「正」字，衹此三字，卒未見有明白指歸焉，况其篇章節目，隱伏影現，有難以語言形容描畫處耶！』那麽，怎樣來詮釋《莊子》纔能得其指歸呢？釋性通指出，如以《莊子》主要部分内、外篇來看，就是要運用『道』『德』二字來進行闡釋。其《逍遥遊》篇題下云：『内、外者，「道」、「德」二字也。内以道言，外以德言。内雖有七，衹發揮「道」之一字，道之真以治身，是以言内；外篇有十五，衹發揮「德」之一字，出其緒餘以爲天下國家，無爲爲之之爲德，是以言外也。』釋性通即是基於這一思想，運用『道』『德』二字來闡釋《莊子》内、外篇。

對於《莊子》雜篇特徵，釋性通亦有不同於他人之解釋。在他看來，《莊子》雜篇之所以謂之雜，主要是由於其内容不夠純正，不符合『道』及『德』之原則，而不像自蘇軾以來許多學者所認爲，在很大程度上是由於其文字較爲粗糙，甚至每有鄙陋不堪者之緣故。從這一認識出發，釋性通便認爲：《庚桑楚》篇『以「庚桑楚」命篇者，言守真之士自宜退隱，無以世爲也。』（《庚桑楚》題解）意謂庚桑楚不能真正做到『藏身深眇』，渾然無跡，而使畏壘之民無以歸美於己。《徐無鬼》篇『以徐無鬼言』者，是在批評他『欲以己之不惑解武侯之惑』，而不能以『恬退自養』（見《徐無鬼》題解）。《則陽》篇『以「則陽」名』者，是在批評則陽（即彭陽）『利令智昏』，『邀求不已』，而不知『藏光斂耀，晦影逃名，在山澤則事畚築，在田野則務草萊，樂物之通而與之娛，陸沈於世，混俗和光，不可得而名，莫可得而狀，優哉遊哉，聊以卒歲。』（見《則陽》題解）《外物》篇則是在闡明『上文庚桑之欲用尸祝，無鬼之出見武侯，則陽之干求苟進，斯皆造道之未至，有以自見於外，而欲人之尊己，而不知外物之來，善惡俱不可必也。』（《外物》題解）釋性通此等説法，自與他人不同，值得重視。

釋性通闡釋《莊子》，甚能鈎玄探賾，尋找過文血脈，從而將内、外、雜篇各篇聯貫成一個有機整體。如他指出，内篇最末一則寓言故事即爲外篇首篇《駢拇》『張本之由』，而自《駢拇》至《繕性》等九篇則『總明《應帝王》之餘意』。至於各篇之間『過文血脈』，他認爲如《天道》篇『正發明前篇（指《天地》）「無欲而天下足，無爲而萬物化，淵靜而百姓定」三句』(《天道》題解),《秋水》篇是在直接發揮《天道》篇所謂『明白於天地之德者,此之謂大本大宗』等意義。不可否認,釋性通此等見解雖不免有附會穿鑿之嫌,但對人們解讀《莊子》應當很有啓發。釋性通疏暢『過文血脈』,亦包括對篇内文字脈絡的梳理。如對於《逍遥遊》篇,其於『此小大之辯也』下云:『已上總是借事,向下方是正意。』於『若夫乘天地之正,而御六氣之辯,以遊無窮者,彼且惡乎待哉』下云:『申明上文以何等人才得無待。』於『故曰至人無已,神人無功,聖人無名』下云:『無已、無功、無名,便是乘天地之正之人也。上乃寓言,此下指出忘已、忘功、忘名之人以證據。』由此可以看出,釋性通所作評語雖然不多,但《逍遥遊》全篇之『過文血脈』卻已被梳理出來,反映出其作爲一位佛教學者極强的冥悟能力。但在理論上,釋性通卻幾乎完全不援引佛教思想資料來闡釋《莊子》,而是堅持自己所定『吾所爲發《南華》之覆,乃莊子自爲注也』之原則。同時,他亦不受北宋以來莊子學嚴重儒學化風氣之影響,而走自己以莊解《莊》之道路。所有這些,都成了其《南華發覆》之重要特徵。

釋性通《南華發覆》八卷,有明天啓間刊本、清順治刊本、清文秀堂刊本等。此次影印,據華東師範大學圖書館藏清乾隆十四年雲林懷德堂刊本。

莊子品節　(明)陳深撰

陳深,字子淵,號潛齋,浙江長興人,生卒年不詳。明世宗嘉靖二十八年舉人,官至雷州府推官。性嗜古,致仕後纂輯忘倦,年八十餘,猶篝燈至丙夜不輟。所著有《周易然疑》《春秋然疑》《周禮訓雋》《十三經解詁》《諸史品節》《諸子品節》等。事蹟及著作情況,主要見[同治]《長興縣志》卷二十三、卷二十九。

《諸子品節》凡五十卷,據卷首自序『萬曆辛卯(1591)孟春日吳興陳深子淵甫撰』之語,則此書爲陳深晚年時雜抄諸子而成。全書共分爲『内品』『外品』『雜品』三大部分,《莊子品節》即列於『内品』之中。陳氏在《諸子品節凡例》中説:『不佞所采掇者,乃晚周以後,西京以前,爲其世代近古,文辭奥雅,故取其諸子衆家,及《史》《漢》記載,無問真贋，雜陳於前，而摘其尤傑異者而輯録之，爲之品騭，爲之節文，以便作者臨池器使，故總命之曰《諸子品節》。……然亦有全書，出一人之手，成一家之言，一句一字皆其精神融結，而不容取舍者，摘之則非全璧矣。故不佞於《老子》《莊子》、屈宋騷辭及《孫子兵法》，一句爲一義者，皆全録之，不遺一字，所以見畸人瑋士，構思落筆，學問之所自來，不如是，不足探其底也。……書分内品、外品、雜品，仿依《莊子》之内篇、外篇、雜篇而品名之，以便學者之按名求珍，無甚優劣，雖莊氏三篇，概其辭旨，亦未有優劣其間，學者觀於内品，而知蘊藉之精深，外品知雄名之獨禪，雜品知珠聯玉屑之足矜也。……且如河上公發太上之辭，覺衰世之潰；漆園吏涕唾成珠，呼吁成霧，一字百金也。即謦欬餘音，且不敢廢，無所用節焉。』説明陳深將《諸子品節》劃分爲内、外、雜三品，其唯一依據即爲《莊子》。而且，陳氏還十分欣賞莊子思想及文采，所以對《莊子》一書不敢擅自删節，甚至將其外篇、雜篇亦皆列爲『内品』，祇是依照蘇軾之説而芟去《讓王》《盜跖》《説劍》《漁父》四篇而已。

陳深著《莊子品節》，順文作解，間有標明采自郭象、林希逸、楊慎、陸西星諸家之注者。但今加以比照，則可發現其所作解釋文字，大多摘抄自陸西星《南華真經副墨》，而並不書其名氏，由此可見晚明學術界抄襲風氣之一斑。然於摘抄陸氏解釋之外，陳深亦每每自作解説、品評，且不乏精采之語。如其於《馬蹄》篇題下云：『此篇專言近世之多事，不若太古之無爲，皆聖人毀道德而爲仁義之過也。通篇剽剝聖人，然其文辭獨最，如騰駒野馬，邁放不羈。』於《秋水》篇題下云：『此篇説義理，闊大精詳，有前聖所未發，而後儒所不及聞者。即宋關洛諸公復起，須讓一頭。』如此題解，可謂精粹生動，每爲他人所不及。陳深爲每篇所作眉批，更具有自己特色。如云：『《駢拇》以下三篇，皆一片文字，首尾照應，而其妙處，全在虚字哉乎矣也，發其雄特之氣，每以一脈度過，斷雲接日，黍米空懸，小腰巨腹，形容不盡也。』以此揭示《駢拇》《馬蹄》《胠篋》三篇藝術特徵，確實想象奇特，爲前人所未曾評説。此外，陳深在順文作解時亦有不少獨特見解。如歷代學者皆認爲《莊子》絶無一字言及孟子，而陳氏則於《天下》篇『鄒魯之士』一段文字下云：『此上所指，則周衰以後，鄒魯之士，搢紳先生，詩書禮樂之徒，孔孟是也。』此説雖然未必完全符合《天下》篇原意，但無疑屬於振聾發聵之音，很有啓發作用。總之，陳深《莊子品節》儘管抄録陸西星之注甚多，然亦不乏其獨特見解，且於篇中對提綱、緊關、地名、人名、界域、結案、字義多有長抹劈畫，所以仍值得珍視。

此次影印陳深《莊子品節》，據復旦大學圖書館藏明萬曆間刊《諸子品節》本。

觀老莊影響論一卷 （明）釋德清撰

釋德清（1546—1623），本姓蔡，字澄印，號憨山，全椒（今屬安徽）人。十九歲至棲霞山從法會受禪法，從明信受具足戒，聽《華嚴玄談》。後雲遊各地，住東海嶗山（今屬山東青島市）。萬曆二十三年，坐私造寺院罪，充軍廣東雷州，十餘年始歸。在廣東期間，曾住曹溪寶林寺，大力宣揚禪宗。主張禪宗、華嚴二宗融合，釋、道、儒三教一致。與蓮池、紫柏、澫益並稱明代『四大高僧』。所著有《老子道德真經注》《觀老莊影響論》《莊子内篇注》等。

《觀老莊影響論》包括《敘意》《論教源》《論心法》《論去取》《論學問》《論教乘》《論工夫》《論行本》《論宗趣》九個部分，主要闡述釋、道、儒三教一致思想。釋德清在《敘意》中指出，西域佛祖皆能平和吸收、融會各派宗旨，而其末學卻安於孤陋，昧於同體，視他宗爲異物。至於酷嗜《老子》《莊子》者，亦衹能欣賞其文辭，而不能折衷其言論指歸，與佛理、儒學融通爲一。故釋德清便以唯心識觀印決之，認爲若能像摩尼教那樣吸收諸教思想，則一切諸法皆非獨立的客觀存在，老莊與佛理、儒學亦猶影子之於回聲，可謂『五色相鮮，空谷傳聲，衆響斯應』，故命其論爲《觀老莊影響論》。

基於上述認識，釋德清進而在《論教乘》中指出，『孔子欲人不爲虎狼禽獸之行也，故以仁義禮智援之，姑使舍惡以從善，由物而入人，修先王之教，明賞罰之權，作《春秋》以明治亂之跡，正人心，定上下，以立君臣父子之分，以定人倫之節，其法嚴，其教切，近人情而易行』，故其雖因處人欲横流之際而最終不能實現自己理想，但『觀其濟世之心，豈非據菩薩乘而説治世之法者耶』，因而佛經便稱他爲『儒童』。老子因有見於世人『肆貪欲而爲生累，至操仁義而爲盜賊之資』，於是倡導絕聖棄智之説。『其爲教也，離欲清淨，以靜定持心』，目的就是要懲惡勸善，拯救世人。顯然，這無疑合於天地法則，亦與佛教宗旨相一致。但由於老子之言深沉，學者難以明白，莊子便起而發揮之。在釋德清看來，莊子雖似誹謗聖賢，詆毀孔子，其實衹是詆訾『學孔子之跡者』而已，與孔孟濟世之心並無二致。而且他精研世故，曲盡人情，比事類辭，精切著明，具有無礙辯才，真可謂是現婆羅門身而説法者。

依據釋德清看法，釋、道、儒三教一致還體現於其『進修工夫』上。釋德清在《論工夫》中指出，『吾教五乘進修工夫，雖各事行不同，然其修心皆以止觀爲本』，而『止觀有大乘，有小乘，有人天乘，四禪八定，九通明禪』。如孔子説『知止而後有定』『自誠明』等等，實際上即爲佛教所謂人乘止觀。至於老莊所説，則更與佛教進修工夫有以相通。

總之，釋德清認爲，『原夫即一心而現十界之像，是則四聖六凡皆一心之影響也』(《論行本》)，因此『舍人道無以立佛法，非佛法無以盡一心，是則佛法以人道爲鎡基，人道以佛法爲究竟』，釋、道、儒三教完全可以相通互補。當然，釋德清在反復强調三教一致時，亦指出其間有一些差别。如他最後在《論宗趣》中説，孔子之修習重在道德自律，老子之精進則在窮究造化之原，但皆未離識性，還遠不如佛教之離心意識，直指生死心源。唯有莊子遊戲之談，雖老師宿學不能自解免，卻能大致接近佛教了卻生死、究明一心之境界。

此次影印《觀老莊影響論》一卷，據華東師範大學圖書館藏明萬曆間刻《憨山老人夢遊集》本。

莊子内篇注四卷

（明）釋德清撰

釋德清生平事蹟，已見《觀老莊影響論》提要。其所著《莊子内篇注》，卷首有簡要題記，未記寫作年月，但據『其學問源頭，《影響論》發明已透，請細參之』之語，則此著當成於《觀老莊影響論》之後。今案其《觀老莊影響論·敘意》云：『追觀諸家注釋，各狗所見，難以折衷。及見《口義》《副墨》，深引佛經，每一言有當，且謂一大藏經皆從此出，而惑者以爲必當，深有慨焉。』似乎釋德清對於前人，尤其對林希逸、陸西星等引佛經比附、印證《莊子》之做法表示極大遺憾。但此説並不能真正代表釋德清莊子學思想之基本傾向，因爲他實際上亦頗主張以佛理來解釋莊子，認爲『看《老》《莊》者，先要熟覽教乘，精透《楞嚴》，融會吾佛破執之論，則不被他文字所惑。』(《道德經解發題·發明趣向》)他所著《莊子內篇注》，即大致可視爲以佛解莊之産物。

在釋德清看來，一部《莊子》三十三篇，衹内篇七篇已盡其意，而内篇又以首篇《逍遥遊》最爲全書關鍵。他指出：『逍遥者，廣大自在之意，即如佛經無礙解脱。佛以斷盡煩惱爲解脱，莊子以超脱形骸，泯絶知巧，不以生人一身功名爲累爲解脱，蓋指虚無自然爲大道之鄉，爲逍遥之境。』認爲莊子所謂逍遥遊，正有如佛教所説無礙解脱。而且，他還徵引佛教『苦』觀念來解説《逍遥遊》，認爲『爲自己一身上求功求名』即爲世人一切苦之根源，所以莊子所説無己、無功、無名之理想人格，即爲佛教所謂之聖人。

依釋德清看來，《齊物論》篇旨在破我执。他指出，莊子爲了齊同物論，先以『吾喪我』發端，要求人們破除我執，甚至看破百骸九竅六藏，揚棄虚妄不真之假我，使真君面目逐漸顯示出來。並認爲莊子善設譬喻，如以蛇蚹之假借來闡明即色明空，以蝶夢之喻來闡明物我兩忘，『意謂世人學道，做忘我工夫，必先觀此身如影，如蛇蚹蜩翼，則我執自破矣』，『不知蝴蝶爲周，周爲蝴蝶，此處定有分曉，要人看破，則視死生如夢覺，萬物一觀，自無是非之辯矣。』從而再三昭示人們：『物論之不齊，皆執我見之過也。今要齊物，必先忘我，此主意也。』釋德清在反復强調『以忘我爲本指』時，又倡言：『《齊物論》之下手工夫，直捷示人處，衹在「自取，怒者其誰」一語。此便是禪門參究之功夫，必如此看破，方得此老之真實學問處。』此即説，篇中『咸其自取，怒者其誰邪』之語，最能體現出禪宗般參究工夫，爲莊子真實學問之所在。

在闡釋《養生主》篇時，釋德清主張『養性』，認爲『清淨離欲』爲養生根本。他在闡釋《德充符》篇時更是指出，此篇倡導内德之美，要求學道者忘記形骸，寧靜心知，此即佛教所謂破除虚妄計度和我身業障之意。他甚至還説，《應帝王》篇寫壺子虛己無爲，立乎不測，使神巫無法窺測己意，正合於佛教止觀修行法門，壺子所顯示之『地文』即『止』，『天壤』即『觀』，『太沖莫勝』即『止觀雙運』，『未始出吾宗』即『攝三觀於一心』，凡此皆與佛教禪定、智慧之要求相契合。

由此可見，釋德清對《逍遥遊》《齊物論》《養生主》《德充符》《應帝王》五篇之闡釋具有明顯佛理化思想傾向。但他對《大宗師》篇之闡釋幾乎没有顯示出這種思想傾向，而對《人間世》篇之闡釋則又大膽運用以儒解莊之法。如他説：

『《莊子》全書，皆以忠孝爲要名譽，喪失天真之不可尚者。獨《人間世》一篇，則極盡其忠孝之實一字不可易者，誰言其人不達世故而恣肆其志耶？且借重孔子之言者，曷嘗侮聖人哉！』又説：『莊子誹仁義，獨於人之事君以義爲主，又以死忠爲不善。今言人臣之事君，無往而非君，乃忠之盛也。此老何曾越世故耶？』凡此，皆與王安石《莊周》、蘇軾《莊子祠堂記》等以儒解莊方法一脈相承。

釋德清《莊子内篇注》四卷，有明天啓元年姑蘇毗耶室管覺仙刊七卷本、清光緒十四年金陵刻經處刊四卷本。此次影印《莊子内篇注》，據華東師範大學圖書館藏清光緒金陵刻經處刊本。

南華經品節五卷　（明）楊起元撰

楊起元（1547—1599），字貞復，號復所，廣東歸善人。萬曆五年進士，選庶吉士，學於羅汝芳。時張居正方惡講學，汝芳被劾罷，而起元自如，累官吏部左侍郎。史稱王守仁傳王艮，艮傳徐樾，樾傳顏鈞，鈞傳羅汝芳，汝芳傳楊起元，故黄宗羲《明儒學案》將楊氏歸入《泰州學案》。著作有《證學編》四卷、《諸經品節》二十卷等。

《諸經品節》卷二至卷六爲《南華經品節》（卷二爲内篇上、下，卷三爲外篇上，卷四爲外篇下，卷五爲雜篇上，卷六爲雜篇下），卷首題『東粤復所楊起元注釋』，各篇有圈點、眉批、雙行夾注，要字外加圓圈，其題解、注釋、眉批每有節抄郭象《莊子注》、林希逸《南華真經口義》、陸西星《南華真經副墨》等書者。清四庫館臣爲楊氏《諸經品節》所撰提要云：『是編删纂道、釋二家之書，道家凡《陰符經》《道德經》《南華經》《大元經》《文始經》《洞古經》《大通經》《定觀經》《玉樞經》《心印經》《五廚經》《護命經》《胎息經》《龍虎經》《洞靈經》《黄庭經》十六種，釋家凡《楞嚴經》《維摩經》《心經》《金剛經》《六祖壇經》《圓覺經》《楞伽經》《藥師經》《法華經》《無量經》《彌陀經》《盂蘭經》十二種。……起元傳良知之學，遂浸淫入於二氏，已不可訓；至平生讀書爲儒，登會試第一，官躋九列，所謂國之大臣、民之表也，而是書卷首乃自題曰比丘，尤可駭怪矣。』誠然，楊起元治學，雖以闡發儒學爲宗旨，卻頗浸淫於佛、道二教，視其《諸經品節》，即是闡釋道、釋二教經典之作。當然，從嚴格意義上説，其中《道德經》《南華經》屬於先秦道家哲學著作，並不可視爲宗教經典，但楊起元在闡釋二書時卻引入一些道教和佛教觀念，表現出一定宗教化傾向。如《莊子·天地》有『形體保神』語，楊起元闡釋云：『保即保合太和之謂。既有形矣，必有形形者，而形形者神也。神即道家（教）所謂元神、佛氏之元性也。』此即以莊子所説精神等同於道教、佛教所謂靈魂。

《明史》本傳謂：『起元清修姱節，然其學不諱禪。』其所著《南華經品節》，即主要表現出以佛解莊思想傾向。如《人間世》篇有顔回『心齋』寓言，楊起元眉批云：『此上議論，即禪家所謂照了。』從而將莊子所説『心齋』解釋成佛教所謂徹見、洞曉。《外物》篇有語曰：『人有能遊，且得不遊乎？人而不能遊，且得遊乎？』楊氏解釋云：『遊即逍遙也。能遊者，胸次灑然，一物不著，雖欲不遊，不可得也。不能遊者，塵根太重，世緣難斷，雖欲遊之，不可得也。』據《逍遥遊》篇，人們之所以不能逍遥遊，即在於其『有所待』，未能像至人、神人、聖人那樣『乘天地之正，而御六氣之辯』，在精神上獲得徹底解脱，而楊氏則以佛教理論觀點解釋之，認爲其根本原因就在於『塵根太重，世緣難斷』，不能使自己胸次達到空寂明淨境界。《在宥》篇有議論『世俗之人』『有土者』與『大人之教』一番話，楊氏眉批云：『有衆生相，即衆法矣。有我相，有人相，便是有物。無人相，無我相，惡得有有？』認爲『世俗之人』所作所爲，『有土者』經營天下，皆屬執着於法相——『我相』『人相』『衆生相』，即事物之相狀、性質、名稱等外觀形態。在楊氏看來，衹要像『大人之教』，做到『處乎無響』『行乎無方』『大同而無己』，就能達到佛教所謂『無人相』『無我相』之性空境界。

當然，楊起元作爲宋明新儒學中人，其著《南華經品節》亦自然要引入一些儒家觀念。如《莊子·田子方》有『莊子見魯哀公』寓言，批評儒者大多爲冒牌貨，『以魯國而儒者一人耳』，但此處所謂『一人』，並不一定指孔子而言，而楊起元卻謂『魯有夫子，萬世一人也』，從而將『一人』完全坐實爲傳統儒學所謂萬世獨尊之孔子。又《在宥》篇有『無視無聽，抱神以靜』等語，楊氏眉批云：『儒家「上天之載，無聲無臭」，即是此道。』《庚桑楚》篇有『明乎人，明乎鬼者，然後能獨行』等語，楊氏眉批云：『「獨行」之語，當與聖經「慎獨」參看。』此處楊氏復又徵引儒家經典《詩經》《中庸》

中思想觀念，認爲這些思想觀念實可與莊子某些思想互爲發明。然而，楊起元卻拒絶將宋代理學家一些思想引入莊子闡釋中，尤其反對他們從《莊子》中闡釋出所謂『孔顔樂處』思想内容。如林希逸《南華真經口義·逍遥遊》題解云：『此之所謂逍遥遊，即《詩》與《論語》所謂「樂」也。一部之書，以一「樂」字爲首，看這老子胸中如何？』在闡釋《讓王》篇『顔回家貧居卑』寓言時云：『所學夫子之道足以自樂，樂者何物也？故二程每教人求顔子樂處，此不可草草看過也。』認爲莊子即是一位尋求『孔顔樂處』之人。對於此等説法，楊起元予以堅決否定。如他在爲《讓王》篇『顔回家貧居卑』寓言作眉批時云：『程子教人，每令尋顔子樂處，不知所樂何事！』意謂林希逸以二程所謂『顔子樂處』來闡釋《讓王》中『顔回』思想行爲，真讓人不知是怎麽回事！説明其莊子學與宋代理學家有着明顯不同。

此次影印楊起元《南華經品節》五卷，據北京大學圖書館藏明萬曆二十二年刊《諸經品節》本。

南華真經旁注五卷　（明）方虚名撰

方虚名，字浮惰，歙浦（今屬安徽歙縣）人，生平事蹟不詳。孫平仲，字公次，海陽人，生平事蹟亦不詳。

《南華真經旁注》前有萬曆二十二年新都方伯雨《南華真經旁注序》和方虚名自序，後附《南華真經旁注凡例》八條和《南華真經旁注目録》。卷首題『歙浦方虚名浮惰輯注，海陽孫平仲公次音校』。篇題下除《盗跖》《説劍》《漁父》《列禦寇》等篇外，其他篇有題解。正文窄、寬行相間，寬行書《莊子》原文，並隨文小字表明『字法』『句法』或『章法』，順文音注；窄行在寬行之右，用来釋義或評論。有眉評、圈點。方氏還自創『凡例』，如『—』『-』『┗』『○』等，皆有不同意義。

方伯雨在序中，借用主客問答形式，從儒家立場對《南華真經旁注》評價甚高。他説：『舉世皆貌孔子，亘千古而得莊生，其神已；舉世皆異莊生，綜百家而有《莊翼》，殆其契與物莫近乎此，如其弁髦，則惟《旁注》近之近者也。』以焦竑《莊子翼》比之《南華真經旁注》。其實，就此方面來説，《旁注》與《莊子翼》有些類似。《莊子翼》收郭象以下莊子學書目凡四十九種，而方虛名則號稱『進退百氏，證鄒今故』（自序），俱是集以各家注釋。但是，《旁注》與《莊子翼》又有很大不同，《莊子翼》在《莊子》原文後，依次羅列各家注釋，詳而繁，且以『筆乘』申明己意；《旁注》則是方虛名以己意取之，簡而略，且基本上不標注出自何家，使人無法分清是否有方氏本人見解。對此，方氏自序中還予以申明，他說：『得鴞炙於彈，出醍醐於乳。指醍醐而示人曰「乳」，指鴞炙而示人曰「彈」，必反以爲欺。虛名寧言之襲，無寧人之誣也，不敢以姓名點百氏。』稱自己寧願承擔抄襲之名，亦不願落誣陷之實，此論亦可謂一家之言。

其實，方虛名雜取『百氏』之言，還有些莊子『寓言』意味。他在自序中説：『如得其情與不得，無益損乎其真。且也百氏之言也，非余之私言也。故百氏貨也，余則市也；百氏寶也，余則盤也。萬貨聚而市成，貨贋而罪不及市；萬寶萃而盤成，寶僞而患不及盤。』此與《寓言》篇所言『非吾罪也，人之罪也』者，可謂異曲同工。但是，《莊子》在『寓言』之外，還有『重言』『卮言』，《旁注》缺少如焦氏所謂『筆乘』，又基本上不標明引文出處，這就未免會影響到其學術價值。從《旁注》引文實際情況來看，對照各家注釋，方氏多引林希逸《南華真經口義》、羅勉道《南華真經循本》、陸西星《南華真經副墨》等，如内七篇題解即基本上引自《南華真經口義》題解。

與闡釋《莊子》義理相較，方虛名更側重《莊子》文評。這主要表現在以下幾個方面：一是隨《莊子》原文，時時標明『字法』『句法』『章法』，眉欄處亦然。二是每篇首行眉欄處第一條常常對全篇寫作特點予以説明，如《逍遥遊》篇眉欄處第一條云：『此篇直述體，「大小」二字乃其眼目，文字一頭二證一結，奇崛不倫。』《齊物論》篇眉欄處第一條云：『此篇本以齊物論爲主，卻借風起後始入題，四大柱入結，中多顛倒紆散之語。』三是常常論及《莊子》結構、筆法，梳理文章脈絡，如《齊物論》篇眉欄處云：『前曰不聞，此曰不見，此文字關鎖處。』（此條引自林希逸《南華真經口義》）《南華真經旁注》音注部分乃是孫平仲所爲，方虛名對此在『凡例』中有明確説明，並稱其『奏功』。

兹據華東師範大學圖書館藏明萬曆二十二年黄德新、黄德懋刻《南華真經旁注》五卷予以影印。

南華真經八卷

（明）馮夢禎校注

馮夢禎（1548—1605），字開之，浙江秀水（今嘉興）人。萬曆五年進士，官編修，與沈懋學、屠隆以氣節相尚。後因得罪宰相張居正，被外謫廣德州判，復累遷南國子監祭酒，尋中蜚語歸，遂不復出。移家杭州，築室於孤山之麓。夢禎一生好學，博涉經史，擅長文章。又素奉佛法，喜近禪僧，尤與紫柏真可大師友善。著有《快雪堂集》、《快雪堂漫録》《西湖竹枝詞》《歷代貢舉志》等。

今存《南華真經》八卷，卷首題『具區馮夢禎重校』者，本以校勘爲主，眉欄有簡單批語和音注。全書除《至樂》《田子方》《知北遊》《盜跖》《説劍》《漁父》《列禦寇》而外，其餘皆有題解，多與方虚名《南華真經旁注》之題解相同，未知爲方氏所原創，抑或爲馮氏所原創。

馮夢禎之題解凡與方虚名之題解不同者，則來源於林希逸《南華真經口義》、陸西星《南華真經副墨》等，但往往予以删節或改造，尤其要除去林氏儒學化言論。如馮夢禎於《逍遥遊》篇題下云：『《逍遥遊》者，此篇所立之名也。内篇有七，皆以三字名之。遊者，心有天遊也；逍遥，言優遊自在也。』這裏僅摘取林希逸爲《逍遥遊》篇所作題解之部分文字，而將林氏所謂『此之所謂逍遥遊，即《詩》與《論語》所謂樂也』等大量儒學化言論全都予以刊落。又林希逸在詮解《天下》篇時説，《天下》篇『序言今古之學問，亦猶《孟子》之篇末聞知見知也』，並認爲莊子在篇中自列於百家之中，而將『鄒魯之學乃鋪述於總序之内』，則其『未嘗不知聖門爲正』。後人每隱括林希逸此語作爲《天下》篇題解，方虚名《南華真經旁注》即爲其例，馮夢禎卻借用陸西星《南華真經副墨》中題解作爲《天下》篇題解，從而擺脱了林氏儒學化影響。

臺灣中央圖書館所藏明萬曆二十三年《老莊合刊》内，有馮夢禎重校《南華真經》八卷，書前唯録郭象序，似有推尊郭氏之意。今案鄒之嶧校刊《莊子郭注》前有馮夢禎所撰之序，極其推尊郭氏，至謂『注《莊子》者，郭子玄而下凡數十家，而精奥淵深，其高處有發莊義所未及者，莫如子玄氏。蓋莊文日也，子玄之注月也，諸家繁星也，甚則爝火、螢光也。』這正可證明，馮夢禎確實將郭象《莊子注》置於古往今來任何一家莊子學著作之上。馮氏雖素奉佛法，但他在重校《南華真經》時並未徵引林希逸以佛解莊説法，此亦可能與他推尊郭氏有關。

上海圖書館藏有明刊卷首題『具區馮夢禎重校』《南華真經》八卷，今據以影印。

南華真經八卷　（明）黄正位批校

黄正位，字叔，新安（今安徽歙縣）人，生卒年不詳。世業刻書，明萬曆間徽州府著名書賈，刻坊名爲『尊生館』，爲當時校刻戲曲小説之名坊，曾刻《剪燈新話》《剪燈餘話》《雲仙雜記》《虞初志》《南華真經》等書，尤以輯刻《陽春奏》聞名當世。

今所收黄氏《南華真經》八卷，内封書名爲《南華經注解》，天頭有『乾隆丙申新鐫』字樣，左右側分別題『新安黄正位重校』『大成齋梓行』。正文録《莊子》原文，頂格書寫，無注釋文字。

黄正位是書賈，其校書刻書，多半是爲牟利。所校《南華真經》八卷，各篇眉欄所列批注，與馮夢禎校《南華真經》本基本相同，且全書除《至樂》《田子方》《知北遊》《盗跖》《説劍》《漁父》《列禦寇》七篇以外，其餘皆有題解，復與馮氏校刻本大同，而馮氏之題解即襲自林希逸《南華真經口義》、陸西星《南華真經副墨》等書，則黄氏之校刻似更等而下之。然黄正位畢竟爲著名刻書家，時人于若瀛《陽春奏序》云：『黄叔博學才高，其於純成藥黝，猶日孜孜不倦。茲箕踞北窗之下，潛心著刻，以嘉惠後人，其志蓋有足多矣。』今細檢黄氏所校《南華真經》八卷，其校刻甚精，錯訛甚少，故是書之價值，又當別論矣。

黄正位校《南華真經》八卷，有明刊巾箱本、清乾隆四十一年大成齋刊本。茲據中國科學院國家科學圖書館藏乾隆間刊黄氏校《南華真經》八卷予以影印。

莊子弋説

（明）沈長卿 撰

沈長卿，字幼宰，浙江杭州人，生卒年不詳。主要當活動於明萬曆、天啓間，與陳繼儒、湯顯祖、徐如珩等友善。徐氏《沈氏弋説跋》謂其『半生精力畢耗於舉子業而非其志』，『才品直上而任誕忽俗，有晉人風。』著作有《沈氏左燈》《沈氏日旦》《沈氏弋説》。

《沈氏弋説》卷四有《逍遥遊説》《齊物論説》《養生主説》《人間世説》《德充符説》《大宗師説》《應帝王説》七篇，皆爲論説體，分别論説《莊子》内篇各篇意旨，今姑名爲《莊子弋説》。其中《逍遥遊説》《齊物論説》《應帝王説》之末，有聞子將（啓祥）、黄聖孩（可師）、卓去病（爾康）所撰評語。沈長卿以『弋説』名其此著，取義於《詩經·桑柔》『如彼飛蟲，時亦弋獲』，謂『弋取傳記以來國家存亡、聖賢豪傑所由顯隱之故』（湯顯祖《沈氏弋説序》）而論説之，然『猶逡巡遜謝，以飛蟲之弋獲自居』（陳繼儒《沈氏弋説序》），以示謙遜。

今讀沈氏爲《莊子》内篇所作弋説，可謂『正説，反説，直説，倒説，横説，豎説，煩説，簡説，俗説，雅説，取譬説，恢諧説，曲折縱横，靡不如意』（同上），而大要謂莊子爲用世之才，其書爲用世之書，讀者作遺世觀則誤甚。如沈氏在《養生主説》中指出，莊子設爲庖丁解牛寓言，『蓋教用世，君子於盤根錯節處，弗輕試其鋒；於肯綮處，纔可下手也。』並舉例説，齊桓公、趙襄子、范蠡、田單、范雎、漢高祖、王允、張仲堅、狄仁傑、李愬、王曾等人，皆以『入有間』而成其功，而『無間可入』者，則『縱臥龍抱天民名世之略，掃吳魏之么魔以定三分之鼎，而猶不足』，故此篇『即孟夫子乘勢待時之説，而取義於庖丁，即老氏治大邑若烹小鮮之旨也。』顯然，沈長卿此處作『正説』『反説』『取譬説』，可謂曲折縱横，實已暢其所欲言，但與莊子借庖丁以寓養生宗旨卻大相徑庭。當然，沈氏爲内篇其餘六篇所作弋説，基本上還是與莊子宗旨相一致。如其《齊物論説》云：『莊生以驪姬之泣嫁爲喻，其説甚快。而予謂戚夫人、蕭淑妃、楊太真，其初嫁時，又未必不驩笑也。未幾爲人彘，爲骨醉，爲縊於馬嵬，三姬悔嫁時之笑，不異驪姬之悔其泣也。明此可以悟是非之無憑矣。』此處所謂戚夫人、蕭淑妃、楊貴妃三人後悔『嫁時之笑』，雖皆從《齊物論》篇所述驪姬後悔泣嫁故事反面着筆，但同樣可用來發明莊子齊物之旨，並未游離於文本之外。

今影印沈長卿《莊子弋説》，據華東師範大學圖書館藏明萬曆刊《沈氏弋説》本。

南華經別編二卷

（明）王宗沐撰

王宗沐（1524—1592），字新甫，號敬所，浙江臨海人。明嘉靖二十三年進士，授刑部主事，與同官李攀龍、王世貞輩以詩文相友善。其後，歷江西提學副使、山西右布政使、山東左布政使、右副都御史總督漕運兼撫鳳陽、刑部左侍郎。著作有《宋元資治通鑒》《江西省大志》《海運詳考》《海運志》《敬所文集》《南華經別編》等。事蹟見《明史》卷二百二十三。

《南華經別編》二卷，前有施觀民明萬曆三年（1575）《重刻南華別編序》及《南華經別編目録》，卷首題「臨海王宗沐編」。施氏序謂，此書原爲王宗沐「督學江右時所刻，以惠門下士者」。據考，王宗沐於嘉靖三十五年（1556）始任江西提學副使，整修白鹿洞書院，親自講學，至嘉靖四十年離任，則其《南華經別編》之始刻，當在此期間。此書上卷分爲「北冥篇」「庖丁篇」「南郭篇」「顔闔篇」「顔回篇」「瞿鵲篇」「葉公篇」「南伯篇」「知天篇」「女偊篇」「子祀篇」「神巫篇」「駢拇篇」「馬蹄篇」「胠篋篇」「崔瞿篇」「在宥篇」「赤張篇」「子貢篇」「化均篇」「黄帝篇」「師金篇」「成綺篇」「輪扁篇」「天運篇」「雲將篇」，下卷分爲「河伯篇」「孔子篇」「刻意篇」「繕性篇」「夔蚿篇」「列子篇」「海鳥篇」「天道篇」「公孫龍篇」「關尹篇」「痀僂篇」「操舟篇」「梓慶篇」「宜僚篇」「至道篇」「將迎篇」「庚桑篇」「射者篇」「仲尼篇」「嚙缺篇」「則陽篇」「田侯篇」「長梧篇」「少知篇」「達命篇」「莊子自敘篇」，除少數爲《莊子》原篇而外，其餘全是摘録文字，但各「篇」排列次序，每與今本《莊子》不合，未知何以如此。

今案北宋陳景元《南華真經章句音義》《南華真經章句餘事》，已采用分章標題形式，晚明朱得之《莊子通義》因之，而王宗沐則篇章並重，按內容或寓言之完整性，來截取篇章，標立「篇」目，並在此基礎上作「點注」，故施觀民序云：「締觀之，其分章析體，暨截點注，皆有深意，誠足發其奧窔，即起蒙莊氏叩之，當心醉神蘇矣。』此言雖有過譽之嫌，但其指出該書有創意則是事實。尤其值得指出，該書各『篇』題下多有批語，往往能引人入勝。如《顔闔篇》題下云：『此篇短體，然語事曲中人情，而文字轉換，奇妙特甚。』《師金篇》題下云：『此篇攻擊體，一篇中六譬而渾純無痕跡、無起伏，且譬中常事而文語精奇不倫，真造化手。妙妙！』此等批語，多着眼於藝術特徵，對讀者理清文章脈絡，探尋主旨所在，無疑甚有幫助。

茲據北京師範大學圖書館藏明萬曆三年施觀民刊《南華真經別編》二卷予以影印。

玉堂校傳如崗陳先生南華經精解八卷　（明）陳懿典撰

陳懿典（1554—1638），字孟常，號如岡，浙江秀水（在今嘉興）人。萬曆二十年進士，官至中允，乞假歸。崇禎初，起爲少詹事，不赴。著作有《吏隱齋集》《廣槜李往哲傳》《玉堂校傳如崗陳先生二經精解全編》《南華真經三注大全》等。《玉堂校傳如崗陳先生二經精解全編》九卷，前有焦竑《序陳孟常二經精解》、楊九經《考如崗先生二經精解》兩篇序文。《玉堂校傳如崗陳先生南華經精解》八卷，即爲《玉堂校傳如崗陳先生二經精解全編》之卷二至卷九，前三卷題『秀水陳懿典孟常父述著、北海焦竑弱侯父考定』，後五卷復題有『古閩楊九經一甫父參訂』。正文間雙行夾注，各段正文後低一格引他人之説作爲總注，計有郭象、呂吉甫（惠卿）、王雱、陳碧虚（景元）、劉槩、林疑獨（自）、陳詳道、林希逸、褚伯秀、羅勉道、楊慎、朱得之、陸西星、焦竑、張四維、李光縉等家評注文字。眉欄則引衆大家之評注文字作爲批語，並標以『某某節』字樣將其分成若干單元。

焦竑《序陳孟常二經精解》謂『舊未有句解，解之自孟常始』。然今案《隋書·經籍志》載『《莊子文句義》二十八卷』，《永樂大典》卷一萬五千九百五十五録有《莊子句解》殘文，釋性通《南華發覆》、釋德清《莊子内篇注》等亦皆爲句解之作，則陳懿典《玉堂校傳如崗陳先生南華經精解》非爲句解之始甚明。但陳懿典《莊子南華真經目録》遠承北宋陳景元《南華真經章句餘事》之例，將《莊子》各篇重新編排命名章目，如《逍遥遊》篇依次標爲『鵬鳥圖南』『喻所見者小』『小大之辨』『許由辭禪』『真人陶鑄堯舜』『物各有宜』『物貴善用』七個章目，《達生》篇依次標爲『養形莫如棄世』『神全者不傷』『用志不分之喻』『定神無矜之喻』『養生必周其防』『以物害己之喻』『皇子告敖論鬼』『養氣之喻』『蹈水之道無私』『梓慶善削鐻』『東野稷之御』『工倕之巧』『扁子論孫休』十三個章目，並與正文中章目一一對應，這無疑非常有利於讀者把握《莊子》各章大意，可看成是陳懿典匠心獨運之結果，具有一定學術價值。

陳懿典所作夾注，乃是在損益他人文字基礎上而成，而且亦曾有過『莊子非不知敬吾聖人者』（《寓言》夾注）之類儒學化言論，但就整體而論，其所作注解平實精煉，比較貼近《莊子》原意。尤其值得指出，他雖然最是肯定林希逸《莊子鬳齋口義》、陸西星《南華真經副墨》、李光縉《南華膚解》三家之注，但並沒有承因三家注儒學化、佛學化和道教化思想傾向，而基本上選擇以莊解《莊》。如林希逸爲《天下》篇所作題解謂，此篇爲《莊子》全書末序，並顯示出莊子非常懂得孔門學説本來醇正，而陳懿典在引述林氏此題解時，卻僅僅節取其中有關此爲全書末序之説法，完全揚棄林氏所述諸多儒學化文字，與自己所作夾注達到觀點上之一致。對於陸西星、李光縉所表現出的道教化或佛學化思想傾向，陳懿典亦大致作如是處理，從而使此著雖大量引述他人評注，卻不乏自己特色，比較接近《莊子》本意。

陳懿典《玉堂校傳如崗陳先生二經精解全編》九卷，有明萬曆間玉堂校傳刊本、萬曆四十五年王惺初校刊本、天啓間刊本。此次影印《玉堂校傳如崗陳先生南華經精解》八卷，據中國科學院國家科學圖書館藏明萬曆二十二年熊雲濱刊《玉堂校傳如崗陳先生二經精解全編》九卷本。

南華真經三注大全二十一卷 （明）陳懿典撰

陳懿典生平事蹟，已見《玉堂校傳如崗陳先生南華經精解》提要。其所撰《南華真經三注大全》二十一卷，前有翁正春《敘南華三注大全》、史繼階《南華三注大全序》，卷首題『潮秀水會魁陳懿典輯、閩書林自新余良木梓』。各段正文後輯林鬳齋（希逸）、陸方壺（西星）、李衷一（光縉）三家注，眉欄引郭象、支遁、呂惠卿、王雱、陳景元、陳詳道、劉概、趙以夫、范元應、褚伯秀、羅勉道、焦竑等名家評注。翁正春《敘南華注大全》謂，《莊子》一書正如司馬遷所言，雖當世宿學不能解，後世唯有郭象《莊子注》、呂惠卿《莊子義》、林希逸《莊子鬳齋口義》、陸西星《南華真經副墨》、李光縉《南華膚解》諸書頗得其旨，而其中林希逸《莊子鬳齋口義》尤爲《南華》鼓吹，陸西星《南華真經副墨》、李光縉《南華膚解》更是《南華》功臣，因而陳懿典（如崗）遂會衆説而成《南華真經三注大全》一書。誠然，陳懿典雖然不曾親作注解，然其將宋明時三大莊學著作匯入一書，並摘引歷代名家評注作爲眉批，卻甚能方便讀者，值得重視。

尤其需要指出，李光縉《南華膚解》久已不傳，賴陳懿典《南華真經三注大全》及其他諸書輯録或摘引而得以部分保存至今，則更使陳氏此書具有較高文獻價值。但此書所引李光縉《南華膚解》文字，偶有張冠李戴者，必須予以注意。如其《駢拇》題解云：『李衷一云：《駢拇》篇以道德爲正宗，而以仁義爲駢附，正好與老子「失道而後德，失德而後仁，失仁而後義」參看。一部《莊子》宗旨，全在此篇。末用一句叫出：「予愧於道德，是以上不敢爲仁義之操，而下不敢爲淫僻之行。」上下俱不爲，則虛靜恬澹寂寞無爲，而道德之正，性命之情，於是乎得之矣。』此語實爲陸西星《南華真經副墨・駢拇》之題解，郭良翰《南華經薈解・駢拇》引述時亦冠以『陸西星總論曰』字樣。又《大宗師》篇『子桑戶』節後引『李衷一云』一段注解文字，當摘録於陸西星《南華真經副墨・大宗師》『子桑戶』節之注釋，與郭良翰《南華經薈解・大宗師》相應位置之注釋亦略同，而郭氏未冠以某某姓氏。凡此，皆不知爲李氏《南華膚解》原本如是，抑或實由陳氏《南華真經三注大全》致誤，尚待給出答案。

茲據華東師範大學圖書館藏明萬曆二十一年書林余氏自新齋刊《南華真經三注大全》二十一卷予以影印。

莊子

（明）歸有光輯評

歸有光（1506—1571），字熙甫，號震川，崑山（今屬江蘇）人。嘉靖十九年中舉人，其後八次會試不第。移居嘉定安亭江上，讀書講學，生徒衆多，六十歲方中進士，授長興知縣，後調順德府通判，南京太僕寺丞，以勞瘁卒於官。著作有《震川集》《三吴水利録》等。

現存題爲歸有光輯《諸子彙函》二十六卷，其中收録《莊子》四篇，曰《逍遥遊》《齊物論》《養生主》《人間世》，采各家雜説，以爲眉批、注釋、總評，並加圈點，間附己意。清四庫館臣評《諸子彙函》云：『是編以自周至明子書每人采録數條，多有本非子書而摘録他書數語稱以子書者，且改易名目，詭怪不經。』今細檢所録《莊子》四篇，其采各家雜説，確有『改易名目』者。如《逍遥遊》篇眉欄，録有『王鳳洲（世貞）曰：鳥飛，下一怒字便奇特』『何孟春曰：《齊諧》之書未必有，此是其戲劇耳』，實皆出於林希逸《南華真經口義》。《齊物論》篇總評，録有『歐陽公（修）曰：莊子文字快活，似其爲人，不在深思曲説，但通大意，自是開發無限』『王介甫（安石）曰：《齊物論》，其微意正欲以不齊齊之，求其齊乃不可齊矣。諸君子所以失者，以其齊也』，實皆引自劉辰翁評點《南華真經》之語，凡此皆當予以辨明，以免因訛傳訛。

據《諸子彙函》書前文震孟所作序，及《諸子彙函凡例》可知，此書所有評批文字，皆由他人（包括書賈）於歸氏去世後，裒輯其有關文字，並先哲評論子書者而成，則其中『詭怪不經』者，實非歸氏之所爲。今細審此書所録《莊子》四篇，其多數評批文字當真實可信，於讀者體悟《莊子》藝術特徵，把握其章節大意等，皆甚有幫助。尤其值得指出，據此書凡例所言，凡其中有關入神處、精妙處、妙合處、通達處、緊要處、結案處、眼目處等，皆施圈點抹畫，以不同顔色符號表示，多爲歸氏之『玄心獨造』，則此《莊子》四篇之學術價值，必須得到進一步肯定。今據華東師範大學圖書館藏天啓五年刊《諸子彙函》二十六卷，有明天啓五年刊本、民國間上海掃葉山房石印本等。

《諸子彙函》本，影印其《莊子》四篇。

南華真經評注十卷　（晉）郭象注　（明）歸有光批閲　文震孟訂正

歸有光生平事蹟，已見上一則提要。文震孟（1574—1636），字文起，號湛持，長洲（今屬江蘇吴縣）人。明天啓二年進士第一，授翰林院修撰，疏陳勸學勤政，忤魏忠賢意，調外，遂歸。崇禎召置講筵，連劾王永光，忠賢遺黨乘機報復。及寇盜犯皇陵，歷陳致亂之源，擢禮部左侍郎，兼東閣大學士，因與溫體仁不協，被劾落職，歸居故里。福王時追謚文肅。有《姑蘇名賢小記》。事蹟見《明史》卷二百五十一。

現存明天啓四年竺塢刊《道德南華二經評注》十二卷，內有《南華真經評注》十卷，卷首題『晉郭象子玄輯注，明歸有光熙甫批閱、文震孟文起訂正』。全書以郭象注本爲底本，雙行夾注，並加圈點，底欄有簡注及音義，而眉欄及篇末所收七十多家批語最受人們關注。今案竺塢刊《道德南華二經評注》，前有秦繼宗所作二序。其一序謂，秦氏曾奉使虎林，『客有傳其批點《老》《莊》至者』，『得太僕（歸有光）之指鈎點畫』，輒『亟命侍史録寫成帙』。其二序謂，天啓四年，秦氏曾走童子購書吴市，乃得『業已授梓，文太史公特爲評正』之『《老莊評注》』，『喜不能禁，遂緘寄序言以問書賈，倘謂余爲知言，或並刻之，以竊附太史公之交（文）末。』又二序後有《道德南華二經評注合刻凡例》云：『音字釋義，遍考各本，復從《玉篇》內印訂，而引證則群書兼采，不襲舊刻。其懸綴下格，不欲與注相雜，取便披覽。』『名公評語最多，茲唯采精當，不務求多。稍涉浮游，並置弗録。』『總批俱該括全篇意旨之語，取自名家秘笈，匪僅據坊本，拾人唾餘。』據此，則天啓四年竺塢刊《南華真經評注》十卷，其中所録歸有光批語，當有真實可信者。案天啓刊題歸有光輯《諸子彙函》，書前有文震孟天啓五年《諸子彙函序》，謂歸氏『披覽子集亡慮百家，朱録玄黄，終始互易，見者莫測其津涯。有淵博家，競覓刻本，對簡摹臨，而書種不周，徒興浩歎。昨歲（指天啓四年），賈人先行《老》《莊》合刻，舉世爭嗜，如飲醍醐。』可證歸有光確曾遍評諸子，而所謂『賈人先行《老》《莊》合刻』者，即指天啓四年竺塢刊《道德南華二經評注》而言。

天啓四年竺塢刊《道德南華二經評注》，既有『賈人』謀劃其中，即當以射利爲主要目的，故所謂『群書兼采』『取自名家』者，未可盡信。如《南華真經評注》十卷，眉欄及篇末所録各家批語，或冠以姓名，或冠以字號，每可發現錯亂者，諸如『陸德明』訛爲『陸假明』『楊龜山』訛爲『陸龜山』『林膚齋』訛爲『林虞齋』等，即皆爲其例。尤其應當指出，批語凡冠以唐宋名公者，多屬張冠李戴，不可信以爲真。如《則陽》篇眉批『蘇穎濱曰：誠知所爭若此其細也，則天下無爭矣』，實出於郭象《莊子注》；《庚桑楚》篇眉批『王荊公曰：趎方獨見而謂偕來之衆，正釋氏所謂汝胸中正鬧也』，實出於林希逸《南華真經口義》；《外物》篇眉批『蘇東坡曰：明經世者，志於大成而不期近效』，實爲褚伯秀《南華真經義海纂微》所引呂惠卿語；《駢拇》篇眉批『歐陽公曰：誘然，若有導之以生者。此等不切，皆錯令可怪事』，《在宥》篇眉批『陸務觀曰：原字最切要，指其處也』，《天地》篇眉批『陸秀夫曰：故是子虛，亦能使人傾耳而聽，賢於以是傳之之甚』，《繕性》篇眉批『邵康節曰：前言蔽蒙，後言倒置，且謂且笑，更竭一語而終焉』，《知北遊》篇眉批『曾南豐曰：甚淺，猶恐來者之不晤也，故復出此。其用意亦勞』，凡此皆爲劉辰翁評點《南華真經》之語；《盜跖》篇末總論『韓文公曰：譏侮列聖，戲劇夫子，蓋效顰莊老而失之者』，《説劍》篇末總論『韓昌黎曰：此篇類戰國策士之雄譚，意趣薄而理道疏，識者謂非莊生所作』，《漁父》篇末總論『韓昌黎曰：論亦醇正，但筆力差弱於莊子。然非熟讀《莊子》者，不能辨』，凡此皆節選於《南華真經副墨》，乃陸西星分別爲《盜跖》《説劍》《漁父》三篇所作題解。荒唐如是，徒添哂資。然而竺塢刊《南華真經評注》所録歸有光批語，其中有部分條目應當真實可信。因而此書正是在輯録歸有光批語基礎上，再大量增添所謂衆家文字而成，客觀上保存了不少莊學資料（多爲明代學者批語），仍不失爲一個頗有價值的刊本。其在當時和後世皆有廣泛影響，即由此故。

茲據華東師範大學圖書館藏明天啓四年竺塢刊《道德南華二經評注》十二卷本，影印其中《南華真經評注》十卷。

解莊十二卷　（明）陶望齡撰　（明）郭正域評

陶望齡（1562—1609），字周望，號石簣，浙江會稽人。萬曆十七年進士，授翰林院編修，歷中允、諭德，官至國子監祭酒。與『三袁』（尤其是袁宏道）交誼篤厚，爲公安派重要人物之一。在哲學思想方面，深受泰州學派影響，故黄宗羲《明儒學案》列其於《泰州學案》。著作有《歇庵集》《老子解》《解莊》等。事蹟見《明史》卷二百十六。郭正域（1554—1612），字明龍，一字美命，江夏（今屬武漢市）人。萬曆十一年進士，授編修，歷禮部侍郎。博通經籍，勇於任事，有經濟大略，人望歸之。因數忤首輔沈一貫，被罷官還籍。著作有《明典禮志》《韓文杜律》《批點考工記》《詩文草》等。事蹟見《明史》卷二百二十六。

《解莊》又題《莊解》《莊子解》，《欽定四庫全書總目》著録爲『《解莊》十二卷，《明史·藝文志》、清黄虞稷《千頃堂書目》卷十六皆著録爲『《莊子解》五卷』。明天啓元年吴興茅兆河朱墨套印《解莊》十二卷，書前依次有焦竑《莊子翼序》、韓敬天啓元年《（解莊）序》、司馬遷《莊子列傳》、阮籍《莊論》、郭象《南華真經序》、蘇軾《莊子祠堂記》、林希逸《莊子口義發題》，卷首題『江夏郭明龍先生評、會稽陶石簣先生解』。全書以朱、墨兩色套印，書前序論、《莊子》原文、郭象注、各篇後所附音注皆用墨色，陶望齡解、郭正域評及圈點、旁注皆用朱色。正文分段頂格録《莊子》原文，後低一格録郭象注、陶望齡解，郭注與陶解字體不一。眉批多爲郭正域語，皆冠以『郭云』。總體而言，此書眉批不多，所録郭注、陶解亦過於簡略，故清四庫館臣評曰：『是編僅寥寥數則，歸安茅兆河取與郭正域所評合刻之，均無所發明。』

然細審此書眉批，多側重於文評，每能引人入勝，而段後所録陶氏解説，亦有以下數端值得注意：一、陶望齡具有以佛解莊之傾向。如其解《齊物論》『大知閑閑』一段云：『法塵之起滅，等聲塵之萬殊，究所從來，如樂出虚，蒸成菌耳。』此處將各學派間之爭論説成是『聲塵』，認爲此等『聲塵』正如佛教所謂法塵『能染汙人之情識』，衹能使人迷失自我、喪失本真。這一解釋基本上抓住了二者相似點，因而較爲合理。二、陶望齡在引述郭象注時，亦有一些批評值得重視。如《天運》篇『天其運乎』一段文字，郭象依『獨化』論予以注釋，陶氏則批評説：莊子本已將大道運化天地萬物之奧妙『吐露盡矣』，而『惑者』郭象卻以『自然』即『獨化』論解釋之，可見『此老（指莊子）爲郭子玄帶累不少』。陶氏此處所論甚是。三、陶望齡明確指出『莊子甚尊老而其學與老異派』（《逍遥遊解》）。他在詮解《天下》篇時説，老子主張謙卑處下，重虚尚静，而莊子要求與天爲徒，逍遥乎無門無房、四達皇皇之境，因此，『芴寞無形』『變化無常』『無有精粗』的莊子之道，顯然已超越仍拘限於『以本爲精、以物爲粗』的老子之學。陶氏此説，一反司馬遷所謂『其（莊子）要本歸於老子之言』之傳統看法，甚有獨特眼光。四、陶望齡察覺到莊子言辭與『本懷』之間有差異。其解《在宥》篇云：『《莊子》書言大小清濁、方内方外、養生害生，皆立破之微詞，開遮之權説，非其本懷也。初疑漆園齊生死，不應復立長生之説，意後人所傅會。讀至「物無窮而人皆以爲終，物無測而人皆以爲極」，已分明道破。乃知前段，蓋順情之談耳。如此類甚多，所謂「寓言十九」「藉外論之」者也。』誠然，莊子旨在齊物，復言長生，正如陶氏所説，其言辭與『本懷』之間，確實存在差異。

陶望齡撰、郭正域評《解莊》十二卷，有明萬曆間郭明龍刊本、萬曆四十三年陶履中刊本、萬曆四十四年劉廷元刊本等。兹據中國科學院國家科學圖書館所藏明天啓元年吴興茅兆河朱墨套印本影印。

莊子雋一卷　（明）陳繼儒撰

陳繼儒（1558—1639），字仲醇，號眉公，又號麋公，松江華亭（今屬上海市）人。幼穎異，能文章，長爲諸生，與董其昌齊名。書法繪畫名重一時，爲『吴門畫派』代表人物之一。隱居崑山之陽，得隱士之名，但又與官紳周旋，時人頗有譏評。著作有《妮古録》《陳眉公全集》等。

《莊子雋》在《五子雋》内，僅録《莊子》内七篇，前有内篇目録，卷首題『雲間眉公陳繼儒評選、句容賓王張榜參校、書林少渠蕭世熙繡梓』。每篇目下有簡單題解。正文頂格書寫，順文雙行夾注，有句點、眉批。篇末以袁石公（宏道）、陳繼儒（眉公）、李卓吾、方華村等人評論作結。

《莊子雋》義理闡釋與文評並重。在義理闡釋方面，陳繼儒側重句意、段意乃至通篇大意之梳理，亦有不少真知灼見。如其《齊物論》篇題解云：『欲齊一天下之物，必觀諸未始有物之先。物本自齊，非吾能齊，其有可齊，終非齊物，此是要論。』强調『未始有物之先』，在對莊子『齊物』要義解釋的諸家之中，可算一家之言。在文評方面，陳氏欣賞莊子之文，時時發出由衷之歎，如《逍遥遊》篇『惠子謂莊子曰』一段眉批中説『此段可誦』，《養生主》篇眉批又謂『庖丁解牛段千古名言』。陳氏對《莊子》之字法、句法、文法也做過一些分析，如《大宗師》篇『古之真人』一段眉批中説『氣魄雄健，字字欲飛』，《逍遥遊》篇中説『「而後」「乃今」是句法』。

但需要指出，陳繼儒亦深受晚明不良學風之影響，《莊子雋》中時有借鑒甚至襲自他人之處。在内七篇題解中，《逍遥遊》《養生主》《人間世》三篇題解取自陸西星《南華真經副墨》，如陳氏在《養生主》篇題解中説『養生主，養其所以主吾生者也』，即完全取自《南華真經副墨》。該書注解，亦時時得見林希逸《莊子口義》之痕跡，如《齊物論》篇『莊周夢蝶』寓言後，陳氏評論説：『此一段又自前章説夢處生來。……此等處皆是畫筆。「周與蝴蝶必有分矣」，此一句似結不結，卻不説破，正欲人於此參究。』與《莊子口義》評論基本相同。

陳繼儒《莊子雋》一卷，有明蕭鳴盛刊《五子雋》本、明刊《老莊合雋》本。此次影印，以蕭鳴盛刊《五子雋》本爲底本。

莊子膏肓四卷　（明）葉秉敬撰

葉秉敬（1562—約1627），字敬君，號寅陽，西安（今浙江衢州市）人。秉性好學，幼通經史，明萬曆二十九年進士，官至荊西道布政司參議。清廉公正，譽稱『明可照肝膽，精可析秋毫』。學頗淹通，著作宏富，有《讀書録鈔》《韻表》《書肆説鈴》《明謚考》《寅陽十二論》《葉子詩言志》等四十餘種，爲當世名儒。

《莊子膏肓》四卷，《千頃堂書目》卷十六、［乾隆］《浙江通志》卷二百四十五著録，［崇禎］《衢州府志》題作《南華指南》。書前有葉秉敬自序，卷首題『三衢葉秉敬敬君父注』。正文大字書寫《莊子》原文，間有順文音注；有斷句、圈點、旁注、眉批。葉氏自序謂『（莊子）其言能脱死生，能忘是非，可以破世人之膏肓也。而世之學《莊子》者，乃不得其脱死生、忘是非之旨，而競相傳寫其一二脱空杜撰之語，以相誇詡』，『人心之膏肓甚矣』。故其著《莊子膏肓》，乃欲『全莊子之美』，以醫天下擬莊文之疾。『膏肓』原爲中醫學術語，膏指心臟下部，肓指心臟和隔膜之間，舊説膏與肓爲藥力所不能至，葉氏以此名其著作，表明其頗有自許之意。

爲達到『全《莊子》之美』『醫天下擬文之病』之目的，《莊子膏肓》首先分析莊文結構，梳理文章脈絡，闡釋段中義理，此爲該書眉批主要内容，亦爲該書主要内容之一。葉氏以『段』爲單位對《莊子》諸篇予以分析，如以内七篇爲例，《逍遥遊》篇分爲五段，《齊物論》篇分爲五段，《養生主》篇分爲四段，《人間世》篇分爲七段，《德充符》篇分爲六段，《大宗師》篇分爲八段，《應帝王》篇分爲七段。對每段大意，葉氏大都予以解釋，但間亦略而不論。其次，葉氏還對莊文妙處予以評論。如《齊物論》篇有語云：『萬世之後而一遇大聖，知其解者，是旦暮遇之也。』葉氏旁注：『纔二十餘句，輒有十餘轉，變化無端，神妙不測，祇是鑿缺三不知意思，卻另寫出，這般奇姿逸態！此等處，乃是莊子真得意處，讀者不於此處着眼，卻尋其杜撰怪語險字，以潤筆端。此等妙處，卻當面錯過，逐臭之夫，豈在海上哉！』此處不僅對莊文之美予以高度讚揚，同時還指出了時人『擬文之病』。

對於蘇軾等以《讓王》《盜跖》諸篇爲贋作，葉秉敬頗持異議。如其於《讓王》篇第三段所作眉批云：『蘇子瞻乃謂《讓王》《説劍》皆淺陋，欲除去《讓王》以下四篇，競歎《寓言》爭席接列子饋漿，其是非，愚不必辨。至以《讓王》爲淺陋，則愚以爲屠羊説數語，即《左傳》中不可多得，以此爲淺陋，不知文字當如何而後爲玄妙也。』於《盜跖》篇第一段所作眉批云：『舊皆謂此非莊生筆，予亦不敢決。謂出莊生筆，然觀其爲盜跖造語，拗而無理，或者故爲此語，以陰戮盜跖，未可知也。』由此可知，葉氏很重視《莊子》文章風格、特點，有時甚至將其置於義理闡釋之上，他對《讓王》《盜跖》等篇所作評論，值得重視。

葉秉敬《莊子膏肓》四卷，有明萬曆四十二年刊本，今據中國科學院國家科學圖書館所藏予以影印。

遯居士批莊子内篇一卷　（明）顧起元撰

顧起元（1565—1628），字太初，一作璘初，號遯園居士，應天府江寧（今江蘇南京）人。明萬曆二十六年進士，授翰林編修，官至吏部左侍郎，兼翰林院侍讀學士。乞退後，築遯園，七徵不起，唯閉門著述。著作有《懶真草堂集》《寒松館遊覽詩》《遯園漫稿》《中庸外傳》《説略》《金陵古金石考》《客座贅語》《蟄庵日録》《歸鴻館雜著八種》等。

《歸鴻館雜著八種》内收《遯居士批莊子内篇》一卷，前有顧起元天啓二年《莊子内篇題辭》，卷首題『江寧遯居士顧起元太初閱』。正文録《莊子》内七篇，皆有圈點，偶有旁批，以文評爲主。如於《逍遥遊》篇『北冥有魚』節旁批曰『開口就是譬喻』，於『湯之問棘』節旁批曰『又引證覆説一遍』，於『故夫知效一官』節旁批曰『到此纔説正意』；於《養生主》篇『庖丁爲文惠君解牛』節旁批曰『引證』，於『公文軒見右師』節旁批曰『二引證』，於『老聃死』節旁批曰『三引證』。凡此批語，對讀者理清《莊子》文章脈絡，皆甚有幫助，而諸如於《德充符》篇『故德有所長』數句旁批曰『一篇主意在此數語』，則更能指引讀者找到全篇宗旨所在。

就顧起元之莊學思想而言，其主要觀點已表現於《莊子内篇題辭》，而後之《逍遥遊》篇題解和《齊物論》《人間世》《德充符》《大宗師》《應帝王》諸篇末總批，則是其對各篇主旨及藝術特徵之簡要説明。顧氏題辭以爲，『内篇，莊子之本書也。外篇、雜篇，不盡出於莊子，或其徒與後人之學莊子者昉而爲之，亦或以他人之文有類莊子者，取而傅之』，故取七篇而撰成《遯居士批莊子内篇》，但對七篇皆以三字爲題，則未敢斷定是否果爲莊子本人所爲。又謂莊子自是莊子，其著書目的，『原欲別開天地，自立於洙泗之外』，故論者不可以孔子律莊子，亦不必以莊子律孔子。且在顧氏看來，『《莊子》内篇七篇，真神仙之言、性命之學，不獨理道精深，而文辭奇詭變化，猶神龍翔於霄漢，莫可端倪』（引殷宗伯語），而『人皆以己意發而爲言耳，名曰注《莊子》，豈真注《莊子》者哉？』故而不用傳統『箋注』形式，唯以簡明扼要之語揭明各篇主旨和行文特徵而已。如其《逍遥遊》篇題解云：『通篇以大字爲骨子，以無己、無功、無名、無用、無爲爲精神。』《德充符》篇末總批云：『祇爲「德有所長，形有所忘」八字，撰出許多醜模惡様之人發明其旨，是此老故意爲奇戲弄處，後世乃信其果有是人，幾於癡人説夢矣。』顧氏如此解讀《莊子》内篇，確已擺脱『箋注』窠臼，然未免失之簡略，故其影響欠廣。

茲據中國國家圖書館藏明刊《歸鴻館雜著八種》，影印其中《遯居士批莊子内篇》一卷。

新刻葵陽黄先生南華文髓八卷 （明）黄洪憲撰

黄洪憲（1541—1600），字懋忠，號碧山學士，浙江嘉興人。隆慶五年進士，選庶吉士，授編修，累官至少詹事兼侍讀學士，掌翰林院事，曾出使朝鮮。著作有《朝鮮國紀》《玉堂日鈔》《春秋左傳釋附》《學易詳説》《碧山學士集》《新刻葵陽黄先生南華文髓》等。

《新刻葵陽黄先生南華文髓》八卷，書前有王衡《南華經文髓題辭》，卷一爲《莊子南華經目録》，卷二、卷七、卷八題『葵陽黄洪憲評輯』，卷三題『葵陽黄洪憲評校』，卷四、卷五、卷六題『葵陽黄洪憲輯、緱山王衡校』。正文部分，《莊子》原文頂格書寫，順文雙行夾注，有旁注、圈點、眉批。旁注以音注和注明字法、句法、章法爲主；眉批主要引郭象、王雱、呂惠卿、陳景元、褚伯秀、劉辰翁、羅勉道、焦竑等語，間或申以己意。每篇分原文爲若干段，每段前另設標題，如《養生主》篇標有『爲善無近名』『目無全牛』『死生如一則善養』等三目，《至樂》篇標有『得無爲而後樂』『死生如四時行』『生如塵垢』『死有南面王樂』『以海鳥喻齊侯』『萬物之出機入機』等六目，與宋陳景元《南華真經章句音義》、明朱得之《莊子通義》、陳懿典《玉堂校傳如崗陳先生南華經精解》之標目皆不同，或爲評校者所自擬。段末附有大量注文，分別冠以『郭象云』『陸西星云』『李衷一（光縉）云』『焦漪園（竑）云』等字樣，然冠以『郭象』『李衷一』『焦漪園』云者，每出自陸氏《南華真經副墨》，未知爲有意作僞，抑或輯刻粗心所致。

是書重在闡釋《莊子》義理。王衡題辭謂，《莊子》所蘊義理，『深者入黄泉，高者出蒼天，大者含元氣，細者入無間，誠《易》所稱玄之又玄，衆妙之門也。顧妙有真髓，而章句爲糟粕』，故指責『章句之徒相與摘而用之，至棘喉滯吻，是胡寬之營新豐也，是優孟之學叔敖也』，希冀以『神』遇《莊子》。此當爲黄洪憲等撰輯《新刻葵陽黄先生南華文髓》用意之所在。然受晚明浮誇學風影響，該書注語批語，多係引用，缺乏新意，故所謂得《莊子》之『髓』者，僅爲良好願望而已。

南京圖書館藏有明萬曆間八閩上郡書林喬山堂龍田刊《新刻葵陽黄先生南華文髓》八卷，今據以影印。

廣莊一卷　（明）袁宏道撰

袁宏道（1568—1610），字中郎，號石公，湖廣公安（今屬湖北省）人。明神宗萬曆二十年進士，授吴縣知縣，升禮部主事，改官吏部郎，與兄宗道、弟中道並有才名，時稱『三袁』，爲公安派核心人物。所著《敝篋集》《錦帆集》《解脱集》《廣陵集》《瓶花齋集》《瓶史》《瀟碧堂集》《破硯齋集》《華嵩遊草》《廣莊》等皆存，今人均將其收入《袁宏道集箋校》。並曾批點過韓愈、柳宗元、歐陽修、蘇軾四大家集，惜已佚。

《廣莊》一卷，爲論説體，依《莊子》内七篇而作，標題次第爲《逍遥遊》《齊物論》《養生主》《人間世》《德充符》《大宗師》《應帝王》，爲袁宏道三十一歲時所作。關於《廣莊》宗旨，袁宏道自謂：『廣者，推廣其意，自爲一《莊》，如左氏之《春秋》，《易經》之《太玄》也。』（《瓶花齋集·答李元善》）稍後陳于廷則説：『袁中郎之《廣莊》，非廣《莊》也，廣讀《莊》者之狹劣不能自濟於閃譎無涯之波辨者也。』（《廣莊敘》）魯迅又認爲，袁氏《廣莊》乃是爲『洗清積憤』（《讀書忌》）而著。

誠然，袁宏道著《廣莊》一書，正包含着推廣《莊子》内七篇思想内容之意圖，但也有借譏刺『豎儒』以洗清積憤，以及混合道、釋、儒三教之用意。他説：『豎儒所謂大小，皆就情量所及言之耳。大於我者，即謂之大。是故言大山則信，大海則信；言鳥大於山，魚大於海，即不信也。何也？以非情量所及故也。』批評『豎儒』爲耳目所拘而不敢相信非情量所及之事物。並且，袁氏還運用佛教理論，認爲大千世界無奇不有，六根所認識到之色相各不相同，而拘儒小士卻以常見常聞排除天地間所未曾見未曾聞，並以此著爲常法，勒而爲書，用來束縛自己，束縛天下後世之人，實在令人可笑！袁宏道爲《大宗師》篇作闡釋，則更是持三教合一主張。他説：『古今宗師，未有不言生死者。佛曰：「爲一大事出見於世。」孔曰：「朝聞夕死。」老曰：「死而不亡者壽。」……三教聖人，末世衆生，同一眼見，同一耳聞，同一氣出入。此非識心分别可知，智證乃見。讀儒書者，尚以此意參之，庶幾聖門之嫡傳哉！』認爲佛、儒、道三教在證悟大道方面有着一致性。

袁宏道《廣莊》有《廣百川學海》本、《寶顔堂祕笈》本、《説郛續》本等。此次影印，據華東師範大學圖書館藏明崇禎二年佩蘭居刊《袁中郎全集》本。

導莊一卷　（明）袁中道撰

袁中道（1570—1623），字小修，湖廣公安（今屬湖北省）人。明萬曆四十四年進士，授徽州府教授，後遷國子監博士，歷官南京吏部郎中。與兄宗道、宏道並稱「三袁」，同爲公安派核心人物。著作有《珂雪齋集》。

《廣莊》一卷，據袁宏道《答李元善》「寒天無事，小修著《導莊》，弟著《廣莊》，各七篇」云云，可推定亦當作於萬曆二十六年（1598）冬天，時中道二十九歲。此著體例，與袁宏道《廣莊》略同，亦依《莊子》内七篇而作，標題次第爲《逍遥遊》《齊物論》《養生主》《人間世》《德充符》《大宗師》《應帝王》。袁中道《導莊》自序云：「莊生内篇，爲貝葉前茅，暇日取其與西方旨合者，以意箋之。覺此老牙頰自具禪髓，固知南華仙人的是大士分身入流者也。作《導莊》。」可見其撰寫《導莊》，旨在揭示《莊子》内篇「禪髓」，即與佛旨相合之特徵。

基於此種認識，袁氏《導莊》具有明顯以佛解莊傾向。如其《逍遥遊》篇指出，衆生皆處於欲界、色界、無色界中，百苦交煎，永無寧日，而對於這一切，自古以來中國文字皆未能予以揭明，儒家泰斗孔子又保持沉默而不予言明，道家創始人老子雖有所發明卻不能達到暢快淋漓地步，兼以佛教經典尚未傳入中土，大雄釋迦牟尼也尚未爲吾國人所知，所以普度衆生大任便降到大仙莊子身上，他縱談出世，「視古今爲一息，目死生如夢幻」，「模寫物外之神人，糠粃域内之事業」，使「沉沉界有，始獲出頭之路」，「積迷爲之呼回，長夜從此而旦」，可見其「的是大士分身入流者」，所著《莊子》内篇實爲「貝葉前茅」。袁氏《齊物論》篇亦云：「謂物有大小之不齊者，戲論也。如《華嚴》「毛孔藏刹海，芥子包須彌」，寧有小大？則小大齊矣。謂物有延促之不齊者，戲論也。如《華嚴》「以一念頃，三世畢現，過去未來諸佛悉詣道場」，以本無三世，前後密移，乃妄識所持故也。則延促齊矣。謂物有人我之不齊者，戲論也。如《華嚴》「佛轉法輪於一衆生身内，而衆生現有爲於諸佛身内」，則人我齊矣。謂物有有情無情之不齊者，戲論也。如《華嚴》「香水河微塵數衆，寶樹林出，妙音聲説，諸如來一切劫中所修大願，一一林中，皆名之曰慧」，以及「世間牆壁瓦礫，皆説法要成佛道」，則有情無情齊矣。」在袁氏看來，如能超越世俗虚幻認識，以智慧觀照世界萬有，則萬物之差別將不復存在。此論與佛教尤其是華嚴宗宗旨具有一致性，確有一定道理。

此次影印袁中道《導莊》，據華東師範大學圖書館藏明萬曆四十六年刊《珂雪齋前集》本。

説莊三卷

（明）李騰芳撰

李騰芳（1573—1633），字子實，號湘洲，湖南湘潭人。明萬曆二十年進士，選庶吉士，授檢討，升左諭德。論事切中時弊，多憂國危言。因上疏爲顧天峻辯冤，被貶，引疾歸。萬曆四十七年起爲行人司正，歷太常少卿，掌司業事。光宗立，擢少詹事，署南京翰林院，旋拜禮部右侍郎，條上戚繼光教練法，議經略倭寇，皆能中兵機。天啓初，轉吏部左侍郎兼講官，晉禮部尚書。其學尊王守仁、李贄，亦曾注佛經。著作有《李湘洲集》《增遼餉議》《絕軍糧議》《孫子説印》《金剛經解》《説莊》等。

《説莊》三卷，黄虞稷《千頃堂書目》卷十六著録，方以智《藥地炮莊》多引其説。明萬曆四十二年開萬閣刊本，書前有范鳳翼《重刻説莊序》，卷首題「湘潭李騰芳湘洲著」；天啓四年青蓮齋刊本，書前有包鴻逵萬曆四十二年《説莊序》、莊以臨天啓四年《説莊跋》，卷首題「湘潭李騰芳湘洲著」，並題衆晚輩參與同較。正文録《莊子》内七篇，偶有簡注（天啓四年刊本有圈點）、眉批，篇末作長篇論説。據莊以臨跋語可知，《説莊》乃是李騰芳罷官後爲精神解脱而作。總體而言，此書一改傳統注疏形式，是一部較有特色的解莊之作，但因摻雜個人想像成份較多，使有些詮釋文字遊離於《莊子》文本之外，不免有空疏之嫌。

李騰芳爲内七篇所作論説，大凡先揭示全篇宗旨。如其《逍遙遊》篇末謂，「首篇特揭「大」「小」以立論，借大鵬與神人以廓開世界眼翳，蕩滌學人情量」，而「「小知不及大知」，此莊子立言之旨也」。於《齊物論》篇末謂，「此論專爲是非發，然起首不説是非，而設爲子綦「喪我」之言」，而「通篇血脈都在「喪我」二字」。此等論説，言簡意賅，甚有見地。但其於《養生主》篇末所作論説，認爲「近名，則以善累其生」，「近刑，則以惡累其生」，故「爲善無近名」「爲惡無近刑』二句，乃『莊子養生之大旨』，此論斷則有失偏頗，因爲『緣督以爲經』一句，乃爲《養生主》篇之宗旨。

在揭示全篇宗旨後，李騰芳便依次論説各段寓意，並儘力找出其與全篇宗旨之邏輯關係。如其於揭出《齊物論》篇宗旨後謂：子綦懂得『人至與物刃靡，行盡如馳者，皆我之爲也』，所以他『喪我而嗒然』；狙公爲是不用而寓諸庸，此即爲『喪我』；堯伐三子而不釋然，此『未能喪我之故』；莊子之物化，『並喪我而遣之』，以自結全篇之意。總之，李氏認爲《齊物論》篇『如陡山斷澗，相去絕遠，然絲連脈絡，毫無滲漏』，而『「喪我」二字』爲『通篇血脈』。李氏在論説各段寓意時，還往往借古喻今，充分展開其聯想。如其於揭出《養生主》篇主旨後謂：縱觀歷世，舉凡聖賢、君臣、將相、謀士，其成功皆在於因時乘勢，以己之無厚入彼之有間。莊子深知其中奧妙，目覩當時無間可乘，便卷而藏之，以無用爲大用，則善惡俱不沾邊，又何『近名』『近刑』之有！此即爲莊子養生之要訣。對於莊子『庖丁解牛』寓言，像李氏這般大量借用歷史事件予以巧妙闡釋，實在前無古人。

《説莊》雖具有明顯佛理化傾向，但李騰芳在以佛解莊時，還是頗能覺察到莊子與佛教思想之差異。如其於《養生主》篇末云：『「爲善無近名」，近名則以善累其生矣。「爲惡無近刑」，近刑則以惡累其生矣。生之理未嘗有善有惡也，而況於名與刑乎？此二句乃莊子養生之大旨。六祖謂惠明曰：「不思善，不思惡，正與（恁）麼時，那個是明上坐本來面目？」有引此語以解此者，余竊謂不同。今須知祖意與莊子下落處：祖意直指性體，故喚以本來面目；莊子之意卻向在作用上，故云「可以保身，可以全生，可以養親，可以盡年」。至下文「批隙」「導窾」等語，則盡説向外邊，與祖意精粗迥別矣。』誠然，六祖惠能所謂『不思善，不思惡』，便是要都攝六根，明心見性，即見到未出世前即存在於胎藏中之純明本心，故李騰芳謂此乃向內『直指性體』，與莊子以不與外物相對立爲養生宗旨者，無疑迥然有别。

李騰芳《説莊》三卷，有明萬曆四十二年范鳳翼開萬閣刊本、天啓四年青蓮齋刊本。今據上海圖書館藏明萬曆范鳳翼開萬閣刊《説莊》本予以影印。

莊子南華真經四卷　（明）閔齊伋輯校

閔齊伋（1580—?），字遇五，烏程（今屬浙江吳興）人。邑諸生，入太學，善讀書，不樂仕進，通今博古，耽於著述，一生尤致力於套版印書，世所傳朱墨字板、五色字板，謂之閔本者，多爲其所刻，與邑人淩蒙初齊名。著作有《六書通》，盛行於世。

閔齊伋所校《莊子南華真經》四卷，書前有郭象《莊子南華真經序》，書末題『西吳閔齊伋遇五父校』。半頁九行十九字，白口，無魚尾、界欄，四周單邊。書眉鐫朱色評語，正文間有朱色圈點及少量批語，每卷末皆附《音義》。以卷末閔齊伋所題不避明熹宗朱由校之諱，可推知此書當刻於天啓前，但不會早於閔氏始從事刻套色印本之萬曆四十四年。

通觀此書眉欄所鐫朱色評語，均未標明何人所爲，但今案天啓四年竺塢刊署爲歸有光、文震孟《南華真經評注》，如其《齊物論》篇眉欄有『王鳳洲曰齊滋味』『王鳳洲曰齊色相』『王鳳洲曰齊利害』『王鳳洲曰齊生死』『王鳳洲曰齊形景』『王鳳洲曰齊夢覺』之語，而閔校本則作『齊食味』『齊配偶』『齊利害』『齊死生』『齊形影』『齊夢覺』，説明後者當爲閔齊伋在前人評語基礎上損益而成，且間有他自己評語，與他裁注《國語》《戰國策》《春秋公羊傳》《春秋穀梁傳》當屬同一情況。如果與當時其他《莊子》校批本相比，則閔氏校本之眉評似顯得更爲簡潔精煉，且更偏重揭示莊子文章藝術特徵。如《養生主》篇眉評，除首條用較多字語揭示義理外，其餘條目則依次爲『精工之至，殆無一字不妙，骨蒼然，法栗然，色淵然，音璆然』『奇語』『平敘，氣舒徐』『挑剔』『氣緊切，又舒徐』『淨語一句收妙』『衹一語點明』『奇峭』『精腴』『三語絶工妙，第「指」字終費解』，多用來揭示藝術特徵。此外，是書每卷末所附《音義》，與萬曆間吳勉學所校《莊子南華真經》末所附《莊子難字音義》相同，當皆爲閔氏所移録，而非其所裁注。

茲據華東師範大學圖書館藏明閔齊伋刻朱墨套印《莊子南華真經》四卷予以影印。

新刻韓會狀注釋莊子南華真經狐白四卷

（明）韓敬撰

韓敬（1580—？），字簡與，一字求仲，號止修，歸安（治所在今浙江吳興）人。據《明史》卷二百三十六載，韓氏曾受業於宣城湯賓尹（字嘉賓，號睡庵，别號霍林）。萬曆三十八年（1610），賓尹分校會試，韓敬之卷爲考官所棄。賓尹搜得之，强總裁侍郎蕭雲舉、王圖録爲第一。後賓尹被罷官，敬亦稱病辭職。

《新刻韓會狀注釋莊子南華真經狐白》四卷，書前有《刻南華句解序》、司馬遷《莊子列傳》《總論》（節選於阮籍《達莊論》），卷一題『太史霍林湯賓尹校閲、會狀求仲韓敬注釋、書林泰垣余文傑梓行』，卷二、三、四題『書林泰垣余文傑梓行』。篇題下除《外物》篇外，均有題解。正文中，《莊子》原文頂格書寫，順文雙行夾注。間有小字旁注，以音注爲主。有眉批，多爲湯賓尹、王鳳洲（世貞）語，亦有韓敬本人語。篇末有評語，亦多冠以『湯賓尹曰』『王鳳洲曰』『陸西星曰』字樣。書末記有『萬曆甲寅禩冬月自新齋余氏梓行』。刊版較模糊，小有瑕疵，書前序論有缺頁。

據《刻南華句解序》，此書原名當爲『南華句解』，而又因『得求仲彙成全書，備諸注釋』，彙集注莊之精髓，故書肆復以『狐白』名之。『狐白，謂狐掖下之皮，其色純白，集以爲裘，輕柔難得，故貴也。』（顔師古《漢書注·匡衡傳》）誠然，視全書題解、注釋、眉批，以及篇末評語，可謂内容豐富而精粹，有似集衆狐白而成一裘。然因受晚明不良學風影響，書中有大量抄襲或張冠李戴現象，必須予以指出。如内七篇之題解皆襲自林希逸《南華真經口義》，外篇之題解皆襲自陸西星《南華真經副墨》（僅《天地》篇解題冠有『陸方壺』三字），而雜篇《説劍》《漁父》之題解與陸氏《南華真經副墨》一字不易，卻竟冠以『湯賓尹曰』字樣。又篇末評語，亦多張冠李戴，不可信從。如《養生主》篇末評語冠以『湯賓尹曰』者，實引自焦竑《焦氏筆乘》；《達生》篇末評語冠以『湯賓尹曰』者，實引自王雱《南華真經新傳》；《天道》《刻意》篇末評語均冠以『湯賓尹曰』者，實皆出自褚伯秀《南華真經義海纂微》所引吕惠卿語；《在宥》《天運》《讓王》《盜跖》篇末評語均冠以『湯賓尹曰』者，實皆出自林希逸《南華真經口義》。若再細檢眉欄批語，情况亦大致如此。由是論之，此書又不足以稱貴，當爲書賈之所編，所謂『韓敬注釋』『湯賓尹校閲』者，皆爲托名之辭。

韓敬《新刻韓會狀注釋莊子南華真經狐白》四卷，唯有明萬曆四十二年書林余氏自新齋刊本。今據北京師範大學圖書館藏此刊本予以影印。

莊子奇賞四卷

（明）陳仁錫評選

陳仁錫（1581—1636），字明卿，號芝臺，長洲（治所在今江蘇蘇州市）人。明天啓二年進士，以殿試第三授翰林編修。後爲直經筵，典誥敕，因不肯撰魏忠賢鐵券文，遭其嫉恨。鄉人孫文豸以誦《步天歌》見捕，詞連仁錫，得削籍歸。魏忠賢敗，復原官，累遷南京國子祭酒。卒，謚文莊。仁錫講求經濟，有志天下事，性好學，喜著書。尤精研經史之學，著作宏富，有《周禮句解》《孝經小學詳解》《六經圖考》《四書語録》《皇明世法録》《壬午書》《潛確居類書》《無夢園集》《古文奇賞》《諸子奇賞》等。

《莊子奇賞》在《諸子奇賞》内，爲卷二十六至卷二十九。前有《莊子序》（與《史記》莊子傳基本相同）、《諸子奇賞目次》，卷首題『古吳陳仁錫明卿父評選』。正文以郭象《莊子注》本作底本，頂格書寫，順文雙行夾注。有斷句、圈點、眉批。

《諸子奇賞目次》内，首置陳氏所作莊子小傳云：『莊子，名周，蒙人，爲漆園吏。著書寓言，徜徉自恣，宏放馳逐，縱不可羈。其於天人性命，多所開發，大要本於老子。』此小傳所述文字，多可視爲陳氏對《莊子》一書之總評。《莊子奇賞》共選録《莊子》二十八篇，具體情況爲：内七篇全録，外篇録《駢拇》《馬蹄》《胠篋》《在宥》《天地》《天道》《天運》《秋水》《至樂》《達生》《山木》《田子方》《知北遊》十三篇，雜篇録《庚桑楚》《徐無鬼》《則陽》《外物》《寓言》《讓王》《列禦寇》《天下》八篇。陳氏服膺郭象《莊子注》，《逍遙遊》篇首條眉批云：『注「逍遥」紛紛，不如郭象之簡渾，語大語小，摠自得其得，非得人之得，何須分疏，何須形容？』此當爲陳氏注解莊文之準則，故以郭注本爲底本。眉批部分爲陳氏本人所爲，既有義理闡釋，亦有文評，但較爲簡略，多從『賞』字着眼。如於《在宥》篇『黄帝退』節眉欄，陳氏批云：

『閑境冷境，澆洗富貴人濃腸熱腸。』於《天地》篇『汝方將忘汝神氣』節眉欄，陳氏批云：『是風波湍激處。』於《天運》篇開頭眉欄，陳氏批云：『文章之妙，如煙如雲。』於《山木》篇『送君者』節眉欄，陳氏批云：『此一幅送行圖也。仕路如送行可以不辱，學問如送行可以不止。』諸如此類，皆以『賞』爲重要手段，而每以比喻手法誘發讀者領悟莊子文章之奥義。

此次影印陳仁錫《莊子奇賞》，據華東師範大學圖書館藏明天啓六年刊《諸子奇賞》本。

南華經十六卷 （晉）郭象注 （宋）林希逸口義 劉辰翁點校 （明）王世貞評點 陳仁錫批注

沈汝紳，生平事蹟無考。唯書前有其自撰小序，自謂與吳興凌君寔（森美）爲友人，末署『吳興沈汝紳薦卿父』，則其姓沈、名汝紳、字薦卿，與同里套色印本刊刻者凌氏相友善。

據沈汝紳小序，此書爲其得友人凌君寔家藏『劉須溪批本』後，復輯録『諸家評釋』而成。是書以郭象注本爲底本，半葉八行十八字，小字雙行，白口，無魚尾，界欄，四周單邊。書前依次有徐常吉《刻宋劉須溪點校莊子口義序》、馮夢禎《莊子郭注序》、沈汝紳《南華經小序》及《南華經總評》（引王介甫安石、李性學淦、陳君舉傅良、王元澤雱、楊用修慎、凌季默約言、王元美世貞諸家之語）、《楊升庵題劉須溪小引》《郭子玄南華經序》《司馬子長莊子列傳》。其中徐常吉序本是其於萬曆十年爲刻印宋劉辰翁點校《莊子南華真經》所作之序，馮夢禎序係萬曆三十三年爲其弟子鄒之嶧刻《莊子郭注》所撰之序，沈汝紳移録前者於此處時已删去原序中『萬曆壬午春正月武進徐常吉書於上海之三友軒』等語，移録後者於此處時亦已删去原序中『門人鄒生孟陽，亦深於讀《莊》者，故命之表章郭氏，而陸德明《音義》附焉。刻成請序，並發其源委若此』之語。此書卷首題『晉子玄郭象注』『輯諸名家評釋』『宋林鬳齋（希逸）口義、劉須溪（辰翁）點校』『明王鳳洲（世貞）評點、附陳明卿（仁錫）批注』。眉欄評語引《韓非子》、呂吉甫（惠卿）、陳碧虛（景元）、陳詳道、林疑獨（自）、范無隱（元應）、褚伯秀、羅勉道、楊用修（慎）、何孟春、陸長庚（西星）、唐荊川（順之）、焦漪園（竑）、陳明卿（仁錫）等家之説。其中引郭象注用淺墨色（與正文顔色一致），諸名家評釋用深墨色，劉辰翁點校用黛緑，林希逸口義用粉紅，王世貞評點、陳仁錫批注用朱紅，但陳氏批語前皆冠有『陳明卿曰』字様。正文旁有圈點，偶有批語，皆用紅色。此書以五色套印，爲《莊子》套色之最複雜者，版本價值甚高。

沈汝紳《南華經小序》云：『余始有事於《南華》而彙集諸家評點，擇其最以從。……唯得郭（象）解、劉（辰翁）評而《莊》之微既闡矣。自兩家而下，更有吴郡王元美，其評騭《南華》猶未行世，故並著之。而諸家評釋，標爲某曰某曰，附之首云。』據此，則王世貞曾著《南華經評點》，後由沈汝紳録入此套色印本而得以流傳至今，此爲沈氏此書最有價值者。今依本書顔色所示，可清楚看到王世貞在評點《莊子》全書時，亦評點郭象注。其評點可分爲兩個層面，即一是屬於一般斷句意義上之圈點，另一是屬於文學欣賞等意義上之評點。就前者看，其於《莊子》全書及郭象所有注解都作過句讀，所費精力甚多。就後者看，其於《莊子》原文及郭注旁圈點以示警拔，甚有學術及文學眼光。同時，王世貞還有大量旁批、眉批，所用批語主要有『篇法』『章法』『句法』『字法』『簡』『省』『繁高』『雅事』『字雅』『詞彩』『警策』『精奇』『奇甚』『氾濫』『波瀾』『餘波』『倒句』『形容』『妙語』『工辭』『善論』『轉折』『頓挫』『直露』『直示』『平鋪』『徒收』『突起』『佳事』『起案』『正意』『峭語』『奇語』『俊語』『一事兩敘』『此入微處』『忽插入妙』『譚鋒相角』等，旨在揭示莊文結構層次、氣脈要緊處，以及遣詞造句之妙處，亦可資讀者參考。

茲據華東師範大學圖書館藏明吴興淩君寔刊五色套印《南華經》十六卷予以影印。

古蒙莊子四卷　（明）王繼賢訂正　吴宗儀校釋

王繼賢，字弓若，號笠雲，浙江長興人，生卒年不詳。明萬曆二十九年進士，初任蒙城縣令，繼升南京刑部主事，崇禎末知揚州。工書，善畫人物，不讓陳洪綬。事蹟見《長興縣志》《泉園隨筆》《箬溪藝人徵略》。吴宗儀，武進（今屬江蘇常州）人，生卒年不詳。曾任蒙城縣儒學署教諭事、山西『糧道』官，是明代書法家。

上海圖書館藏明萬曆三十九年刊《古蒙莊子》四卷，書前有王繼賢『萬曆辛亥仲春朔』所撰《古蒙莊子序》（臺灣中央圖書館藏萬曆三十九年刊本此後尚有吳宗儀『萬曆辛亥春三月既望』所撰《敘古蒙莊子》、莊子小像及張文旆所撰贊語）、司馬遷《莊子列傳》，卷首題『西吳王繼賢訂正、延陵吳宗儀校釋』，書末有『漆園後學徐行句讀、鄒貞卿訂録』字樣。正文頂格書寫，白文無注解、無眉批，僅於每篇末附個別字詞之音注，直音與反切相間，偶有對某字詞之解釋。此藏本曾爲黄裳先生所得，書前有其『癸巳（1953）初夏四月初二日』朱筆跋語云：『此元和顧千里（廣圻）先生手校本，又有鈕樹玉批注，中吳名賢手跡，彙萃一書，至堪珍重，（郭）石麒得於越中，歸以售余。』今檢此藏本，『《古蒙莊子》卷之一』左側有朱筆『壬子夏日用南宋郭象注本校』字樣，説明書中用朱筆手校者，當爲顧廣圻於清乾隆五十七年壬子（1792）所爲。又據墨色手批偶有冠以『樹玉謂』『樹玉按』者，則可説明書中大量墨色手批爲清鈕樹玉所爲，其中有些見解值得重視。如鈕氏於《天運》篇末批云：『《文選》注引淮南王《莊子略要》曰：「江海之士，山谷之人，輕天下，細萬物，而獨往者也。」注：「司馬彪曰：獨往，任自然，不復顧世也。」謝（靈運）《入華子崗詩》、江（淹）《雜體詩》、任（昉）《齊竟陵文宣王行狀》三引此。樹玉按：語意與《刻意》篇相近，疑所傳之本不同。』此處以《文選》注所引文字與今所傳《刻意》篇相比較，疑此篇曾因傳本不同而有文字差異，實屬大膽推斷，爲世人所未曾言。

王繼賢、吳宗儀俱在蒙縣爲官，故皆據王安石《蒙城清燕堂》詩、蘇軾《莊子祠堂記》而大加發揮，認爲蒙城即爲莊子故里，並以『荊公於當世號稱稽古，觀風問俗，豈其漫無所考而見之文字傳之後世哉，必不然矣』（王序）作爲重要論證，以駁斥其他觀點。其撰刻《古蒙莊子》，便是爲了在蒙城傳莊子之書。至於不作注解之緣由，王氏序云：『茲刻也，義取存蒙，故一切注疏不之及，非若蘇、王兩公能有所得於《南華》而更爲之傳其神也。』説明王、吳二人既欲存《莊子》之書、之神於蒙城，又希冀其能『昭然發蒙』（吳序）。然以今觀之，王、吳甚欲證成蒙城爲莊周故里，其意雖美，卻不免失之偏頗。

今據上海圖書館藏明萬曆三十九年蒙城縣學王繼賢刊《古蒙莊子》四卷予以影印。

南華經因然六卷

（明）吴伯與撰

吴伯與，字福生，宣城（今安徽宣城）人，生卒年不詳。明萬曆四十一年進士，除户部主事，歷員外郎中，出爲浙江布政司參議，官至廣東按察司副使。肆力典籍，博極群書，工古文詞，多所輯著，有《内閣名臣事略》十六卷、《素雯齋集》十八卷等。其《老莊因然》八卷，黄虞稷《千頃堂書目》卷十六著録。

《南華經因然》又稱《莊子因然》，内、外、雜篇各分爲上、下兩卷，卷首題『延陵吴伯與福生隅解』，每篇題下有題解。正文中，將《莊子》原文分爲若干段，頂格書寫，分段予以簡要注釋，順文雙行注解；段末梳理全段結構、大意，間或引郭象、吕惠卿、王雱、陳景元、陳詳道、劉概、李士表、陸西星、張四維、焦竑、陶望齡等人注解，低一格書寫。

吴伯與傾向於儒家思想，其所撰《南華經因然》即時有表露。如《讓王》篇題下云：『以下四篇，蘇長公以爲非莊子所作，誠然。』《盜跖》篇題下云：『此篇譏侮列聖，戲劇夫子，蓋效顰莊老而失之者，文醜窮甚矣。』《寓言》篇『孔子行年六十而六十化』段後注釋云：『此莊之尊孔也。化而不化，道之妙也。』皆在一定程度上表現出以儒解莊傾向。同時，吴氏又每以佛解莊。如《人間世》篇有『心齋』概念，吴氏注解云：『蓋人心止於至足之分。至人本性無壞，觸物無著，不必絕塵逃形，自然常定常靜。倘一念横執，清靜之中，頓起山河，縱離跡逃名，祇成紛擾矣。』此處借用者，即佛教心性清淨思想。《應帝王》篇有『季咸相壺子』寓言，吴氏注解云：『地文、天壤、太沖，此三觀門也。故末説個「宗」字，禪家所謂本性也。』此處以佛教所稱『空假中三觀』對讀，認爲莊子『地文、天壤、太沖』之説，即佛教之真空絕相觀、事理無礙觀、周遍含融觀，亦即禪家所謂明心見性之境界，可見多有附會成分。但吴氏以佛解莊，亦不乏獨到見解。如其於《逍遥遊》篇題下云：『道無爲也，無爲故無累，我相且空，知見盡脱，遊於無小無大，冥乎不死不生，故大鵬爲至物，方知世界之寬，蜩鳩以近笑遠，局於知見，則莊子「不亦悲乎」者是已，此立言之旨也。』他以佛家空無思想來解釋『逍遥遊』，較有新意。吴氏在注解《莊子》過程中，還喜歡引徵《老子》之語，此與晚明以老解莊蔚成風氣不無關係。

對於《莊子》書之篇章佈局，吴伯與亦每予探究。如對《莊子》三十三篇之佈局，吴氏認爲《逍遥遊》篇是『立言之旨』，《寓言》篇是『莊子自序其作書之旨』，《列禦寇》篇是『莊子著述將畢之語』，《天下》篇爲『《莊子》後序也』。具體到某一篇，吳氏首先是分段闡述《莊子》義理，並注意文意之勾連，指明其在文章中之作用。

茲據中國科學院國家科學圖書館藏明刊《南華經因然》本（卷五至卷六據另一明刊本配補，卷五《庚桑楚》有闕文）予以影印。

南華經晉注十卷　（明）盧復輯

盧復，字不遠，號芷園，錢塘（今浙江杭州）人，生卒年不詳。早年習儒，後攻醫學，又崇信佛教大乘禪理，爲明代醫學名家。著作有《芷園覆餘》《芷園臆草題藥》《芷園臆草勘方》《芷園臆草存案》等，幾乎包羅醫學的全部領域。

今存盧復所輯《三經晉注》，前有張師繹所撰《三經晉注序》、盧復所撰《刻三經晉注義例》。盧氏《義例》云：『余少習《易》，尤酷嗜《老》《莊》。』並謂《周易》《老子》《莊子》三經，『玄理攸同』，『奇趣相埒』，且『談理莫若晉人，《老》《易》之有弼，《莊》之有象，一曰理窟新義，一曰疏外別解』，故以王弼所注《周易》《老子》、郭象所注《莊子》合刻，命曰《三經晉注》。其中《南華經晉注》十卷，前有郭象序及《莊子》三十三篇目録；正文中，《莊子》原文頂格書寫，郭注則順文雙行，皆低一格；眉欄輯林希逸、劉辰翁、唐順之、楊慎、王維楨、許孚遠、王宗沐、李贄、孫鑛、袁宏道、徐常吉等家論議，以爲批語，不但條目衆多，且經精心遴選，甚可開人心胸。唯盧氏本人，未施一語，則略嫌不足。

然細審盧復《義例》，其間不乏新見。如曰：『竊以義文觀象繫辭，如「眇視」「跛履」「載鬼」「焚巢」等語，繪景摹神，真堪絕倒。彼寓言中，若夔憐蛙怒，皆得《易》而肆焉者也。』此處以《易》之觀象繫辭與《莊子》寓言相比較，認爲後者乃是對前者的大肆發揮，在創作精神上一脈相承，確實甚有見地。又曰：『時人咸以（郭象）爲王弼之亞，乃今相傳，謂竊之向秀，不知既經象定點文句，如李光弼入軍中，一新號令，是即郭本非向本矣。且向蕭屑卒歲，都無注述，即好《莊子》，亦聊應崔譔所注，以備遺忘，故初不傳於世，原爲未了公案。』此處對所謂郭象剽竊向注之公案，亦自有獨特看法，誠不可以著者爲醫家而忽視之。

此次影印盧復所輯《南華經晉注》十卷，據北京大學圖書館藏明錢塘盧氏溪香館刊《三經晉注》本。

莊子翼評點八卷

（明）董懋策撰

董懋策（1563—1613），字揆仲，人稱日鑄先生，浙江上虞人。得家學真傳，精於《易》學，曾在紹興蕺山開辦學館，四方從學者數百人。著作有《大易牀頭私録》《中庸大意》《論語解》《孟子解》《老子翼評點》《莊子翼評點》等。

《莊子翼評點》八卷，爲董懋策依焦竑《莊子翼》本，加評語圈點而成。清光緒三十二年，族孫董金鑒據康熙間李師周所藏董氏手評《莊子翼》有關文字及董氏評語，由慈溪馮一梅酌定條例，刊爲《莊子翼評點》八卷。前有董金鑒《莊子翼評點序》，卷首題「會稽董懋策日鑄著」，一部分篇目下有題解。正文依焦竑《莊子翼》本，而不録《莊子》原文，唯以「某某節」表示，頂格書寫；後空一格書寫董氏評語，詳略不等。亦不録《莊子翼》中各家注解，唯低一格標明「郭注」「呂注」「口義」「管見」「通義」「副墨」「筆乘」等字樣。又據馮一梅《老莊翼評點總序》（在《老子翼評點》前）云：「凡各家注語，有硃筆全點句者，有硃筆摘點句者。蓋（董）先生之意與某注盡合者，則全點句；節取某注之長者，則摘點句；其無點者，皆先生所棄也。今於各家注語，曾經先生手點者，「某某節」下提行低一格寫；某家注全點句，則下注「全録」二字；摘點句，則於某家注下，記其自某句起至某句止。」凡有董氏評點者，則其下雙標以「硃筆評」或「藍筆評」字樣。書末附《莊子闕誤評點》《莊子翼附録評點》。

通覽董氏所著《莊子翼評點》，具有明顯儒學化傾向，故董金鑒序謂其「尤能援《莊子》以宣孔門不言之秘焉」，並舉例云：「如《知北遊》篇無爲謂不答、狂屈忘言眉評：祇是「默而識之」一節書耳。然則不答與忘言，即孔子默識之旨也。」此外，如《天運》篇評點以顔回聞道證北門成之聞樂，《外物》篇評點以孟子水不勝火證莊子月不勝火之義，《大宗師》篇評點以《中庸》道之大原出於天證莊子大宗師之義，亦皆表明董氏以儒釋莊之良苦用心。

與當時其他《莊子》評點著作一樣，董氏《莊子翼評點》亦重視對《莊子》文章特徵之揭示。如於《逍遥遊》篇『湯之問棘也』節後評點云：『此是所托本，文詞簡而盡，莊叟便簸弄成前一段文字，奇幻變化，不可正視矣。』於《秋水》篇『夔憐蚿』節後評點云：『絶妙處在不解心目。』於《田子方》篇『溫伯雪子適齊』節後評點云：『説俗儒僞態如畫！』此等評點，雖多爲片言隻語，然既能點出《莊子》文章之妙處，又飽含評點者之强烈情怀。但對於焦竑《莊子翼》所引諸家注解之評點，則多從思想内容着眼，以表明其贊同或批評之態度。

此次影印董懋策《莊子翼評點》八卷，據華東師範大學圖書館藏清光緒三十二年會稽董氏取斯家塾刊《董氏叢書》本。

丈荷齋南華日抄四卷

（明）徐曉撰

徐曉，字明甫，一字曙菴，號江漢逸叟、吴楚散人，生平事蹟不詳。

《丈荷齋南華日抄》四卷，前有陽城劉侗《徐曙菴先生南華日抄序》、《林鬳齋莊子口義發題》、徐鑛《南華日抄凡例》、《丈荷齋南華日抄總目》。卷首題『江漢逸叟徐曉明甫父手輯，男鑛正梓』。正文中，《莊子》原文頂格書寫，有句點，時用小字在行間注明字法、句法或章法；頁眉處有詳細批語，頁脚處時有注音字義；篇末有總論。卷末有《南華附録》，包括司馬遷《莊子列傳》、阮籍《論莊》、蘇軾《莊子祠堂記》、李士表《莊子九論》以及徐曉《南華日抄後跋》。對於這種體例，《南華日抄凡例》云：『初學讀《莊》，每苦於考訂解釋之難，此書上標大意，兼采諸注，中列全文，旁標關目，下音字義，篇後結以總論批語，令讀者開卷了然。』可見目的是讓讀者更易閱讀理解。

《丈荷齋南華日抄》之總體特點是『或采諸家，或參己見，總取大義，不專訓詁』（《南華日抄凡例》）。具體説來，有以下兩個方面特點：一是采録郭象、林希逸、楊慎、陸西星、袁宏道等名家學説以及《關尹子》《淮南子》《新語》《化書》等書中内容，其中對陸西星《南華真經副墨》中文字情有獨鍾，大量采用。需要説明的是，《丈荷齋南華日抄》中一般不標明出處，且有時予以簡單改造，給學術研究帶來困難。如《應帝王》篇末云：『内篇結束，篇篇不同。如《逍遥遊》

之大瓠、大樹，《齊物論》之夢覺，《養生主》之火傳，《人間世》之有用、無用，《德充符》之堅白，《大宗師》之命也夫，末篇卻盡結以七日而渾沌死，看他如此機軸，豈不奇絕！《中庸》一篇，起以天命之性，結以上天之載，亦是文字機軸，但人不知看得破耳。」這段話即襲自林希逸《莊子口義·應帝王》篇末評語，但亦『參己見』，對林氏文字稍有改動。二是《丈荷齋南華日抄》『總取大義』，以闡釋義理爲主，側重段意、句意以及通篇大意之把握。眉欄處一般以段爲單元進行論述，篇末總論更是立足於整篇的把握。在《丈荷齋南華日抄總目》部分即對每篇大意進行簡單梳理，並視內七篇爲一整體，强調內七篇作用：『內七篇，原有次第。《逍遥遊》言道之大，《齊物論》原道之本，《養生主》進道之功，《人間世》著道之用，《德充符》有道之驗，《大宗師》得道之人，《應帝王》體道之治。《南華》學術精要，在此七篇，體用功效，出世經世，備載矣。』這樣，內七篇就成爲一個有機的系統。

徐曉注《莊》，雖標稱《莊子》『會三教爲一，超三乘而上』，並希望能夠『會而通之』（《南華日抄後跋》），但徐氏思想立場基本傾向儒家。劉侗序云：『《南華》，尊儒之書也。仲尼弟子稱引者數尊六經，別百家見於終篇。自儒者以列《道藏》，而郭、呂諸家注之，其蘊不出禪玄，唯先生注之以儒。』徐曉《丈荷齋南華日抄總目·讓王》篇下總論亦云：『列此四篇於《南華》，古文中之時義也。語意筆力，自是霄壤，必依東坡除去之説，乃是千古一大快事。』儒家思想傾向甚爲明顯。

徐曉對《莊子》文章極度推崇。其《南華日抄後跋》云：『故出其主持世教、議論、敘事之緒餘，創爲字法、句法、章法之奇，獨行宇宙間。千古以來，吾不知其誰與爲兩？……嗟嗟！此書之作，迄今幾二千載，揭日月而中天。』稱莊子爲古今第一人，高度讚揚《莊子》文章之成就。因此，文評也就成爲《丈荷齋南華日抄》『總取大義』之外的重要內容。該書中，不論是正文行間夾注、眉批，還是總論，都時時關注《莊子》之字法、句法、章法，並對其風格特點予以評論。

此次影印徐曉《丈荷齋莊子日抄》四卷，據中國科學院國家科學圖書館藏明崇禎十年刊本。

測莊一卷　（明）石人隱士撰

鄭之惠，號石人隱士，浙江錢塘人，生平事蹟不詳。或曰即鄭圭，字孔肩，仁和人，明天啓間曾知廣西平樂縣，有政聲。著作有《易臆》三卷、《葬書演》一卷、《老子解》一卷、《莊砭》一卷、《測莊》一卷。

《測莊》在明閔景賢編《快書》內，爲第三十四卷。前有閔景賢《測莊題辭》，《測莊》題下記有『石人隱士元本』，後録鄭之惠本人序言。黄虞稷《千頃堂書目》卷十六、［乾隆］《浙江通志》卷二百四十五皆著録。

《測莊》僅擇取内七篇予以簡要評論。鄭之惠序云：『莊生之言，若有冥契者。世且以其言虚無，而詆其無用，烏知其趣哉！因取其内七篇，各爲之測。測者，圭測影，蠡測海，皆不能游於其樊而以己意爲之測度，余亦烏知莊生之趣，直測之而已。』説明鄭氏測《莊》的目的，是想得莊子之真『趣』。雖然，鄭氏亦稱自己『焉知莊生之趣』，但他還是對内七篇旨要予以簡單闡釋。

綜觀《測莊》一書，鄭之惠特别重視『遊』的概念，在闡釋内七篇時每每與『遊』相聯繫，如《逍遥遊》篇中説：『遊者，無用而無不用也。』《齊物論》篇中説：『寓者，遊也。遊者，無用而無不用也。』《養生主》篇中説：『安時而處順，不知悦生，不知惡死，且以之寓，且與之遊，此所謂帝之懸解也。』《人間世》篇中説：『彼且爲嬰兒，吾與之爲嬰兒；彼且爲無町畦，吾與之爲無町畦；彼且爲無崖，吾與之爲無崖：此之謂遊，此之謂寓，此之謂不得已也。』《德充符》中説：『遊與德之和而止矣。』《大宗師》篇中説：『真人直以爲寄寓而與之遊，不知欲生，不知惡死，焉知生之不爲死乎？死之不爲生乎？』《應帝王》篇中説：『故至人者，遊於無何有，遊於淡漠，遊於朕，以身世爲寄寓而托於不得已以應之。』可以説，『遊』是《測莊》的核心觀念，即是鄭氏所謂『莊生之趣』。

閔景賢對《測莊》評價甚高。其《測莊題辭》云：『故知《逍遥遊》，石人自遊也；《齊物論》，石人自齊也；《養生主》，石人自養也；《人間世》，石人自成一世也；《德充符》，石人自符一德也；《大宗師》，石人自爲一宗也；《應帝王》，石人自爲一應也。』稱鄭氏莊學能成一家之言，但終因《測莊》内容簡單，這在很大程度上亦不免爲過譽之辭。

此次影印石人隱士《測莊》一卷，據上海圖書館藏明天啓六年快堂刊《快書》本。

莊子權八卷　（明）金兆清撰

金兆清，字靈徹甫，浙江吳興人，生平事蹟不詳。著作有《麟指嚴》《莊子權》《楚辭權》等。

《莊子權》八卷，前七卷是對《莊子》內篇的注解，每篇各爲一卷；卷八爲附録，收有《郭子玄序》《阮嗣宗總論》《管見總論》《筆乘讀莊子（三則）》。書前有金兆清崇禎八年所撰《敘莊子權》《莊子權條例》及司馬遷《莊子傳》。其《敘莊子權》云：『夫物以有而礙，道以虚而通，出陰入陽，其用莫測，要在外應世而內全真，道不離而物自化。洋洋七篇，內聖外王之理備矣。』又《莊子權條例》云：『《莊子》之內七篇，經也，非子也。蓋其言救性命未散之初，而所以覺天下之世俗，雖恢譎佚宕於六經，豈非一本於道乎？』在金兆清看來，莊子所要闡述的內聖外王之道，以及想要復歸人類自然本性的良好用意，在內七篇中已經十分完備，故當以『經』視之，而『非子也』。此即其僅截取內七篇而爲之注解的理由。

在《莊子權》各篇眉欄，皆有不少批語，以文評爲主。如《逍遥遊》篇『湯之問棘』段眉批：『起筆亦似結語，托之《齊諧》而不足，又托之湯。』《人間世》篇『匠石之齊』段眉批：『即首篇樗樹之説，但變化得奇耳。又撰出社夢一段，妙絶！』《德充符》篇末段眉批：『就在惠子身上説出個益生模様，末二句結而不結，無限煙波。』這些都無疑有助於讀者感悟文章的藝術特徵，並加深對其中所藴奥義的理解。每篇皆有題解，其中或有引他人意見者，亦大致能揭示篇章宗旨。各篇分段録《莊子》原文，皆頂格書寫，後低一格作解。金兆清認爲，『魏晉之注，俱掇膚遺髓，顧影迷宗，得利於齒牙，而不能冥契乎心行』（《莊子權條例》），此後『諸解，或敷演清譚，或附會乘典，愈幻而愈迷，其宗卒未有以經還經，去邊見而遊乎三昧者』（《敘莊子權》），唯『因之（吳默）之天解出，以逍遥閑曠之旨，吐人倫日用之常』（同上），李騰芳之《説莊》，『其説之明切而曉暢』（同上），故於親爲注解而外，每每大段引録吳氏《莊子解》、李氏《説莊》之文，以深發莊子之本意。

依金兆清看來，《莊子》所言『内聖外王』之道，『何嘗迂闊，何嘗不曲中事情』（《敘莊子権》），要皆合於儒家聖人之説。他在《敘莊子権》中舉例云：《人間世》篇所謂『子之愛親，命也，不可解於心；臣之事君，義也，無適而非君也，無所逃於天地之間』，此『豈非天地間至正至當之理，聖人教人以忠孝之格言，不過如是！』《應帝王》篇所謂『杜德機』『杜權』，即《中庸》之『暗然』、《周易》之『退藏於密』，而所謂『明王之治，功蓋天下而似不自己，化貸萬物而民弗恃』，則『與「篤恭而天下平」、「無聲無臭」同一旨也。』凡此皆有以儒解莊的傾向。但細審各篇注解，此種傾向並不明顯。

兹據南京圖書館藏明崇禎八年刊《莊子権》八卷予以影印。

莊子南華真經三卷　（明）譚元春評閲　張溥參正

譚元春（1586—1637），字友夏，號鵠灣，别署嶽歸堂，湖廣竟陵（今湖北天門）人。明熹宗天啓間鄉試第一，與鍾惺同爲『竟陵派』創始人。著作有《鵠灣集》《譚友夏合集》《嶽歸堂集選》等。

兹所選譚氏評閲《莊子南華真經》，依《莊子》内、外、雜篇分爲三卷。前有張溥所撰《莊子序》，卷首題『景陵譚元春友夏評閲、太倉張溥西銘參正』。正文録《莊子》原文，有眉批、圈點、旁注；篇末附總論。黄虞稷《千頃堂書目》著録『譚元春《譚子遇莊》三卷』。湖北省圖書館所藏明刻本《鵠灣集》原收《遇莊》一卷，今僅殘存譚元春所撰《遇莊序》一篇、《遇莊總論》第二十二至三十三篇，而後者與譚氏評閲《莊子南華真經》中相關總論文字基本相同。

譚元春對《莊子》的評點，時有佛理化傾向。如云：『水停之盛，不形之德，始名全德，此與《楞嚴》月光童子入定化水何異？』（《德充符》評閲）此處將莊子所説内德修養闡釋爲佛經所謂月光童子入定化水之修習功夫。又云：『莊子所謂俗學俗思，猶禪家大乘之於聲聞辟支也。二乘去佛不遠，苦修實煉，惟廣大不如佛，呵之與六群生無别，其嚴若此。「繕性於俗學，以求復其初，汩欲於俗思，以求致其明，謂之蒙蔽之民」，正此意也。』（《繕性》評閲）此處以聲聞佛、辟支佛比擬莊子所批評的繕性於俗學俗思者，認爲其所謂的繕性以求復其初，正像聽聞佛陀言教或觀十二因緣而得覺悟者一樣，亦僅能遵照人們的説教來修繕情性，根本不可能臻於至道境界。當然，相比之下，譚氏在評點《莊子》時所表現出的儒學化思想傾向更爲明顯。在他看來，『莊子非不知聖人者，觀其「六合之外，聖人存而不論，六合之内，聖人論而不議，《春秋》經世先王之志，聖人議而不辯」，其蹤跡聖人至矣』（《馬蹄》評閲），而『篇中絮談禮樂刑政德教，備極精祥，有序有倫，居然周、孔端坐詔世……，滿幅君臣父子兄弟男女，尚親尚尊，尚齒尚賢，刺刺不休』（《天道》評閲），可見譚氏認爲莊子並未詆訕由孔子所開創的儒家學説。

然而，儘管譚元春在評點、闡釋時有一定的佛理化和儒學化傾向，但他卻『自信爲不謬不僻』（《與舍弟五人書》），認爲評閲《莊子南華真經》是自己晚年運用以莊解莊之思想方法精心著成的莊子學著作。他説：『童年讀《莊》，未有省也。十五年間凡六閲之，手背出沒，微殊昔觀。……閲《莊》有法，藏去故我，化身莊子，坐而抱想，默而把筆，泛然而遊，昧昧然涉，我盡莊現。循視内外，其有不合者，聽於其際與其數，如咒咒物，物利咒止，又如物獲咒益，不斷咒故，因而遇之，芒昧何極。口弄物外之言，手弄世外之事，稽厥行藏，伊可恥也，軀犢枯魚，心跡超然，因而遇之，情染一洗。』（《遇莊序》）説明譚氏十分自信自己已差不多成了《莊子》中得道者莊子的化身，千年一遇般地悟到了莊子真意之所在，找到了完全符合於莊子本意的解釋，所以他説：『「遇」之爲言甚活甚圓，莊子與讀《莊子》者，俱可不罪我妄也。』（《與舍弟五人書》）由於譚元春過於自信，使他對歷代人的《莊子》解讀多持有懷疑態度。他曾在《遇莊序》中説，他在童年之後的十五年間凡六次閲讀《莊子》，『其間四閲本文，一閲本文兼郭注，一閲郭、呂注，旁及近時焦、陸諸注，又回旋本文，……益歎是書那復須注，不易之言也。注彌明，吾疑其明；注彌貫，吾疑其貫。』認爲即使像郭象、呂惠卿、焦竑、陸西星等大家的注解，亦每與《莊子》本文相抵牾，故他更加感歎嵇康所謂『此書（指《莊子》）詎復須注』的説法不可改易。

對於《莊子》内、外、雜篇問題，譚元春亦有自己獨特看法。他説：『俗筆作内篇文，必使外篇、雜篇無以勝之。且如並心作内篇時，努盡心力，注射盤旋於一篇之中，務爲深切著明，何暇閒談？嗟乎，此俗筆之陋也。』（《應帝王》評閱）意謂俗筆著書，務重內篇，而莊子卻不如是。他接着舉例説：『大道要語，不外廣成空同之言。莊子寂寞恬憺根株，全胎此中，乃藏於《在宥》之篇，其篇爲莊子所停神結想無疑也。嘗疑《在宥》語意極似《應帝王》，而廣成秘密玄旨不入內篇，授毫俗手，定當以壺子相，與特室宗風較論銖兩，界爲內、外，而部署若此，吾不知何以「內」而何以「外」也。高疏之筆，漠漠人表矣。』（《在宥》評閱）此處意思是説，莊子寂寞恬憺之思想完全胎息於廣成子所論之大道要語之中，而像這樣的文字竟藏在《在宥》篇中，説明此篇必爲莊子所停神結想無疑，怎可説外篇文章不如內篇重要？至於雜篇，『如《徐無鬼》之篇，其最雜者矣。及讀終篇曰：「古今不代，而不可以虧，可不謂大揚搉乎？」乃知《莊子》全書，揚搉古今大事，特見於此也。』（《徐無鬼》評閱）此又説明，雜篇文章雖然使讀者頗有『雜』的感覺，但其中往往藏有精義玄旨，並非真的不如內、外篇重要。基於上述認識，譚元春便批評蘇軾、羅勉道關於《莊子》篇目的真僞觀，認爲被他們指爲贗品的若干篇目，其『義類』『文氣』與內七篇相比較雖各有特徵，但皆應當定爲莊子所作。他並指出，莊子在外、雜篇中安排這樣一些『不主一家』之作，『此莊之所以奇也』，『古文人奇怪不可測正在此』。不可否認，譚元春的此等説法僅是一種推測之辭，不一定符合實際，但他敢於一反傳統，與自蘇軾以來幾乎衆口一詞的説法相對抗，這對於活躍學術氣氛，開拓治莊者的思路，都極其有益。

此次影印譚元春評閱《莊子南華真經》三卷，據上海圖書館藏明崇禎八年刊本。

莊子提正一卷　（明）覺浪道盛撰

道盛（1592—1659），號覺浪，別號杖人、浪丈人，俗姓張，福建浦城人。幼習舉業，十九歲萌出世之想，密求瑞巖識源和尚剃落，掩關於福建夢華山中。萬曆四十四年，至江西董巖爲無明慧經慶壽，受具足戒。是年冬，又投慧經弟子元鏡禪師門下，後繼承元鏡衣鉢，荷擔大法。萬曆四十七年，始於江南各地布教弘禪，並以『真僧高道』『忠臣烈士』身份爲國説法，試圖振作民心士氣，以挽回明王朝衰頹局勢。入清後爲金陵天界寺主持，仍念念不忘明朝，遺民意識甚爲强烈。

在學術上，道盛既論禪學，又論儒學及諸子百家，並以溝通儒、道、禪爲其宗旨。其著述甚富，與莊子學有關者有《三子會宗論》《莊子提正》，皆收録於《天界覺浪盛禪師全録》。又曾全評《莊子》，其説多賴方以智《藥地炮莊》之收録而得以保存至今。《莊子提正》是一部完整的莊子學著作，全書由十大部分組成，開頭爲序論，此後依次爲《正莊爲堯孔真孤》《提内七篇》《提逍遥遊》《提齊物論》《提養生主》《提人間世》《提德充符》《提大宗師》《提應帝王》。今案方以智《杖人全集跋》云：『嗟乎時哉！鳳山杖人忽發堯孔托孤之論，而鹿湖老父亦致竹關下宫之辭，時節因緣，無容回避。』説明道盛撰《莊子提正》，倡導『堯孔托孤』之説，大致當與『老父亦致竹關下宫之辭』同時。所謂『老父亦致竹關下宫之辭』，即指方孔炤於清順治十一年甲午向方以智寄去《周易時論》稿子，命其編纂成書之事。則道盛撰寫《莊子提正》，亦當在入清之後。

方以智《杖人全集跋》謂道盛撰《莊子提正》，是『忽發堯孔托孤之論』。宋之鼎《莊子提正跋》也説，其『托千古之孤，真奇書也』。淩世韶《莊子提正跋》更指出：『吾師正其爲堯孔真孤，以冥其上天之載，即謂如教外别傳者，特以抑揚縱奪似之也。』『教外别傳』和『托孤』説，正是道盛《莊子提正》一書宗旨之所在。他在此書起首説：『莊周，戰國之隱者，能以古今之大道自任，又不甘於流俗，憫世道交喪之心獨切，不可以自禁，乃敢大言而無慚。之人也，予讀其所著《南華》，實儒者之宗門，猶教外之别傳也。』（序論）可見道盛稱《莊子》爲『儒者之宗門』『教外之别傳』，正所謂『此亦借之以比類』（序論），即以禪宗與佛教關係來比附莊子學説與儒家學説之關係。那麽，《莊子》到底何以稱爲『儒者之宗門』『教外之别傳』？在道盛看來，其理由之一是：『蓋其旨也，妙於以神化而移人心之天也。神之於天，則自然矣。自然者，天之别名，化之無跡者也。究之不外於慎獨致中和而冥聲臭，是彼固能先任天真之自然，而同人物冥於自然之天真也。』（同上）此謂莊子倡導順應自然，妙於以神化不測之理論來感化人心，使之復歸於自然之天真，這與儒家經典《中庸》所謂以『慎獨』『盡性』來『致中和』『與天地參』等思想相一致，所以説：『其所著《南華》，實儒者之宗門，猶教外之别傳也。』其理由之二是：莊子大約因憤於世俗之儒及治方術者不能知天立宗，竟使儒學如江流日下而無可挽回，乃慨然撫心自問，是否可找到一種挽救的方法。正是在此俯觀仰視，憤疑之極之際，他終於惺然覺悟而有以自慰，於是好像説：自開天闢地之後，儒家聖賢伏羲、神農、黄帝、唐堯、虞舜、夏禹、商湯、文王、武王、孔子、顔回等，能根據人類之自然本性，爲民生日用製作法度，使之各安於性命之情，這本來並無可非議。但後世『不能知其所以』，乃『愈效其跡』『愈敝其神』，致使這些日用製作法度漸趨『支離』『生事』『多知』，甚至導致『世道交相喪』之壞局面。莊子至此似已完全明瞭儒學衰頹的癥結所在，便指出挽救儒學的根本方法即在於徹底去掉日用製作法度之末節，而以『簡易』『無爲』『無識』的古代聖賢之道來治理天下，使天下百姓各安其身世性命，此即所謂『追其本而救之』。可見莊子所思所想，實爲『儒者之宗門』『教外之别傳』。其理由之三是：由於天下皆沉濁，不可與莊語，莊子不得已乃采用『縱横殺活、隱顯正奇、放肆詭誕、喜笑怒罵』等言説方式，來闡發其神化自然之旨，故而我等應透過這些言説方式，窺見莊子所示『密意』中『有主有賓』『有權有實』，即其所借伏羲、黄帝、唐堯、虞舜、孔子、顔回等乃是『主』，老聃、許由、壺子、列子、楊朱、墨子、惠施等乃是『賓』，而『放肆詭誕』『喜笑怒罵』等乃是『權』，『直指其天真』『使天下疑怪以自得之』等乃是『實』。道盛從而斷定，實在無人比莊子更能稱讚儒家聖賢，亦實在無人更可稱爲『儒者之宗門』『教外之别傳』了！

在『證成』莊子爲『儒者之宗門』『教外之别傳』後，道盛進而提出『托孤』説。今細審道盛之『托孤』説，乃是化用《史記·趙世家》所載程嬰、公孫杵臼合謀保全趙氏真孤之典故而來，謂莊子因有見於當時儒者『不知有堯孔之宗，惟名相功利是求，不至殺奪不饜』，治方術者則『竊仁義禮樂而殺奪，以喪亂其統宗，使堯舜危微精一、孔顔至誠天命之道，並歸於殺奪』，致使堯孔嫡血正脈孤而不存，内聖外王之道不能爲後世所宗承，於是乃有托孤之懼，便借荒唐自恣之言，將堯孔宗脈密藏於《大宗師》《應帝王》等篇之中而使後世有所宗承，此即所謂『莊生所立言之真孤，雖天地覆墜，不能昧滅也。』

那麽，道盛倡導『托孤』之説，其更深用意到底是什麽？明遺民曾燦云：『往余與無可大師（方以智）遊，得參天界浪杖人。杖人主持象教者四十餘年，而聽其緒論，無一不歸之忠孝。故其門下士，半皆文章節義、魁奇磊落之人，或至有托而逃焉者。』（《離六堂詩序》）説明道盛之『托孤』説，雖然不外是唐宋以來儒、道、釋三教不斷走向融合之必然反映，尤其可看成是對韓愈《送王秀才序》、王安石《莊周》、蘇軾《莊子祠堂記》中有關説法之承因與發揮，但其中顯然已多了一份『忠孝』之心，寄托了明遺民們渴望復興故國之共同願望，此即所謂道盛倡導『托孤』説之更深用意，體現了中華民族的傳統愛國精神。然而，道盛此等説法畢竟不是得之於嚴密的推證，而是憑着一股『熱情』推測出來，顯然有違儒道對立的基本事實，故不可據以解讀《莊子》。

此次影印覺浪道盛《莊子提正》一卷，據明末清初刊《嘉興藏》所收《天界覺浪盛禪師全録》本。

南華詁六卷

（明）魏光緒撰

魏光緒（1594—1641），字孟韜，號元白，山西武鄉縣人。明萬曆四十一年進士，授行人平命使，升任雲南道監察御史。天啓三年，補福建道，撫按山東。崇禎初，晉秩少京兆，升太僕寺正卿，旋罷歸。魏氏立朝剛直，不避權貴，人稱鐵面御史；又好義樂施，鄉里咸德之。著作有《撫楚奏議》《西臺封事》《家乘帶草樓詩稿》《邑乘公志》《潞水客談》《南華詁》等。

《南華詁》六卷，前有魏光緒《南華詁自敘》、唐暉（崇禎十年）《莊子詁序》、佚名（崇禎十年）《南華詁序》及司馬遷《莊周列傳》、魏光緒《凡例》。據唐暉序『魏公納楚節歸，亦著有《南華詁》』等語，則此書爲魏光緒於崇禎八年（1635）被罷官歸田後所著。是書卷首題『武鄉魏光緒元白甫注』；各篇原文皆分段，頂格書寫，段後注釋則低二格；內七篇皆有題解，篇末附總論。注釋後間有論述文字，或引他人之語爲之，如郭象、呂惠卿、黄庭堅、楊時、林希逸、褚伯秀、羅勉道、焦竑、陸西星、楊起元等，皆在徵引之列。

魏光緒曾於崇禎間受命往楚，先後蕩平多處農民起義，故其詁《莊》，於『亂臣賊子』，自有不同説法。其詮釋《胠篋》篇云：『田常盜齊，盜跖聚衆，此皆惡之大者，而當時周室衰微，無一人聲罪致討，莊生憤激於中，推言盜道，歸咎聖人。』魏氏此等説法，自是有感於明末『盜賊』蜂起而發，與《胠篋》篇抨擊聖智仁義、《盜跖》篇破除是非觀念之主旨，顯然不相吻合。然其於字詞之考釋，雖不可盡信其『覈正其十之八』（《凡例》）之言，卻不乏值得重視者。如《庚桑楚》篇『夫復謵不餽而忘人』，魏氏考釋云：『復，反復；謵，讋也；餽，疑當作「媿」。復謵不餽，言反復震讋而無所媿怍，忘乎人者然也。』《天道》篇『鼠壤有餘蔬而棄妹之者，不仁也』，魏氏考釋引《字彙》云：『妹，音末。夏有妹喜，與「妹」字而不同。《莊子》「棄妹不仁」，謂末學不誘納而棄之，是爲不仁。』此等解釋，皆與前人甚爲不同，故其復於《凡例》中云：『棄妹不仁，妹音末，而群訓爲妹；復謵不餽而忘人，謵音慴，不訓爲習，而强以習解，是安所從來哉？』總之，魏氏堅信『字必有義，覈諸其字，而義斯顯，奚必耳食於舊解乎！』（《凡例》）這種敢於懷疑舊注的精神，自然值得肯定。

《南華詁》各段注釋後之論述文字，多以揭示章旨、梳理文脈爲主。如《逍遥遊》篇『湯問』一段，魏光緒論述云：『因論「小」「大」二字而重言以結之，欲人開廣意慮，無局近小而自失其逍遥之本體也。』《齊物論》篇『大塊噫氣』一段，魏氏論述云：『將言人心觸物而變，故先以風之觸物者言之。』『知風，則知人心矣。』凡此，對讀者探求章旨、理解脈絡，皆甚有幫助。

兹影印魏光緒《南華詁》六卷，據湖北省圖書館藏明崇禎十年刊本。

南華經集注七卷　（明）潘基慶撰

潘基慶，據黄虞稷《千頃堂書目》卷十六及［乾隆］《浙江通志》卷二百五十二引［崇禎］《烏程縣志》載，字良耜，浙江烏程人，萬曆四十六年貢士，生卒年不詳。清四庫館臣爲潘氏《古逸書》三十卷作提要，謂其爲松江人，疑誤。

黄虞稷《千頃堂書目》卷十六著録爲『潘基慶《老莊解》』，而今所見明刻本潘基慶所著卻名《老莊會解》，其中所刻《南華經》，卷首題『周蒙縣莊周子休著，明烏程潘基慶良耜集注』，書前有郭象《南華真經序》、陳江總《莊周頌》、司馬遷《莊子列傳》《總論》（四則）、《南華經目》《南華經例》（九則）。潘基慶在《總論》中説：『《莊子》内篇七，結語神奇逸恣，神龍見首不見尾，此見首於尾。……《逍遥遊》之有用無用，《齊物論》之周與蝴蝶之物化，《養生主》之火傳也，

《德充符》之以堅白鳴，《人間世》之命也夫，到七篇都盡，卻撰寫「儵忽渾沌」一段，結之曰「七日而渾沌死」，言七篇每篇一竅，天機發盡，死矣，無言矣，雖此老復出，亦無言矣。』認爲內篇七篇是一個十分完整的邏輯結構體系，莊周學説的宗旨已盡於此。於是，全書以內七篇爲宗，『取外篇、雜篇分疏其間』(《南華經例》)，而移《天下》篇於卷首，題曰『莊子自敘《天下》篇』。即：《逍遥遊》卷一，附以《繕性》《至樂》《外物》《讓王》；《齊物論》卷二，附以《秋水》《寓言》《盜跖》；《養生主》卷三，附以《刻意》《達生》；《人間世》卷四，附以《天地》《山木》《庚桑楚》《漁父》；《德充符》卷五，附以《田子方》《知北遊》《列禦寇》；《大宗師》卷六，附以《駢拇》《徐無鬼》《則陽》；《應帝王》卷七，附以《馬蹄》《胠篋》《在宥》《天道》《天運》《説劍》。應當指出，潘基慶如此分類多有不妥之處。如《繕性》篇爲修養論，若分類，則當附於《養生主》篇之後；《天地》篇爲政治論，當附於《應帝王》篇之後；《知北遊》篇爲道體論，當附於《大宗師》篇之後。但又必須看到，潘氏以外、雜篇分屬於內篇各篇之後，由此來以莊解莊，這在《莊子》解讀史上實爲一突破性創新。清周金然著《南華經傳釋》，便是對潘氏此種解讀方法的進一步運用。

潘基慶《南華經集注》，隨文注解，並有圈點。內七篇皆有題解，每卷首篇末附音注，並引諸子、釋典及各家解莊之説，諸如《關尹子》《管子》《列子》《鶡冠子》《鬼谷子》《呂氏春秋》《淮南子》《譚子化書》，並《圓覺經》《楞嚴經》《楞伽經》《法華經》《法寶經》《金剛經》，以及桓譚、郭象、戴安道、支遁、劉孝標、袁宏道、楊慎、吴默等人之説，皆在徵引之列。潘基慶如此廣徵雜引，尤其是大量徵引佛典文字來解釋《莊子》，顯然與他倡導的以莊解莊的方法相矛盾。但今通讀潘氏《南華經集注》全書，其中徵引最多者還是明代吴默《莊子解》之文字，爲我們保存了這部已佚莊子學著作的大部分內容。

茲據明刊潘基慶《南華經集注》七卷予以影印。

南華經句解四卷　（明）陳榮選撰

陳榮選，字克舉，號鼇海，福建同安人，生卒年不詳。萬曆四年鄉貢士，歷知劍、儋二州，升廣州府同知，以礦税事起，棄官歸。著作有《周易注》《尚書注》《禮記注》《道德經句解》《南華經句解》等。

《南華經句解》，又稱《南華全經分章句解》，前有蔡復一所撰《陳鼇海先生傳》，卷首題『輪山鼇海陳榮選著，七世孫廷信藩伯、廷尹達伯重梓』。順文作解，並加圈點眉批，部分題目下有題解。今通讀《南華經句解》全書，可發現其中題解、注解、眉批，多節録於林希逸《莊子鬳齋口義》、陸西星《南華真經副墨》等書，並無多大發明。

蔡復一《陳鼇海先生傳》云：『史遷談道術，謂孔、老互相詘，而吾邑鼇海陳公，獨深論其不然。』確實如此，陳榮選在《南華經句解》中時有將儒、道混爲一談之處。如他爲《天下》篇作眉批，便因襲林希逸云：『莊子於篇末敘古今之學術，亦猶《孟子》之敘聞知見知也。……蓋其亦以所著之書，皆矯激一偏之言，未嘗不知聖門爲正也。讀其總序，便見他學問有自來矣。』認爲莊子於《天下》篇中，特意將儒家學説放到最重要的總論中來鋪述，而又深知自己之放言皆不免爲『矯激一偏之言』，所以心甘情願地自列於百家之林，説明莊子本來就懂得孔門學説甚是醇正，則其學問分明來自孔門儒學。但通觀《南華經句解》一書，像這樣以儒解莊之現象並不多見，在大多數情況下，陳榮選還是能自覺擺脱林希逸等人以儒解莊思想之影響。如他在節録林希逸爲《逍遥遊》篇所作題解時，便删去其中具有明顯儒學化傾向之言辭；在節録林氏爲《繕性》篇『古之所謂得志者』一段文字所作注語時，便删去其中所引《孟子》之語；在節録林氏爲《庚桑楚》篇『宇泰定者』一段文字所作注語時，便删去其中所引《中庸》之語，從而使《南華經句解》基本上顯示出以莊解莊之風格。同時，陳榮選此著亦能自覺擺脱陸西星等人以佛教、道教思想解莊之影響。如陸西星認爲《齊物論》篇之『真君』，即同篇所謂『真宰』，『禪家謂之真主人，道家（教）謂之元神』。而陳榮選在節録陸氏這一注解時，則僅僅選用其所謂『真君即真宰』一項内容，這更是《南華經句解》具有以莊解莊傾向之典型例子。此外，陳榮選《南華經句解》所鐫眉批，雖多節録於林希逸、陸西星等人著作，但大都選得較爲精煉，且偏重於藝術技巧分析，對讀者理解《莊子》藝術特徵有較多啓發。

陳榮選《南華經句解》四卷，有明末重刊本、清乾隆三年饒青軒重刊本。今據南京圖書館藏乾隆饒青軒重刊本予以影印。

南華經要删注釋評林十卷

（明）陳榮選校輯

陳榮選生平事蹟，已見《南華經句解》提要。其所校輯《南華經要删注釋評林》十卷，卷首題『後學龕海陳榮選校輯』。書前有司馬遷《莊子列傳》、郭傳芳萬曆十四年《刻南華經評注敘》和陳榮選萬曆十四年《南華評注敘》、跋語。正文有音注、圈點、旁批、眉批，少數篇目有題解。

據《南華評注敘》，陳榮選『中歲以積疢習靜，竊有意於坐忘緣督之説』，因『停閲經史』，用心力於《莊子》，深悟『其寓言或傲倪而爽實，要其存心定性，與吾儒原非逕庭也』。由是，陳氏評注《莊子》，不免有儒學化傾向。如其《逍遥遊》篇題解引林希逸語云：『《論語》之門人形容夫子祇一「樂」字；《三百篇》之形容人物，如《南有樛木》、如《南山有臺》曰「樂祇君子」，亦止一「樂」字。此之所謂逍遥遊，即《詩》《論語》所謂「樂」也。』其實，莊子所追求的是出世逍遥，並不可如陳榮選這般，將其與儒家的安命守窮之『樂』混爲一談。但從總體上看，陳氏對莊、儒的區别仍有較清醒的認識，如所謂『六經，學者之正印也；《南華》，亦文章之指南也。孔氏，萬世共宗之師也；漆園之豪氣逸詞，亦養生者、操觚者一時藝業之師也』（《南華評注敘》），即不失爲有見地之言。

基於上述認識，陳榮選在對《莊子》義理的闡釋上，着力揭示其有關『存心定性』者，諸如抱一守和之義，逍遥物外之意，樂天安命之旨等，皆爲其所措意。但在陳氏看來，『《南華》兼尚詞氣，故其言跌蕩戲劇，欲讀者心醉而不能釋』（《南華評注敘》），且『性不可聞，命不可知，乃兹葆真之學，尤超塵垢之外』（跋語），所以必須力避『郭子玄、林希逸諸家注釋，大率瀚漫難尋』（同上）之失。乃『詳閲互注諸書以證其謬誤，又妄節口義以明其意旨，間亦參以膚見爲之評釋』（《南華評注敘》），並『更爲纂輯，使讀者一覽而音義瞭然』（跋語）。今通覽全書，陳榮選所用評注方法確實豐富多樣，對讀者整體把握《莊子》本文，探究深隱其中的奧義，皆應較有幫助。但因此書是『纂輯』類著作，屬於陳氏本人的見解畢竟不多，而像書前《南華經要删注釋評林目録》，各篇目下皆列若干子標題，旨在分出章節，讓人一目瞭然，卻皆迻録於朱得之《莊子通義》，並無陳氏所添新意；而書中注釋、旁批、眉批，則多節録林希逸《南華真經口義》、陸西星《南華真經副墨》、朱得之《莊子通義》等書文字爲之，亦少有創意可見。

茲據上海圖書館藏明萬曆十四年刊《南華經要删注釋評林》十卷予以影印。

南華經薈解三十三卷　（明）郭良翰撰

郭良翰，兵部尚書郭應聘之子，字道憲，福建莆田人，生卒年不詳。萬曆中，以蔭官太僕寺寺丞。著述頗豐，有《忠義類編》《問奇類林》《續問奇類林》《象賢録》《歷代忠義彙編》《齊治要規》《明謚紀彙編》《周禮古本訂注》《老莊薈解》等。《南華經薈解》在《老莊薈解》中，《明史》卷九十八、《千頃堂書目》卷十六等皆著録。前有林堯俞萬曆四十六年《南華經薈解序》、陸夢龍《南華經薈解序》、郭良翰萬曆四十四年《南華經薈解説》及《南華經薈解凡例》，卷首題『明莆中郭良翰道憲甫輯』。郭良翰自謂『非敢謂足解《莊》，亦非敢謂能加於前之述者，依經緝注，隨注析經，遊戲於子玄諸子之間，一任乎「然於然」「不然於不然」「知之知」「不知之不知」之境』（《南華經薈解説》），故其著《南華經薈解》，以輯録歷代名家注解爲主，諸如郭象、支遁、吕惠卿、王雱、陳景元、陳詳道、林自、趙以夫、李元卓、洪邁、范元應、褚伯秀、劉辰翁、羅勉道、朱得之、唐順之、陸西星、孫鑛、焦竑、陳懿典、李光縉、李騰芳、吴默、陶望齡等，皆在徵引之列。

郭良翰在《南華經薈解凡例》中説：『茲内注多主林希逸《口義》，而博摭之諸子百家，務求字義了了，一閲洞然而止。間有舊説未詳，新訓復舛者，以己意解譬，要於旁通曲鬯，幾於嘔心枯髯，所謂思而不通，鬼神其通之者也。』今觀全書，天頭鐫簡單評語，地脚列崔譔、司馬彪、徐邈、李軌諸家音釋，而大量的文字則爲版框内各篇題解和每篇各章後之注語，皆低一格小字書寫。其中題解、注語皆『博摭之諸子百家』，唯每章後首段注語未冠注者姓名，爲郭良翰損益林希逸注語而成，即所謂『注多主林希逸《口義》』者。今細審郭良翰之注，雖確有『字義了了』『一閲洞然』之特徵，對林希逸以儒解莊之語亦有所删削，但發明創見之處終嫌過少。要之，此著確實不以自呈己見見長，然與陳懿典《新鍥南華真經三注大全》相類似，亦以收輯資料繁富取勝，尤以大量保存吳默《莊子解》佚文而顯示其價值。

郭良翰《南華經薈解》三十三卷，有明萬曆四十六年南郭萬卷堂刊本、天啓六年刊本。今據天啓六年刊本予以影印。

南華真經本義十六卷附録八卷　（明）陳治安撰

陳治安，字爾道（邇道）、汝道，一字鏡清，浙江會稽人。明萬曆三十四年（1606）中舉，萬曆四十五年任武昌令，次年即丁母憂歸家，天啓二年補新化令，天啓七年移任江西德興，隨即轉徙湖南安仁，崇禎元年自安仁歸。此後一直賦閑在家，以著書自娱，無疾而終。爲官清廉，頗有德政，［康熙］《會稽縣志》稱其『以古法治民，清若止水』，並贊其『詩甚清遠，越畦徑之外。所著古文，詞近歐柳』。著作有《梅山記事》《正言》《諭俗》《南華真經本義》等。

《南華真經本義》十六卷，前有陳治安所作自敘五篇，卷首題『會稽陳治安爾道父注、男嗣宗小阮父較』。正文有題解；分段録《莊子》原文，間有順文雙行夾注，後低一格作解。陳氏前四篇自敘皆作於崇禎二年，而第五篇自敘則作於崇禎五年，並云：『銀陽多暇，作《莊子》解，名爲《本義》。既有《敘》四篇，茲來典國，再更寒暑，暇即覽觀，時有删改。意所不盡於前敘者，復作第五敘。』據此，則陳氏《南華真經本義》初稿當完成於崇禎二年，而其後數年之間，『暇即覽觀，時有删改』，直至崇禎五年纔徹底修改完畢。又陳治安於《徐無鬼》篇末云：『丁卯夏日，偶爲分疏此篇，因欲解竟《莊子》。俄攝德興，又移攝安仁，遂棄去。戊辰冬，自安仁歸，遂取三十三篇，盡爲之詮解，據見以陳，自爲頗不失其發言本意，而未知果不失其本意否也。此篇則詮解所自始，故記之。』丁卯、戊辰分别爲天啓七年（1627）、崇禎元年（1628），可見陳氏著《南華真經本義》，從起始到修改完畢，共經歷五、六年時間。這一時期，正是明王朝日益走向衰頽之際，明末農民大起義即始於天啓七年，因而陳氏在此著中偶爾流露出衰世情緒。其闡釋《逍遥遊》篇云：『海運者，是桑田蒼海相變之運會，不得不徙之時也。』如此解釋『海運』一詞，似祇能理解爲陳氏已有大廈將傾之預感，乃借此以抒發之，實在前無古人。

陳治安自謂『予生而多病，嘗欲治之，昨離去簿書，得取《莊子》爲之解，比三十三篇解竟，病亦良已。』(自序一)説明他著《南華真經本義》，其重要目的之一，便是爲了『養生』『治病』。而在陳氏看來，『《莊子》三十三篇，道家也，其旨在凝神葆息』(同上)，故在闡釋《大宗師》篇時遂謂『莊子修不死之術，上言忘情生死』，在闡釋《養生主》篇時又謂『攝生在精氣神，而人之精神，至於耗匱者，爲嗜欲汩心也。故節欲保精，所以立基，凝神調息，所以永命』，顯然摻雜了較多道教養生術思想。同時陳治安還認爲，『極莊子之清淨已全體似佛，佛則并空天地』，亦『扶生治病之藥石也』(自序一)，故其解釋莊子所謂『野馬』(《逍遥遊》)、『瞻彼闋者，虚室生白』(《人間世》)、『無聽之以耳而聽之以心，無聽之以心而聽之以氣』(同上)等，皆較多徵引佛教思想資料，具有一定的佛理化思想傾向。但從《南華真經本義》全書來看，陳治安卻基本上采取以莊解莊的方法，因而此著仍不失爲一部比較接近莊子本義之著作。

陳治安還每每運用外、雜篇以詮解内篇。他説：『《莊子》大意已盡在内篇，後之外篇、雜篇，雖各自爲説，有若爲内篇注解者。今吾試取《達生》解《逍遥遊》，《寓言》解《齊物論》，《外物》解《養生主》，則莊子作是三篇之意，自了了可見。……吾又取《山木》篇解《人間世》，《田子方》解《德充符》，《天地》篇解《大宗師》，《在宥》《天下》解《應帝王》，則莊子作是數篇之意，又居然可見，不待後人爲説以解，而是數篇已先有其解。舉此數篇以推餘篇，亦不必一一曰某篇解某篇，而參觀互證，理自玄同，不待後人爲説以解餘篇，而莊子於餘篇無不各有其解。』(自序四)像這樣以外、雜篇來詮解内篇，雖然多有牽强附會之嫌，但畢竟頗有創意，能爲研治《莊子》者開拓新思路。

除卻對以往各家闡釋指向多表不滿，陳治安對自蘇軾以來所持之《莊子》篇目真僞觀亦甚有異議。在他看來，《讓王》篇『敘事或簡或煩，造景必奇，有情必肖，時立論案，變化無端，此千古奇文』(《讓王》題解)，非莊子本人不能爲此，決不可從蘇軾之説，以爲後人竄入者。陳氏又指出，『聖人不因詆毀遂變生平，桀跖又豈因衆人之詆毀而遂變其爲桀跖，此《盗跖》篇所由作』，而『蘇子瞻不察此意，真以《盗跖》篇爲詆毀聖人，思爲莊子諱』(《盗跖》題解)，便錯將此篇説成贋品。《説劍》篇爲『莊子之寓言』，旨在批判『當時諸侯好戰鬥而劍客重』之社會現實，而蘇軾不明此意，『輒以爲他人贋作』(見《説劍》題解)而甚欲去之。至於《漁父》篇，陳氏亦認爲『非莊子不能有此胸襟見解』(《漁父》篇末總論），豈可盲從蘇軾之説而『輕詆其僞』？要之，陳治安能廣陳理由，力辟蘇軾之説，對《讓王》等四篇有着獨特看法，然其所持尊孔崇儒觀點，仍與蘇氏等人頗相一致。

此外，書末尚附有《南華真經别録》八卷。其卷一首爲《宗傳》，所録有關莊子宗傳資料相當豐富，然多爲道教徒所造之説，不可目爲史實。繼爲《逸語》，録王應麟《困學紀聞》所輯莊子逸語而又增益三條文字，分别輯自嚴遵《老子指歸》、司馬遷《史記·日者列傳》、張華《博物志》，補輯之功實不可沒，但其輯自嚴氏《老子指歸》者，並非《莊子》逸文。卷二至卷八爲《品評》，陳治安所作《莊子本義附録序》云：『自戰國、兩漢，至於皇明一千九百三十餘年，荃宰文人，隱倫仙釋，行議文章有關《莊子》者，録爲《莊子品評》，自第二卷至第八卷，中間品識不同，歸趣迴異，世有汙隆，亦因以見文章之代變。』應當承認，陳氏用力甚勤，其所輯《品評》七卷，内容之豐富，實爲此前所未見，據此足可窺見歷代品莊之概況。

陳治安《南華真經本義》十六卷、附録八卷，有明崇禎五年刊本、清道光十五年紅蘭山房重刊本。今據北京師範大學圖書館藏明崇禎五年刊本予以影印。

南華真經注疏四卷 （明）程以寧撰

程以寧，道號復圭子，程兩峰之子，新安（今屬安徽）人，生卒年不詳。著《太上道德寶章翼》二卷，以白玉蟾《道德寶章》爲藍本，采擷呂知常、吳澄、李贄、焦竑、釋德清等十餘家説，並附以己見，稱『復圭子曰』。《南華真經注疏》四卷，每篇首有解題，雙行夾注，間附注音，雜采郭象、陳詳道、李士表、陸西星等家之説，篇末附以己見，亦稱『復圭子曰』。書前依次有鄒忠允《南華真經注疏序》、程以寧《南華真經注疏自序》、汪伯修《南華真經注疏題詞》。書末有程以寧《南華真經注疏傳神集後序》，作於崇禎十年（1637）八月。

據程以寧自序『予先人程兩峰翁，酷好讀《南華》，每有超見，因予過庭而輒以垂訓，予曷敢忘焉』云云，則其研治《莊子》，自有家學淵源。鄒忠允序又謂：『數載以來，復圭時潛心《南華》。癸酉春，頓悟其爲丹經之祖，鯤魚即丹經之水虎，鵬鳥即丹經之火龍。』癸酉爲崇禎六年，説明程以寧在此前數年已開始潛心研治《莊子》，而至此忽悟《莊子》爲丹經之祖，直到崇禎十年撰寫後序，中間又花去四年時間，則其著《南華真經注疏》，甚是花費時日與心力。又汪伯修題詞云：『復圭得以知命之年而遊方外，以性命之學而注疏《道德》《南華》經，數年晝夜不倦，非仙翁累顯神通，復圭安能壯其精神，愈鼓而愈旺乎？』這復又説明，《南華真經注疏》爲程氏五十歲後『數年晝夜不倦』所取得的成果。

所謂『癸酉春，頓悟其爲丹經之祖』，是指程以寧遊於方外後乃以《莊子》爲談論丹術之書。汪伯修題詞謂程氏以科場失意而遊於方外，乃以道教性命之學注《莊子》，正可佐證這一點。程以寧後序亦謂：《莊子》書中所述性命之學，不但合於人類之生命規律，而且還與天地之運行合度，無疑是天仙所授『達生死之變』『明内聖外王之道』，乃至接命延年之密訣，因而須用道教丹術理論予以解釋。通觀全書，程以寧以道教丹術觀念闡釋莊子思想，主要表現在對《逍遥遊》篇之詮釋上。

程以寧還每每徵引陰陽五行理論來闡釋《莊子》。如他在闡釋《養生主》篇時説，『丁』爲『火』，屬陽，而『牛』爲『坤』，屬陰，故庖丁解牛乃是『以吾身之陽神而與群陰神戰』，庖丁『三年之後未嘗見全牛』，乃是表明『群陰已剝盡矣』，從而把莊子所説養生之道看成是戰勝『陰魔』之過程。他在闡釋《應帝王》篇時，以儵爲火德，忽爲水德，渾沌爲土德，認爲『儵與忽時相與遇於渾沌之地，渾沌待之甚善』，便是寓意『人身之水火會合於中宫之土』。凡此，皆與莊子本真思想相去甚遠。

當然，就程以寧《南華真經注疏》全書來看，其多數闡釋仍較爲忠實於莊子原意，並無明顯的丹術化觀念，或陰陽五行化傾向。有時，他還能提出某些獨到的見解。如其闡釋《寓言》篇云：『此篇先生自敘立言之意，寓言猶詩之比體，所言在人事，而所指多在大道。』此處對莊子寓言性質的認識極爲深刻，尤其與詩歌之比興手法聯繫起來論述，更可見其别具隻眼。

此次影印程以寧《南華真經注疏》四卷，據華東師範大學圖書館藏清嘉慶間刊《道藏輯要》本。

南華春點八卷　（明）劉士璉撰

劉士璉，字席白，江西螺川人，生卒年不詳。崇禎七年（1634）進士，官參政。

《南華春點》八卷，前有崇禎十一年劉士璉《自序南華春點》、劉理順《劉席白先生南華春點序》。劉士璉自序云：『謬覺《南華》一書，靈足以濟經，逸足以用史。再其真落於幻，幻歸於實，實變而化，虚圓之妙，誠如搖波之月，戛澗之松，若有若無之間，令人莫可方物。』此處論述《莊子》，既能着眼於其有用性，又能指出其虚幻性，具有一定的獨特眼光。

據劉士璉自序，其在備員禮部郎職期間，因有感於『大都制舉子業者，取古文爲骨力，取時文爲精采，而古文自六經、《左》《史》而外，似難乎其爲言矣』，便於『署事之暇，思欲有以培植斯文』，『因取夙昔臆標《南華經》，再次點正，質諸同郎較之』，『因以春官點次，題端《春點》，付諸梓行，用以見舉業家亦各有一得之愚。』劉理順之序亦謂：『劉席白先生示余手標《南華春點》，條分析解，不第本書肯綮了然，其活翻靈撥處，放者斂，幻者真，理至經生，令莊子不作千古玄談士。』但通觀《南華春點》一書，全部襲自釋性涌《南華發覆》，甚至一字不易，大致僅是删去原書序跋，何可謂爲劉士璉所『點次』『手標』？又案此書各卷首皆題『螺川劉士璉席白父注』，然各卷首及大多篇題下所題校對者，則多爲釋性涌《南華發覆》所題之姓名字號，且《大宗師》《應帝王》篇首仍留有『《南華發覆》』字樣。凡此皆足以説明，《南華春點》八卷乃是由劉士璉或書賈剽竊釋性涌《南華發覆》而來。今同樣予以收録者，以其對全面認識晚明莊學仍有一定作用。

茲據美國國會圖書館藏明刊《南華春點》八卷予以影印。

南華經臺懸三卷　（明）吴伯敬撰

吴伯敬，字長輿。據《江南通志·選舉志》載，伯敬爲宣城人，明萬曆三十一年（1603）舉人，然今所存《南華經臺懸》，卷首題『延陵吴伯敬』。著作有《緑漪園集》《道德經臺懸》《南華經臺懸》。

《南華經臺懸》三卷，以內、外、雜篇各爲一卷，而黄虞稷《千頃堂書目》卷十六著録爲「吴伯敬《莊子臺懸》四卷」，顯然有誤。全書録《莊子》三十三篇原文，順文雙行小字作注；偶標直音，皆圍以外圈；各篇均不分章，但每有論説分插其間，以分析歸納各節大意。注中引述，嘗涉及楊雄、司馬彪、支遁、邵雍、呂惠卿、黄幾復、楊時、李士表、朱熹、林希逸等人，以及《左傳》《韓非子》《爾雅》《呂氏春秋》《淮南子》《搜神記》等書文字，而以徵引郭象注最多。

與當時一般治莊著作相較，吴伯敬此書更爲關注《莊子》異文現象。如《讓王》篇「廬水」，吴氏校云：「一作『盧水』。」「瞻子」之「瞻」，校云：「《淮南》作『詹』。」「真惡富貴也」，校云：「《呂氏春秋》作『非惡富貴也，由重生惡之也』。」又《應帝王》篇「既其文」之「既」，吴氏校云：「《列子》作『無』。」「萌乎不震」之「震」，校云：「《列子》作『罪』。」「全然有生」之「生」，校云：「《列子》作『灰』。」「鯢桓之審」之「審」，校云：「《列子》作『潘』。」「虚而委蛇」之「委蛇」，校云：「《列子》作『倚移』。」如此比勘《莊子》本文，甚有開創風氣意義。至晚清吴汝綸點勘《莊子》，猶多引《呂氏春秋》《淮南子》《列子》等書作比對，成績頗爲可觀。

《南華經臺懸》尤可稱道者，還在於著者所作注釋，少有抄襲他人者，且要言不煩，切實熨貼而不獵奇，復爲三十三篇撰寫題解，不以內、外、雜篇而分軒輊。其中有些見解，甚是值得重視。如云：「至其（指莊子）自術（述），則曰『獨與天地精神往來』，故人知莊子，不若莊子之自知。莊子知道，而知莊子者，莊子也。」（《天下》題解）吴氏此言，實足以矯正自王安石以來，每引《天下》篇莊子自述以附會儒家者。然引儒、釋解《莊子》，既已蔚成風氣，故吴氏著此書，亦不能免於此弊，不過偶有所見，誠未足爲病。

兹影印吴伯敬《南華經臺懸》三卷，據中國國家圖書館藏明萬曆三十八年吴士京刊本。

傅青主先生法書南華經　（明）傅山撰

傅山（1607—1684），字青竹，後改青主，別字公它、僑僑山等，山西陽曲人。明亡後，衣朱衣，居土穴中，號朱衣道人，又有真山、濁翁、石道人等别名。早在崇禎時，曾發起諸生赴京請願，勇挫閹宦權奸。入清後，以抗清案牽連入獄，抗詞不屈，絶粒九日。康熙中徵舉博學鴻詞，被迫舁至京師，以死拒不應試，特授中書舍人，仍托老病辭歸，遺民意識甚爲强烈。學問該博，尤精通經、史、諸子、佛、道之學，兼工書畫、金石，復又妙解醫理。

《傅青主先生法書南華經》，影印於民國十年，内收傅山小楷手書《莊子》原文四件：一爲《人間世》篇，落款『僑僑山書』，有傅山自跋，及民國十年（辛酉）錢塘朱善元跋語；二爲《逍遥遊》篇，題下注『土堂大佛陶之南呵凍』，落款『僑僑山書』；三爲《外物》篇，落款『傅山書』，有民國十年趙炳麟、意空道人跋語各一則；四爲《則陽》篇，落款『僑山書』。今案傅山手書《人間世》篇自跋云：『癸巳之冬，自汾州逡寓土堂，行李衹有《南華經》，時時目在，遂寫此數篇。』『癸巳』爲清順治十年（1653），時傅山四十七歲。此年冬，傅山自汾陽回陽曲縣，住於土堂村南窯洞内，教其子傅眉、侄子傅仁學小楷，曾以顔體小楷書《曾子問》全文，又書《人間世》《逍遥遊》《外物》《則陽》《養生主》諸篇，其中《養生主》篇『字更小』，『爲人取去』。據朱善元、趙炳麟跋語等，朱氏民國八年任職山西時，於『介休舊家得真書《南華經》小楷卅二頁』，民國十年即據以影印成《傅青主先生法書南華經》。

傅山身處鼎革易代之際，既從《莊子》中汲取超然物外之思想，又不忘反清復明之大業。其逡寓土堂，行李唯有《莊子》，可見其繫情於莊子頗深。今案其手書《人間世》篇後跋云：『俗儒不知莊子者。試與拈出葉公一則：「不可解於心，無所逃於天地之間，不擇地而安，不擇事而安，行事之情而忘其身。」何暇至於悦生而惡死？且道是荒唐是不荒唐！方外之人説方以内情事，真摯爾爾！吾師乎！』是要從《莊子》中尋找民族大義及經世心志，表達了作爲明代遺民的獨特感受。而從書法方面看，《傅青主先生法書南華經》所收傅氏手書四件，小楷皆以顔真卿爲法，字小而勢雄，古拗渾樸，大巧若拙，風神獨具。若論四者細微區别，則『《人間世》參鍾繇筆法，《逍遥遊》《外物》《則陽》三篇皆麻姑仙壇神髓，《則陽》一篇尤極細極精』（趙炳麟跋語），皆爲傅氏小楷書法之代表作。

今影印《傅青主先生法書南華經》，據中國國家圖書館藏民國十年依明傅山手跡影印本。

莊子（解）　（明）傅山撰

傅山生平事蹟，已見《傅青主先生法書南華經》提要。傅氏積極倡導『經子不分』，將諸子與六經平等看待，著有《霜紅龕集》《管子》批注、《莊子》批點、《荀子》批注、《淮南子》批注、《呂氏春秋》批注等，對《老子》《墨子》《公孫龍子》《鬼谷子》《商君書》等亦皆有研究。

傅山、傅眉父子曾批點焦竑《莊子翼》。傅山所批朱得之《莊子通義》（中國國家圖書館藏明嘉靖三十九年浩然齋刊本），尤其值得珍視，內有眉批、旁批、根批、圈點等，所批對象主要爲《莊子》原文，其次爲褚伯秀『管見』、朱得之『通義』。在《霜紅龕集》中，亦有大量論述莊子之文字，以及借老莊以表心跡者，如謂『我挾我老莊』（《喜故人白生兄弟山家得戒》），『愚父子學莊列』（《遺魏環溪》），『我本徒蒙莊』（《示弟侄》），『吾漆園家學』（《王二彌先生遺稿序》），『吾師莊先生』（《雜著二》），『老夫學老莊者也』（《書張維遇志狀後》），對莊子真是情有獨鍾。

因傅山鍾情莊子，認爲『莊生原不是荒唐，祇爲天才莫敢當』（《口號十一首》之四），故其以爲他人注莊每不能得其本意。其中對郭象注之批評，更是不一而足。今觀其《莊子（解）》所收文字，即皆對郭注而發。如《莊子·天地》『時騁而要其宿，大小長短修遠』，郭象注：『皆恣而任之，會其所極而已。』傅山則云：『愚謂六字中，「長、修、遠」三字意複，略爲疏之：從上文看來，則當云大者小之，《老子》「合抱之木生於毫末」是也；長者短之，《老子》「千里之行始於足下」是也。但「修、遠」二字，又不與「大、小、長、短」同，又少括，翻上義，「修」以「遠」之爲積功累行、任重道遠耶？』對於『大小長短修遠』六字之解釋，自郭象注以來，一直衆説紛紜，傅山則獨闢蹊徑，提出完全不同於前人之説法，雖尚不能斷其正確與否，但至少應珍視其創新精神。《天道》篇『苟有其實，人與之名而不受，再受其殃』，郭象注：『有實，故不以毀譽經心也。一毀一譽，若受之於心，則名實俱累，斯所以再受其殃也。』傅山則云：『注義非不高，愚看來本文不爾。如士成綺既謂爲不仁之矣，我即受其不仁之名，不爲強辨；若有不仁之實，而又不欲受其名，鬼神將禍之矣，故曰「再受其殃」。』細審《天地》篇上下文，郭注雖似高妙，卻是摸棱兩可之辭，而傅山之解則吻合妥貼，深得莊子本意。《山木》篇『道流而不明居，得行而不名處』，郭象以『居』字屬下句讀，並注云：『昧然而自行耳。彼皆居然自得此行耳，非由名而後處之。』傅山則明確指出：『義極淺，句極分明，不知何所見而以「居」字屬下句，注又硬出「居然」之字也？』此説極爲有理，足可糾正郭注之誤。總之，《莊子（解）》所收文字，雖僅寥寥數條，卻不可忽視其學術價值。

今影印傅山《莊子（解）》，據華東師範大學圖書館藏清宣統三年山陽丁寶銓刊《霜紅龕集》本。

藥地炮莊九卷附録三卷

（明）方以智撰

方以智（1611—1671），字密之，號曼公、宓山氏、浮山愚者，桐城（今屬安徽）人。幼承家學，『年十五，群經子史略能背誦。』（《清史稿·遺逸傳》）曾與陳貞慧、吳應箕、侯方域等參加『復社』活動，並稱『明季四公子』。年三十舉進士，任翰林院檢討。李自成入北京，被執，乘間逃出，投奔南明弘光朝。以不爲阮大鋮所容，乃南奔廣州，變姓名爲吳石公，別號愚道人，賣藥市中。後以擁戴永歷帝即位於廣東肇慶，擢左中允，東閣大學士。以與司禮太監王坤不合，即棄官隱居梧州。順治七年，爲清兵所獲，脅降不屈，終於聽之爲僧於梧州雲蓋寺。順治十年在桐城，爲當道所知，迫促奏用，遂堅拒而往金陵，以覺浪道盛爲師，閉關於高座寺之看竹軒。數年後復入江西青原山淨居寺，以『粵難』事被捕，於押赴嶺南途中，因疽發於背而卒。方氏自寄身佛門後，改名大智，號無可，又稱弘智、竹關、行遠、五老、藥地、墨歷、木立、浮庭、浮廬、極丸學人、極丸老人、易貢、浮愚者、愚者大師、浮渡智、青原曼老人等。其一生儘管顛沛流離，後來甚至避身佛門，但始終不廢著述。著作有《通雅》《物理小識》《東西均》《一貫問答》《禪樂府》《易餘》《浮山集》《藥地炮莊》等。

《藥地炮莊》正文九卷，前有附録三卷（包括諸多序文及《藥地炮莊總論》等），書末有若干跋語。據方以智『痛念丈人借《莊》托孤，乃與竹關約期炮集』（《愚者智禪師語録》卷二）、陳丹衷『杖人癸巳（1653）又全標《莊子》以付竹關，奄忽十年，無可大師乃成《藥地炮莊》」（《莊子提正》跋）等語，則《藥地炮莊》當始撰於方以智掩關金陵高座寺期間，約完稿於康熙二年。次年即由泰和蕭伯升捐資，廬陵曾玉祥刊刻。

所謂「藥地炮莊」，即著者方以智（藥地）將欲薈集古今論説（藥材）以解釋（炮）《莊子》。故其徵引，極爲繁富，諸如嚴遵、王弼、向秀、郭象、支遁、簡文帝、王維、劉禹錫、柳宗元、潘佑、邵雍、張載、宋祁、王安石、王雱、蘇洵、蘇轍、劉概、雪竇重顯、沈括、李士表、謝良佐、朱熹、葉適、林希逸、陳普、褚伯秀、劉辰翁、羅勉道、劉因、陳繼儒、王守仁、王畿、楊慎、陸西星、徐渭、袁宏道、袁中道、陶望齡、孫鑛、李光縉、張四維、李贄、方揚、李夢陽、王世貞、歸有光、茅坤、陳仁錫、譚元春、紫柏真可、方沆等數百家論説，皆在摘録之列。

方以智不僅薈集漢魏唐宋元明衆家論説，且每以「藥地曰」「藥地愚者曰」「炮藥者曰」「愚曰」「愚者曰」「極丸老人曰」「藥案曰」「智按」等來説出自己看法，作出自家論斷。故清四庫館臣謂，其「以莊子之説爲藥，而已解爲藥之炮，故曰《炮莊》。」（《藥地炮莊》提要）即方以智意欲重新烹炮《莊子》，藉以攄寫自己特殊心意。故清四庫館臣又謂，其「借洸洋恣肆之談以自攄其意，蓋有托而言，非《莊子》當如是解，亦非以智所見真謂《莊子》當如是解也。」（同上）所謂「有托而言」，主要指方以智對道盛「托孤」説作進一步闡發。如《人間世》篇有「支離疏」寓言，方以智引杖（道盛）云：「支離亦傲人間世乎？非傷盡偷心者，孰能知之？此處莊生自寓，亦爲孔子寫真，誰識孔子是能支離其德，不以神聖自居，甘心碌碌，與世浮沈，如挫針治繲，彌縫此天地人心，鼓其筴，播其精，删定爲群聖之大成哉？」並進而説：「天地傷心久托孤，彌縫自肯下紅爐。支離藏卻人間世，破碎人間有世無？」指出莊子此處分明有「托孤」之心，意欲傳承儒學宗旨，如孔子般支離其德，潛藏於破碎人間，爲補救天地人心而孜孜矻矻。説明方以智確實是「有托而言」，正如宋之鼎所云：「《提莊》托千古之孤，真奇書也，藥地大師因作《炮莊》。」（《莊子提正》跋語）

方以智在中發「托孤」説之時，復以莊子與《易經》相聯繫，甚至提出「《莊》是《易》之變」（《大宗師》炮語），認爲《莊子》即是《易經》至理之衍變。在他看來，《易經》作爲群經之首，凡宇宙産生之至理，天地變化之規律，人類行爲之準則，幾乎無不藴藏其中，因而古代聖賢每每用心體察而反復推衍之，《莊子》一書即爲《易經》風教之遺響。如云：『空廓隱頤，無非象數森羅；萬覩萬聞，原自無聲無臭。虛中本實，實中本虛矣。』『《易》爲三才萬理，作大譬喻。反對、環中，方圓、費隱，莫破莫載，同時變化。』（《天下》炮語）『《莊子》者，殆《易》之風而《中庸》之魂乎？方圓同時，於穆不已，森羅布濩，即無待之環中也。』『文王翻轉伏羲之環而錯之，孔子顛決文王之環而雜之，老子塞無首之環而黑之，莊子恣六氣之環而芒之。』（《向子期與郭子玄書》）認爲天地間萬事萬理，一切可見不可見者，無非《易經》之象數，可見它是如此深玄不已，遍佈森羅！因此，文王反復推叠伏羲八卦而演爲六十四卦，孔子又贊文王六十四卦而作成十翼，老子則『知白』『守黑』，從反面來推演它，而莊子更是恣之芒之，『以謬悠之説，荒唐之言，無端崖之辭，時恣縱而不儻，不以觭見之』（《莊子·天下》），甚合《易經》『反對』『環中』『方圓』『費隱』之風教，亦深得《中庸》不偏不倚之旨趣。

實際上，方以智所謂『《莊》是《易》之變』『《莊子》者，殆《易》之風』等，即是以莊歸《易》之意，並認爲儒、釋、道三教皆應統歸於《易》。故施閏章《無可大師六十序》云：『（以智）以爲《易》理通乎佛氏，又通乎老莊。每語人曰：「教無所謂三也，一而三，三而一者也。譬之大宅然，雖有堂、奥、樓、閣之區分，其實一宅也。門徑相殊，而通相爲用者也。」故嘗有《周易時論》《炮莊》等書，其説無所不備，學者以爲汪洋若河漢，而參伍錯綜，條理畢貫。』據此來讀《藥地炮莊》，即不難找到方以智爲何將儒、釋、道三教思想『參伍錯綜』於其中，而皆統歸於《易》之緣由。

茲據四川省圖書館藏清康熙三年盧陵曾玉祥此藏軒刊《藥地炮莊》本予以影印，書前附録三卷及書末跋語皆據另一藏本增補。

藥地炮莊九卷

（明）方以智撰

方以智生平事蹟，已見《藥地炮莊九卷、附録三卷》提要。考方氏此著，其版本流變較爲複雜。今所存方以智《藥地炮莊》古本，有安徽省博物館藏本、中國社科院歷史所藏本、臺灣中研院史語所藏本及四川省圖書館藏本。安徽省博物館藏本，正文共九卷，前有附録三卷，書末附跋語若干篇；扉葉右上署『天界覺大師評、吳觀我先生正』，左下題『潭陽大集堂梓行』，每葉版心下方鐫『此藏軒』三字，目録葉左邊欄內側標『康熙甲辰廬陵高唐曾玉祥刊』字樣。此當爲清康熙三年甲辰（1664）原刻本。中國社科院所藏本與大集堂梓行本基本相同，唯扉葉右上署『浮山此藏軒本』，左下方題『潭陽天瑞堂梓行』，書前附録、書末跋語略有增損，書內邊欄左、右側有『甲申年崇安補』字樣凡二十餘處。此當爲康熙四十三年甲申（1704）重印，部分內容爲此次所增補。臺灣中研院藏本，爲晚清王木齋所購天瑞堂殘本、大集堂殘本之整合本，內容較爲齊全。四川省圖書館藏本，僅正文九卷，書前附録及書末跋語皆缺，若以書中未見『甲申年崇安補』字樣等跡象推之，當爲康熙三年原刻之殘本。

上述四種古本，皆深藏密閣，學者難於一覩真容。民國二十一年（1932），成都美學林據此藏軒刊《藥地炮莊》本，以鉛字重排其正文九卷，川白紙大開本綫裝四册，流傳較爲廣泛，讀者甚是稱便。然以其不收序跋和總論，未見以智莊學之全豹，故復爲學人所詬病。今以美學林本、四川省圖書館藏本《知北遊》篇缺葉略同，而中國社科院藏本於此完整無缺等跡象觀之，則美學林所依據者，乃是四川省圖書館所藏本，重排時當苦於底本所限，實非有意割去首尾者，故未可深責之。

以美學林本與四川省圖書館藏本相比照，前者完全保持了後者之版式及葉面，然其字跡、葉面之清晰度則有較大改觀，且大量異體字亦已得到規範化處理，對一般讀者而言，自能提供諸多方便。但美學林在重排時，亦留下較多錯誤，如：《逍遙遊》篇『曰風斯在下』之『曰』誤爲『而』，『恐人執大鵬爲實』之『恐』誤爲『愚』，『泰伯逃』之『泰』誤爲『秦』，『徒名其塵垢糠秕耳』之『垢』誤爲『埃』；《齊物論》篇『孟子知言』之『孟子』誤爲『孔子』，『性豈有小大哉』之『小大』誤爲『大小』，『汝知之乎』之『知之』誤爲『之知』，『愛之所以成』之『成』誤爲『明』，『俄而有無矣』之『俄』誤爲『餓』；《人間世》篇『若唯無詔』之『唯』誤爲『爲』，『逆而能忍老莊之術』之『忍』誤爲『達』，『適足致禍而反』之『足』誤爲『欲』，『觀者如市』之『觀』誤爲『視』等等，皆爲顯例。甚至還有誤標篇名者，如四川省圖書館藏本《德充符》篇，每葉版心皆刻『符』字作爲篇名之簡稱，而美學林本《德充符》篇前十葉，皆因襲《人間世》篇而誤刻爲『世』字。準此，學者凡引用美學林本文字，當慎之又慎之。

兹影印方以智《藥地炮莊》九卷，據華東師範大學圖書館藏民國二十一年成都美學林鉛印本。

莊子詁不分卷

（明）錢澄之撰

錢澄之（1612—1693），字飲光，原名秉鐙，字幼光，桐城（今屬安徽）人。明萬曆間諸生，以抵閹党聞名。崇禎時，以明經貢京師，屢上書言時政得失。後遊吳中，復社、幾社名流雅相引重，遂與陳子龍、夏允彝等組織雲龍社，以接武東林黨人之遺風。阮大鋮執掌政事後，即立意捕黨人，澄之遂走浙、閩、粵等地。南明桂王稱帝時，授翰林院庶吉士，官至編修、知制誥。桂林被清軍攻占後，祝髮爲僧，法名『西頑』。後歸故里，結廬先人墓旁，環廬皆田，故自號『田間』。事蹟具《清史稿·錢澄之傳》。澄之通經能文，著述頗豐，有《田間易學》《田間詩學》《所知録》《田間詩集》《田間文集》《藏山閣詩存》《藏山閣文存》《莊屈合詁》等。

《莊子詁》，一名《莊詁》，與《屈詁》合爲一書，題《莊屈合詁》。關於錢氏合詁《莊子》《楚辭》之用意，《清史稿》本傳云：『蓋澄之生值末季，離憂抑鬱，無所泄，一寓之於言，故以《莊》繼《易》，以《屈》繼《詩》也。』《四庫全書總目提要》則更謂：『蓋澄之丁明末造，發憤著書，以《離騷》寓其幽憂，以《莊子》寓其解脱，不欲明言，托於翼經焉耳。』説明錢氏身經鼎革亂離之後，『方知人世是非起滅、生死去來，不過如此』（《逍遥遊詁》引劉辰翁語）；方悟得『莊子深於《易》，《易》有潛有亢，惟其時也，當潛不宜有亢』（《人間世總詁》）。於是，錢澄之盡棄往日見解，著成《莊詁》以繼《易》：『吾之解《莊》者屢矣，晚年少有所進，乃盡廢前解而爲之詁。』（《莊子詁自引》）可見，澄之詁《莊》，正是爲了紓解其亡國之恨及身世之感。

《莊子詁》一書，專詁《莊子》内七篇。其於每篇每段之後，必先列郭象之説，『以郭爲注《莊》之始，不忘其始也』（《莊子内七詁自引》），但並無意於推尊郭注。次雜采宋元以來各家注解，而以呂惠卿、林希逸、褚伯秀、劉辰翁、焦竑等人之説爲多，因錢氏讀『郭子玄（象）注，苦不得其解』，故『益求所謂能爲《莊子》之解者而究心焉』（《莊子詁自引》）。

接着纔是錢氏己見，冠『詁』字以標揭之；篇末又有『總詁』，用以揭示全篇大意。他說：『謂之詁者，吾於《莊》，不欲高談玄遠以更增其謬悠，……惟是依文釋義，使學者章句分明，以進窺其大旨之所在，猶是吾《易學》《詩學》之義也。』（《莊屈合詁自序》）的確，錢氏在詁《莊》時，力避强事穿鑿，唯恐『增其謬悠』；對於前人穿鑿附會處，每每提出尖鋭批評。如他說：『爲二氏之學者，皆談《莊子》，禪家以其得宗門之旨趣，道家指爲有丹經之秘言，其說皆近似之，而吾不敢信也。』（《莊子内七詁自引》）

但錢澄之作爲一位明末遺民，所面臨者主要是如何出處進退的問題，即如何『遊世』的問題。因此，强烈的遺民意識必然會影響到他的莊學研究。如在作《逍遥遊》篇題解時，他引宋末遺民劉辰翁云：『莊子宗旨專在一「遊」。』並自『詁』曰：『《易》之道盡於時，《莊》之學盡於遊。時者入世之事也，遊者出世之事也。惟能出世，斯能入世，即使入世，仍是出世。』在此後六篇詮釋中，幾皆貫串此大意。然錢氏將《莊子》宗旨僅歸爲一『遊』字，終不免有失偏頗。

錢澄之在詁《莊》時，還比較重視從文章學角度揭示内七篇結構脈絡特徵。如他在詁《逍遥遊》篇時說：『堯往見於姑射之山，即在讓天下於許由不受時，已覿面相見，此時已窅然喪其天下矣。釋其文義，當於許由辭位後宜直接宋人資章甫一段，乃插入肩吾連叔問答，幻出姑射神人，爲讓天下處士裝點身分，亦猶寫大鵬將徙南冥，接以《齊諧》之言，雜引湯問，將大鵬寫得驚天動地，此是其筆端鼓舞，莫可蹤跡處。』此與林希逸《莊子口義》每以『鼓舞處』『戲劇處』一類字樣來籠統評論相比較，顯然已演進一大步。

錢澄之《莊屈合詁》，有清康熙二十八年刊《田間遺書》本、同治二年斟雉堂刊《飲光先生全書》本等。今據華東師範大學圖書館藏清同治二年斟雉堂刊《飲光先生全書》本影印《莊子詁》。

漆園指通三卷

（明）佷亭淨挺撰

淨挺（1615—1684），號佷亭，俗名徐世恩，字世臣，別號逸亭，浙江仁和人。毛奇齡《西河集・洞宗二十九世傳法五雲俍亭挺禪師塔志銘》謂其十歲能文，稍長補諸生，擢茂才異等，中崇禎十五年副榜。福王時舉明經，以徐世恩爲首。時馬士英亂政，世恩爲文以刺之，士英怒，欲逮之，以大行陸培爭止之而幸免。徐氏由是聲名藉甚，四方之士過杭者爭謁之。先前曾聚臨安名士爲登樓社，主東南壇坫凡三十年，至是則焚書埋筆札，絕意仕進，每每作方外遊。清順治十八年四十七歲時，受具足戒於三宜明盂禪師，爲曹洞宗三十九世。曾『見浪杖人（覺浪道盛），與酬酢，著《答問》一篇。既又注《南華》《淮南鴻烈》《太玄》《法言》』。

所謂淨挺『注《南華》』，當指著《漆園指通》一書而言，而順治十八年是順治在位的最後一年，則《漆園指通》當爲其於康熙初年時所著。今所傳《漆園指通》凡三卷，前有錢澄之、錢江、嚴沆所撰《漆園指通序》各一篇，及許承家所撰《漆園指通後序》一篇。又《雲溪俍亭挺禪師語録》收有淨挺所撰《漆園指通自序》，謂他著《漆園指通》是『取其説之近禪而爲之解』，意欲效仿郭象，借注《莊子》來發揮自己思想觀點。那麽，何以見得莊子『近禪』呢？淨挺據唐釋法琳《破邪論》所引《老子大權菩薩經》和晉符朗《符子》中有關説法，認定老聃是釋迦牟尼十大弟子之一摩訶迦葉之弟子，老聃出現於中國歷史上即爲摩訶迦葉化遊震旦之顯現。在淨挺看來，莊子既然是老聃學説傳承人，則其亦爲禪者無疑。

基於上述認識，淨挺在《漆園指通》中便以會通莊、禪爲主要目的。今觀其對《莊子》三十三篇之闡釋，每篇必先於題下作總解，然後空出兩格，以『通云』形式説出關鍵之語，將總解歸於禪理。如他於《逍遥遊》題下云：『莊子遊方之外者也，屈子遠遊未離於域内也。故夫馳域外之觀者，則無往不適也，自適己適，而非適人之適者也。通云：踏毘盧頂上行，駕鐵船入滄海。』原來，覺浪道盛極力主張會同孟子、莊子、屈子三人之宗旨，頗得諸多具有遺民意識之逃禪者及教外居士之贊同。淨挺此處所提出的説法首先當就是對道盛及其贊同者之否定，認爲屈原之遠遊未能超然塵世之外，而莊子之逍遥遊則是遊於世俗之外，可謂『無往不適也，自適己適，而非適人之適者也』。其實，他此説之目的，無非就是要將莊子逍遥義會通於禪宗『踏毘盧頂上行，駕鐵船入滄海』之説。據道原《景德傳燈録》卷五載，當唐肅宗問南陽慧忠國師『如何是無諍三昧』時，師曰：『檀越踏毘盧頂上行。』檀越即施主，毘盧爲法身佛之通稱，句意謂施主若能不以具一切諸功德法者自居，便可超越而上，乃至達到佛法止息雜慮、心注一境之三昧境界。又《圜悟佛果禪師語録》卷十一載圜悟克勤禪師訓示弟子之語云：『可以駕鐵船入海，可以飛磨盤輪空，半合半開，成團成塊，盡出個大圓覺不得。若有出得大圓覺底，便能逆順縱横，殺活自在。』意謂禪者若能舍棄一切情欲，破除一切迷誤，修成圓滿正果的靈覺之道，便可以像『駕鐵船入海』『飛磨盤輪空』一般，無往而非『逆順縱横，殺活自在』。在淨挺看來，莊子逍遥義，正可會通於禪宗所説『踏毘盧頂上行』『駕鐵船入滄海』之語，不外就是佛教所謂『無諍三昧』『大圓覺』境界。同時，淨挺亦即以此種思維方式來闡釋《莊子》三十三篇中每一個章節。如《知北遊》篇有『東郭子問於莊子』至『彼爲積散非積散也』一段文字，淨挺在闡釋過程中，最後來個『通云』，將其會通於禪宗所謂『牆壁瓦礫』『乾矢橛』。所謂『牆壁瓦礫』『乾矢橛』，在禪宗典籍中每每可見，皆以任意回答方式及某些賤物來揭示比喻道、佛無所不在之道理，故淨挺便將《知北遊》篇中此段話會通於禪宗所謂『牆壁瓦礫』『乾矢橛』兩語。可見淨挺《漆園指通》非常獨特，乃是一部以禪解莊著作，正如錢澄之《漆園指通序》所云：『俍亭大師，儒而禪者，於《莊》作禪解，於解作禪語，解之妙固非吾可思議，語之妙直可自作一書。昔人謂郭象之注《莊》，王輔嗣之注《易》，離《莊》與《易》，其注自可孤行，今俍師之書亦猶是也。』認爲淨挺之解自可脱離《莊子》而獨行，其《漆園指通》實爲一部借解莊以闡發禪理之著作。

此次影印俍亭淨挺《漆園指通》三卷，據明末清初刊《嘉興藏》本。

讀莊小言一卷　（明）文德翼撰

文德翼，字用昭，號補堂，生卒年不詳。今案四庫本《浙江通志》卷一百五十，謂其爲『九江人，崇禎進士，爲嘉興推官，察吏精明，長於折獄，作興士類，著述甚多。』但因九江（又名柴桑、江州）在南唐時改稱德化，故清四庫館臣爲其《宋史存》所作提要及《欽定續文獻通考》卷一百六十七等皆稱其爲德化人。著作有《雅似堂文集、詩集》《求是堂文集》《傭吹録首集、次集》《讀莊小言》等。

《讀莊小言》一卷，《四庫全書總目》卷一百四十七、《欽定續通志》卷一百六十、《欽定續文獻通考》卷一百七十五、四庫本《江西通志》卷九十二等皆著録。卷首題『柴桑文德翼著』，卷尾有文德翼《自跋》。此書爲隨筆體，就《莊子》各篇某些文句，或所涉若干事象，隨意發揮心得。如其所撰《德充符》篇有語云：『有才而無德，不可視爲全人，豈惟郤克哉？龐涓之呼豎子，桓溫之笑半人，尚未足配享三兀也。』《大宗師》篇有語云：『是惡知禮意，禮豈爲我輩設之祖也。嗣宗党晉，已拚作名教罪人矣。』如此之類，多是借《莊子》以自抒胸臆而已。清四庫館臣評之曰：『此書就《莊子》諸篇，隨筆記其所得，然未能拔奇於舊注之外。』

據有關材料，文德翼入清後，尚隱居山中，遺民意識甚濃。他在《求是堂文集》中曾爲諸多氣節之士作傳，熱情謳歌其愛國行爲。又曾爲方以智《藥地炮莊》作序，認爲『三古以來，道德仁義、禮樂刑政之説，蘊毒於人心深矣，莊子以冷語冰之。千載而下，藥地大師又以熱心炮之』，『是其熱處爆着，即其冷處澆着也。《莊》之藥，師之炮，同一發毒作用耳』。説明文德翼對方以智『有托而言』，『借洸洋恣肆之談以自攄其意』（清四庫館臣語）者，自是十分肯定。據文德翼《自跋》，《讀莊小言》爲其六十九歲時所著，其跋語有云：『讀《莊》也，令人笑，令人忘』，『泰山喬木既失，仰仿江潭之間，有聖人隱於漁者，獲聞咳唾之餘，奉以周旋，庶不虛生浪死，其如無其人何哉？雨濕故籠，得《莊子》殘本，讀之數過，石中星火，乍有光明，逐篇言之』。可見文氏撰寫此書，必在明亡之後，一如方以智之炮《莊》，唯借以自攄胸臆，並非真以爲《莊子》當如是作解。如其所撰《胠篋》篇有語云：『劉帝而項盜，項帝而劉盜，故曰漢賊不兩立。』似有義不帝清之寓意。《山木》篇有語云：『接輿諷仲尼爲德衰，德非衰也；太公任諷仲尼爲意怠，意非怠也。仲尼曰：「畏人也而襲諸人間。」吾其鷾鴯乎！』其避世歸隱之意甚明。由此觀之，固當深諒文氏著述之用心，而未可從四庫之館臣，以『未能拔奇於舊注』而貶抑之。

茲據上海圖書館藏清乾隆間刊《讀莊小言》一卷予以影印。

南華真經影史九卷　（明）周拱辰撰

周拱辰，字孟侯，浙江桐鄉人，生卒年不詳。沈季友《檇李詩系》卷十九，謂其才情奇麗，擅詩古文，好纂秘册稗乘及國家典故，寒暑搦管不輟。著作有《聖雨齋集》《離騷草木史》《南華真經影史》等。

《南華真經影史》包括内篇七篇，附外篇中《秋水》《至樂》二篇，每篇各一卷。前有唐元弼所作《南華真經影史序》，及周拱辰所撰《南華真經影史自序》《讀南華内篇影史條例》。眉批一部分當爲周拱辰自作，其餘則采録譚元春及周拱辰之子周寀等人説法。據周拱辰自序推測，此著原稿當成於崇禎十年（1637）遊兩廣之際，今所傳本疑有後人增益文字。

周拱辰自序謂其幼時即喜《莊子》，而於《逍遥遊》《秋水》二篇『尤深諷詠』，但『顧省其義，茫然無畔』，『歸而求之諸家，而諸家之注匃善是也，庶幾求之向、郭，而茫然者彌甚。』崇禎十年，他與『唐氏（元弼）粤遊，税駕潮之揭署，有大樹焉，曰榕，其枝參天，其須繚空十畝，其根騎牆，廣七丈有奇』，乃『焚香啜茗，百慮枯退，悄乎遊廣漠而與大樗伍也，杳乎遊於元古而與懷、葛、泰豆飯也。恍乎樹篆交横，鳥踏葉落，化爲萬蝶，而栩栩吾側也。不知我之爲莊與？莊之爲我與？出所爲《逍遥》《秋水》而快讀之，俯而思，仰而嘘，嗒焉而若有忘，又若有得也。追其所爲，遺生死，化是非，一鼠肝蟲臂，曝然欲笑者，與目前之有有無無斜陽淡月者遇，而一以筆出之。顧吾筆入紙背者三寸，而回視南華之影與筆俱出，亦若曝然欲笑，而愾乎如聞其太息之聲也。』此處未免有故弄玄虚之嫌，但從中卻可看出，周拱辰此時已深刻認識到，要詮釋《莊子》，不能拘囿於文字本身，而必須追蹤莊周之影，將自已化爲莊周，『是真善畫影者也，是真善詮影者也』，故名此著爲《南華真經影史》。

基於上述認識，周拱辰著《南華真經影史》，乃『遺其糟粕，窺其天機』『呼出其精神，而與之共語』。他在《讀南華内篇影史條例》中即强調，解《莊》者自當澄心息慮，唯與莊周爲旦暮之遇，或一同化爲大鵬，摶扶搖而上者九萬里，或一同化爲蝴蝶，栩栩然而飛舞，或一同化爲髑髏，竊竊然以鬼語相應答，然後乃能窺見莊子思想之精義所在。意謂必須追蹤莊周之影，以尋覓《莊子》文章之眼目。他並以解讀《逍遥遊》篇爲例，説自己曾顧影欣然，以慧眼尋覓《逍遥遊》篇之『眼』於字裏行間，驀然發現，原來『窅然喪其天下』『無所可用，焉所困苦』二語爲全篇之主腦，乃是莊子寄寓於篇中之魂魄。在他看來，《逍遥遊》篇『前言大鵬，後言大瓠、大樗，總一意結貫，見閲世者須才大識大力大，尤貴善用其大，而後不爲大所累』，而堯『窅然喪其天下』，藏其神於『神人旁礴之内』，以『姑射汾水』爲『江湖廣漠』，便已進入逍遥之極境。顯然，周拱辰繼郭象、支遁及宋代治莊者之後，又爲《逍遥遊》篇開掘出一個新主題，實可使人耳目一新，但其無視篇内「無待」逍遥之宗旨，實爲一大遺憾。

周拱辰撰寫《南華真經影史》，既然采取上述方法，則其闡釋自然不會依文本而作逐字逐句解釋，而必多引申發揮，藉以自抒其心胸，正所謂「是固周子自著之書，而特借漆園而發之者也，注云乎哉？」（唐元弼序）如《人間世》篇有「匠石見櫟社樹」寓言，他闡釋説：「人貴有用，則必貴才。然才實衆苦之湊，有道者所不樂居也。古來盡多聖賢之臣子事昏庸之君父，不肖之君父畜名世之臣子，以是言之，不才者才者之所奉也，才者不才者之所奴也。」顯然，此處意在「於無有句字處」覓得精神寓意，實爲周氏自己對世道人生之真實感受。

周拱辰的引申發揮，有時會表現爲標新立異，以致造成穿鑿附會。如其闡釋《齊物論》篇云：「成心，即真君。能治臣妾者，全然成乎心，無完虧之謂也。」闡釋《逍遥遊》篇云：「今夫堯舜者，春天子也；許由者，秋天子也。神人吸春、秋之神，於一氣渾芒之始，不屑爲天子，而子天子者也。」凡此説法，新則新矣，而皆不免於穿鑿附會。周氏標新立異，還更表現在以佛教某些概念比附《莊子》上。如他説：「莊子談道，與竺西談摩訶、般若，針鋒相對。今細細案之，《逍遥遊》即「圓通大自在」也，《齊物論》即「諸相非相」也，《養生主》即「不思善、不思惡」也，《人間世》即「調御丈夫」也，《德充符》即「妙莊嚴」也，《大宗師》即「首楞嚴王」也，《應帝王》即「毗盧遮那身攝化三千大千」也，而其大意在唤醒芒人，勘破生死，與爲一大事因緣，同一願船。曰「不生不死」，曰「殺生者不死，生生者不生」，隱然一「原無生死，無佛、無衆生前」一句也。」（《讀南華内篇影史條例》）此處所謂「針鋒相對」，是比喻雙方對等、對應關係。在周拱辰看來，莊子所談之道，與佛教所謂「摩訶」（大、多、勝）及「般若」（智慧）有着對等、對應關係，此種看法不無一定道理。但周氏硬將《莊子》内七篇與佛教某些觀念一一對應，甚至等同起來，卻未免有些牽强附會。

周拱辰《南華真經影史》九卷，有清嘉慶八年聖雨齋重刊本、道光二十七年刊《周孟侯先生全書》本等。茲據華東師範大學圖書館藏清嘉慶八年聖雨齋重刊本予以影印。

南華真經影史九卷　（明）周拱辰撰

莊子通一卷　（明）王夫之撰

王夫之（1619—1692），字而農，號薑齋，衡陽（今屬湖南）人。因晚年隱居衡陽石船山，學者稱船山先生。明亡，於衡山舉兵起義，阻擊清軍南下，戰敗退肇慶，任南明行人司行人。又至桂林依瞿式耜，後因深知事不可爲，遂隱居石船山，專心學術垂四十年，於天文、曆法、數學、地理等無所不究，尤精於經學、史學和文學。今存著作七十七種，其中有《莊子通》一卷、《莊子解》三十三卷。

清初學者治學，一改宋明空談性理，多倡經世致用，既重視考據，復强調義理。王夫之研究《莊子》，以義理爲主，訓釋爲輔，不但對明朝滅亡有所反思，又欲建構中國傳統哲學之框架，因而較多融入世事滄桑之感，遺民思想較爲强烈。《莊子通》作於康熙十八年。當是時，王夫之正避兵亂於山中。其《莊子通·敘》云：『念予以不能言之心，行乎不相涉之世，浮沈其側者五年，弗獲已，所以應之者，薄似莊生之術，得無大疚媿？然而予固非莊生之徒也。』王夫之以儒者自命自勵，然身處亂世之中，不得已而用莊子之術，内心誠有不甘，因而懷有『大疚媿』。爲解決儒家社會理想與以莊子之術處世之矛盾，王夫之提出以莊子『兩行』之法來應對，以儒家理想存乎心，以莊子之術行乎『不相涉之世』，『心理』與『身處』兩不相妨，以便各有所適。進而，王夫之努力會通儒道，以實現其所謂『凡莊生之説，皆可因以通君子之道』之目的，使該書不免帶有明顯儒學化傾向。基於此，王夫之《莊子通》承蘇軾之説，認爲『《讓王》四篇，贋書也，鄙倍不可通』，於《讓王》《盜跖》《説劍》《漁父》四篇棄而不論，另有《徐無鬼》《寓言》《列禦寇》三篇僅存篇名，故僅論《莊子》二十六篇而已。

王夫之論《莊子》二十六篇，文字較爲簡要，僅在論述《莊子》各篇主旨，其内容可與《莊子解》相參看。於某些篇章，或僅就某則寓言、某個問題展開論述。如在《秋水》篇中，僅從河伯與北海若寓言着眼，以討論『量』與『勢』問題。通觀《莊子通》，尤其是内七篇，王夫之所論義理重點即在：處於亂世之中，當如何存乎身、安乎心？如其在《逍遥遊》篇强調去『勢』之累，在《齊物論》篇强調去『術』而藏身，在《養生主》篇强調『以無厚入有間，不欲自王其神』，在《人間世》篇强調去『實』而虚己，在《德充符》篇强調『内保而外不蕩』，在《大宗師》篇强調去功、去名、去嗜欲，在《應帝王》篇强調『未始出吾宗』，認爲唯有如此，方能全身遠害，保持自我，做到『逍遥於羿之彀中，以弗喪吾天也乎』。

王夫之《莊子通》一卷，有清道光二十二年長沙刊本、同治四年金陵節署湘鄉曾氏刊《船山遺書》本、民國二十二年上海太平洋書店排印本。茲據華東師範大學圖書館藏清同治四年湘鄉曾氏刊《船山遺書》本影印。

莊子解三十三卷

（明）王夫之撰

王夫之生平事蹟，已見《莊子通》提要。其所著《莊子解》三十三卷，乃是依附原文而説解之注疏體，内容及觀點較《莊子通》更爲嚴謹。各篇首皆冠以題解，綜括全篇大意；各段後有解語及評語，試圖描繪出莊子思維過程；篇中夾注語，雙行直下。其中少量注語，乃其子敔所增注，或他人所注説。作爲正統儒家學者，王夫之解莊未能完全背棄儒學立場，每每援引儒家、佛教思想，但總體而言，他仍重在闡發莊子思想體系及其特點，努力還莊子以本來面目。

王夫之認爲，莊子思想應是一前後貫通之體系，其體系之内不會自相矛盾，故注解時每謂莊子『未始出吾宗』。所謂『未始出吾宗』，主要有兩層含義：一層是《應帝王》篇中本義，即壺子對道隨形轉、道形不離觀點之表述；一層則是對本義之借用，是説《莊子》各篇，雖所言悟道方法各異，但宗旨歸一，皆未離莊子思想之本宗，即泯滅生死意識，順道而遊，而『休之以天均』。在把握全書總體脈絡前提下，王夫之又十分重視對莊子思想内涵作深入發掘，即所謂『探化理於玄微』。此語出自『外篇』總解：『内篇雖與《老子》相近，而别爲一宗，以脱卸其矯激權詐之失；外篇則但爲《老子》作訓詁，而不能探化理於玄微。』此處，王夫之是在批評外篇有缺憾，若引『探化理於玄微』語以評其詮解，顯得甚是恰當。具體而言，王夫之『探化理於玄微』之方法，主要有如下數端：一是引莊解莊，二是以形象解莊，三是以史解莊，四是以天文解莊。而且，王氏還以自己生活體驗及人生觀念，不自覺地融入其注解中，使之出乎其外，對莊子思想進行較多發揮、大膽改造，表現出中國古代哲學大家所具有之氣度。

對於《莊子》全書整體結構及篇章真僞問題，王夫之還有更大膽説法，往往爲前人所未曾道。如『外篇』『雜篇』總解，謂内篇雖然論述角度各有相同，但思維方式、思想境界卻異曲同工，應當是書中原著，外篇、雜篇則非莊子所爲，而是學莊者所博引發揮者。具體地説，即認爲：外篇踳駁不續，言盡意窮，固執粗説，衹爲一時口舌之快，未能探化理於玄微，因而多『淺薄虛囂之説，雜出而厭觀』（『外篇』總解），與内篇相呼應者甚少。對於其中《駢拇》《胠篋》《天道》《繕性》《至樂》等篇，尤以爲悁劣。如認爲《駢拇》篇雖『亦「爲善無近名，爲惡無近刑」之旨，其言「至正」、言「常然」，亦與「緣督爲經」相近，而徒非斥仁義，究竟無獨見之精。何爲「至正」，何爲「常然」，皆不能以微言達之；且詛訶曾、史、伯夷，以是其所是，非其所非，矜氣以固其封畛』（《駢拇》解），凡此皆與莊子不辨是非之旨相抵牾。《胠篋》篇『引老子「聖人不死，大盜不止」之説，而鑿鑿言之，蓋懲戰國之紛紜，而爲憤激之言，亦學莊者已甚之成心也』（《胠篋》解），因而與莊子罷黜成心、師天人之大旨相違背。《天道》篇多與莊子總體思想相悖，『特因老子守靜之言而演之，亦未盡合於老子，蓋秦漢間學黄老之術、以干人主者之所作也』（《天道》解），故『其辭卞急煩委，以喉息鳴而無天均之和』，與莊子『合上下、隱顯、貴賤、大小，而通於一』之意謬以千里。可見，王夫之所作評價分析，其標準顯然是所謂莊子思想之整體性，認爲凡與莊子總體思想相違背者，皆爲學莊子者之所博引泛説。

王夫之復以雜篇與内篇相比較，認爲『雜篇言雖不純，而微至之語，較能發内篇未發之旨，蓋内篇皆解悟之餘，暢發其博大輕微之致，而所從入者未之及，則學莊子之學者，必於雜篇取其精藴，誠内篇之歸趣也。』（『雜篇』總解）尤其認爲，對《庚桑楚》《寓言》《列禦寇》《天下》四篇，應特別重視。他指出，《列禦寇》篇是《莊子》緒言，《寓言》《天下》兩篇是全書序例，《庚桑楚》篇則將莊子之旨『盡揭以示人』。他認爲，古人之著書，文體錯綜不滯，序例列於篇中是常有之事，漢人便沿用此種作法，至唐代序例纔作爲獨立篇章列於卷首，因而讀者不可以唐以來局法判斷《莊子》全書體例。王夫此等説法，可備作參考。

王夫之《莊子解》三十三卷，有清康熙八年王天泰湘西草堂刊本、道光二十二年衡陽王世佺刊本、咸豐間湘潭刊本、同治四年金陵節署湘鄉曾氏刊《船山遺書》本等。此次影印，據華東師範大學圖書館藏清同治四年湘鄉曾氏刊《船山遺書》本。

南華雅言一卷　（明）莊元臣撰

莊元臣（1560—1609），字忠甫（一作忠原），號方壺子、鵬池主人，吴江（在今蘇州）人，又自署松陵（在吴江）人，歸安（今浙江湖州）籍，萬曆三十二年（1604）進士，授中書舍人。著作有《四書參覺符》《三才考略》《鳳閣草》《時務策》《曼衍齋草》《曼衍齋文集》《莊忠甫雜著》（二十八種七十卷）等。生平略見《松軒書録》。

《莊忠甫雜著》所收著作，與《莊子》相關者，有《南華雅言》一卷、《南華重言》一卷、《莊子達言》一卷、《卮言日出》一卷。今擇其較重要者，將《南華雅言》一卷録入《子藏·莊子卷》，並附《南華重言》一卷於後。《南華雅言》，乃是摘抄《莊子》書中要語而成，如『小知不及大知，小年不及大年』（《逍遥遊》）、『此亦一是非，彼亦一是非』（《齊物論》）、『官知止而神欲行』（《養生主》）、『知其不可奈何而安之若命』（《人間世》）、『德有所長而形有所忘』（《德充符》）、『相與於無相與，相爲於無相爲』（《大宗師》）、『至人之用心若鏡，無將無迎』（《應帝王》）、『天下盡殉也』（《駢拇》）、『君子不可不刳心焉』（《天地》）、『天機不張而五官皆備』（《天運》）、『小識傷德，小行傷道』（《繕性》）、『形全精復，與天爲一』（《達生》）、『雖有壽夭，相去幾何』（《知北遊》）、『夫神者，好和而惡奸』（《徐無鬼》）、『心無天遊，則六鑿相攘』（《外物》）、『知在毫毛，而不知泰寧』（《列禦寇》）、『以天下爲沉濁，不可與莊語』（《天下》）等等，皆是莊元臣精心挑選，確爲《莊子》全書要語所在。而《南華重言》，所選更爲《莊子》書中特定詞彙，如《逍遥遊》篇之『數數然』，《齊物論》篇之『閑閑』，《大宗師》篇之『邴邴乎』，《應帝王》篇之『于于』，《胠篋》篇之『役役』，《在宥》篇之『仙仙』，《天地》篇之『嗑然』，《秋水》篇之『適適然』，《田子方》篇之『瞠若』，《知北遊》篇之『淵淵乎』，《讓王》篇之『削然』，《盗跖》篇之『居居』，《天下》篇之『巋然』等，皆在摘抄之列，選録標準自是獨特。

莊元臣收藏圖書之富，有『藏書雲半封』之説。又其研治前人學問，提倡『學道貴化』，重視掌握精神實質，故於披覽群籍之際，亦每留意要言秀句，摘抄成書，以便學者。如其《唐詩摘句》《南華雅言》《南華重言》等，皆爲此類著作，甚具自家特色。若《南華雅言》，乃是從魏徵《莊子治要》（《群書治要》）、馬總《莊子鈔》（《意林》）、洪邁《莊子法語》（《經子法語》、桂天祥《莊子要語》以來，最爲精粹的一部莊子要語集。而《南華重言》將《莊子》中某些特定詞彙稱爲『重言』，更是前無古人，亦未見來者，聊可備作一説。

此次影印莊元臣《南華雅言》一卷（附《南華重言》一卷），據北京大學圖書館藏手抄《莊忠甫雜著》本。

南華泚筆二卷　（明）曹宗璠撰

曹宗璠，字汝珍，號惕咸，金壇人，生卒年不詳。明崇禎四年進士，崇禎七年任封丘縣令。清順治十八年，受通海案牽連，幾被殺。著作有《麈餘》《故琴心》《南華泚筆》等。

《南華泚筆》二卷，前有康熙二十九年儲士《南華泚筆序》、曹宗璠康熙三年《南華泚筆自序》；又有曹宗璠《續南華泚筆》一卷，卷首題『金壇曹宗璠汝珍父著、孫男治校正』，其左添篇名《虛白論》，開首云：『虛室生白，即華嚴三昧説。肇師作《涅槃論》，九折十演。余仿其意，爲《虛白論》，亦十演云。』完全以佛理附會《莊子》。《南華泚筆》卷首亦題『金壇曹宗璠汝珍父著、孫男治校正』，書末附曹宗璠之子鍾浩《南華泚筆述言》。今據書中有關文字推測，《南華泚筆》二卷當成於曹氏康熙三年撰寫自序之前，宗璠去世後由子孫付梓於儲士康熙二十九年撰寫序言之時。以《續南華泚筆》中『癸卯（康熙二年）八月』『丁未（康熙六年）九月』等語推之，則此續筆必著成於《南華泚筆》二卷完稿之後，付梓者將其置於《南華泚筆》正文之前，於體例殊爲未協。

據曹宗璠自序，其幼時即喜《南華》，而中進士後，因罹廠璫之難，覓食四方，先遇秦中頭佗，得其坎離秘訣，後復叩請西湖箬庵禪師，遂悟西來直指妙意，並以此『爲《金剛》《華嚴》引路』，會通佛教諸派宗旨，故所著《南華泚筆》二卷，亦大率以佛理證《莊子》，然不似《續南華泚筆》一卷，處處與佛説相比附。如其詮解《逍遥遊》篇云：『郭注：「順物者無對。堯獨對於天下，而許由爲外臣，不以外臣傷內主。」此大小各足其分，齊物本旨。』此處申説郭象之注。又詮解《齊物論》篇云：『真宰何朕？有朕則有畛矣。有畛則有爭，有爭則與物刃劘，故曰：惟空一切法得成。』此處雖最終歸之佛理，但仍大致不失莊子本旨。

曹宗璠自序云：『偶過孫定齋中，見舊所批《南華》丹鉛，璀璨如新，覆讀之，抑何與宗門語水乳交而空青轉也？因隨手所得，摘之於槧，得五十一紙，喟然歎曰：此書予幼既其華，壯既其實。』説明《南華泚筆》二卷當爲曹氏壯年後摘抄而成。此二卷書，僅詮解《莊子》内七篇，各篇皆分爲若干條目，如《逍遥遊》篇有『解題』『北冥有魚至聖人無名』『御風』『堯讓許由至窅然』『瓠種樗樹』『北冥華藏影』等細目，《應帝王》篇有『季咸相壺子』『混沌』等細目，但全書所立細目，風格不盡一致，且《逍遥遊》篇首有『逍遥遊本文支節』字樣，《齊物論》篇有『齊物論本文支節』字樣，而《養生主》《人間世》《德充符》《應帝王》四篇皆無此類字樣，《大宗師》篇又作『大宗師·知論』，體例亦究屬未安，蓋爲抄成後未予精心董理所致。

茲影印曹宗璠《南華泚筆》二卷（包括《續南華泚筆》一卷），據中國科學院國家科學圖書館藏清康熙間刊《金壇曹氏集四種》本。

拜環堂莊子印八卷

（明）陶崇道撰

陶崇道，字路叔，號虎溪，陶望齡之侄，浙江會稽人，生卒年不詳。自幼穎異，萬曆三十七年（1609）中舉人，次年聯捷韓敬榜進士。初授即墨知縣，有能聲。萬曆四十年調掖縣。萬曆四十四年南京給事中，未上任即因丁憂歸鄉。崇禎元年（1628），奉召起復，在兵部任職，遇事敢言，有『鳴鳳』之稱。崇禎八年遷按察使，備兵羅定，分守嶺西。升福建右布政使，未就任即去官歸里，將陶懌、陶望齡所編族譜遺稿彙集整理爲《會稽陶氏族譜》十七卷。又撰《拜環堂莊子印》八卷，據此書陶氏自序末署『順治六年（1649）』，則著者入清時尚健在。

《拜環堂莊子印》卷首題『會稽陶崇道路叔父注、關中王應井漢沖父訂』『男洓、濦仝校梓』。書前除陶崇道自序外，尚有《莊子印凡例》，謂此書『分卷與卷中段落，一依焦弱侯（竑）所定《莊子翼》』。然今以兩書相較，陶氏分卷並不與

《莊子翼》相同，而是依蘇軾之説，將《寓言》《列禦寇》兩篇合而爲一，又將《讓王》《盜跖》《説劍》《漁父》四篇摘出，獨自成卷，作爲附録，置於書末。且通讀全書，其明引或暗引《莊子翼》者並不多，而稱『家太史云』，借鑒陶望齡《解莊》者卻不少，但偶亦提出不同看法。

受當時浮躁學風影響，晚明莊子學著作整部剽竊或半抄襲者有之，文字粗俗且刊刻拙劣者有之，而陶崇道《拜環堂莊子印》，雖自謂頗依焦氏分卷分段之例，卻是一部精心撰寫之著作，具有較高學術價值，爲明季同類著作中之佼佼者。全書除《讓王》《盜跖》等四篇外，對其餘各篇都逐段作詮解，以串講爲主，不僅重視字句詮釋，還能顧及各章節意義之聯貫性。在詮釋過程中，陶氏重視探究『心性』，以爲惟其如此，方可『見作者之心』（《莊子印凡例》）。如他認爲，《逍遥遊》作爲全書首篇，旨在闡明其『心性』，因爲『内莫内於心性』，如不探究『心性之體』，何以知身中有如此闊大、如此變化之世界？故莊子乃寓之於鯤鵬故事，又引《齊諧》《湯問》以反覆證之。陶氏此説已自覺意識到，莊子所謂逍遥遊主要在强調心靈之逍遥。此一解説，與前人闡釋指向有明顯不同，從一個獨特角度貼近了莊子思想。同時，陶氏又提出『心象』説。如《天地》篇有『夫道，淵乎其居也』一節文字，陶氏認爲，『心』犹金石，不考不鳴，原本『淵乎其居』『漻乎其清』，而一有物類牽惹，就會乘機而起，以至『萬扣萬應』，與天地相應接；但『心象原無象』，故莊子接着撰出『象罔』寓言，以及『泰初有無』『夫子問於老聃』兩節文字，或講『虚』，或講『無』，用以充分揭示『心象』特徵。此等説法，大致符合莊子本意。

此次影印陶崇道《拜環堂莊子印》八卷，據中國科學院國家科學圖書館藏清順治間陶洓陶澴刊本，書前序言有缺葉。

莊子之學　（清）馬驌撰

馬驌（1621—1673），字宛斯，一字驄御，山東鄒平人。清順治十六年進士，爲官有政績。篤於學術，『少習六藝之文，長誦百家之説』（《繹史·徵言》），尤精上古史，有『馬三代』之譽。著有《左傳事緯》《繹史》等，康熙南巡時曾命人以二百兩白金購其著作雕版，由內府收藏。

《莊子之學》在《繹史》卷一百十二之中，與《列子之學》合爲一卷，前有《史記》莊子本傳。正文以節録《莊子》原文爲主，但打破《莊子》三十三篇次序，重新編排，依次爲《逍遥遊》《至樂》《外物》《繕性》《齊物論》《秋水》《寓言》《養生主》《達生》《刻意》《人間世》《山木》《天地》《庚桑楚》《德充符》《知北遊》《列禦寇》《大宗師》《駢拇》《徐無鬼》《則陽》《應帝王》《天運》《馬蹄》《胠篋》《天下》《説劍》，共二十七篇。對於如此編排之原因，該書並無説明。其中，《繕性》《刻意》《駢拇》《馬蹄》《胠篋》《天下》《漁父》等篇收録全文，其他篇章衹節録大部分或很小一部分。另外，該書間或收録有關莊學研究資料，如《秋水》篇於『惠子相梁』寓言後，分別引録王應麟《莊子逸篇》、劉安《淮南子》一條關於莊子與惠子交往之記載；《天下》篇末引數條《莊子逸篇》資料。有時還對《莊子》個別篇章直接予以簡單評論，如《天下》篇末云：『此莊生自序也。』《説劍》篇末云：『語近《國策》，非莊生本書也。』於《説劍》篇後，馬驌還根據《史記》《莊子》中資料，對莊子本人事蹟予以簡單勾勒，並在注中引釋智匠《古今樂録》、劉向《説苑》、桓譚《新論》中有關資料予以補充。

作爲一位正統史學家，馬驌在輯録材料時，以嚴謹求是爲尺度。對於諸子言論，他在《繹史》中認爲：『諸子記堯、舜問答之言，未足據信。』基於此，在《莊子之學》中，馬驌對那些『未足據信』者，如黄帝、堯、舜以及孔子等儒家重要人物之言行，基本上予以刊落。如《莊子之學·人間世》中，將『顔回見仲尼』『葉公子高將使於齊問於仲尼』『顔闔將傅衛靈公太子而問於蘧伯玉』『孔子適楚楚狂接輿遊其門』等重要寓言皆予刪去，而僅保留『匠石之齊』『南伯子綦遊乎商之丘』『支離疏者』三則寓言，從中可見馬驌所持儒家立場。馬驌對《莊子》總體風格也有所論及，如《天下》篇末評論云：『諸篇多寓言，而此獨爲莊語，泛論諸家，推隆道德。然其極力模擬曲盡諸子形貌，末復綴以惠施，仍是其滑稽本色。』在他看來，《莊子》之基本特色是『滑稽』，這與他所持之史家立場自然不能相容，故《莊子》中衆多寓言被刪也就可想而知。然《莊子》之思想性、藝術性，往往集中體現於『荒唐之言』『無端崖之辭』中，馬驌如此輯録，《莊子之學》之價值未免損折。

《繹史》有清康熙七年刊本、同治七年姑蘇亦西齋刊本、光緒十五年刊本、清修《四庫全書》本，以及民國二十六年上海商務印書館《萬有文庫》本等。此次影印馬驌《莊子之學》，據華東師範大學圖書館藏清康熙七年刊《繹史》本。

南華真經合注吹影三十三卷　（清）胡文蔚撰

胡文蔚，字豹生，號約庵，浙江仁和人，生卒年不詳。性嗜學，雖嚴寒溽暑不輟。明崇禎六年（1633）舉於鄉，善詩古文詞，足跡遍天下。清順治間，授廣東高州府推官，尋去職歸，至南雄卒。所著有《浮漚集》《約庵詩選》《南華真經合注吹影》等。事蹟見四庫本《浙江通志》卷一百七十八。

《南華真經合注吹影》三十三卷，前有李覺斯《南華經合注吹影序》、錢朝鼎順治十三年《（南華經合注吹影）敘》、陳衍虞《南華經合注吹影序》、詹換緑《莊子合注吹影序》、胡文蔚順治十三年《莊子合注吹影自序》及《鑒定諸先生姓氏》《同學諸友人姓氏》。全書每篇各成一卷，卷首題『西湖胡文蔚豹生甫刪補』。正文各篇前皆有《總論》，眉欄偶有批語，《莊子》原文頂格書寫，順文雙行夾注；其後低一格，間引郭象、呂惠卿、王雱、陳詳道、林自、林希逸、褚伯秀、劉辰翁、羅勉道、唐順之、陸西星、焦竑、釋德清、李光縉等家注語；復自作注，斷以己意，謂之『補注』。胡氏自序以爲，『風吹萬不同而無心也。今有心而言之，則非吹。因天籟之自鳴，而言若不言，則與吹無以異。故凡言道者，皆吹影也。』又『別以「補注」二字，合諸注彙録成集』，故命其著曰《南華經合注吹影》，其義蓋亦與《莊子》『罔兩問景』寓言有關。

在胡文蔚看來，《莊子》内七篇旨趣深永，次第井然，所謂『言乎天遊，則無物不在範圍，一與不一，何所不齊？齊則綱維運旋，心君常定，出世入世，物不能傷，至紛至賾而悉合於符，千變萬化而不離於宗，何難陶鑄堯舜以應帝王哉！』（《内篇七篇總論》）則自《逍遥遊》篇，直至《應帝王》篇，豈非可作一篇讀？而各篇寓情設喻之精雅，琢句下字之精審，實爲《史記》《漢書》以下所不及，則每篇豈非皆可作一句讀？對於外篇，胡文蔚認爲亦有『援引曲喻，寓言道妙，靈奇藻雅』（《外篇十五篇總論》）之妙，而其大宗大本在『虚靜恬淡寂寞無爲』八字，大用在『無爲而無不爲』一句，十五篇豈非亦可作一篇讀？對於雜篇，胡文蔚認爲其雖龐雜多端而不離乎道，除《天下》篇爲總述著書之大旨外，其餘十篇亦可作一篇讀。即使對《讓王》《盜跖》《説劍》《漁父》四篇，胡氏也認爲決非僞作。

依據胡文蔚之看法，古今注《莊子》者甚多，但穿鑿竄易、牽引支離，或杜撰無稽、浮游矛盾者，亦在在有之。尤其於《齊物論》篇『因』字之要旨，《應帝王》篇無爲出治之要旨，少智、太公調問答之要旨，前人從未參透，故胡氏特爲詳辯之。他在《齊物論總論》中反復告訴人們，唯有像『善因』者，即至人大聖一樣，不執是非然否，不悦生惡死，不好異逐智，一切因其自然，和之以天倪，因之以曼衍，方能齊同萬物，進入大道境界。在《應帝王》篇補注中認爲，『泰氏』有『安泰坦夷』之義，未必真爲古帝王，並進而指出，莊子所謂無爲，不是『一無所爲』，即『不比洪荒之世，無君臣上下，倡狂無知而已』。又補注説，『功蓋天下而不自已，即功高而不自居之意；化貸萬物而民弗恃，即朝野不知帝力何加之意；民莫舉名，即蕩蕩乎民無能名焉之意』，而『無爲名尸』節即在闡説『無爲而爲』之道。在《則陽》篇『少知問於太公調』寓言末補注中認爲，明道者終日言物而盡合於道，否則終日言道也儘是物，所以言與默都無關乎道、物之至極處，祇有『不言之言』『言而不言』，纔有希望達到道與物之極致。凡此説法，誠與前人多有不同，但他解説《應帝王》篇未免雜有黄老及儒家思想，而其解説『少知問於太公調』寓言，雖富有創見，然斥林希逸、陸西星等人之説概爲『不得肯綮』，則不免失之武斷。

茲據中國國家圖書館藏清刊《南華真經合注吹影》三十三卷本影印。

莊子因六卷 （清）林雲銘撰

林雲銘，字西仲，福建侯官人，生卒年不詳。清順治十五年進士，官徽州府通判。王晫《今世説》謂其少嗜學，每探索精思，竟日不食，里人皆呼爲書癡。著作有《挹奎樓文集》《吴山鷇音》《莊子因》《楚辭燈》等。

今所影印《莊子因》六卷，書前有《增注莊子因序》《凡例》《莊子總論》《莊子雜説（計二十六則）》等，皆爲林雲銘自撰。林氏在爲《楚辭燈》所作自序中，自謂遊宦徽州期間，因『不達時宜』，『所見所聞，皆非素習，以故動罹譴訶』，遂常讀《莊子》《楚辭》，以排遣憂憤，並爲二書作評釋，《莊子因》先撰成，《楚辭燈》未完稿。今案《增注莊子因序》撰於康熙二十七年（1688），中有『余注莊二十有七年矣』之語，則《莊子因》當起筆於順治十八年（1661）。

林雲銘在《莊子總論》中說：『三十三篇之中，反覆十餘萬言，大旨不外明道德，輕仁義，一死生，齊是非，虛靜恬澹，寂寞無爲而已矣。』他又轉而在《莊子雜説》中説：『莊子另是一種學問，與老子同而異，與孔子異而同。今人把莊子與老子看做一樣，與孔子看做二樣，此大過也。』並從兩個方面予以闡釋：一是以《天下》篇爲例，指出莊子歷敘天下道術之淵源始末，未曾將自己與關尹、老聃並稱，而是自爲一家，其『上與造物者遊，而下與外死生、無終始者爲友』爲『不可有二』之學説；至於老、莊具體之差異，他又指出：『莊子言逍遥，言重閬，心期乎大；老子言儉、言慈、言嗇，心期乎小，是其工夫不同處。老子言「無名天地之始」；莊子卻言「泰初有無，無有無名」，則「無名」之上，尚有所自始矣，是其立論不同處。』此等説法，具有一定見地。另一方面，林氏則説：『若云子夏之後流爲田子方，子方之後流爲莊周，即謂莊子與孔子同而與老子異，亦無不可也。』認爲莊子之學亦係孔氏之『流』，有明顯傳承關係；對《莊子》中詆訾孔子之言論，林氏亦予以解釋：『莊子宗老而黜孔，人莫不以爲然，但其言曰：「《春秋》經世先王之志，聖人議而不辨。」何等推尊孔子！』『莊子詆訾孔子，世以爲離經畔道，不知拘儒剽竊，乃離經畔道之尤者也。考書中所載孔子，不過言其問業於老氏，子貢稱夫子無常師，是不足爲詆訾者也。若《盜跖》《漁父》，乃其徒爲之，所謂其父殺人報仇，其子必且行劫，亦已甚矣。』此類言論，在《莊子因》中時有出現，説明林氏此著具有一定儒學化傾向。

清四庫館臣謂林雲銘『以時文之法解古書』（林雲銘《楚辭燈》提要），『以八比法詁《莊子》』（林希逸《莊子口義》提要）。林雲銘自己更説：『每篇後總論，必先揭出本旨，逐段銜接脱卸，如撰一篇全章八股文字，俱要還他渾渾成成一篇妙文，不敢如前此注《莊》諸家，輒指東話西，自逞機鋒，將本旨盡行埋沒卻也。』（《凡例》）説明他確以時文之法解讀《莊子》，甚至將各篇總評寫成『八股文字』。不可否認，林雲銘此等做法不免有牽强附會之處，但對《莊子》散文研究卻甚有推動作用，爲清代《莊子》文章研究之實際開創者。

林雲銘《莊子因》六卷，有清康熙二年原刊本、康熙二十七年改訂刊本、康熙五十五年挹奎樓增注重刊本、清白雲精舍刊本、清乾隆間重刊本、民國二年上海千頃堂精校石印本、民國十六年上海掃葉山房石印本等。此次影印，據華東師範大學圖書館藏清光緒六年常州培本堂善書局刊本。

讀莊子法一卷

（清）林雲銘撰

林雲銘生平事蹟已見《莊子因》提要。《讀莊子法》收録於清張潮所輯《昭代叢書·甲集》卷十九，書名之左題『晉江林雲銘西仲著』，書末有心齋居士所撰跋語一則，正文由『總論』『雜説』兩部分組成。

《讀莊子法》一卷，其『總論』原爲林雲銘《莊子因》書前之『莊子總論』，『雜説』爲其書前之『莊子雜説』，計二十六則，依次爲『莊子另是一種學問』『《莊子》全部以内七篇爲主』『《莊子》末篇歷敘道術不與關老並稱』『莊子另是一種學問』『莊子言逍遙』『莊子宗老而黜孔』『莊子祇有三樣説話』『《莊子》五十三篇載在《漢書·藝文志》』『莊子生於戰國』『莊子詆訾孔子』『《莊子》篇中有一語而包數義者』『《莊子》有易解處』『莊子學問是和盤打算法』『莊子學問有進一步法』『莊子旨近老氏』『《莊子》爲解不一』『《莊子》大旨説外死生』『《莊子》用字有與他書不同』『《莊子》命意之深處須以淺讀之』『《莊子》或取其文不求其理』『莊子似個絕不近情的人』『《莊子》當隨字隨句讀之』『《莊子》當以看地理之法讀之』『《莊子》當以觀貝之法讀之』『《莊子》當以五經之法讀之』『《莊子》當以傳奇之法讀之』，以談讀《莊子》之方法爲主。

今案張潮號心齋居士，新安歙縣人，清初文學家、刻書家。其爲此書所撰後跋云：『三山林西仲先生司李吾郡，僕時尚幼，不獲一聞謦欬。稍長，讀《莊子因》，覺微言妙義雜出不窮，運斤成風悉中肯綮，棄糟粕而得神奇，不獨爲讀《莊子》之法，且可爲讀一切書之法也。』可見張氏以推尊林雲銘《莊子因》而摘出其『莊子總論』『莊子雜説』，輯成《讀莊子法》一卷，以爲世人讀《莊子》及讀一切書之方法，此舉自有獨創處。但林氏《莊子因》一書，又有如清四庫館臣所譏，大率『以八比法詁《莊子》』，未必真能『運斤成風悉中肯綮，棄糟粕而得神奇』，直探莊子真意之所在，而張潮如此推尊，特摘輯成《讀莊子法》一卷，亦不免有偏重文章學之傾向。

茲影印林雲銘《讀莊子法》一卷，據華東師範大學圖書館藏清光緒二年世楷堂刊《昭代叢書》本。

讀莊一吷不分卷　（清）顧如華撰

顧如華（1605—1667），字質夫，號西巘，湖廣漢川人。清順治六年進士，授直隸廣平知縣。歷山東道監察御史、四川巡按。康熙二年巡鹽江浙，三年任江蘇巡按。學問淹博，著有《顧如華集》《艮占集》《蜀行稿》《道德經參補注釋》《讀莊一吷》等。

《讀莊一吷》不分卷，前有歐陽鼎、申涵光所撰《序》各一篇，及顧如華順治十一年《讀莊一吷自序》。卷首題『晴川顧如華西巘父著、曲梁申涵光鳧盟父訂』；正文概不收《莊子》原文，亦不用注疏形式，而是直抒胸臆，將各篇作整體論述。在闡釋指向上，顧氏認爲，『以莊解《莊》，可以讀《莊》；以儒解《莊》，不如廢《莊》，東書不觀可也。晉人庾子嵩、王坦之輩，淺陋無識，固不足道。即唐李谿《廣廢莊論》，差足快羽翼名教之心，亦祇是以儒解《莊》，豈誠有見於莊理得失，而較然言之者哉！』故視《讀莊一吷》全書，大致乃是以莊解《莊》，不以異學參之。

顧如華解説《莊子》，較重視篇章及其意義間之聯繫。如其解説《馬蹄》篇云：『《馬蹄》《駢拇》，其意一也。文祇五條，雖爲淺淡，而更能發明《駢拇》未盡之旨。』又解説《胠篋》篇云：『前二篇（指《馬蹄》《駢拇》）皆是剽剝仁義聖人之語，尚有幾分含蓄，至《胠篋》《在宥》，則盡情攻擊，幾乎怒罵矣。』此處將《馬蹄》《駢拇》兩篇作爲姊妹篇看，並指出《胠篋》《在宥》又是對《馬蹄》《駢拇》兩篇之推進，確實甚有見地，值得重視。顧氏解説《秋水》篇則云：『《南華》爲諸子中第一開眼之書，而《秋水》篇又爲《南華》中第一開眼之文，内篇《逍遥遊》《齊物論》一大注脚也。』認爲從大處看，此篇『劈空將河伯與海若問答數段指點上根人，破除夙見，極曠極精』，豈非爲《逍遥遊》篇劈頭用鯤鵬變化寓言以拓寬世人心胸之注脚！此篇通過河伯與北海若反復問答，極力論證萬物大小、是非之相對性，以及人生貴賤、榮辱之無常性，

豈非爲《齊物論》篇齊同萬物主旨之注脚！而從細處看，如『風以衆小不勝爲大勝，又若與《逍遥遊》培風負翼暗相發明』，

『人所不知與未生之時』即《齊物論》篇『六合内外，存而弗論意』。凡此説法，皆爲前人所未有，有一定創見。

對於《莊子》各篇真僞問題，顧如華也有獨特看法。如謂《讓王》篇云：『余讀《讓王》，大段雖近於直敘，而其文未嘗不藻健，其意未嘗不錯綜，又似非他手所能作也。』又謂《説劍》篇云：『《説劍》中語，直是策士抵掌聳搖世主之譚耳。然莊雖逍遥於物外，不爲風氣所轉，而對世主商略，非此固不足以激其聽聞，奪其所好。此即偶同於犀首、儀、軫之輩，出入於風氣而不惜者也。故吾以《説劍》一篇，不過於《戰國策》中雷同套喻，在《莊》文誠爲嚼蠟。以意度之，或與趙文王問答，而自敘述之於此，亦未可知。其文不似秦漢以後筆也。』如此論析，亦與前人不同，可備作一説。

兹影印顧如華《讀莊一吷》，據北京師範大學圖書館藏清木活字排印本。

詠莊集一卷　（清）程從大著

程從大，安慶懷寧人，生卒年不詳。『畏齋』當爲其號，或書齋名。康熙十一年歲貢，十八年任潁州訓導。著作有《詠莊集》。事蹟見［康熙］《安慶府志》卷八、［乾隆］《阜陽縣志》卷七。

《詠莊集》一卷，書前依次有徐乾學、劉若宜、宗章埈、任塾序各一篇，前兩篇撰於康熙十八年，後兩篇撰於康熙十七年；書末有化龍康熙十七年所撰跋語。卷首題『皖上程從大畏齋父著』『男師恭、師肅、師懿，婿劉慶有仝校字』；正文爲詩作，凡三十三首，依《莊子》各篇次序，一詩分詠一篇，如《詠人間世篇》《詠駢拇篇》；詩題下皆標明該詩押韻所屬韻部，如《詠山木篇》下標曰『一先』，《詠則陽篇》下標曰『八庚』，全書屬上平聲韻者有『一東』『四支』『七虞』『十灰』『十一真』，屬下平聲韻者有『一先』『七陽』『八庚』『九青』『十一尤』，屬上聲韻者有『四紙』『二十二養』，屬去聲韻者有『四寘』『十五翰』『二十四敬』『二十六宥』，屬入聲韻者有『一屋』『十一陌』；各詩間有夾注，詩末皆有評語，乃同學諸子所作。任塾序云：『吾社程子，文壇尊宿，著作甚富，丁巳居廬次時，與漆園遊而發爲歌詠，以曉暢其大意。』

『丁巳』爲康熙十六年（1677），則此詩組寫於是年程氏丁憂時。

化龍跋語謂程氏少業儒，後『困場屋十數次』，仕途不暢，即『頹然自放』，更兼丁憂，復居廬三載，『一切得喪而齊視焉，其胸次間，直欲糠粃萬物，蜉蝣（蝣）天地，渾乎南華老人之風矣。哀痛偶輟，好取《莊》文而朗吟之，吟罷括以韻語，不覺成帙。』因而徐乾學序謂其所詠，乃是『本於性，發於情，而後形於聲，葆光天府，默與造化者遊，故以莊詠莊，實以我詠我耳。』今讀程氏詠莊之詩，確實『本於性，發於情』，而又不失莊子本旨，較之陸西星《副墨》篇末『亂辭』，在以詩詠莊上已大有推進。如《詠養生主篇》有句云：『養生養其主，聞者發深醒。』同學諸子評曰：『詩中屢呼「主」字，醒出一章眼目。』《詠德充符篇》有句云：『才全德不形，事變惟善因。』同學諸子評曰：『此篇眼目，在「才全而德不形」句，後曰「德有所長，形有所忘」，正發明此旨。』可見程氏所詠，頗合莊子本意，而詩人情性，亦深寓其中，實爲詠莊之佳作。

此次影印程從大《詠莊集》一卷，據中國國家圖書館藏清康熙十八年程氏培風堂刊本。

聯莊

（清）張潮撰

張潮（1651—?），字山來，號心齋、仲子，新安歙縣人。自幼穎異，好讀書，弱冠補諸生，後累試不第。與冒襄、孔雲亭、陳維崧等名士有詩文往來，言論詼諧，處世瀟灑，交友不拘，爲清代文學家、小説家、刻書家，官至翰林院孔目。著作有《幽夢影》《花影詞》《心齋聊復集》《奚囊寸錦》《心齋詩集》《飲中八仙令》。曾刻印《檀几叢書》《昭代叢書》等。

《聯莊》爲張潮詠莊之作，亦詩亦文，皆不擬標題，凡五十三首，收録於《檀几叢書》卷二十四，題『天都張潮心齋著』。今視其内容，大率皆出《莊子》；其遣詞，亦多擬漆園口吻。如云：『九萬里而南，九萬里而上，笑學鳩斥鴳那識榆枋之外，別有天池；八千歲爲春，八千歲爲秋，歎朝菌蟪蛄不知晦朔之全，寧惟上古？』又云：『桂可食故伐，漆可用故割，用以無用爲善，人莫能知。雁以不鳴烹，木以不才終，才與不才之間，唯其所處。』諸如此類，皆屬古人聯句、集句之變體，其施之解《莊》，於古於今，似僅此一見，故頗可珍視。

通讀《聯莊》諸作，其各首之內容語句，有專出《莊子》之一篇者，有聯結其多篇之文句者，而前者主要見於內篇，後者則分散於外雜篇中，大多作品即屬此一類。如云：『《詩》以道志，《書》以道事，《禮》以道行，《樂》以道和，《易》以道陰陽，《春秋》以道名分。至若百家之學，譬猶耳目口鼻，不能相通。庖丁之解牛，痀瘻之承蜩，沒人之操舟，梓慶之削鐻，大馬之捶鉤，汜（紀）渻子之鬥雞，彼其純氣所存，任夫驚懼死生，自然無慴。』其中除出於《天下》篇外，『庖丁之解牛』出於《養生主》篇，『大馬之捶鉤』出於《知北遊》篇，『痀瘻之承蜩』『沒人之操舟』『梓慶之削鐻』『汜（紀）渻子之鬥雞』及『彼其純氣所存，任夫驚懼死生，自然無慴』之議論，皆本於《達生》篇，可謂取材廣泛，已涉及內外雜篇三個部分。但總體而言，因限於體例，聯莊者尚缺乏個人情感，亦難於表現其學術見解。

此次影印張潮《聯莊》，據華東師範大學圖書館藏清康熙間新安張氏霞舉堂刊《檀几叢書》本。

檀山南華經質

（清）王泰徵輯釋

王泰徵，字嘉生，又字半士、王干人，號蘆人，新安歙縣人，生卒年不詳。明崇禎十年進士，歷吳川、新會、建陽令，所至著聲，擢禮部主事，未赴，會鼎革，遂歸隱邑西巖鎮檀山，杜門教授，日講習經史，旁引曲證，聚徒至數十百人，卒年七十有六。所著有《樗菴集》《友林漫言》《春秋四傳輯言》《周禮考工辨》《五代史歎》《檀山道德經頌》《檀山南華經質》等。事蹟見［乾隆］《歙縣縣志》卷八、［民國］《歙縣縣志》卷十。

《檀山南華經質》不分卷，卷首題『新安王泰徵蘆人輯釋』『長沙陶汝鼐燮友、江陵徐養心松濤參閱』『同里程增蝶莊、程均又庠、黃爾類樗麓校訂』，書前依次有無名氏《序》、汪琬康熙二十四年《前禮部主事王先生小傳》、王泰徵康熙六年《檀山莊質序》《南華經諸家敘跋》（包括司馬遷、郭象、蘇軾、李塗、楊慎、焦竑、張天如、譚元春等家）等。王泰徵序云：『讀《莊》而櫛比之，如紉荷然，蝶老人死章句矣。』故正文概不收《莊子》原文，亦不采取傳統注疏之體，而是運用論説方式，每篇以『王蘆人』述論爲主體，其次『附諸家注』，如《逍遥遊第一》依次附有楊慎、《關尹子》、黄幾復、郭象、譚元春語，《養生主第三》附有劉辰翁、鵠灣、石公語，但亦有不附任何文字，或徑摘《莊子》文句以入附録者。

綜觀王氏《檀山南華經質》，論述多平實妥貼，亦不乏獨見。如其《外物》篇云：『《則陽》篇近禪理，此篇則丹經也。』《寓言》篇云：『此著書將終，一生悲慟婆心，恐後世不知，或有强作解事人，掇拾其後，不得不自拈出，如《老子》卷終，自爲解説「信言不美，美言不信」是也。』《讓王》篇云：『語多《呂氏・貴生篇》《審爲篇》《慎人篇》《離俗篇》《誠廉篇》，即《呂》書有襲《莊》《列》者，不應獨多至是，應是後人攙入耶？』此處，無論其評判《外物》《則陽》篇思想傾向，抑或探究《寓言》篇作意、辨别《讓王》篇真僞，都有自己獨特看法，值得重視。

此次影印，據中國科學院國家科學圖書館藏清康熙間刊《檀山道德經頌》所附《檀山南華經質》本。

莊子讀本一卷

（清）方人傑撰

方人傑，字星渡，新安人，生平事蹟不詳。著作有《莊騷讀本》，《莊子讀本》即爲其前半部分。《莊騷讀本》前有《莊騷發凡》，並題『新安方人傑星渡輯評，金山錢樹本根堂參訂』。

《莊子讀本・寓言》云：『《寓言》《列禦寇》之一篇分爲兩也。《讓王》《盜跖》《説劍》《漁父》之屬，贋筆竄入也。先儒歷論之詳矣。』因此，方人傑棄《讓王》等四篇，合《寓言》《列禦寇》爲一篇，又舍去《刻意》《庚桑楚》兩篇，故《莊子讀本》共收二十六篇。其中，《天道》篇僅節録『成綺』『貴道』兩段，《山木》篇僅節録『市南子』『子桑虖』『陳蔡』三段，他篇則抄録全文。《莊子讀本》中，有眉批、圈點、夾批、夾注，篇末大都先引述前代名家如歸有光、譚元春等人評論，再就篇中義理進行分析。

方人傑在闡釋《莊子》義理之際，亦十分重視揭示其篇章結構及筆法特徵。《莊騷發凡》云：『莊子以道德之精華，舒經傳之古質，隱顯緩急，各極其致，無踈碎塵腐之病，此法之至妙者矣。』對《莊子》思想、藝術予以高度評價。由於深受蘇軾所謂『莊子蓋助孔子者』説影響，他强調要透過表面離奇之莊文看到莊子『精嚴』之法度，『誠能體究其説，得其純而去其疵，以讀六經之法讀之』（《莊騷發凡》），這就使《莊子讀本》具有明顯儒學化傾向。在《田子方》篇末，方人傑甚至説：『莊子之尊孔子也至矣！深微隱顯，或從其原，或從其委，莫不見其津津無己之神。』認爲莊子對孔子尊崇之至。

方人傑對《莊子》藝術之特點，其分析注重點面結合，既能從整體上把握，又常常對細節問題發表見解。如於《逍遥遊》篇末云：『此一篇是一書大意，此一題是一篇大意，而《莊子》全身之綱領也。』又於《徐無鬼》篇末云：『此篇大旨在中一段、結末一段。……前則冷然而起，後則雜然而陳，不倫不類、奇奇怪怪之中，而有一氣呵成之妙，所以爲至。』可見，方氏之分析亦常有真知灼見。但需要指出，由於《莊子讀本》所引唐宋名公評語，大都當是依據明天啓四年竺塢刊署爲歸有光、文震孟《南華真經評注》眉批而來，而《南華真經評注》中這些眉批卻多非唐宋名公所作，這就使得方人傑以訛傳訛，從而影響其《莊子讀本》之學術價值。

此次影印方人傑《莊子讀本》一卷，據上海圖書館藏清乾隆三十七年刊《莊騷讀本》本。

莊子旁注五卷

（清）吴承漸輯注

吴承漸，字公儀，徽州歙縣人，生平事蹟不詳。有門人江詒孫、朱可進等。曾編著《莊子旁注》五卷、《經史序録》二卷。《莊子旁注》五卷，前有康熙三十八年吴承漸自序、國子祭酒長洲孫岳頒序，扉頁題『瑠水春波漁舍藏板』，版心下鐫『思訓堂』，卷一、卷五題『天都吴承漸公儀輯注』『門人江詒孫、男楷仝音校』，卷二、卷三、卷四音校者則爲『江詒孫、朱可進』。吴氏自序謂：『予少喜讀其内、外諸篇，而病其離合於道也，尤病注《莊》者之甚害於道而實以害於《莊》也。』又謂：『自向、郭索隱繪空，競清談而標玄旨，士習波蕩，海宇風頹，時謂非郭注《莊》，乃《莊》注郭耳。信斯言也，與桓溫、孫武子之所歎何以異！當時有識之士，追禍本而泝亂源，每不能爲向、郭諸人貸也。予用是集諸家之注，於其訓釋句字直解而旁注之，一仍其舊，使讀者開卷瞭然，而《莊》之所以爲《莊》者自在也。』吳氏旨在表明，自己自少時即喜讀《莊子》，此《莊子旁注》五卷，爲其簡選諸家之注而成，甚是便於讀者。

但今持吳氏《莊子旁注》五卷，以較晚明同鄉方虛名《南華真經旁注》五卷，則除《逍遥遊》篇外，其餘各篇正文中，行款字體、旁批内容、以及所施『—』『-』『⌐』『○』等符號，均皆相同；全書唯改易扉頁設計，更換前言、卷首題識、版心内容，及删去所有眉批、題解而已。《逍遥遊》篇正文中，首葉旁批、圈點等多與方虛名《南華真經旁注》本不同，繼而多與之相同，最後數葉則幾乎完全相同。其所以特重首葉，當是爲了不讓讀者開卷即起疑心。

此次影印吳承漸《莊子旁注》五卷，據中國科學院國家科學圖書館藏清康熙三十八年瑨水春波漁舍刊本。

莊子釋意三卷　（清）高秋月集説　（清）曹同春論正

《莊子釋意》三卷，内、外、雜篇各一卷，凡三十三篇，在《莊騷合刻》内，首題『歸震川先生原批，金壇高秋月素蟾集説、曹同春孟序論正』。高秋月，字素蟾，金壇（今江蘇金壇縣）人，生卒年不詳。據［光緒］《金壇縣志》卷九、［民國］《重修金壇縣志》卷九載，高氏資性敏悟，讀書過目無遺忘，清順治四年補弟子員，同張願結槐江社，文譽籍甚。康熙十五年恩貢，凡經史及四子書、先儒語録尤勤手輯，宿遷令嘗延請其主書院，諸生多成就。年七十一卒。曹同春，字孟序，生卒年及生平事蹟均不詳。唯據《莊子釋意序》末所署『康熙己巳秋八月上浣金壇曹同春序並書』之語，知其亦爲金壇人，活動於康熙間，當略晚於高秋月。

據書前所收曹鍾浩《莊騷合刻序》、曹同春《莊子釋意序》，可推知《莊子釋意》三卷刻成於康熙二十八年，但高秋月集各家説之時間則較早。據曹序，高秋月平生甚好《莊子》，其《莊子釋意》乃是在宿遷縣主教時，經數年搜輯核注而成，而以其最善歸有光所著《莊子釋意》一書，便將己所集説者亦命名爲《莊子釋意》。但今所見《莊子釋意》三卷，乃是曹同春於康熙二十八年對高氏原書予以『分編次力加考訂』，並於内篇各篇之首自撰題解刊刻而成。

高秋月依據蘇軾《莊子祠堂記》說法，亦認爲『《讓王》以下四篇，非莊子所作，蓋其枝葉太粗，恐爲人所竄易』（《讓王》篇末評語），因而對《讓王》《盜跖》《說劍》《漁父》四篇，一概不作評語、注釋，唯於各篇之末引歸有光評語一條以評之而已。但對於其他各篇皆作簡要夾注，各段後及篇末又皆有評語，此等評語多引自歸有光、釋德清，少量引自李士表、朱得之、陸西星、沈一貫、陶望齡、郭正域、譚元春、林雲銘等，正所謂『或仍往説，或取己見，文約而旨明』。若高秋月所引歸有光評語確係歸氏『原批』，則可證明現存明天啓四年竺塢刊署爲歸有光、文震孟《南華真經評注》本所收歸氏評語多爲真實可信，意義相當重要。

具體說來，高秋月在內篇各段及篇末所置評語，基本上引自釋德清《莊子內篇注》及歸有光批語，而在外、雜篇中，除較多引用歸氏批語及少量引用其他人評語而外，他還親自撰寫大量評語。因高秋月最善歸有光，故其所撰評語亦多『文約而旨明』，與歸氏風格相近。如對《在宥》篇，於開頭一段後評曰：『此言當無爲以治天下。』於『崔瞿問於老聃』一段後評曰：『此言爲治者不當攖人心。』於『黄帝立爲天子』一段後評曰：『此言治身長生之道。』於『雲將東遊』一段後評曰：『此言養天下在於養心。』其篇末總評，亦寫得要言不煩。如於《駢拇》篇末評曰：『此篇言仁義之失性，蓋皆竊仁義以釣名者。』於《馬蹄》篇末評曰：『此言其性之不可失，與前篇同意。』於《胠篋》篇末評曰：『此篇言好智之亂天下，而推其過於聖人，蓋拔本塞源之意。』凡此皆可見出其簡約明瞭風格，對於矯正表現於《莊子》評釋方面愈來愈繁風氣，自有積極意義。從思想內容方面看，高秋月偶引佛理評莊，但其大部分評語卻基本上能堅持以莊解莊。更應予以指出，當莊學界儒學化風氣愈演愈烈之時，他幾乎不爲所染，從而使其莊學觀表現出一定獨特性。

與高秋月所作評語一樣，曹同春爲內篇各篇所作題解亦有其獨特見解。如他爲《養生主》篇所作題解云：『真性者，生之主也。養生者，養此而已。世人但知養其形骸，而不知養其真性，以有涯之生，逐無涯之妄念，貪求不已，殉名入刑，何益之有哉！』此處將『主』解釋成『真性』，認爲『養生主』便是要養其真性，而不是像世人那樣『但知養其形骸』，『以有涯之生，逐無涯之妄念，貪求不已，殉名入刑』，此一見解確實爲前人所不曾有。他爲《齊物論》篇所作題解云：『物論所以難齊者，因有我見，我苟不立，彼尚可存世間，是非然否，如飄風之怒號，自作自止，何足置辨乎？』此處認爲齊同物論之關鍵在於徹底泯滅自我，亦同樣表現出其對莊子齊物思想有着深刻理解。

此次影印高秋月集説、曹同春論正《莊子釋意》三卷，據華東師範大學圖書館藏清康熙二十九年文粹堂刊本。

莊子解十二卷　（清）吴世尚撰

吴世尚，字六書，號群玉，安徽貴池人，生卒年不詳。據［光緒］《貴池縣志》卷二十六、四十一載，世尚少肆力於六經、子、史，手自鈔覽，至腕脱，以左手作字，名其居曰『易老莊山房』。爲人剛介不阿，老於諸生，未貢而卒。著有《易經注解》《楚辭疏》《老子宗指》《莊子解》。

清四庫館臣謂吴世尚《莊子解》凡三卷，《文獻通考》卷二百三十所載同。然今所傳本皆爲十二卷，即：内篇七篇，凡三卷；外篇十五篇，凡六卷；雜篇則依蘇軾説，删去《讓王》《盜跖》《説劍》《漁父》四篇，而合《列禦寇》於《寓言》篇，爲六篇，凡三卷。民國九年劉氏刊《貴池先哲遺書》本所收序跋等最爲完備，前有同邑章永祚所作《莊子解序》，吴世尚所撰《莊子解序一》《莊子解序二》《莊子解序三》《目録》後附記、《内篇大意》；書末收宛陵湯奠邦所作《莊子解跋》，及貴池後學劉世珩所撰跋語。今案吴氏《莊子解序二》自署爲『康熙甲午（1714）夏六月癸巳貴池吴世尚序』，而《莊子解序三》則云：『余生平鮮他好，所沈酣者，五經、四書而外，《左》《老》《莊》《騷》其最也。而《易》與《老》與《莊》之内篇已栽梨問世，今乃遂以《莊》之外、雜兩篇並付雕鐫。……雍正丙午秋九月乙巳貴池吴世尚序。』可知四庫館臣、《文獻通考》所云三卷者，乃康熙甲午所刻之内七篇本，而今所傳十二卷本，則爲十二年後即雍正丙午合刊之傳本。

前人謂吴世尚所著《莊子解》，其大旨是『引莊子而附之儒家』（清四庫館臣語）。吴氏《莊子解序一》即謂，莊子要以荒唐不經之説來稱述孔子、闡揚儒學，而他對道之闡釋，則更直接繼承、發揮了孔子道論，可謂是繼子思、孟軻之後大力闡揚孔子道論之第一人，因而我等理應『不惜大聲疾呼』，以便『使萬世而下知漆園蒙叟誠知道者也』。顯然，吴世尚此處已將莊子之『道』與孔孟之『道』混爲一談。吴氏説，自己評注《莊子》，旨在揭示莊子之『道』與孔子之『道』

不異，尤其是『莊子之學所見極高，其尊信孔子亦在千古諸儒未開口之前』之奧秘。其《南華子目録》後附記云：『莊子之學，所見極高，其尊信孔子，亦在千古諸儒未開口之前。觀篇中，稱孔子爲聖人、至人。夫「至人無己、神人無功、聖人無名」，「不離於宗，謂之天人；不離於精，謂之神人；不離於真，謂之至人。以天爲宗，以德爲本，以道爲門，兆於變化，謂之聖人。」聖人、天人、神人、至人，總一人也。此老從不肯以此名許人，獨以之稱孔子，此是何等見地！』可見吴氏之儒學化傾向何等明顯！

吴世尚《莊子解》對《莊子》藝術性每有所闡釋，某些見解頗爲新穎。如其《南華子目録》後附記指出，莊子文章充滿『奇氣奇句』，初讀之幾乎『無間可入』，熟讀之則有『應接不暇』之感，此等説法無疑很有見地。又《内篇大意》指出，内七篇大意實爲相承相接，而寫法卻各具特色，『有空寫，有實寫，有順寫，有反寫，有淡寫，有濃寫，有近寫，有遠寫，有半寫，有全寫，有加倍寫，有分幫寫，使筆如使利斧，當之者摧，遇之者碎，湧墨如湧海潮，直者山立，横者岡連，尋行逐字，既無從測其言外之指，高視闊步，又未免失其句中之義耳。』凡此説法，確多能發前人所未發。

吴氏《莊子解》有清雍正四年易老莊書屋刊本、道光間四川覆刊乾隆刊本等。此次影印，據華東師範大學圖書館藏民國九年劉氏刊《貴池先哲遺書》本。

南華經解三十三卷 （清）宣穎撰

宣穎，字茂公，一字懋功，句曲（今江蘇句容縣）人，生卒年不詳。據［乾隆］《句容縣志》卷九、［光緒］《續纂句容縣志》卷二十載，穎性至孝，有逸才，少嘗砥勵問學，有聲庠序。既長，偕朱亮工，從溧陽馬章民，講藝於三茅峰下，馬公欽其德器。及亮工獲解去，章民又大魁天下，穎謹以拔萃科貢入成均，已而終不遇，乃鍵戶著述，網羅群籍，淹貫宏通，時人稱爲學海。晚年假館邑之青元觀，爲東晉葛洪煉丹處，著《南華經解》。没世之日，遺書數十種，亂後盡佚，唯《南華經解》風行海内。

《南華經解》前有康熙六十年（1721）張芳《南華經解序》，宣穎《南華經解自序》《莊解小言》《南華經解内篇》，及同治六年吳坤修《南華經解序》。書後有同治六年胡志章跋。卷首題『句曲宣穎茂公著，新建吳坤修刊、鍾祥胡志章校』。宣穎依據蘇軾《莊子祠堂記》説，以雜篇中《讓王》《盜跖》《説劍》《漁父》四篇爲僞作，將其置於全書之末。

宣穎雖因仕途蹇厄，晚年假館道觀，爲《莊子》作箋解，但他並不主張以道教思想詮釋《莊子》。如《在宥》篇有黄帝往空同山拜見廣成子寓言，謂廣成子自言『我修身千二百歲矣，吾形未常衰』，『吾與日月參光，吾與天地爲常』，『人其盡死，而我獨存乎』，注家輒每引道教神仙之術加以解釋，而宣穎箋注則説『須知莊子引此全不是説長生的事』，乃是『極言治身自有超乎生死之事』，即『道不可窮，不可測，今入其門，遊其野，則亦無窮無測矣。』其《達生》篇題解並云：『從來無不朽之官骸，而有不朽之神理。官骸之必朽者，既有形矣，則必有毁，此數之所制者然也；神理之不朽者，本無質焉，斯無得而毁，此數之所不得而制者也。自有人以至於今，從未有不腐之人，仙家亦言尸解，則形之不足存明矣。』從根本上否定道教長生不死觀念，以及治莊者每以神仙思想詮釋《莊子》之做法。

宣穎不願引道教思想闡釋《莊子》，亦反對人們將莊子與佛氏混爲一談，但他所著《南華經解》卻明顯表現出儒學化傾向，認爲『莊子學於子夏，所稱夫子多係孔子』（《齊物論》解），『後人每有采《莊子》語附會神仙之術者，豈知莊子學問之正，聖門津筏之書也。』（《大宗師》解）在他看來，莊子最是傾服孔子。如《寓言》篇有『莊子謂惠子』寓言，寫惠施甚愛强辯，雖然精勞神傷，仍無回頭之意，所以莊子就以孔子不敢自以爲是爲例，勸他切勿執定是非，終生爭辯不休，宣穎以爲『此莊子深服不如孔子也』，『讀此段，可知莊子推仰吾夫子之至。』《田子方》篇有『莊子見魯哀公』寓言，以真儒不必儒服，儒服者未必真儒爲喻，説明體悟大道，不能被跡象所迷惑，但其中謂『獨有一丈夫，儒服而立乎公（指魯哀公）門，公即召而問以國事，千轉萬變而不窮』，未必是指孔子而言，而宣穎則承因成玄英《莊子注疏》、褚伯秀《南華真經義海纂微》觀點，並進一步發揮説：『獨有一丈夫，蓋真儒也。其人爲誰？非吾夫子不足以當之。夫子爲哀公時人，莊子蓋寓言，特尊吾夫子一人爲真儒也。何以知其寓言？莊子與梁惠王、齊宣王同時，何由得與魯哀公相見耶？一部《莊子》，大半皆此類也。』亦認爲莊子推尊孔子之意甚明。

應當指出，宣穎在探究《莊子》藝術方面甚有成就。首先，他在梳理《莊子》文章脈理方面，比林希逸《南華真經口義》、劉辰翁《莊子南華真經點校》、陸西星《南華真經副墨》、林雲銘《莊子因》等著作，又大大推進了一步。其次，他在揭示《莊子》文章藝術手法方面，也比前人更爲全面而深刻。再次，他還在揭示《莊子》文章意境方面取得了前所未有的成就。故此書在清康熙六十年刊印後，便不斷有人進行翻刻印刷。據目前所知，清代翻刻本就有經國堂刊本、經綸堂刊本、海清樓刊本、半畝園刊本、懷義堂刊本等，民國時期又有會文堂石印本、尚古山房石印本等。而徐廷槐《南華簡鈔》、胡文英《莊子獨見》、高嵣《莊子集評》、陸樹芝《莊子雪》、姚鼐《莊子章義》、何如潅《莊子未定稿》、方濳《南華經解》、劉鴻典《莊子約解》、劉鳳苞《南華雪心編》、陳壽昌《南華真經正義》、馬其昶《莊子故》、王先謙《莊子集解》、胡遠濬《莊子詮詁》、阮毓崧《莊子集注》等，皆程度不同地受到了宣穎《南華經解》之影響。

此次影印宣穎《南華經解》三十三卷，據華東師範大學圖書館藏清同治五年皖城藩署刊本。

南華經傳釋一卷　（清）周金然撰

周金然，字礪巖，號廣庵，又號越雪，上海人，生卒年不詳。康熙二十一年進士，選庶吉士，歷司經局洗馬。與施閏章、宋琬遊，其才思格力亦介於二人之間。著作有《飲醇堂文集》《抱膝庭詩草》《娱暉堂集》《和陶靖節集》《和李昌谷集》《西山紀遊詩》《南浦詞》《南華經傳釋》等。

《南華經傳釋》一卷，皆爲短論體，前有周金然所撰小序云：『今諦閲《南華》，則自經自傳，不自祕也，而千載無人覷破。蓋其意盡於内七篇，至外篇、雜篇無非引伸内七篇，惟末篇自序耳。』遂以内篇七篇爲經，而以《秋水》《馬蹄》《山木》三篇爲《逍遥遊》篇之傳，《徐無鬼》《則陽》《外物》三篇爲《齊物論》篇之傳，《刻意》《繕性》《至樂》《達生》《讓王》五篇爲《養生主》篇之傳，《庚桑楚》《漁父》二篇爲《人間世》篇之傳，《駢拇》《列禦寇》二篇爲《德充符》篇之傳，《田子方》《天道》《天運》《知北遊》《盜跖》五篇爲《大宗師》篇之傳，《胠篋》《説劍》《在宥》《天地》四篇爲《應帝王》

篇之傳。在周金然看來，如此『錯而觀之』，則『其意較然，詎復須注哉！』（見小序）

周金然上述説法、做法，不僅是對潘基慶《南華經集注》以外、雜篇分疏内七篇基本思路之繼承，而且比潘氏推進一大步，徑稱内篇與外、雜篇爲經與傳之關係，復又摒棄潘氏引釋典等解《莊》方法，而主張『以《中庸》釋《大學》，以《金剛》釋《心經》，以《南華》釋《道德》』（小序），以《莊子》外、雜篇釋内篇七篇，即完全要求以儒解儒、以佛解佛、以道家解道家、以《莊子》解《莊子》，認爲此即爲正確解釋各家經典之大秘密。應當承認，周金然此等做法，對長期以來莊子學之儒佛化傾向無疑具有一定矯正作用。事實上，《莊子》外、雜篇不少篇章當爲莊子後學所撰，往往是對内篇某些思想觀點之闡發，所以正如周金然所説，可以看成是内篇之『傳』，則内篇即自然成了外、雜篇之『經』。但是，由於外、雜篇某些篇章即使爲莊子後學所撰，其所闡發之思想觀點也不可能與内篇某些篇章具有一一對應關係，而是有着複雜錯綜之繼承、發展關係，因而儘管周金然對潘基慶《南華經集注》所列内篇與外、雜篇關係作了很大調整，但仍存在着諸多問題。如《秋水》篇主要是繼承、發揮了《齊物論》篇相對主義思想，《山木》篇主要是繼承、發揮了《人間世》篇處世思想，而周金然卻視之爲《逍遥遊》篇之『傳』；《天道》《天運》二篇主要是繼承、發展了《應帝王》篇政治論，而周氏卻視之爲《大宗師》篇之『傳』。凡此説明，周金然之所謂『經傳』説在付諸實踐時，不免會出現許多實際困難。

今影印周金然《南華經傳釋》一卷，據華東師範大學圖書館藏清嘉慶間南滙吴省蘭聽彝堂刊《藝海珠塵》本。

莊子辯正六卷

（清）胡方撰

胡方（1654—1727），字大靈，世稱金竹先生，廣東新會人。性情篤厚，安於清貧，有孝名，廣東學政惠士奇曾大力引薦，以年邁堅辭。尚儒學，務力行，於經書奥義多有創見，粤人比之江門陳獻章。《清史稿・儒林傳》有傳。著有《周易本義注》《四子書注》《鴻桷堂詩文集》《莊子辯正》等。

《莊子辯正》六卷，前有胡方同里後學戴鶴齡所作序，卷首題『新會胡方大靈著，曾孫仁量校字』。每篇皆有題解，説明全篇大旨；正文采取順文直解、雙行夾注樣式，不引他説。戴鶴齡序云：『《莊子辯正》一書，乃吾邑金竹先生所手著也。然則曷不名箋解而名辯正？曰：辯之使一歸於正也。……先生爲之訓釋，悉奉堯舜周孔之理爲指歸，於其言之合於正者，詳細辯析；戾於正者，指摘辯駁，使《莊子》之醇疵具見，讀《莊子》者亦得因以取其醇而去其疵焉。蓋自有先生之辯正，是書猶然莊子之書，其理非復莊子之理矣。』此處，戴氏對《莊子辯正》遵循之原則、特點、目的説得甚是明白。

胡方所持理學家立場，使他奉周孔之道爲圭臬。在《莊子辯正》中，他並非要闡發《莊子》玄理，而是對莊文不合於周孔之道處予以駁正，其用心可謂良苦。如胡方於《德充符》『魯有叔山無趾』寓言後云：『莊周之意，專欲廢孔子博文約禮也。』於《大宗師》題下云：『儒者由博文約禮以致虛靜，此言直求虛靜，或因其質之近，似乎可能，而不知實不可能也。』完全是從儒家立場對莊文進行評價。對於《莊子》書中諷刺儒家之言論，胡方也給予合『理』解釋。如於《外物》篇『儒以詩禮發冢』寓言後，胡方注曰：『此以俗儒，實飾小説以干縣令者。』而對於蘇軾所貶《讓王》《盜跖》《説劍》《漁父》四篇，胡方則更斥之爲『粗淺鄙俚』，不爲詳解。

此次影印胡方《莊子辯正》六卷，據中國國家圖書館藏清嘉慶十九年鴻桷堂刊本。

唱莊一卷　（清）沈堡撰

沈堡，字可山，浙江蕭山人，生卒年不詳。康熙間廩生，喜吟詠，晚歲築耄悔堂，聚書玩古。著有《嘉會堂集》《漁莊晚唱》等。

《唱莊》一卷，在《漁莊晚唱》内，卷首題『蕭山沈堡可山』，書前有小序云：『余初讀蒙莊書，苦其汗漫無涯涘，大約不離太史公所云，「其言恍洋自恣以適己」，一語盡之。所傳内篇、外篇、雜篇，論説分歧，要皆觸類引伸，以暢内七篇之説。暇日紬繹，檃栝爲詩，得五十二首，名曰《唱莊》，即未盡莊理，頗窺莊趣。冀符漆園恍洋自恣之旨，取適己云爾。』沈堡以爲，《莊子》一書，難求歸趣，而内、外、雜篇，論説復多分歧，然要旨皆在内篇。故截取内七篇，以韻文形式，細加紬繹檃栝，得詩五十二首，集爲《唱莊》，包括《逍遥遊》詩五首、《齊物論》詩九首、《養生主》詩四首、《人間世》詩七首、《德充符》詩六首、《大宗師》詩十四首、《應帝王》詩七首，多以篇内寓言爲題材，亦有檃栝或闡發抽象義理者。

通讀《唱莊》各詩，多能忠實於文本内容。如《逍遥遊》詩之五云：『我有一大瓠，呺然無所庸。浮之大江内，蕩蕩隨長風。樗櫟不中矩，廣莫能相容。仿佯與晏息，可保天年終。無用以爲用，沛乎遊無窮』此詩取象於大瓠、樗樹等物，以闡發莊子無用爲大用思想，借詩歌之形象思維以寓莊子之抽象哲理。但亦偶有不符莊子原意，甚或相與矛盾者。如《齊物論》詩之一云：『物論誰能齊，齊之物始亂。天籟騰山林，吹萬亦多變。詎云有使之，受者自爲判。』認爲正如吹萬多變、受者自判，物論之不齊，也就在所難免。此種説法，顯然與莊子思想有所出入。《齊物論》詩其餘各首，則與莊子齊同萬物之旨復相合。要之，《唱莊》以詩體闡發莊子思想，委實已屬不易，不可以小眚而貶損其價值。

兹據上海圖書館藏清乾隆十九年刊《漁莊晚唱》本影印《唱莊》一卷。

南華簡鈔四卷

（清）徐廷槐撰

徐廷槐，字立三，一字笠山，號墨汀，會稽人，生卒年不詳。李富孫《鶴徵後録》卷六謂其性情高曠，爲文峭刻清厲，詩亦擺落凡近，年四十舉於鄉，逾十年（即雍正八年）舉進士。著有《墨汀詩草》《南華簡鈔》。

《南華簡鈔》四卷，於《莊子》内篇七篇全録，外篇、雜篇頗有刊削，《讓王》《盗跖》《説劍》《漁父》四篇則全删去。前有自序、引言，末附《逸語》，卷首題『會稽徐廷槐笠山鈔閲』，正文間引宋、元、明、清各家之説，而尤以引清初蔣金式《莊子偶説》爲多，也最有價值。徐氏自序云：『是編向所手鈔，於外、雜篇間有節省，蓋拙性懶散，聊便一時口誦，非敢漫爲芟薙也。時或四、三年，束之高閣，間一省視，凡諸所評注，輒雜遝題其上，大者鴉涂，細者蠅涷，日計歲計，狼藉紛披，歷年不能淨寫一本，而傳者誤聽，謂鄙人癖於是役，且欲廣其論説。……昔歲辛亥，自淮陰南還，舟泊吴閶門，篋中貯是編，並友人所貽金百十兩，臧獲胠篋金，擲是編，遂逃去。……日月易逝，轉眼十年，第因陋就簡，爲次序而存之，題曰《南華簡鈔》。乾隆六年，歲次辛酉，秋九月上浣，墨汀徐廷槐笠山書於鑒湖之雙清閣。』雍正九年（1731）爲辛亥，下距乾隆六年（1741）恰好爲十年。徐廷槐既謂辛亥年『臧獲胠篋金，擲是編』，又謂此前曾束之高閣四、三年，則其《南華簡鈔》初稿當完成於雍正五、六年，而正式定名並刊印於十三或十四年後，即乾隆六年。

在以儒解莊風氣中，徐廷槐亦偶爾受到一些影響。但視其全書，主要是堅持以莊解莊，能以簡要文字揭出莊子本意。如對於《逍遥遊》篇主旨，歷代學者解説紛紜，多爲牽强附會之説，而徐廷槐則説『大鵬待大風，總是個御風而行之有待』，又説『窅然喪其天下，以見無待』，又説『無所可用，以無用爲用，所以無待，所以逍遥，此莊子自題行樂』，凡此評語注語，皆可謂十分簡略，卻多能揭出莊子本真思想。

徐廷槐闡釋《莊子》，還往往能窺見莊子内心深處。如一般學者總是認爲，莊子内心非常超脱，任何世事都不能干擾其精神世界，而徐廷槐卻在《則陽》篇中指出，『漆園中，日夜以眼淚洗面』，内心比任何人都要痛苦，何來真正逍遥？他又在《德充符》篇中説：『莊子談笑而道之，亦涕泣而道之。』認爲莊子雖談笑風生，與惠施討論『有情』『無情』問題，並告誡惠施不要『以好惡内傷其身』，而應該『常因自然而不益生』，但他内心深處並不能做到『無情』，而恰恰是在『涕泣』。顯然，徐廷槐如此解讀《莊子》，應該比一般學者更能觸及莊子内心之痛苦。

徐廷槐對《莊子》文章有更多妙解。如表現在字詞解釋方面，他曾於《逍遥遊》篇『去以六月息者也』下云：『息，蓋言呼吸，即《大宗師》之「其息深深」，非休息之謂。』此説深得其解。表現在句子與層次關係解釋方面，他曾於同篇『此小大之辯也』下云：『「小知不及大知」下可接此句，「不亦悲乎」之下應該接此句，卻再入湯問，與前文山重而水複之。此六字，一髮輕，千金重。』此説亦甚是。表現在篇與篇關係解釋方面，他曾於《齊物論》篇『吾喪我』下云：『蜩與鷽鳩，飛搶榆枋，亦可謂自適其適，而不適人之適者也。祇緣我見太重，偏是小知，易見有我。惟有我，故其知小，有我而是非起矣。《齊物論》所以始於「喪我」，終於「物化」。』此説同樣對讀者有啓發作用。

清四庫館臣爲徐氏《南華簡鈔》所作提要云：『其論文論理，以妙悟不測爲宗，大抵原本禪機，自矜神解也。』但從現存文獻資料看，徐廷槐似與禪宗無甚瓜葛，而細審《南華簡鈔》，亦不可謂其『大抵原本禪機』。要之，此書論文論理，其妙悟當源自對《莊子》本身之深刻理解，以及對前人詮釋成果之合理借鑒。

徐廷槐《南華簡鈔》有清乾隆六年刊本、光緒二十年文瑞樓重刊本、清藜照樓刊本等。茲據華東師範大學圖書館藏清乾隆六年刊本影印。

莊子存校　（清）王懋竑撰

王懋竑（1668—1741），字予中，一字與中，別署白田草堂，江蘇寶應人。康熙五十七年進士，補安慶府學教授。雍正元年，以薦授翰林院編修，後以老病乞歸，杜門著書。竑少從叔父王式丹學，一生刻厲篤志，尤其專心於朱子之書，一字一句，皆沉潛以求始末，力圖還朱熹以本來面目，表現出其求實精神，終於成爲揚州學派之先驅。著作有《白田草堂存稿》《讀書論疑》《朱子年譜》等。

《莊子存校》爲王懋竑精心校訂《莊子》之作，收於《讀書論疑》卷十一。此著主要運用陸德明《經典釋文》之豐富資料，並以郭象注、林希逸《莊子鬳齋口義》本、龔士卨《纂圖互注南華真經》本等爲參照，對《莊子》重要字句、音義及後人解釋等作精心校訂。其內容可歸納爲三端：

一、校字句。《莊子》流傳到後世，各版本文字每有出入，王懋竑即予以精心校對。如《齊物論》篇有『是皇帝之所聽熒也』之語，陸德明《經典釋文》云：『本又作「黃帝」。』王懋竑云：『（郭）注亦作「黃帝」。』此乃校文字之異同，認爲寫作『皇帝』或『黃帝』，當可兩存。今案《道藏》《南華真經》白文本、王雱《南華真經新傳》本、林希逸《南華真經口義》本、褚伯秀《南華真經義海纂微》本、羅勉道《南華真經循本》本、吳澄《莊子內篇訂正》本，亦皆作『黃帝』，說明歷史上兩種寫法確實嘗並存。《逍遙遊》篇有『學鳩』一詞，王懋竑云：『《釋文》作「學」，一作「鷽」。或作「鷽」，音預。司馬云：「學鳩，小鳩也。」字本作「學」，或作「鷽」，音與「學」同。以下二蟲言之，當作「學」。若從「鷽」，則亦謂鷽鳩，非別爲小鳥也。「鷽」乃刻本之誤。據《釋文》作「鸒」，「鷽」乃誤文。鸒，與鳩別。』此乃校文字之是非，認爲『學鳩』即『鸒鳩』，『鷽』爲『鸒』字之誤。今案《文選》江文通《雜體詩》李善注引《莊子》有『蜩與鸒鳩笑之』之語，並引司馬彪云『鸒鳩，小鳥也』，説明王懋竑之見解確實經得起推敲。《駢拇》篇有『彼正正者』之語，王懋竑云：『「正正」當作「至正」，承上「至正」言。』此亦爲校文字之是非，認爲此『正正』當是承上文『非天下之至正也』之『至正』而來。今細審上下文，作『至正』爲是。

二、審讀音。從漢魏六朝以來，爲《莊子》作音注者甚衆，陸德明在兼收並蓄或有所選擇基礎上，又親爲《莊子》作音注，而後人復又陸續有所增損。王懋竑著《莊子存校》，亦甚關注《莊子》某些字之讀音。如於《齊物論》篇『翏』下云：『「音劉，又音柳。一作「飂」。《廣韻》音聊。』於《養生主》篇『綮』下云：『「音啓，崔（譔）、向（秀）、徐（邈）同。一音頃，又音罄。」』認爲『翏』『綮』之讀音較爲複雜，《廣韻》與崔譔、向秀、徐邈等音注可以並存。同時，王懋竑對前人所作音注還要儘可能作出是非判斷。如於《齊物論》篇『喁』下云：『「三音：雍、愚、偶。當從愚。」』又於『圈』下云：『「音權，又音去聲。當從權音。」』又於『宎』下云：『「徐（邈）與堯反，音麼，又音杳，又音窔。按，當從窔音，方與下「咬」者別。」』認爲《齊物論》篇中此三字，雖然皆爲多音字，但比較而言，當依次以音愚、音權、音窔爲上。此等見解，皆較爲獨特，值得重視。

三、辨詞義。王懋竑著《莊子存校》，重點在於辨析《莊子》詞義。如於《逍遥遊》篇『二蟲』下云：『「郭注指鵬、蜩，非是。」』認爲從上下文看，『二蟲』當指蜩與學鳩，而決非郭象所謂鵬與蜩。於『敖』下云：『「一作「傲」，支（遁）云：「謂伺彼怠傲。」司馬（彪）音遨，謂伺遨翔之物。從司馬。」』認爲『敖』通『遨』，謂雞鼠等遨遊之物，故當從司馬彪之説。於『猶時女也』下云：『「司馬云：「猶處女也。」」此即所云「時花美女」之謂，然與文意不協。』此等説法，亦皆甚爲正確。

四、通句意。對句意進行疏通，亦爲王懋竑《莊子存校》重要内容之一。如於《齊物論》篇『夫大塊噫氣，其名爲風』下云：『「塊然有形者，地也。風起溪谷間，此段正言地籟。郭（象）以爲無物，司馬（彪）以爲大樸之貌，林（希逸）

以爲天地，似皆未然。』此説甚是，故俞樾《莊子平議》從之。

今影印王懋竑《莊子存校》，據華東師範大學圖書館藏清同治十一年福建撫署刊《讀書論疑》本。

莊子未定稿四卷

（清）何如瀣撰

何如瀣，字建則，廣東南海人，世稱澮泉先生，生卒年不詳。清雍正十一年進士，曾在山東、河南爲官，有政績。著作有《四書自得》《續自得》《讀易日鈔》《莊子未定稿》等。《莊子未定稿》書前有《澮泉先生傳》，記何如瀣事蹟。

《莊子未定稿》四卷，前有何如瀣乾隆四十七年所作自序、何氏弟子邱先德嘉慶十七年所作《莊子未定稿序》《澮泉先生傳》。每卷卷首單設目録，正文首題『南海何如瀣建則甫注，曾孫曰璧編，受業族孫松校』。某些篇章有簡單題解，篇末大都有評論，以講解全篇大意爲主，其中多次引用宣茂公（宣穎）《南華經解》内容（《莊子》原文注釋中亦時有之）；眉欄有批語或注釋，但這些批語、注釋或非何如瀣所作，《逍遥遊》首葉眉欄有記云：『讀《莊子因》原板朦糊，閲既厭倦；讀此本，心目爽然，而知予眼根未徹也。……咸豐元年歲辛亥十有一月二十有九日庚辰。』視其内容及時間，當爲後學所記。

何如瀣自序云：『夫言非吹也，言者有言，故必先定其意而後筆之於書。至其甚者，留若盟詛，發若機括，以爭鳴於天下，此南華老人所爲痛道術將爲天下裂者。故其著書也，巵言日出，和以天倪，……觀其振於無竟，而寓於無竟，十餘萬言固未嘗定以己意也。然世之説《莊子》者，累牘連篇……而經義益晦，遂使南華深心不獲見於後世。余生平酷嗜此書，玩索有年，晚而手録一篇，名其稿曰《未定》，蓋本南華意也。以經還經，而經義因以别白，其未嘗參以一定之見者，故無容守其一定之説也。其以爲異於鷇音，亦有辨乎？其無辨乎？姑以俟之來者。』何氏鑒於説莊者之弊端，仿效莊子『振於無竟，而寓於無竟』，有辨無辨俟之來者，故名其書曰《莊子未定稿》。

何如瀣雖仿效莊子筆法，欲擺脱一己之偏見，然其所持儒家立場使此種追求無以實現，最終還是自落窠臼。此書在注解《莊子》字詞、語句方面，更多地關注了《莊子》文字之妙。如於《駢拇》篇末云：『老莊尊道德而卑仁義，因渠原不識仁義，故言仁義爲駢枝，爲多方。……善乎昌黎之論曰：「彼所謂道德，離仁義而言之。彼以煦煦爲仁，孑孑爲義，其小之也則宜。」足以洞中其病根矣。世乃偏爲回護，過矣！吾取其文而已。』對莊子攻訐儒家仁義之言論深爲不滿，對莊子之文章則表示肯定。何如瀠曾語弟子云：『子亦知文之至妙者乎？六經之文變爲《南華》，變而不失其正者也。』（邱先德序引）稱讚《莊子》爲『文之至妙者』，可見何氏對莊文之喜愛。

基於這種認識，此書雖收録《讓王》《盜跖》《説劍》《漁父》四篇，但《讓王》篇末云：『以《讓王》四篇爲僞作，有目者識之。吾不服東坡之高見，而歎太史公之無識。』對四篇文章完全予以否定，並借此以嘲笑蘇軾、司馬遷。相反，何如瀠對莊子文章筆法、句法、文法等卻大加讚賞，這在何氏注解中每有所見。如於《逍遥遊》篇評『怒』字云：『猶奮也，與草木怒生同一字法。』評『南冥者，天池也』數語云：『注一句，作束筆，「天池」句固是收束。』評『《齊諧》者，志怪者也』數語云：『注一句，作起筆。一句一順一逆，靈妙無比！』總觀何氏文評，雖不乏新意，但總體水準不高，其影響也有限。

何如瀠《莊子未定稿》四卷，有清嘉慶十七年何東閣刊本、清道光六年刊本。此次影印，據華東師範大學圖書館藏嘉慶十七年何東閣刊本。

南華通七卷　舊題（清）屈復撰

屈復（1668—1739後），字見心，號金粟，晚號悔翁，陝西蒲城人。十九歲時童子試第一名，不久便出遊晉、豫、江、浙各地，又歷經閩、粵等處，並四至京師。乾隆元年，曾被舉博學鴻詞科，不肯應試。七十二歲時尚在北京蒲城會館撰書，終生未歸故鄉。著述有《弱水草堂詩集》《楚辭新注》《唐詩成法》《樂府新解》等。

清道光十五年陝西朝邑李元春輯《青照堂叢書》，收《南華通》七卷，題『屈復』著，並有《屈注莊子引》云：『屈徵君《莊子注》，以孔孟程朱之理通之，向郭外特識也，可以傳矣。原本得之莊浪門人崔生家修，家修得之三原王君袞，聞王君好古籍，見遺編輒購之，此則其手鈔云。時齋。』『時齋』爲李元春字，説明他在編輯《青照堂叢書》時，所得署爲『屈復』著《南華通》七卷，來路甚爲不明。民國十一年，京華印書局亦據一部來路不明之鈔本印行《南華通》一書，同樣題『蒲城屈悔翁先生遺著』。今發現中國國家圖書館藏清乾隆間刻本《南華通》七卷，前有自序一篇，題『臨泉孫嘉淦著』，全書正文則全與李元春《青照堂叢書》所收《南華通》七卷相同。愚案清錢儀吉編《碑傳集》卷二十六所收盧文弨撰《孫文定公家傳》，孫嘉淦係『太原興縣臨河里人』。據考，後魏於蔚汾谷置蔚汾縣，隋改爲臨泉縣，故城在今山西興縣西北五十里，則《南華通》自序所題『臨泉孫嘉淦』者，即爲盧文弨撰《孫文定公家傳》所説『太原興縣臨河里』之孫嘉淦。且盧氏所撰《孫文定公家傳》謂孫嘉淦『在翰林日，讀《春秋》，患四傳互異，於是專精思經文，著《春秋義》一書，已版行。及蒙世宗憲皇帝訓飭，翻然悔曰：「吾學無真得，奈何妄測聖經？」遂並所著詩，删《南華通》，一切毀之，後遂不復著書』，説明孫氏確實曾著《南華通》一書，故《四庫全書總目提要》卷一百四十七、《皇朝文獻通考》卷二百三十、《皇朝通志》卷一百一亦並載『《南華通》七卷，孫嘉淦撰』。但由於經孫嘉淦『一切毀之』之後，《南華通》七卷幾乎失傳，人們多已無法窺見其真面目，於是便以訛傳訛，皆以極爲通行之《青照堂叢書》所收《南華通》七卷爲屈復所著，而不復有疑之者。如章鈺等《清史稿藝文志・道家類》，既載『《南華通》七卷，孫家（嘉）淦撰』，又載『《南華通》七卷，屈復撰』。臺灣嚴靈峰著《周秦漢魏諸子知見書目》，既云『《南華通》七卷，孫嘉淦』，並自注曰『未見』，又云『《南華通》七卷，屈復』，並自注曰『存』。熊鐵基等著《中國莊學史》，特辟『屈復《南華通》』一節，竟亦以此書爲屈復專著展開論述。可見，誤以《南華通》七卷爲屈復著作，其由來已久。

但又不可否認，《南華通》七卷幾乎完全是因李元春《青照堂叢書》收録及民國京華印書局印行而得以廣泛流行，故今仍將李元春《青照堂叢書》（據華東師範大學圖書館藏）所收本予以影印。

莊子彙考等四卷

（清）陳夢雷　蔣廷錫輯

陳夢雷（1650—1741），字則震、省齋，福建閩縣人。康熙九年進士，官翰林院編修。蔣廷錫（1669—1732），字揚孫，常熟人。康熙四十二年進士，官至文華殿大學士。

《古今圖書集成》（原名《古今圖書彙編》）爲陳夢雷所輯，後經蔣廷錫重輯而成，是我國歷史上一部巨型類書。其中《經籍典》第四百三十五卷至四百三十八卷爲莊子資料彙編：第四百三十五卷包括《莊子部彙考一》《莊子部彙考二》《莊子部彙考三》《莊子部彙考四》，第四百三十六卷包括《莊子部總論一》《莊子部總論二》，第四百三十七卷包括《莊子部總論三》《莊子部總論四》《莊子部總論五》，第四百三十八卷包括《莊子部藝文一》《莊子部藝文二》《莊子部紀事》《莊子部雜録》《莊子部外編》，凡歷史上志書所載《莊子》書目、各家著作中有關《莊子》詩賦、序跋、評論及雜録等，幾乎靡不彙輯其中，實爲歷代有關《莊子》資料之一大彙編，今姑名爲《莊子彙考》等。

陳夢雷《松鶴山房集・進彙編啓》云：『凡在六合之內，巨細畢舉；其在十三經、二十一史者，祇字不遺；其在稗史子集者，亦祇刪一二。』今觀其所彙輯有關《莊子》資料，大致亦如此。如《莊子部彙考》所輯有《漢書・藝文志・道家》《隋書・經籍志・道家》《唐書・藝文志・道家》《宋史・藝文志・道家》、陸德明《經典釋文・序録》、鄭樵《通志・道家》、王應麟《漢書藝文志考證・道家》、馬端臨《文獻通考・道家考》、王圻《續文獻通考・道家考》、焦竑《經籍志・道家》及《莊子翼・莊子書目》所録全部《莊子》書目，《莊子部藝文》所輯有班嗣《報桓譚借莊子書》、阮籍《達莊論》、嵇含《吊莊周文》、夏侯湛《莊周贊》、孫楚《莊周贊》、王坦之《廢莊論》、庾翼《貽殷浩書》、王僧虔《誡子書》、權德輿《道舉策問》、薛逢《鑿混沌賦》、白居易《求元珠賦》、賈餗《莊周夢爲蝴蝶賦》、蘇軾《莊子祠堂記》、潘佑《贈別》及陶潛《擬古詩》、白居易《讀莊子》、馬定國《讀莊子》等詩文，搜輯之功遠爲前人所不逮。而觀其所輯四卷文字，以類相從，不但整體面目清晰，且在具體條目之編次上亦往往顯示出其精心。如其於《莊子部彙考一》『簡文帝大寶年御制《莊子義》二十卷』條下云：『按《梁書・簡文帝本紀》：「太宗幼而敏睿，識悟過人。既長，讀書十行俱下，九流百氏經目必記，博綜儒書，善言元理，著《莊子義》二十卷。」按《隋書·經籍志》：「《莊子講疏》十卷，梁簡文帝撰。本二十卷，今闕。」按《陳書·徐陵傳》：「陵十二，通《莊》《老》義。簡文在東宫，令於少傅府述所制《莊子義》。」按《唐書·藝文志》：「梁簡文《莊子講疏》三十卷。」」通過如此編次，使原來諸多零散資料變得井然有序，具有很高文獻價值。

《古今圖書集成》有清雍正四年内府銅活字排印本、清光緒二十年上海圖書集成鉛版印書局排印本、民國上海中華書局影印本。今據華東師範大學圖書館藏清雍正四年内府銅活字排印《古今圖書集成·理學彙編·經籍典》影印《莊子彙考等》。

莊子鈔

（清）浦起龍撰

浦起龍（1679—1761後），字二田，號孩禪，自署東山外史，無錫人。雍正八年進士，晚年任蘇州府學教授，主紫陽書院，著名學者錢大昕、王昶、王鳴盛爲諸生時均受業其門下。著作有《讀杜心解》《史通通釋》《古文眉詮》等。

《莊子鈔》爲《古文眉詮》第十六卷，卷首題「桂林陳榕門、歸安吴牧園兩先生鑒定，金匱後學浦起龍論次，三吴書院陸載錫、顧學潮彙參」。該書共輯録《莊子》原文十二篇，其中《逍遥遊》《齊物論》《養生主》三篇全部録入，《人間世》《大宗師》《秋水》《知北遊》各節録兩條，《應帝王》《天道》《徐無鬼》《寓言》各節録一條，《天運》節録三條。每篇題下先注明屬於内篇還是外篇或雜篇，並大都配以簡短評論。正文有眉批、圈點，間附以簡注，以文評爲主。

浦起龍節録《莊子》原文，首先遵循思想性原則。《天運》篇於節録「商太宰問仁於莊子」寓言後云：「莊生此種議論最多，不敢多録，録其最超軼者。其意衹是以忘爲主，原非排斥仁義也。曲士見之，咋舌矣。」由此可知，浦起龍對不合於儒家仁義之文字「不敢多録」，大多予以刊落。同時，浦起龍在闡釋《莊子》義理時，還體現出以佛解莊傾向。如在評論《應帝王》篇「季咸相壺子」寓言時，曾兩次引用林希逸《莊子口義》内容，釋「地文」時説「《口義》注，猶佛家觀名」，釋「淵」時説「《口義》，佛家爲觀古人爲淵」，在眉欄處則説「如禪家露地白牛」「如禪家善巧權閉」；

再如評《秋水》篇『遊於濠梁』寓言時説：『子與我與魚，猶佛言人相我相衆生相也。』皆是借用佛家理論來解釋《莊子》義理。

浦起龍還按照文學性原則，節録時對《莊子》中妙文、奇文多所側重，並在評論時大加讚賞，此即《莊子鈔》之主要内容。浦起龍對《莊子》文章所作評論，既包括字詞之運用，亦包括結構、寫作手法之特點，所涉較廣。如所録《大宗師》篇首對『真人』一段之闡釋，浦起龍用『一提』『再提』『三提』『收足』連結其四個層次之内容，使之渾然一體；對《知北遊》篇『東郭子問於莊子』寓言，他評論説：『瓦礫説法，乾屎説禪，周遍咸一也。然惟不期乃不際也，節節獨造，奇文奇文！』浦起龍還常常指出莊子設象譬喻之特點，以《逍遥遊》篇爲例，他在篇首評點説：『假象而談，化機飛動，覺逍遥意境。』在『此小大之辯也』句眉欄處評點説：『此前取象，由大而及小；此後實拈，從小而至大，恰好以篇尾應篇首。』在『宋人有善爲不龜手之藥者』寓言眉欄處評點説：『舉宋人鬻方，爲不知用設象。』如此點評，皆較爲新穎。

今影印浦起龍《莊子鈔》，據華東師範大學圖書館藏清乾隆九年三吳書院刊《古文眉詮》本。

南華通七卷

（清）孫嘉淦撰

孫嘉淦（1683—1753），字錫公，號懿齋，别號靜軒，謚文定，山西興縣人。康熙五十二年進士，改庶吉士，雍正元年晉國子監司業，乾隆時官至吏部尚書、協辦大學士。著作有《春秋義》《成均講義》等。

《南華通》一書，僅解内七篇。孫嘉淦在書前所撰自序，主要論説《莊子》文章之妙。在他看來，前人對莊子文章之分析，多不可信，而在義理解説方面，則往往爲『尊莊子與辟莊子者，皆不知莊子者也』，甚或可謂『莊生之罪人也』（見《大宗師》通），即使晉人『好談老莊』，其實亦有『不解』之處，而『向（秀）、郭（象）、支（遁）、許（詢），同聲附和，我不知其是何故也。』（見《逍遥遊》通）那麽，孫嘉淦主張如何詮釋《莊子》？清四庫館臣爲其《南華通》所作提要云：『是編取《莊子》内篇，以時文之法評之，使起承轉合，提掇呼應，一一易曉，中亦頗以儒理文其説。』的確，孫嘉淦著《南華通》，每以孔孟程朱之理接通莊子之意。如他在詮釋《人間世》篇時指出，篇中所謂『聽之以心』即是稟承《論語・先進》『回也……於吾言無所不説』之意，『爲天使難以僞』即是稟承《論語・子罕》『有鄙夫問於我，空空如也。我叩其兩端而竭焉』之意，而所謂『惟道集虚』云云，亦可與周敦頤《通書》中有關論述互爲發明，因而他再一次推斷説，莊子之學實爲『孔孟之心傳』，根本不同於楊墨佛老之教，亦並非沮溺荷蕢之流所能望其項背，可見世謂卜氏子夏之學流而爲莊周並不可謂爲虚言。但孫嘉淦又認爲，《莊子》内七篇亦有極個別『不滿於孔子』之文字。有鑒於此，他便進而判定『此莊生所以爲二氏之鼻祖，而非吾儒之嫡派也。』（《養生主》通）

對於《莊子》文章特徵，孫嘉淦自序有所謂『一部如一篇也，一篇如一章也』『不寧惟是，夫且一篇如一句也』之説。何謂『一部如一篇』？孫嘉淦云：『一部如一篇者，凡其所作，皆確有原委，又確有次第，增之損之而不能，顛之倒之而不可，指馬之百體非馬，而馬立乎前者，骨雖各具而筋實相連，一氣貫注，無歉無餘也。』認爲莊子著書目的就是爲了表達自己志向，《逍遥遊》篇首先揭示出此一志向後，内篇其餘六篇就是由此一環緊扣一環地展開論述。何謂『一篇如一章』？孫嘉淦云：『一篇如一章者，來確有其自來，去確有其自去，前瞻後顧，起呼末應，有如循環，首尾無端也。』即謂不但内篇七篇之間具有環環緊扣、層層遞進之邏輯結構關係，而且各篇本身又皆爲主旨一貫、綫索隱密、首尾呼應之絶妙文章。何謂『一篇如一句』？孫嘉淦云：『一篇如一句者，彼雖洋洋纚纚，有此數百千言以至萬言，實止爲其胸中鬱結不能自秘之一語，如龍戲珠，一時江翻海湧，霧集雲興，而阿堵中物，乃止徑寸也。』認爲莊子文章雖然洋洋纚纚，但各篇其實衹有『徑寸』之『阿堵中物』，即僅有一句乃是統攝全篇之語。可見孫嘉淦評析《莊子》之文，乃是以時文之法評之，必欲指出某句某字爲眼目，以爲各篇之關鍵。但《莊子》文章汪洋自恣，儀態萬方，誠不可完全衡以時文之法，因而孫氏有些評析不免顯得牽强附會，解讀者不能奉之爲圭臬。

孫嘉淦《南華通》七卷，唯有清乾隆間原刊本。兹據中國國家圖書館藏此原刊本予以影印。

南華本義不分卷

（清）林仲懿撰

林仲懿，清四庫館臣謂不知其爲何許人。然今案［光緒］《棲霞縣續志》卷六，於『康熙辛卯（1711）舉人』下載有『林仲懿』，與《南華本義》卷首所題『棲霞謙齋林仲懿山甫注評』、書前《凡例》之末所署『棲霞林仲懿山甫氏識』之里籍並同。又［乾隆］《銅陵縣志》卷二於『知縣』下云：『林仲懿，山東人，舉人，雍正七年（1729）任，以疾去。』則林氏爲山東棲霞人，康熙五十年舉人，雍正七年曾爲安徽銅陵知縣。且其《南華本義·凡例》云：『丙寅（1746）夏六月，注《莊》未脱稿，而淋雨十日，敝廬漏若露處，自覆以蓑笠。賴有《南華》在手，雖苦沾濡，故不遑恤。婢子不解事，數白竈無煙，亂人意。予衹以不應卻之，亦一消遣法也。』又於書末題曰：『乾隆己巳（1749）孟夏脱稿，辛未（1751）中春梓。』據此可知，林氏至老仍酷愛《莊子》，而《南華本義》之撰寫則經歷數年時間，最終於乾隆十四年孟夏脱稿，並於十六年仲春付梓。

那麼，林仲懿爲何僅注《莊子》内七篇呢？他在《南華本義》目録後附有解釋説：『外篇、雜篇，多内篇之注脚，時或失則粗豪，亦復不少佳構。顧災梨匪易，即此五萬言，無力付剞劂。讀者解内篇，自可因此識彼，亦何必予言之覼縷也。故注内篇止。』説明他僅注内七篇，一是因爲有見於内七篇已能代表莊子基本思想，二是由於家境貧寒無力剞劂所致。但他已看到外、雜篇中『亦復不少佳構』，故而將其割去，不免懷有不忍之心。又林氏《凡例》説：『朱子云：「《莊》《老》二書，解注者甚多，竟無一人説得他本義出，衹據他臆説。某若拈出，便别，衹是不欲得。」朱子不欲何也？爲其非吾儒之學也。然朱子卻亦未嘗不亟稱莊子文章，曰：「其才高如老子，老子齊脚斂手，莊子跌蕩，卻將無數道理掀翻説，不拘繩墨。」竊嘗觀朱子論《莊子》數則，而恍然有以得莊子之本義者。得其本義，而莊子與吾儒冰炭益明已。愛其文而注其書，駁其理而論其文，與朱子不欲注《莊》之意，其亦不相刺謬矣乎？書成，題曰《南華本義》，非曰已盡《南華》文章之趣，庶幾思過半矣。』此處説明，其注《莊子》頗有依朱熹之所謂『本義』而求莊子之本義者，故書成之後，便命名爲《南華本義》。

通觀林仲懿《南華本義》，其在理論觀點上所依據、發揮者，確實多爲朱熹之莊子學思想。如他依據朱熹關於『莊周是個大秀才，他都理會得，祇是不把做事』『祇是不肯學孔子，所謂「知者過之」者也』（《朱子語類》卷一百二十五）等説法，進一步指出『莊子……若肯發明周公、仲尼之道，當不在《孟子》七篇下，朱子豈不與他作章句，祇爲他「知者過之」』（《凡例》），並在注解過程中使此等觀點得到充分展開。同時，他又通過引述並發揮朱熹之説而對莊子養生論中某些觀點進行無情指摘。他説：『朱子《題養生主後》，最惱他「爲善無近名」三句，謂「無以異乎世俗鄉愿之所見，而揣摩精巧，校計深切，是乃賊德之尤者。」案《駢拇》云「余愧乎道德，上不敢爲仁義之操，下不敢爲淫僻之行」，即此三句意也。莊子以爲屬其性於道德，而不知「爲惡無近刑」一句尤得罪於聖賢，直被之鄉愿賊德之名而不敢辭也。』（《養生主》本義）此處特别指出莊子所説三句話，其中以『爲惡無近刑』一句『尤得罪於聖賢』，萬萬不可予以原諒。

至於對莊子文章之高超藝術，林仲懿亦與宋理學家一樣，基本上是采取褒而無貶態度。他説：『若夫莊子匠心結撰，下筆有神，意度波瀾，横絕今古，實亦文章至寶，案頭何可一日無此君！』（《凡例》）又説：『讀書人未有不喜《莊子》者，但苦其文字不聯貫。非他本不聯貫，無奈注《莊》者偏教他不聯貫何耳。請試再讀，何嘗不是一綫穿去底文字？』（《齊物論》本義）在林仲懿看來，豈止像《齊物論》這等篇章爲『匠心結撰』『一綫穿去底文字』，實際上整個内七篇亦具有這種藝術特徵。

林仲懿《南華本義》，唯有清乾隆十六年原刊本。兹據中國國家圖書館藏此原刊本予以影印。

擬摘入藏南華經一卷　（清）吴震生撰

吴震生（1695—1769），字長公、祚榮，號可堂，别號玉勾詞客、鰥叟、弱翁、南村等，安徽歙縣人。少有才名，然五試不第，遂棄科考，入貲爲刑部貴州司主事，未幾即乞歸。晚年移居杭州，與厲鶚、杭世駿等爲文章、性命之友。博學多聞，善山水，工篆書，博綜醫術，亦稍涉佛學。著述頗豐，有《南村遺集》《笠閣叢書》《才子牡丹亭》《太平樂府》等。

《擬摘入藏南華經》一卷，在《笠閣叢書》中，《杭州藝文志》著録爲《摘莊》。書前有吳震生小序云：『《宗鏡録》則以莊爲漆園傲吏，恍惚狂生。以予平心而觀，日月所臨至廣，其言雖不可用於儒國，固可用於餘國之近梵而崇釋者。斥以恍惚，未免小屈；摘以入藏，庶雪其冤。昔郭象注《莊》，自爲一書。茲摘解《莊》語，亦自爲一書而已。四十九家之外，獨可闕援莊入佛之一家乎！』此處所謂『藏』，即指『佛藏』而言。可見吳震生編撰此書，意在摘取《莊子》有關文字，以入佛教典藏，於歷代衆多治莊者之外，卓然自成一家之説。

通觀吳震生此書，唯於《莊子》三十三篇之中，各摘取其少量文字，並予删節重組而成。如《養生主》篇，乃是摘取『庖丁解牛』寓言，加以删減重組，最後添上『火傳不知其盡也』一語而成。《應帝王》篇，則僅摘取文中八個句子，意義各不連貫，總共不過七十餘字而已。吳氏於書前曾摘引郭象序，並特加按語云：『探遠返冥，則莫如使學者附麗佛藏，得所依歸矣。』認爲闡究《莊子》，莫如以佛理爲依歸。故視其全書，大多不外以佛説附麗莊子。如《逍遥遊》篇『此雖免乎行，猶有所待』，吳氏注：『若尸解成佛，則無待矣。』《德充符》篇『今子與我遊於形骸之内』，吳氏注：『謂言離相無實相、離身無法身者。』《繕性》篇『博溺心，文滅質』，吳氏注：『惟佛之博，始不溺心。』《山木》篇『木以不材免』，吳氏注：『似爲僧道。』率皆此類，雖與本文不無相合之處，但多爲簡單牽合，少有深意。

茲影印吳震生《擬摘入藏南華經》一卷，據上海圖書館藏清嘉慶間刊《笠閣叢書》本。

莊子解一卷　（清）吳峻撰

吳峻，金匱人，字黼仙，生平事蹟不詳。但臧勵龢等編《中國人名大辭典》云：『吳俊，清吳縣人，字奕千，一字蠡濤，晚年自號雲繡居士。乾隆進士，官至山東布政使。所至有捕盜功。爲人博聞强記，通達世務，詩古文皆深入古人堂奧。有《莊子解》《榮性堂詩集》。』未知孰是。

《莊子解》一卷，刊入《昭代叢書》壬集補編卷第四十三内，現僅存《逍遥遊解》《齊物論解》兩篇。《昭代叢書》初由清張潮編輯，四庫館臣爲《昭代叢書》所作提要云：『或從文集中摘録一篇，或從全書中割取數頁，亦有偶書數紙並非著述而亦强以書名者。中亦時有竄改……，猶是明季書賈改頭換面之積習，不足采也。』該書後雖由清沈楙悳重輯，張潮之編輯原則相信對沈氏會産生較大影響，因此也就存在沈氏部分摘録吴峻《莊子解》之可能。筆者以爲，吴峻《莊子解》最初當不止《逍遥遊解》《齊物論解》兩篇。《莊子解》卷首題『金匱吴峻黼仙著』，每篇前有題解，卷末有沈楙悳跋語；解《莊》時不録《莊子》原文，僅注明某句至某句，然後闡釋其義理。

從現存兩篇來看，《逍遥遊解》以易解莊，《齊物論解》則是以《詩經》六義及樂律作解。吴峻對此也有明確説明，如《逍遥遊解》題解云：『莊子齊小大，而篇中獨貴大，是以知其釋《易》也。作《易》者有憂患，惟有憂患而後求占筮。故曰：「人之生也，與憂俱生。」然思有以矯之，以爲文章之變化，故作《逍遥遊》。』《齊物論解》題解云：『篇中細詳風感之聲，以是知其釋《詩》也。其曰「遞相爲君臣」，非樂律無以釋之矣。人聲爲言，曰論即言也。篇中先詳齊物，後説齊論，齊者和之以是非也。樂以導和，和以天倪，而賦比興之理盡於此矣。』吴峻釋《逍遥遊》《齊物論》即遵循此原則，沈楙悳跋語對此極爲稱許，他概括説：『《南華經・逍遥遊》從無一言及於《易》，而黼仙先生以爲釋《易》者，以魚名爲坤，鳥名爲鵬而頓悟也。鯤與坤同音，則悟《莊子》之鯤即《周易》之坤矣；鵬與鯤對文，即悟鯤之爲坤，則又悟《莊子》之鵬即爲《周易》之乾矣。於是因鵬背而悟其爲艮，因羊角而悟其爲兑，因積水而悟其爲坎，……無一字一句非釋《易》也。……至於《齊物論》，固明言「樂出於虚」也，則以爲釋樂之文可也。乃先生又以爲釋《詩》，……既稱《齊物論》爲釋《詩》，則所謂「洼者」「污者」，當是釋《邶風》《鄘風》，其聲下也；「激者」「謞者」，當是釋《衛風》《王風》，其聲高也。……莊子所謂「大塊噫氣，其名爲風」，盍統十五國風言之也。』

由是可知，吴峻因承並發展宋代王雱、吕惠卿等以易釋《莊》思路，雖不乏穿鑿附會成分，卻也爲《莊子・逍遥遊》提供另一種解讀方法。但他以《詩》釋《齊物論》，則顯得有些不倫不類，就連對《莊子解》頗爲稱許者沈楙悳，對此也認爲『不及解《逍遥遊》之精』（見沈氏跋語）。

《昭代叢書》有清康熙間揚州詒清堂刊本、道光二十四年吴江沈氏世楷堂重刻本、光緒二年世楷堂重印本等。此次影印吳峻《莊子解》一卷，據華東師範大學圖書館藏光緒二年世楷堂重印《昭代叢書》本。

南華經大意解懸參注五卷

（清）藏雲山房主人撰

藏雲山房主人，生平事蹟不詳。但《南華經大意解懸參注》歷引郭象、陸德明、褚伯秀、劉辰翁、何孟春、陸西星、陳治安、查伊璜、林雲銘、蔣金式等家之説，至清雍正八年進士徐廷槐之説而止，則藏雲山房主人當係乾隆間人。此著至今仍僅有稿本，至《寓言》篇而止，此後《讓王》《盗跖》《説劍》《漁父》《列禦寇》《天下》六篇皆缺失，藏於美國普林斯頓大學圖書館。全書引林雲銘之説最多，書前有《藏雲山房南華經大意解懸參注序》《引言》《藏雲山房老莊偶談録》；正文分段引《莊子》原文，順文雙行夾注，段後低一格作解；有圈點、眉批。

在藏雲山房主人看來，《老子》『首章最要者，在於「常無觀妙」「常有觀竅（徼）」之中』，認爲『姤』卦既然象徵『天地相遇，品物咸章』，以『相遇』之前爲大道虛無之境，之後爲『品物咸章』之境，則《老子》先言觀無、後言觀有，必爲『從先天説入後天』之學，所以説『《道德》從先天説入後天，乃指姤爻未判之體而言，是後天中未失先天者也。』藏雲山房主人進而指出，『鯤字從魚從昆，混淪之訓，奇爻也，即常有也；鵬字從鳥從朋，同類之義，偶爻也，即常無也』，北海爲《周易》『坎』卦水之象徵，南海爲『離』卦火之象徵，則『鯤鵬變化，自北之南，正取坎填離之喻』，鯤鵬變化圖南寓言正寄寓作者欲『返本還原』，從萬物咸章之後天返回到一切皆無之先天等思想，所以説『《南華》斷《道德》以爲言，乃指姤爻既判之體而言，是後天中已失先天者』，其『發《道德》未發之意，詳者略之，略者詳之，本末兼該，……條理始終，以集大成，以廣至教者也。』（見《藏雲山房老莊偶談録》）由此可見，藏雲山房主人之莊子學具有明顯易學化傾向，而其對《逍遥遊》篇所作闡釋，雖然在兩宋學者以易學象數派理論詮釋莊子逍遥義基礎上又有很大發展，但仍不能真正揭示出篇中『無待』纔能逍遥這一宗旨。

藏雲山房主人在《藏雲山房老莊偶談録》中，還在承因前人觀點基礎上，進一步將內篇七篇闡釋爲一個『次第井然』，有總冒，有結尾，有四體，『首尾一氣貫注，四體血脈通連，中心運化周身，分之則七篇各爲一篇，合之則七篇共成一篇，於千回萬轉之中，得圓規方矩之妙』者。不可否認，在莊學發展史上，藏雲山房主人對内篇七篇邏輯結構之解釋最具神秘色彩，但讀者仍可從中發現一些有益啓示，如其所謂首以《逍遥遊》篇超然塵世外之至人、神人、聖人爲七篇之總冒，爲遊世之極則，終以《應帝王》篇『從有虞氏之治外説到治内，從治内説到盡道之量』爲七篇之總結，爲『至人無己』『神人無功』『聖人無名』之實得，這實際上揭示了《莊子》全書所謂内可以成爲道家理想人格『聖人』、外可以成爲真正無爲而治之帝王——『内聖外王之道』宗旨，頗得莊子思想之精髓。

藏雲山房主人在一定程度上受到自蘇軾以來諸多學者觀點之影響，也認爲外、雜篇中有後人攙入作品即『擬作』。他在《藏雲山房老莊偶談録》及有關篇題下指出，《駢拇》《馬蹄》《胠篋》《刻意》《繕性》《秋水》《至樂》諸篇皆爲『擬莊之文』，《在宥》《天地》《天道》《天運》《山木》《田子方》《外物》諸篇則『有正有擬』，讀者應該有所瞭解。按他所説，所謂『正文』，就是莊子本人手筆，『以至文傳至道，文與道合者也』，而『擬作』則是後人『擬莊之文』，與莊子之至文『異其旨趣』。他又在《駢拇》篇末指出，莊子祖述老子之道，所爲至文皆在闡明性與天道，唯以『大道不可以言傳，不言則人又無從窺測，不得已，借天下國民以爲言，其實非治天下治國治民也』，而後來追隨莊子者，卻不能了悟莊子這一深意，便誤以爲莊子真是在大談特談治天下治國治民之術，所以其擬莊之作，所闡發者往往爲堯、舜、孔子之道。因此，莊子正文與外雜篇中擬莊之文，『視之雖同，飲之必異』。其説可備作參考。

今據美國普林斯頓大學圖書館藏手稿本《南華經大意解懸參注》五卷予以影印。

莊子述記一卷　（清）任兆麟撰

任兆麟，原名廷麟，字文田，號心齋，江蘇震澤人，生卒年不詳。幼承家學，早年爲諸生，嘉慶元年舉孝廉方正。博聞敦行，工詩古文。著有《竹居集》《毛詩通説》《春秋本義》《任氏述記》等。

《莊子述記》一卷，在《任氏述記》內，卷首題『任兆麟述』，乃是節録《逍遥遊》《齊物論》《養生主》《人間世》《德充符》《大宗師》《應帝王》《在宥》《天地》《天道》《秋水》《達生》《田子方》《則陽》《讓王》《天下》等十六篇中文字而成。其中《逍遥遊》篇保留大部分文字，《德充符》《應帝王》篇僅分别節録二十、二十五字，其餘各篇則節録一段至數段文字不等。卷尾附《逸篇》二條，乃迻録於王應麟《莊子逸篇》（《困學紀聞》卷十）。間有簡注，多以前人之説爲之，涉及司馬彪、崔譔、郭象、李頤、簡文帝、邵雍、林雲銘等人。亦間有任氏自注，其實多係引述前人之説。如《養生主》篇：『技經肯綮之未嘗，而況大軱乎！』吴氏注：『肯：著骨肉。綮：結處也。軱：音孤。軱戾大骨也。』其實，此處注解『肯』『綮』，乃是分别引述陸德明、司馬彪之説；注解『軱』，注音用陸德明之説，釋義用向秀、郭象之説。《大宗師》篇：『畸人者，畸於人而侔於天。』任氏注：『畸，不耦也。侔，等也。』此處注解『畸』『侔』，皆係引述司馬彪之説，亦非真爲任氏自注。總之，任氏《莊子述記》之學術價值不高。

任兆麟《任氏述記》，有清乾隆五十三年任氏映雪草堂刊本、嘉慶十五年遂古堂刊本等。此次影印《莊子述記》一卷，據中國國家圖書館藏清光緒十年蜀西廖氏閑雲精舍刊《任氏述記》本。

莊子音義考證三卷　（清）盧文弨撰

盧文弨（1717—1796），字紹弓，號磯漁、又號檠齋，堂號抱經，浙江杭州人。乾隆十七年進士，授編修，歷任日講起居注、翰林院侍讀學士等官。告歸後，歷主江浙各書院。一生主要從事校勘工作，所校之書有《經典釋文》《逸周書》《荀子》《新書》《春秋繁露》《顔氏家訓》等，皆彙刻於《抱經堂叢書》内。另著有《抱經堂文集》《鍾山札記》《龍城札記》等。《莊子音義考證》分上、中、下三卷，乃是對陸德明《經典釋文》中《莊子音義》之補正，在《抱經堂叢書·經典釋文補編》内。首先，盧文弨甚重視文本對校。如陸德明於《莊子音義·庚桑楚》出示『本剽』二字，並云：『本亦作「標」。』盧文弨對校云：『剽，當作「標」。』本謂樹幹，標謂樹梢，若作『剽』則不可解，故盧説可從。陸氏於《齊物論》篇出示『畏佳』二字，並引李頤説：『畏佳，山阜貌。』盧氏對校云：『佳，舊本作「佳」，今《莊子》衆家本皆作「佳」。《韻會》支韻内引此，似亦可讀追。此所音脽，皆仄聲，然實與「佳」本音皆相近，故從衆家本改正。』畏佳，通『嵔崔』，謂山勢高峻參差，可見盧説甚是。尤其值得注意，盧文弨還每以『宋本』進行對校。如陸德明於《莊子音義・逍遥遊》出示『世蘄』二字，盧氏云：『舊「蘄」作「鄿」，訛。今從宋本。』陸氏於《知北遊》篇出示『大馬之捶鉤者』等字，並引司馬彪、郭象説：『捶者，玷捶鉤之輕重。』盧氏云：『玷捶鉤，舊本作「玷捶鐵」，今依宋本改正。』陸氏於《讓王》篇出示『攫』字，盧氏云：『舊作俱碧反、俱縛反，或又史虢反，訛。今皆從宋本改正。』此處根據『宋本』，依次對某舊本《莊子》原文、某舊本《經典釋文》所引司馬彪、郭象注及陸德明所作音注作校訂。據黄焯考證，蓋清儒皆未曾親覩真正宋本《經典釋文》，盧文弨所稱『宋本』，乃是指葉林宗依錢謙益絳雲樓所藏宋本迻寫《經典釋文》而言，與二百年後從清内府發現之宋元遞修本《經典釋文》不同。説明即使在今天看來，盧文弨以『宋本』校訂《莊子》及《莊子音義》，仍甚有學術價值。

對字體作處理，盧文弨亦甚重視。一、通用字。如盧文弨於《莊子音義・至樂》『皇帝』下云：『今本作「黄帝」。案皇、黄古通用。』於《庚桑楚》篇『胞』下云：『本亦作「庖」。案「胞」與「庖」通用。』認爲既爲通用字，則可以兩存，不必校改。二、異體字。盧文弨於《大宗師》篇『不强』下云：『今本書作「彊」。』於《達生》篇『鶡』下云：『今本作「鴶」。』依照盧氏《抱經堂文集・答錢辛楣詹事書》説法，如此類異體字，『經典及諸史類多通用，似不必以爲異文』，故不必校改。三、正體字與俗字。盧文弨於《馬蹄》篇『犧尊』下云：『今本作「樽」，俗。』於《逍遥遊》篇『樽』下云：『本亦作「尊」。案「尊」乃正體。』於《寓言》篇『景』下云：『本或作「影」。「影」字係陶宏景所撰，非古字。』盧氏此處雖未明確表示對正體與俗字之處理意見，但按他一慣學術觀點，則認爲一般都應以《説文解字》爲準，保留正體字，而除去俗字。所以他又謂，各本《齊物論》篇『刁刁』俱爲俗字，當改爲正體『刀刀』，而《列禦寇》篇『訙之』，本又作『訊之』，『《説文》有「訊」、無「訙」，「訙」俗字』，當據正。盧文弨對《莊子》字體之處理，應當説比較恰當。

盧文弨還甚重視考訂音注。如陸德明於《莊子音義・逍遥遊》出示『彭祖』二字，並説：『《世本》云：「姓籛，名鏗……」籛音翦。』盧文弨云：『案《玉篇》：「子踐切，姓也。」與此正合。是古讀皆然。或據《廣韻》改作音箋，非是。』

認爲陸氏音注可從，而據《廣韻》改作音箋者，則誤甚。陸氏於《齊物論》篇出示『謞者』二字，並説：『音孝。』盧氏云：『舊音考，訛。今注本音孝，從之。』認爲舊音考不可從，當以陸氏所標讀音爲準。陸氏於《達生》篇出示『跛』字，並説：『彼我反。』盧氏云：『舊作彼我反，訛。今改正。』認爲正確讀音當爲『波我反』。陸氏於《天運》篇出示『孝弟』二字，並説：『音弟。』盧氏云：『舊本作「孝悌」，音弟。此因今本作「悌」而妄改也。若作「悌」字，則更無兩讀，又何用音？此如他卷「道」音導，亦有倒作「導」音道者，皆出後人所變亂。今正之。』認爲正如他卷『道』『導』皆另有一讀一樣，既然後人要爲『弟』字標音，則《莊子》原文必爲『弟』，作另一讀，訓孝悌。説明盧文弨不僅重視考訂音注本身，還注意根據音注資料校訂《莊子》原文。

《抱經堂叢書》有清乾隆五十六年盧氏刊本、清嘉慶元年盧氏刊本、民國十二年北京直隸書局影印本等，今據華東師範大學圖書館藏清乾隆五十六年刊《抱經堂叢書》本影印《莊子音義考證》三卷。

莊子獨見不分卷

（清）胡文英撰

胡文英，字繩崖，晉陵（今江蘇武進縣）人，生卒年不詳。［光緒］《武進陽湖縣志》卷二十謂其爲乾隆三十年（1765）貢生，官直隸高陽縣知縣，但其於《莊子獨見自敘》末自署『乾隆歲次壬申（1752）小除，晉陵胡文英題於端州之來鶴堂』，則其此前又曾爲官於廣東肇慶一帶。

《莊子獨見》凡三十三篇，前有乾隆十六年（1751）武啓圖所作《序》，乾隆十七年吴文英所作《莊子獨見自敘》，及胡氏所撰《莊子論略》共十條、《讀莊針度》凡八則；每篇首題『晉陵胡文英繩崖評釋，雲中武啓圖義民同訂』；録《莊子》原文，順文雙行夾注，有眉批、圈點、旁批；内七篇並《讓王》《天下》篇末有總論。

胡文英自序指出，莊子文章與儒家經典及其他諸子文章不同，具有『一雷電風雲之通於天地日月而無可端倪』之風格特徵，而後世注《莊子》者有似葉公好龍，不曾窺其本真，所以他要『靜究而深觀』，『簡細别白，聯絡其辭，貫串其意，約以該之，微以顯之，解其所可解，而置其所不必解』。此即以『獨見』命名本書之微意。基於此種認識，胡文英主要采用評點方法以評釋《莊子》，並主張『讀《莊子》，須把眼界放活，則抑揚進退，虛實反正，俱無定極。唯跟着神氣之輕重伸縮，尋覓將去，纔能大叩大鳴，小叩小鳴』，『讀《莊子》，要淺者深之，深者淺之。衹如極平淡語句中，有無限含蓄；極奇幻語句，卻是遊戲神通。從此入去，迎刃可解。』（《讀莊針度》）如他在解讀《胠篋》篇時，開頭便作眉批：『起落轉接，洪波跳天，奇石轉澗。讀者但於空際領取其落筆之妙，自然體密氣疏。』同時依次以『起』『接』『落』『轉出』『兜』『放平』『踏進』等詞作爲旁批，將莊子文章起落轉接、抑揚進退、輕重伸縮、含蓄奇幻等特徵，多方予以揭示，並在結尾處指出，原來莊子此等手法，衹是爲通篇主腦『恬淡無爲』四字作『關照』。他在解讀《馬蹄》篇時也認爲，此篇文字『忽然而起』，『接得緊而無痕』，『字法奇，趣横溢』，原來也衹是爲關照通篇主腦『真性』二字。可見在胡文英看來，解讀者如能緊跟莊子文氣而抑揚伸縮，便不難窺見其真意。

與上述見解相表裏，胡文英還重視『善用照法』。如他在解讀《大宗師》篇時指出，通過『正照之，斜照之，遠照之，反照之』，發現其中有『正贊、反贊、分贊、合贊、借贊、陪贊、明贊、暗贊』，其『贊真人所以贊道，贊道即勵人爲真人』，最終是爲闡明『以大道爲師』之微意。同時，胡文英『善用照法』之又一結果，則是照出了『莊子人品、德性、學問、見識另有一種出人頭地處，另有一種折衷至當處。』（《莊子論略》）此處所謂『折衷至當處』，即是折衷於儒家聖人孔子，如他在解讀《齊物論》篇時就有『通篇大旨俱在「論而不議，議而不辯」兩句，此是莊叟折衷至聖之微意』等語；在解讀《寓言》篇『孔子行年六十而六十化，始時所是，卒而非之，未知今之所謂是之非五十九非也』等語時則說：『推尊夫子而以「定天下之定」爲言，較史公「折衷」二字有加無已。當時亞聖之外，知夫子者，惟漆園一人。而昧者猶欲以此株連二氏，吾不知愚誣之流何以至斯也。』說明其儒學化思想傾向甚爲明顯。

依據所謂『莊叟折衷至聖』觀念，胡文英便推斷莊子『根柢出於聖門』而大有『救世』之心，並指出：『莊子最是深情，人第知三閭之哀怨，而不知漆園之哀怨有甚於三閭也。蓋三閭之哀怨在一國，而漆園之哀怨在天下；三閭之哀怨在一時，而漆園之哀怨在萬世。』（《莊子論略》）在胡文英看來，正以莊子有救世熱心，客觀現實又使他感到無可奈何，所以他便轉而以冷眼看世界，即所謂『莊子眼極冷，心腸極熱。眼冷，故是非不管；心腸熱，故感慨無端。雖知無用，而未能忘情，到底是熱腸挂住；雖不能忘情，而終不下手，到底是冷眼看穿。』（同上）故莊子之哀怨也就有甚於屈原。胡氏此等説法，較爲獨特，影響亦較大，值得重視。

對於《莊子》篇目問題，胡文英受到蘇軾《莊子祠堂記》觀點影響比較明顯，亦認爲『《讓王》《盜跖》《説劍》《漁父》四篇，筆力庸弱，詞句淺率，其爲贋手所托無疑。』（《讓王》篇末總論）更值得指出，他還將文學意義上『小説』概念引入《莊子》辨僞及評點中。如他在評點《盜跖》篇『孔子往説盜跖』寓言時説，『孔子豈説客耶，其爲戰國時人所托撰無疑』，『顏子先子路而卒，豈能爲馭也』，『既非兵車，安用右爲』，然『此種形容，便開唐人小説派矣。』在評點《漁父》篇時説，此篇所寫『形容亦工』，『是晉唐以後佳語，若在《莊子》中，便覺做作』，故可視爲『小説雜記點綴體』。此種見解，亦值得重視。

胡文英《莊子獨見》，有清乾隆十六年三多齋刊本、乾隆十七年聚文堂刊本、道光間江西文淵堂刊本、民國十九年掃葉山房石印本等。此次影印出版《莊子獨見》，據華東師範大學圖書館藏清乾隆十七年同德堂刊本。

南華真經義海纂微考證

（清）王太嶽等纂

王太嶽（1722—1785），字基平，號芥子，直隸定興人。乾隆七年進士。由檢討累官雲南布政使，坐事落職。四十二年，任《四庫全書》總纂官，旋仍授檢討，擢國子監司業。著作有《清虛山房集》《芥子先生集》《涇渠志》等。曾與曹錫寶等據四庫館所抄黄簽彙輯、加工成《四庫全書考證》一百卷，對經史子集各書之訛、衍、闕、倒置及史實、觀點等問題，多有考證、校訂，經乾隆御覽裁訂，命爲《欽定四庫全書考證》。

《南華真經義海纂微考證》收於《欽定四庫全書考證》卷七十三，凡八十四條，其中有十四條各分爲兩個細目，兩條各分爲三個細目，涉及除《南華真經義海纂微》中《逍遥遊》《刻意》以外全部篇目。其内容主要有如下數端：一爲糾訛。

如《齊物論》篇原本褚伯秀案語『攝性歸性』，王太嶽等據別本校改爲『攝情歸性』；《人間世》篇陳景元注『口成而依違』之『成』，據別本校改爲『營』；《大宗師》篇林自注『我與物俱不可知』之『物』，據別本校改爲『汝』；《天運》篇郭象注『故至隨時而變』之『至』，據別本校改爲『當』。二爲補脱。如《應帝王》篇原本郭象注『不足以生』之『生』下脱一『生』字，王太嶽等據別本予以增補；《盜跖》篇『執轡三失』下脱『目芒然無見』五字，據別本予以增補；《説劍》篇『無不賓服』下脱『而聽從君命者矣』七字，據別本予以增補；《漁父》篇『孔子愀然而歎』下脱『再拜而起』四字，據別本予以增補。三爲删衍。如《馬蹄》篇原本『填山無蹊隧』，王太嶽等據別本删去其衍文『填』字；《則陽》篇陳景元注『是爲天下天王』，據《老子》删去其衍文『天』字。凡此做法，皆值得肯定。

但細審《南華真經義海纂微考證》，亦難免有錯誤存在。如其《駢拇》篇考證有云：『案語「惡夫假仁者執虛器，以愚天下之民」，原本「仁」訛「禽」，又「執虛器」訛「氣虛執」，並據別本改。』今案正統《道藏》本，褚伯秀案語作『惡夫假禽貪者器，以虐天下之民』，乃是化用《徐無鬼》篇『且假夫禽貪者器』而成，説明王太嶽等之説及所用『別本』皆不足據。又《駢拇》篇題目之『拇』字訛爲『母』，《天道》篇『繫馬而止』之『馬』字訛爲『焉』，亦皆爲瑕疵。

茲影印《南華真經義海纂微考證》，據華東師範大學圖書館藏清乾隆間木活字排印《武英殿聚珍版書・欽定四庫全書考證》本。

莊子鈔

（清）高嵣撰

高嵣，字梅亭，直隸順德府南和縣人，生卒年不詳。清乾隆二十五年舉人，三十二年委署沁源縣，三十七年題署沁邑。著作有《高梅亭讀書叢鈔》等。事蹟見《沁源縣志・名宦傳》。

《莊子鈔》在高嵣《歸餘鈔》內，與屈原、宋玉作品合爲一卷。前有《歸餘鈔》卷一目録，目録後附按語，介紹編録莊子與屈原、宋玉作品情況。正文中，《莊子》原文頂格書寫，順文雙行夾注，有圈點、句讀，行間間有注解或文評；有眉批；一篇之中，一般將《莊子》原文分爲數節，分節予以評論。

《莊子鈔》全録或節録《莊子》二十六篇。其中，内篇《逍遥遊》《養生主》全録，《齊物論》《人間世》《德充符》《大宗師》《應帝王》節録；外篇《駢拇》《馬蹄》全録，《在宥》《天地》《天道》《天運》《秋水》《達生》《山木》《田子方》《知北遊》節録；雜篇《庚桑楚》《徐無鬼》《則陽》《寓言》《盜跖》分别僅録一條，《外物》節録兩條，《列禦寇》《讓王》各節録四條；外篇《胠篋》《刻意》《繕性》《至樂》四篇以及雜篇《天下》《説劍》《漁父》三篇不録。高塘選録《莊》文之原則，在《歸餘鈔》卷一目録後按語中也有明確論述：『其大旨崇尚虚無寂滅，非聖賢中正之道。然儒者闢其説，仍讀其文，以文勢淩空幻渺，不可方物，且其中元理名言，叠見層出，文家多引用之，不可缺也。』因此，高塘以儒家立場，於《莊子》中不合『聖賢中正之道』者，每加刊落，而對其美文妙語則特予關注，在注解《莊子》字、詞之外，以文評爲主。今案其題解、評論、眉批等，多以引浦起龍《莊子鈔》、宣穎《南華經解》爲主，在版式、體例方面亦與二書相仿，但並不曾標明出處。

兹影印高塘《莊子鈔》，據華東師範大學圖書館藏清乾隆五十三年廣郡永邑培元堂楊氏刊《高梅亭讀書叢鈔·歸餘鈔》本。

南華瀝摘萃一卷　（清）馬魯摘評

馬魯，字希曾，陝西大荔人，世稱南苑先生，生卒年不詳。清乾隆二十五年舉人，選知縣。著作有《南苑一知集論詩》二卷、《南苑一知集叢談》二卷、《山對齋文詩存稿》二卷、《南華瀝摘萃》一卷，皆收於馬先登輯《馬氏叢刻》内。

《南華瀝摘萃》簡稱《南華瀝》，共節録《莊子》原文十八篇，即《逍遥遊》《齊物論》《養生主》《大宗師》《應帝王》《駢拇》《馬蹄》《天地》《天道》《秋水》《至樂》《達生》《山木》《徐無鬼》《外物》《讓王》《説劍》《列禦寇》。其中有些條目僅從某寓言中摘録一段對話，如《山木》篇，起首便是『王獨不見夫騰猿乎』，下面注曰『莊子對魏王』，説明係莊子回答魏王之語。該書前有馬魯裔孫馬先登同治九年所作《南華瀝摘萃重刻序》，敘莊子學源流，對《南華瀝摘萃》極盡褒揚之意。全書體例是：較節録原文低一格作注解，比較簡單，有些條目後僅有一、二句話，如《列禦寇》篇節録『莊子將死』寓言後云：『莊子之論，其墨者薄葬之由乎？』個別條目後甚至無解，如《天道》篇節録『輪扁斫輪』寓言後即不作解。間或釋字音字意，則是順文、雙行夾注。

馬魯解《莊子》，常引歷史典故予以説明，有以史解莊特點，如《逍遥遊》篇在節録莊子和惠子討論大瓠之用寓言後云：『王羲之早年書法，不過換鵝一群，而《聖教序》則字易金錢；吳道子早年畫驢，不過踏破僧具，而鍾馗像則名噪朝廷，皆舍小用而爲大用也。』以王羲之、吳道子書法典故來證明莊子之論點。對於莊文藝術特點，馬魯在某些篇章中也有論及。如《秋水》篇中，在『河伯與北海若』寓言後云：『此條筆情瀟灑，才氣高超，百讀不厭之文也。』在『莊子釣於濮水』寓言後云：『明顯近情，此條可取。』在『惠子相梁』寓言後云：『文情之妙，匪夷所思。』此等論述頗有見地，可惜在《南華瀝摘萃》中並不多見。

馬魯節録《莊子》之目的，是要濾出（『瀝』之意）《莊子》之精華。馬先登序中亦云：『南苑先生《南華瀝摘萃》一書，就其所獨會心者，支分節解，不襲常綴鎖，不涉虛談元，得魚兔而不忘荃蹄，是爲善釋《莊子》。』但從整體情況看，此等論斷未免言過其實。馬魯所節選之内容，未必皆爲《莊子》之精華，而《莊子》中諸多精彩内容，也未曾輯入，有些條目甚至僅摘録某寓言中一段對話，結構不完整，給人支離破碎之感。且就思想内容而言，虛無之境本爲莊子哲學根基，馬魯在注解時卻欲去虛而就實，未免有違莊子旨趣。

此次影印馬魯《南華瀝摘萃》一卷，據上海圖書館藏清同治九年敦倫堂刊《馬氏叢刻》本。

莊子章義五卷　（清）姚鼐撰

姚鼐（1732—1815），字姬傳，一字夢穀，軒名惜抱，人稱惜抱先生，安徽桐城人。乾隆二十八年進士，官至刑部郎中，曾入四庫館充纂修官。歷主江寧、揚州等地書院凡四十年。治學以經爲主，兼及子史、詩文，爲桐城文派之集大成者。著作有《惜抱軒全集》《春秋四傳補注》《老子章義》《莊子章義》等。另選有《古文辭類纂》《五七言今體詩鈔》《唐人絕句詩鈔》等。

今傳徐宗亮於光緒五年所刊姚鼐《莊子章義》，書前有姚氏所撰《莊子章義序目》（末附徐氏按語）、《莊子章義附録》《莊子翼題語五則》。正文中，分段録《莊子》原文，順文雙行夾注。

姚鼐治學，主張『義理』『考據』『文章』三者並重。他所謂『義理』，主要指文章思想觀點要符合儒家經義。因此，他研治《莊子》，未免有儒學化傾向。如他說：『子夏之後有田子方，昌黎之説本《史記·儒林列傳》。但未知田子方的是莊子之師不耳？然莊生的是從儒家來，故於儒者之教無不通曉。』（《莊子翼題語五則》）姚氏此處承繼韓愈《送王秀才序》之説，在學術淵源上認爲莊子出於儒家。同時又指出：『莊子真是禪學，其詆孔子之徒，如以訶佛罵祖爲報佛恩，其意正儼然以教外別傳自居也。』（同上）認爲莊子在書中詆毀孔子之徒，正如禪宗以訶佛罵祖爲報佛恩一樣，衹不過是以一種獨特方式傳承儒學。但莊子之學與儒家終究有明顯區別，對此，姚氏認爲：『周承孔氏之末流，乃有所窺見於道，而不聞《中庸》之義，不知所以裁之，遂恣其倡狂而無所極，豈非知者過之之爲害乎！』（《莊子章義序》）指出莊子遠離《中庸》之義而陷於猖狂，此乃其過錯。

姚鼐研治《莊子》，也踐行其所謂治學必重『考據』之説。如他在《齊物論》篇『何謂和之以天倪』一段文字後說：『疑此章是雜篇《寓言》章末錯入於此處。』在《寓言》篇題目下說：『「寓言」一章，正與「荃者」節相續，分篇者殊爲不審也。』指出《莊子》中有錯簡現象。關於外、雜篇作者問題，姚氏也有考證。他在《胠篋》篇『田成子殺齊君而盜其國』寓言後說：『自田常至王建十世，上合桓子無宇、釐子乞爲十二世。田氏自桓子始大，故合言十二世。此篇是先秦時文字，大約外篇、雜篇多非莊生所爲。此人蓋有慨於始皇，故言最憤激。』從年代方面考證《胠篋》篇並非莊子手筆，而是『有慨於始皇』者所作。另外，姚氏甚至還將《莊子》中某些篇章斷爲秦代以後作品。如他說：『上仙，是秦以後人語。』（《天地》章義）『素王、十二經，是漢人語。』（《天道》章義）『孔子西藏書於周室，此亦漢人語。藏書者，謂聖人知有秦火而預藏之，所謂藏之名山也。』（同上）『此篇乃司馬談《論六家要指》之類，漢人之文耳。』（《刻意》章義）此等説法，大都爲推測之辭，尚缺乏確鑿證據。

此外，姚鼐還頗注意《莊子》字句特點、藝術特徵。如他曾爲《天地》篇『泰初有無無有無名』一段文字作句讀，並指出其起首當以『泰初有無無』五字爲句，而『諸家解皆失句讀』。他又在詮釋《胠篋》篇時説：『《駢拇》《馬蹄》及此篇，皆雄文，而此篇尤奇肆。』表現出一位散文大家之獨特眼光。

姚鼐《莊子章義》五卷，有清嘉慶十六年廖寅題襟館刊本、光緒五年桐城徐宗亮刊《惜抱軒遺書三種》本等。茲據華東師範大學圖書館藏徐宗亮刊《惜抱軒遺書三種》本影印。

方齋補莊一卷　（清）方正瑗撰

方正瑗，字引除，號方齋，方以智之孫，安徽桐城人，生卒年不詳。康熙五十九年舉人，官至陝西潼商道。史稱自正瑗高祖方學漸以下，世傳理學，正瑗出政當軍需絡繹時，玉關萬里，轉餉十年，猶能創建關西書院，與人講學，而作詩乃其餘事。然皆古茂純正，蔚然成一家之言。著作有《方齋小言》《關西講堂客問》《連理山人詩鈔》《江淮集》《京華集》《關河集》《瀟灑集》《方齋補莊》等。

《方齋補莊》一卷，别名《西華經》。前有方正瑗《自序》、上官德輿《西華經緣起》，卷首題『皖桐方正瑗引除氏著』。全書皆爲論述體，不録《莊子》原文，僅詮解内七篇。其《自序》云：『先太史文忠公，側身讒嫉之朝，遊神形骸之外，《藥地炮莊》所以寄意也。夫道體有定，而用無定，因時適義，神明在人。《炮莊》者，歸莊於有用，海内諸儒，皆受其書。今小子瑗，倦遊西土，洗心退藏，芻蕘一得之，見《莊》所未及論者，口授弟子，遂成七篇，號曰《補莊》，亦猶是先人之餘唾也。求其紕繆而整飭之，則延佇讀《易》之君子。乾隆丁巳夏五月，方齋氏識於關西講堂。』據此，則方正瑗《方齋補莊》著於乾隆二年，既是出於爲關西書院弟子講授學業之需要，也是爲闡發祖父方以智《藥地炮莊》之餘意而作。

所謂闡發祖父餘意，即是要通過詮釋《莊子》，以闡揚孔子學説，傳承儒家宗旨。上官德輿《西華經緣起》云：『當時諸子並出，各成一家言。惟蒙莊有激於時，怒而大放厥詞，語稍不檢。承訛踵謬者，遂至有棄絶聖智之流弊焉，殆與吾孔子所述周道反矣。近者關中多愛讀《南華》一書，先生憂之。講堂諸弟子朝夕請益，是乃有七篇之補，補其未及論者，蓋欲明孔之全以正莊之偏，反莊之肆以歸學莊者於醇也。』説明方氏著《方齋補莊》，並非要闡明莊子本人思想，而是要補救莊子思想之偏，以返回於孔子學説之醇之全。

基於此等認識，方正瑗在詮釋《莊子》内篇時，力求補莊之偏，歸儒之醇。如他在詮釋《逍遥遊》篇時，曾以『有父子之仁』『有君臣之義』『有夫婦之别』『有兄弟之序』『有朋友之情』等爲逍遥遊重要内容之一，即以儒家道德規範來補充莊子逍遥之義。在詮釋《德充符》篇時，認爲所謂『德充符』，即『聖人修德，使物各得，亦若是而已』。他説：『堯舜治天下，剛健效天，柔順法地，庶績熙，四時序，風不鳴條，雨不破塊，端拱於上，百寶告登，此無煩頂踵而自能澤被於群生，無他，其德大，中腴而外膏也。魚遊於水，不知水也。人遊於塵，不知塵也。天地萬物遊於聖人之德，而不見夫德。德無形，因物以貞而已。』我們知道，莊子在《德充符》篇中是要全力闡發保全自然德性之重要性，認爲衹要自然德性充實於内，萬物就會應驗於外，内外玄合無間，猶如符契一般，此即謂德充符。但方正瑗此處卻無視於莊子本真思想，而是按照儒家德業觀進行引申，認爲衹要像上古帝王堯舜一樣，以天地之道來治理天下，使天下萬物莫不被其澤，這便是『德無形，因物以貞』，即所謂『德充符』。可見，方氏要以儒學來糾正、補充莊子學説之用意甚爲明顯。故清四庫館臣評之曰：『《莊子》之書，汪洋恣肆，本不附托聖人以立言。此乃一一與之辨難，殊爲贅設。』

此次影印方正瑗《方齋補莊》一卷，據清光緒十四年刊《桐城方氏七代遺書》本。

莊子雜志　（清）王念孫撰

王念孫（1744—1832），字懷祖，號石臞，江蘇高郵人。乾隆四十年進士，選庶吉士，乞假歸，專心學術。後又任工部主事，督辦河工。因永定河泛濫，引咎辭歸。個性正直，一生篤守經訓，好古精審，剖析入微，時與錢大昕、盧文弨、邵晉涵、劉台拱有『五君子』之稱譽，是乾嘉學派傑出代表。著作有《廣雅疏證》《讀書雜志》（附《餘編》）、《古韻譜》《王石臞先生遺文》等。

《讀書雜志》爲王念孫晚年讀書札記之彙編。後附《餘編》二卷，係王念孫之子王引之檢集其父遺稿編成，其中上卷有《莊子雜志》，共三十五個條目，是對《莊子》有關文字之訓釋校勘，深爲後人所重視，郭慶藩《莊子集釋》甚至收録其全部條目。綜觀這些條目，王念孫善於運用以音求義、參考成訓之方法。如『培風』條，通過此法，證成其『培之言馮（憑）也』之説，從而使上下文義豁然貫通，原來大鵬必憑藉大風而後能南飛，並無逍遥可言！『蚊虻仆緣』條認爲『仆』與『附』聲近而義同，『蚊虻仆緣』謂蚊虻附緣於馬體。今細審《人間世》篇文義，王氏此説甚是，足可糾正向秀、崔譔等人錯誤注解，使文中字句原意得到發明。『臣有守也』條考定《知北遊》篇『臣有守也』之『守』即『道』字，於義爲長，亦可從。

王念孫復善於通過文獻互證、通假引申、隨文釋訓等方法，以考定《莊子》某些字句確切意義。如『目大運寸』條，通過運用各種方法，考定《山木》篇『目大運寸』之『運』與『員』同，認爲『目大運寸』即是『目大徑寸』意思，遂使《莊子》原意得到疏通。『馮氣』條訓《盜跖》篇『馮氣』之『馮』爲『盛』，從而糾正陸德明訓爲『憤』、呂惠卿訓爲『恃』等錯誤。『拘於虚』條謂《秋水》篇『拘於虚』之『虚』與『墟』同，指『故所居之地』，此亦足以糾正崔譔訓『虚』爲『空』之錯誤。此外，『朝菌』條謂《逍遥遊》篇『朝菌』爲朝生暮死之蟲；『診其夢』條訓《人間世》篇『診其夢』之『診』爲『畛』，謂告訴；『殺雁而亨之』條訓《山木》篇『亨之』之『亨』爲『享』，與『饗』相通；『必取其緒』條訓《山木》篇『必取其緒』之『緒』爲『餘』，謂此連上句言『食不敢先嘗，而但取其餘也』；『三月不庭』條訓《山木》篇『不庭』之『庭』爲『逞』，謂『不逞』即『不快也』；『無轉而行』條訓《盜跖》篇『無轉而行』之『轉』爲『專』，謂此句即言『無專而行也』，等等，亦皆旁徵博引，言之鑿鑿，多能發明前人所不能，爲後世許多治《莊子》者所信從。

此外，王念孫還在《莊子》文本校勘及句讀等方面取得不少成果。如『病瘦』條，通過精心考釋，反復辨析，謂《盜跖》篇『病瘦死喪憂患』之『瘦』爲『瘐』字之誤，當可從。『上謀而下行貨』條謂《讓王》篇『上謀而下行貨』之『下』字爲後人所加，此説甚爲後人所重。『無東無西』條謂《秋水》篇『無東無西』當作『無西無東』，方與上下相諧韻，此説亦爲後世許多學者所肯定。在《莊子》句讀方面，『以已出經式義度』條以《應帝王》篇『以已出經式義度』爲句、『人孰敢不聽而化諸』爲句，『天下多得一察焉以自好』條以《天下》篇『天下多得一察焉以自好』作一句讀，亦皆甚有見地，足可糾正前人錯誤。

儘管王念孫《莊子雜志》僅有三十五條文字，而且其中還參有其子王引之之觀點，但此著之學術價値卻非同一般。這主要是由於此書爲第一部《莊子》校釋之劄記體專著，具有開創風氣之意義，而王氏父子能集淹博、識斷、精審於一身，在訓詁校勘上又代表着乾嘉學派最高成就，故此著在《莊子》考釋校勘方面所達到之學術境界，即使與俞樾《莊子平議》相比也毫不遜色。

《讀書雜志·餘編》有清道光十二年刊本、清同治九年金陵書局重刊本、民國十二年上海掃葉山房石印本、民國十四年上虞羅振玉排印本、民國十九年上海商務印書館《萬有文庫第一集》排印本、民國二十四年上海商務印書館《國學基本叢書》排印本等。此次影印王念孫《莊子雜志》，據華東師範大學圖書館藏同治九年金陵書局重刊《讀書雜志·餘編》本。

莊子雪三卷　（清）陸樹芝撰

陸樹芝，字次山，號見廷，别署三在齋，廣東信宜人，生卒年不詳。乾隆四十五年舉人，嘉慶元年舉孝廉方正，曾官湖南會同縣教諭。著作有《四書會要録》《春秋左傳意解》《朱伯廬家訓輯注》《莊子雪》等。

《莊子雪》三卷，前有嘉慶四年陳大文及尹廷鐸序，嘉慶元年陸樹芝自序、《史記·莊子列傳》《蘇東坡莊子祠堂記》、陸樹芝《讀莊子雜説》；卷首題『信宜陸樹芝見廷甫輯注』；正文録《莊子》原文，順文雙行夾注。其中采摭前人注語頗多，計有司馬彪、郭象、吕惠卿、王雱、陳詳道、林自、林希逸、范無隱、褚伯秀、羅勉道、陸西星、焦竑等十餘家；或僅冠以『舊注』『舊說』等字樣，並不標明其出處。對於本書體例，陸氏在自序中說，『自晉唐來，解者無慮數十家，率皆支離隔膜，雖一二卓識之士，時有特見，而所得者，尚未什一』，因此他『於所難解處，歷來注說未能明白熨帖者，悉力爲闡釋之，蓋什八九焉。一切隔壁影響之談，閱之益亂人意者，概置勿録，庶幾通體瑩然，一洗障翳也。』（《讀莊子雜說》）

陸樹芝《莊子雪》具有明顯儒學化傾向。其自序謂，莊子雖爲諸子，卻爲諸子之冠，雖異於儒家經典，卻與其他諸子和儒家經典之關係有别，即《莊子》有如晶瑩皎潔、别具寒香之『雪』，以其獨特質性、方法護持儒家經典，而陸氏則『撥雲霧而對皎雪』，以探究《莊子》真意，故名此著爲《莊子雪》。莊子是如何護持儒家經典呢？陸氏在《讀莊子雜說》中說，老聃、關尹所持異說甚爲精巧，而楊朱、墨翟、公孫龍、惠施之輩則乖僻自是，莊子深知用孔子雅正思想去屏除此等異說顯然不能奏效，故而他提出更爲荒謬極端之說，以異端來掃除異說，用心亦可謂良苦。陸氏進而指出，莊子稱孔子之名而詆之者，並非指孔子正身，乃是被方術之士抽去靈魂而徒具偶像之孔子；而其所指斥之仁義禮樂，也並非指天命率性之本，乃是被方術之士所竊取的仁義禮樂之糟粕，故而人們『必識罵佛確是愛佛之理，則莊子正先聖之外臣猶子，心在君父者，雖真儒讀之，可以無惡矣。』所謂『外臣』，猶言藩臣；猶子，指兄弟之子。意謂莊子雖非孔子學派之嫡嗣，卻有護持群聖孔子正道之良苦用心及實際行動。

基於上述認識，陸樹芝便欲對司馬遷、蘇軾之說有所批判，『乃取龍門之傳、東坡之記述論於前，以明其無罪，而大白其維持《六經》之功。』（自序）所謂『龍門之傳』，乃指司馬遷所撰《史記・老子韓非列傳》中莊周傳，陸樹芝特將其摘出，置於《莊子雪》之首，並爲之逐句逐層作批語，對司馬遷所謂莊子宗老子及詆訾孔子之說予以批判；所謂『東坡之記』，乃是指蘇軾所撰《莊子祠堂記》，陸氏對此亦予以批評，認爲蘇氏雖有卓見但仍有偏差，因爲莊子所詆訾者，祇不過是楊朱、墨翟之輩一察之見中之孔子，並非真正之孔子，可見陸氏尊孔崇儒之意甚明。

陸樹芝《莊子雪》三卷，有清嘉慶四年粵東儒雅堂刊本、清光緒間刊本、民國四年上海千頃堂書局石印本等。茲據華東師範大學圖書館藏清嘉慶四年文選樓刊本影印。

莊子節選　（清）楊祖桂撰

楊祖桂，字笠帆、石墟，浙江山陰人，生卒年不詳。著有《石墟山房詩抄》《莊子節選》。事蹟見《越風詩人小傳》。

《莊子節選》共録《莊子》原文二十二篇。其中，内篇《逍遥遊》全録，《齊物論》《養生主》《人間世》《德充符》《大宗師》《應帝王》皆爲節録；外篇《在宥》《天地》《天道》《天運》《秋水》《達生》《山木》《田子方》《知北遊》皆節録；雜篇《徐無鬼》《則陽》《外物》《寓言》《列禦寇》皆節録，《天下》則全録。其重視《逍遥遊》，乃是治莊者傳統觀念之反映，而看重《天下》則是一種新眼光，預示此後該篇將愈來愈受到學者青睞。至於其不録《駢拇》《馬蹄》《胠篋》《刻意》《繕性》《至樂》《庚桑楚》《讓王》《盜跖》《説劍》《漁父》，蓋因受到韓愈、王安石、蘇軾等莊學觀之影響，或以爲其有詆訾孔子儒學者，或以爲文章風格不似莊周手筆，故概棄而去之。

楊祖桂《莊子節選》，無序跋目録，亦不加注釋，唯於所録原文，必皆予以圈點。其眉欄批語，爲數衆多，值得重視。如《逍遥遊》眉批：『海運，海氣動也。海氣動則颶風大作，故鵬行乘此風力而南徙。』《則陽》眉批：『聚井爲丘，聚丘爲里，丘里之言，猶所謂公論也。』《外物》眉批：『外物，外來之禍福，爲惡爲善皆不能免，所以爲未可必。』《天下》眉批：『「無乎不在」一句是提綱，下面五段俱有「古之道術有在於是」句，伏脈甚遠。』凡此批語，大都簡要精到，有一定學術價值，但多摘自林雲銘《莊子因》之注。

茲據上海圖書館藏手稿本《莊子節選》予以影印。

莊子故三卷　（清）何夢瑤撰

何夢瑤（約1693—1763），字報之，號西池，晚年自號研農，廣東南海人。清雍正八年進士，歷官廣西義寧、陽朔、岑溪、思恩知縣，遷奉天遼陽州牧，爲官清正。後辭歸故里，旋即出任廣州粵秀書院、越華書院、肇慶端溪書院院長。

夢瑤博極群書，精通藝術，凡天文、術數、樂律、醫學，靡所不究。著作有《芳園文鈔》《皇極經世易知録》《醫碥》《紺山醫案》《傷寒論近言》《三科輯要》《莊子故》等。

《莊子故》三卷，以内、外、雜篇各爲一卷，前有何夢瑤《自序》《凡例》《參訂姓氏》《校刻姓氏》，卷首題「南海何夢瑤報之甫注」。正文中，《莊子》原文頂格書寫，順文雙行夾注；除《讓王》《盜跖》《説劍》《漁父》而外，其餘皆有題解。《自序》謂，何氏年十七，疽發於尻，痛不可忍，乃讀《莊子》，頗能自慰。然文義難通，求之舊注，亦苦支離，習之既久，乃曰：「《莊子》，言性之書，以自然爲故，以私智爲櫱，實詔我矣。吾惟循其自然之故，去夫穿鑿之私，虚室之白忽生。」遂名此著爲《莊子故》。

所謂「循其自然之故」，即「以莊子之指義還之《莊子》」（《自序》）。故其撰寫題解，「但取明了，不敢以浮辭敷衍」（《凡例》），而「分注獨出己見者，實積數十年玩味之功，求得其意旨所存，非敢率臆武斷，但將經文熟讀千遍，其義自見，當不以僭妄罪也。」（同上）今通觀全書，確實如其所言，大致能做到以莊解《莊》，不敢妄生臆測。即使借鑒宣穎説法頗多，然以之與《南華經解》相較，已褪去其儒學化成分。如爲《逍遥遊》篇解題、作注，僅取宣穎有關切於本篇主旨，以及文章風格特徵者，尤取其「至人無己」爲全篇主旨之説，亦謂「「無己」句特重」，「逍遥遊全在無己」，「此本篇之歸宿語也」，又一部《南華經》皆發此意」，不無見地。

對於《莊子》篇目之真僞，何氏依蘇軾《莊子祠堂記》之説，亦主張合《寓言》《列禦寇》爲一篇，以《讓王》《盜跖》《説劍》《漁父》四篇爲僞作，但對此並不發表具體意見，態度較爲謹慎。而其《寓言》篇題解謂「首節自發立言之例，當係《天下》篇末，其餘各節當與《列禦寇》篇合爲一篇」，《天下》篇題解謂「此篇歷敘各家學術，其末當接前篇「寓言十九」一段」，如「《孟子》之終於末章，《史記》之終於《自序》」，誠爲大膽之言，值得注意。此外，如謂《天地》篇「堯治天下」章「恐非莊筆」，《天道》篇「前數節皆屬贋筆」，《天運》篇末章「拾莊餘唾」，《繕性》篇雖「頗佳」，然「少精彩，且得志軒冕，人品大低，不足掛齒，莊子豈臨深爲高者，亦贋筆也」，亦多爲其心得，可備作一説。

兹據中國國家圖書館藏清刊《莊子故》本予以影印。

司馬彪莊子注附莊子注考逸

（清）孫馮翼輯

孫馮翼，字鳳卿，一作鳳埔，瀋陽人，生卒年不詳。但今案《全上古三代秦漢三國六朝文》，嚴可均於《全三國文》卷八魏文帝《典論》下所作按語已稱『亡友瀋陽孫馮翼』，且末署年月爲『嘉慶二十年太歲在乙亥三月晦』，則嘉慶末已不在世。馮翼爲清代重要考據學家，曾與孫星衍同校《商子》，同輯《神農本草經》，而獨自輯校之書，更有數十種之多，皆收入《問經堂叢書》之中。

《司馬彪莊子注》爲《問經堂叢書·逸子書》之一種，前有孫氏所撰《司馬彪莊子注序》，正文部分共輯得司馬彪佚注一百十四條，卷末所附《逸篇》又輯得司馬彪佚注若干條。孫馮翼序先對司馬彪《莊子注》流傳情況有所探究，指出《晉書·司馬彪傳》未載其卷數，《隋書·經籍志》謂本二十一卷，至隋而闕，僅存十六卷，然《新唐書·藝文志》所載作二十一卷，説明『至李唐而其書尚全，自陸氏《釋文》外，司馬貞、殷敬順、徐堅、歐陽詢、李善諸所著述，皆有資於彪，而《文選注》所引尤多，馬總《意林》亦載其書。』並進而推測，『彪注本大抵佚於宋代，《太平御覽》以修文殿書爲粉本，故雖引及彪注，未可執以證其未佚也。』在孫馮翼看來，既然唐代司馬貞《史記索隱》、殷敬順《列子釋文》、徐堅《初學記》、歐陽詢《藝文類聚》、李善《文選注》等皆曾取資於司馬彪足本《莊子注》，宋初李昉《太平御覽》亦曾在司馬氏《莊子注》亡佚之初轉録其注於修文殿所藏其他書籍，而『顧陸德明搜稽雖極賅富，然如「爲善無近名，爲惡無近刑」，「無」本作「莫」，「翹足而陸」本作「翹尾而踛」，此類陸氏亦有遺漏，其餘注文爲唐宋徵引，可補《釋文》之闕者，正不鮮也』，則於陸氏《經典釋文》之外，『摭拾逸闕，以存彪之舊』，自是重要之舉。因此，他便廣爲搜尋，精心比勘，成爲《司馬彪莊子注》一書。

孫馮翼《司馬彪莊子注》正文部分所收司馬彪佚注一百十四條，輯自李善《文選注》、司馬貞《史記索隱》、殷敬順《列子釋文》、徐堅《初學記》、李昉《太平御覽》及釋玄應《一切經音義》、孔穎達《春秋左傳注疏》、邢昺《論語注疏》《孟子注疏》等。孫馮翼自序謂『不采《釋文》』，但與《經典釋文》相同者四十餘條皆予收入，因而實際上是在《經典釋文》

之外多出了六十餘條。附録《逸篇》，内容主要包括從王應麟《莊子逸篇》所載三十九條逸文中所録出七條逸文，以及從各書中檢得與之相關的司馬彪之注。同時，又輯得爲王應麟《莊子逸篇》所未收的若干條《莊子》逸文及司馬彪注，編入附録《逸篇》中，從而打破了長期以來人們所恪守的王應麟《莊子逸篇》的基本框架。

所謂與《經典釋文》相同者四十餘條，其實約有一半屬於同中有異，孫馮翼爲此每予説明或比勘。如《逍遥遊》篇有『摶扶搖而上者九萬里』之語，孫馮翼輯得司馬彪注云：『摶，圜也；扶搖，上行風也。圜飛而上者扶搖也。』並指出：『《文選》范彥龍《贈王中書詩》注、江文通《雜體詩》注、又《初學記》卷一《天部》《太平御覽》卷九《天部》並引。「扶搖，上行風也」一句，陸氏《釋文》云：「摶飛而上也。一音博。上行風謂之扶搖。」』意謂從諸書所得司馬彪之注，比陸德明《經典釋文》所引爲詳。《逍遥遊》篇有『猨猵狙以爲雌』之語，孫馮翼輯得司馬彪注云：『猵狙似猨而狗頭，食獮猴，好與雄狙接。』並指出：『《太平御覽》卷九百十《獸部》。陸氏《釋文》無「食獮猴」句，又末作「喜與雌猨交也」。』意謂《太平御覽》所引司馬彪注與《經典釋文》所引者有較大出入。孫馮翼還於《人間世》篇題下引《文選》潘岳《秋興賦》李善注所引司馬彪注云：『言處人間之宜，居亂世之理，與人群者不得離人。然人間之事故，世世異宜，唯無心而不自用者，爲能唯變所適而何足累！』並指出郭璞（象）注『惟末句作「而不荷其累也」』。孫馮翼此處更以所得司馬彪注與郭象注作比較，認爲郭注有抄襲司馬彪注之嫌疑。

孫馮翼《司馬彪莊子注》還能爲校勘《莊子》文本提供諸多依據。如《讓王》篇有『延之以三旌之位』之語，陸德明《經典釋文》於『三旌』下云：『司馬本作「三珪」。』孫馮翼從《太平御覽》輯得司馬彪注云：『諸侯三卿皆執珪之位。』可證陸德明所云司馬彪本作『三珪』者當不誤。《逍遥遊》篇有『越人斷髮文身』之語，《經典釋文》於『斷』下云：『司馬本作「敦」，云：「敦，斷也。」』孫馮翼從《文選》張協《雜詩》注、嵇康《與山巨源絶交書》注輯得司馬彪注並云：『敦，斷也。』今以陸德明之説、孫馮翼所輯司馬彪之注，正可一同證明司馬彪本《莊子》確實作『敦髮文身』。《秋水》篇有『是謂反衍』之語，《經典釋文》云：『本亦作「畔衍」。』孫馮翼從《文選》左思《蜀都賦》注輯得司馬彪注云：『叛衍，猶漫衍也。』畔、叛可通，説明古本《莊子》除『反衍』『畔衍』而外，還有作『叛衍』者。可見，孫馮翼所輯司馬彪注對學者校勘《莊子》文本確有很多幫助。

此外，孫馮翼又有《莊子注考逸》一卷。此書依《莊子》三十三篇次序收録陸德明《經典釋文·莊子音義》及《司馬彪莊子注》（不包括輯自《經典釋文》之條目）所有司馬彪注，並一一注明其具體出處，有的還撰有簡單校勘記，但不知何故，僅編至《天運》篇中間便突然而止，致使不能成爲完整之書。

此次影印孫馮翼《司馬彪莊子注》《莊子注考逸》，據華東師範大學圖書館藏清嘉慶中承德孫氏刊《問經堂叢書》本。

莊子選四卷

（清）張道緒撰

張道緒，字尋源，江蘇溧水人，生平事蹟不詳。

《莊子選》收録在《文選十三種》內，前有《史記·莊子列傳》，卷首題『溧水張道緒尋源評，侄熙燮曜卿、男翰藻仲卿校訂』。節録《莊子》原文，加以圈點、旁注，以文評爲主。以《讓王》《盜跖》《説劍》《漁父》四篇『俱屬贋作，就中擇其稍雅馴者數節』（《讓王》篇末語），其中對《説劍》則棄而不録。諸篇末對該篇節録內容中某些字詞、語句予以解釋，順文雙行直解；《駢拇》《馬蹄》《胠篋》《天下》等篇末還引司馬遷《老子韓非列傳》、韓愈《原道》或胡文英《莊子獨見》中語予以論述。

《莊子選》雖以文評爲主，但張道緒有時也對莊子思想予以評論。《駢拇》篇末引韓愈《原道》評論老莊之道：『其所謂道，道其所道，非吾所謂道也。其所謂德，德其所德，非吾所謂德也。凡吾所謂道德云者，合仁與義言之也，天下之公言也。老子所謂道德云者，去仁與義言之也，一人之私言也。』《馬蹄》篇末在引述韓愈《原道》內容後云：『嗚呼，兩漢之治不純，西晉之亂猝滅，職是故與？豈特老莊之禍，流爲申韓已哉？實驅人類爲禽獸矣！』《繕性》篇旁注云：『將心性分開，自然將仁義與道德分開，五千言之病根。』可見張道緒對莊子道家思想顯然持否定態度。

張道緒雖不滿莊子思想，但對莊子文章之態度則截然不同。他在《馬蹄》篇末評論云：『乃其文，則自有書契以來，未有若此其奇者也。』在《養生主》篇評點庖丁解牛過程時云：『摹寫處是子書最高之境，與太史公不同。』皆極盡讚美之辭。張氏評點涉及莊文之字法、句法、筆法、文法、音韻、脈絡、主腦等，無所不包。僅就筆法而言，就有起筆、卸筆、缺筆、回筆、擺筆等，還講究筆力、筆勢，其中不乏真知灼見。張氏某些評點還頗具詩意，如『起筆如龍，天外飛來』（《逍遥遊》評點）、『一路搖曳，如弱柳迎風』（《齊物論》評點）、『一連三疊，如銀河倒掛』（《在宥》評點），通過形象比喻，讓人領略莊文之美。對於莊文句法、筆法之影響，張氏亦每有指出，如《駢拇》篇『吾所謂臧者，非仁義之謂也，臧於其德而已矣』句旁注曰：『回筆如風，韓子《原道》句法襲之。』《天運》篇指出篇中六層比喻之後云：『六喻，《淮南子·修務訓》師其篇法。』

張道緒評點《莊子》，深受胡文英《莊子獨見》影響，書中常常轉引胡文英之評語。如《德充符》篇『魯有兀者王駘』寓言中，張氏於『無形而心成者耶』句旁，注『胡云「通篇之主」』，接着又轉引胡氏評點：『又云「愈轉愈上，筆力之高，如健鶻摩天」』。於《天下》篇末，則大段引用胡文英對《天下》篇之評論，而於《駢拇》篇末，張氏甚至注云：『自此以下三篇旁批多參用胡繩崖先生《莊子獨見》本。』可見胡文英《莊子獨見》對張氏影響巨大。

此次影印張道緒《莊子選》四卷，據華東師範大學圖書館藏清嘉慶十六年人境軒刊《文選十三種》本。

莊子逸篇

（宋）王應麟輯　（清）萬希槐集證

王應麟（1223—1296），字伯厚，號深寧，浙江鄞縣人。南宋淳祐元年進士，官至禮部尚書兼給事中。編著有《玉海》《困學紀聞》等。萬希槐，字蔚亭，黄岡人，生卒年不詳。以廪膳生官南漳訓導，通經史百家言，著有《十三經證異》《困學紀聞五箋集證》。

《困學紀聞》二十卷，爲王應麟所撰札記考證性學術專著，内容涉及傳統學術等方面。書行以後，學者皆深以爲重。至清代，樸學盛行，更蒙衆家箋注，其中影響較大者有：清初，閻若璩據元刻本進行校勘注釋，乾隆三年由馬璐叢書樓刊行，世稱閻箋本；不久，何焯增補閻注並加評語，乾隆間由桐鄉汪垕桐華書塾刊行，世稱何焯二箋本；乾隆七年，全祖望取閻若璩、何焯注評合訂，並有增補，嘉慶九年由全氏刊行，世稱全祖望三箋本；此後，萬希槐既鈔撮三箋本，復輯入錢大昕手評校本内容，並援經傳著明其義，編爲《困學紀聞五箋集證》，嘉慶十二年由山淵堂刊行，世稱萬希槐集證本。《莊子逸篇五箋集證》，即爲萬希槐所撰《困學紀聞五箋集證》卷十『諸子』中重要内容之一。

王應麟《莊子逸篇》，凡輯得《莊子》佚文三十九條，搜輯範圍涉及《淮南子》《藝文類聚》《太平御覽》及《世説新語》《文選》《後漢書》注等，實開莊子學史纂輯佚文之先河。入清後，閻若璩、全祖望、何焯、屠繼序等先後爲王應麟《莊子逸篇》作箋注，又輯得《莊子》佚文若干條，並爲所有佚文注明出處，從而使其内容顯得更爲豐富。萬希槐復將王應麟《莊子逸篇》及衆家箋注彙爲一集，並每每援引經傳，對《莊子》佚文有所發明。今案萬希槐《莊子逸篇五箋集證》，其中箋注、集證所引典籍有《墨子》《管子》《列子》《荀子》《吕氏春秋》《淮南子》《説苑》《新序》《顔氏家訓》《史記》《漢書》《三國志》《晉書》《南史》《北齊書》《隋書》《新唐書》《宋史》《經典釋文》《文選注》《太平御覽》《枕中記》《樂善録》《爾雅翼》《郡齋讀書記》等，資料富贍，足資參考；而萬希槐於『集證』下所加諸多按語，如於《莊子》佚文『羊溝之雞』條後云：『「羊溝，亦作「陽溝」。《爾雅·釋畜》「雞三尺爲䲹」，郭璞注云：「陽溝，巨䲹，古之名雞。」』又確能據經傳而有所發明，對學者理解《莊子》佚文不無幫助。

《困學紀聞五箋集證》有清嘉慶十二年山淵堂刊本、嘉慶二十四年胡氏山壽齋刊本等。此次影印《莊子逸篇五箋集證》，據華東師範大學圖書館藏嘉慶十二年山淵堂刊《困學紀聞五箋集證》本。

莊子逸篇　（宋）王應麟輯　（清）翁元圻注

翁元圻（1751—1825），字載青，號鳳西，浙江餘姚人。乾隆四十六年進士，歷官太常寺少卿。博極群書，尤工書法。著作有《佚老巢遺稿》二卷。

王應麟《困學紀聞》二十卷，甚爲學者推崇。入清，閻若璩、何焯、全祖望等先後爲之作箋注。不久，萬希槐既鈔撮三人箋注，復輯入錢大昕手評校本内容，並援經傳著明其義，編爲《困學紀聞五箋集證》。嗣後，翁元圻傾注畢生精力，博覽群籍，凡於《困學紀聞》有足資證明闡發者，輒手録之，並采輯上述諸家之説，爲之詳析按斷，稿經三易始成，道光五年由餘姚守福堂刊刻，成爲《困學紀聞注》二十卷。此書實集前人箋疏之大成，並參以己見，遂得大行於世。今案此書卷十『諸子』中之《莊子逸篇注》，亦實集前人爲《莊子逸篇》所作箋注之大成，而又有所補正，足可超越前人而爲治《莊子》者所珍視。

翁元圻《莊子逸篇注》超越以往箋注本者主要有：一、注明或補充説明《莊子》佚文之出處。如『羌人死』條，前人未能指明出處，翁元圻則云『引見《太平御覽》七百九十四』。『童子夜嘯』條，萬希槐《集證》僅注明引自《太平御覽》，翁元圻則補充云『已見《藝文類聚》十九』。『仲尼讀春秋』條，萬希槐《集證》僅注明引自《太平御覽》，翁元圻則補充云已見《藝文類聚》八十。二、比勘各書所引《莊子》逸文及司馬彪佚注之異同。如『羊溝之雞』條，翁元圻指出《藝文類聚》九十一亦載此條，多出『「莊子謂惠子曰」六字』。『尹儒學御』條，翁氏指出《文選》左思《魏都賦》李善注引《莊子》『尹儒』作『尹需』，而文亦增多二十二字，故『當以《魏都賦》注爲正』。『空閲來風』條，翁氏指出『《藝文類聚》八十八載此條無第三句，注文亦小異，多缺誤』。三、推測《莊子》逸文之真實性。如『鬩奕之隸』條，翁元圻云：『《史記·秦始皇本紀》：「二十六年，更名民曰黔首。」二字不應見《莊子》。』『槐之生也』條，翁氏云：『今本《御覽》誤作《淮南子》。《藝文類聚》八十八載《莊子》「槐之生也」云云，無「更旬」二句。』意謂《藝文類聚》既已冠以『莊子曰』三字，則此條當爲《莊子》逸文。總之，與萬希槐《莊子逸篇五箋集證》相較，翁元圻《莊子逸篇注》又有所進益，實屬難能可貴。但細審翁元圻箋注，仍能發現有不盡如人意處。如『鬩奕之隸』條因有『黔首』二字，翁氏便懷疑其非出《莊子》，當是秦始皇以後之人所爲。今案先秦典籍《禮記·祭義》《戰國策·魏策》《韓非子·忠孝》及《呂氏春秋》之《大樂》《古樂》《振亂》《懷寵》《簡選》《聽言》《首時》《慎人》《勿躬》《執一》《開春》《愛類》《求人》等，皆已出現『黔首』一詞，説明翁元圻疑『鬩奕之隸』條非出於《莊子》，證據顯然不足。

《困學紀聞注》有清道光五年餘姚翁氏守福堂刊本、道光五年武林愛日軒陸貞一刊本、咸豐元年小嫏嬛山館刊本、光緒十三年上海同文書局石印本、光緒二十五年刊本、民國間文瑞樓刊本、民國二十四年上海商務印書館《萬有文庫》排印本、民國二十五年上海中華書局《四部備要》排印本等。此次影印《莊子逸篇注》，據華東師範大學圖書館藏清道光五年餘姚守福堂刊《困學紀聞注》本。

莊子南華經心印不分卷

（清）朱敦毅撰

朱敦毅，字達齋，浙江會稽人，生卒年不詳。考其學術活動，當主要在清咸豐、同治間。咸豐八年，曾爲清代小説《西遊記記》撰寫序言；同治間，著有《老子道德經參互》《莊子南華經心印》。

《莊子南華經心印》不分卷，朱敦毅認爲：『《南華經》三十三篇，分内篇七、外篇十五、雜篇十一。其内篇命題最有精藴，道統之一綫於是已具端的，不必多尋其分緒矣。讀者繹此七篇以爲之符印，到得恍然心悟，自有得歟？』故僅繹其内七篇。書前有朱氏同治三年四月所撰《敘言》，末有同年十月所作《後跋》，卷首題『會稽青州從事朱敦毅達齋存稿』『青州從事懷明手稿』。據《後跋》『惜乎精神衰憊，老矣』『予目茫茫矣』等，則此書爲朱氏晚年時所著。

朱敦毅在韓愈、蘇軾、覺浪道盛等有關説法基礎上，進一步説：『莊子出子夏門，是亦聖門徒也。當其時，楊、墨紛歧，而性命的真心法，幾乎熄矣。夫性非命無以核實，命非性無以含華，《南華》一經，得端緒於危微心印，而體諸《羲易》《洪範》，由周文、老聖、孔門之一派原委，靡不符印者也。』『危微』説見於《尚書·大禹謨》：『人心惟危，道心惟微，惟精惟一，允執厥中。』據説此十六字源於堯、舜、禹禪讓故事，當堯傳舜、舜傳禹時，所托付者爲天下、百姓之重任，及華夏文明之火種，而宋明以來便以此爲所謂儒家道統之『心脈』。朱敦毅將此引入莊學，認爲莊子撰寫《莊子》，即爲『留茲一綫道脈』，而其研治《莊子》，旨在揭明莊子『心印』。朱氏由此出發，對《莊子》内七篇展開全面闡釋，雖説法相當新穎，卻往往與莊子本意不合。

反映在朱敦毅此著中之儒學化傾向，還表現爲以易學闡釋《莊子》。如他爲《應帝王》篇所作題解云：『帝出乎震，震，東方也，先天離也。萬物出乎震，王者拱南臨馭，先天乾，後天離也。離也者，明也，萬物皆相見，南方之卦也。聖人南面而聽天下，向明而治，蓋取諸此。』又云：『南華，是以重華之協也。如花苞含蒂者然，德華之焕也；如燈明緣炷者然，知其體之一也。故曰：以德行仁者王。應帝王者，其有一貫神運之旨歟？其有感應神通之妙歟？而非藏器待時，以應帝王之謂。謂天下所歸往之王，足以應帝，出乎震也。』認爲聖人能感應世界萬物變化之神運，並由此觸類旁通，推而廣之，故『足以應帝』，成爲『天下所歸往之王』。此種解説，雖亦有順應自然之意，但與莊子『無爲而治』思想顯然有別。此外，在闡釋《逍遥遊》篇時，以《易》之『雲雷屯，君子以經綸』，釋鯤鵬變化爲『個中動心忍性，其時玄冥清淨，蒙以養正，聖功也』；在闡釋《養生主》篇時，認爲『井宿隸未，是其西南得朋於丁，歷巽五、坎六、艮七、坤八，而牛宿隸丑，是其東北喪朋於癸，而雷雨作解矣。此庖丁爲文惠君解牛事，於此分界，奏刀判兩，其和氣也。』凡此，雖不乏新意，然亦多爲牽强附會之説。

朱敦毅《莊子南華經心印》，唯浙江圖書館藏有手稿本，今據以影印。

南華經三卷　（清）郎懋學參注

郎懋學，字鹿砦，生平事蹟不詳。

清抄本《南華經》三卷，以内、外、雜篇各爲一卷，卷首題『郎懋學參注』。書前有莊子小傳及雜説五則，書末有後記一篇。正文中，《逍遥遊》《齊物論》《養生主》《人間世》《德充符》《大宗師》《應帝王》《駢拇》《馬蹄》《胠篋》《在宥》十一篇皆有題解；録《莊子》原文，順文雙行夾注；天頭有少量批注，地脚亦偶有注語，而以音注爲主。

今觀書前莊子小傳，乃是摘抄《史記》莊子本傳，益以《莊子》中有關文句，予以梳理改寫而成。其謂莊周『著十餘萬言，寓言十九，重言十七，大抵率巵言也』，與太史公所謂『大抵率寓言也』之説不同，蓋以『巵言』爲構成《莊子》之基本要素。故特易《天下》篇『三言』之次序云：『故以卮言爲曼衍，以重言爲真，以寓言爲廣，以詆訾孔子之徒，明老子之術。』將『卮言』置於『三言』之首，認爲『重言』『寓言』乃是在『卮言』基礎上『爲真』『爲廣』。又篇末有按語云：『周當魏惠王時，是與孟子同時人也。而兩家無一言相及，豈周亦畏憚孟子，而孟子視之，亦如孔子之於子桑伯子輩，而特寬之耶？』認爲莊子畏憚孟子，而孟子視莊子，則有如孔子之視子桑伯子，嫌其立身行事過於隨意，故不願言及莊子，也許有寬恕之意。凡此説法，均可備作參考。

在雜説中，郎懋學謂『莊子立説，多托諸他人口中，而後人每以爲實事，如顔子坐忘、孔子見柳盜跖之類，其誣聖賢甚矣』，又謂『莊子所引人名，或寓意，或假托，或生不同時而爲問答之語，是其誕謾滑稽處也，而解者必欲詳其地、實其人，陋矣』，故其所作夾注，大多簡明扼要，不曾過分發揮。郎氏還説：『韓子曰：「彼所謂道，道其所道，非吾之所爲道也。」而解之者多回護穿鑿，反失莊子本色。』意謂莊子所謂道，並非儒家所謂之道，故學者每以莊子爲尊孔者，反而甚失莊子思想本真。對於《莊子》篇章真僞問題，郎氏認爲，内篇七篇『文詞恍忽變幻，而意旨已該』，外篇則『疑有秦末漢初人僞作攙入者，非純莊子文也』，而『雜篇自《讓王》以下四篇，子瞻以爲非莊作，蓋以其淺陋無味也。今觀《寓言》篇，首自述其作書之旨，明是書已竟而終之以此也。』指出《寓言》篇當爲全書後序，而《讓王》等四篇顯然是僞作。並在後記中説，『《天下》一篇，其辭甚馴，言道自太極既判而後，帝德王功，遞相接統，既不類莊子語』，則『是篇當是後儒於周書後總論之詞耳』。此等説法，於因襲中有創見，亦可備作參考。

郎懋學參注《南華經》三卷，唯重慶圖書館藏有清抄本，今據以影印。

莊子本義二卷　（清）梅沖撰

梅沖（1762—1826），字鍾源，號抱蓀，江蘇江寧縣人，祖籍安徽祁門。才學富博，爲文恣肆灝瀚，聲大而宏，不屑作纖纖細響，尤擅駢文及詩古文詞，亦一時之俊。嘉慶五年中舉，北上不售，即歸而著書。著作有《然後知齋答問》《莊子本義》《離騷經解》《陰符經解》《勾股淺述》《增訂事類賦》等。以其子曾亮貴，誥贈朝議大夫。事蹟見《金陵梅氏支譜》《金陵通傳》《金陵文徵小傳彙刊》等。

梅沖認爲《莊子》精蘊畢萃於内篇，故所著《莊子本義》二卷，僅對内七篇作注解。前有道光元年梅沖自序、總論，卷首題『梅沖本義』。正文中，每篇有題解；《莊子》原文頂格書寫，順文雙行夾注，所作評論另起行低一格書寫；有句讀。

在自序中，梅沖首先比較了莊子與思孟學派的區别。他説：『蓋孔子之道，莊子所得與思孟無異，而天才高曠，其學復深於《易》、於《詩》，故廣譬博喻，善於取象，比物連類，雜以詼諧滑稽，汪洋宏恣，不可方物，鯫生讀之，目眩神駭，莫從窺測，不知其中固與思孟無一不吻合也。道有内有外，《中庸》兼内外，《孟子》外詳於内，《莊子》則略略外而詳内。思孟所引而未發，莫不爲窮其底藴，究其義類而放其言詞。其自爲創論，莫非探本孔子，曲暢旁通，爲天人性命之要不可不言者。蓋善言性道，又出思孟之上。』認爲莊子之學出於孔子，且與思孟之學相吻合，在言性道方面又高於思孟之學。基於這種認識，梅沖對歷代莊子學者每有批評，謂『魏晉而下，俗尚虚浮，競竊以供清談之資。郭象者，矜其小慧，句句以虚元釋之，浮僞之徒，轉相震耀，遂使後來皆印定心目，不思千古萬言皆解成一意，複雜倒亂，寧復有文理乎？』並云：『明焦弱侯氏作《莊子翼》，集古今注共三十八家，皆不離虚元之説。近人貴池吴世尚著《莊子解》，能以儒語釋之，所閲四十餘家，較爲有識，而亦不盡當。……山居多暇，爲一空前人之説，專以孔孟之道求之。』由此可見，梅沖雖倡導以莊子説《莊子》，但其所强調者爲内聖外王之學，究其實，不過是以孔孟之道解莊而已。

梅沖注解、評論《莊子》内七篇，始終貫穿着以儒解莊原則，他在《總論》中對此也有較爲詳細論述，並引《中庸》《易》等儒家經典予以説明，如他説：『七篇之作，意在與《中庸》並立，相輔而行。』又説：『《易・同人》上九曰：「同人於效，無悔。」説者以爲是孔子遯世不見知而不悔之事，《逍遥遊》「彷徨逍遥乎無何有之鄉、廣莫之野」正合此爻。』此等論述，牽强附會處頗多。

今影印梅沖《莊子本義》二卷，據華東師範大學圖書館藏清道光元年承學堂刊本。

逍遥遊釋

（清）徐潤第撰

徐潤第（1761—1827），字德夫，號廣軒，山西五臺縣人。自幼穎悟，對朱熹啓蒙讀物《敬齋箴》産生懷疑。曾師從五臺縣令王秉韜，研讀王陽明編《大學古本》。乾隆六十年中進士，與高鶚會試同年，又同官内閣中書，論文最相契。歷任儲濟倉監督、湖北施南府同知等職。專主良知，見諸躬行，宦遊二十年後，重操授徒舊業。有多種著作，其中《敦艮齋遺書》，熔心學、氣學、易學爲一爐，對朱子理學有所批判。

《逍遥遊釋》收於《敦艮齋遺書》卷之八，分爲三大部分：一爲『逍遥遊釋』，録《逍遥遊》篇全文，雙行夾注；二爲『圖一』『圖二』『圖三』，以圖表將篇中有關内容與易學相比附；三爲『逍遥遊解』，以雜説形式論述莊子逍遥義，凡三十餘條文字，配以圓形小圖十幅，多與六十四卦卦形、卦名及内容有關，可謂别具一格。

通觀徐氏《逍遥遊釋》，大致不外以《易》解《莊》。如在『逍遥遊釋』中，謂『魚者，坎中之心也』，『鳥者，離中之心也』，而『鯤，魚子也，至小而至大，無外言坎心之無量大也』，『自正北子位歷丑寅卯辰至巳位，凡六月也，六月而乾之六爻成矣，故息也，謂取坎填離而成乾也』，將鯤鵬及其變化皆與《易》卦及其變化相比附，顯得甚爲牽强而不可據信。在『圖一』『圖二』『圖三』及十幅小圖中，以水擊三千爲雷震、扶搖而上爲風巽，以『陰主形質，故心之血肉具於南上』釋鵬之『南上』『陽主神氣，故心之神氣宅於北下，而坎卦繫心於此』釋鯤之『下北』，諸如此類，亦皆牽連易學，多爲臆説而與莊子本意不符。在『逍遥遊解』中，謂『鯤鵬變化，確有所指』，如『先天八卦，乾南坤北，乾坤交而成後天卦位，坎北離南，乾坤之中所謂心也。心之質具於南，以離中之爲陰而屬質也；心之神具於北，以坎中之爲陽而屬神也。八純卦，惟坎繫心，是其徵也。由北而南，取坎中陷陰之陽以還離中，而爲純陽之乾。由後天以返先天，於道家爲神仙之學，其在儒家，則取其陷於陰中之理，上達天德也。此一篇之大旨也。』此説雖有條理而能自圓，但仍未爲《逍遥遊》篇之的解。總之，徐潤第以易學、尤其以周敦頤太極圖説解釋《莊子》，不可不謂别出心裁，然並不能得莊子逍遥之本義。

茲影印徐潤第《逍遥遊釋》，據中國科學院國家科學圖書館藏清光緒三年徐繼畬校刊《敦艮齋遺書》本。

讀莊子叢録　（清）洪頤煊撰

洪頤煊（1765—1837），字旌賢，號筠軒，晚號倦舫老人，浙江臨海人。苦志力學，與兄坤煊、弟震煊同讀僧寮，每夜借佛燈圍坐，談經不輟，時有『三洪』之稱。學使阮元招之，偕震煊就學行省書院。頤煊尤精研經訓，貫串子史，並熟習曆算之學，舉嘉慶六年拔貢生。星衍署山東督糧道，頤煊客其幕，爲撰《孫氏書目》及《平津館讀碑記》。入貲爲直隸州州判，署廣東新興縣事。阮元督兩廣，知頤煊吏才短而文學優，延之入幕。好藏書，嶺南市多舊本，重貲購之，家藏書三萬餘卷，碑版二千餘通，多世所罕見。著作有《筠軒詩文鈔》《台州札記》《倦舫書目》《經典集林》《管子義證》《諸史考異》《漢志水道疏證》《孔子三廟記注》《讀書叢録》等。

《讀莊子叢録》在《讀書叢録》卷十四之中，包括二十九個條目，皆爲考訂《莊子》字句之札記，不乏真知灼見。如《在宥》篇有『止蟲』二字，陸德明《經典釋文》云：『如字。本亦作「昆蟲」，崔（譔）本作「正蟲」。』覆宋本及《道藏》《南華真經》白文本、林希逸本、褚伯秀本、羅逸道本亦並作『昆蟲』。洪頤煊則指出：『止蟲，當是「豸蟲」，聲之訛也。』此説於義爲長，故俞樾《莊子平議》從之。《天地》篇有『歷指』二字，《經典釋文》引司馬彪云：『歷指，猶歷樓貌。』洪頤煊則指出：『案《説文》：「櫪㰀，柙指也。」櫪指，即「柙指」，刑具。』此説極是，與段玉裁《説文解字注》所説暗合，故奚侗《莊子補注》從之。《逍遥遊》篇有『何不慮以爲大樽而浮乎江湖』之語，《經典釋文》引司馬彪云：『慮，猶結綴也。』洪頤煊則指出：『案《文選》謝靈運《之郡初發都詩》李善注引此，「慮」作「攄」。攄，抒也。謂抒空以爲大樽，得以容身而浮乎江湖，故無瓠落之憂。』此處不但否定司馬氏之解，亦與其他任何訓釋不同，可以備作一説。《則陽》篇有『不馮其子靈公奪而里之』之語，《經典釋文》云：『「不馮其子靈公」，郭（象）讀絕句。司馬（彪）以「其子」字絕句，云：「言子孫不足可憑，故使公得此處爲冢也。」』洪頤煊指出：『「子」「里」協韻，當以司馬讀爲正。』此説可從，今人皆作如是讀。由此説明，洪頤煊《讀莊子叢録》作爲一部較早考訂《莊子》字句之札記體著作，確實每有新見，具有一定學術價值。

但以洪頤煊《讀莊子叢録》與此前王念孫《莊子雜志》相比，畢竟大有遜色。即使比之後來俞樾《莊子平議》，亦有所不及。究其因，主要是由於洪氏於其所提出觀點，未能以足夠文獻資料予以深入論證。而且有些立論往往經不起推敲，甚至有穿鑿附會之嫌。如《逍遥遊》篇有『猶時女也』之語，《經典釋文》引司馬彪云：『猶處女也。』洪頤煊説：『時女，猶言是女，即上文所謂藐姑射之神人。《爾雅·釋詁》：「時，是也。」』應當指出，《逍遥遊》篇此句連上句意思是説，前面所説智力方面之瞎子、聾子，即爲你（肩吾）。『女』通『汝』，指肩吾。説明司馬彪之訓釋顯然錯誤，洪頤煊所謂『時女』謂藐姑射之神人，亦失之甚遠。《天下》篇有『丁子有尾』之語，洪頤煊説：『「丁子」當是「孑孓」二字之訛。《説文》：「孓，無左臂也。孑，無右臂也。」無左、右臂而有尾，此事之必無也，故以爲辨。』學者多以成玄英《莊子注疏》『楚人呼蝦蟆（即蝌蚪）爲丁子』之説爲是，而洪氏則另立新説，似有穿鑿附會之嫌，故後人無有從之者，甚或謂『洪頤煊以爲「孑孓」之誤，皆無義。』（章炳麟《莊子解故》）

洪頤煊《讀書叢録》有清道光二年廣東富文齋刊本、光緒十三年胡州吳氏醉六堂重刊本、嘉慶道光間臨海洪氏刊《傳經堂叢書》本等。此次影印《讀莊子叢録》，據華東師範大學圖書館藏清光緒十三年醉六堂重刊《讀書叢録》本。

莊子韻讀

（清）江有誥撰

江有誥（1773—1851），字晉三，號古愚，安徽歙縣人。二十二歲補博士弟子，不治舉業，壹志古學，尤致力於古音韻研究，晚年於六書益精。著述有《詩經韻讀》《群經韻讀》《楚辭韻讀》《先秦韻讀》《漢魏韻讀》《唐韻四聲正》《諧聲表》《入聲表》《二十一部韻譜》《唐韻再正》《唐韻更定部分》，總名《音學十書》。此外還著有《説文六書録》《説文分韻譜》《説文質疑》《説文更定部分》《説文繫傳訂訛》《經典正字》《隸書糾繆》等。

對於古韻，顧炎武分爲十部，江永分爲十三部，戴震分爲二十五部，段玉裁分爲十七部，孔廣森分爲十八部，王念孫分爲二十一部，各家看法均不相同。江有誥得顧炎武《音學五書》及江永《古韻標準》，嗜之忘寢食，認爲江永之書能補顧炎武所未及，而分部仍多罅漏，並斷定『古實有四聲，特古人所讀之聲與後人不同』。因於江永十三部析幽侯爲二，支脂爲三；又於脂部中析出祭部，復析真文爲二，故定古韻爲之、幽、宵、侯、魚、歌、支、脂、祭、元、文、真、耕、陽、東、中、蒸、侵、談、葉、緝等二十一部。此觀點與戴震、孔廣森所論多暗合，尤與王念孫之分部相接近。江有誥以其這一分韻標準，節録世所傳《莊子》及宋王應麟所輯《莊子逸篇》中凡認爲用韻之章節，並爲入韻字做標示，著成《先秦韻讀·莊子韻讀》，在《莊子》用韻研究方面有里程碑意義。

爲《莊子》作音注者，自魏晉以來，不計其數，但顧及《莊子》用韻者卻出現較晚。明末有沈汝紳所輯《南華經集評》（五色套印本），其中有標明『用韻』『微用韻』『稍用韻』『大約用韻』者。據所用顏色判斷，此等批語當出於王世貞之手，表明此時已有人注意到《莊子》用韻情況。清乾嘉時，姚文田著成《古音諧》，節録《莊子》中若干有韻文句，並爲協韻字加圓圈，在王世貞基礎上又有所推進。稍後，江有誥更撰成名著《莊子韻讀》，節録《莊子》及王應麟所輯《莊子逸篇》中用韻文句，於入韻之字圍以圓圈，並注明所屬韻部，從而將《莊子》用韻研究推到一個新階段。

據江有誥《莊子韻讀》，世所傳《莊子》三十三篇，除《駢拇》《天道》《繕性》《讓王》《説劍》《漁父》六篇而外，其餘二十七篇中六十五個章節皆有用韻現象，再加上《莊子逸篇》中有二個用韻章節，共有六十七個用韻章節。像他這樣發現《莊子》《莊子逸篇》中竟有如此多用韻章節，這在歷史上實在空前！

江有誥《莊子韻讀》在所收六十七個用韻章節中，共圈出入韻字四百九十九個，將其歸屬於之、幽、侯、魚、歌、支、脂、祭、元、文、真、耕、陽、東、中、談等十六韻部。其中出現真耕通韻六次，之幽通韻、歌支通韻、祭元通韻、文真通韻、陽東通韻各一次，幽侯合韻、歌支脂合韻各一次。據江有誥《莊子韻讀》，《莊子》章節有句句押韻者。這些章節，每句都押韻，但或一韻到底，或中間換韻，或前後通韻，或押韻字後帶有虛詞，或韻句字數相等，或韻距長短不一，或嚴謹之中富於變化，或整齊之中不乏參差。其次，有隔句押韻者。這些章節之特點是，奇數句不押韻，韻脚都在偶數句，與大多數古典詩歌隔句押韻之形式相似，而所引《人間世》篇『鳳兮』之歌，押韻之字後帶有虛字，則與《詩經》中許多作品之押韻形式相一致。再次，有分散押韻，乃至押韻無規則者，等等。這些章節之特點是，押韻或疏或密，甚至不講究規則，與詩歌用韻要求嚴整或比較嚴整之情況大有不同，充分顯示出《莊子》作爲一部散文著作在用韻方面特徵之一，即隨意性。

江有誥《先秦韻讀》有清嘉慶道光間刊《江氏音學十書》本、民國十七年上海中國書店景印《江氏音學十書》本等。此次影印《莊子韻讀》，據華東師範大學圖書館藏清嘉慶道光間刊《江氏音學十書·先秦韻讀》本。

司馬彪莊子注附莊子司馬注補遺等

（清）茆泮林輯

茆泮林（？—1845），字魯山，雩水，江蘇高郵人。道光諸生，好藏書，室名梅瑞軒。著有《毛詩注疏校勘記校字補》《周禮注疏校勘記校字補》《三禮經義附録》。並輯有《梅瑞軒十種古逸書》。

叢書《梅瑞軒十種古逸書》，爲茆泮林花費數十年精力輯録而成。其中與《莊子》有關者，除輯有《司馬彪莊子注》而外，還輯有《莊子司馬注補遺》《莊子司馬音》《莊子逸篇》《莊子逸語》《莊子司馬注疑義》《莊子逸篇司馬注補遺》《莊子司馬音補遺》《莊子司馬注又補遺》。《司馬彪莊子注》前有《莊子司馬彪注考逸自序》云：『泮林幼讀《南華》郭象注本，繼復思得司馬注讀之。繙閲之餘，遇一字一句，往往見寶。輯之寖久，遂於案頭録之成帙。後見《彙刻書目》，知已爲孫君鳳卿《問經堂叢書》所載。旋於坊友購之，一年始得。及見其書，其一卷則不取《釋文》，自序則云：「無庸爲陸氏作鈔胥，重爲編録也。惟陸氏所遺者，及他書所引與陸氏同者，將《釋文》附注，統計凡一百十四事。」其一卷則更爲考逸，專采《釋文》既顯，與序語自相矛盾。又至《天員（運）》篇「老子」注，遂詘然中止。細按之，似皆爲未完未定之書，其中未及細審者，正復不少。』説明茆泮林始則自爲輯佚，後來則是在孫馮翼《司馬彪莊子注》《莊子注考逸》基礎上進行補充、訂正而成其《司馬彪莊子注》等書。

茆泮林在孫馮翼輯佚成果基礎上作增益補充，主要表現爲如下三個方面：一、完成孫馮翼《莊子注考逸》所未曾完成部分。今案茆泮林《司馬彪莊子注》，自《逍遥遊》篇至《天運》篇所輯司馬彪注，約占全書篇幅十分之四，基本上與孫馮翼《莊子注考逸》所收司馬彪注相對應。但孫馮翼《莊子注考逸》收至《天運》篇『老子』司馬彪注則突然中止，茆泮林《司馬彪莊子注》卻繼續往下搜輯，直至輯完《天下》篇司馬彪佚注爲止。如果與孫馮翼《司馬彪莊子注》有關部分相比較，則茆泮林《司馬彪莊子注》所輯得《天運》篇『老子』之後司馬彪注，不但包括陸德明《經典釋文》所録司馬彪注，而且還廣泛搜輯《經典釋文》而外爲孫馮翼所未曾搜輯之司馬彪佚注。兼以茆泮林在輯成《司馬彪莊子注》之後，復又輯成《莊子司馬注補遺》等，更使他在搜輯時存《莊子》三十三篇司馬彪佚注方面超過孫馮翼之成就。二、用心搜輯司馬彪音注。《隋書・經籍志》載：『《莊子注音》一卷，司馬彪等撰。』茆泮林據此認爲，『今輯存其舊』，亦當『另爲一卷』。於是特輯成《莊子司馬音》《莊子司馬音補遺》，共收録司馬彪音注四十四條，其中有三十六條輯自《經典釋文》，其餘則輯自《文選》李善注及《集韻》。茆泮林這裏所輯資料雖然不多，但在搜輯司馬彪音注方面卻有開創之功。三、廣輯《莊子》佚文及司馬彪爲其所作之注。茆泮林從王應麟《莊子逸篇》及衆家箋注中録出司馬彪注及《莊子》相關佚文，又從他書輯得若干新條目，成爲《莊子逸語》《莊子逸篇司馬注補遺》，使之廣爲世人所知，自有其一定貢獻。

此外，茆泮林還在《莊子司馬彪注考逸自序》中一一指陳孫馮翼《司馬彪莊子注》《莊子注考逸》所存在問題。如《莊子・人間世》有『匠石之齊』語，孫氏《莊子注考逸》引司馬彪云：『匠石，字伯夔。』並自加小注，以注明輯自《文選》何晏《景福殿賦》、王褒《洞簫賦》、嵇康《琴賦》、司馬彪《贈山濤》、張協《七命》李善注。茆泮林則指出：『引《選》注以「匠石」爲「字伯夔」，不知「夔」字爲《琴賦》注誤衍之字。』今案《文選》李善諸注引司馬彪注均作『石，字伯』，唯嵇康《琴賦》注引司馬彪注作『字伯夔』，乃因其後正文『夔襄薦法』之『夔』而致衍，説明茆氏所説不誣。茆泮林又指出：『「人之形者，萬化而未始有極」，本屬内篇《大宗師》語，孫氏引《選》注載入《田子方》篇，云今本《莊子》無「人之形者」四字。』今案《莊子・大宗師》實有『人之形者』二句，《田子方》篇則僅有『且萬化而未始有極也』一語，説明正如茆泮林所指出，《文選》賈誼《鵩鳥賦》李善注所引司馬彪爲之作注的『人之形者』二句，實爲《大宗師》篇之文，而孫氏卻不知曉，因而輯入《田子方》篇。

總之，茆泮林在孫馮翼輯佚基礎上又有不少推進，故茆氏自謂『茲輯更增得十之二三，其略加更訂處，視孫本差爲

完善。』（《莊子司馬彪注考逸自序》）

此次影印茆泮林輯《司馬彪莊子注》《莊子司馬注補遺》《莊子司馬音》《莊子逸篇》《莊子逸語》《莊子司馬注疑義》《莊子逸篇司馬注補遺》《莊子司馬音補遺》《莊子司馬注又補遺》，皆據華東師範大學圖書館藏清道光十四年梅瑞軒刊《梅瑞軒十種古逸書》本。

莊子内篇順文不分卷

（清）戴煦撰

戴煦（1805—1860），初名邦棣，字仲乙，後更今名，改字諤士，號鶴野，一作鶴墅，錢塘（今杭州）人。諸生，官訓導。清咸豐十年，太平軍陷錢塘，遂投水殉難。晚清數學家，亦工山水畫，著作有《重差圖説》《對數簡法》《續對數簡法》《外切密率》《假數測圓》《求表捷術》《莊子内篇順文》等。

《莊子内篇順文》不分卷，僅解《莊子》内七篇。書前有咸豐三年自序、《例言》。正文中，各篇有題解、眉批；分節録《莊子》原文，雙行順文夾注，各節後皆有『衍説』及小結。戴氏自序謂，自幼喜讀難解之書，遇辭旨奥衍、義理精深者，往往研究探討，夜以繼日，頻年累歲，間有所得，輒沾沾自喜。尤喜《莊子》，以爲此誠難解之書，然自幼讀之，殆近三十年，則每有心得於舊注之外者，乃『依内篇原文，逐句詮釋，引長衍説，名爲《順文》，裨讀者不復覺其辭旨之奥衍，義理之精深，漆園所謂「因之以曼衍」者，殆如此歟？』經戴氏逐句詮釋，尤其通過『引長衍説』，確使内篇文義較爲通俗易懂，甚是方便讀者。

戴煦《例言》謂，各篇所列眉批，均係采擇諸家，間亦參以己説；所施夾注，係選擇諸家注釋而成，尤以采擇林雲銘之説爲多，然亦每參己意；對於前人牽連丹訣，或徵引禪語者，恐非莊子本旨，概從摒棄。在句讀方面，戴煦亦間有獨特看法。如《齊物論》篇有『如求得其情與不得，無益損乎其真』二句，戴氏讀爲『如求得其情與（句）不得無益（句）損乎其真（句）』；《人間世》篇有『且苟爲悦賢而惡不肖，惡用而求有以異』二句，戴氏讀爲『且苟爲悦賢而惡不肖（句）

惡用而（句）求有以異（句）』。在他看來，『若此之類，均於上下文細加紬繹，以爲不如是，則義不貫而文不順，非創爲異説也。』（《例言》）如此句讀，爲前人所未有，可備作參考。尤可重視者，戴煦以爲，『自來注《莊》者，率皆逐句分詮，至文義之聯貫，須讀者自悟，初學或未盡喻』（同上），故於各節之後，特加『衍説』，以引長衍説原文，有似今之譯文，於初學者不無幫助。

戴煦《莊子内篇順文》，唯上海圖書館藏有手稿本，今據以影印。

莊子司馬彪注附逸莊子　（清）黄奭輯

黄奭，原名黄錫麟，字右原，又字又園，江蘇甘泉人，生卒年不詳。曾爲監生，因其父捐資，援例授予刑部郎中。道光十二年，以順天府尹吴傑薦，欽賜舉人。少聰敏，家世貨殖，而奭獨嗜學，深受兩淮鹽運使曾燠賞識，薦爲宿儒江藩，自是專精漢學，與馬國翰齊名當世。著作有《近思録集説》《臚雲集》《存悔齋集杜詩注》等。並輯有《爾雅音義》《高密遺書》《清頌堂叢書》《漢學堂叢書》《漢學堂知足齋叢書》等。

《莊子司馬彪注》在《漢學堂叢書》内，卷首題『甘泉黄奭學』。全書廣收陸德明《經典釋文》及其他衆多典籍所引司馬彪注文，並依今傳《莊子》篇次次第之，治《莊》者甚是稱便。但今細加比較，則此書即是取茆泮林《司馬彪莊子注》作底本，並將茆氏《莊子司馬注補遺》《莊子司馬注又補遺》《莊子司馬音》（除『瓠落』『觀雀』兩條音注外）、《莊子司馬音補遺》全部條目分插其中而成。《逸莊子》收入《漢學堂叢書》，卷首題『甘泉黄奭學』，亦是合并茆泮林《莊子逸篇》《莊子逸語》《莊子逸篇司馬注補遺》而成，唯删去《莊子逸篇司馬注補遺》所引司馬彪注後茆泮林自注『原輯闕，從江都陳逢衡補』十字而已。黄奭爲當時輯佚大家，阮元尚且稱其『勤博』，而其所輯《莊子司馬彪注》《逸莊子》，如此掠人之美，委實令人詫異。

《漢學堂叢書》有清道光間甘泉黄氏原刊本、光緒間刊本、民國十四年王鑒修補印本（改名《黄氏逸書考》）、民國二十三年江都朱長圻據甘泉黄氏原版補刊印本（亦題《黄氏逸書考》）。此次影印黄奭輯《莊子司馬彪注》《逸莊子》，皆據華東師範大學圖書館藏清光緒間刊《漢學堂叢書》本。

莊子一卷　（清）曾國藩節選

曾國藩（1811—1872），原名子城，字伯涵，號滌生，湖南湘鄉人。道光十八年進士，授檢討，累官禮部侍郎，以武英殿大學士出任兩江總督，爲清末洋務派及湘軍首領，桐城古文派代表人物。著作有《曾文正公全集》《經史百家雜鈔》《古文四象》等。

曾國藩節選《莊子》一卷，收入《古文四象》『少陽趣味』之屬，共涉及《莊子》内十五個篇目，其中《養生主》《駢拇》《馬蹄》《胠篋》《外物》等四篇全録，《齊物論》《大宗師》《天地》《天道》《天運》《秋水》《至樂》《徐無鬼》《則陽》《列禦寇》等十篇皆爲節選。每篇先録《莊子》原文，有句讀；次低二格書寫，摘取篇中有關詞語，依次予以注釋。考曾國藩《古文四象》，約成書於清同治五年（1866）前，曾氏去世後，由曾門弟子吴汝綸囑托林紓、昌鶴亭校勘，常堉璋督刻，於光緒二十九年（1903）雕刻完成，但考慮到校勘欠精，並未立即印行。直至民國十八年（1929），常堉璋纔修版補缺，籌資印行，此書乃始與世人見面。今所見書中注釋，多爲後人采摘舊注舊疏而成。其中爲《莊子》諸篇所作注釋，即采摘於王先謙《莊子集解》。

今案曾國藩所謂『四象』，即氣勢、趣味、識度、情韻。氣勢即太陽之屬，又分爲噴薄之勢、跌蕩之勢；趣味即少陽之屬，又分爲詼詭之趣、閑適之趣；識度即太陰之屬，又分爲閎括之度、含蓄之度；情韻即少陰之屬，又分爲沉雄之韻、淒惻之韻。《古文四象》將《莊子》文章置於『少陽趣味』之屬，認爲兼有『詼詭之趣、閒適之趣』。其實，以陰陽論古文，當始於桐城姚鼐，謂有得於陽與剛之美者，有得於陰與柔之美者。曾氏私淑姚氏，爲桐城派成員之一，對姚氏『陰陽』説亦甚推崇，遂細加剖析，由二而四，演成『四象』之論，並爲《莊子》文章劃定歸屬，表明其較有見地。但曾氏論『詼詭』，於《齊物論》篇僅取『莊周夢蝶』而不及其餘，而論『閒適』，於《秋水》篇僅取『夔憐蚿』而不及河伯、北海若問答，尤不録《逍遥遊》篇片言隻語，不免有失察之嫌。

《古文四象》有光緒三十年鉛字排印本、民國六年上海有正書局鉛字初排本及十三年再版本。兹影印曾國藩所選《莊子》一卷，據華東師範大學圖書館藏民國十三年上海有正書局鉛印再版本。

詳注莊子雜鈔　（清）曾國藩鈔

曾國藩生平事蹟，已見於前一則提要。其《莊子雜鈔》，在《經史百家雜鈔》之『論著』類中，全録《莊子》之《逍遥遊》《養生主》《駢拇》《馬蹄》《胠篋》《達生》《山木》《外物》《秋水》九篇原文。

《經史百家雜鈔》共二十六卷，創意於咸豐元年（1851）初曾國藩供職京師六部期間，成書於咸豐十年（1860）閏三月安徽宿松軍營。全書分爲論著、詞賦、序跋、詔令、奏議、書牘、哀祭、傳志、敘記、典志、雜記十一類，選文章凡七百餘篇，實爲古文淵海，而其中所録，尤以周秦漢魏之文爲多，辭義古奥，是繼姚鼐《古文辭類纂》之後又一古文選本。民國間，上海會文堂爲便於讀者，遂采摘古注，間用近人之説，略加考訂，逐篇箋注，附之文後，而書中圈點，悉遵原本，不敢妄有增損，致失抄者本意，取名《詳注經史百家雜鈔》。與《古文四象》逐録王先謙注不同，《詳注經史百家雜鈔》爲《莊子》諸篇作注釋，正如其《凡例》所云，『所采雖多本自注疏，間亦參用近代諸儒之説，與舊注不無出入，然意存明確，非敢故求新異』，故在取舍之間，亦摻有注者見解，具有一定學術價值。

與姚鼐《古文辭類纂》相較，曾國藩《經史百家雜鈔》於姚氏義理、詞章、考據三條標準外，還重視所選文章之學術底藴，力求選文與政事相結合，使讀者通過學習選文，瞭解歷代治亂興衰、學術思想及經國濟民之道。今視曾氏所抄《莊子》九篇文章，大致能貫徹其此一抄録原則，頗有晚清多數士大夫經世濟民情懷，亦反映出其意欲逍遥、遁世及潔身自好之思想。但他顯然不想混淆是非，做好好先生，故不録爲歷代所重之《齊物論》篇。至於其舍《天下》篇而不取，忽略此篇之學術史價值，則説明其學術發展眼光，尚不及稍後之梁啓超。

茲影印曾國藩《詳注莊子雜鈔》，據華東師範大學圖書館藏民國間上海會文堂印《詳注經史百家雜鈔》本。

莊子正讀内篇 （清）楊沂孫撰

楊沂孫（1813—1881），字泳春，號子輿，一作子與，江蘇常熟人。清道光二十三年舉人，官至安徽鳳陽知府。父憂歸，遂不出，自號濠叟。少從李兆洛學諸子，精於《管子》《莊子》。擅書法，尤愛篆籀之學。著作有《觀濠居士集》《文字説解問僞》《在昔篇》《管子今編》《莊子正讀内篇》等。事蹟見《清史稿·鄧石如傳》後所附小傳。

《莊子正讀内篇》僅解内七篇，題『虞山下臣宅者濠叟手録』。書前有楊沂孫光緒三年《莊子正讀序》、同治十三年《讀宣茂公南華經解第五過自序》，及《河南郭象子元莊子序》。正文中，各篇皆有題解，並加圈點，但無注釋。其《齊物論》《養生主》《大宗師》三篇，還附有論説或考據文字。此書雖僅解内篇，但前有《莊子篇目》，開列三十三篇詳目，並特加按語云：『共三十三篇，蘇子瞻以《讓王》《盜跖》《説劍》《漁父》四篇爲僞托，别出之。』蓋以爲外、雜篇内摻有僞作，故概不予抄録解讀。

楊沂孫《莊子正讀序》云：『孟子距楊墨而不距老子，莊生辨道術而不及孟子，且尊孔爲魯儒一人，稱顔爲坐忘得道，可以知莊於孔顔，其道本未嘗有異也。今以孔孟之道讀《莊》，未見其異；以莊子之語絜孔顔，其源正同。則後儒之賓莊以爲異學者，殆先存乎心者未正也。』故欲『以正之心讀之』，遂名此著爲《正讀》。基於此等認識，楊氏解讀内七篇，便有明顯儒學化傾向。如解讀《逍遥遊》篇，謂『莊子學於子夏，希顔希孔，又服老子道德爲依歸』，故欲『删無謂之禮樂，袪欺世之仁義』，俾百官、工商、士庶、君主皆相安於無事，以爲唯有如此，方可『逍遥遊』。解讀《大宗師》篇，謂莊子『固服習孔氏之教』，『頗詆曾氏而最服顔子』，故借顔子『坐忘』，以傳承『聖人之道』，則『希顔希孔，固莊子之大宗師也。』

凡此解讀，殆非莊子本意。

但楊沂孫又指出：『《莊》者，非人生必應讀之書，不讀亦無害爲通人也。』(《自序》)認爲《莊子》之於人生，並不及儒家經典顯得重要。此外，孫氏精通小學，於此亦有所反映。如解讀《養生主》篇，依《説文》『主，火炷也』，謂『束薪蒸灌油以然。傳當作傅，即附也，以形近而誤；盡即燼字』，『蓋火之附乎炷，猶知之隨乎生也。生以知爲用，炷得火而明，炷燼則火熄，生滅則知離，故欲明火者頻增炷，欲盛知者善養生』，並云：『陸放翁詩「小炷留燼悟養生」，深得此篇之旨。』此説甚爲新穎，可備作參考。

楊沂孫《莊子正讀内篇》，唯上海圖書館藏有手稿本，今據以影印。

莊子扎記一卷 （清）郭嵩燾撰

郭嵩燾（1818—1891），字伯琛，號筠仙，湖南湘陰人。十八歲入嶽麓書院學習，與魏源、劉蓉、曾國藩、左宗棠等相友善。清道光進士，咸豐初隨曾國藩辦團練，同治初署廣東巡撫，光緒初任福建按察使，擢兵部侍郎，旋任首任出使英國大臣，又兼駐法國大臣，主張學習西方科學技術。著作有《養知書屋遺集》《史記扎記》《禮記質疑》等。

同治六年，郭嵩燾五十歲，此後八載家居，專心著述講學。其間曾與王闓運縱談《莊子》，亦嘗自注《莊子》。光緒元年湖北崇文書局刊《百家子書》，收有《莊子南華經》三卷，末附郭嵩燾所撰《莊子扎記》一卷，凡四條文字。第一條校釋《天地》篇『執留之狗成思，猨狙之便自山林來』之語，第二條校釋《庚桑楚》篇『券内者，行乎無名；券外者，志乎期費』之語，第四條校釋《天下》篇『以瑜合驩』之語，此三條校釋亦皆見於郭慶藩《莊子集釋》相應位置所徵引，唯文字略有出入。而第三條用來校釋《外物》篇『自制河以東』之語者，卻爲郭慶藩《莊子集釋》相應位置所無有。但郭慶藩《莊子集釋》所引郭嵩燾所撰扎記，計有一百數十條之多，皆冠以『家世父曰』字樣，分佈於全書各篇之中，唯《讓王》《漁父》二篇不見有所徵引。這説明郭嵩燾當有《莊子扎記》完整手稿，而《百家子書》刊刻其《莊子扎記》，所收條目僅爲部分原稿。今細審郭慶藩《莊子集釋》所引郭嵩燾扎記，大多爲精心校釋之作，往往能見出其獨特見解。可惜此處所收僅四條文字，不能全面反映出其學術見解。

茲影印郭嵩燾《莊子扎記》一卷，據華東師範大學圖書館藏清光緒元年湖北崇文書局刊《百家子書》本（附《莊子南華經》後）。

讀莊劄記一卷　（清）朱景昭撰

朱景昭（1823—約1878），字默存，安徽合肥人。清道光秀才，與徐子苓、王尚辰被稱爲『合肥三怪』，曾爲淮軍將領劉銘傳幕僚。著作有《無夢軒遺書九種》《劫餘小記》《論文芻説》等。

《讀莊劄記》爲《無夢軒遺書》第四卷，題『合肥朱景昭撰、懷弟本昭編輯』。全書不録《莊子》原文，唯隨《莊子》各篇順序分條釋莊，闡釋義理與解析文法並重，無句讀，偶引郭象、羅勉道等之説。外、雜篇間或辨僞。

朱景昭以正統儒者自居，《讀莊劄記》具有明顯儒學化傾向。其解釋《駢拇》篇云：『駢於明，多於聰，枝於仁，説得太離奇，此説行而魏晉無五倫矣。或曰莊子不害道，吾不信也。』認爲莊子有害於儒家之道，並指出：『夫慕仁而僞，即以罪曾史，則慕老莊之清靜放曠而至於無君臣父子，其爲老莊之罪可勝誅乎？郭象以曾史簧鼓天下爲甚於桀跖，其狂悖喪心極矣。擬以桀犬吠堯，恐莊子亦並無此犬。後生讀《莊》，吾不能禁，而此等大關係則必條辨之，無使其説浸淫於胸次，至以賊性而傷教，是儒者之責也夫！』以老莊之罪當誅，郭象之注狂悖，學《莊》者要明辨『此等大關係』，充分反映出其儒家立場。

但朱氏在闡釋義理時，既能從大處着想，闡釋莊文之大旨，也能從小處着眼，對一小節、一個寓言甚乃一個字予以解釋。如對內、外、雜篇整體而言，朱氏認爲：『內篇凡七，以愚觀之，直是一篇耳。反覆看來，大旨殊近《老子》，而立言卻又洸洋恣肆，言不一方，玄微之極，時似禪宗平實之談，偶通儒理學，其文當合玩之，攬其義則宜節取。』而外篇大抵不出內篇宗旨，祇是更加荒誕不經、汗漫縱宕而已；雜篇則更是內篇之餘意，且真贋尤混，讓人不易理解。對某篇文章而言，如認爲《德充符》篇『專説形體，末乃舉「無情」二字爲宗旨』，《盜跖》篇『尤悖謬無理，使人髮指』，對全篇作出評論，此是從大處着眼。在《讀莊劄記》中，還常以『某段』『某節』形式對莊文進行闡釋，如謂『列子神巫一段，一派禪機，純是《楞嚴》《法華》精髓，古人謂佛出於老，信哉』，『混沌一節，《應帝王》篇以此終，是莊生談治宗旨，內篇即以此終，並是莊生著書本旨』，此是從小處着眼。

朱景昭雖對莊子學説頗有微詞，但對莊子文章則是讚賞有加，《讀莊劄記》開篇即言：『《莊子》最難看，緣他借象太多，文字太奇恣，往往令人迷眩，卻於道理上甚有理會，尤能通徹人情，非一切子書所及。』既指出莊文『借象』特點，又强調莊文『奇恣』風格，這在《讀莊劄記》中每有所見。首先，朱氏對《莊子》寓言功能有較爲清楚認識，論述時每予指出，如謂《應帝王》篇『尤多撰造，並人名皆寓也』，或標明『此是寓言』等。其次，朱氏關注莊文寫作特徵，如論《逍遥遊》篇『祇形容一個「大」字，便搜出許多大底來，卻又把蜩、鳩、野馬、偃鼠等物一一形出，理趣足，文字分外奇絶』，指明其理趣與文趣相得益彰；在説理方面，則認爲『大抵莊子好出奇，凡極好話頭，定須駁去，別出一種道理，「日中始」一節與「意而」一節，文法正同』，指出莊文説理方式甚是獨特。三是朱氏還對莊文具體文法進行分析，如論『支離疏』一節：『繪支離之狀，使人失笑，「攘臂」字尤發噱，語語滑稽，談理如此，千古無第二人。摹畫處滿紙生態，亦不絶筆。』論『哀駘它』一節：『説哀駘它最詳，蓋並前後三條，皆於此穿貫之，文章疎密法也。』此等論述頗有些見地。

在外、雜篇中，朱景昭間或對某些篇章予以辨僞，如説《天道》篇『此篇筆意太緊，文意太實，與他篇不似，宜前人之疑之也』，從筆意、文意來辨僞，所論並非言之鑿鑿，此不細述。

今影印朱景昭《讀莊劄記》一卷，據華東師範大學圖書館藏民國二十二年排印《無夢軒遺書》本。

南華指月六卷　（清）張士保撰

張士保（1805—1878），字鞠如，號菊如，山東掖縣（今萊州市）掖城人。清道光十二年副貢生，光緒四年任臨淄教諭。爲人厚道，才俊學博，爲清末書畫家兼學者，書法行、楷、篆、隸無所不精，尤以鐘鼎文見長，而視其繪畫，則取意旁枝别出，匠心獨具，最享盛名。著作有《楞嚴義貫》《南華指月》《南華外雜篇辨僞》等。

《南華指月》六卷，卷一爲《逍遥遊》《齊物論》，卷二爲《養生主》《大宗師》，卷三爲《人間世》《德充符》《應帝王》，卷四爲《至樂》《秋水》《達生》《知北遊》，卷五爲《山木》《田子方》《天地》《天運》《天道》，卷六爲《庚桑楚》《天下》。書前依次有張士保小傳（轉自《掖縣志》，當爲後人所增）、張爾宇咸豐七年《南華指月序》、張士保同治十年自序、《凡例》《條説》，書末附《遺珠類附》。正文中，《莊子》原文分節分章，注釋隨原文用雙行小字，各篇多有題解、眉批及圈點。據張士保、張爾宇兩序中有關説法推測，《南華指月》當草成於咸豐五年、六年間，即張士保五十至五十一歲時。時過十五年，張氏乃『復取舊册修整之』，並撰自序一篇，成爲今存《南華指月》六卷手稿本。

張爾宇《南華指月序》有云：『其（張士保）學博通經史，兼精内典，尤長於畫。』説明張士保對佛學較爲精通，在解釋《莊子》時會有所反映。張士保自序亦謂：『依儒書之理讀《南華》者，得其半而不得其全。依《老子》之言讀《南華》者，得其略而不得其詳。惟依釋典以讀之，則五十五位菩提路，縱横符合，而妙莊嚴海，一門面超入矣。蓋《南華》者，震旦本有之佛法，以儒爲基，而兼乎老者也。……名之曰《指月》者，豈敢謂所指果爲真月哉！或揑目所見之第二月，或水中之月影、隙中之月光，皆不自知也。願垂覽者，無陋其能指之指，爲印其所指之是月非月也，則幸甚。』謂其解釋《莊子》，雖未必真能深得精髓，然猶如佛教所謂指非是月，不謂所指非月也。故名此著爲《南華指月》。

張士保《凡例》云：『《莊子》五十三篇，載在《漢書·藝文志》。今合内、外、雜共三十三篇，「五」字猶或是「三」之訛。至嚴君平作《老子指歸》，所引用者，今書多不備，則今書之多殘闕可知矣。凡古書以韋編簡，易致倒亂，竹帛傳寫，易有錯訛，故諸篇中，文義不順，諸本之字句不同者，紛紛叠出。今取外篇以補内篇者兩段，更訂其次序者，不下百餘處，非敢妄爲更張，以審其文理脈絡，有不得不然者耳。』所謂『今取外篇以補内篇者兩段』，是指分别摘取外篇《繕性》《刻意》中各一段（節）文字以補入内篇《養生主》。一是摘取《繕性》篇開頭至『和理出其性』一段（節）文字移補於《養生主》篇『庖丁解牛』寓言後，認爲衹有『和理出性』，『方是得見真君本來面目』。二是摘取《刻意》篇『純粹而不雜』至『合於天倫』一段（節）文字移補於《養生主》篇『公文軒見右師』寓言後，認爲《繕性》《刻意》兩條文字，正可以移補《養生主》篇之缺，使之『鬥筍合縫，既與上章來脈承接，亦與下篇知養不知，去路相應』，原來此篇文字，『久之此亡而彼存』之後，方今乃歸完整。張氏此等説法，固然甚爲大膽、新穎，但證據似並不充分，衹能備作參考。

對於外篇、雜篇，張士保皆視之爲内篇之『傳』，謂『更訂其次序者，不下百餘處』。經其『更訂』者，依次有《至樂》《秋水》《達生》《知北遊》《山木》《田子方》《天地》《天運》《天道》《庚桑楚》《天下》等十一篇，凡此篇目，或全録，或節選，章節多有調整變易，認爲『外篇十五，雜篇十一，蓋莊子門人羽翼真經之文，而後世學莊之士，又各以其言附焉者也。』並於此十一篇外，摘取《則陽》《外物》《寓言》《徐無鬼》《列禦寇》諸篇中精粹之言，類而屬之，名爲《遺珠類附》，附於書末，令觀者無披榛之勞。張氏此等作法，亦僅可備作參考。

在上述觀點基礎上，張士保進一步認爲，《莊子》屬於『經』之部分，並無『詆訾孔子』跡象，而『傳』之部分，卻有『離經畔道』傾向，因此世人凡以爲莊子『詆訾孔子』者，皆由未能熟讀《莊子》，不知外、雜篇與内篇有别所致。張氏此等説法，顯然亦有問題，因爲在内篇中，如《德充符》篇批評孔子『蘄以諔詭幻怪之名聞』，《大宗師》篇讓孔子自認爲是『憒憒然爲世俗之禮以觀（炫耀）衆人』之『天之戮民』等，何嘗不是在『詆訾』孔子？而《人間世》篇寫孔子告訴顔回之語，簡直是一派道家言論，所傳達者無非爲莊子之處世哲學，則豈非極盡戲弄孔子之能事！

此次影印張士保《南華指月》六卷，據中國科學院國家科學圖書館藏手稿本。

南華外雜篇辨僞四卷

（清）張士保撰

張士保生平事蹟，已見於《南華指月》提要。其所撰《南華外雜篇辨僞》四卷，卷首題『掖邑張士保學』。書前有張士保小傳（轉自《掖縣志》，當爲後人所增）、張氏同治十一年（1872）所撰自序。

今案張士保自序，謂其著《南華指月》，每斥外、雜篇中多僞文而並删之，或『於所取者，更訂於其間』，世人見之，將以我爲『快一時之私意』乎？因而復著此書，抄録《莊子》外、雜篇中所有文章，於《南華指月》『所已録者，存其字句節段序次之舊，而於所未録者，則條爲之辨，以質諸有道諸君子』。具體説來，此書根據存世本《莊子》，依次抄録外、雜篇所有篇章，於《南華指月》已録章節，僅存其白文，而於未録章節，則詳加注釋，並逐條辨其真僞。其中《駢拇》《馬蹄》《胠篋》《在宥》《刻意》《繕性》《讓王》《盜跖》《説劍》《漁父》諸篇有題解，亦皆與辨别真僞相結合。

此書既以『辨僞』命名，其關注自在辨僞之上，故與《南華指月》相比，於此又有明顯推進。如《天地》篇，謂『堯之師曰許由』寓言，『恐是後人擬作别抒己見之文』；謂『堯治天下』寓言，『文淺率直遂，毫無意味，蓋後世村學，讀《在宥》篇「施及三王」等語，摭拾野聞書綴之』；謂『子貢南遊於楚』寓言，『多而雜，直而無味，勉强成章而無所發明，林雲銘謂是《漁父》篇一類文，信然』；謂『諄芒將東之大壑』寓言，『逐次敷衍，亦絶無所發明，「神人」節「與形滅亡」，大有斷滅語病，下接「照曠」，義亦不連，疑是後人擬作』；謂『有虞氏之藥瘍』一段，『此一類文，諸篇中重出乃爾，江瑤柱多嚼口臭，況常味乎！其爲後人竄入不待辨』。通觀《南華外雜篇辨僞》四卷，張士保之辨僞類皆如此，雖每言前人之所未言，發前人之所未發，然屬想像與推測者居多，未必真能令人信從。

此次影印張士保《南華外雜篇辨僞》四卷，據中國科學院國家科學圖書館藏手稿本。

南華經解不分卷　（清）方潛撰

方潛（1805—1868），初名士超，字魯生，一字碩存，學者私謚文通先生，安徽桐城人。『性有玄悟，博學無所不窺。於周秦以來子家儒之言，皆究極其旨趣；佛經道藏，亦皆博覽遐搜，窮高而極深，探玄而索隱，而不純宗孔孟程朱以立言。』（方敦吉《桐城方文通先生年譜略》）著作有《毋不敬齋全書》《南華經解》等。

《南華經解》分内、外、雜三篇，不分卷。前有方潛《文通先生書郭象注莊子後》及《總評》五則。正文有題解，録《莊子》原文，删去《讓王》《盜跖》《説劍》《漁父》四篇，順文雙行夾注，有圈點。末附其三子敦吉所作跋語。方潛《總評》云：『予出入二氏二十年矣，始知聖人之道。曾批《莊子》内七篇，又記外、雜篇大意。今購得郭象注本，不欲更妄言之。三兒敦吉請批出，以便誦讀，因聊分大略。』方敦吉跋語云：『茲就不肖少時趨庭授讀本，益以同邑馬君通伯暨伯兄心齋手録批本互勘而裒述之，顔曰《南華經解》，而以《書郭注本後》及《總評》五則列卷首。』則此書乃由方敦吉在其父批本上校勘、裒述而成，故首題『桐城方文通先生評』『子敦吉厚之述』。但視全書内容，大略當爲方潛本人莊子學思想之體現。

方潛乃是儒者，講求性理之學，其詮釋《莊子》，亦間摻雜儒家思想。如《齊物論》篇有『六合之外，聖人存而不論』一段文字，方潛云：『莊子何嘗不尊聖人？此段層層歸結聖人，可知其意矣。未可因其放論而議之，以意逆志可也。』在同篇中甚至謂『並已《齊物論》之言掃之而折衷於聖言』，從根本上否定儒道對立之事實。此外，方潛在詮釋《莊子》過程中，間亦借鑒佛教思想。如他在詮釋《齊物論》篇時，所謂『假借四大以爲身』『實相非相』『離相即佛』『歇即菩提』等，即是以佛學思維來解釋《莊子》。

但通觀方潛《南華經解》全書，主要還是表現爲對郭象《莊子注》之批判。在《文通先生書郭象注莊子後》中，他首先對郭象『知本』説作了批判。『知本』説出郭象《莊子注序》，意謂莊子『上知造物無物，下知有物之自造』，可謂瞭悟大道之根本矣。但方潛指出，莊子《齊物論》篇所謂『真君』『真宰』，《養生主》篇所謂『主』，《德充符》篇所謂『德』，《大宗師》篇所謂『大宗師』等等，纔真正體現了大道之根本，可是郭象僅僅『含胡言之』，並未予以重點揭示。而且，郭象所謂『上知造物無物，下知有物之自造』云云，『將虛空、品物打作兩截』，則更不知莊子之本矣。基於上述認識，方潛在闡釋具體篇章過程中，亦每對郭注有所批判。如在《逍遙遊》篇中，方氏指出『至人無己』一句，即可概括『莊子之本』，極力否定郭象所謂『小大自適，各一逍遙』之説。此外，他還認爲，《莊子》『内七篇之要括於《逍遙遊》一篇』（《内篇》解）、『外篇皆宗《老子》之旨，而發揮内七篇之蘊也』（《外篇》解），而郭象對此卻不曾論及，豈可謂之知『莊子之本』！應當指出，方潛對郭象之批判，雖不無一定道理，但將外篇及雜篇中部分篇目，皆視爲對内篇之闡發，不免失之牽强武斷。

今影印方潛《南華經解》，據華東師範大學圖書館藏清光緒二十二年桐城方氏刊本。

莊子平議三卷

（清）俞樾撰

俞樾（1821—1907），字蔭甫，號曲園，浙江德清人。清道光三十年進士，官翰林院編修、河南學政。曾先後主講蘇州紫陽、上海求志、德清清溪、歸安龍湖等書院，而以主講杭州詁經精舍最久，長達三十一年。一生潛心讀書、講學、著述，是繼高郵王氏父子之後樸學傑出大師之一。著作有《群經平議》《諸子平議》《古書疑義舉例》《俞樓雜纂》等，總稱《春在堂全書》。

《莊子平議》三卷，在《春在堂全書》所收《諸子平議》中，爲札記體。俞樾平生以治經、子、小學爲主，受到乾嘉學派考據學深刻影響，尤其服膺高郵王氏父子而宗法之。他所著《莊子平議》，即是受王念孫《莊子雜志》之啓發而撰成，並有明顯承因與拓展痕跡。如他在考訂《山木》篇『一上一下，以和爲量』時云：『此本作「一下一上，以和爲量」，「上」與「量」爲韻。今作「一上一下」，失其韻矣。古書往往倒文以協韻，後人不知，而誤改者甚多。《秋水》篇「無東無西，始於元冥，反於大通」，亦後人所改。《莊子》原文，本作「無西無東」，與「通」爲韻也。王氏念孫已訂正矣。』此處從王念孫對《秋水》篇『無東無西』之訂正而拓展到對《山木》篇『一上一下』之訂正。又於考訂《天下》篇『天下多得一察焉以自好』時云：『郭注斷「天下多得一」爲句，《釋文》曰：「得一，偏得一術。」王氏念孫謂「天下多得一察焉以自好」當作一句讀，「一察」謂「察其一端而不知其全體」。今按郭讀，文不成義，當從王讀。唯以「一察」爲「察其一端」，義亦未安。「察」當讀爲「際」，一際猶一邊也。』此處從王念孫之句讀以糾郭象之失，唯對王氏以『一察』爲『察其一端』之説法持有異議。

更值得重視者，俞樾對王氏父子研究諸子之方法，在借鑒、總結基礎上還努力進行改進，重視正句讀、審字義、通古文假借，並分析其特殊語文現象，因而在《莊子》文字考訂方面創獲殊多。如他於考釋《齊物論》篇『夫大塊噫氣』時云：『大塊者，地也。塊，乃「凷」之或體。』並指出，司馬訓爲『大樸之貌』，郭注曰『大塊者，無物也』，皆失其義。據上下文，俞樾所作解釋顯然比司馬彪、郭象等説法都要合理得多，故後人多從之。他又於考釋《德充符》篇『彼何賓賓以學子爲』時云：『「賓賓」之義，《釋文》引司馬云：「恭貌。」張云：「猶賢賢也。」崔云：「有所親疏也。」簡文云：「好名貌。」皆望文生義，未達古訓。賓賓，猶頻頻也。』顯然，司馬彪、張氏、崔譔、簡文帝諸説，皆不如俞樾訓『賓賓』爲『頻頻』，方與篇中文義相協。

俞樾《莊子平議》是繼王念孫《莊子雜志》之後又一部重要《莊子》校訂著作，對《莊子》中大量文句、文義作了精心考訂，勝義殊多，成果爲世人所瞻目。此後孫詒讓《莊子札迻》、郭慶藩《莊子集釋》、章炳麟《莊子解故》、于鬯《莊子校書》、陶鴻慶《讀莊子札記》、劉師培《莊子斠補》、高亨《莊子新箋》、王叔岷《莊子校釋》等，莫不受其沾溉。

俞樾《春在堂全書》有清同治十年初刊本、光緒十一年重定刊本、光緒二十五年定本。此次影印《莊子平議》三卷，據華東師範大學圖書館藏清光緒十一年刊《春在堂全書》本。

莊子人名考一卷　（清）俞樾撰

俞樾生平事蹟，已見於《莊子平議》提要。其所撰《莊子人名考》一卷，在《春在堂全書》所收《俞樓雜纂》内。全書乃是録《莊子》書中人名，並詳加考證而成。

《莊子》書中，頻頻出現人名，非實非虛，或實或虛，魏晉南朝解讀者對此衹作簡單解釋，或者乾脆不作任何解釋。其後，唐成玄英著《莊子注疏》，主要以坐實方法解釋《莊子》人名；宋王雱著《南華真經新傳》，則着重從義理角度探究莊子制定人名之用意。俞樾在利用前人成果基礎上，本着其所秉持之樸學精神，對《莊子》中衆多人名作精心考釋，著成《莊子人名考》一卷，所獲成就遠非前人所可比擬。如《齊物論》篇有『顏成子游』之名，陸德明《經典釋文》引李頤說，謂顏成子游姓顏，名偃，謚成，字子游，成玄英《莊子注疏》又謂其姓顏，名偃，字子游，而俞樾則據《廣韻》注而謂『顏成』爲複姓，因其理由較爲充分，故馬其昶《莊子故》、王叔岷《莊子校詮》等皆從之。《山木》篇有『大公任』之名，《經典釋文》引李頤說：『大公，大夫稱；任，其名。』成玄英《莊子注疏》云：『大公，老者稱也；任，名也。』俞樾則說：『按《廣韻·一東》「公」字注云：「《世本》有『大公叔穎』。」然則「大公」乃覆（複）姓，非大夫之稱也。』比較而言，俞樾說法似乎顯得更爲合理。《達生》篇有『梓慶』之名，俞樾說：『李云：「魯大匠也。梓，官名；慶，其名也。」按襄四年《左傳》：「定姒薨，匠慶謂季文子曰：子爲正卿，而小君之喪不成，不終君也。」杜注：「匠慶，魯大匠。」即此「梓慶」矣。』《經典釋文》所引李頤說，未知有何依據，而俞樾引《左傳》及杜預注爲說，則頗可令人信服。

俞樾在重視實證同時，還注意探究《莊子》人名之寓意，儘可能揭示出莊子製名亦實亦虛特徵。如《人間世》篇有『支離疏』之名，俞樾說：『司馬云：「支離，形體不全貌；疏，其名也。」按下有「支離其形」句，故舊解如此。然漢有複姓「支離」，見《廣韻·五支》注。《莊子》書《至樂》篇有「支離叔」，《列禦寇》篇有「支離益」，則「支離疏」自是人姓名，藉以寓形體不全之意，正猶湯廣大、棘狹小矣。』除《經典釋文》所引司馬彪解說外，還有成玄英《莊子注疏》謂『支離疏』爲『四肢離拆，百體寬疏』，王雱《南華真經新傳》謂爲『形不正之人』。俞樾則據《廣韻·五支》注和《莊子》有關資料認爲，『支離』爲複姓，『疏』自是名，其姓名寓有『形體不全』之意。應當說，俞樾所作解釋比較全面，而且其文獻依據較爲充分。《盜跖》篇有『盜跖』之名，俞樾說：『《釋文》引李奇注《漢書》云：「跖，秦之大盜也。」按《史記·伯夷傳》正義又云：「跖者，黄帝時大盜之名。」是跖之爲何時人，竟無定說。孔子與柳下惠不同時，柳下惠與盜跖亦不同時，讀者勿以寓言爲實也。』『盜跖』事蹟，見於《孟子》《荀子》《韓非子》《說苑》，《韓詩外傳》等書，及《經典釋文》引李寄注《漢書》《史記・伯夷傳》正義等等，説法各不相同。俞樾有見於此，並根據《盜跖》篇所出現『孔子與柳下惠不同時，柳下惠與盜跖亦不同時』等情況，便認爲此爲虛構故事，要求人們『勿以寓言爲實』。應當説，俞樾此等説法較爲正確。總之，俞樾將《莊子》人名研究推到一個嶄新階段，至今爲治莊者所重視。

俞樾《莊子人名考》有清同治九年刊《春在堂全書》本、光緒七年刊重定《春在堂全書》本、清光緒十一年刊《春在堂全書》本、光緒十五年刊《春在堂全書》本、光緒二十五年刊《春在堂全書》本等。茲據華東師範大學圖書館藏光緒十一年刊《春在堂全書》本影印。

莊子審音不分卷　（清）席樹馨輯

席樹馨，字枝山，又字鶴如，懷來（今屬河北省）人，生卒年不詳。清道光十七年拔貢，咸豐三年進士，曾任四川長寧知縣。著作有《古文文筆》《金丹選注》《莊子審音》等。

據《莊子審音・胠篋》末『鶴如庚午仲夏長寧署識』語，此書撰於清同治九年庚午（1870）席樹馨在長寧知縣任上。該書卷首題『上谷嬀川席樹馨鶴如審定』『及門馮樹清參閱』，並加小注云：『本《莊子獨見》，參《南華經解》《莊子雪》。』書前收有胡文英《莊子獨見》原敘、《莊子論略》（十條録六）、《讀莊針度》（凡八則）。正文録《莊子》原文三十三篇，順文雙行夾注，有圈點、旁批、眉批。在外雜篇中，有大量《莊子》原文，皆以雙行小字刻印，且不作任何注釋，如《天地》篇之首章、『夫子曰』章、『堯觀乎華』章、『堯治天下』章、『泰初有無』章、『夫子問於老聃』章、『蔣閭葂見季徹』章、『子貢南遊於楚』章、『諄芒將東之大壑』章，《徐無鬼》篇之『徐無鬼見武侯』章、『黄帝將見大隗』章、『管仲有病』章、『吴王浮於江』章、『齧缺遇許由』章等，皆作如此處理，而《讓王》《盜跖》《説劍》《漁父》四篇，更是全文如此，對於此中緣由，席氏並無説明。今以意推之，或嫌其義平平、其文淺拙，抑或疑其爲僞作歟？

通讀《莊子審音》全書，其注釋、旁批、眉批等，多迻録於清胡文英《莊子獨見》，及宣穎《南華經解》、陸樹芝《莊子雪》，而以徵引文章學方面之見解爲主。胡文英、宣穎、陸樹芝三人所持莊子觀，儒學化色彩甚爲明顯。席樹馨在輯録三人文字時，對此有所警惕，但仍受到一些影響。如胡文英《莊子獨見·論略》首條云：『莊子人品、德性、學問、見識，另有一種出人頭地處，另有一種折衷至當處。』此處所謂『折衷至當處』，乃指折衷於儒家聖人孔子。席樹馨在逐録胡氏《論略》時，則删去此條文字，説明他並不認爲莊子有折衷孔子之意。但他在注釋《齊物論》篇時説：『通篇大旨俱在「論而不議，議而不辯」兩句，此是莊叟折衷至聖之微意。』在《寓言》篇眉欄説：『推尊夫子而以「定天下之定」爲言，較史公「折衷」二字有加無已。當時亞聖之外，知夫子者，惟漆園一人。』今案此兩條文字，皆逐録於胡氏《莊子獨見》，可見席樹馨輯録《莊子審音》一書，仍未能盡脱前人以儒解莊傾向之影響。但席氏作爲清末士人，卻在書中流露出末世情緒，與莊子思想有以相通。如他在《胠篋》篇末説：『憤時疾俗之胸，擊髓誅心之論，掣電驅霆之筆，長沙痛哭，湘水問天，同此一種情思！腐末無知，或譏其荒謬，或視同滑稽，豈非癡人難與説夢？』此條文字後署『鶴如庚午仲夏長寧署識』，説明席氏在國運衰頽、傳統思想崩潰之際，對儒家所謂聖智之法持堅決批判態度。

此次影印席樹馨《莊子審音》，據北京大學圖書館藏清刻本。

南華贅解不分卷

（清）劉鳳苞撰

劉鳳苞（1821—1905），字毓秀，號采九，湖南武陵縣（今常德鼎城區）人。少師從常德名士楊彝珍學習詩文，素有文采。清咸豐七年中舉，同治四年考中進士，選翰林院庶吉士。先後任職於雲南禄豐縣及元江、大理、順寧府，復官雲南補用道，領二品銜，不久因事革職。致仕回鄉後，主講郎江、城南書院。晚年思想保守，曾與王先謙、葉德輝等鄉紳聯名向湖南巡撫陳寶箴遞呈《湘紳公呈》，攻擊梁啓超等人維新運動，反對戊戌變法。劉氏一生以文章自負，著述頗豐，有《晚香堂詩鈔》《晚香堂賦鈔》《晚香堂文鈔》《晚香堂駢文》《南華贅解》《南華雪心編》等。

《南華贅解》爲抄本，分爲六册，卷首題『武陵劉鳳苞采九評釋、長沙王先謙益吾同訂、及門劉起庚編校、蕭湘同校』。

書前有劉鳳苞光緒三年《南華贅解自序》，首頁及末頁各貼有一紅色長方紙條，皆題『六品軍功文童劉起庚謹書』。正文中，分段録《莊子》原文，順文雙行夾注，段後低一格作解；有題解、圈點、眉批。其中《讓王》《盜跖》《説劍》《漁父》四篇，依宣穎《南華經解》體例，並承蘇軾《莊子祠堂記》等説，視爲後人僞作，置於《天下》篇之後。全書除大量引述宣穎、林雲銘、胡文英三家評注外，還徵引郭象、呂惠卿、陳祥道、褚伯秀、劉辰翁、邱濬山、湛若水、楊慎、李夢陽、歸有光、唐順之、宗臣、王世貞、焦竑、孫鑛、徐常吉等家語，其中所謂歐陽修、王安石、蘇軾、蘇轍、黃庭堅之評點，則多爲張冠李戴，當是沿襲明代署爲歸有光、文震孟《南華真經評注》一書之錯誤，因而有損於其學術價值。

通觀《南華贅解》全書，義理與文評兼備，從字、詞、句、段、篇等方面對《莊子》從局部到整體皆予以解析，以揭示《莊子》文章藝術特色見長，在借鑒林雲銘《莊子因》、宣穎《南華經解》、胡文英《莊子獨見》等基礎上，又有實質性推進，但視其文評措辭，每有言過其實之處，讀者須自知之。此外，劉鳳苞受林雲銘、宣穎、胡文英等影響，其闡釋帶有明顯儒學化傾向，亦不免折損學術性。

劉鳳苞《南華贅解》六册，唯山西省圖書館藏有清末劉起庚抄本，今據以影印。

南華雪心編八卷　（清）劉鳳苞撰

劉鳳苞生平事蹟，已見於《南華贅解》提要。其所著《南華雪心編》八卷，前有光緒二十三年李泰開序、光緒三年劉鳳苞自序、《凡例》《南華篇目》；卷首題『武陵劉鳳苞采九甫注釋，臨川李泰開鶴亭甫刊訂，男承甲、芬、薰等校字，及門諸子分輯』；篇前有題解，篇末有總論；分段録《莊子》原文，順文雙行夾注，段後低一格作解；有圈點、眉批。全書以義理闡釋與藝術研究相結合，而尤以揭示莊子文章特色見長，遠爲前人所不及。

劉鳳苞曾於光緒三年著成《南華贅解》，有手抄稿六册存於世。後經修訂補充，改名爲《南華雪心編》，刊印於光緒二十三年。今以兩者相較，刊本對手抄稿或增或删，幾乎隨處可見，而最爲明顯者，則是大量增入郭象注及陸樹芝評注文字，甚至將手抄稿夾注中所引許多前人文字，分别逐録於眉欄相應位置中。據劉氏自序，其注《莊》經歷頗爲奇特，謂『予自幼頗愛讀《莊子》之文，驟焉不得其所解，及觀晉人郭象所注《南華》篇，探元抉奥，識解獨據萬山之巔，恍然有得於其心，復參合諸家注解，而後章法之貫串玲瓏，筆力之汪洋恣肆，窺豹而時見一斑。南帆北馬，輒攜是書以自隨，初未敢妄增一解，以貽駢拇枝指之譏。年來捧檄邊庭，從事於波濤兵燹之間，更歷憂患，取是書而研究之，一切榮落升沈之感，不知何以俱化，而天人性命之微，亦若稍窺其分際焉，則先生之貺我良多也。簿書之暇，把卷沈吟，機有所觸，筆之於書，亦如元化之鼓蕩而不能自已，天籟之起伏而莫知所爲焉。名之曰《雪心編》，雪心者，謂《南華》爲一卷冰雪之文，必索解於人世炎熱之外，而心境始爲之雪亮也。』可見，兵馬生涯對劉鳳苞注解《莊子》影響甚爲深刻，而其謂《南華》爲冰雪之文，則更得莊文之旨趣。

《南華雪心編》在體例上較之前人有較大突破。首先它極爲重視引用古人研究成果，所引資料不下數十人，幾乎囊括魏晉到清代所有重要《莊子》注本，既有郭象、呂惠卿、陳景元、李士表等以經義闡釋爲主之文獻資料，又大量引用南宋以來如劉辰翁、陸西星、林雲銘、宣穎、胡文英、陸樹芝等從文學角度對《莊子》所作精彩述評，可謂集前人研究莊子文章研究之精華而又有所進益。但其不足者，則是書中大量引用所謂唐宋散文名家之評點，多爲張冠李戴，當是沿襲明代署爲歸有光、文震孟《南華真經評注》一書之錯誤，因而對其學術價值有所影響。其次，劉氏之注文，受前人以儒解莊之影響，明顯帶有儒學化傾向。如他在《德充符》篇中説：『莊子要闢辯者之徒簧鼓天下，每竊先聖之糟粕以爲口實，因並將孔門講學，亦視爲桎梏，則若輩之爲天刑，更不問可知。讀者須得言外之意，乃知莊子不是詆訾孔子，正訕笑惠施輩耳。』故承蘇軾之説，認爲《讓王》《盜跖》《説劍》《漁父》四篇爲僞作，置於《天下》篇之後。

《南華雪心編》是莊子散文研究之集大成著作，實可代表莊子散文研究之最高成就。劉氏解《莊》，尤爲重視莊子散文之藝術性，他在《凡例》中説：『南華内篇爲悟道之書，精密渾成，大含元氣。外篇盡行文之致，洸洋恣肆，推倒百家。雜篇則隨手存記之文，亦復零金碎玉，美不勝收。』由此出發，他在注文中從審美視角，不僅對内、外篇，而且對世人多有異議之雜篇，於其藝術性亦有充分認可。首先，認爲《莊子》文章具有章法渾成、結構謹嚴之特點。故注文中不惜筆墨，對內、外、雜篇之章法結構從整體到局部進行層層剖析，在莊學史上最稱詳細完備。其次，從多角度多方位對《莊子》散文藝術特色進行揭示。認爲莊子創語新奇、善用虛詞，筆法靈活、敘述多變，用筆如頰上添毫、繪聲繪影，達到了筆有化工之藝術效果；行文跌宕生姿，參差錯落，極富藝術魅力。再次，大大拓展對《莊子》散文意境之闡釋。他認爲《莊子》一書實已達到化境，『一部《南華》如秋水澄鮮，雲影天光，無非化境矣』（《寓言》評），而這突出地表現在對『道』之描畫上。在他看來，莊子之道，如性月空明，又如寒冰破熱，沸羹沃雪，讀之讓人冰冷雪淡，使人透入清虛；而其文也如其道，已臻於化境與神境。這樣，莊子之道境與文境融爲一體，文意結合，境界畢出。在劉鳳苞眼中，莊子又像一個悲世憫人之詩人，其文有如『洞簫微咽，無限聲情，使人淒心動魄。』（《天下》評）故他以詩評《莊》，把莊子演繹得纏綿悱惻，含蓄蘊藉，餘味曲包。總之，在劉鳳苞筆下，《莊子》那種空靈縹緲、汪洋恣肆而又以文爲戲之藝術境界實已得到充分展示。

今影印劉鳳苞《南華雪心編》八卷，據中國社會科學院圖書館藏清光緒二十三年晚香堂刊本。

莊子約解四卷　（清）劉鴻典撰

劉鴻典，字寶臣，眉州（今四川眉山縣）人，生卒年不詳。幼年喪父，幾至廢學，後奮志讀書，補入州學，又遊學至省，師事劉止唐、李西漚兩先生。清咸豐元年中舉人，主講眉山書院三年，從遊者衆，學舍至不能容，繼而在富順、自流井（今自貢）、威遠呂仙巖等地設帳從教。同治元年，因教績顯著升爲順慶府西充縣教諭。在任六年，又因文行俱佳、教化有方，而升遷爲廣東徐聞縣知縣，廉明果斷，卓有政聲。後辦土豪强姦案，執法嚴明，不徇私情，因得罪當權而被解職。居羊城一年，後歸四川家鄉，頤養林泉，足不履塵世，日與門人講學不輟。年七十五，終於威遠呂仙巖。一生著述頗豐，計有《思誠堂古文》二卷、《古詩》二卷、《楞嚴經贅解》四卷、《村學究語》一卷、《醒迷録》一卷、《訓蒙草》一卷、《指月録評》十卷、《稗鈔》二卷、《莊子約解》四卷。

《莊子約解》一書，前有蘇軾《莊子祠堂記》、劉鴻典《莊子約解序》及《凡例》，卷三末附有《逸語》《雜録》《采摭書目》《讀莊子》。今案劉氏《莊子約解序》云：『典譾陋，幸沐聖朝之文教，服膺《莊子》有年，既而訓蒙糊口，門人問難，因采各家評注，爲之講論，積久不覺成帙，顔曰《莊子約解》。管窺之見，非敢質諸高明，亦私以之授門人而已。大清同治三年（1864）歲次甲子，十月初九日，眉山後學劉鴻典謹識。』據此，則劉氏曾設帳授徒，因門人問難，遂采各家評注而成《莊子約解》，時間當在清穆宗同治初年。但其《凡例》又云：『是編小注，俱采焦弱侯《莊子翼》，間有增損，亦十分之一耳。若大注所引各家，皆爲標出，而斷以己意，亦有出自鄙見，全未拾人牙慧者。』從《莊子約解》中可看到，劉氏引前人所作評注，計有郭象、呂惠卿、陳景元、林自、范元應、褚伯秀、羅勉道、朱得之、陸西星、焦竑、方以智、宣穎等十餘家，但劉氏在大注中『出自鄙見』『斷以己意』之文字，顯然多於所引他人之語，則其《凡例》所云，大致符合事實。

在《莊子約解》中，劉鴻典最用心撰述者爲大注，而通觀其大注，則以儒學牽合莊子思想爲主要特徵。他在《莊子約解序》中說：『世皆謂莊子詆訾孔子，獨蘇子瞻以爲尊孔子。吾始見其説而疑之，及讀《莊子》日久，然後歎莊子之尊孔子，其功不在孟子下也。』認爲莊子捍衛儒學之功不在孟子之下，唯因歷來遭人誤解，故而予以辯明，以期還莊子本來面目。并且，劉氏據韓愈《送王秀才序》所謂『蓋子夏之學，其後有田子方，子方之後流而爲莊周』之説，認爲『莊子身列儒門』（《田子方》約解），『非特西河（子夏）之高弟，實孔子之功臣也。』（《外物》約解）在他看來，如果就孔子之後儒學派別影響而言，則唯有子夏、莊子一派可與子思、孟子一派相並提，即所謂『孟子之學出於子思，而莊子之學出於子夏，派雖別而源則同，亦可見尼山之大與天侔。』（《養生主》約解）但就捍衛孔子學説之用心而言，卻以莊子最爲良苦。如他在詮釋《德充符》篇時說，『天下惟聖人爲完人，其餘皆兀者哀駘它類也』，『凡少年不謹而身有惡行者，皆叔山無趾類也』，認爲莊子寫出這類肢體殘缺之人，意在襯托全人孔子之聖德，使不肖之人能悔過自新，皆入於聖賢之道，而其所謂『諔詭幻怪』，畫出求名醜態，則顯然用來譏評儒學末流，可見其立言甚巧，維世衛孔之心最爲良苦。

此外，劉鴻典有時還徵引佛教、道教思想來闡釋《莊子》。如他在詮釋《天道》篇時說：『蓋虛靜恬淡寂寞無爲，實係道之根源，萬物之本也。……《棱（楞）嚴經》云：「如澄濁水，貯於靜器，靜深不動，沙土自沈，清水現前，名爲初伏客塵煩惱；去泥純水，名爲永斷根本無明。明相精純，一切變相，不爲煩惱，皆合涅槃清淨妙德。」比喻工巧，可證心靜之妙。』認爲佛教經典《楞嚴經》卷八中這些話，正可用來印證《天道》篇主旨『虛靜恬淡寂寞無爲』所藴含之妙理。他在詮釋《養生主》篇時説：『馴至乎以無厚入有間，恢恢乎有餘地，則周身陽氣充滿，而性果圓成矣。刀者，金也。凡物皆易壞，而金不壞，故浩然之氣養成，道家（教）比爲金丹，亦曰刀圭，爲其堅固如金，可以延年卻病矣。』此處以金丹仙術詮釋篇中『庖丁解牛』寓言，使莊子養生思想蒙上一層道教神仙術色彩。他在詮釋《人間世》篇時説：『衛太子之不仁而爲之傅，此人間世第一難事，而伯玉正言喻言，皆曲盡其道。蓋天無不覆之人，地無不載之人，君子即無不教之人，仙佛慈悲之訓，聖賢忠恕之傳，皆此意也。』此處以道教、佛教慈悲觀念及儒學忠恕思想來印證莊子思想，使莊子處世哲學具有三教混合特徵。

劉鴻典《莊子約解》四卷，有清同治五年刊《槐軒全書》本、宣統間北京道德學社印刷所鉛印本等。今據華東師範大學圖書館藏清同治五年威邑吕仙巖玉成堂重刊本予以影印。

南華真經正義不分卷附録三卷

（清）陳壽昌撰

陳壽昌，字星南，號嵩佺，又號少雲，直隸宛平（今北京城西南）人，原籍江蘇松江，生卒年不詳。清同治七年進士，散館改刑部主事，光緒間爲無錫縣知縣。著作有《南華真經正義》等。

《南華真經正義》不分卷，卷首題『宛平陳壽昌輯』；書前有光緒十三年陳氏《自序》《凡例》，末有侯官許貞幹所作《序後》。正文分段録《莊子》原文，順文雙行夾注，段後低一格作解；有圈點、句讀；依蘇軾之説，不注《讓王》《盗跖》《説劍》《漁父》四篇，並移其於《天下》篇之後。書末附有《南華真經識餘》三種，包括《（莊子）釋文補》《莊列異同》《（莊子）古韻考》。其《凡例》云：『是編於字句中尋常疏解，大半采自前人，然詮釋雖同，宗旨自別，識者辨之。』據此，陳壽昌所引注文雖未注明出處，但亦每能代表自己意見。而各段落大意及篇末總論，則爲陳氏所原創，更能直接體現其莊學觀點。

陳壽昌《自序》云：『太史公謂莊子之言本於老子，《漢書・藝文志》列《莊子》於道家，自是定論。是編發明本義，語不離宗，一洗援莊入儒之弊，雖明心見性之旨，間亦證以釋家言，然派異源同，故非淄澠之强合也。』説明陳氏著《南華真經正義》，意欲『一洗援莊入儒之弊』，使司馬遷之莊子觀得以回歸。如《田子方》篇『莊子見魯哀公』寓言，有『以魯國而儒者一人耳』之語，唐成玄英、宋褚伯秀、清宣穎等皆謂『一人』指孔子，並從而認定莊子是尊孔者，而陳壽昌則説：『舉魯國而儒者一人，真道之難可知。』認爲此寓言意在强調體悟大道之難，而『一人』並不一定指孔子，更無所謂有推尊孔子之意。《寓言》篇有『莊子謂惠子』寓言，以『孔子』不敢自以爲是爲例，來規勸惠施切勿執定是非。論者據此多認爲莊子有服膺孔子之心，而陳壽昌則明確指出：『漆園特借聖言，殷殷接引。惜乎，其（指惠施）終不悟也！凡漆園引聖言處，祇是借重耆艾以伸己説，若以儒書之義釋之，轉失本旨。』認爲《莊子》一書以三言並用，寓言之中又包含寓言，如《寓言》篇引述『孔子』之言，即僅是『借重耆艾以伸己説』而已，若真以『儒書之義』來解釋這些文字，反而會失去作者本旨。應當承認，陳壽昌此等説法無疑頗爲精當。

陳壽昌闡釋《莊子》，自謂『間亦證以釋家言』。如他在《大宗師》篇『假於異物，托於同體』下説：『即《圓覺經》地、風、水、火四大合而成體之説，蓋視生偶然耳。』以佛教所謂地、風、水、火四大和合而成體之説来予以解釋。有時亦往往引以道教之説，如他在闡釋《養生主》篇時，謂『知也無涯』之『知』即爲『禪家所謂識神』，謂『可以養親』即爲『《黄庭經》所謂道父道母』，並在闡釋『庖丁解牛』寓言時引進『識神』『定慧』『漸頓』『四大』及『道父道母』『存養真元』『煉神還虚』『放下屠刀，立地成佛』等觀念。另外，陳氏還以《周易》闡釋《逍遥遊》篇，使其闡釋具有多元化指向。

陳壽昌《南華真經正義》有清光緒十九年怡顔齋刊本、民國間上海古書流通處影印本、民國二十五年來熏閣刊本。今據華東師範大學圖書館藏清光緒十九年怡顔齋刊本予以影印。

南華真經正義不分卷附録三卷　（清）陳壽昌撰

莊子王氏注二卷　（清）王闓運撰

王闓運（1833—1916），字壬秋、壬父，自號湘綺老人，學者稱湘綺先生，湖南湘潭人。清咸豐間舉人，屢試進士不中。太平軍起義時，曾入曾國藩幕。後講學四川、湖南、江西等地。清末，授翰林院檢討，加待講銜。辛亥革命後，曾任國史館館長，兼任參議院參政。好治經學，尤其擅長公羊學，並以致用爲目的。所著除經子箋注外，有《湘軍志》《湘綺樓日記》《湘綺樓詩集》《湘綺樓文集》等。門人輯其著作爲《湘綺樓全書》。

《莊子王氏注》二卷，爲王闓運諸子學重要著作之一。全書選取内七篇及雜篇中《寓言》《天下》二篇而爲之箋注，卷末有同治八年王闓運所作《莊子敘》。正文録《莊子》原文，順文雙行夾注，有題解。王氏《寓言》篇題解云：『《寓言》在雜篇弟五，其後皆非莊子書意矣。故相傳爲莊子之自敘，其書終於此也。』又《天下》篇題解云：『《天下》篇者，蓋莊子自敘，後人移之書後也。』大約認爲今本《莊子》自《讓王》至《列禦寇》篇，皆非莊子本人手筆，而《天下》篇本當爲莊子所撰之前序，《寓言》篇爲其所撰之後序。

王闓運好治儒家經典，宗崇今文經學，曾公開表明自己治學目的衹在『尋其宏旨』，用以『佐治道，存先典』，而對乾嘉學者則深表不滿，故其箋注《莊子》，亦好獨標新見，以期發蒙悦心，使人對聖人之道有所解悟。如其《消摇遊》篇題解云：『絕聖棄智，非有本之談；下學上達，乃天知之詣。傳曰「仁者安仁，知者利仁」，《消摇遊》之義也。』認爲對智有所抑制，使之有利於仁，由此便可無『爭』而『見道』，從而達到『大化無朕』逍遙境界。又《大宗師》篇題解云：『莊生蓋私淑尼山，别承天解，患詩禮之發冢，照冥悟之必荒，已斷狂華，宜標實諦，故以爲非大不足以統世，不可宗師者，不足以訓人。先裕本原，明袪妄惑，是大宗師之義也。』此處以莊子爲孔子私淑弟子，認爲他因有見於『皇王遞運，治跡代殊，儒墨爭言』，乃至儒者末流有借詩禮發冢者，便『别承天解』，著爲《大宗師》篇，以『繼天立極』之聖人爲最高典範，於是王闓運自敘便有『莊子真孔氏之徒哉』之讚歎。凡此，正是王闓運宗崇儒學，所謂從《莊子》中尋找『佐治道』者，與莊子本意相去較遠。

但值得注意，王闓運雖主張以儒解莊，卻極力否定晉唐以來所謂三教合一思想，認爲『以莊合佛，晉唐之過也』（《莊子敘》），明確反對以佛解莊。不過，王氏並不反對引進西方科學思想。如《逍遥遊》篇有『夫列子御風而行』等語，王氏謂『與月同軌道也』，『隨地球行，與世同運，故不求助』。又《應帝王》篇有『北海之帝爲忽』『儵與忽時相與遇於渾沌之地』等語，王氏謂『不言東西者，地自轉，無東西』，『最高最卑，其軌道皆有自起』，認爲地球自轉不息，無固定之東、西可言，所以『海』前冠以『北』字，而無論最高處還是最低處，其實地球軌道上每處皆可成爲其運行之起始點，所以『地』前冠以『渾沌』二字。凡此説法，雖多爲牽强附會之説，但畢竟表明清末《莊子》研究已出現新氣象。

王闓運《莊子王氏注》二卷，有清同治八年長沙王氏刊本、民國二十二年刊《王湘綺全集》本。今據華東師範大學圖書館藏清同治八年長沙王氏刊本予以影印。

百大家評注莊子南華經十卷

（明）歸有光等批點　（清）王闓運輯評

王闓運生平事蹟，已見於《莊子王氏注》提要。民國六年中華圖書館石印《百大家評注莊子南華經》十卷，扉頁題『歸震川先生批點、湘綺老人輯評』，卷首題『晉郭象子玄輯注、明歸有光熙甫批閲、文震孟文起訂正』。書前有郭象《南華真經評注序》、馮夢禎《南華真經評注序》、司馬遷《莊子列傳》，以及《南華經百大家評注姓氏録》《南華真經評注目録》。《百大家評注莊子南華經》正文中，録《莊子》各篇原文及郭象注，皆迻録於署爲歸有光、文震孟《南華真經評注》；底欄有注釋，以音注爲主，亦皆取自《南華真經評注》。各篇後所輯諸家評語，乃是在《南華真經評注》基礎上增損而成。如《齊物論》篇末，在『歐陽修』『王介甫』『劉須溪』『楊用修』四家基礎上，增加『李贄』『王宗沐』『許孚遠』『唐順之』四家評語；《天下》篇末，在『蘇老泉』『丘瓊山』『歸震川』三家基礎上，增加『孫鑛』一家評語。每篇眉欄有批語，亦是增損《南華真經評注》之眉批而成，所增添者同樣多爲明代人之語。今審其所録眉批，錯誤自是不少，甚至有莫名其妙者。如歸有光、文震孟《南華真經評注》，其《逍遥遊》篇眉欄有批語云：『劉須溪曰：「生物以息相吹」，語最精，雖植物之於枝葉，皆感也。不隨人觀物，故自有見。』而所謂『王闓運輯評』本，其眉欄相應處則謂：『劉須溪曰：「生物以息相吹」，語最精，雖植。』可見引録者未明原意，遂遽節録，故有此誤。

經對照，此書前所收郭象序、馮夢禎序、司馬遷《莊子列傳》，以及各卷首所題署，皆照搬於明刊《南華真經評注》，而《南華經百大家評注姓氏録》，則爲此石印本所增添，包括『批閱者』『訂正者』『總評者』『眉詮者』『音釋者』五個部分。其中『批閱者』爲歸有光，『訂正者』爲文震孟，而『總評者』有韓愈、柳宗元、蘇洵、歐陽修、王安石、蘇軾、曾鞏、秦觀、黄庭堅等唐宋明學者三十七人，『眉詮者』有韓非、陸德明、陸贄、司馬光、林希逸、褚伯秀、楊用修、方子及等歷代學者七十三人，『音釋者』有東方朔、司馬遷、稽康、陸德明、劉辰翁、楊用修、林氏等七人，這些評注者姓氏，大多輯録於明刊《南華真經評注》，而細審此明刊著作，當爲書賈假借『歸有光』『文震孟』批閱、訂正而成，其中凡冠以唐宋名公及以前姓氏者，多爲張冠李戴，不可信以爲真，但此石印本居然輯爲『百大家評注姓氏録』，堂而皇之地置於書前，疑其爲書賈冒名牟利爲之，非真出於湘綺老人之手。

兹影印《百大家評注莊子南華經》十卷，據華東師範大學圖書館藏民國六年中華圖書館石印本。

南華經發隱一卷 （清）楊文會撰

楊文會（1837—1911），字仁山，安徽石埭縣人。少博學能文，但不喜科舉業。清咸豐三年，太平天國軍進攻安徽，他隨家人輾轉遷徙於各地，前後達十年之久。在此期間，他學習音韻、曆數、天文、地理及黄、老、莊、列等學問。二十七歲時，得《大乘起信論》，遂屬意佛學。後移居南京，創金陵刻經處，募款重刻方册藏經。並於刻經處設祇洹精舍、佛學研究會，成爲中國佛學院之先河。他與日本名僧南條文雄爲友，因南條氏之助，從日本得到我國許多佛教逸書，加以翻刻。所著有《大宗地玄本論略注》《等不等觀雜録》《佛教初學課本》《十宗略説》《闡教編》《論語發隱》《孟子發隱》《陰符經發隱》《道德經發隱》《沖虛經發隱》《南華經發隱》等。

在學術思想上，楊文會認爲儒、道、釋三教完全可以互爲通融。他説：『近年閉戶窮經，於釋迦如來一代時教，稍知原委，始信孔顔心法不隔絲毫，柱下、漆園同是大權示現。』（《與釋惟靜書一》）並謂：『若能進而求之，將如來一代時教究徹根源，則知黃老、孔顔心法原無二致，不被後儒淺見所囿也。』（《與沈雪峰書》）因而楊氏認爲，諸如《陰符經》《道德經》《沖虛經》《南華經》等道家著作，『實與佛經相表裏』（《沖虛經發隱敘》），『文似各别，而義實相貫也。』（《陰符經發隱敘》）他著《南華經發隱》，便基於上述認識。

《南華經發隱》一卷，在《楊仁山居士遺書》內，卷首題『石埭楊文會仁山注』，前有楊文會於光緒三十年所撰《南華經發隱敘》。正文部分，凡節取《莊子》內、外、雜篇中十二章文字，依次標題爲『鯤鵬變化』（《逍遥遊》）、『子綦喪我』（《齊物論》）、『回問心齋』（《人間世》）、『兀者王駘』（《德充符》）、『女偊論道』（《大宗師》）、『謀報渾沌』（《應帝王》）『象罔得珠』（《天地》）、『世之所貴』（《天道》）、『天門』（《庚桑楚》）、『七大』（《徐無鬼》）、『得其環中』（《則陽》）、『得意忘言』（《外物》），多有雙行夾注，並加圈點，各章末還有具體評語。楊氏《南華經發隱敘》云：『太史公言「莊周作《漁父》《盜跖》《胠篋》，以詆訾孔子之徒，以明老子之術」，豈知《漁父》《盜跖》皆他人依托，大違莊子本意？觀其內篇推尊孔子處，便可知矣。司馬氏不於內篇窺莊子之學，而據僞撰以判《莊子》，宜其將老、莊、申、韓合爲一傳也。』認爲《莊子》內篇每有『推尊孔子處』，司馬遷不應該根據《莊子》內篇以外某些僞作來誤解莊子本意。如他在《人間世》篇『回問心齋』章末所作評語云：『此章孔顔問答，……以前皆孔子征詰之辭，至「心齋」以後，乃正答入衛之道，又復詳示超世之學，窮高極微，爲傳心妙旨。』謂莊子最善於用寓言來闡揚孔子心性之學，甚至達到極爲高妙境界，可見楊文會《南華經發隱》具有一定儒學化傾向。

但比較而言，楊氏主要還是主張以自己所悟之佛道來闡釋《莊子》。其《南華經發隱敘》在批評司馬遷莊子觀後接着指出：自唐初以來，注解《莊子》者衆多，唯陸西星《南華真經副墨》、釋德清《莊子內篇注》等能以佛理釋之，似較有可取之處，但仍有發揮未盡之意。如釋德清判老、莊爲大乘止觀，而此前宋釋延壽在《宗鏡録》中則判老、莊爲通明禪，皆未能深得道家之意蘊。在楊文會看來，老、莊思想皆從如來智慧海中流出，説人乘、天乘、聲聞乘、菩薩乘、佛乘，旨在依衆生根機之不同而『令衆生隨根獲益』，正如『如來設教，義有多門，譬如醫師，應病與藥』（《等不等觀雜録》卷一），而後世解讀《老子》《莊子》者，卻執着於一個角度去予以理解，所以終究不能盡得二書之『藴奥』。

基於上述認識，楊文會在《南華經發隱》中便試圖以佛教各派思想來分别闡釋《莊子》有關文字。如他在闡釋《德充符》篇『兀者王駘』章時説：『王駘與仲尼分道揚鑣，一顯一密。行顯教者，耳提面命，進德修業，人所共知；行密教者，潛移默化，理得心安，人所難見。』認爲孔子著書授徒是如來應化身逗機方便説法（公開宣説），而王駘『立不教，坐不議，虚而往，實而歸』（《德充符》），則是如來報身秘奥真實説法（以心法秘密授受），可謂『妙用無形，隨根普益耳。』在闡釋《庚桑楚》篇『天門』章時説：『此章語語超越常情，顯示空如來藏也。』並舉例説，此章所謂『有乎生，有乎死，有乎出，有乎入』，即謂『生死出入，非有而有，即空之有』；所謂『萬物出乎無有』，即謂『從真空現妙有』；所謂『有不能以有爲有，必出乎無有，而無有一無有』，即謂『重空，亦名空空，亦名大空，亦名究竟空，亦名第一義空』。認爲此章『以有、無二端互相顯發，而仍結歸甚深空義，恰合般若旨趣』，即無處不在顯示佛教所謂一空一切空之空如來藏思想，要求世人『超越常情』，『空』掉一切煩惱及錯誤，從而進入菩薩道門徑。同時，楊文會還重視揭示所謂《莊子》所昭示之佛教修持入道之次第。如他在闡釋《人間世》篇『回問心齋』章時説：『仲尼欲示心齋之法，先以返流全一誡之，然後令其從耳門入，先破浮塵根，次破分别識，後顯遍界不藏之聞性，即是七大中之根大。』謂孔子先誡以佛教返流全一，然後次第開示顔回，使繼之六用不行，根塵識心應時消落，以至直造佛地。可以説，楊文會是支遁、林希逸、陸西星、釋德清等人之後，以佛解莊之重要學者，幾乎將莊子思想完全融會到了佛教中去。

此次影印楊文會《南華經發隱》一卷，據華東師範大學圖書館藏清光緒三十年金陵刻經處刊《楊仁山居士遺書》本。

莊子點勘十卷　（清）吴汝綸撰

吴汝綸（1840—1903），字摯甫，安徽桐城人。清同治四年進士，官冀州知州。又受李鴻章聘，主講於保定蓮池書院。

光緒二十四年創立京師大學堂，被聘爲總教習，未就任即赴日本考察學制。曾師事曾國藩，爲『曾門四弟子』之一。著作有《桐城吴先生全書》《桐城吴先生點勘七子》等。

《桐城吴先生點勘七子》由衍星社於宣統二年排印，其中有《莊子點勘》十卷，卷首有吴汝綸之子闓生所撰題記云：『先公所校閲《莊子》數本，皆臨寫劉、姚各家圈識，未有自點定者。獨曾文正公《雜鈔》中所載《逍遥遊》《養生主》《駢拇》《馬蹄》《胠篋》《達生》《山木》七篇爲已所點定，其《外物》《秋水》二篇則未加墨。今遂録此七篇圈識於印本中，其餘闕略各篇，概以姚氏圈識補之，以便學者云。宣統紀元秋八月謹記。』説明吴汝綸曾校閲《莊子》數本，皆臨寫劉大櫆、姚鼐等家圈識，而衍星社所排印《莊子點勘》十卷，乃是在吴氏去世數年後，由其子闓生整理而成。其中《逍遥遊》《養生主》《駢拇》《馬蹄》《胠篋》《達生》《山木》七篇圈點，是由闓生從曾國藩《經史百家雜鈔·莊子》中遂録而來，其餘則依姚鼐《莊子章義》本補足。全書眉欄引有歐陽修、王安石、蘇軾、蘇轍、黄庭堅、秦觀、歸有光、釋德清、劉大櫆等人語，而以歸有光批語爲最多。《莊子》原文之下，或自己親作音訓、考證、注釋等文字，或引司馬彪、崔譔、郭象、李頤、簡文帝、陸德明、宣穎、盧文弨、王念孫、俞樾等家之説，並每加按語，或申或駁，當皆爲吴汝綸本人之所爲。

《莊子點勘》以校勘、訓釋爲主，其中往往有一些獨到見解，且在考證《莊子》時非常重視《淮南子》一書。如《德充符》篇有『人莫鑒於流水』語，吴氏云：『「流」一作「沫」。某案：「沫水」當作「流沫」。《淮南·俶真篇》正作「流沫」。』《應帝王》篇有『虎豹之文來田，猨狙之便、執斄之狗來藉』語，吴氏云：『某案：《淮南·繆稱》作「虎豹之文來射，猨狖之捷來措」，無「執斄之狗」句。高注：「措，刺也。」疑此「藉」與「措」同。』《秋水》篇有『鴟鵂夜撮蚤，察毫末』語，吴氏云：『某案：崔以「鴟鵂」釋「鴟」，《釋文》不出「鵂」字，知正文「鵂」字衍也。《淮南子》「鴟夜撮蚤，察分秋毫」，亦無「鵂」字，是其證。』《知北遊》篇有『齧缺睡寐』語，吴氏云：『某案：「睡寐」，當依《淮南·道應》作「瞽夷」。高注：「瞽夷，熟視不言貌。」』其次，吴汝綸亦相當重視《吕氏春秋》及《列子》有關文字。如《達生》篇有『莊公以爲文弗過也』語，吴氏云：『某案：《吕覽》作「以爲造父不過也」。此「文」字當是「父」之誤，又脱「造」字。』《應帝王》篇有『全然有生矣』語，吴氏云：『某案：「全然」，《列子》作「灰然」是也。言向之濕灰復然也。』吴氏這些按語，未必皆與事實相符，但他十分重視徵引他書原文來校勘《莊子》，卻對後來治《莊子》者甚有昭示意義。因爲在這些經典著作中，確實存有大量《莊子》原文片斷，值得認真利用。反過來，吴氏也認爲《莊子》中有些文字乃是割取《淮南子》《吕氏春秋》之文而來。如他爲《刻意》篇所作眉批云：『某案：「吹呴」「呼吸」三語，割取《淮南・精神篇》文。』認爲《刻意》篇中至少有部分章節不是莊子本人手筆，而是襲自《淮南子》。這些説法，也值得重視。

此次影印吴汝綸《莊子點勘》十卷，據華東師範大學圖書館藏清宣統二年衍星社排印《桐城吴先生點勘七子》本。

莊子集辨　（清）曾和瑞撰

曾和瑞，清末人，生平事蹟不詳。著作有《老子集辨》《莊子集辨》《禪學集辨》等。

《莊子集辨》一書，前有曾氏《莊子集辨序》《莊子集辨》《南華子篇目》。内、外、雜篇之前，又各有相應目録，並於外篇目録後云：『外、雜二篇，不純乎莊子之筆，或門人附入，或後人僞托，學者當分别觀之。』又於雜篇目録後云：『篇分内、外，而又曰雜者，猶今人之有正集、續集，更有别集也。』故依蘇軾《莊子祠堂記》之説，以雜篇中《讓王》《盜跖》《説劍》《漁父》四篇爲僞作而予以删去，並合《寓言》《列禦寇》爲一篇，統稱爲《寓言》，則全書僅有二十八篇。各篇分段録《莊子》原文，無題解、注釋、圈點，唯於篇末輯録諸家之説，而《德充符》《馬蹄》《在宥》《天道》《繕性》《秋水》《知北遊》《則陽》諸篇之末爲曾和瑞長篇按語。

曾氏《莊子集辨序》云：『楊中立曰：「聖人以爲尋常事者，莊周則誇言。」此殆非切當之評也。莊生乃反乎常者耳。王坦之著《廢莊論》，而其論多用莊語。胡文定《春秋綱領》，有取於莊子之言，識者蓋嘗惜之。雖德行粹美如周茂叔，而有「天下拙，政刑撤（徹）」之一言，朱子猶摘其似莊老也。毫釐之辨，嚴矣哉！』故曾氏於書前及各篇之末，裒集韓退之（愈）、邵子（雍）、程子（顥、頤）、張子（載）、司馬君實（光）、朱子（熹）、黄東發（震）、王應麟（伯厚）、吳幼清（澄）、胡仁仲（宏）、許平仲（衡）、胡叔心（居仁）、王守仁（伯安）、何子元（孟春）、呂叔簡（坤）等人之語，或親撰按語，以辨莊子相關問題，遂命此著爲《莊子集辨》。

通觀《莊子集辨》全書，所裒集者多爲宋明理學家語，而其所辨之問題，主要有莊子形容道體之言亦有善者、莊子學説之害尤在放蕩於禮法之外、莊子齊物之説可見出其見道之淺、莊子養生説正是所謂『閃奸打訛』者、莊子亦本楊朱之學、老莊學説之異同、莊子與孟子未曾『道及』之原因、《莊子》内外雜篇之異同，以及歷代莊學之得失等。而曾氏於諸篇末所撰按語，則多是針對所在篇中具體問題而發，如他於《德充符》篇末所加按語云：『其（莊子）所謂情者，恐亦放浪無主之情，而其所謂性者，將亦空虚無著之性而已。』辨其所謂情、性，並非一般人之所謂情、性。又《馬蹄》篇末所加按語謂，莊子『竟將性命、仁義截然分判爲兩』，與儒家之説大異其趣。總之，曾氏撰寫此書，並不采用注疏形式，而是着意於辨析、釐清各樣問題。

此次影印曾和瑞《莊子集辨》，據中國國家圖書館藏清光緒十年刊《辨學集》本。

莊子識小一卷　（清）郭階撰

郭階（1842—?），湖北蘄水人，生平事蹟不詳。著作有《天均卮言》《莊子識小》等，均收録在《春暉雜稿》内。《莊子識小》前有郭階光緒十五年《自序》，卷首題『蘄水郭階學』。僅注解《莊子》内七篇，篇名後有題解，不録原文，以某某句至某某句、某某句、某某節表示莊文，以『階案』予以注解，其特點是引儒入莊，以儒解莊。

郭階之所以名是書爲《莊子識小》，其《自序》謂：早年不喜《莊子》，『詆譏不遺餘力』，後頓悟《莊子》之旨，『然後知莊子出於儒家，不得已而隱抑其辭，以求免於當世』，因此認爲自己以前衹是識《莊子》之『小』。至於後仍以『識小』名是書，大概有自謙之意。關於唯擇取内篇作注解之原因，郭階認爲内篇『蓋以其誠、正、修、齊、治、平，盡於是矣』，而『外篇以下，反覆申明内篇之意，與夫故爲妄誕之言，隱儒術流於過當，及群弟子之追述，後人之附會，雜揉其中，姑置之』，亦即『取其純而棄其駁』之意（見《自序》）。郭階雖重視内七篇，但注解也比較簡略，《人間世》《應帝王》篇僅注解二、三條内容。

郭階認爲内七篇爲一完整體系，在每篇題解中皆首先予以説明。《逍遥遊》篇題下云：『此篇重其大。大者何道也？道者何氣也？《逍遥遊》養氣也，樂道也。如何養，如何樂，無己也，即《論語》「毋我」之意。』《齊物論》篇題下云：『承《逍遥遊》而來，是即吾儒推己及物。』《養生主》篇題下云：『《齊物論》後繼以《養生主》，由末入本也，且《逍遥遊》之引申也。』《人間世》篇題下云：『繼《養生主》而有《人間世》，由内而外也，《齊物論》之引申也。』《德充符》篇題下云：『合人己内外而言也。德者，得也，所得充於我而符於彼，故繼《人間世》而有《德充符》。』《大宗師》篇題下云：『曷爲大主大師？天命也，數也，性也，道也，教也，即天命之謂性，率性之謂道，修道之謂教也。曷爲後乎《德充符》？由德而入道也。』《應帝王》篇題下云：『繼《大宗師》而有是者，任天人之自化，有應帝王之道，言有平治之具耳，非專屬位帝王者。』經郭階如此闡釋，内七篇便成爲一個較爲完整之整體。

從上面題解可知，《莊子識小》以儒解莊傾向甚爲明顯。再如於《齊物論》篇『「是亦彼也」七節』後加案語云：『克己復禮，天下歸仁。』又於『「唯達者知通爲一」四節』後加案語云：『此中庸之説也。』但因其案語簡單，又有附會成分，故《莊子識小》學術價值不高。

此次影印郭階《莊子識小》一卷，據上海圖書館藏清光緒十五年刊《春暉雜稿》本。

莊子集解八卷　（清）王先謙撰

王先謙（1842—1917），字益吾，號葵園，湖南長沙人。清同治四年進士，歷翰林院編修、國子監祭酒、江蘇學政等職。曾主講於思賢講舍及城南、嶽麓兩書院。『於學無所不究，門庭廣大，合漢宋途轍而一之。其於崇經術、治國聞，致力彌篤。』（吴慶坻《王葵園墓誌銘》）文章頗得益於老師曾國藩、郭嵩燾等名儒，學術上與郭慶藩、劉鳳苞等皆有來往。編著有《皇清經解續編》《十朝東華録》《續古文辭類纂》《尚書孔傳參正》《三家詩義集疏》《漢書補注》《後漢書集解》《新舊唐書合注》《荀子集解》《莊子集解》等。

《莊子集解》八卷，卷首題『長沙王先謙益吾』。正文有題解，分段録《莊子》原文，順文雙行夾注；夾注之中，博采衆家之説，計有司馬彪、崔譔、向秀、郭象、李頤、支遁、陸德明、成玄英、宣穎、王念孫、盧文弨、姚鼐、俞樾、郭嵩燾、李楨、蘇輿等家語，但往往不是照録原文，而是經過精心壓删。其『間下己意』，文字亦要言不煩。因而整部《莊子集解》，既集衆家之長，又間有己意，而全書字數卻不到郭慶藩《莊子集釋》之一半，顯得甚爲緊湊而精悍，影響至爲廣泛。

此書前有王先謙自序云：『余觀莊生甘曳尾之辱，卻爲犧之聘，可謂塵埃富貴者也。然而貸粟有請，内交於監河；係履而行，通謁於梁魏；説劍趙王之殿，意猶存乎捄世。遭惠施三日大索，其心跡不能見諒於同聲之友，況餘子乎！吾以是知莊生非果能回避以全其道者也。……余治此有年，領其要，得二語焉，曰：「喜怒哀樂，不入於胸次。」竊嘗持此以爲衛生之經，而果有益也。噫！是則吾師也夫！』王氏顯然是在抒發其末世情懷。但作爲清末漢學大師，他在具體解釋《莊子》過程中，並不主張將此種情懷攙雜進去，以儘可能保持學術本身之純潔性。故今讀此著，除王氏所作自序外，似並未離開《莊子》文本以抒發個人情感。在徵引他人注解時，他也力避參以私情。如《山木》篇有『北宫奢爲衛靈公賦斂以爲鍾』寓言，郭慶藩《莊子集釋》所引郭嵩燾解説文字，其中云：『今之賦斂，任術多矣，而固無如民巧遁於術何也！』顯然是郭嵩燾對當時官貪吏虐黑暗現實之揭露，但並不是對《莊子》文本之忠實解釋，而是遊離於文本外之個人感慨，故王先謙在壓縮郭嵩燾文字時，便將這幾句話皆予删去。此外，王氏對以儒解莊等傾向也儘力予以摒棄，從而避免長期以來人們每以儒學闡釋《莊子》之慣性思維。

王先謙《莊子集解》八卷，有清宣統元年上海掃葉山房石印本、民國八年上海涵芬樓《四部叢刊》影印本、民國十八年《四部叢刊》第二次影印本、民國十九年排印《萬有文庫》第一集本、民國二十三年上海商務印書館排印《國學基本叢書》初版本、民國二十四年上海掃葉山房石印本、民國二十四年上海世界書局排印《諸子集成》本、一九五四年北京中華書局第一次重印《諸子集成》本、一九五五年上海中華書局第二次重印《諸子集成》本、一九五六年上海中華書局第三次重印《諸子集成》本等。茲據華東師範大學圖書館藏清宣統元年湖南思賢書局刊本予以影印。

莊子集釋十卷　（清）郭慶藩撰

郭慶藩（1844—1896），字孟純，一字岵瞻，號子瀞，湖南湘陰人。早年屢試不第，授例得任通判。後因鎮壓太平軍，在浙江任知府。光緒七年清廷遞以道員調江蘇，主持揚州運河修浚工程。好學善思，工詩文，精於小學。著作有《泊然庵文集》《梅花書屋詩集》《靜園剩稿》《尺牘》《説文經字考辨證》《説文經字正誼》《許書轉注説例》《説文答問疏證補誼》《合校方言》《莊子集釋》等。

《莊子集釋》十卷，卷首題『湘陰郭慶藩孟純輯』。書前有郭象《莊子序》、成玄英《莊子序》、王先謙光緒二十年《莊子集釋序》。王序云：『郭君子瀞爲《莊子集釋》成，以授先謙讀之，而其年適有東夷之亂。』所謂東夷之亂，即指甲午（1894）中日戰爭，則郭慶藩《莊子集釋》著成於王氏爲其作序之光緒二十年（1894）。此書於正文之下，依次收録郭象注、成玄英疏、陸德明音義之全文，又摘引盧文弨《莊子音義考證》、王念孫《莊子雜志》、俞樾《莊子平議》之文及李楨、郭嵩燾等研究成果，選精集粹，彙爲一集，甚得讀者喜愛，流傳極爲廣泛，與王先謙《莊子集釋》不相上下。

鑒於西晉司馬彪《莊子注》較爲近古，而陸德明《莊子音義》載其注尚欠完備，所以郭慶藩廣爲搜輯以補其闕。如他在訓釋《駢拇》篇『東陵』一詞時云：『《文選》任彦升《王文憲集序》注引司馬云：「東陵，陵名，今屬濟南也。」《釋文》闕。』在訓釋《大宗師》篇『坐忘』一詞時云：『《文選》賈長沙《鵩鳥賦》注引司馬云：「坐而自忘其身。」《釋文》闕。』在訓釋《田子方》篇『奔逸』一詞時云：『《後漢書・逸民傳》注、《文選》范蔚宗《逸民傳論》注並引司馬云：「言不可及也。」《釋文》闕。』此處所輯司馬彪注，皆可補《莊子音義》之所未載。他又在訓釋《應帝王》篇『泰氏』一詞時云：『《路史・前紀七》引司馬云：「上古之帝王，無名之稱。」與《釋文》所引小異。』在訓釋《在宥》篇『槢』字時云：『《文選》何平叔《景福殿賦》注引司馬：「榴，械楔也。」與《釋文》異。』此處所輯司馬彪注，皆可與《莊子音義》相參校。

郭慶藩除收録他人注疏、訓釋而外，還往往斷以己意，明顯表現出作爲一位工於小學者偏重於音韻訓詁之特徵。如他在訓釋《逍遥遊》篇『鯤』字時云：『方以智曰：「鯤本小魚之名，莊子用爲大魚之名。」其説是也。《爾雅・釋魚》「鯤，魚子。凡魚之子名鯤」《魯語》「魚禁鯤鮞」，韋昭注：「鯤，魚子也。」張衡《東京賦》「摷鯤鮞」，薛綜注：「鯤，魚子也。」《説文》無「鯤」篆，段玉裁曰：「魚子未生者曰鯤。」「鯤」即「卵」字，許慎作「卝」，古音讀如關，亦讀如昆。《禮・內則》「濡魚卵醬」，鄭讀「卵」若「鯤」。凡未出者曰卵，已出者曰子。鯤即魚卵，故叔重以「卝」字包之。莊子謂絕大之魚爲鯤，此則齊物之寓言，所謂汪洋自恣以適己者也。《釋文》引李頤云：「鯤，大魚名也。」崔譔、簡文並云：「鯤當爲鯨。」皆失之。』此處運用音韻訓詁手段，反復徵引古代典籍中有關資料，以申述方以智之説，糾正崔譔、簡文帝之失，甚是令人信服。

但郭慶藩有時因太拘泥於音韻訓詁，反而使原本比較明白之字義句意變得迂曲。如他在訓釋《逍遥遊》篇『德合一君而徵一國者』之語時云：『案「而徵一國」，《釋文》及郭注無訓，成疏讀「而」爲轉語，非也。「而」字當讀爲「能」，「能」、「而」古聲近通用也。官、鄉、君、國相對，知、仁、德、能亦相對，則「而」字非轉語詞明矣。《淮南・原道》篇「而以少正多」，高注：「而，能也。」《呂覽・去私》《不屈》諸篇注皆曰：「而，能也。」《墨子・尚同》篇：「故古者聖王唯而審以尚同以爲正長。」又曰：「天下所以治者何也？唯而以尚同一義爲政故也。」《非命》篇：「不而矯其耳目之欲。」《楚辭・九章》：「世孰云而知之？」《齊策》：「子孰而與我赴諸侯乎？」「而」並與「能」同。《堯典》「柔遠能邇」，漢《督郵班碑》作「而邇」。《皋陶謨》「能哲而惠」，《衛尉衡方碑》作「能悊能惠」，《史記・夏本紀》作「能智慧惠」。《禮運》正義曰：「劉向《説苑》能字皆作而。」是其例。』其實成玄英將『而』字解釋爲連詞甚是，而郭慶藩將『而』字讀爲『能』字卻顯然不可取，因爲「德」字統君與國言，中以「而」字連屬成句。就狹義言，德合於一君；就廣義言，德見信於一國也。且本篇所重，在道與德，而不在能。又「知效一官」，即含能義，無庸讀「而」爲「能」，添此蛇足也。』（劉武《莊子集解內篇補正》）尤其需要指出者，郭慶藩因過分偏重名物、字義訓釋，而往往影響對義理之整體把握。如他在闡釋《逍遥遊》篇時云：『案「吹」、「炊」二字古通用。《集韻》：「炊，累動升也。」《荀子・仲尼》篇「可炊而傹也」，本書《在宥》篇「從容無爲而萬物炊累焉」，注並云：「炊與吹同。」又案莊生既言鵬之飛與息各適其性，又申言野馬塵埃皆生物之以息相吹，蓋喻鵬之純任自然，亦猶野馬塵埃之累動而升，無成心也。郭氏謂鵬之所馮以飛者，疑誤。」事實上，《在宥》篇所謂「從容無爲而萬物炊累」，是在比喻「我若無爲於上，而天下之人日出而作，日入而息，自得其樂，如萬物之炊累焉」（林希逸《莊子口義》），而《逍遥遊》篇所謂「野馬也，塵埃也，生物之以息相吹也」，則是在强調説明萬物運行皆有所依賴。郭象所謂「物任其性，事稱其能，各當其分，逍遥一也」，雖然嚴重偏離《逍遥遊》篇主旨，但他在「野馬也」三句下謂「此皆鵬之所馮以飛者」，卻大致能揭示出莊子關於大鵬「有所待」之意。可見郭慶藩因拘於名物、字義，而謂莊子設出「野馬也」三句，意在比喻「鵬之純任自然」，卻反而有違於莊子本意。

郭慶藩《莊子集釋》十卷，有民國十三年上海掃葉山房石印本、民國十六年校經山房石印本、民國二十四年上海掃葉山房石印本、民國二十四年上海世界書局排印《諸子集成》本、民國二十五年上海廣益書局排印本、一九五四年北京中華書局第一次重印《諸子集成》本、一九五五年上海中華書局第二次重印《諸子集成》本、一九五六年上海中華書局第三次重印《諸子集成》本等。茲據華東師範大學圖書館藏清光緒二十年湖南思賢講舍刊本予以影印。

讀莊子札記八卷　（清）郭慶藩撰

郭慶藩生平事蹟，已見於《莊子集釋》提要。其所撰《讀莊子札記》手稿本，卷首題「湘陰郭慶藩孟純學」，内封題識「丁亥五月岵瞻氏親校過」，卷二末題識「戊子十一月岵瞻弟（第）二次校於長沙舟中」。「岵瞻」爲慶藩之字，丁亥、戊子分别爲清光緒十三年（1887）、十四年。説明《讀莊子札記》之完稿，至少要比《莊子集釋》早六、七年，而且曾經郭氏兩次親校。

《讀莊子札記》八卷，爲札記體，每條皆先録《莊子》詞句，頂格書寫，而後予以校釋，低一格書寫。其校釋文字，亦間有以小字雙行直下者。全書共有五百七十八條，其中《逍遥遊》篇三十七條、《齊物論》篇三十四條、《養生主》篇九條、《人間世》篇三十三條、《德充符》篇十條、《大宗師》篇二十五條、《應帝王》篇十二條（原本此篇前面有缺葉）、《駢拇》篇八條、《馬蹄》篇十一條、《胠篋》篇十一條、《在宥》篇二十條、《天地》篇二十八條、《天道》篇八條、《天運》篇二十三條、《刻意》篇六條、《繕性》篇八條、《秋水》篇二十八條、《至樂》篇十五條、《達生》篇十五條、《山木》篇二十五條、《田子方》篇十三條、《知北遊》篇十六條、《庚桑楚》篇三十一條、《徐無鬼》篇三十二條、《則陽》篇十七條、《外物》篇十九條、《寓言》篇七條、《讓王》篇十四條、《盜跖》篇十四條、《説劍》篇二條、《漁父》篇六條、《列禦寇》篇十九條、《天下》篇二十二條。這些校釋條目，除充分利用陸德明《莊子音義》中相關資料而外，還大量徵引王念孫《莊子雜志》、俞樾《莊子平議》及郭嵩燾之校釋文字，在此基礎上作全面、深入考釋，多有發揮、補充或質疑，創獲甚爲豐碩。但視《讀莊子札記》稿本，疏漏之處亦在所難免。如《應帝王》篇前有缺葉而不察，而於《則陽》篇之後，復突然冒出『介之拸畫，外非譽也』之語，亦令人深感莫名其妙。

通觀《讀莊子札記》稿本，每有校補增損，可見著者用力之勤。復以此稿本與郭氏《莊子集釋》相比對，則更可顯示其校釋《莊子》之演進跡象。如《讓王》篇有『而共伯得乎共首』語，郭氏稿本原文云：『藩又案：共首，即共頭也。共，《荀子》：「河内縣名。共首，蓋共縣之山名。」參《荀子·儒效篇》楊倞注。《呂氏·誠廉篇》亦作共頭，疑首字爲頭字之訛。《釋文》引司馬注曰：「共伯名和，周厲王之難，諸侯皆請以爲天子。在位十四年，大旱屋焚，卜於太陽，兆曰：厲王爲祟。召公乃立宣王，共伯復歸於宗，逍遥得意於共山之首。」案司馬訓共首爲共山之首，而不詳共山屬某所。考《荀子·儒效篇》「至共頭而山隧」，楊倞注：「共，河内縣名。共頭，蓋共縣之山。」亦無確義。盧云：「共頭，即《莊子》之共首。」《呂氏春秋·誠廉篇》亦作共頭。』郭氏在稿本上修訂爲：『藩又案：《釋文》引司馬云「共伯逍遥得意於共山之首」，而不詳共山屬某所，疑共首即共頭也。《荀子·儒效篇》「至共頭而山隧」，楊倞注：「共，河内縣名。共頭，蓋共縣之山名。」盧云：「共頭，即《莊子》之共首。」《呂氏春秋·誠廉篇》亦作共頭。此首字，亦當爲頭之誤。頭從頁，頁即首字也。古頭、首字通用。』嗣後，郭氏將此段修訂文字收入《莊子集釋》，復冠以陸德明、盧文弨考釋文字，以資讀者參詳。又《莊子·徐無鬼》有『揚搉』一詞，《盜跖》篇有『抱木而燔死』一語，稿本原無校釋文字，今所見者皆爲郭氏修訂時所增，後收入《莊子集釋》，亦並冠以陸氏校語，可見郭氏校釋《莊子》之演進跡象甚明。

郭慶藩《讀莊子札記》八卷，唯上海圖書館藏有手稿本，今據以影印。

南華經講義二十八卷　（清）陶浚宣撰

陶浚宣（1846—1912），原名祖望，字文沖，號心雲，別署東湖居士、稷山居士，室名稷山館、通藝堂，紹興陶堰人。清光緒二年舉人，三年考取覺羅漢教習，以知縣用。光緒十二年會試，挑取謄録方略館，議敘同知，升用知府，遞升道員，加三品銜，賞戴花翎。後應聘赴廣東廣雅書院、湖北志書局任職。返回家鄉後，致力興辦學校，建造東湖。一生同情革命，聞秋瑾被害，義憤填膺，寫下萬言奏摺，力辯其無罪。爲晚清著名書法家，深得翁同龢、梁啓超等推重。著作有《百首論書詩》《稷山讀書樓日記》《稷盧文集》《南華經講義》等。事蹟見《會稽陶氏族譜》等。

《南華經講義》二十八卷，卷首題『東湖居士述』。今案《駢拇》題解有『壬申年冬小春月東湖漫記』語，壬申爲同治十一年（1872），則此著當爲陶氏二十六歲前後所撰寫。此書正文，内篇皆有題解，外、雜篇則較爲少見；《莊子》原文頂格書寫，各節後低二格作解。書前有《莊子讀法》，謂書中有『脱簡傳訛之處』，故其分卷、分章、分節，自有不同於傳統本子者。如摘取《在宥》篇『黄帝立爲天子十九年』『雲將東遊』『世俗之人』三章，與《天地》篇開頭至『南面之賊也』合爲一卷；又以《天地》篇『堯觀乎華』『堯治天下』『泰初有無』『夫子問於老聃』『將閭葂見季徹』『子貢南遊於楚』『諄芒將東之大壑』『門無鬼與赤張滿稽』『孝子不諛其親』『百年之木』諸章，與《天道》篇開頭至『聖人之心以畜天下也』合爲一卷，皆所謂『各從其類，以便觀者』。諸如此類做法，乃是憑藉臆想所爲，不可信從。

陶浚宣在《莊子讀法》中認爲：『内篇章法嚴整，每篇命題皆舉全篇之要旨而言，其文汪洋浩瀚，然其宗趣決不出於命題範圍以外。外篇、雜篇則撮文句之首二三字以名篇，無特殊之用意也。』並教人讀外、雜篇時，『貴能披沙揀金』。此等説法，有一定見地。陶氏在《莊子讀法》中又謂：莊子刻畫物情，動遭物忌，故寓諸他人，以見非自我而作古。其寄寓之法，『大概聖人法語則寓之於黄帝、孔、老，庸衆之言則寓之於尋常之士，惡人則爲盜跖，賢人必是顔回，小人則爲鴟、鳩、斥鴳，鬼物則爲髑髏、罔兩。由是天地人物之口，皆爲我所寓言之地，言者無罪，聞者足戒，此寓言大體也。』此等説法，有一定創意，值得重視。

此次影印陶浚宣《南華經講義》二十八卷，據中國國家圖書館藏清末民初手抄本。

莊子辯訛六卷

（清）劉鍾英撰

劉鍾英（1843—1918），字紫山，別號芷衫，大城（今屬河北省）人。清光緒十一年拔貢，是清末詩人、學者。著作甚豐，主要有《蜀遊草》《津門遊草》《京華遊草》《芷衫詩話》《試貼舉隅》《愚公紀談》《十三經刊誤》《大戴禮補注》《重訂瀛奎律髓》《左傳辯訛》《國策辯訛》《莊子辯訛》《杜詩辯訛》等。

《莊子辯訛》六卷，卷首題『大城劉鍾英紫山甫撰』。書前有《莊子辯訛凡例》，末署『平舒劉芷衫識』，以西漢、北魏時設東平舒縣、平舒縣，五代後周時改大城縣，故劉氏題署籍貫不一。此書涉及《莊子》凡二十九篇，卷一爲《逍遥遊》《齊物論》《養生主》《人間世》，卷二爲《德充符》《大宗師》《應帝王》，卷三爲《駢拇》《馬蹄》《胠篋》《在宥》《天地》《天道》《天運》，卷四爲《刻意》《繕性》《秋水》《至樂》《達生》《山木》《田子方》《知北遊》，卷五爲《庚桑楚》《徐無鬼》《則陽》，卷六爲《外物》《寓言》《列禦寇》《天下》，其中《刻意》篇僅有題目而無辯訛文字。又卷四卷首題『莊子辯訛四』，卷五卷首未題卷次，卷六卷首題『莊子辯訛六』，與前三卷分別標明『卷第一』『卷二』『卷三』者不同，而其刪去《莊子》之《讓王》《盜跖》《説劍》《漁父》四篇，復又不作任何解釋，説明此稿尚有不夠完善之處。

劉鍾英《莊子辯訛凡例》云：『《莊子》古注，謬誤極多，大抵皆望文生義，毫無憑據，如《齊物論》之南郭子綦，成玄英以爲楚司馬，紀渻子爲王養鬥雞，陸德明以爲齊王，凡之類，辯不勝辯。』故據陸德明《經典釋文》所引六朝諸本，及楊慎《莊子闕誤》所轉引宋景德四年國子監本、江南古藏本、天台山方瀛宮藏本、成元英解疏中太乙宮本、文如海正義太乙宫本、郭象注中太乙宫本、江南李氏書庫本等異文，擷取其精華，復參合群書，校謬辯訛，著成是書，用心可謂良苦。如劉氏於《人間世》篇『有而爲之，其易邪』之『有』字下，據楊慎《莊子闕誤》所引張君房本增『心』字，以爲如此方可文通字順。今案郭象注云：『夫有其心而爲之者，誠未易也。』是郭本『有』下亦正有『心』字。又劉氏於《齊物論》篇『罔兩問景』下云：『「罔兩，影外之微陰。司馬彪本作「罔浪」，《文選》注作「責景」。《顔氏家訓》曰：《尚書》「惟影響」，《莊子》「罔兩問影」，皆當爲「光景」之「景」。陰景因光而生，故謂爲景。葛洪《字苑》始加彡，甚爲失矣。」』劉氏此説亦頗有理。但通讀《莊子辯訛》，其多數辯訛文字尚嫌簡略，即使凡例中所舉成玄英以南郭子綦爲楚司馬、陸德明以『紀渻子爲王養鬥雞』之『王』爲『齊王』，其《齊物論》《達生》篇相關處，所辯亦過於簡單，或根本未作辯釋，豈劉氏功力尚有不及所致耶？

此次影印劉鍾英《莊子辯訛》六卷，據河北大學圖書館藏手稿本。

莊子札迻

（清）孫詒讓撰

孫詒讓（1848—1908），字仲容，號籀廎，浙江瑞安人。自幼勤奮好學，曾隨其父衣言宦遊京師、江淮等地。清同治六年舉人，官刑部主事。晚年致力於地方教育，曾主溫州師範學校，充浙江教育總會會長。在校訓古籍、詮釋古文字及考訂名物制度等方面，皆有卓越成就。平生著作甚富，主要有《古籀拾遺》《古籀餘論》《籀廎述林》《尚書駢枝》《周禮正義》《周禮三家佚注》《墨子閒詁》《契文舉例》《名原》《札迻》《溫州經籍志》等。

《札迻》爲孫詒讓校釋群書之札記，涉及經、史、子、集四部之書達七十七種之多。《莊子札迻》即爲《札迻》卷五之主要部分，是以明世德堂刊《莊子》郭象注本校景宋成玄英疏本及王念孫《莊子雜志》、俞樾《莊子平議》之札記，凡五十餘條。孫詒讓生當清末，既能繼承前輩樸學大師優良傳統，又能在考釋方法上有所創新。如他在考釋《天運》篇『唯循大變無所湮者爲能用之』之『大變』時，不但重視與漢隸之比較，而且還利用了漢代碑刻資料。在考釋《應帝王》篇

『汝又何帛以治天下感予之心爲』之『帛』字時，證以漢隸及金文，認爲『帛』疑當爲『假』，『何假』猶言『何藉』，而陸德明《經典釋文》於『帛』下謂徐邈音藝、又魚例反、司馬彪訓爲『法』、崔譔本作『爲』，皆非。並云：『王筠《說文句讀》據崔本，謂「帛」是「爲」古文作「臼」之訛，俞氏《平議》又謂「帛」當爲「臬」，而讀爲「寱」，並未得其義。』儘管孫詒讓此說未必正確，但他以古文字資料與古文獻互相證發，無疑有其超越前人之處。

孫詒讓校勘方法較爲全面，尤以理校見長。如《盜跖》篇有『堯舜爲帝而雍』語，成玄英疏：『雍，和也。』孫詒讓則說：『案：「而雍」義難通，「雍」疑當爲「推」，形近而誤。謂推位於善卷、許由也。成疏望文生訓，不足據。』孫詒讓此處根據上下文意思斷定『雍』爲『推』字之誤，甚有道理，故章炳麟《莊子解故》從之。但比較而言，孫詒讓在理校中更多地還是注意到《莊子》文字通假現象。如《人間世》篇有『强以仁義繩墨之言術暴人之前』語，孫詒讓認爲『術』與『述』古通。《天地》篇有『孝子操藥以修慈父』語，孫詒讓認爲『修』與『羞』古通。《天運》篇有『仁義，先王之蘧廬也』語，孫詒讓認爲『蘧』當爲『遽』之借字，傳遽所止廬舍謂之遽廬。《外物》篇有『且之網得白龜焉，其圓五尺』語，孫詒讓認爲『圓』爲『運』之聲轉，『其圓五尺』謂『龜大徑五尺』。孫詒讓此等說法，多能言之成理，爲人們所信服。

此外，孫詒讓對《莊子》衍文和句讀也有所關注。如陸德明《經典釋文》於《駢拇》篇『雖通如楊墨』下云：『一本無此句。』孫詒讓說：『案今本無此文，然依陸說，似亦不當止多此一句。』可備一說。《天運》篇有『殺盜非殺人，自爲種而天下耳』語，孫詒讓說：『郭讀「非殺」句斷。《荀子·正名》篇云：「殺盜非殺人。」楊注云：「殺盜非殺人，亦見《莊子》。」則楊倞讀「人」字句斷，亦通。』說明孫氏傾向於以『人』字屬上句讀，頗有見地。

孫詒讓《札迻》有清光緒二十年瑞安孫氏刊本、光緒二十一年重斠修正本等。此次影印出版《莊子札迻》，據華東師範大學圖書館藏清光緒二十年孫氏刊《札迻》本。

莊子校書三卷

（清）于鬯撰

于鬯（1854—1910），字醴尊，一字東廂，自號香草，江蘇南匯人。自幼聰慧，文靜多思。清光緒二十三年，登拔萃科，未仕。一生致力於學問，與俞樾有往還。曾主持南匯芸香草堂講席，提倡漢學，並於光緒二十三年創『治經會』於周浦。著作有《周易讀異》《尚書讀異》《儀禮讀異》《新定魯論語疏正》《戰國策注》《史記散筆》《香草校書》《香草續校書》等。

《莊子校書》三卷，在《香草續校書》內，主要以訓釋字、詞爲主，所作新解或校釋條目多達一百七十餘條，每能提出一些新見解。如于鬯在訓釋《大宗師》篇『或編曲』時説：『此「曲」爲「歌曲」之「曲」，下文云「或鼓琴相和而歌」，則其義甚明，而陸《釋》引李乃云「曲，蠶薄」，據「曲」字本義説之，當因一「編」字不可屬歌曲耳。然今人作村歌正曰編，或稱村歌曰里編，殆即本此編曲。』今細審文義，前人如李頤謂『曲』爲『蠶薄』，成玄英謂『編曲』爲『編薄織簾』，皆與下『鼓琴』『相和而歌』等文句不相協，實不如依于鬯訓爲『歌曲』之『曲』爲長。此外，如他謂《胠篋》篇『十二世有齊國』之『十二世』，乃是指『田成子以後有齊國者十二世』而言；謂《外物》篇『鮒魚來』之『來』爲語助辭；謂《達生》篇『密而不應』猶言『默而不應』；讀《秋水》篇『人卒九州』之『卒』爲『萃』等等，皆往往能發前人之所未發。

應當指出，于鬯《莊子校書》瑕瑜並存。如其謂《達生》篇『吾聞祝腎學生，吾子與祝腎遊』當斷爲『吾聞祝腎學生吾，子與祝腎遊』，讀《徐無鬼》篇『其命閹也不以完』之『完』爲『院』，讀《馬蹄》篇『翹足而陸』之『陸』爲『水陸』之『陸』等等，皆甚牽强附會，實不可從。由此説明，于鬯之學術功力已遠不逮前輩乾嘉大師，因而其所著《莊子校書》之學術價值，亦不及王念孫《莊子雜志》、俞樾《莊子平議》、孫詒讓《莊子札迻》等。

此次影印于鬯《莊子校書》三卷，據華東師範大學圖書館藏一九六三年中華書局排印《香草續校書》本。

莊子補釋一卷　（清）寧調元撰

寧調元（1883—1913），字仙霞，號太一，湖南醴陵人。清光緒三十一年，赴日本留學，參加同盟會。次年回國，參與創辦中國公學。後至長沙，與禹之漠等主持陳天華、姚宏業安葬儀式。因遭緝捕逃往上海，主編《洞庭波》雜誌，宣傳革命。因策應萍瀏醴起義被捕，因禁長沙獄中三年。出獄後，於宣統二年赴北京，主編《帝國日報》，抨擊時政。民國成立後，在上海創辦《民聲日報》。後至廣東，任三佛鐵路總辦。民國二年，宋教仁被刺事件發生後，與熊樾山到漢口策劃討袁，事泄被捕犧牲。著作有《太一遺書》。

《莊子補釋》一卷，在《太一遺書》中，爲札記體，共有補釋文字六十條。前有寧調元所撰《自序》，謂『凡《莊》《騷》諸書，皆年十二時昔先君所口授』，而自負笈外遊以來則『改業科學』，但於光緒三十二年回國策應萍瀏醴起義失敗後，『輒取平生習耆如《莊》《騷》諸書，旦莫尋玩，藉用通人情世變之原，證今古文字之異』，並於宣統元年五月，取近年所寫補釋《莊子》之文字，銓次成《莊子補釋》一卷，認爲此著雖然未必『盡媄善』，但『自信於前人解釋之訛、斷句之謬、傳寫之誤，所訂正處亦不無一得之愚，足以質諸古人者也。』的確，寧調元《莊子補釋》每有新見，具有一定學術價值。如他在補釋《人間世》篇『强以仁義繩墨之言術暴人之前』時説：『術，王闓運以爲「衒」訛，非是也。當作「述」假。《漢書·賈山傳》「術追厥功」，顔注：術，亦作「述」。是爲「術」、「述」古通之證。』在補釋《繕性》篇『物之儻來』時説：『崔本作「黨」，云：「衆也。」調元案：儻，古衹作「黨」。《荀子·天論》篇「怪星之黨見」，《漢書·董仲舒傳》「黨可得見乎」、《伍被傳》「黨可以僥倖」，皆可爲此字之碻訓。崔本字是而義非也。』在補釋《庚桑楚》篇『有長而無乎本剽』時説：『陸云：剽，亦作「摽」，甫小反。崔云：末也。李怖遙反。調元案：剽，當爲「標」之假借。《説文》：「標，木杪末也。」與崔注合。』此等補釋，皆甚有理，值得重視。但通讀《莊子補釋》，亦有不少補釋不能令人信服，故至今鮮有學者提及此著。究其因，蓋以著者學術功力尚有不逮所致。

兹影印寧調元《莊子補釋》一卷，據華東師範大學圖書館藏民國四年排印《太一遺書》本。

莊子經説敘意

廖平撰

廖平（1852—1932），原名登廷，字旭陔，後改名平，字季平，先後自號四譯、五譯、六譯先生，四川井研人。清光緒元年進張之洞所創四川尊經書院，就學於國學大師王闓運，治今文經學，尤重《春秋》。光緒十五年中進士，得官龍安府學教授。民國建立後，歷任成都國學學校校長及華西大學、成都高等師範學校教授，爲我國近代史上著名經學家、思想家。著述宏富，計有一百一十八種，多收入《新訂六譯館叢書》。

廖平所撰著作，以研治經學者爲多，醫學次之。其中收入《新訂六譯館叢書》『尊孔類』之《莊子經説敘意》，是對《莊子》及有關問題之雜論，共由《尊孔》《宗經》《砭儒》《六經分天人》《各經疆域時代不同》《六經諸子用功次第》《游魂夢覺》《辭章》《楚詞》《山經》《神仙》《陰陽五行運氣》《道家無用之用》《人天遠近》《德行道藝》《寓言》《繙十二經》《清談》《丹汞》等十九個部分組成，大抵采取以儒解莊手法。首先，廖平《莊子經説敘意》指出：『莊傳孔學，關令、老聃皆以爲出於古之道術，則實以古爲孔。古與詁通，謂古文經也。故推六經爲神化道術，指仲尼爲元聖素王。』（《尊孔》）意謂據莊子所作自序《天下》篇所載推論，老莊所聞而悦之者爲『古之道術』，即爲『孔氏古文』（《宗經》），因此莊子所傳承及發揮者即爲孔子學説，而所詆訕者僅僅是『借經術文奸』（《砭儒》）之儒學末流而已。廖平進而認爲，孔子製作六經，有天學、人學之分，《詩》《易》爲天學，《春秋》《尚書》爲人學，莊子所傳述者即爲儒家天學，所以『其心同於《詩》《易》，而與《山海》《楚詞》《靈素》相出入』（《六經分天人》）。由此可見，廖平莊子學之儒學化傾向甚爲明顯，且其説自成一家，多爲前人所未曾言。

在廖平看來，『人地事蹟皆可指數，天道則如詞賦，托物起興，言無方體』（《六經分天人》），因而《莊子》『每借夢境以立神游之法』（《游魂夢覺》），所謂『履虚若實，入石不礙，無待風雲而行』（同上）者所在多有，每爲後世道教妄求飛升者所附會，從而改變了莊子立説旨在『化世』之性質。廖平此説亦不免有以儒解莊傾向，但其能明確區分後世道教實踐與先秦莊學思想不同，尚具眼力。

此次影印廖平《莊子經説敘意》，據華東師範大學圖書館藏民國十年四川存古書局刊《新訂六譯館叢書》本。

莊子天下篇新解

廖平撰

廖平生平事蹟，已見《莊子經説敘意》提要。其所撰《莊子天下篇新解》，在《新訂六譯館叢書》『尊孔類』中，詮解《莊子·天下》，至『道術將爲天下裂』句而止，部分論點與《莊子經説敘意》相一致，崇儒傾向甚爲明顯。其於篇題下云：『班書《藝文志》先六經而後九流，以九流爲經之支裔。此篇先六經而後六家，六家聞古之道術而起，亦以爲經之支裔。』認爲《天下》篇首先論列儒家六經，然後纔論述六經之支裔，故僅選取首段而爲之作解，以集中闡發其『以經統天下學術之全』之説。

廖平倡言『天人之學』，欲於神化孔子之前提下，會通三教九流，以應付時勢變化。他解説《天下》篇，即貫穿着這一基本思想。他於『天下之治方術者多矣』下解云：『中國字母書，當時通行。古文初出，惟行鄒魯，雖後來必絶，而當時尚通行。』又於『古之所謂道術者』等句下解云：『問古經在道術之古文，與方術之字母，方術中亦有經義。』並認爲『古之人』指『孔子』。説明在廖平看來，孔子從前代所傳古經及字母中汲取精華而集其大成，所謂『孔子繙經，乃作古文（謂孔經《春秋》）』，並以六藝教弟子，『以經統天下學術之全』，使『六藝無所不包』，然以『戰國處士横議』，天下多得一察以自好，僅爲六經之支裔，而『漢宋以訓詁禪理説六經，且以王法蔽六經，至以村學解聖神，不惟不能學經，並不知經與聖神爲何説，各以儒自囿』。廖氏此説，多非《天下》篇本意。《天下》篇所謂『道術』，實指古代天人、神人、至人、聖人對大道進行全面體認之學問，而『方術』則指拘於一方，對大道某方面有所『聞』之學問，廖平之説顯然不可從；至於『古之人』，謂古之體悟大道者，廖氏豈可坐實爲孔子？

此外，廖平以『不離於宗，謂之天人』等三項爲『天學三等』，以『以天爲宗，以德爲本，以道爲門，兆於變化，謂之聖人』等四項爲『人學四等』，並謂《易》《詩》爲天學，《尚書》《春秋》爲人學，而『此篇所列六家，皆道家支派，墨家專名，惠施、公孫龍後爲名家，乃道之支派，法、農、申、韓、蘇、張皆所不及，謂專詳道家可也」，要之皆爲六經之支裔。凡此説法，亦不免有牽强之嫌。如《易》固可謂「天學」，而《詩》豈非多在抒發人情？又以墨翟、惠施、公孫龍等爲「道之支派」，亦大可商榷，不可遽從。

兹影印廖平《莊子天下篇新解》，據華東師範大學圖書館藏民國十年四川存古書局刊《新訂六譯館叢書》本。

莊子淺説四卷

林紓撰

林紓（1852—1924），原名群玉，字琴南，號畏廬、冷紅生，福建閩縣人。清光緒八年舉人，後試禮部不遇。光緒二十五年始翻譯西洋小説，名聲漸起。光緒二十七年入京，暢論《史記》文法，甚得吳汝綸稱許。後任教於京師大學堂，又與馬其昶、姚永概等相友善，服膺桐城古文，論文以桐城爲依歸。著作有《畏廬文集》《畏廬詩存》《莊子淺説》等。

《莊子淺説》僅解内篇七篇，前有林紓於民國十一年所撰序，自謂二十一歲時病咯血，因讀《莊子》而小瘉，又「今年六月後病癃，不得前後溲，在醫院中讀自注之《南華》，翛然臥以待死，一無所戀。已得善藥而愈，距咯血時，蓋五十年矣！然則《南華》一書，固與余相終始乎？……因積三年之力，自己未（民國八年）迄辛酉（民國十年），成《内篇淺説》四卷，就余所見而言。」説明《莊子淺説》雖著成於民國時期，但林紓至遲在同治十一年二十一歲時已對《莊子》有所研治，而後來長達五十來年生涯中，則更與此書「相終始」了。

林紓既深信他的起死回生得益於莊子超脱生死之觀念，因而在撰寫《莊子淺説》時就特别注意闡釋與此有關之思想資料，而將個人感想攙雜進去，認爲凡養生者，皆應「隨變任化，與物俱遷，故吾新吾，曾無繫戀」。並在最後强調説：「總而言之，能忘生死，即得養生之主。」在闡釋《大宗師》篇時，林氏也每每抒發此等感想，認爲「形生老死」乃「人之應有」，「既曰應有，則我坦然受之，不止無所驚怪，而亦無所靳惜」，因而「爲生果不足以全生，以其生之不由於己爲也，而爲之，則傷其真生也。」

林紓著《莊子淺説》，采取分段解説方式，且解説之語多爲自撰，基本不引前人舊注舊説。但對郭象注卻是例外，不但每篇以其題解爲題解，還每引其注語，並不時稱其『微妙』『妙絕』『極通』，對郭注表示高度重視和肯定。林氏在作解説時，或先作己説而以郭注斷之，或先引郭注而以己意申述之，兩者相輔相成，多能揭示莊子本意，兼以文筆优美，又能深入淺出，因而頗得讀者喜歡。但應予以指出，對郭象的某些錯誤觀點，林紓也有所承因和發揮。歸納起來，主要表現在兩個方面：一是每每承因和發揮郭象『獨化』説。如林氏在解説《齊物論》篇『罔兩問景』寓言時，承因並發揮郭象『獨化』説，認爲此則寓言是在發明『獨化之義』，即所謂『罔兩之動静，似制於景，實則非景之所制；景之動静，似制於形，實則非形之所制，蓋俱生而非待也。』但此説實與莊子旨在闡述罔兩有待於影、影有待於形、形有待於道之理，認爲道纔是萬物最後本原之原意完全違背。又如林氏在解説《逍遥遊》篇時，也明顯承因並發揮郭象『適性逍遥』説，以爲大鵬遠行勞苦而至天池休息，是一『逍遥』，而『小鳥之決起，即同大鵬之海運；其槍榆枋，即同大鵬之趣於南冥；控於地，亦類六月而息；其不能九萬，則不慕大鵬之逍遥，而自爲逍遥』，因此林氏表明，此即郭注所謂『小大雖殊，逍遥一也』。當然，此處無論郭注、林説，皆與莊子以大鵬、小鳥爲有待而非得道者之原意多有違背。不過林紓稍後又指出『彼列子之御風，非風不行，大鵬之培風，亦非風不行，雖屬自然，究不自然』，即認爲『不能到於無所待而悠然自行地步，猶未極逍遥之趣』，終將闡釋歸結於莊子『無待』逍遥之主旨，仍是值得肯定。

此外，林紓在七篇之後皆附有『附見』或『附識』，多用以揭示莊文藝術特徵。如他在《齊物論》篇末説：『子綦之論天籟，用疊筆如洪濤巨浪，一瀉而下，末以「樂出虚，蒸成菌」六字煞住。惟其理足，所以作止能自如若是。』又説：『《南華》之辯，異於《國策》。《國策》辯功利，故即於凡；《南華》辯道，故無一語落於跡象。』諸如此類分析，雖然未必完全符合實際，但多爲林氏個人心得，尤其值得肯定。

今影印林紓《莊子淺説》，據華東師範大學圖書館藏民國十二年上海商務印書館排印本。

莊子大同説十卷

王樹枏撰

王樹枏，（1851—1936），字晉卿，晚號陶廬老人，又號綿山老牧，別署野史氏，保定新城人。十六歲舉秀才，二十一歲就讀保定蓮池書院，三十五歲中進士，歷官戶部主事、四川青神縣知縣、眉州知州、蘭州道臺、新疆布政使等，多有善政。民國時，曾任清史館總纂、國會衆議院議員，著作有《陶廬文集》《陶廬箋牘》《陶廬駢文》《陶廬外篇》《費氏古易訂文》《尚書商誼》《孔氏大戴禮記補注》《中庸鄭朱異同説》《墨子三家校注補正》《莊子大同説》等。

陶廬精抄本《莊子大同説》十卷，至《天運》篇末而止，凡解《莊子》十四篇。卷首題『新城王樹枏』，版心鐫『陶廬精鈔本』，書前有《弁言》。各篇前有題解，末有總論，冠以『王樹枏曰』字樣。每篇將《莊子》原文分成若干單元，低一格書寫；隨後低二格作解，或陳説己意，或徵引舊説，除博采《經典釋文》所收資料外，還涉及郭象、成玄英、歸有光、宣穎、姚鼐、王念孫、俞樾、吳汝綸、王先謙等人注釋，以及《老子》《列子》《淮南子》《爾雅》等相關文字。通觀王氏此著，方法仍較傳統，内容亦多平實，但其每援『大同』之説，以解《莊子》之文，卻爲此前所未曾見。

王樹枏《弁言》謂，『莊子爲孔子再傳弟子，專明孔子大同之道』，『其實《禮運》大同之治，《春秋》三世太平之義，皆孔子所有志而未逮者，莊子亦惟懸諸理想，恐千百世無一遇之時也。』故王氏意欲極力揭明，每引『大同』之説以解相關文字，如他以《齊物論》篇『無彼此，無是非，萬物皆化合爲一』爲『大同之盛軌』，以《養生主》篇『能養生即得無爲之本』爲『大同之道』，以《大宗師》篇『使天下之人順天安命、不爲非分』爲『大同之化』，以《馬蹄》篇『至德之世』爲『往古大同之治』，以《胠篋》篇『不用知，不用法』爲『大同之本』，以《在宥》篇『人之有是非、好惡』爲『天下不能大同之故』等，可謂不一而足。今案『大同』一詞，最早出自《禮記・禮運》，表示『天下爲公』，康有爲藉以命名其《大同書》，以闡述其『至公』理想。王樹枏受其影響，又不能擺脱韓愈以來援莊入儒觀念，遂以『大同』之説闡釋《莊子》，卻未審莊子無爲至德之世與儒家大同思想畢竟性質不同，與康有爲『大同説』亦誠不可强合，故視其所作解説，多有附會之嫌。然其引進自由、平等、博愛觀念，努力從《莊子》中闡發出民主政治理想，則無疑具有積極意義，亦能爲莊學注入新鮮血液。

王樹枏《莊子大同説》，有臺灣「中央圖書館」藏朱絲欄手稿本《莊子大同説》二十二卷（九册）、北京大學圖書館藏古學院抄本《莊子大同説》二卷（一册）等。今據中國國家圖書館藏陶廬精抄本《莊子大同説》十卷（五册）予以影印。

莊子大同説二卷

王樹枏撰

王樹枏生平事蹟，已見《莊子大同説》十卷提要。今北京大學圖書館所藏古學院抄本王樹枏《莊子大同説》二卷，書前有張厚穀校閲記云：『承校《莊子大同説》五本，校竣送繳。抄手太劣，訛誤過多，已粘籤標注，仍候高明垂審。厚穀。』張厚穀，字修府，齋名碧葭精舍，直隸南皮人，爲張之洞族孫，與王樹枏曾有交往。此抄本經張氏校閲，訛誤多得指明，文獻價值亦有所提高。

張厚穀所謂『《莊子大同説》五本』，係指今中國國家圖書館藏陶廬精抄本《莊子大同説》十卷（五册），有『粘籤標注』十餘條，分貼於諸篇上方，當是張氏校對古學院抄本《莊子大同説》時隨手所爲。復檢北京大學圖書館所藏古學院抄本《莊子大同説》二卷，《逍遥遊》篇前上方有粘籤云：『首行標題「卷」字下，似脱一「一」字。又著者姓名上，自卷二以後，均冠有「新城」二字。以上原鈔本均未訂正。』今查陶廬精抄本，卷一前題『莊子大同説卷，王樹枏』，『卷』下正缺『一』字，而與卷二至卷十皆題『新城王樹枏』相比，此處『王樹枏』上亦少『新城』二字。又同篇『湯之問棘是已』後注語『窮海之北』之『海』上有粘籤云：『此字疑係「髮」字之誤，惟原鈔本亦係「海」字。』今查陶廬精抄本相應處，正作『窮海之北』。又《齊物論》篇前上方有粘籤云：『首行標目「大同學」，其卷一「大同説」不一致，原鈔本同。』今查陶廬精抄本，確係如此。又同篇『爲其吻合』後注語『林雲銘云』上有粘籤云：『林雲錫，似係「林雲銘」，參之下文可見。惟原鈔本亦作「錫」。』今查陶廬精抄本相應處，確亦誤作『錫』。由此可證，古學院抄本《莊子大同説》實轉抄於陶廬精抄本，但不知爲何僅有二卷。

古學院抄本《莊子大同説》二卷，包括《弁言》和《逍遥遊》《齊物論》二篇，視其字體筆跡，似《弁言》《逍遥遊》前二葉半爲一人所抄，其餘爲另一人所抄。張厚穀所謂「抄手太劣，訛誤過多」，當指另一人所抄者，錯訛確實較多，如《齊物論》篇原文「大塊」誤爲「人塊」「請嘗言之」誤爲「讀嘗言之」，注文「聲揚」誤爲「聲指」「並生」誤爲「並莊」「勝舉」誤爲「勝與」「設矛」誤爲「設予」「斥鴳」誤爲「斤鴳」等，即爲其中顯焉者，當是抄者未及校對所致。

兹影印王樹枏《莊子大同説》二卷（一册），據北京大學圖書館所藏古學院抄本。

莊子大同學

佚名撰

佚名撰《莊子大同學》一册，朱格抄本，版心下方有「靜文齋」字樣。書前有總論、「内篇」説解各一篇，即爲臺灣「中央圖書館」藏朱絲欄手稿本《莊子大同説》二十二卷、中國國家圖書館藏陶廬精抄本《莊子大同説》十卷、北京大學圖書館藏古學院抄本《莊子大同説》二卷前之《弁言》及「内篇」説解，文字略有出入；正文爲「《逍遥遊》第一」，前有題解，末有「案」語（抄者又將「案」字抹去，於右側書「王樹枏曰」四字），亦基本與上述三種本子相應文字一致。

然視其對《逍遥遊》篇之注釋，卻與王樹枏《莊子大同説》大有不同。其不同之處，主要有如下兩端：一、結構、款式之調整。王樹枏詮注《莊子》，將原文析爲衆多語句，低一格書寫，然後另起一行，低二格作注，原文、注文一律用大字，而無名氏則將原文分成若干段，以大字頂格書寫，雙行小字隨文作注，每段後以大字低一格歸納大意，顯得眉目清晰，更便於讀者觀覽。二、注語之改寫、删削。如王樹枏於《逍遥遊》篇「北冥有魚」下注云：「《釋文》云：冥，本亦作溟，北海也。冥，爲溟之省文。案：北冥，北極之海；南冥，南極之海。兩極不見日，故曰冥。」佚名氏則云：「北冥，北極之海；南冥，南極之海。兩極不見日，故曰冥。《釋文》云：冥，本亦作溟，北海也。」又王氏於「齊諧」下注云：「《釋文》引司馬及崔並云：齊諧，人姓名。簡文云：書。案：當以書爲是。」佚名氏則云：「簡文云：齊諧，書。」相比之下，佚名氏之注顯得更爲精練，亦甚是便於讀者。總之，佚名氏撰《莊子大同學》，通過迻録、改寫、删削王樹枏《莊子大同説》相關文字，旨在突出『大同』之『學』，而不在對《莊子》字句作具體訓釋。

兹據中國國家圖書館藏手抄本《莊子大同學》一册予以影印。

莊子故八卷

馬其昶撰　嚴復評點

馬其昶（1855—1930），字通伯，晚號抱潤翁，安徽桐城人。自幼好學，曾受業於方宗誠、吳汝綸、張裕釗等桐城派巨儒，以恪守桐城家學爲己任。清光緒末詔授學部主事，後任京師大學堂教習，與林紓、姚永概等倡桐城古文，爲桐城派末期代表作家，晚年有桐城派『殿軍』之稱。著作有《抱潤軒文集》《周易費氏學》《詩毛氏學》《老子故》《莊子故》等。嚴復曾評點馬氏《莊子故》本，内容較爲豐富，學術價值甚高，可參見《莊子評點》（曾克耑校録）提要。

《莊子故》初稿完成於光緒二十年，修訂於光緒三十年之後。前有馬其昶自序（作於光緒二十年）；正文録《莊子》原文，不分段，順文雙行夾注；後附有其采掇諸書所載《莊子》佚文，及李國松所撰後跋（作於光緒三十二年）。此書徵引繁富，所采摭者有司馬彪、崔譔、向秀、郭象、李頤、支遁、簡文帝、陸德明、成玄英、吕惠卿、王雱、黄庭堅、朱熹、林希逸、褚伯秀、王應麟、劉辰翁、羅勉道、楊慎、朱得之、陸西星、歸有光、焦竑、釋德清、陶望齡、陳治安、方以智、錢澄之、王夫之、宣穎、洪頤煊、王念孫、劉大櫆、姚鼐、方潛、郭嵩燾、曾國藩、孫詒讓、王闓運、吳汝綸、俞樾、郭慶藩、姚永朴、姚永概等家之説。馬其昶詮釋《莊子》，往往折衷諸説，然後附以己意。即使自己直接作按語，持論一般也較爲謹慎，不故作標新立異之説。

馬其昶恪守桐城家學，他在《莊子故》中大量徵引桐城派學者治莊成果，並與桐城派主導思想相一致，其詮釋《莊子》也在一定程度上表現出儒學化傾向，對宋明理學家及其所尊奉的思孟學説每有所引及。如他在《在宥》篇『黄帝問廣成子』寓言下説：『此即《大學》「壹是皆以修身爲本」之意，非謂不治天下也。凡莊生之言治道，類如此。』在《逍遥遊》篇『至人無己、神人無功、聖人無名』下説：『以上論學者必具超世之識、邁俗之行，乃能浩然直養而塞乎於地。』此處將《在宥》

篇廣成子論修身之道説成是《大學》所謂『自天子以至於庶人，壹是皆以修身爲本』意思，復將《逍遥遊》篇至人、神人、聖人之逍遥遊説成是孟子所謂『我善養吾浩然之氣』意思，從而將莊子所倡出世思想闡釋成思孟學派之積極入世精神。他又在《大宗師》篇『其耆欲深者其天機淺』下説：『大程子云：莊子此言最善。人於天理昏者，止是爲耆欲所亂。』在《至樂》篇總論下説：『朱子謂：學者當常常以志士不忘在溝壑爲念，則道義重而計較生死之心輕矣，況衣食至微末事！蓋自古大儒名臣，未有不勘破生死者。《莊子》書尤數數言此，特詼詭出之，遂覺詞旨別耳。』此處以程朱理學所持『天理』『人欲』説闡釋《莊子》思想，將莊子所説本然之性（『天機』）解釋成理學家所謂義理之性（『天理』），將莊子所説無爲至樂思想解釋成理學家所謂重『道義』、存『天理』，認爲莊子祇是在形式上以詼詭之言出之，遂使人們覺得其詞旨有所不同於儒學宗旨而已。基於此，馬其昶認爲莊子當與儒家學派有些淵源關係，所以他在詮釋《田子方》篇時就引韓愈《送王秀才序》説『子夏之學，其後有田子方，子方之後流而爲莊周，故周之書喜稱子方之爲人』，在詮釋《天下》篇時又引姚鼐《莊子章義》説『退之謂其學出於子夏，殆其然與』，而與他自己在序言中所謂莊子『取老氏之説，務推本言之』説法相矛盾。

馬其昶還本着桐城派重『考據』的精神，對《莊子》文本作過一些探究。他在自序中説：『余謂外、雜二篇，皆以闡内七篇之義，其分篇次第果出自莊生以否，殆不可考。其間皆不無羼益，以其傳久，故一仍之。其《讓王》以下四篇，舊次《列禦寇》前，然自蘇子瞻輩皆斷其僞，今觀之猶信。太史公稱其「作《漁父》《盗跖》《胠篋》，以詆訿孔子之徒，以明老子之術」。世所號儒者，皆托爲孔子之徒。今《胠篋》所言不及孔子，第絀儒信老，是其義矣。若《盗跖》，真詆訿孔子，是殆擬爲之者。讀史公語未審耳，且又烏覩所謂老子之術者哉！非史公所見之舊，其爲贋決也。因從宣穎《南華經解》例，退其篇目，附於後。』此處馬氏承繼蘇軾等人説法，以《讓王》《盗跖》《説劍》《漁父》四篇爲贋品，並依宣穎《南華經解》之例，將此四篇移於卷末；對《胠篋》篇，卻不同意有人將其看成贋品，而認爲是莊周本人手筆，其説可備作參考。

馬其昶《莊子故》八卷，有上海圖書館藏手稿本、清光緒二十七年蕭山陳氏遺經樓刊本等。玆據福建博物院藏嚴復手批馬其昶《莊子故》（光緒三十一年刊《集虚草堂叢書》本）予以影印。

莊子評點

嚴復撰　曾克耑校録

嚴復（1853—1921），初名傳初，後改名宗光，字又陵，福建侯官（今閩侯）人。自英國留學回國後，改名嚴復，字幾道。主要活動時期在甲午戰爭以後，是中國近代啓蒙思想家，向西方尋求真理之代表人物。他在留洋期間，廣泛接受科學、哲學、政治、經濟、文化、法制、民主等方面新知識，研讀西方思想著作。回國後，曾翻譯赫胥黎《天演論》，將社會進化論思想引入中國，激起了當時救亡自强熱潮。其後愈加認爲譯書乃救國之大業，便陸續翻譯《原富》《群學肄言》《群己權界論》《社會通詮》《法意》《穆勒名學》《名學淺説》等西方思想名著，影響甚巨。

嚴復深諳西學，亦具舊學功底，頗喜老莊哲學，每於譯注按語、報章雜文、友人書信之間，揭示其玄旨要義。據記載，嚴復曾手批《莊子》多種，圈點、評語各有出入。福建博物院所藏嚴氏手批馬其昶《莊子故》，即爲其重要批本之一，內容主要包括大量朱筆眉批及對《莊子》原文（偶涉馬其昶注語）所作圈點。邑後學曾克耑從嚴復長子伯玉處借得此本，予以迻録整理，成此《莊子評點》。此書卷首題『侯官嚴復遺著、邑後學曾克耑校録』；書前有曾氏癸巳（1953）九月所作《序》《例言》《目録》、嚴復遺像、章士釗題詩，書末附《清史》嚴復本傳、嚴復著述目録；正文録嚴復爲《莊子故》本二十九篇所作批語，各篇皆按內容之不同，區分爲『總評』『評證』『注釋』『圈點』四項，而《讓王》《盜跖》《説劍》《漁父》四篇，以馬其昶《莊子故》本視爲僞作，附於書末，故嚴氏僅作少量圈點，不作任何批語，曾克耑遂無從迻録。

與以往闡釋《莊子》者相比較，嚴復評點《莊子》之最顯著處，在於大量引進西方學術思想及研究方法。如在《養生主》篇評語中，嚴復寫道『依乎天理，即科學家所謂 we must live according nature』，『安時處順，是依乎天理注脚』，認爲『天理』就是西方所謂『Nature』，也就是自然、規律，而『依乎天理』就是按自然規律辦事，具體做法就是莊子所説『安時處順』，完全是一種唯物主義邏輯。嚴復還每將莊子哲學與西方自由民主思想融合起來，如他在評點《天運》篇『彼未知乎無方之傳』一段時説：『此段極精，惜今日欲以共和之政，行於中國者，不曾讀此。』對西方共和主義政治表現出嚮往之情。但嚴復對莊子思想也有所批判，如《天運》篇謂仁義衹會戕害人性，三皇五帝之治與自然之道相悖，而嚴氏則評之曰：『此皆道家想當然語，其説已破久矣，讀者不可爲其荒唐所籠罩也。』顯然不同意莊子對儒家仁義及三皇五帝政治之激烈批判。

總之，嚴復自覺運用『格義』手法，將西方理論全面引入老莊思想之解釋，甚至將一些西學觀點看作與老莊觀念同出一轍，將自由、民主、個人主義的近代西方政治思想和『物競天擇』『適者生存』等進化論思想融入老莊，爲傳統道家思想賦予了現代意義，成爲以西學解釋老莊之倡導者，爲後世老莊研究别開生面。但應當指出，西方自由民主思想與莊子思想究竟有怎樣不同關係，還需要作深入研究，絕不能簡單比附了事。

嚴復撰，曾克耑校録《莊子評點》有一九五三年香港《岷雲堂叢刊》本。今據民間所藏此刊《莊子評點》（卷首有朱鈐『廉貞之鉢』，末有鋼筆所書『陳廉貞初閲一過，擬對原板《莊子》再詳評價，五六年春』語）予以影印。

莊子札記三卷

武延緒撰

武延緒（1857—1916），字次彭，號彝年，直隸永年人。出身於官宦世家，家學傳統有自。清光緒十八年舉進士，授翰林院庶吉士，選湖北京山知縣，署歸州知州，頗有政聲。著作有《所好齋札記》。

《莊子札記》在《所好齋札記》内，乃是據明世德堂本《莊子》所作之考釋文字，前有淳安邵瑞彭於民國二十一年所撰《（武延緒）傳》云：『（公）天資穎茂，劬學好修，嘗謂：「讀書爲聞道耳，非爲干禄也。立身當以七十子爲法，而治學宜宗漢儒。」故於經史百家之書，偶一過目，疑義立解，凡舊説望文生訓者，一一辨正，洞中窽要，不爲高名所眴，大氐從字義、辭例上求古人真意所在，每發一解，動與乾嘉老師冥會。』誠然，武延緒於前人訓解，每有所辨正。如《則陽》篇有語云『禍福淳淳至，有所拂者而有所宜』，武延緒不同意前人以『至』字屬下句讀，認爲『此當以「禍福諄（淳）至」

爲句』，方可『與下句「有所正者有所差」成對文』。《逍遥遊》篇有語云『是其言也，猶時女也』，司馬彪訓『時女』爲『處女』，成玄英謂『時女』爲『少年處室之女』，武延緒則辨正説：『按「其」字即指上瞽聾云云而言，下句「時女」，「時」猶「是」也。各解均未洽。』同時，武延緒對《莊子》文本亦每有所考訂。如《盜跖》篇有語云『今富人耳營鐘鼓管籥之聲，口嗛於芻豢醪醴之味』，武延緒説：『按「營」下疑脱「於」字。』《駢拇》篇有語云『彼正正者』，武延緒説：『按「正正」二字承上言，當作「至正」。』《外物》篇有語云『若是勞者之務也，非佚者之所未嘗過而問焉』，武延緒説：『疑當作「勞者之務也，佚者之未嘗過而問焉。「非」字衍文。』凡此説法，似皆可以信從，但其中有些意見，前人或時賢亦已有所言及，並非爲武氏一人之獨見。此外，武延緒所撰衆多條目，往往衹有結論，而缺乏旁徵博引、多方論證，因而就其全書學術水平而言，終究與乾嘉大師們不可同日而語。

今影印武延緒《莊子札記》，據華東師範大學圖書館藏民國二十一年永年武氏所好齋刊《所好齋札記》本。

莊子發微

王傳燮撰

王傳燮，字藼園，安徽懷遠縣人，生平事蹟不詳。據成舍我跋語，傳燮曾於民國初『辨學皖垣』，激昂磊落，後因贛皖肇亂，學款停輟，遂鬱鬱歸里，專心哲學，著成此書，洋洋四萬言。

《莊子發微》卷首題『懷遠王傳燮藼園著』，書前有澄海蔡卓勳《莊子發微序》、常熟錢育仁《敬題藼園先生遺著莊子發微後》詩、六合張樹屏《讀莊子發微題詞兼以志感》詩、王傳燮《自序》及民國五年《後序》，書末有湖南成舍我民國五年《跋》。正文分爲上、下編，上編爲《莊子教案》，包括《莊子小史》《莊子教義》《莊子行誼》《莊子與諸子之關係》《後世尊莊子者考略》；下編爲《書後》與《附録》，前者包括爲内、外篇各篇和雜篇之《天下》篇所寫《書後》（在内、外篇後還分別有《内篇總書後》《外篇總書後》），後者包括《莊子之説大》《莊子之説命》《莊子之説窮達》《莊子之説獨行》《莊子之説傳言》《莊子之説觀人》《莊子之説情》《莊子之説宇宙》。從構思及命意等方面看，此書已屬於西學東漸後之産物，與傳統莊子學著作卓然有别。

王傳燮之莊子學思想，確實頗具新思維特徵。如他在《莊子教義》中説：『夫馬雖一粗下之動物，欲善其群，須先去爲害者，群害既去，則其群自善，而群亦日以昌，乃天演之公例也。爲天下而欲善人群者，何以異是？莊子群説，可謂精矣。』認爲《徐無鬼》篇所謂『去其害馬者』云云，實合於英國著名博物學家赫胥黎進化論學説。他又在《莊子行誼》中説：『試觀《南華經》一書，有植物學焉，有動物學焉，有聲學與空氣學焉，散見各篇，美不勝列。』亦以當今學科理念去詮釋莊子思想，並謂其爲『玄理派而兼唯物派』。但王傳燮未能完全擺脱傳統莊子學影響，每將莊子思想與儒學、佛教、道教混爲一談。如他在《後序》中説：『莊子師於子夏之徒，而歸宗於老子，故其教義實爲道儒之合治的，既不得强謂之爲儒教，更不得固謂之道教也。且其持論思理，多與佛耶二教暗合，而軼出道儒之外。』此處在合莊子於儒、佛、道三教外，還主張引入耶穌基督教，致使莊子思想甚失個性特徵。

兹影印王傳燮《莊子發微》，據南京大學圖書館藏民國五年排印本。

讀莊子札記一卷

陶鴻慶撰

陶鴻慶（1859—1918），字癯石，號艮齋，江蘇鹽城人。清光緒五年舉人。後屢應進士試不第，遂絶意仕途，曾在鹽城縣擔任教育會、自治會會長職務。工書法，通經、史、子，著作有《讀禮志疑》《左傳别疏》《讀通鑒札記》《讀諸子札記》等。

《讀諸子札記》二十五卷，爲陶鴻慶考釋《老子》《莊子》《列子》《淮南子》《吕氏春秋》《管子》《晏子春秋》《孫卿子》《墨子》《新書》《春秋繁露》《韓非子》《商君書》《法言》《公孫龍子》《尹文子》《尸子》等十七部子書札記總彙。其中卷二爲《讀莊子札記》，乃是據浙江書局校刻明世德堂本《莊子》所作考釋文字，凡八十條，對《莊子》文本及後人注解多有是正。主要可歸納爲以下幾個方面：一、校《莊子》文字之衍奪。如《知北遊》篇有『夫知遇而不知所不遇，知能能而不能所不能』之語，陶鴻慶說：『「能能」上不當有「知」字，涉上句「知遇」而誤衍也。』今案敦煌唐寫本正無此『知』字，可見陶氏之説當不誣。《繕性》篇有『生而無以知爲也，謂之以知養恬』之語，陶鴻慶說：『《古逸叢書》本「生」上有「知」字，是也。《盗跖》篇云「古者民不知衣服，夏多積薪，冬則煬之，故命之曰知生之民」，即此「知生」之義。郭注云：「夫無以知爲而任其自知，則雖知周萬物，而恬然自得也。」「任其自知」，正釋「知生」之義，蓋郭所見本未誤。』陶氏此説甚是，《文選》嵇康《養生論》注引此文亦有『知』字，《莊子闕誤》引張君房本、《雲笈七籤》九十四引並作『智』字，皆可作爲證明。二、校《莊子》文字之錯訛。如《徐無鬼》篇有『自以廣宮大囿』之語，陶鴻慶說：『愚案：「自以」下當有「爲」字，《古逸叢書》本不誤。』今案宋元以來諸《莊子》刊本，不誤者猶多，説明陶氏之説可從。《讓王》篇有『子綦爲我延之以三旌之位』之語，陶鴻慶說：『昭王與子綦言，不當稱「子綦」，「綦」當爲「其」，《古逸叢書》本不誤。』今案《道藏》陳景元《南華真經章句音義》、林希逸《南華真經口義》、羅勉道《南華真經循本》諸本並作『其』，説明陶氏此説甚有見地。三、正《莊子》舊注之誤。如《達生》篇有『五六月累丸二而不墜，則失者錙銖』之語，陶鴻慶說：『愚案：「五六月」，《釋文》引司馬曰：「黏蟬時也。」此説失之。「五六月」，謂數習所歷之時也。』陶氏此説甚是，亦足正司馬彪之誤。《胠篋》篇有『雖重聖人而治天下，則是重利盗跖也』之語，陶鴻慶說：『郭注云：「所資者重，則所利不得輕也。」讀「重利」爲「輕重」之「重」，此説殊泥。重利，謂增益其利也。《漢書·文帝紀》「是重吾不德也」，注云：「重，謂增益也。」是也。兩「重」字義各有當，注未晰。』陶氏此解於義爲長，可據以糾正郭象之誤。

總而言之，陶鴻慶所著《讀莊子札記》，勝義紛出，創獲殊多。但由於著者久處鄉閭，交往欠廣，所據資料不多，故而還不能做到旁徵博引，甚至對乾嘉大師所著同類著作也缺乏應有利用，致使影響其學術水平。

茲影印陶鴻慶《讀莊子札記》一卷，據上海圖書館藏民國八年待曉廬排印《讀諸子札記》本。

莊子文粹二卷　李寶洤撰

李寶洤（1864—1919），字經畦，號荊遺，江蘇武進人，以諸生官湖南候補道。著作有《諸子文粹》《漢堂類稿》等。《莊子文粹》收録在《諸子文粹》三十九、四十兩卷。

《莊子文粹》節録《莊子》原文二十篇，即《逍遥遊》《養生主》《人間世》《大宗師》《馬蹄》《胠篋》《天運》《刻意》《秋水》《至樂》《達生》《山木》《徐無鬼》《則陽》《外物》《讓王》《盜跖》《説劍》《列禦寇》《天下》，無題解，無注解，無評論。《盜跖》《説劍》《天下》篇末附簡單按語。

顧名思義，《莊子文粹》即擷取《莊子》文章精華，李寶洤擇取《莊》文大致以他認爲的奇文、妙文爲準則。《天下》篇末按語云：『此篇欲推明《詩》《書》《禮》《樂》《易》《春秋》之道，故稱聖賢道德，「鄒魯先生」以下復評諸子，自道其著書之衡，知非堯舜而薄周孔者，皆寓言十九也。明乎此，始可與言《莊子》。』此處似表明李氏以儒家眼光看待《莊子》，但對蘇軾等儒家學者所摒棄之《讓王》《盜跖》《説劍》諸篇，他又皆予節録甚至全録，《盜跖》篇末按語甚至説：『此篇古稱僞托，其精言自不可沒。』《説劍》篇末按語也説：『此亦戰國文士所僞。』李氏明知是僞書，還是欣賞其『精言』而録入，而對於《莊子》中重要篇目如《齊物論》《德充符》等，反而棄置不録，從而可窺知其選文之態度。

此次影印李寶洤《莊子文粹》二卷，據華東師範大學圖書館藏民國六年商務印書館排印《諸子文粹》本。

莊子南華經内篇　無名氏抄寫圈點　聶守仁附識

聶守仁（1865—1936），字景陽，甘肅鎮番（今民勤）縣人。清末廩生，民國初畢業於甘肅公立法政專門學校。同盟會會員，曾任《大河日報》主筆、《甘肅民國日報》主編。著作有《甘肅邊防志稿》《甘肅近三十年事略》《西北壯遊遊記》《知非所記》《景陽詩文集》《勁草武枝見聞録》《旅雁聲詩草》《毋忘齋筆記》《文字源流》《書法問津》《字母易記》《書法訓子録》等。南京大學圖書館藏手抄本《莊子南華經內篇》，不知出自何手，但書末有『守仁附識』，並據前後字跡判斷，全書當皆爲聶氏抄寫圈點。

《莊子南華經內篇》不分卷，書前有序言兩篇，書末有附識、跋語各一篇，正文依次全録內七篇原文，並有眉批、篇末評語及朱墨筆圈點，而將《天下》《寓言》兩篇附於後，以前者爲《莊子》全書之後敘，後者爲『內外雜篇之敘例』。今細審全書，其序言、跋語、眉批、評語等，多摘録於他人，而未冠以姓氏。如兩篇序言，既無題目，又未題作者，但經查對，前者爲晉郭象《莊子序》，後者係清董思凝爲王夫之《莊子解》所作序，收録時文字多有刪節或改動；書末跋語，僅冠以『姚姬傳先生曰』，其實爲姚鼐《莊子章義序目》；衆多眉批及篇末評語，亦多不標出處，唯引録王夫之《莊子解》，則冠以『船山王子曰』『船山王先生曰』或『解曰』，當有尊崇王氏之意。但不可否認，其抄録之際，亦頗費斟酌。如宣穎《南華經解·逍遥遊》題解云：『前半篇衹是寄喻大鵬所到，蜩與鷽鳩不知而已。看他先説鯤化，次説鵬飛，次説南徙，次形容九萬里，次借水喻風，次敘蜩鳩，然後落出二蟲何知，文復生文，喻中夾喻，如春雲生起，層委叠屬，遂爲垂天大觀，真古今横絶之文也。』本書抄者則予以刪節，以之爲眉批云：『前半先從鯤化説到鵬飛，又説南徙，次形容九萬里，又借水喻風，又敘蜩鳩二蟲，均是寄喻大小之不同，文氣則垂天之大觀已。』可見雖經抄者刪節，卻未失原意與文氣。

聶守仁跋語云：『右內七篇，並《天下》《寓言》，都九篇，爲莊學之菁華。』並謂：『寓言十九，超以象外，固未可以歷史方法爲古人尋年譜，爲古事序時代。善讀者，各求解脱，庶可與讀《莊子》。又書中稱「夫子」者甚多，未必專指孔子。』此等説法，對於讀者把握《莊子》精華並深刻認識其寓言性質，不無益處。

茲據南京大學圖書館藏民國手抄本《莊子南華經內篇》予以影印。

南華真經殘卷校記一卷

羅振玉撰

羅振玉（1866—1940），字叔藴、叔言，號雪堂，又稱永豐鄉人、仇亭老民，晚年自號貞松老人，祖籍浙江上虞，客籍江蘇淮安。清末曾任學部參事。辛亥革命後，以清朝遺民自居，長期僑居日本。一九一九年返國後，積極參與清室復辟活動，曾擔任『僞滿州國』參議府參議及滿日文化協會會長等職。在搜集整理甲骨、銅器、簡牘、明器、佚書等方面，創有輝煌業績。

羅振玉也爲我國研究敦煌文書之先導者。《南華真經殘卷校記》一卷，即爲他整理研究敦煌殘卷成果之一。卷首有羅氏題記，謂『往歲，《刻意》《山木》《徐無鬼》三篇既付影印，別記其與今本異同之字於書眉；《胠篋》則日本狩野博士直喜在英倫時手校，予借録入世德堂刊本上』，後於民國十二年取此舊校，並補入《田子方》篇校記，遂成《南華真經殘卷校記》一書，則此著乃是以英國倫敦博物院所藏敦煌殘卷《胠篋》篇、法國巴黎國立圖書館所藏敦煌殘卷《刻意》《山木》《徐無鬼》篇及羅氏自藏敦煌殘卷《田子方》篇校明世德堂刊本《莊子》之結果。大致説來，羅振玉作校記一般僅是指出敦煌殘卷與世德堂本之文字差異，但有些地方他還是作出自己論斷，且具一定學術眼光。如羅振玉在敦煌殘卷《山木》篇『孔子問子桑虖曰』下説：『今本作「雽」。案：古無從雨之「雽」，乃從虍之訛。』誠然，王叔岷《莊子校詮》亦以爲『「雽」乃「虖」之隸變』，『當以作「虖」爲正』，可見羅氏之説不誣。羅振玉在同篇『而歌焱氏之風』下説：『今本「焱」作「猋」。案：「猋」殆「焱」之訛。《天運》篇「故有焱氏爲之頌曰」，《釋文》：焱，本亦作「炎」。此之「焱氏」，殆與《天運》篇之「有焱氏」同。』今案舊注多謂《天運》篇『焱氏』爲神農氏（炎帝），則世德堂本《山木》篇之『猋氏』之『猋』，自當依羅氏説視爲『焱』字之訛。此外，羅振玉大約因有鑒於後世所傳《莊子》『凡分章名篇，皆出於世俗』（蘇軾《莊子祠堂記》），故而十分注意敦煌殘卷分章情況，凡重起一章時輒以『另章』二字標明之，試圖爲人們揭示《莊子》文本早期之分章情況，值得肯定。當然，羅振玉有些校記並不正確。如他在敦煌殘卷《田子方》篇『日夜無陳』下説：『今本「陳」誤作「隙」。注稱「化恒新」，則作「陳」者是，作「隙」乃形近致訛。』今案《德充符》篇有『使日夜無郤（隙）』語，《知北遊》篇有『若白駒之過郤（隙）』語，執以互勘，則作『陳』者誤，羅氏之説不可從。又羅振玉在敦煌殘卷《山木》篇『三月不迋』下説：『今本「迋」作「庭」，下同。案《説文》：「迋，往也。」即《左傳》襄二十八年「君使子展迋勞於東門之外」之「迋」。蓋由「迋」訛「廷」，由「廷」訛「庭」也。』此説亦不可從，正如王叔岷説：『「三月不迋」

義固可通，下文「甚不迂」則不可通矣。羅振玉《永豐鄉人雜著續編》以作「迂」爲是，未審。」（《莊子校詮》）

此次影印羅振玉《南華真經殘卷校記》一卷，據華東師範大學圖書館藏民國十二年刊《永豐鄉人雜著續編》本。

莊子札記一卷

孫毓修撰

孫毓修（1871—1922），字星如，一字恂如，號留庵，自署小淥天主人，江蘇無錫人。幼得庭訓，擅作駢體文，後就讀於江陰南菁書院。曾師從繆荃孫，精於版本學。清光緒三十三年，進上海商務印書館編譯所，任高級編輯。宣統元年，在國文部主編《童話》叢書。民國四年起，在商務印書館涵芬樓從事善本古籍搜集及鑒定。民國八年主持影印《四部叢刊》。著作有《江南閱書記》《永樂大典考》《莊子札記》等。

《莊子札記》是孫毓修以安仁趙諫議宅南宋重開北宋本，校對明刊世德堂本之學術成果。宋代民間刻書，主要包括私宅刻書、書坊刻書以及寺院、道觀等刻書活動。安仁趙諫議宅刊《南華真經》，是屬於民間私宅刻書。孫毓修《莊子札記》卷前有自序，認爲據趙諫議宅刻本『玄』『弘』『殷』『敬』『竟』『鏡』『匡』『徵』『讓』『完』『構』『遘』等字皆缺筆情況來判斷，此本『是南宋重開北宋本，所見《莊子》要以此爲古矣』，因而版本價值甚高；明嘉靖十二年顧春世德堂刊《南華真經》十卷，則依據南宋龔士卨《五子纂圖互注》本《纂圖互注南華真經》刻成，版本價值亦甚高，爲後世校勘整理《莊子》者視爲不可多得之版本。可見，孫毓修以趙諫議宅本校世德堂本而著成《莊子札記》，無疑具有較高學術價值。

孫毓修自序云：『（趙諫議宅本）引陸氏《釋文》頗略，大抵録音不録義，如「逍遙遊」祇云「逍音消、遙音搖」。北宋人刻古書，音義輒附卷後，不應《莊子音義》散入注下，疑南宋人所爲，趙氏原刻不爾也。』因此，他便選擇世德堂本爲底本，僅將兩個版本中《莊子》原文、郭象注作精心校勘，著成《莊子札記》。從孫毓修校勘結果看，世德堂本確實要精於趙諫議宅本。如孫氏指出：世德堂本第一卷十葉十二行郭《注》『汎』，趙諫議宅本誤作『況』；第二卷四葉八行郭《注》『拭』，趙諫議宅本誤作『試』；第三卷七葉九行郭《注》『彼彼』，趙諫議宅本誤作『彼我』；第六卷三十二葉八行郭《注》『未』，趙諫議宅本誤作『夫』；第八卷四十八葉八行《莊子》『抶』，趙諫議宅本誤作『拔』；第九卷十四葉一行郭《注》『是不可常』，趙諫議宅本誤作『不可不常』，説明趙諫議宅本刊刻欠精。當然，孫毓修也指出世德堂本存在一些錯誤，如第一卷二葉十三行郭《注》『天地』爲『天池』之誤，第三卷八葉十五行郭《注》『然』字爲衍文，但此類錯誤較爲少見。由此説明，孫氏挑選世德堂本爲底本值得肯定。

孫毓修《莊子札記》一卷，附於民國八年上海商務印書館《四部叢刊》所影印明嘉靖十二年顧春世德堂刊《南華真經》本之末，今據華東師範大學圖書館所藏予以影印。

莊子天下篇釋義

梁啓超撰

梁啓超（1873—1929），字卓如，一字任甫，號任公，別署飲冰子、飲冰室主人、哀時客、中國之新民等，廣東新會人。清光緒二十一年追隨老師康有爲發動『公車上書』，此後任《中外紀聞》《時務報》等刊物主筆，發表《變法通議》，聲譽鵲起。光緒二十四年參與戊戌變法，受光緒帝召見，負責辦理京師大學堂、譯書局事務。政變後出亡日本，廣泛接觸西學，先後創辦《清議報》《新民叢報》，發表《新民説》與《新史學》。民國元年回國，四年發表《異哉所謂國體問題者》，猛烈抨擊袁世凱稱帝野心，並與蔡鍔策劃發動護國戰爭。民國七年至九年旅歐，目覩戰後歐洲萎頓蕭條，開始對資本主義前景産生懷疑、動摇，回國後向傳統國學復歸，寫下《清代學術概論》《老子哲學》《老孔墨以後學派概觀》《墨子學案》《中國歷史研究法》《先秦政治思想史》《中國近三百年學術史》《莊子天下篇釋義》《儒家哲學》《中國文化史》等著作。其中莊子研究主要見於《莊子天下篇釋義》《老孔墨以後學派概觀》之《莊子》及《先秦政治思想史》之《道家思想》。

在《莊子天下篇釋義》中，梁啓超提出關於《天下》篇爲『研究先秦諸子學之向導』等獨特見解。理由主要有三點：其一，認爲『批評先秦諸家學派之書，以此篇爲最古。後此有荀子《非十二子》篇及《解蔽》篇、《天論》篇各數語，有《淮南子・要略》末段，有《史記・孟子荀卿列傳》中附論各家，有《太史公自序》述司馬談《論六家要指》，有《漢書・藝文志》中之《諸子略》』。其二，認爲此篇『保存佚説最多，如宋鈃、慎到，惠施、公孫龍等，或著作已佚，或所傳者非真書，皆藉此篇以得窺其學説之梗概。』其三，認爲此篇『批評最精當且最公平，對於各家皆能擷其要點，而於其長短不相掩處，論斷俱極平允』。應當承認，梁啓超此等説法頗有見地，對後人正確解讀《天下》篇不無有益啓發。但梁氏將此篇説成是『《莊子》書中最可信之篇』，認爲最能代表莊周本人思想，卻不能爲學術界多數人所認可。

《天下》篇有『其明而在數度者，舊法世傳之史尚多有之。其在於《詩》《書》《禮》《樂》者，鄒魯之士、縉紳先生多能明之』一節文字，論者對這節文字所反映之思想傾向有着不同看法，梁啓超則認爲這是在論儒家，並指出這一節給予儒家以極高評價。他説：『此論儒家也。道之本體，非言辭書册所能傳，其所衍之條理即「明而在數度者」，則史官記焉而鄒魯之儒傳之。《詩》《書》《禮》《樂》《易》《春秋》之六藝實爲其寶典。』即是説在儒者——鄒魯之士、縉紳先生身上，在儒家經典《詩》《書》《禮》《樂》《易》《春秋》中體現了古代『道術』某些精神。梁氏這一説法，似與《莊子》全書『剽剝儒墨』基本傾向構成一個矛盾，因而也未能得到學術界普遍認可。

但不可否認，梁啓超謂惠施『實能見極名理』，卻是超越前人之全新見解。梁氏指出，莊子對惠施之批評最不公道，因爲『惠施實能見極名理，與公孫龍之詭辯殊科』，而莊子因公孫龍等之『飾人之心，易人之意』而詆及『能見極名理』之本師惠施，實是『莊子之過』。確實，從今天看來，惠施在分析名實問題上，已接觸到個性與共性、名言與對象、静止與運動、有限與無限等一系列矛盾，對這種矛盾之探討，可以使邏輯更嚴謹，語言更精確，概念系統更完備，惠施的學術因此完全具有獨特價值，可見梁啓超對惠施之評説確實已超越前人。

梁啓超《莊子天下篇釋義》，有民國十五年清華學院油印本、民國二十四年排印《北强月刊·國學專號》本、民國二十六年排印《飲冰室專集》本、民國三十年再版排印《飲冰室專集》本等。兹據華東師範大學圖書館藏民國二十五年上海中華書局排印《飲冰室合集》本影印。

莊子奇文演義四卷

香夢詞人撰

香夢詞人，清末民初通俗小説作家，真實姓名不詳。著作有《新兒女英雄》《新官場笑話》《真杏花天》《最近女界秘密史》《莊子奇文演義》等。

《莊子奇文演義》四卷，題『香夢詞人著』。書前有著者民國七年自序，謂『《莊子》一書，寓言十九，全體空空，意則誕幻離奇，詞尤精深古奥，歷來注解頗多，往往於字裏行間填寫殆滿，然粗識者讀之，似不能了然於心』，便『取而讀之，愛其中大有奇文，可一新世人之耳目，爰節取而以白話演説之，以期雅俗共賞云爾。』説明通俗小説作家讀《莊子》，自有其獨特感受，乃節選各篇之『奇文』，借小説筆調予以演繹，以期成爲雅俗共賞之作。

此書内篇前有《開宗明義》一文，頗似演義小説之開場白。其中有語云：『我的主義，不過取他文中希奇發笑的揀些出來，當做講《山海經》一般，替列位消閒遣悶，並非有心要替《莊子》做甚麽注解，故説到有些轉不過灣的地方，就拿我的意思替他穿插，祇圖好看，並不拘定原文。』故著者於《繕性》《刻意》《庚桑楚》《天下》諸篇，蓋以其少有希奇發笑者，便未加『演説』，而其餘二十九篇，亦僅揀取『奇文』予以演繹，以便『替列位消閒遣悶』而已。而在演繹之際，復每有穿插增益，如《逍遥遊》篇開頭謂：『那莊子説道，我曾看見一部閒書叫作《齊諧》，這《齊諧》所説都是些奇怪之事。他説道，北洋之中有一條大魚，其名叫作鯤。』如此『演説』，確可謂『好看』，但與原文多有不合，故雖富趣味性，而不爲治莊者所重。

兹據復旦大學圖書館藏民國八年上海大東書局排印《莊子奇文演義》四卷予以影印。

莊子解四卷

朱青長撰

朱青長（1861—1947），名策勳，字篤臣，號還齋、天完、天頑，四川江安縣人。幼學書經，旁及詩古文詞。十八歲後，研讀子、史及諸家學術思想。爲增長閲歷，完善著述，遂遍歷南北，達十年之久。清光緒二十九年中舉，遂留居成都，組創『東華學社』。民國初赴北京，曾任國史館顧問，並與諸名士結東華詩社，自爲會長。著述甚豐，有《易經圖解》《道德經兩注》《莊子解》《還齋詩集》《還齋詞集》《博演》《天授録》《新世界救亡書》《東華白話》《厭兵符》《同文大典》等。

《莊子解》四卷，卷首題『蜀江安朱青長注』，書前有朱氏民國六年《莊子解自序》，書末有朱氏民國十一年《莊子解後序》《東華學社社員録》。正文分段録《莊子》原文，頂格書寫；段後低一格作注，冠以『音義』二字；『音義』後有論述，冠以『解』字；内篇皆有題解，其中《逍遥遊》《德充符》篇末，復有總論或附記，而外、雜諸篇，僅偶有題解或篇末總論，説明朱氏注解《莊子》，也以内篇爲重。

今視朱青長所作『音義』，仍堅持運用傳統注疏方式，對《莊子》作音義訓釋。但他所作之『解』，則並不受此拘限，每於文本之外有所發揮。如《應帝王》篇有『渾沌』寓言，朱氏解之曰：『武帝信衛霍，神宗用安石，皆鑿竅也。國家當貧絀之際，必休兵息事，弱而求强者亡，貧而求富者亂。又有二大要政曰：去才臣，用廉吏，國用以長，不足爲法。』又解《馬蹄》篇云：『朱泙漫學屠龍，無所試巧，泙漫之幸也。故爲之分曰：超世、化世兩派非政治家，政治家之鞭策不可用、不可少，責上責賢有餘，傳道有餘，用之爲治不足。此二派者，不敢以治世自命，亦不屑以治世自命，故立於立論家而爲萬世政治家作教育主也。』史謂朱青長研讀諸子，重在闡述人生哲理，探求國家治亂本源，今以此觀之，信然。

兹影印朱青長《莊子解》四卷，據清華大學圖書館藏民國間東華學社印刷廠石印本。

莊子集注稿本五卷

阮毓崧撰

阮毓崧（1870—1951），字次扶，湖北黄安人。進士出身，而愛好佛學，爲武昌佛乘修學會組織者之一，推崇太虚大師所持唯識思想。又喜老莊學説，故民國三年以後，雖歷充各省司道政廳諸職，皆不數月而辭去；繼充第一届國會議員，亦能淡然處之。著作有《莊子集注》。

《莊子集注稿本》五卷，卷首題『黄安阮毓崧次扶氏輯』，全書録《莊子》三十三篇，並輯古今注釋及有關文字，計有韓非、河上公、鍾會、司馬彪、崔譔、向秀、郭象、支遁、李頤、鳩摩羅什、簡文帝、王穆夜、張湛、陸德明、成玄英、司馬光、蘇轍、陳祥道、焦竑、憨山、王夫之、王敔、宣穎、盧文弨、王念孫、王引之、姚鼐、俞樾、李楨、郭嵩燾、郭慶藩、王先謙、蘇輿、陳壽昌、章炳麟等家，並間下己意，有少量眉批。書前有阮毓崧於民國十七年所撰《莊子集注序》，及太虛、張繼煦、劉佑騏各於民國十八年所作《莊子集注序》等；書末附阮氏所輯《莊子釋詞》《莊子釋詞補遺》。此稿本於民國十九年由上海中華書局影印出版。

阮毓崧此著，『集各家所識字，所論文與所言理，擷英采華，彙成一編，裨益於讀《莊子》者，當不淺。』（太虛《莊子集注序》）如阮氏於《逍遥遊》篇『其名爲鯤』下云：『段玉裁注《説文》曰：「魚子未生者曰鯤。」《爾雅・釋魚》曰：「鯤，魚子也。」《國語・魯語》韋注、《文選・西京賦》薛注並同。故王敔引方以智曰：「鯤本小魚之名，莊子用作大魚之名也。」郭慶藩亦謂：「鯤，即魚卵，莊子故稱爲絕大之魚，此則齊物之寓言，所謂汪洋自恣以適己意者也。」若陸引舊注所云：「鯤，大魚名也。字當爲鯨。」又《列子・湯問》篇張湛注云：「鯤，鯨魚也。」恐皆失之。』説明阮氏輯注，用力確實甚勤。在宏觀上，阮毓崧亦每有獨見。如他於《讓王》篇題下云：『《讓王》以下四篇，自東坡以枝葉太雜，疑爲僞作，後之學者，本尊孔之心，值尊君之世，不得不從而指斥之。究其十九寓言，備其至理，誠如王船山《莊子解》序，所謂此四篇深微之語，固有與内篇相發者，抑又何必吹求也。』此處所説雖難定其正確與否，但能一反自蘇軾以來大多數人説法，頗能新人耳目，值得重視。

此次影印阮毓崧《莊子集注稿本》五卷，據華東師範大學圖書館藏民國十九年上海中華書局影印本。

重訂莊子集注五卷　阮毓崧撰

阮毓崧生平事蹟，已見《莊子集注稿本》五卷提要。其所撰《重訂莊子集注》五卷，由上海中華書局於民國二十五年排印出版，已刪去《莊子集注稿本》五卷前太虛、張繼煦、劉佑騏分別所撰《莊子集注序》，及書末阮毓崧所輯《莊子釋詞》《莊子釋詞補遺》，並對阮氏《莊子集注序》《例言》有所改寫，而以民國二十二年黄侃《莊子集注序》、阮氏《重訂莊子集注序》冠於全書之首。

阮氏《重訂莊子集注序》云：『《集注》之作，初繕稿於己巳（民國十八年）秋。兒輩見手書者裒然成帙，疑爲定本，嗣以余行年六十，擬作紀念，遽寄滬局影印之，不知是草草者，未經討論，尚多待余訂正也。……歲在辛未（民國二十年），余適有鼓盆之歎，悲懷莫遣，因而檢閱《集注》，復考證崑山顧氏、婺源江氏、高郵王氏、德清俞氏暨近出餘杭章氏諸書，據前説而重訂之，並於原注之待正者更之，未及者補之，則衡以達莊高論，雖本編尚屬緒餘，但庶幾較勝於初，不至以非愚則誣者，長見笑於大方之家也。』今案民國十九年上海中華書局影印阮毓崧稿本《例言》云：『此書正文及注近三十萬言，予以鉛印多訛，乃手自楷書校正，俾便付之影印，即爲予行年六十留一紀念。』劉佑騏序亦云：『有郵卒叩門，授予巨帙，乃予同年阮公次扶以所輯《莊子集注》底本，由漢寄示，並請予爲審定者。……亟展閲底本大致，見數十萬精工小楷，皆次公因預備影印，親手所書。』則重訂版自序所謂兒輩爲之云云，乃爲不實之詞。但阮氏年逾花甲，猶於影印出版後修訂不輟，增損處在在皆是，則反映出其對待著述甚爲認真，確與當時『標新領異，恒有逞聰明傅會』（阮氏《重訂莊子集注序》）者不同。

今細審《重訂莊子集注》，阮毓崧於重訂確曾頗費心力。如《逍遥遊》篇有『其名爲鯤』語，阮氏重訂後注釋云：『《爾雅·釋魚》：「鯤，魚子也。」《國語·魯語》及《文選·西京賦》「鯤鮞」注同。《説文》段玉裁注謂：「魚子未生者曰鯤。」郭慶藩謂：「鯤即魚卵，莊子故稱爲絕大之魚，此則齊物之寓言，所謂汪洋自恣以適己者也。」案：據此，則陸引舊注云「鯤，大魚名也。字當爲鯨」，失之。』與稿本相較，此條注釋已經重訂甚明，並於其上加眉批云：『鯤、鵬、雲、冥，遥韻。鵬，蒲登切，音朋，讀若今音彭。此韻中隔有他韻，據江永《詩韻舉例》，當稱隔韻。』由此説明，阮氏重訂此著，『雖聲韻文句之微，亦致謹焉。』（黄侃《莊子集注序》）

茲影印阮毓崧《重訂莊子集注》五卷，據華東師範大學圖書館藏民國二十五年上海中華書局排印本。

莊子匯通

鄭星駟撰

鄭星駟（1862—1932），原名原龍，晚號危人，福州閩侯縣人。清光緒十九年舉人，歷任福建詔安書院山長、天津譯學館經學教員等。辛亥革命後，於福州創立補編書室，專事講學、著述。師從林崧祁、吴曾祺，與林紓、陳衍相友善。平生研治經史百家言，著有《春秋分國便覽》《崇孔辟邪録》《尚書心法一貫録》《莊子匯通》《學者魂文集》《三還堂詩草》《作文十八訣》等。

《莊子匯通》題『閩侯鄭星駟述』，書前有鄭氏民國十五年《莊子匯通序》，書末有王世傑後序、鄭氏志感等。全書摘録《莊子》有關章節或語句，參以鄭氏論述文字，撰成《識見宜大》《小者不可輕爲小》《齊貧富》《齊貴賤》《齊生死》《修士無爲》《待人無爲》《世界無爲》《無爲之效》《陰陽不能賊》等六十三篇。如《知人知言》篇云：『無爲則知人知言。《莊子》曰：「大智閑閑，小智閒閒；大言炎炎，小言詹詹。」危人按：世衰道微，於是各出其智，各出其言，以相煽惑，非獨戰國爲然。惟靜者曰：此小智閑閑、小言詹詹也，若大智、大言者誰乎？』如此匯通《莊子》，其意蓋不在闡釋《莊子》，而在借《莊子》以自抒胸臆。故鄭氏特於書末云：『莊子鑄我，我鑄莊子，百世知交，一堂告語。』（《總評》）其欲借助莊子，可謂溢於言表。

鄭星駟《莊子匯通序》謂，莊子著書，其言汪洋自恣，自西晉郭象以來，注《莊》者不下數十家，或充溢仙氣，或溺於佛氏，或不免餖飣舛錯，大都不能得莊子真意，『惟茂公（宣穎）注「至人無己」句，謂猶「克己」之「己」。己，欲也。無己，即無欲也。惟無欲，故能齊物，故能無爲，深得莊子本旨。』並認爲，如此解釋，方能『合於十六字心傳「人心惟危」語，及合於孔子「無意、無必、無固、無我」意。』説明鄭星駟生當鼎革之世，目覩人欲横流，私心日益滋長，便欲借《逍遥遊》篇『至人無己』之語，及清宣穎所作注解，爲世人痛下針砭，使之『無意、無必、無固、無我』，也接受儒家孔子之諄諄告誡。則鄭氏匯通《莊子》，也有一定儒家思想傾向。

兹影印鄭星駟《莊子匯通》，據中國國家圖書館藏民國二十年排印本。

莊子解故一卷

章炳麟撰

章炳麟（1869—1936），字枚叔，號太炎，浙江餘杭人。因仰慕顧絳（炎武）其人，遂改名絳。所用筆名甚多，如絳叔、陸沈居士、葑漢閣主、劉子駿之紹述者等。又因祖籍在杭州而常被稱爲『餘杭先生』，因著有《葑漢三言》而被稱爲『葑漢大師』。章氏自二十三歲入杭州詁經精舍學習，從此走上治學之路，不僅秉承傳統訓詁考據方法，還吸收西方新學説，在小學、經學、史學、文學上均取得豐碩成果。上海人民出版社已將其大部分著作彙爲《章太炎全集》，包括《膏蘭室札記》《訄書》初刻本和重訂本，《太炎文録初編》和《續編》等。其中所收《莊子解故》《齊物論釋》爲莊子學專著，他如《四惑論》《五無論》《平等難》《明群》《明獨》《答鐵錚》《俱分進化論》《人無我論》《無神論》《建立宗教論》《國家論》《排滿平議》等文章，均涉及莊子。

《莊子解故》一卷，爲章炳麟以傳統考證方法解釋《莊子》之重要著作，寫於其在日本東京講學時，清宣統元年始連載於《國粹學報》第五十一期至六十一期。章氏受業於俞樾，俞氏有《莊子平議》三卷，章氏《莊子解故》與之有密切關係，或直接引其結論，或擇其重要論證過程而引申之，但他又並不因俞氏爲業師而一味遵循之，所選條目也儘量不與俞氏《莊子平議》相重複，故可補俞氏所未言，若將兩書參看，則更爲完備。

《莊子解故》發正《莊子》疑義凡二百四十八條。作爲一部考釋性著作，最重要者當然還是訓釋字詞，疏通句義，章炳麟著《莊子解故》也不例外，而其特點則在於：其一，訓釋字義詞義時，不拘一格，或引字書，或引史書，或引各家注，或兼而用之，顯示出其小學功底甚爲深厚。如章氏在訓釋《大宗師》篇『以刑爲體者，綽乎其殺也』句時，凡《鄉飲酒義》《説文》《周書》《晉令》《火節度七條》等書中相關資料，均在徵引之列，考據詳備。其二，對前人已有詳細考證之處，章氏往往衹是直接引述其考證結果，或在此基礎上略加補充。如他在考釋《齊物論》篇『已而不知其然謂之道』一句時，便是直接引用戴震論斷。他在考釋《山木》篇『目大運寸』之『運』字時，則對孫詒讓訓釋有所補充。其三，每每訂正前人訓釋。如《寓言》篇有『夫受才乎大本，復靈以生』之句，章氏説：『孫詒讓曰：「復借爲腹，腹靈，猶言含靈也。」

案：孫説未諦，「復」從畐聲，《説文》：「畐讀若伏。」是「復」可借爲「伏」。褚先生補《龜策列傳》曰：「下有伏靈，上有兔絲。」所謂伏靈者，在兔絲之下，掘取之，入四尺至七尺，得矣。伏靈者，千歲松根也。是此草所以名伏靈者，以其受才乎大本，凡受才大本者，皆伏藏靈氣於內，草所受才之大本，則松根也。人所受才之大本，則天地根也。今人但知伏靈爲藥草專名，不解其所從得義，由是《莊子》所言「復靈」，不可解矣。』此處先指出孫詒讓説法『未諦』，接着按照自己觀點展開具體訓釋，反映出章炳麟既有嚴肅態度，又不乏獨特眼光。

章炳麟《莊子解故》一卷，有民國六年浙江圖書館刊《章氏叢書》本、民國八年上海右文社排印《章氏叢書》本、民國十三年上海古書流通處影印《章氏叢書》本等。此次影印《莊子解故》，據華東師範大學圖書館藏民國六年浙江圖書館刊《章氏叢書》本。

齊物論釋一卷

章炳麟撰

章炳麟生平事蹟，已見《莊子解故》提要。其所著《齊物論釋》一卷，在《章氏叢書》內，是對《莊子·齊物論》之闡釋。前有章氏《齊物論釋序》及篇題解釋，正文録《齊物論》原文，間有順文雙行夾注，段後低一格作解；後有黄宗仰（烏目山人）之《齊物論釋後序》。

章氏將《齊物論》分爲七章，依次進行解釋，其中一章又分爲六節，解説最爲詳盡。該書被章氏稱爲『一字千金』之著作，此言雖未免誇張，但可見出其著《齊物論釋》確曾頗費苦心。胡適稱章炳麟『於校勘訓詁的諸子學之外，別出一種有條理系統的諸子學』，認爲他所作『《原名》《明見》《齊物論釋》三篇，更爲空前的著作』（《中國哲學史大綱·導言》）。梁啓超在《清代學術概論》中也評價道：『炳麟用佛學解老莊，極有理致，所著《齊物論釋》，雖間有牽合處，然確能爲研究莊子哲學者開一新國土。』可見《齊物論釋》用佛理與《莊子》互證，以佛義闡釋《莊子》，其價值還是爲時人所肯定。

在《齊物論釋序》中，章炳麟首先交代了莊子作《齊物論》之背景，即『世道交喪，奸雄結軌於千里，烝民塗炭於九隅』，莊子憂而作之。其次，章氏指出《莊子》之綱目唯在『《消搖》《齊物》二篇』，前者旨在『自由』，後者意在『平等』，但此『非世俗所云自在平等』，而是有其深意在，所謂『體非形器，故自在而無對；理絶名言，故平等而咸適。』自陳撰寫《齊物論釋》之主導思想，即在否定外在之『形』與『名』，從而真正倡導『自在平等』。然又謂『《齊物》文旨，華妙難知』，以至魏晉以後解莊者雖衆，卻不得漆園之心，認爲自己正處在莊子所謂『必有人與人相食』之世，所以要承擔起發明『齊物』本意之使命。再次，章氏點明其釋《齊物》之理論基礎，曰『儒墨諸流，既有商搉，大小二乘，猶多取攜』，認爲佛家思想與莊子精神『義有相徵』，故以佛解之。並謂自『宋世諸儒』即稱『佛典多竊老莊』，而到『法藏、澄觀，竊取莊義，以説《華嚴》』，更是顯明無疑，可見佛、莊之可解可通誠不容否認。最後他説『一致百慮，則胡越同情，得意忘言，而符契自合』，可謂是對《齊物論》主旨之概括。

其實，章炳麟並不崇尚佛教，其選擇法相、華嚴以釋莊，不是出於偶然，而是經過了慎重考慮。據其弟子劉文典説，『他雖是喜歡講佛學，但決不迷信佛教，可以説是吸取了佛學裏唯物的内核，吐棄了唯心的外殼。例如他作的講《莊子》的《齊物論釋》，是用佛教的法相宗思想來解釋《莊子》，而法相宗是佛教最科學，最合邏輯的一派。』(《回憶章太炎先生》)法相宗即唯識宗，或稱法相唯識宗，其代表著作爲《成唯識論》，主張外境非有，内識非無之『唯識無境』理論，認爲一切事物與現象皆是因緣合成，相對並短暫。在章炳麟看來，莊子尚虚無，講相對，與佛教相似，尤其是《齊物論》篇，還與佛教有着共同宗旨。可見，章炳麟研究《齊物論》篇並非爲探求莊子本意，研究佛學也是更注意從中挖掘可爲自己所用之資料，因而以齊物觀念融合唯識宗思想去觀察世界，目的是要服務於自己之革命理想。章氏此種闡釋指向，雖頗遭人異議，然仍不失其爲《莊子》闡釋史上獨特一家，具有一定積極意義。

章炳麟《齊物論釋》一卷，有民國元年瑜伽精舍刊本、民國六年浙江圖書館刊《章氏叢書》本、民國八年上海右文社排印《章氏叢書》本、民國十三年上海古書流通處影印《章氏叢書》本等。此次影印《齊物論釋》，據華東師範大學圖書館藏民國六年浙江圖書館刊《章氏叢書》本。

齊物論釋定本一卷

章炳麟撰

章炳麟生平事蹟，已見《莊子解故》提要。章氏《齊物論釋》初稿完成於清宣統二年（1910），但未曾立即付梓。宣統三年十月，又由友人黄宗仰（烏目山僧）作《齊物論釋後序》，章氏亦曾於此時對該稿作過修訂，於民國元年（1912）由瑜伽精舍刊行。其《齊物論釋定本》一卷，即是在《齊物論釋》初本基礎上增損而成。

今檢章炳麟《齊物論釋定本》一卷，已不見章氏及黄宗仰爲《齊物論釋》所撰之序言，其解釋文字亦每有增損。如在《齊物論釋》初本『夫隨其成心』節下，章氏解釋説：『第七意根本有我識，其佗支分變復，悉由此六種子生。成心即是種子，眼耳鼻舌身意六識未動，潛處意根之中，六識既動，應時顯見，不待告教，所謂隨其成心而師之也。』在《齊物論釋定本》中，章氏則修訂爲：『第七意根本有我識，其佗有無是非，自共合散成壞等相，悉由此七種子支分觀待而生。成心即是種子，種子者，心之礙相，一切障礙即究竟覺，故轉此成心則成智，順此成心則解紛。成心之爲物也，眼耳鼻舌身意六識未動，潛處藏識意根之中，六識既動，應時顯現，不待告教，所謂隨其成心而師之也。』又初本篇題解釋中僅有雙行夾注兩條，而定本在此基礎上則又增加二條：一於『齊物者』下云：『「齊物」屬讀，舊訓皆同。王安石、吕惠卿始以「物論」屬讀，不悟是篇先説喪我，終明物化，泯絶彼此，排遣是非，非專爲統一異論而作也。應從舊讀。因物付物，所以爲齊，故與許行齊物不同。』二於『未嘗言』下云：『宋槧成玄英疏本及纂圖互注本、明世德堂本，皆作「未嘗不言」，王夫之解本作「未嘗言」，尋徵文義，舊本皆誤，今從王本。』凡此皆可説明，由《齊物論釋》初本修訂爲定本，章氏用力甚勤，成績亦顯而易見。但其删去初本中前後兩序，似乎頗爲可惜，不知何以如此。

章炳麟《齊物論釋定本》一卷，有民國六年浙江圖書館刊《章氏叢書》本、民國八年上海右文社排印《章氏叢書》本、民國十三年上海古書流通處影印《章氏叢書》本等。此次影印《齊物論釋定本》，據華東師範大學圖書館藏民國六年浙江圖書館刊《章氏叢書》本。

莊子王本集注

李大防撰

李大防，字範之，四川開縣人，生卒年不詳。民國初，歷任趙州知州、福建省長汪筱巖秘書、安徽政務廳廳長、安徽安慶道道尹、安徽大學講席等。著作有《嘯樓集》《訒盦詩存》《寒翠詞》《莊子王本集注》等。

《莊子王本集注》卷首題「開縣李大防述」，書前有李氏民國十八年《莊子王本集注自序》《莊子内七篇總論》《凡例》《史記·莊子列傳》，書末附《刊誤表》。正文依王闓運《莊子王氏注》體例，僅録内七篇及雜篇之《寓言》《天下》，順文雙行夾注，故取名爲《莊子王本集注》。但李大防以《寓言》篇爲《莊子》自敘，故特置於七篇之首。全書録《莊子》各篇原文，大率依從王氏本，但各本字句有不同者，則擇善而從，且必注明王本作某字。又王本每篇皆未分章，李氏則依姚鼐《莊子章義》，將各篇分爲若干章；對王氏之注亦未盡録，以便廣輯衆注，並斷以己意。故書中除王闓運注語、李大防案語外，諸如陸德明《經典釋文》所引六朝治莊學者，以及郭象、成玄英、呂惠卿、林希逸、劉辰翁、陸西星、焦竑、王夫之、錢澄之、王敔、林雲銘、陸樹芝、姚鼐、俞樾、郭嵩燾、吳汝綸、方潛、陳壽昌、郭慶藩、馬其昶、章炳麟、蘇輿等家，亦皆在徵引之列，不失爲『集注』。

李大防自序云：『莊子之學，淵源於孔子，尤得力於顔子，其氣象與顔子酷相似。《莊子》一書，屢引顔子之言爲重，且有讚無議，蓋心悦誠服者也。且發明「心齋」「坐忘」兩義，足補《論語》諸書所未及，莊誠爲顔學之嫡派，亦孔子之徒也。』又爲内篇作總論謂：『莊子直接老子之心傳，以一語揭櫫其心學之綱宗，曰「惟道集虚」。斯言也，蓋莊子七篇之要旨矣。』認爲《逍遥遊》篇以『至人無己』一句爲綱，《齊物論》篇以『喪我』發端、『物化』作結，《養生主》篇以『緣督以爲經』一句爲綱，《人間世》篇發明『心齋』之義，《德充符》篇以『才全德不形』爲主旨，《大宗師》篇强調『順自然而一生死』，《應帝王》篇倡言『虚以應物』，故『綜觀七篇，究其指歸，所在首重乎虚，蓋虚爲莊子心學之綱宗，所謂無心、無待、無爲、無用及不生不死者，皆虚之妙用也。』今縱觀歷代莊學，欲合莊子與老、孔爲一者甚衆，但特揭莊子與顔回關係者稀，而像李氏這般欲合莊子與老子、顔回爲一，並論述有如此條理者更是罕見，故值得重視。然《莊子》

寓言十九，卮言日出，所謂『心齋』『坐忘』者，要不可據爲典實，不足證明莊子有承繼顏氏之心，故所謂『莊誠爲顏學之嫡派』云云，亦未足成爲知言的論。

茲影印李大防《莊子王本集注》，據北京師範大學圖書館藏民國二十二年安慶三江印刷局石印本。

莊子斠補一卷

劉師培撰

劉師培（1884—1919），字申叔，號左盦，江蘇儀徵人。清光緒二十九年，於上海晤見章炳麟，贊成『光復』，改名光漢，撰《攘書》，以表其『攘除清廷，光復漢族』之心。此後，任《警鐘日報》《國粹學報》撰述。光緒三十三年，攜妻挈母東渡日本，謁見孫中山，加入同盟會，並成爲章炳麟主編《民報》之撰稿人。宣統元年，爲清兩江總督端方所收買，入其幕府。辛亥革命後，加入籌安會，幫助袁世凱推行帝制。後受蔡元培之聘請，任北京大學中國文學門教授。師培出身於晚清經學世家，曾祖文淇，祖毓崧，伯父壽曾，以三世相續共注一部《春秋左氏傳》而飲譽學林，父親貴曾也以經術有聲於時，因而家學淵源有自，再加上師培本人智力超常及刻苦自勵，故其一生雖極短暫，卻在學術上獲得非凡成就。近人輯有《劉申叔先生遺書》，收入其遺著凡七十四種。

《莊子斠補》一卷，爲《劉申叔先生遺書》之一種，前有劉師培於民國元年所作自序，末有其所識跋語，正文共收其斠補文字四十六條。今案劉氏自序云：『昔治《莊子》，歷檢群籍，兼逮《道藏》各本，以讎異同，故解舛訛，亦附正焉。計所發正，約數百事，均王、俞、郭、孫所未詮也。稿均手録，行篋未攜，蜀都同好以《莊》書疑誼相質，因默憶舊説，什獲弌弍，按次編録，輯爲一卷，名曰《莊子校補》云爾。』又其後跋云：『《莊子》異文，群籍引援滋衆，往昔所勘，約近千則。』則今所傳其《莊子斠補》一卷，僅爲原稿條目之一部分而已。

劉師培少承家業，服膺漢學，遠承漢代經師之傳統，近演高郵王氏之成法，從聲音、詞例等入手，又廣徵群籍，遍發類書，對《莊子》文本作精心考釋，故其《莊子斠補》雖所收條目較少，而創獲良多。如《逍遥遊》篇有『宋榮子』，劉師培云：『榮子，即銒。……蓋熒、幵二聲，古均通轉，作「榮」、作「銒」，音寔靡別。』劉氏此説甚是，可以信從。《天地》篇有『跖與曾史』之語，劉師培云：『「跖」上挩「桀」字。成疏云「桀跖之縱兇殘」，是成疏故本作「桀跖」也。《在宥》篇云「上有桀跖，下有曾史」，又云「焉知曾史之不爲桀跖嚆矢也」，僉以「曾史」「桀跖」並詞，本篇之文當亦然也。』劉氏此説言之鑿鑿，故王叔岷《莊子校釋》從之。《應帝王》篇有『虎豹之文來田，猨狙之便，執斄之狗來藉』之語，劉師培云：『今案《天地》篇云「執留之狗成思，猨狙之便自山林來」，與此文約同。又《淮南·説林訓》云「虎豹之文來射，猨狖之捷來乍」，《繆稱訓》作「猨狖之捷來措」，高注云：「措，刺也。」執以互勘，疑當作「猨狙之便來藉，執斄之狗成思」。』劉氏此説頗有見地，故亦甚爲後人所重。

同時，劉師培還糾正舊訓之失甚多。如《齊物論》篇有『顔成子游』，陸德明《經典釋文》引李頤云：『姓顔，名偃，謚成，字子游。』成玄英疏亦云：『姓顔，名偃，字子游。』劉師培則説：『竊以謚字複舉，於詞近贅。《廣韻十四清》「成」字注文，以「顔成」爲複姓，與「伯成」「務成」並詮。蓋亦《莊》書故誼。衡以李説，斯爲善矣。』又同篇有『惠子之據梧』之語，《釋文》云：『司馬云：梧，琴也；崔云：琴瑟也。』劉師培則説：『今考《德充符》篇述莊語惠子云「今子外乎子之神，勞乎子之形，倚樹而吟，據槁梧而瞑」，與此文符。「槁梧」與「樹」並文，似非樂器。彼篇《釋文》引崔注，仍以「據琴」爲説，疑均失之。《天運》篇云「倚於槁梧而吟」，亦非琴及瑟也。』《寓言》篇有『搜搜也，奚稍問也』之語，劉師培説：『案「搜」，讀《禮·學記》「謏聞」之「謏」，猶「區區」也。稍問，猶言「小問」，「稍」與「肖」同。《方言》《廣雅》「肖」並訓「小」。「奚稍問」者，猶云「奚問之小」也。郭注云：「運動自爾，無所稍問。」成疏云：「何勞見問。」説均未達。』劉師培如此訓釋，均不乏真知灼見，故多爲學者認同。

劉師培《莊子斠補》有民國三年《國學薈編》第一、二期及《雅言》第七、八、九期本，民國二十五年寧武南氏排印《劉申叔先生遺書》本等。此次影印《莊子斠補》一卷，據華東師範大學圖書館藏民國二十五年寧武南氏排印《劉申叔先生遺書》本。

逍遥遊釋不分卷

孫至誠撰

孫至誠（1900—?），字思昉，章炳麟關門弟子之一，河南濬縣人。後投筆從戎，曾任教育部圖書審查委員會委員，河南淮陽縣、安徽桐城縣縣長，河南省公署秘書長等職，與民國諸首要私交甚密。著作有《老子政治思想概論》《逍遥遊釋》《孔北海集評注》等。

《逍遥遊釋》不分卷，題「濬縣孫至誠學、禹縣解福林校」，前有張純一民國十三年《逍遥遊釋敘》、張之鋭民國十二年《逍遥遊釋敘》、章士釗「來書」、王氏《逍遥遊釋評》、孫至誠民國九年《逍遥遊釋自敘》及民國十三年《逍遥遊釋緒論》，末附孫至誠民國十年《訂莊篇》《逍遥遊釋勘誤表》。正文析爲八章，《逍遥遊》原文皆頂格書寫，順文雙行夾注，然後低一格作解。據《逍遥遊釋自敘》末署「庚申（民國九年）孟冬濬縣孫至誠年二十一」等語，則孫氏此著大致完成於弱冠後不久，故張之鋭敘「嘉其年少識高」，章士釗「來書」謂「足下英年卓厲」。

在孫至誠看來，第一章（「北冥有魚」至「天池也」）言「乘化」，第二章（「齊諧者」至「此小大之辯也」）言「齊物」，第三章（「故夫」至「聖人無名」）言「無待」，第四章（「堯讓天下」至「請致天下」）言「在宥」，第五章（「許由曰」至「代之矣」）言「胠名」，第六章（「肩吾問於連叔」至「喪其天下焉」）言「明知」，第七章（「惠子謂莊子」至「猶有蓬之心也夫」）言「善用」，第八章（「惠子謂莊子」至「安所困苦哉」）言「無用」，以爲如此「揚摧其義，録成一帙，庶幾塞蟻孔以障巨瀆，撥雲霧而見青天，要之不足爲外人道也。」（《逍遥遊釋自敘》）張之鋭亦云：「孫子思昉，以所著《莊子逍遥遊釋》見示，觸類旁達，以經解經，采擷漆園全書菁華，悉融會諸建首一篇，如納須彌於芥子，旨約義博，匯川流以趨海，披技（枝）葉而見根，庶幾其知道乎！」（《逍遥遊釋敘》）其實，此著雖爲「英年」力作，但視其文字，畢竟尚欠幹練老到，而其探究篇中主旨，亦未能一歸「有待」「無待」之上，不免有所不足。

今影印孫至誠《逍遥遊釋》，據中國科學院國家科學圖書館藏民國十三年開封開明印刷局排印本。

莊子詮詁不分卷

胡遠濬撰

胡遠濬（1869—1933），字淵如，别號天放散人，安徽懷寧人。清光緒十七年中舉，曾任懷寧縣教諭，掌文廟祭祀，並致力編纂《懷寧縣志》。光緒三十二年，始任教於安徽師範學堂（亦稱『龍門師範』），民國三年轉教於安徽第一師範，對哲學、儒學、書法、繪畫皆有造詣。晚年執教於中央大學哲學系，治《老子》《莊子》甚勤，有《老子述義》《莊子詮詁》行世。

《莊子詮詁》不分卷，皆順文作解，眉欄録各家評語，各段末附以己意。書前有民國六年所撰《序目》及《序例》。書中引録前人注解及評語，計有自司馬彪、崔譔、向秀、郭象以下數十家。遠濬爲桐城古文派大師吴汝綸之追隨者，故引録桐城派學者評注《莊子》之語甚多，而其引録劉大櫆、姚永樸、姚永概等學者評注文字，頗有保存桐城派治莊成果之功。但此書（尤其在眉欄）所引歐陽修、王安石、蘇軾、蘇轍、黄庭堅、秦觀等宋代名公批語，多出於劉辰翁《莊子南華真經點校》，而胡氏失於考察，以訛傳訛，不免影響此著之價值。

在學術觀點上，胡遠濬主要强調三點：一、認爲外、雜篇多發内篇之旨。胡氏説：『今細玩外、雜諸篇中，固皆多發明内篇旨趣。如《庚桑楚》，《逍遥遊》也；《秋水》《則陽》，《齊物論》也；《達生》《列禦寇》，《養生主》也；《山木》《外物》，《人間世》也；《田子方》，《德充符》也；《至樂》，《大宗師》也；《在宥》《天地》《天道》，《應帝王》也。』（《序目》）這與明潘基慶《南華經會解》、清周金然《南華經傳釋》等説法一樣，對内篇與外、雜篇『經傳』關係作了充分强調。二、認爲《莊子》多申《老子》之旨。如胡氏於《駢拇》篇題下説：『此《老子》「絶仁棄義，民復孝慈」之旨。』於《胠篋》篇題下説：『此衍《老子》「聖人不死，大盗不止」之説。』於《在宥》篇題下説：『此衍《老子》「無爲而無不爲」之旨。』於《田子方》篇題下説：『此衍《老子》「常德不離」之旨。』這是對莊子學説與老子思想相同面之强調。三、認爲莊子學説與儒家思想實爲相通。胡氏説：『莊子破儒家之執，故立詞不得不異，而其旨實同。蓋《易》曰：「一陰一陽之謂道。」《中庸》曰：「道並行而不悖。」如中虚不著一物，然後誠實無妄，儒者就實理充周言，道家就中虚無著言，一有一無，二義固相需也。……莊子救世之情，與孟子同。孟子痛斥言利，莊子深譏近名，名即利也，亦即刑也。』（《序例》）這是對唐宋以來有關莊學儒學化思想之發揮。胡氏還在闡釋《天下》篇時説：『退之謂其學出於子夏，殆其然與？』説明胡氏《莊子詮詁》具有一定儒學化傾向。同時，胡遠濬還較多徵引佛學思想資料，稱許『近代楊文會、章炳麟，旁摭釋氏，印證易明，均能補諸家所未及。』（《序例》）因而他於楊、章之説徵引尤多，則又使《莊子詮詁》具有一定佛理化思想傾向。但胡遠濬《莊子詮詁》以其能廣采各家注解之精華，並間下己意，顯得精粹而有新見，仍不失爲民國時莊子學佳作之一。

胡遠濬《莊子詮詁》有民國六年鉛印本、民國二十年上海商務印書館鉛印本等。茲據華東師範大學圖書館藏民國六年鉛印本予以影印。

莊子菁華録八卷

張之純撰

張之純，江蘇江陰人，著名學者，生卒年不詳。著作有《中國文學史》《評注諸子菁華録》等。

《莊子菁華録》八卷，爲《評注諸子菁華録》之卷八，節録《莊子》原文，前有目録。正文中，順文雙行夾注，有眉批、圈點。張氏秉承蘇軾等觀點，以《讓王》《盜跖》《説劍》《漁父》爲僞作，棄而不録。該書本是張之純應上海商務印書館之請而撰，旨在爲學文者提供參考或自修之文本，故重在評、注兼顧，闡釋義理與解析文法相結合。

在注音釋義方面，張氏既能兼采崔譔、郭象、李頤、支遁、王念孫以及《爾雅》《説文》等諸家學説，又能斷以己意，簡潔易懂。如《齊物論》篇釋『南郭子綦』曰：『南郭，非姓也。居南郭，因爲號。《左氏》哀六年傳，有「南郭且于」。』此處解釋，張氏輔以歷史材料；在『因是已，已而不知其然謂之道』上眉批説：『近人陸樹芝上「已」字斷句，謂既因人所是而是之已，但已因是而非以有心因之，則道之大成也。按此與上下「亦因是也」，及「因是因非」，數語方成一綫。』此處張氏則先聯繫陸樹芝所持論點，再申以己意。另外，張氏有時還直接對舊注舊解予以批駁，如在《人間世》篇『鬼神將來舍，而況人乎』上眉批説：『舊解不知鬼神來舍承上祭祀之齋，陪説心齋，模糊讀過，甚有謂鬼神冥附止者，不幾同巫覡之作用乎？亦可笑已。』

在解析文法方面，張氏注意從文章整體上把握莊文特點，如《逍遥遊》篇眉批説『「大」字係一篇綱要』『「用」字一篇眼目』，《駢拇》篇眉批説『「道德」二字爲一篇大旨』，《馬蹄》篇眉批説『此篇大旨，推本無爲之治，層層都是寓言，一句到題，神妙無匹』。對於莊文結構，張氏也時加分析，如《駢拇》篇結尾處眉批説：『首段舉離朱、師曠，不及俞兒，故收束處亦復從略，正以參錯見奇，宣説未是。……結清本旨，將仁義淫僻兩兩分析，可見全篇皆有激之言。』對於莊文筆法，張氏有時細加探究，如《逍遥遊》篇『斥鴳笑之曰』眉批説：『上文之笑，在自安於拙，此則自以爲工矣。文法變換，「小大之辨」句束上起下，筆力千鈞。』有時則直接發出由衷讚歎，如僅以《胠篋》篇爲例，其眉批就有『淩空起步，筆如游龍』『風檣陣馬，鋭不可當』『文氣浩汗，如百川赴海』等語，可見張氏對莊子文章深爲歎服。

張之純在《莊子菁華録》中亦偶作考證，如《齊物論》篇『予嘗爲女妄言之，女亦妄聽之』眉批説：『原文「妄聽」之下有「奚」字，舊注屬上讀，作「何如」解。近人屬下讀，謂何道以致此。二説皆非，「奚」字當是衍文，以上文有「奚若」二字，傳寫雜出也。』此處張氏在批駁前人論點基礎上，指出『奚』字爲衍文，可備一説。

張之純《評注諸子菁華録》八卷，有民國七年上海商務印書館排印本、民國二十八年上海商務印書館排印本。此次影印《莊子菁華録》八卷，據華東師範大學圖書館藏民國二十八年上海商務印書館排印《評注諸子菁華録》本。

莊子淺訓

蔣兆燮撰

蔣兆燮（1871—1942），字梅笙，江蘇宜興人。清光緒十六年秀才，補博士弟子員。曾任復旦大學教授，著作有《國學入門》《莊子淺訓》等。

《莊子淺訓》由天台山農題簽。該書分爲上、下兩册，上册自《逍遥遊》至《至樂》篇，下册從《達生》至《天下》篇。前有《例言》，介紹該書編纂緣由、體例、莊子學説基本特點，並强調讀莊者當『賞其文章之奇』『諒其悲憤之衷』『悟其寓言之意』。該書『從漢儒説經例，不録全文。於所訓之章句，標題上方，而綴訓辭於下；其舊注已得，或本文自明，無庸訓釋者，咸不之及』（《例言》），篇題下有題解；正文先録《莊子》原文（《盜跖》篇衹有題解，無原文、無注解），順文雙行夾注，有句點；篇末將文中重要詞語、句子甚或短小段落單列出來，予以闡釋，並分析文章結構。

蔣兆燮遴選《莊子》作爲學生之讀本，但他對歷代注《莊》者卻極爲不滿，在《例言》中説：『郭注於章句字義，不屑訓釋，專以玄談雋語，羼雜其間，往往注愈精而本文愈晦。近代注家，稍稍思矯其弊，而於章節既鮮發明，又舊注失當處，亦沿襲而罔加訂正。學者循是以求莊，奚怪其扞格而不入耶？愚於茲書，誦習既久，寖覺無深非淺，無難非易，爰就舊注所未及，與雖及而未得其真者，別以簡淺之語釋之，曰淺訓者，誌其實也。』故蔣氏編纂《莊子淺訓》，旨在矯正歷代注莊者之『弊』。

蔣氏認爲，莊子之學，祖述老子，可以『無爲自化，清靜自正』八字概括。《莊子淺訓》以此爲基點，其題解、注解、訓釋即圍繞此展開。需要説明者，是《莊子》原文中夾注較爲簡單，且多引司馬彪、崔譔、李頤等人注解；篇末音注、訓釋則不引他注、他解，條目分明。間以近代科學知識解《莊》，如《逍遥遊》篇末解釋『北冥』『南冥』時説：『今地理家言北有北冰洋，南有南冰洋，其地皆荒寒冥漠，亘古無人跡，莊子以冥狀之，其思想奇矣。戰國時哲人傑士，奮其自由之思，揣測物理，多有與近代學説相冥合者，《莊子》中類是者非一。』

蔣氏注意勾勒《莊子》上下文之關係，對其篇章結構每予關注，梳理甚爲細緻。如《齊物論》篇末，將該篇分爲五節，認爲第一節『欲齊物必先忘我，故以喪我發其端』，第二節『上言風動則地籟生，下言天籟不可見，驗諸人情之萬殊，皆所以明物性之自然也』，第三節『物之不齊，正以是非有無之判然耳，故反復辯難，務比而同之也』，第四節『必並知不知去之，而後物可齊，至於死生利害若一，則齊物之效全矣』，末節『復設兩喻，一以應自然，一以應死生若夢』。甚至在《應帝王》篇題解中，蔣氏在闡釋義理之後，對該篇結構也有具體分析：『篇首揭主旨，以下雜述故事以證明之，通例然也。本篇先述事，凡五節，至第六節乃揭主旨，第七節復以寓言反證之，篇法特創，奇甚。』可見蔣氏對莊文結構之重視。對於一些結構條理不甚分明之篇章，他則稱之爲『雜録體』，如《庚桑楚》篇題解説：『蓋莊氏所雅言，載筆者雜録成篇，無統系也。』《列禦寇》篇題解説：『此篇亦雜録體也。』

今影印蔣兆燮《莊子淺訓》，據華東師範大學圖書館藏民國八年上海新民圖書館排印本，。

莊子補注四卷

奚侗撰

奚侗（1878—1939），字度青，號無識，安徽當塗人。清末附生，後於日本明治大學畢業，授法學士。清亡，先後任鎮江審判廳推事，清河、吴縣地方審判廳廳長。民國三年後，歷任海門縣、江浦縣、崇明縣知縣。任職期間，曾創設貧兒教養院、平民工廠，修治水利，革除錢糧積弊。一生愛好買書、讀書、寫書，對中國古典哲學、文字學頗有研究，著有《説文采正》《老子集解》《莊子補注》等書。

《莊子補注》爲札記體，共收校訂補注文字四百十四條，前有靜海高潛敘、奚侗民國五年自敘，末有紹興戚揚民國六年跋語。奚侗自敘云：『郭本割列原書，已失《莊子》之舊。今本讎校未精，傳寫訛捝，則又失郭本之舊。證以陳景元《莊子闕誤》，是郭注本在宋時已無善者矣。晚近治《莊子》者，如王念孫、郭嵩燾、李楨、俞樾、郭慶藩、孫詒讓、章絳諸家，理解疑滯，多所發明。余鄉好此書，於今本捝誤及注者踳駁之處，亦頗有所弋獲，又往往偁引諸家之説，證以啚見，求其塙當而已。』在王念孫、郭嵩燾、李楨、俞樾、郭慶藩、孫詒讓、章炳麟等之後，奚侗在《莊子》校釋方面亦取得不少成績。

一、校補脱漏。奚侗認爲，今所傳《莊子》三十三篇文字，在長期流傳過程中已出現不少脱漏現象，因而他每每根據有關文獻資料加以訂補。如《齊物論》篇有『疾雷破山、風振海而不能驚』之語，奚侗云：『「風」上捝「飄」字，當據《闕誤》所引江南李氏本補之。「疾雷破山」、「飄風振海」，耦語也。成疏「雷霆奮發而破山，飄風濤蕩而振海」，是成本亦作「飄風」。』今案《太平御覽》卷五〇六引此文『風』上有『暴』字，可證正如奚氏所説，此處確有脱漏。《天運》篇有『予口張而不能嗋，予又何規老聃哉』之語，奚侗云：『《闕誤》江南古藏本「予口張而不能嗋」下有「舌舉而不能訒」一句，今本挩去，當據以補之。《秋水》篇「公孫龍口呿而不合，舌舉而不下」，《田子方》篇「形解而不欲動，口鉗而不欲言」，又云「心困焉而不能知，口辟焉而不能言」，此類文例作耦語，可爲本文有挩簡之證。』今案《藝文類聚》卷九六引有『舌出而不能言』句，《太平御覽》卷六一七引有『舌出而不能縮』句，說明奚說當可從。《讓王》篇有『匡坐而弦』之語，奚侗云：『《韓詩外傳》《新序・節士》篇載此事並作「匡坐而弦歌」，《御覽》四八五引《闕誤》張君房本「弦」下並有「歌」字，當據補。』今案《史記・遊俠列傳》正義、《藝文類聚》卷三五、《合璧事類別集》卷十四所引『弦』下並有『歌』字。成玄英《莊子注疏》『逢雨濕而弦歌自娱』，說明成本也有『歌』字。可證奚侗此說確亦可從。

二、校訂錯訛。鑒於今所傳《莊子》文本每有錯訛之處，奚侗每予精心校訂，多所是正。如《大宗師》篇有『天之小人，人之君子；人之君子，天之小人也』之語，奚侗云：『此文四句義複，下二句「人」字、「天」字互誤。』今審文義，奚說可從，王叔岷《莊子校釋》謂舊鈔本《文選》江文通《雜體詩》注引此文下二句正作『天之君子，民（人）之小人』。《天運》篇有『孰居無事推而行是』之語，奚侗云：『「推」字當在「而」下。「推行」連語，與「主張」「綱維」相耦。』今案郭注云：『無則無所能推，有則各自有事，然則無事而推行是者誰乎哉？』說明郭象所據本正作『孰居無事而推行是』，當依奚說訂正今本《莊子》之誤。此外，如他謂《養生主》篇『經首』疑爲『狸首』之誤，《至樂》篇『從然』當作『泛然』，《知北遊》篇『喑醷』當作『喑噫』等等，亦皆可備作一說。

三、辨明通假。戚揚《莊子補注》後跋云：『竊惟周秦以前，文字未備，依聲托事，每資通假。……學者苟能先明乎六書之通假以治《莊子》，推之即可以無難讀之古書矣。』奚侗深明此理，故其著述此書，十分重視揭示《莊子》文字通假現象。如《逍遙遊》篇有『此小大之辯也』之語，奚侗云：『辯，通作「辨」。本書多假「辯」爲「辨」。』奚氏此說甚確，當從之。《知北遊》篇有『回敢問其游』之語，奚侗云：『游，借作「由」。』今案成玄英疏云『問其所由』，是成氏正讀『游』作『由』。《山木》篇有『萃乎芒乎』之語，奚侗云：『萃，乃「芴」之借字。本書多以「芴」「芒」並舉。《至樂》篇「芒乎芴乎，而無從出乎；芴乎芒乎，而無有象乎」，《天下》篇「芒乎何之，芴乎何適」，「芴芒」與「惚恍」相同。』前人訓『萃』爲『聚』，顯然不如奚氏讀『萃』爲『芴』，於文義爲順。

四、斠論疑誼。高潛《莊子補注》敘謂『釋誼者多耳目之蔽』『割裂』『穿鑿』者有之，而奚侗每能『斠論疑誼』『多所諟正』。奚氏對前人解釋提出質疑確實甚多，往往有真知灼見。如《齊物論》篇有『山林之畏佳』之語，奚侗云：『林，當爲「陵」。畏佳，猶言「崔嵬」，並與「隹隗」「摧崣」相同，言山阜之高大也。以叠韻字體物本無定形，郭注「大風之所扇動」，蓋不知「林」當作「陵」而誤以「畏佳」爲大風扇動之聲也。下文「大木百圍之竅穴」即承接此句，惟有畏佳之山陵而後有百圍大木耳。』奚氏此説甚確，足以糾正郭注之謬。《逍遥遊》篇有『將旁礴萬物以爲一，世蘄乎亂，孰弊弊焉以天下爲事』等語，奚侗云：『近人治《莊子》者，如李楨、王先謙均以「一世」連讀，而讀「爲」爲去聲，然上文既言神人將爲一世蘄乎亂（亂，治也），下又言「孰弊弊焉以天下爲事」，則上下文自矛盾矣。郭注「世以亂故求我」，《釋文》出「世蘄」二字爲之音義，《文選·吴都賦》劉淵林注引《莊子》曰「將磅礴萬物以爲一」，可見古無有以「一世」連讀者。』奚氏此等批駁，亦足以糾正李楨、王先謙等之失。

總之，正如高潛敘所説，奚侗此著能『綜説莊家言，斠論疑誼，拾遺訂誤，多所諟正』，具有較高學術價值。但高氏繼而稱『自郭（象）氏以下，殆無有善於此者』，則並不符合實際。如奚氏謂《大宗師》篇『同於大通』之『大』字爲『化』字之誤，《應帝王》篇『曾二蟲之無知』之『知』字當作『如』字解等等，皆不足爲學者所遵從。

今影印奚侗《莊子補注》四卷，據上海圖書館藏民國六年江蘇省立官紙印刷廠排印本。

莊子天下篇講疏

顧實撰

顧實（1878—1956），字惕生，江蘇武進人。早年攻習法科，後喜研治古代典籍，亦頗究心於西方學術，曾執教於東南大學、無錫國專。著作有《論語講疏》《大學鄭注講疏》《中庸鄭注講疏》《漢書藝文志講疏》《穆天子傳西征講疏》《墨子辯經講疏》《莊子天下篇講疏》《楊朱哲學》《中國文字學》《説文解字部首講疏》《六書解詁及其釋例》《重訂古今僞書考》《中國文學史大綱》等。

《莊子天下篇講疏》分爲《原一》《墨翟禽滑釐》《宋鈃尹文》《彭蒙田駢慎到》《關尹老聃》《莊周》《惠施》七大部分，前有顧實民國十六年《自序》，末附《六家諸子擬年表》。顧實《自序》云：『《莊子·天下》篇者，《莊子》書之敘篇，而周末人之學案也。舊曰學案，今曰學術史。不讀《天下》篇，無以明莊子著書之本旨，亦無以明周末人學術之概要也。故凡今之治中國學術者，無不知重視《天下》篇，而認爲當急先讀破也。』認爲《天下》篇既然如此重要，學人就應當『急先讀破』，但要讀破此篇，必須掌握『四法』，即一要『熟玩《莊子》全書』，二要『遍讀群經百家之書』，三要『明乎文字之聲音假借而正其訓詁』，四要沉酣其文而『得其肌理氣息』。據顧氏自己説，他『惟用此「四法」』而著成此書，使久爲人們『誤讀誤解』『幾於不可究詰』之《天下》篇，終於『如日中天』而其義自見。

顧實上述説法，實際上正體現出他在疏解古代典籍時，要求以文字、音韻、訓詁與義理闡釋並重，寓宏觀於微觀中之主張。今觀其著述《莊子天下篇講疏》，既注重從校勘、文字、音韻、訓詁入手進行疏證，又重視廣徵博引、條分縷析，並將先秦諸學派放在歷史大背景下予以宏觀考察，因而使其疏解取得較大成就。如他所撰《墨翟禽滑釐》《宋鈃尹文》《彭蒙田駢慎到》《關尹老聃》《莊周》諸部分，皆可謂精心結撰之作，既忠實於文本，又不乏獨見。如在《關尹老聃》中，他認爲宋代以來對『建之以常無有，主之以太一』兩句之理解皆有錯誤，並指出此兩句即『今哲學家所謂世界觀』，其下兩句即『今哲學家所謂人生觀』，表明關尹、老聃在世界觀上能認識到『有形』出於『無形』『無形』與『有形』可統攝爲一之道理，在人生觀上能達到以柔弱謙下爲外表形式、空虛不毁萬物爲內在實德之境界，所以『莊子論諸子，惟關尹、老聃爲真能造乎內聖外王之一境，故下文頌之曰：「古之博大真人哉！」』顧實此處從正句讀、明文義入手，進而從宏觀上論定《天下》篇著者對關尹、老聃之根本態度，顯得有理有據，令人信服。

尤其值得重視者，是顧實在《惠施》部分中還較多引進西方科學思想，使名家某些命題所含思想智慧得到初步發現。如他於惠施『無厚不可積也，其大千里』命題下云：『此由小而大之一體，成今幾何學上之所謂體也。』於『天與地卑，山與澤平』命題下云：『此由大而小之一體，成今幾何學上之所謂面也。』於『日方中方睨，物方生方死』命題下云：『此通合大小之一體，成今幾何學上之所謂綫也。』説明在顧實看來，惠施這些命題已在一定程度上説出某些幾何學原理。他還認爲，在『辯者』『二十一事』中，『自「火不熱」至「一尺之捶」云云十五事，多屬於離堅白之類，則不爲詭辯而科學之精神寓焉』，如所謂『至不絕』，即『今人言「物質不滅」也』。總之，顧實認爲名家各派學説決不能一概斥之爲詭辯，並强調指出：『由今觀之，惠施之逐物，乃甚近唯物主義，而莊子之論，偏傾於唯心主義。古今學術之升降何窮，莊子一人一時之倡説，豈遽能爲千古之定論哉！』顧氏此處不囿於《天下》篇著者及歷代詮釋者之思想局限，而以二十世紀初學人之科學眼光去審視先秦名家各派思想，使之從長期備受貶斥陰影中解脱出來，可謂在《天下》篇名家研究方面開了新風氣。

但綜觀《莊子天下篇講疏》，顧實之疏證也有不可取之處。如他在《原一》中説：『方，版也。法著之方策，故「方」亦轉訓「法」也。《韓非子·難三》篇曰：「人主之大物，非法則術也。法者，編著之圖籍，設之於官府，而布之於百姓者也；術者，藏於胸中，以偶衆端，而潛御群臣者也。」故「方術」即「法術」。』此處將『方術』訓解爲法家所謂『法術』顯然不可從，而他繼而訓『道』爲『行』，謂『大抵指可見諸行事者而言』，即認爲『道術』體現於『五帝三代之治化』中，亦未爲不誤，因爲莊子對五帝三代之治化頗多非議，根本不曾以大道之體現者視之。在《莊周》中，他認爲『莊周聞其風而悦之』之『古之道術』，即爲《大宗師》篇所記子祀、子輿、子犁、子來、子桑戶、孟子反、子琴張之『道』，並進而斷言『莊子固孔徒之流裔』，則更遠離《天下》篇著者之本意。

顧實《莊子天下篇講疏》有民國十七年上海商務印書館初版排印本、民國二十年再版排印本、民國二十二年國難後第一版排印本。茲據華東師範大學圖書館藏民國十七年上海商務印書館排印本予以影印。

莊子章義

胡樸安撰

胡樸安（1878—1947），原名韞玉，字仲明，號樸庵、樸安，後以樸安爲名，安徽涇縣人。辛亥革命前抵滬參加《民立報》等工作，並加入南社，與柳亞子等創辦『文美會』。曾先後任教於上海大學、國民大學、群治大學等。幼習經史，精研經子文字訓詁之學，學宗戴震、包世臣，尤長於《易》《詩》《説文》及訓詁學。著述有《中國訓詁學史》《中國文學史》《周易古史觀》《易經之政治思想》《易制器尚象説》《儒道墨學説》《周秦諸子學略》《莊子内篇章義淺説》《莊子章義》等。

胡樸安在民國初開始研治《莊子》，隨後著成《莊子内篇章義淺説》，將内篇各篇分章分段，並説明其大意，於民國十二年收入《國學彙編》第三集内。接着，胡樸安又爲《莊子》内、外、雜篇各篇分章分段，並一一寫明章旨，著成《莊子章義》一書，於民國三十二年收入《樸學齋叢書》内。《莊子章義》題『涇縣胡樸安著』，前有胡氏所撰《自序》《題詞》，正文則由《總説》（包括《道家源流及其派別》《莊子之自然思想》《自然即道》《自然的成功》《人我是非一致》《死生觀念》《入世的方法》《精神的修養》《結論》）和三十三篇章義兩大部分組成。胡樸安在《自序》中認爲，《莊子》行文雖汪洋恣肆，莫可端倪，但如細心閲讀，明其章義，便能得其思想之統序，而自郭象、成玄英以來，衆多注疏皆爲《莊子》語言所迷惑，莫能得其用意旨趣，所以他一反傳統注疏形式，而『分其章段，説其大意』，以章段爲單元，對《莊子》各篇内在思想進行會通。在胡樸安看來，莊子學説精華全在内七篇，其餘各篇即由此聯貫而下，而《莊子》全書宗旨就是『以空間之虚、時間之無的宇宙觀爲人生觀』，即反映出著者追求一種獨與天地精神往來之人生境界。據《題詞》所收十三首詠懷詩看，胡樸安如此歸納《莊子》全書宗旨，正與他對人生境界之獨特體悟密切相關。此外值得重視者，是胡樸安還據此而對老、莊思想加以區别，認爲莊子雖屬道家，但並非老子嫡傳，因爲老子是入世派，所持思想顯然包含政治權謀，而莊子則是出世派，唯是通過體悟無爲自然之天道而追求一種獨與天地精神往來之人生境界。應當承認，胡樸安對老莊作如此區别，顯然甚有見地。

此次影印胡樸安《莊子章義》，據華東師範大學圖書館藏民國三十二年安吴胡氏樸學齋刊《樸學齋叢書》本。

莊子内篇章義淺説

胡樸安撰

胡樸安生平事蹟，已見《莊子章義》提要。其於此前所撰《莊子内篇章義淺説》，題『涇縣胡韞玉樸安著』，前有自序，正文爲每篇分章分段，並一一言明其大意。

胡樸安自序云：『讀古書之要有二，一詁訓，一章義，章義之淺者，明其段落，通其大意是也。』並謂《莊子》一書，其文汪洋恣肆，不可端倪，初學者第歎其用意之奇、行文之肆，而莫能得其旨趣之所在，及起落之所由，『凡此者，皆未明章義故也』。故於傳統注疏外另辟一途，『將内篇七篇，分其段落，説其大意，使七篇之大意，皆由段落而明，不僅文從字順，抑且理析義解』，遂成《莊子内篇章義淺説》。胡氏如此解《莊》，用意既美，方法亦新，值得重視。

今細審胡樸安所作章義淺説，正如其自序所言，凡内七篇之篇旨章義，與其用意之奇、行文之肆，以及起落之所由，皆努力揭明之，對讀者甚有益處。如有異議處，胡樸安還每予大膽辨證。其《齊物論》篇云：『自《文心雕龍》云：「莊周齊物，以論名篇。」彦和一言，貽誤千古，讀《莊》者皆以爲齊物，而不知爲齊論。於是遂多模糊影響之談，而不能確指其意旨之所在。竊嘗尋其段落，知物論平列之説，確不可易。』在歷史上，或讀《齊物論》爲『齊物』之論，或讀爲齊『物與論』，或讀爲齊一衆論，而胡樸安則讀爲『齊論』，見解甚爲獨特，可備作一説。又其《養生主》篇云：『莊子之學，與老子異者，即在於生死之際。老子求長生，莊子忘死生；老子以谷神不死爲養生，莊子則以任自然爲養生。養生主者，人於萬物而不滯，順乎天然而不攖，不傷身，亦不畏死，視死生爲一致，此養生之宗主也。』此處先辨清老、莊生死觀之異同，然後闡明莊子養生思想之特徵，確有真知灼見，值得信從。然其《逍遥遊》篇云：『逍遥遊者，無大無小，皆有悠然自得之樂，自然之極致也。』則深受郭象『適性逍遥』説之影響，顯然有違於莊子之本意。

此次影印胡樸安《莊子内篇章義淺説》，據華東師範大學圖書館藏民國十二年國學研究會排印《國學彙編》第三集本。

莊子管見

金其源撰

金其源（1789—1961），字巨山，江蘇寶山人。詩人，學者，與柳亞子、高吹萬等來往密切，同爲南社成員。少從其里人施琴南（贊唐）受經，施有所論撰，輒命爲檢校，故早歲了然於漢學之淵源。民國時曾任江蘇省議會議員。

一九五六年入上海文史館任館員。著作有《諸子管見》《讀書管見》等。

《莊子管見》在《讀書管見》內，收録有關《莊子》之考釋文字凡三十五條，涉及《逍遥遊》《養生主》《人間世》《德充符》《大宗師》《應帝王》《在宥》《天地》《天道》《田子方》《庚桑楚》《徐無鬼》《則陽》《外物》《寓言》《讓王》《盜跖》《列禦寇》等十八篇，其中《養生主》《大宗師》《應帝王》《田子方》《外物》《讓王》《盜跖》《列禦寇》等八篇，僅各有一條考釋文字。今細審其考釋文字，往往有值得重視者。如《在宥》篇有『聞在宥天下』語，金其源考釋云：『在宥者，即《書·舜典》「敬敷五教在寬」之「在」，寬也。在，謂存敷教之道於上；寬，謂寬率教之責於下。孔子曰：「無爲而治者，其舜也歟？夫無爲者，恭己正南面而已。」恭己，即存敷教之道；無爲，即寬率教之責。莊子之言「聞在宥天下，不聞治天下」，其即謂《舜典》之在寬乎？』對於『在』字，司馬彪云：『在，察也。』金氏不從司馬之説，而是同意蘇輿之訓釋，認爲如果訓『在』爲『察』，則『固治之矣』，豈能『使民相安於渾沌』？並進而引經據典，論定『在』亦有寬然自存之意。此處訓釋，理由充足，吻合文本，可以信從。又《徐無鬼》篇有『上忘而下畔』語，金氏考釋云：『竊謂經傳雖多假「畔」爲「叛」，然《説文》：「畔，田界也。」《廣雅·釋詁》：「叛，亂也。」本義各别。「下畔」者，謂居下能守畔界，即《左傳》襄公二十五年「行無越思，如農夫之有畔」也。』此處訓釋，前人未嘗言之，亦可備作參考。

但金其源之訓釋，亦有可疑者。如《逍遥遊》篇有『而後乃今培風背負青天』語，學者皆從『風』下絕句，以『背』字屬下句讀，而金氏則謂『當從「背」屬上句』，並云：『風斯在下，則鳥在風之背上，故曰「培風背」；風雖在下，天則猶在鳥之背上，故曰「負青天」。』如此斷句、訓釋，可謂不詞之甚。又《德充符》篇有『彼兀者也，而王先生』語，李頤云：『王，勝也。』(《經典釋文》引)謂超過、勝過。金氏則謂：『方，比也。「而王先生」者，乃比先生也。』此處訓釋，亦顯然不可從。

此次影印金其源《莊子管見》，據華東師範大學圖書館藏民國三十七年商務印書館排印《讀書管見》本。

莊子哲學附莊子内篇解説

曹受坤撰

曹受坤（1879—1959），字伯陶，自號知止居士，廣東番禺人。曾留學日本，任廣東法政學堂教師。著作有《莊子哲學》《莊子内篇解説》等。

《莊子哲學》爲論述體，前有民國三十七年葉恭綽並陳融序，和曹受坤民國三十年《〈莊子哲學〉初印小引》、民國三十七年《第二次印〈莊子哲學〉並附印〈莊子内篇解説〉弁言》，以及《莊子哲學目録》《莊子内篇解説凡例》。該書分爲《莊子之根本思想》《從認識論檢討莊子之去知主義》《莊子之宇宙論》《莊子之生物説》《莊子之人生觀》《莊子之修養工夫》《莊子之處世方法》《莊子之政治理想》《莊子之道德論、名學或辯學》等九章，間有順文雙行夾注，並每附按語。後有曹氏民國三十年十月題跋。

《莊子哲學》首先從莊子思想根本談起。曹氏説：『余通觀《莊子》書，其立説之徑路，有與一般學説全然不同者，因而窺知莊子之根本思想焉。所謂與一般學説不同徑路者，一般學説在直綫上走，而莊子獨不然也。直綫必有兩端，以一端爲此，則必以他端爲彼。此爲是而彼爲非，古今學説之所同然也。然莊子獨異。莊子立説不取直綫而取圓形，其名曰環中。』曹氏以『環中』作爲研討莊子思想之路徑，並在批評王夫之『渾天』説基礎上，指出『環中』説得之於生物進化之跡，可謂標新立異。此爲曹氏立論之基。其他諸章，曹氏也常有新論，如《莊子之處世方法》中認爲：『莊子處世方法，息息與修德相關，而一以定命論爲其基本觀念』。在《莊子之政治理想》一章中，曹氏對比老莊與法家無爲思想之異同説：『法家之無爲，是君主一人不任事，而道家之無爲，是天下萬人不受攖；法家之無爲，是謀君主一人之暇逸，而道家之無爲，是謀天下萬人之安寧，不可不辯也。』

就解莊方法而言，曹受坤堅持以莊解莊。他在《莊子内篇解説凡例》中説：『莊子思想既與一般學説不同徑路，然則唯有以莊釋莊之一法，故宋明以來用儒、佛説莊者未敢引用，其欣賞文詞一派亦無取焉。』這在《莊子哲學》中同樣適用，他基本未曾襲取以儒、佛解莊之觀點，力踐莊子之學『當於《莊子》書中求之』（《莊子之根本思想》）原則。但是，由於曹氏曾經專注於西方哲學，故《莊子哲學》中常常采用西方哲學，如康得、柏格森、笛卡兒、羅素等人理論，對莊子思想予以闡釋。如《從認識論檢討莊子之去知主義》一章，即從認識論角度，來探討莊子去知主義，認爲莊子去知之理由是『對象非即實在，而實在非可以理智求得其真』；《莊子之宇宙論》一章，在討論『物與我』問題時，引用笛卡兒『我思故我在』、柏格森純粹持續之觀點；《莊子之生物説》一章則以生物進化理論爲基點，追求西方哲學理論與莊子思想之融合。

曹受坤《莊子哲學》有民國三十年自印本。民國三十七年石印《莊子哲學》時，曹氏以所著《莊子内篇解説》（此書乃是采集魏晉以來諸家注解及曹氏於每節末自附案語而成）附於後。此次影印《莊子哲學》（包括所附《莊子内篇解説》），據中國國家圖書館藏民國三十七年石印本。

讀莊窮年録二卷

秦毓鎏撰

秦毓鎏（1880—1937），字效魯，晚號天徒、坐忘，江蘇無錫人。早年曾留學日本早稻田大學，加入興中會，從事反清活動。與黄興等人組織華興會，任副會長。資産階級革命家，孫中山先生摯友。辛亥革命後，曾出任無錫縣長。『二次革命』時，與黄興等起兵討伐袁世凱，失敗後被捕。『癸秋入獄，已歷三年，斗室幽居，日如年永，藉治此書（《莊子》）以自遣。於昔人之注所未備或未愜者，輒以己意解之；其微言奥旨不能猝解者，窮日夜以思之。及其豁然有得，則軒眉而喜，放聲而誦，琅琅然與鋃鐺之聲相答，竟自忘其在圜土之中也。』（《自序》）《讀莊窮年録》即秦氏於獄中著成。

《讀莊窮年録》二卷，卷首題『無錫秦毓鎏效魯述』，書前有秦氏民國五年《自序》《例言》。全書以闡釋《莊子》爲主，不録《莊子》全文。其《例言》云：『《莊子》舊注已甚詳備，此編祇就愚意所得録之，每條列原文於前，列解於後。』該書共録《莊子》原文三百六十五條，條目後低一行作解；各條目皆甚簡單，如《逍遥遊》篇『歸休乎君』即爲一條，解釋爲『謝之使去也』。秦氏對《莊子》各篇之用力亦較懸殊，總體而言，以内篇爲重，其中《逍遥遊》十二條、《齊物論》四十六條、《養生主》九條、《人間世》二十四條、《德充符》七條、《大宗師》四十六條、《應帝王》六條，占去一百五十條，且篇目下還有題解；外、雜篇則無題解，除《天下》篇四十五條外，《駢拇》《馬蹄》《胠篋》《讓王》《説劍》《列禦寇》六篇一條未録，《繕性》《外物》《漁父》三篇各僅録一條，其他篇目也甚爲簡略。

秦毓鎏對莊子甚爲推崇。他在《自序》中首先從批駁所謂莊子「宗老」「尊孔」兩種學説入手，指出莊子是「負絕世之知而兼過人之情，處亂世而不自得，高言放論以自快其意者也。」可以説，所謂莊子「絕世之知」與「過人之情」是秦氏解莊之基本立足點。在具體闡釋過程中，秦氏特別注重《齊物論》。其《例言》云：「內篇解較多，而於《齊物論》一篇尤詳。以此篇爲其學説中樞，實爲全書綱要，尤不可忽。通乎此篇，則全書迎刃而解矣。」以《齊物論》爲全書之綱要，故秦氏對《齊物論》用力較多。而對於《逍遥遊》篇，秦氏則認爲：「此篇爲莊子自處之道而未免小大之見，此其窮愁無聊而聊以自解者也。郭子玄力爲彌縫，陳義雖高，奈失其本旨何？」以《逍遥遊》篇爲「窮愁無聊而聊以自解」之作，評價甚低，實與一般論者相左。

就闡釋方法而言，秦氏注重以莊解《莊》，注意《莊》文之間相互發明。如《養生主》篇題解云：「此篇論養生之道，始言生，終言死。生當養之，死亦安之。《大宗師》曰：『善吾生者，乃所以善吾死也。』」以《大宗師》篇闡釋《養生主》，頗有新意。另外，秦氏還間引西方哲學解釋《莊子》。如他在《齊物論》篇「有無也者」條目後解釋説：「謂一切虛幻者。案西國哲學，有惟物、惟心二派。有有，即惟物之説也；有無，即惟心之説也。」

秦毓鎏《讀莊窮年録》二卷，有民國六年石印本、民國六年排印本等。此次影印，據華東師範大學圖書館藏民國六年排印本。

莊子研究及淺釋

王治心撰

王治心（1881—1968），名樹聲，浙江吳興人。清末庠生。民國時，曾先後任基督教刊物《光華報》編輯、南京金陵神學院國文和中國哲學教授、中華基督教文社主任編輯、福建協和大學文學院院長、滬江大學國文系主任等。著作有《孔子哲學》《孟子研究》《道家哲學》《莊子研究及淺釋》《墨子哲學》《中國歷史上的帝觀》《中國學術源流》《中國學術概論》《中國文化史類編》《中國宗教思想史大綱》《基督徒之佛學研究》《孫文主義與耶穌主義》《三民主義研究大綱》等。

《莊子研究及淺釋》前有王治心民國十五年《緒言》《新式考證注解莊子目録》，末附王夫之《莊子通》、胡適《莊子思想》、梁啓超《道家思想》。正文解《莊子》内七篇及雜篇之《天下》，而冠以《莊子研究》。其《緒言》謂，此書是爲配合文科教學而撰寫，其特點爲『彙諸家注本，詳加考覆，以淺近易知之言，爲之寫定，間有取各家之長而參以己意者。』《緒言》後還附參考書目十六家，如郭象《莊子注》、成玄英《莊子注疏》、陸德明《莊子音義》、釋德清《莊子内篇注》、王夫之《莊子解》、林雲銘《莊子因》、陸樹芝《莊子雪》、王念孫《莊子雜志》、俞樾《莊子平議》、孫詒讓《莊子札迻》、王先謙《莊子集解》、郭慶藩《莊子集釋》、章炳麟《莊子解故》等，皆在采擷之列，所據資料相當豐富。

七篇前所置《莊子思想》，所論問題凡八項：一曰：『莊子究爲宋人抑楚人？』二曰：『《莊子》書是否爲莊子自作，有無後人所勦入者？』三曰：『莊子之學，究宗老而宗孔？』四曰：『莊子是否即楊朱？』五曰：『莊子之本體觀念，是否與老子相類？』六曰：『莊子終身不仕，其人生觀是否爲出世主義？』七曰：『莊子之道德觀念與修養方法果何如？』八曰：『莊子何以剽剝儒墨，其論理觀念何如？』認爲『解決此八問題，即解決莊子之全部學説，而得《莊子》之真矣』，故予以詳述之。今審其所述，每有可采者，如謂『莊子自是宋人』而非朱熹所謂楚人，『内篇七篇實已括莊子全部學説，外篇、雜篇無非蔓衍内篇之旨而已』『莊子者，傳老子之學者也』『莊周與楊朱決不是一人無疑』等，皆言之成理，大致可信。又正文淺釋，或徵引成説，或申以己意，不乏獨特見解。如《天下》篇曾列舉惠施『歷物十事』及辯者『二十一事』，字裏行間充滿鄙夷之意，認爲名家各派學説皆『以反人爲實』，完全是奇談怪論，而王治心則説：『惠施名家也，其言同異之理，可與《墨子》《公孫龍子》《荀子・正名》等互相發明，爲論理學上極有價值之討論。』又説：『惠施、公孫龍輩之名家學説，是否有其學術上之價值，自不能憑莊學者一面之言而抹殺之矣。』此等説法甚有道理，足可對以往學者之名家觀起到衝擊作用。

此次影印王治心《莊子研究及淺釋》，據華東師範大學圖書館藏民國二十五年上海群學社排印本。

莊子新義

朱文熊撰

朱文熊（1867—1934），字叔子，江蘇太倉人。清光緒間中舉人。早年與唐文治同師里中大儒王祖畬，王氏曾稱朱爲『吾門長才，且安貧樂道、能砥礪名節者』。曾先後任教於太倉中學、南洋公學、無錫國學專修學校等。據弟子輩追憶，其教學，古文主於《古文辭類纂》，詩主於《唐宋詩醇》，諸子主於《莊子》，而理學主於張履祥、陸隴其。著作有《莊子新義》等。

《莊子新義》是《無錫國學專修學校叢書》第七種，爲朱文熊多年以儒治《莊》之成果。該書前有民國十六年七月唐文治《莊子新義序》、朱文熊《莊子新義自序》、朱氏《讀莊餘論》二十八則、《凡例》三則、《莊子與孟子學術同源及著書之大概考》《莊子新義目録》。正文依《莊子》内、外、雜篇，分爲三卷；各篇録《莊子》全文，順文雙行夾注，每斷以己意；篇末有評語。書末有馮振《莊子新義跋》。因認爲《讓王》《盜跖》《説劍》《漁父》四篇非出於莊周之手，故僅予以分段、句讀，而無注、無評語。

唐文治《莊子新義序》説，莊子之學可有各種解釋，但『爲人心世道計，則當以儒家爲要歸。君之此書，蓋能獨得其精微矣』，是則從世用角度對朱氏以儒解莊予以肯定。朱文熊自序謂：『莊子之學，必非僅「玄同」二字，彼其襲老之跡，映孔子之真，有非郭子玄輩所能得其意理者與？』並指出：『莊子之學，其儒家之雄與？……竊謂莊子之學，是象山氏之先河也，是陽明氏濫觴也。自宋五子之未興，知道之體者，莫如莊子；知道體之真而以高言厲俗者，又莫如莊子。』認爲莊子之學，開宋代理學先河，是真知孔子者。朱氏此等思想，可謂貫穿其《莊子新義》全書。如《逍遥遊》篇題解云：『《逍遥遊》即自得之謂。此篇當與孟子第二篇「不動心」章參看。惟能遊心於理中，無人而不自得；斯能逍遥於物外，無心而能成化。若但作「任天而遊無窮」解，猶爲非是。』《人間世》篇題解云：『「人間世」，猶言人處世間也。此篇當取孔子適衛適楚、孟子遊梁遊齊事並讀之，見得聖人處亂世、事暴君，自有一種可親而不可狎、可敬而不可犯、可不用其言而不可害其身之處。』可見朱氏之儒學傾向甚爲明顯。

至於《莊子》書中詆譏孔子之事，朱文熊在自序中予以辯駁，認爲莊子之學是襲老氏之跡，以映孔子之真；『老子之學，以之守神，以之長生，是真無爲也；孔子之學，以之參贊化育，與天地同壽，與日月並明，則亦有爲而無爲、無爲而有爲者也。非藉以相形，安見所謂「絶跡易，無行地難」之旨乎？且所謂斥孔子者何地哉？』朱氏以《讓王》等四篇爲僞作，並將《莊子》書中詆譏孔子者列出予以駁斥。他還認爲：《寓言》篇中所言『已乎，已乎，吾且不得及彼乎』，表達了對孔子深深嚮往之誠；《天下》篇列諸子而不及孔子，是因爲將孔子列於天人、神人、至人、聖人之内。説明在朱氏看來，莊子襲老子是手段，映襯孔子則是目的，莊子是真知孔子者，故『《莊子》一書，全取反影』。在《莊子餘論》中也認爲，莊子之意取反影者十之五六。

朱氏《讀莊餘論》二十八則，涉及莊子學説内容、寫作手法、讀莊方法等諸方面内容，集中體現出其治莊思想，可説是朱氏又一莊學著作。朱氏以爲：莊子多借老子之言真無爲，以形孔子之無爲而無不爲者；莊子學問、文章，都成一圓形，不應泥跡求之；《莊子》以内七篇爲主，外、雜篇不離其宗；莊子有不言之言，寓言、重言多有言在此而意在於彼，托言於彼而着意於此者，即爲巵言；讀《莊子》者，應先知莊子於道、於文有半身描寫一眼觀破之法、運實於虛刊華存真之法、統宗會元接筍過脈之法、冰解凍釋波流漩伏之法、有法無法仍不廢法之法；《莊子》中有世界之觀、科學之識、民治主義、大同學説；《莊子》當以觀劇法、讀畫法、臨池法、作詩法、宋玉之大言小言、聽琴法、環遊法、靜坐法、參禪法讀之。此《讀莊餘論》之大概。

今影印朱文熊《莊子新義》，據華東師範大學圖書館藏民國二十三年無錫民生印書館排印本。

莊子音義辨證

吴承仕撰

吴承仕（1884—1939），字檢齋，安徽歙縣人。清光緒舉人，點大理院主事。曾受業於章炳麟門下，研究文字、音韻、訓詁之學及經學，與黄侃、錢玄同並稱章門三大弟子。歷任北京大學教授、北京師範大學教授兼國文系主任、東北大學教授、中國大學國學系主任。著作有《經籍舊音辨證》《經典釋文序録疏證》《三禮名物》《禮服釋例》《釋車》《六書條例》《淮南舊注校理》等。

《經籍舊音辨證》是吳承仕在文字、音韻、訓詁方面代表作。該書分別輯録整理出漢、唐間近百家音切，然後參較典籍原文進行辨證，最後成書二十五卷、序録一卷，後縮簡爲七卷出版，正式定名爲《經籍舊音辨證》。其卷三有《莊子音義辨正》，凡三十六條，是對陸德明《莊子音義》所收音義及後人相關研究成果之辨正。如陸氏《莊子音義·外物》出示「鬊」字，並云：『徐來（或本作求）夷反，李音須。』吳承仕則辨正説：『來夷反，聲類不近，疑「來」爲「求」之形訛。《篇》《韻》「鬊」字無他音，可證也。各本並失之。』吳承仕此處以『聲類不近』和《（玉）篇》《（廣）韻》『鬊』字無他音爲佐證，否定衆家爲《外物》篇『鬊』字所作音注，而認爲當以『求夷反』爲正。《莊子音義·逍遥遊》出示『窅然』一詞，並云：『徐烏了反，郭武駢反。李云：「窅然，猶悵然。」』吳承仕則辨正説：『按《説文》：「窅，深目貌。」凡與窅聲相近者，皆有深遠幼眇之意，故郭注云「窅然喪之，而嘗遊心於絕冥之境」是也。徐讀「窅」如字，以郭反語推之，疑其讀從冥聲，蓋「窅」、「冥」義亦相近也。而《類篇》「窅」字，又彌延切，注云：「窅然，猶悵然。」以彌延切爲「窅」字本音，疑其非實。盧文弨曰：「郭必以爲賓字，故如此音。」按「賓」字，訓義絕殊，更不得有武駢之音，其説尤誤。』吳承仕此處對徐氏、李頤、盧文弨諸家説法皆表示否定，唯獨肯定郭象讀音，並由此推斷『窅』字當讀從冥聲，與『冥』字之義相近。《莊子音義·庚桑楚》出示『洒然』一詞，並云：『素殄反，又悉禮反。崔、李云：「驚貌。」向蘇俱（或本作很）反。』吳承仕則辨正説：『按《廣韻》「俱」在虞部，韻類不近。尋《類篇》《集韻》：「洒，又蘇很切。」云：「驚貌。《莊子》洒然異之。」「洒」在真部，「很」在諄部，韻近，故得相轉。今本作「蘇俱反」者，俱應作「很」，形近之訛也。』吳承仕此處以《類篇》《集韻》爲依據，認爲今本凡標《庚桑楚》篇『洒』爲『蘇俱反』者皆誤。總之，《莊子音義辨正》總結並辨正前人一些研究成果，提出許多新見解，可以備作參考。

此次影印吳承仕《莊子音義辨正》，據華東師範大學圖書館藏民國十二年鉛印《經籍舊音辨證》本。

莊子釋滯一卷

劉咸炘撰

劉咸炘（1896—1932），字鑒泉，别號宥齋，成都雙流人。家世業儒，祖父劉沅（字止唐），父劉梖文（字子維），均爲蜀中名儒。咸炘承繼家學，兼以玄思獨運，在哲學、諸子學、史志學、文藝學、校讎目録學等方面，所獲皆豐，著述甚富，計二百餘種，總名《推十書》。

《莊子釋滯》一卷，在《推十書》中。前有劉咸炘民國二十年自序云：『《莊子》似較《老子》易通，而實亦難通。蓋《老子》之難通，以其言簡渾，而説者易失之支泛也；《莊子》之難通，則以其言俶詭，而説者易失之詰鞫也。工訓詁者，不達名理，則空多其考證；有思理者，不顧訓詁，則自成其論説。是以注愈多，而正文之晦滯者如故也。』在劉氏看來，『魏晉人訓詁，既有所承，又長理學，如司馬紹統輩，殊不讓郭子玄，而其注今已遺佚，不克與郭注相參證以求完足；近人校勘之功多矣，而名理之學，則視宋世蘇子由、吕吉甫輩猶遜。』故其撰寫此書，以『名理懸度』『疏通大旨』『校勘訓詁』並重，希望對以往唯重義理，或偏於校勘者，皆有所矯正。今視全書所列文字，凡一百八十餘條，内容涉及甚廣，方法不一而足，既不屬於義理闡釋一派，又非乾嘉考據之流裔，而呈綜合會通之風貌。

劉咸炘認爲：『諸子之書，皆出門人纂録，非自執筆而爲文，其編次止量簡册而爲之，非首尾完整，而莊周之文尤以多端著。』（自序）因而他不願『强爲貫穿』，以免『多生枝節』。如其《逍遥遊》題解云：『内篇究爲莊周所著與否，雖未可定，而以義題篇，篇中固當爲一義，然亦不必盡純貫。如此篇「大瓠」「大樹」二問，止言大之用，與前半大小各適之義微殊，凡若此者，不可强貫。』在劉氏看來，即使像《逍遥遊》篇，可視爲『以義題篇』，且篇中爲『一義』，但亦似有不能盡貫之處，決不可效法明清評點家，以『八比法』强爲評釋穿鑿。劉氏此處所説，自有其理，尤其值得《莊子》評點者重視。又《天道》篇有『莊子曰：吾師乎，吾師乎』語，劉咸炘認爲：『《大宗師》篇作許由語，而此直引作莊子，顯是莊子以後人語也。』《天運》篇有『孔子西遊於衛』一段，劉咸炘認爲：『此一節竟似商鞅、韓非之説，與道家之主上古者相矛盾。』劉氏所言，皆能切中要害，可供治莊者參考。但綜觀《莊子釋滯》，可采者畢竟不多，殆以此書旨在兼顧，而不能專精，又劉氏英年早逝，功力有所不及歟？故至今未爲學者所重視。

此次影印劉咸炘《莊子釋滯》一卷，據華東師範大學圖書館藏民國間成都雙流劉氏尚友書塾刊《推十書》本。

莊子洛誦

陶西木撰

陶西木（1893—1935），又名陶奎，字陶散生，安徽舒城人。爲清末安徽維新派代表人物陶鎔長子、著名經濟學者陶因之兄，曾任安徽大學中文系教授，是當時著名新學提倡者。著作有《莊子洛誦》《莊子瞻明》《馬氏文通要例啓蒙》等。《莊子洛誦》前有陶西木自序兩篇（前者作於民國十八年，後者作於民國二十一年）、《莊子洛誦例言》《莊子洛誦目録》，書末附《勘誤表》。正文前有《緒言》，包括《莊子的出處》《莊子是純粹哲學家》《七篇要義》《内篇通義》《老莊異同》《總論》等六個部分。正文録《莊子》内七篇，各篇皆分若干節，順文雙行夾注；節後爲『釋句』，即白話翻譯文字；篇末有『解字』，節録篇中『難明』字詞，以雙行小字注釋之。今案『洛誦』一詞，出於《莊子·大宗師》，謂『連絡誦之，猶言反復讀之也。』（王先謙《莊子集解》）陶氏《莊子洛誦例言》云：『是編取便誦讀，故解釋衹求明瞭，不尚繁博，學者且讀且玩之，必可得豁然貫通之樂。』此蓋其命名本書之微意。

對於《莊子》内、外、雜篇，陶西木認爲：『内篇文理俱勝，當是莊子親筆。外篇、雜篇，似是後人假托，雖亦多可喜，然去内篇遠矣。』（《莊子洛誦目録》）故其在《緒言》中，對内七篇要義皆有具體揭示。如謂：『《逍遥遊》的第一要義，是要人自由自在，赤條條來去無掛無礙。』『第二要義，是要人明白無用之用。』『第三要義，是要人善用其長。』又謂：『《人間世》第一要義，是要人虚心。』『第二要義，就是要人行義安命。』『第三要義，就是要人有權衡。』『第四要義，就是要人努力修養自身，不可向外馳求。』並進而對内篇通義予以歸納，認爲有如下數端：無爲而無不爲，是莊老最大學說；不死不生，是莊子第二大學說；真宰，是莊子第三個大學說；性分上至大之平等，是莊子之重要學說；物物而不物於物，亦是莊子最重要之學說；復通爲一，亦是莊子一個重要學說。陶西木以上見解，大致符合《莊子》内篇實際，持以教授學生，自是合適講義。

今影印陶西木《莊子洛誦》，據復旦大學圖書館藏民國二十二年中華印刷局排印本。

莊子瞻明

陶西木撰

陶西木生平事蹟，已見《莊子洛誦》提要。其所撰《莊子瞻明》，題「舒城陶西木述」，版心下方鐫「安徽大學」四字。今案陶氏《莊子洛誦》，其《緒言》前有蔡元培題簽「莊子講義」，頁背面有《莊子講義總目録》，包括《自序》《後序》《緒言》《莊子洛誦》《莊子瞻明》《莊子新舊副墨》，並加注云：「先出《洛誦》，餘二種除已印爲講義之外，一俟整理完竣，當再付印。」説明陶氏編寫《莊子》講義，自有整體構想，而今所見《莊子瞻明》乃是未「整理完竣」之講義，其暫付石印者，以應學生急需耳。

所謂「瞻明」，典出《莊子·大宗師》「副墨之子聞諸洛誦之孫，洛誦之孫聞之瞻明」，唐成玄英疏：「臨本謂之副墨，背文謂之洛誦。初既依文生解，所以執持披讀；次則漸悟其理，是故羅洛誦之。且教從理生，故稱爲子；而誦因教起，名之曰孫也。瞻，視也，亦至也。讀誦精熟，功勞積久，漸見至理，靈府分明。」説明在臨本、背文基礎上，便可上升到「漸見至理，靈府分明」階段，故陶氏著成《莊子洛誦》之後，更有《莊子瞻明》之撰述。

今存《莊子瞻明》，唯以《莊子·德充符》爲詮釋對象，其「《德充符》第五」下云：「德行圓滿，至誠充足，所過斯化，所存斯神，如合符節，無不應驗也。」全書録《德充符》原文，順文雙行夾注，偶有「解曰」，係白話譯文。與《莊子洛誦》相較，此書之注有所加詳，甚或有長段發揮者，但作爲一部著作，其完整性終有所不如。

今影印陶西木《莊子瞻明》，據復旦大學圖書館藏民國間石印本。

莊子大傳

陳登瀛撰

陳登瀛，福建福州人，生平事蹟不詳。據《恰克圖詩歷》夾注，知其於民國初曾作爲北洋政府談判代表參加過中、俄、蒙三國恰克圖會議。著作有《文鍵》《獨臥樓筆談》《六書轉注説》《大學微》《中庸大義》《孟子七篇大傳》《莊子大傳》等。所謂大傳，乃大義之意，非時人所謂傳記也。《莊子大傳》即闡釋《莊子》大義。該書節録莊子《天下》《大宗師》《應帝王》《逍遥遊》《秋水》《在宥》《天道》《齊物論》《至樂》《寓言》等篇文字，引崔譔、郭象、支遁、宣穎以及《淮南子》《文心雕龍》《經典釋文》等家之解，順文雙行夾注，間有音義，每段後附案語。在《七閩叢書》內，林鼒士校。《莊子大傳》篇幅簡短，雖分段並加案語，但其打亂《莊子》原文順序，不設標題，條理不甚明晰。大體説來，《莊子大傳》內容上可分爲四個層次：

一、節録《天下》篇，述學術源流。

二、節録《大宗師》『夫道有情有信』一節與《應帝王》『渾沌鑿竅』寓言，述莊子之道以自然爲本。

三、圍繞《逍遥遊》篇『至人無己，神人無功，聖人無名』三句話，節録莊文並予以證明，占全書大半篇幅。在陳氏看來，『「至人無己」三句，一部《南華》之指要，不但爲《逍遥遊》篇之第一義諦也』；並且，『「至人無己」又爲三句之主，蓋人能無我相，無我見，豈有「功名」二字而能不忘耶？第二篇《齊物論》即證明「至人無己」之意。』至於《至樂》篇『莊子妻死』等文字，陳氏則認爲『皆明外生死之意，可爲《齊物論》之餘談』。

四、節録《寓言》篇首內容，談《莊子》一書寫作特點。陳氏認爲，莊子寓言、重言、巵言是《莊子》書之機杼，莊文則『如列子御風而行，理勝而氣盛，斷而不斷，續而非續，似承非承，似提非提，微妙玄通，深而難識，此所以爲百家之冠也』，對《莊子》文章評價甚高。

陳登瀛《莊子大傳》，有民國十八年排印《七閩叢書》本、民國二十三年北平文嵐簃排印《七閩叢書》本。今據吉林大學圖書館藏民國二十三年文嵐簃排印《七閩叢書》本予以影印。

莊子音義繹

丁展成撰

丁展成，江蘇宜興人，生平事蹟不詳。

《莊子音義繹》爲札記體，附於丁展成所著《老子校語》後。前有金鍾麟民國十七年《書展成甥莊子音注繹》、丁氏民國二十年自序。丁氏自序謂『前歲滬瀆友好有以此書付梓爲勸者，而上卷尚未疏剔竣事』，而『比來奔走衣食，學殖荒落，所增無幾，同學諸子屢以書來問近況，愧無所對，刻鵠畫虎，取寄遠人，聊當晤對，且乞箴規焉。』今案《莊子音義繹》，僅引《莊子》外、雜篇有關文句，加以演繹詮釋，則自序所謂『上卷尚未疏剔竣事』者，當指本書中暫付闕如之内篇條目而言。

金鍾麟《書展成甥莊子音注繹》謂：『吾甥弱冠劬學，鄉叩余以《莊子》之義，知其究心有日，未幾遂以此編請質。由是進之，讀古人書，望文生義，嚮壁（向壁）虚造之失，庶幾免乎！』説明丁展成研治《莊子》，不但『究心有日』，而且一絲不苟，故其所作演繹釋，創獲良多。如《天地》篇有『於于以蓋衆』語，丁展成認爲『於于』當爲『華誣』之音轉，並謂：『華誣者，廣設飾詞也。』《説劍》篇有『千里不留行』語，丁展成訓爲『劍行千里，無物阻之』。《山木》篇有『則呼張歙之』語，丁展成説：『案高注《淮南·詮言訓》云：「持舟檝者，謂近岸爲歙，遠岸爲張。」蓋將近岸則斂帆，遠岸則張帆。』諸如此類説法，較前人多勝出一籌。

丁展成之創獲，多來自對前人解釋之辨正。如《徐無鬼》篇有『若蠅翼』語，成玄英謂『若蠅翼者，言其神妙也』（《莊子注疏》），而丁展成則訓爲『小薄並如蠅翼』。《秋水》篇有『人卒九州』語，司馬彪訓『卒』爲『衆』，崔譔訓爲『盡』，俞樾又謂『人卒』當爲『大率』二字之誤，而丁展成則指出：『卒，當爲「萃」之借字。《徐無鬼》篇「禍之長也茲萃」，郭云：「萃，聚也。」張揖《漢書注》云：「萃，集也。」言人聚處乎九州也。』丁展成此等説法，亦皆勝過司馬彪、崔譔、成玄英、俞樾等人訓釋，顯示出其獨特眼光。當然，丁展成繹釋也有明顯錯誤處。如丁氏謂《田子方》篇『楚王左右曰凡亡者三』之『三』爲『再三』，不如俞樾謂爲『楚王左右言凡亡者，三人也』（《莊子平議》）。又丁氏謂《天下》篇『請欲置之以爲主』之『請欲』爲『情欲』之假借，亦誤。

今影印丁展成《莊子音義繹》（脱金、丁二序，附《老子校語》後），據北京師範大學圖書館藏民國二十年排印本。

莊子學案

郎擎霄撰

郎擎霄，安徽懷寧人，生卒年不詳。曾在廣州政治分會、國民黨南京立法院編譯處任職。著作頗豐，有《孟子學案》《老子學案》《莊子學案》《中國民食史》《世界大思想家托爾斯泰生平及其學説》《讀子劄記》《古代非戰思想研究》《中國無政府主義思想史》等。

《莊子學案》前有郎擎霄民國二十三年《自序》《凡例》《目次》，末附《莊子書目》。正文分十三章，系統介紹莊子事蹟、《莊子》篇目及真贋情況，論述莊子哲學思想、政治觀、經濟思想、心理學、辯證法、《莊子》文學，並對《莊子》與諸子進行比較，對歷代莊學作述評。其《凡例》云：『本書不過以科學方法，就莊子學説，爲有系統之研究。』今通讀《莊子學案》，郎氏從宇宙觀、人生哲學、政治哲學、經濟思想、心理學及辨證法等方面對莊子學説進行系統闡釋，分別對應着哲學、經濟學、心理學及邏輯學四門現代學科，是繼嚴復、胡適等之後，較早將西學納入《莊子》研究者，爲莊學研究注入了新鮮血液。

郎擎霄《凡例》云：『本書於諸家之説，凡足以爲參考之資者，均多采入，時或特加辯正。』意即采用諸子之説作爲理解莊子學説之參考資料。郎氏引諸子之説與莊子學説比較發明，從目次上看主要表現爲第十二章《莊子與諸子比較論》，但從全書來看還不止於此。其《凡例》又云：『夫老之於莊，猶孔之於孟，一部《南華》，不啻爲《老子》注脚。故本書各章所述，先乎老而後及莊，以明學統，而資互發。』即郎氏在闡述莊子學説時，皆是先申明老子學説，而後再闡述莊子學説。即使是在論述莊子與諸子異同時，往往也是『先乎老而後及莊』，或是老莊並提。因此，同引用其他諸子學説情況相比，引用《老子》之言來與《莊子》比較發明，顯然被擺在更爲顯著地位。

在郎擎霄《莊子學案》成書前，還没有出現過任何一部從莊子學史角度對歷代莊子學研究成果進行總結及評述之著作，這對於莊子學研究無疑是一大缺憾。郎擎霄在本書中開闢出《歷代莊學述評》一章文字，總結論述從漢代到近代莊子學研究成果，較明晰地反映出莊子學研究歷史演進軌跡，就顯得彌足珍貴。因而此章文字便成爲本書最有特色、也最具學術價值之部分，其開創意義相當重要。

今影印郎擎霄《莊子學案》，據華東師範大學圖書館藏民國二十三年上海商務印書館排印本。

莊子哲學一卷附莊子字義一卷　佚名撰

佚名撰《莊子哲學》一卷、《莊子字義》一卷，今藏北京師範大學圖書館。據其《莊子字義》之《莊子詞誼研究》下「廿年十一月八日」一語，可推知此二書當撰成於民國二十年（1931）前後。

《莊子哲學》一卷，分爲《道之意義》《道之分類》《莊子思想與其他之關係》三大部分，其中對《道之分類》《莊子思想與其他之關係》兩個部分論述甚爲具體。如《道之分類》之下便分出《天道》《帝道與臣道》《聖道》三個部分，《天道》之下又分出《天道之本體》《天道之作用》《天道之特點》三個部分，而《天道之特點》之下復又分出「普遍」「偉大」「必然」「萬異」「萬同」「均調」「神祕」七項内容；《莊子思想與其他之關係》則分爲《莊子與老子》《莊子與孔子》《莊子與「墨者」及「辯者」》《莊子與彭蒙、田駢、慎到》《莊子與政治》《莊子與辯派》六個部分，各個部分下還有更細之分類。如此構思全書框架，顯然已受到西學研究思維之影響。

此書作者認爲，「《莊子》一書，言道之書也，故道實爲其書最要之名」，但天道具有普遍、偉大、神秘等特點，所以「莊子並未予以一種確定之界説」（見《道之意義》）。作者又指出，「天道爲政治所根據」，「其職專在指揮與支配」，莊子因此「産生一種君臣分工之觀念，以爲：君者，無爲而居上，其職但司機要，於重臣實行其指揮與支配；臣者，有爲而居下，其職爲管理一切民事，而受君之指揮與支配。」（見《帝道與臣道》）作者予以如此推導，大致符合《莊子》哲學思想之表述。對於莊子思想與其他諸子之關係，作者認爲「莊子之學實出於老子，二人之關係自極密切」，但從《在宥》《天道》等篇看，『莊子所言臣道，總有一部分本之孔子』（見《莊子思想與其他之關係》）。此等説法，亦皆有一定道理。同時，作者還廣徵博引，對莊子與墨者、辯者、宋榮子、彭蒙、田駢、慎到等關係也作了較詳論述，其中往往能涉及以往爲人所忽視的一些問題。

《莊子字義》一卷，爲《莊子》重要語句摘録之彙編，按内容歸納爲『一道』『二化』『三變』『四一』『五遊』『六知』『七物』等七大類，當爲備作撰寫《莊子哲學》時之參考。

北京師範大學圖書館藏有手稿本《莊子哲學》一卷、《莊子字義》一卷，今據以影印。

莊子集解補正

胡懷琛撰

胡懷琛（1886—1938），字寄塵，別號秋山，胡樸安之弟，安徽涇縣人。近代詩人、學者。清末參加南社，辛亥革命後與柳亞子在上海主持《警報》《太平洋報》筆政。後爲廣益、進步、商務等書局編輯，並先後在中國公學、滬江大學、國民大學、持志大學任教。其研究涉及哲學、詩學、文學史、地方志、目録學、考據學、佛學等領域，著作有《胡懷琛詩歌叢稿》《中國文學通評》《中國民歌研究》《中國寓言研究》《中國小説研究》《中國文學史概要》等。

《莊子集解補正》爲札記體，前有胡懷琛所作小引云：『古今注《莊子》者甚多，大抵偏於名理。其釋名物訓詁者，以近人郭慶藩《莊子集釋》、王先謙《莊子集解》爲最著，而《集解》尤簡，當亦尤有名。余以民國二十年至二十一年間，披讀《集解》，得管見六十七條，録而存之，以備遺忘，並與喜讀《莊子》者相商兑也。』則此著乃是對王氏《莊子集解》之補正，而視其内容，大致可概括爲三個方面：一、正王先謙訓解之誤。如《在宥》篇有『賢者伏處大山嵁巖之下』語，王氏引俞樾云：『嵁，當爲「湛」。』胡懷琛則認爲『言水作「湛」，言巖作「嵁」』，並斷言：『以爲當作「湛」，非也。』此説甚有見地。又王氏於《刻意》篇『其寢不夢』四句下云：『此語亦見《天道》篇。』胡懷琛則指出：『《天道》篇無此四句。《大宗師》篇有「其寢不夢，其覺無憂」二句。』今案《莊子》原文，果如胡氏所言。二、補王先謙訓解之不足。

如《大宗師》篇有『而我猶爲人猗』語，王氏引成玄英云：『猗，相和聲。』胡懷琛則補釋說：『猗，可聲，即今歎詞中之「啊」字。』此說當可從。《胠篋》篇有『羅落』一詞，王氏引郭嵩燾云：『羅落，皆所以遮要禽獸。』胡懷琛則補釋說：『落，同「絡」。』此說可從，《文選》左思《吳都賦》注引『落』正作『絡』。三、補王先謙訓解之所無。如對《說劍》篇『設戲請夫子』之『戲』字，王氏無解，胡懷琛補釋云：『戲，比賽武術之會也。』此說當可從。《人間世》篇有『實熟則剝』語，王氏無解，胡懷琛補釋云：『剝，撲擊也。謂果熟則擊之，使落也。撲、剝音同，《詩・豳風・八月》「剝棗」是其證。』此說極是，《太平御覽》卷三九九引逸注即云：『剝，擊也。』此等例子表明，胡懷琛對王先謙《莊子集解》確實頗有補正之功。

胡懷琛之補正，還反映出其運用多種知識之特徵。如他在解釋《齊物論》篇『狙公賦芧』之『芧』字時，不但援引大量文獻資料，還根據自己早年居於鄉間觀察所得，以辨明『芧』與『橡』並非一物，從而否定了前人各種說法。在解釋同篇『弔詭』一詞時說：『弔，取也。蓋上古人死不葬而棄諸野，爲禽獸所食。其子不忍，執弓矢以驅禽獸，鄰人助之，稱爲「弔」。其字從弓，是「弔」有射取之義。引申之，凡取物皆稱爲「弔」，如後世公文中所用「弔卷」二字是也。《莊子》「弔詭」，謂舍常取異也。』此處主要從風俗史角度予以詮釋，可備作一說。在解釋《至樂》篇『柳生其左肘』時，則主要援引一些佛教史資料，認爲『柳』字『正謂柳樹』，不必視爲『瘤』字之假借，此亦可備作一說。凡此，皆顯示出胡氏此著與其他衆多《莊子》考據著作之不同特徵。

胡懷琛《莊子集解補正》最初刊於《學藝雜誌》第十三卷第一號內。後又收入民國二十九年安吳胡氏排印《樸學齋叢書》第一集，茲據華東師範大學圖書館所藏此排印本予以影印。

讀莊子天下篇疏記

錢基博撰

錢基博（1887—1957），字子泉，號潛廬，江蘇無錫人。自幼聰明好學，隨父兄讀書，備受教益。民國二年後，歷任無錫縣立第一小學文史教員、江蘇省立第三師範學校國文經學教員、上海聖約翰大學教授、國立清華大學教授、上海光華大學文學院院長、國立浙江大學教授、湖南藍田師範學校國文系主任、華中大學教授。一九五二年全國院校調整後，轉入華中師範學院任中文系教授。著作有《經學通志》《古籍舉要》《國學必讀》《周易解題及其讀法》《四書解題及其讀法》《老子解題及其讀法》《讀莊子天下篇疏記》《駢文通義》《韓愈志》《韓愈文讀》《明代文學》《中國文學史》《現代中國文學史》等。

《讀莊子天下篇疏記》分爲《總論》《墨翟禽滑釐宋鈃尹文》《彭蒙田駢慎到關尹老聃》《莊周惠施公孫龍》四篇，前有《敘目》，末附《太史公談論六家要指考論》。錢氏《敘目》謹次其『所以嚴造疏之規者四』，一曰『以子解子』，二曰『稽流史漢』，三曰『古訓是式』，四曰『多聞闕疑』。今觀《讀莊子天下篇疏記》全書，旁徵博引，以爲疏證，甚見著者功力深厚，實爲前人所不及，而其最具特色者，則在於『以子解子』，即所謂：『凡微言大義之寄：墨之言解以《墨子》書，老之言解以《老子》書，莊之言解以《莊子》書，公孫龍之言解以《公孫龍子》書。其書之後世無傳焉者，則解以所自出之宗：如宋鈃之明以墨，田駢、慎到之明以老、莊，惠施之明以老、莊；猶不足，則旁采諸子書之言有關者，如宋鈃之明以荀、孟。此之謂「以子解子」。』

錢基博以《天下》篇開頭至『道術將爲天下裂』爲《總論》篇。他通過徵引並分析《老子》《莊子》等大量思想資料，認爲莊子此處是在『品次天下之治方術者』，把關尹、老子看成是古代『天人』『神人』『至人』『聖人』化身，而鄒魯之士搢紳先生次之，百家之學則更等而下之，即所謂『自莊生觀之，天下之治方術者，道者爲上，儒次之，百家之學又次之，而農家者流爲下。』錢氏這些看法，對王安石所謂莊子在《天下》篇中極力稱道儒家而把自己與老聃皆列爲『不該不遍一曲之士』説法作了積極反撥，從而比較接近《天下》篇本意。

在《墨翟禽滑釐宋鈃尹文》篇中，錢基博首先指出：『墨子之嫉文德與老子同而微有異者，蓋老子欲反周之文以躋之「古始」之「樸」，而墨子則矯周之文勝而用夏之質。』並通過比較、分析《老子》《莊子》《墨子》《荀子》《韓非子》《淮南子》等書中大量思想資料而推論説：宋鈃、尹文爲『墨者之支與流裔』，而有所不同者，則在於『墨子救世而極以自苦，宋鈃、尹文養人而不忘足我』；至於『「其（宋鈃）言黄老意」者，豈以「見侮不辱」，同於道者之「卑弱以自持」，而「情欲寡淺」，亦類道者之「清虚以自守」耶？』應當承認，錢基博對墨子學説之論述比較符合實際，尤其對宋鈃、尹文學説則更有獨到見解，因爲宋鈃、尹文確實具有調和道家、墨家兩家思想特徵。在《彭蒙田駢慎到關尹老聃》篇中，錢基博以同樣方法推論説：彭蒙、田駢、慎到爲『道家之支與流裔』，他們『宗老子』『宗莊子』，所以『莊子雖斥其「不知道」，而未嘗不許以「概乎皆嘗有聞」』。他進而説：『莊子此篇，論列諸家，獨許關尹、老聃爲「博大真人」者，特以關尹、老聃悦古道術之有在，而明發「内聖外王之道」，有不同於諸家者耳。「博大」乃「王」，惟「真人」斯「聖」。……然而「同焉者和，得焉者失，未嘗先人而常隨人」，則又關尹之所以「外而成王」也，然而未若老聃之「可謂至極」也。故於關尹尚略，而稱老聃獨詳。』這些論述亦基本正確，而其中指出《天下》篇著者對關尹、老聃區别對待，則更具有獨到見解。

錢基博《讀莊子天下篇疏記》有民國十五年清華學院油印本、民國十九年上海商務印書館排印《萬有文庫》第一集本、民國二十二年上海商務印書館排印《國學小叢書》初版本、民國二十三年上海商務印書館排印《國學小叢書》三版本等。此次影印《讀莊子天下篇疏記》，據華東師範大學圖書館藏民國二十二年上海商務印書館排印《國學小叢書》初版本。

莊子天下篇類纂

錢基博撰

錢基博生平事蹟，已見《讀莊子天下篇疏記》提要。其所撰《莊子天下篇類纂》，收入民國二十年上海商務印書館排印《國學文選類纂·丙集·子學之部》。

《莊子天下篇類纂》録《天下》篇全文，共分成九節，有新式標點，警句右側加小圓圈。篇末有『考證』，低一格排印，皆用小字，凡十八條，多爲《疏記》文字之提煉。其形式有二：一、徵引他人之説，而未參以己意。如於『蕃息畜藏，老弱孤寡爲意，皆有以養』條下，引梁啓超《莊子天下篇釋義》之成説；於『配神明，醇天地』條下，引章炳麟《莊子解故》之成説；於『天下多得一察焉以自好』條下，引王念孫《莊子雜志》、俞樾《莊子平議》之成説。對此，錢氏未曾贊一詞。二、先引他人之説，再斷以己意。如於『爲之大過，已之大順』條下，先是分別徵引俞樾、章炳麟、梁啓超之説，然後斷之曰：『三家不同，梁與章義相發，而説爲長。』認爲章氏謂上句『謂沐雨櫛風，日夜不休』，下句『謂節葬、非樂，反天下之心』，梁氏謂『「已」，止也，即下文「明之不如其已」之「已」；「大順」，即太甚之意。「爲之太過，已之大甚」，言應做之事，做得太過分；應節止之事，亦節止得太過分。「順」、「甚」音近，可通也』，二説可以互爲發明，於義亦較長，而俞氏謂『「已」讀爲「以」，「順」讀爲「馴」，古字並通。以，用也。「以之太馴」，謂「用之大馴熟」也』，並不符合《天下》篇原意。於『不與先王同，毀古之禮樂』『未敗墨子之道』『雖然，墨子真天下之好也』諸條下，對章炳麟、俞樾等家説法皆有所質疑，並最後作出自己判斷，供讀者參考之用。

細審錢基博之『考證』，其斷語多有見地，但也有值得商榷者。如《天下》篇有『以聏合驩，以調海內，請欲置之以爲主』語，梁啓超《莊子天下篇釋義》訓『請欲』爲『情欲』，並屬上句讀，錢氏斷之曰：『梁説爲長。』此説不可從。

茲影印錢基博《莊子天下篇類纂》，據華東師範大學圖書館藏民國二十年上海商務印書館排印《國學文選類纂》本。

莊子天下篇釋一卷

方光撰

方光，字大玄，號方山，別署南華居士，生平事蹟不詳。著作有《國學別録》，包括《莊子天下篇釋》一卷、《荀子非十二子篇釋》一卷、《淮南子要略篇釋》一卷、《史公論六家要指篇釋》一卷。

《莊子天下篇釋》前有引言，謂『此爲《莊子》全書自序之文，匪唯自序道術已也，並儒、墨、名、法、道德諸家所治之道術而總序之』，故方光『揭其微辭奥義，冠諸《國學別録》之首』，以『使學者開卷即知國學源流派別』。方氏將《天下》篇分爲若干段，引《莊子》諸篇文及各家説，順文作注，並斷以己意，時有創見，而各段後所撰論述文字，則更充滿批判精神。

首先，方光極力否定前人所謂《天下》篇首段有推尊儒家之説法。如他在此段『猶百家衆技也』下説：『百家，包擧儒家在内。』意謂在莊子看來，儒家亦屬於『不該不徧一曲之士』。在『《春秋》以道名分』下説：『夫《春秋》爲歷代記事之古史，當時各國之史亦名《春秋》。凡《莊子》書所擧之《春秋》，與孔丘所修之《春秋》無涉。……梁啓超指《齊物論》篇「《春秋》經世先王之志」爲稱述孔氏《春秋》，謬。』認爲也不能據篇中有『《春秋》以道名分』之語，而遽稱莊子有推尊孔子之意。在此基礎上，方光作進一步推論，認爲天人、神人、至人、聖人屬於莊子心目中第一等人格，君子則次之，而『儒者陳陳相因，務爲勦説雷同之學，既無可紀述，而又不足與道、墨、名、法確然成一家言相提並論』，連君子資格都夠不上。並指出，世所傳《詩》《書》《禮》《樂》《易》《春秋》，實『爲百家共道之學而非儒者一家專有之學』，所以並不能據《天下》篇有鄒魯縉紳及六藝云云而認爲莊子有推崇孔子儒家之意。應當承認，方光此等説法甚有見地，足可糾正前人在闡釋《天下》篇時所持儒學化思想。唯其將天人、神人、至人、聖人、君子與各派中具體人物一一對應，似顯得牽强附會。

其次，方光將宋鈃、尹文歸入名家而反對與西方辯學相比附。他在篇中敘述宋鈃、尹文一段文字後論述説，『名家者流，其所大願，存活民命，安寧天下，與夫止於畢足人我之養也。而宋鈃、尹文爲其巨子』，『是周秦諸子莊、老而外，當以宋、尹爲首，出之賢仁矣。』認爲名家巨子如此『賢仁』，怎可將其學説與歐人詭辯之論相混淆？今案《漢書・藝文志》名家著録《尹文子》一篇，顔師古引劉向云：『與宋鈃俱遊稷下。』方光蓋據此而將宋鈃、尹文作爲名家來論述，並在下文指出，『宋鈃、尹文爲名家導師』，而與『道術呈駁雜支離之病而論辯多無當事理之言』之惠施，則『源同而支别』。所以，他堅決反對譯者以歐人詭辯之論來比擬名家巨子宋鈃、尹文『内以治身，近以教人，遠以救世』之可貴學行。應當説，方光指出宋鈃、尹文之學行與西方辯學有着本質區别，無疑甚有見地，但他沿襲漢人舊説，仍以宋鈃、尹文屬之名家，卻值得商榷，因爲他們當爲道家與墨家之折衷者。

再次，方光批評世人不知老莊而引佛氏爲説。他在篇中敘述關尹、老聃一段文字後指出，老子學説之精髓主要體現在『徼妙』二字中，但自漢魏以來學者卻無人識得，唯有曾事佛教禪宗、天台宗而能徹見心性者，乃可悟其精微玄妙之旨。方光所謂『徼妙』，實際上是指一種自證自悟的身心性命之學。他在下文還指出，關尹、老聃所開創的身心性命之學，至莊周更特創別裁，始於心齋，繼以不將不迎，終乎坐忘、物化、喪我，可謂達到戛戛獨造境界，而胡適竟以西方哲學（小識學）來譯解莊子思想，豈不荒唐！方光此處指出莊子學説與老子學説有淵源關係，並謂莊子思想不能一味以西方哲學予以譯釋，應該説不無道理，但他接着徹底否定胡適莊子學，復斥其爲『羼亂國學，欺世誤人』，卻顯然有點偏激。

茲影印方光《莊子天下篇釋》一卷，據上海圖書館藏民國十六年惠陽方山山館排印《國學別録》本。

莊子校釋

支偉成撰

支偉成，本名懋祺，江蘇江都人，生卒年不詳。曾受教於章炳麟、胡適等人，著作有《清代樸學大師列傳》《墨子綜釋》《莊子校釋》等。

《莊子校釋》分爲上篇、下篇兩部分。上篇爲『研究之部』，題爲《莊子之研究》，包括莊子略傳、莊子書略考（附參考書舉要）、莊子之宇宙觀、莊子之生物進化論、莊子之人生哲學、莊子之論理學、莊子之修養論、結論等部分。下篇爲『解釋之部』，題爲《標點分段莊子校釋》，分卷上（内篇）、卷中（外篇）、卷下（雜篇）三個單元，對《莊子》三十三篇予以分段，順文雙行夾注，間或梳理段落大意，並加新式標點。

支偉成《莊子》之研究較簡單，對有些問題之論述僅是寥寥數語，且有新意處亦不多見，較爲特別者是支氏對莊子生物進化論、論理學之闡述。他認爲，莊子以道之發展而爲萬物，萬物自然而生亦自然而化，『自化』者即爲莊子生物進化論之本旨，與現代生物進化理論相合。並謂莊子以旁觀態度，論各家之爭辯，以爲是非真僞，皆有所偏，故作《齊物論》以破之，純屬懷疑主義；是非善惡既無一定標準，則當逍遥肆志，宇宙内萬物雖殊，能各安其性分，則無不逍遥自得，故『《逍遥遊》篇以相對之差別相，而由「同一律」Law of Identity 以示其絶對無差別』，由此則鳥獸、萬物、人俱各逍遥自得矣。在結論中，支氏又評論説：『縱觀莊子哲學，不外出世主義。……莊子視天道無所不在，無所不包。其學説之最大影響，在養成樂天安命之思想。充其弊也，使人流於阿諛取容，苟且媚世，不問人生之疾苦；而一切學説政治胥無振作進步之望矣。至於人欲横流之時，權利爭攘之會，則莊子去思寡欲之學，固救世匡時之庸藥也。』時代印跡甚爲明顯。支氏《莊子》之訓釋，多取材於司馬彪、郭象、陸德明、成玄英、王夫之、周金然、王念孫、俞樾、孫詒讓、馬其昶、郭慶藩、王先謙、章炳麟等人著作，不注明出處，簡潔易曉。

支偉成《莊子校釋》有民國十三年上海泰東圖書局排印本、民國二十六年再版排印本、民國三十六年上海國華書局影印本等。此次影印，據華東師範大學圖書館藏民國十三年上海泰東圖書局排印本。

莊子哲學

蘇甲榮撰

蘇甲榮（1895—1946），字演存，廣西藤縣人。民國三年考入北京大學預科第一部英文乙班，後入文科哲學門，畢業後留校任秘書及助教。國民革命軍北伐時，任某軍部秘書長，後任國民黨中央執監委員會農民部秘書、内政部水陸地圖審查委員會委員、國立武漢大學地理系教授。因揭露日本侵略行徑，繪製《各國在華交通侵略圖》《日本侵略我東北地圖》《暴日侵略熱河、河北圖》《日本侵略灤河圖》《東三省全圖》《上海戰區地圖》等抗日地圖，爲日寇所忌，遭日本憲兵拘捕、毒刑，因傷致病，不久去世。著述有《三萬里海程見聞録》《最新世界現勢地圖》《中華省市地方分圖》《最新中華地圖挂圖》《莊子哲學》等。

《莊子哲學》由蔡元培題簽，卷首題『藤縣蘇甲榮編述』，書前有民國十九年蔡元培題辭、蘇甲榮民國十二年《序》《例目》。正文僅一萬餘字，爲論述體，分爲自序、例目、導言、宇宙觀、生死觀、命定論、本真論、知識論、養生、處世、治道、結論等十二個部分，每部分平均不足一千字，故該書内容相對簡單，『意在敷陳大義，絜其綱領，自謂頗能窺其真旨，足以祛時人之誤解』（《序》）。在論證方法上，蘇甲榮强調以莊證莊，『本篇意欲多多容納莊子語，故力避説自己的話』（《例目》），用《莊子》中材料來展開論證；同時又以《讓王》《説劍》《盜跖》《漁父》爲僞作，取材時不涉及上述四篇。

誠如蘇氏所謂『祛時人之誤解』，他在《莊子哲學》中頗重駁正，如其《命定論》云：『道家樂天安命之説，爲世詬病也久矣：社會之不進化，政治之衰亂，皆歸罪於此種學説。然吾讀《莊子》書，但見其言天道之自然，未聞其教人自暴自棄，諉過於天也。其所謂「命」，不過謂人力之無可奈何者，求其爲之者而不得，乃姑字之曰「命」以自慰耳。』其《知識論》云：『現在大家都説莊子對於知識論是持懷疑主義、破壞主義的，但我以爲未免有點誣妄了。他所要破的，是人的成見，而不是真理。……莊子所反對的，祇是這種師乎成心的詭辯；莊子所懷疑的，祇是這好惡之情所執的是非；他所要破壞的，祇是個人的私見。』這些論點在當時甚至對於現在人們研究《莊子》來説，也不失爲有益之啓示。

蘇甲榮《莊子哲學》有民國十二年排印本、民國十九年再版本。此次影印，據華東師範大學圖書館藏民國十九年再版本。

莊子正一卷

石永楙撰

石永楙（1909—1975），又名永懋、永茂，字松亭，原籍山東茌平，久居天津，爲天津崇化學會首届學員，受業於章鈺先生，與津門名士嚴修、華世奎、龔望等多有交遊。曾先後任教於天津法漢中學、木齋中學。其父名興周，以教書爲業，且耽岐黄之術。永楙幼承庭訓，讀經之餘，亦喜醫道，頗精岐黄之術。解放後主要以行醫爲生，在中醫治療腫瘤方面有所建樹。著作有《考定老萊子黄帝經》《孔子世家黜僞》《孝經疑》《古書考正學》《論語正》《大學正》《中庸正》《禮運正》《莊子正》等。

《莊子正》一卷，卷首題『茌平石永楙松亭』，書前依次有程平澐題詩、石永楙自題詩、盧弼民國三十二年《序》、石永楙民國三十四年《莊子正敘例》、盧弼《論莊子書》《莊子正目録》，書末有夏廼麟等民國三十四年跋語。正文録《莊子》内七篇，每篇題下及各節後有案語，皆低一格書寫，冠以『永楙案』三字。今審石氏撰寫此書之目的，就是要正《莊子》文本之錯亂，故其《莊子正敘例》云：『《莊子正》者，永楙所以考信《莊子》，辨其正僞，去其增竄，以求復其本經之真而作者也。』並認爲，即使内七篇也有增竄錯亂現象，如『於《達生》《至樂》《秋水》《徐無鬼》，得《養生主》之亡簡焉；

於《天運》《天道》《田子方》，得《大宗師》之墜文焉；於《達生》，得《德充符》之散章焉；於《天運》《在宥》，得《應帝王》之脱葉焉。』（《莊子正敘例》）可見石氏此書屬於考證著作。

石氏《莊子正目録》云：『考定本經七篇，總萬四千九百四十九字，删除舊衍凡七千三百四十九字，補正簡脱凡八千六百七十一字。』説明其對内篇之删除、補正甚是大膽，實爲古今學人所不敢想像。如《逍遥遊》篇，『舊本千四百六十三字，衍文删五百八十八，脱文補六百七十二』（《莊子正目録》），篇中諸如『鯤之大不知其幾千里也』，『南冥者』至『六月息者也』，『風之積也不厚』至『斯風在下矣』，『窮髮之北』至『此小大之辯也』，『惠子謂莊子曰』至『安所困苦哉』等，悉被細書側寫，視爲衍文，而《大宗師》篇『意而子見許由』至『此所遊已』及《知北遊》篇『齧缺問道乎被衣』至『彼何人哉』，『婀荷甘與神農』至『所以論道而非道也』，『於是泰清問於無窮』至『不遊乎太虚』等，皆被補入篇中，視爲脱文。其餘六篇，類皆如此，則讀者無所適從，故至今未有信之者。

今影印石永楙《莊子正》一卷，據上海圖書館藏民國三十四年石印本。

莊子新疏

黄元炳撰

黄元炳（1879—?），字星若，江蘇無錫人。善治易學，兼主漢宋，旁搜博徵，探究易學之本源，並融易、數、理於一爐，即體即用，多所闡發。著作有《易學探原》（包括《易學入門》《河圖象説》《經傳解》《卦氣集解》四種），凡六十餘萬言，並附插圖百餘幅。

所著《莊子新疏》，僅解内七篇。本名《莊子影》，以『影』『因』聲相近，恐與林雲銘《莊子因》相亂，故改今名。前有民國二十一年蔣維喬序、黄元炳自序，及《内篇真寓人名表》《莊子傳並注》。黄元炳疏解《莊子》，大要謂『莊子之學宗孔祧老，實爲易教之別傳。』（蔣序引）其自序謂，莊子爲宋人，『宋魯地相邇，遊釣棲息在焉。彼其得於故老，聞於先哲，雖曰學無常師，然而必有傳也』，即莊子對魯國先哲孔子所創儒學，必有所傳、有所宗，故其因『深惡田齊』，便撰出《胠篋》篇，以『代孔子作討陳恒之檄文』。但黃氏認爲，莊子所傳主要還是曾子、子思《大學》《中庸》之學，尤其是顔回『心齋』大法，『所以大孔子而特贊顔子也』，而『後世誣莊子爲子夏一系，真無據之武斷』。黃元炳此等看法雖不免有偏見，但對韓愈關於莊子當爲子夏後學説法有否定作用，使人頗有耳目一新之感。

黃元炳還認爲，『莊子、孔、老不分門』，尤其是外篇，更可謂『兼師孔、老，而出入於《學》《庸》《道德》者也。』（見自序）其《莊子傳並注》並謂：『夫儒，學者之通稱，而道德雖見《老子》書，亦見《學》《庸》，道、儒一本，同源異流者也。故子莊子自拔於諸家之外，宗孔祧老，著書内、外，合五十有二篇。』意謂莊子雖與老子『同爲宋人』，『亦習聞老氏之緒』，但『其書老氏骨而孔氏髓』，『祧老』而『宗孔』，故能『自拔於諸家之外』，甚至『比老子稍勝』。黃元炳這般説法，大致就是對清代林雲銘《莊子因》、藏雲山房主人《南華經大意解懸參注》有關説法之推進，具有明顯儒學化思想傾向。

黃元炳復又指出，莊子『宗孔祧老』，而由於儒學真髓十分深邃，所以他傳述《大學》《中庸》之學及顔回『心齋』大法，便采取『法大易取象』（自序）方法，因而便使《莊子》一書成爲『易教之別傳』。黃氏在卷首『内篇』二字下説：『謂之内篇者，以其傳《大易》乾卦之六爻、《大學》之八條目，以續前古聖哲之精神命脈於一統，故謂之内也。乾卦六爻，今乃七篇者，以第一篇《逍遥遊》即完全一乾卦，與六爻同傳，故七篇也。』此處明顯承因方以智《藥地炮莊》有關説法，但方氏旨在借以闡明其歸儒、釋、道三教於《易》之主張，而黃元炳則是爲了闡述其所謂《莊子》『實爲易教之別傳』之看法，並將其與儒家心性之學及《大學》所謂格物、致知、誠意、正心、修身、齊家、治國、平天下八條目相聯繫，而以天下平、『太極復歸於無極』爲逍遥遊之極致，牽强附會甚爲明顯。

茲影印黃元炳《莊子新疏》，據華東師範大學圖書館藏民國二十二年上海醫學書局排印本。

白話譯解莊子

葉玉轔（麟）撰

葉玉轔（麟），字浦蓀，安徽桐城人，生卒年不詳。師從古文名家馬其昶，與孫宣、李國松並稱『馬門三傑』，爲桐城派人物之一，精於古文，長期活動於上海。著作有《白話譯解老子道德經》《白話譯解莊子》《白話譯解墨子》等。

《白話譯解莊子》是葉玉轔（麟）應廣益書局之請而作。前有民國二十三年九月自序、目録。全書以王先謙《莊子集解》爲底本，選録其中《逍遥遊》《齊物論》《養生主》《人間世》《德充符》《大宗師》《應帝王》《駢拇》《馬蹄》《胠篋》《刻意》《繕性》《秋水》《至樂》《山木》《外物》《寓言》《説劍》《漁父》《天下》等二十篇，予以新式標點、白話翻譯而成。葉氏劃分内、外、雜篇與衆家不同，其將《駢拇》篇劃爲内篇，使内篇成爲八篇；並將《外物》篇劃爲外篇。至於其中緣由，葉氏沒有説明，而他對内、外、雜篇整體評論與衆家並無二致，如他對内篇評論説：『内篇七篇乃是《莊子》全書的綱領，其餘外篇、雜篇都是解説這七篇的。並且，《莊子》三十三篇，衹有内篇七篇最爲可信，其餘外篇、雜篇，大半是後人竄作的。黄庭堅説：「内篇七篇，法度極爲謹嚴；其餘二十六篇，都是細解這七篇的。」』葉氏此處一方面反復稱説『内篇七篇』，另一方面卻又將《駢拇》劃爲内篇，自相矛盾，豈其僅是因疏忽而將《莊子》篇目次序置亂乎？

《白話譯解莊子》又名《白話譯解莊子集解》，該書特點有二：一是以白話文翻譯《莊子》二十篇，以簡潔通俗爲原則，適合現代人閲讀；二是保留王先謙集解，使人尤可窺見司馬彪、郭象、成玄英、王夫之、王念孫、郭慶藩、王先謙等家注解之概要，故該書除通俗易讀而外，仍具有較强學術性。

葉玉轔（麟）《白話譯解莊子》有民國二十三年上海廣益書局排印本、民國二十四年大達圖書供應社排印本等。此次影印，據華東師範大學圖書館藏民國二十四年大達圖書供應社排印本。

莊子内篇學

陳柱撰

陳柱（1890—1944），字柱尊，號守玄，廣西北流人。出生於世代書香之家，二十歲時留學日本。回國後曾執教於上海交大、大夏大學、暨南大學、光華大學、南京中央大學等，先後任大夏大學、暨南大學、光華大學中文系主任，南京中央大學校長等職。國學名家，著述範圍遍及經史子集四部，共有九十二部著作，主要代表作有《周易論略》《尚書論略》

《老子集訓》《老子與莊子》《諸子概論》《子二十六論》《定本墨子閒詁補正》《墨學十論》《公孫龍子集解》《文心雕龍增注》《中國散文史》等，深受學術界推崇。

《莊子內篇學》是陳柱在南洋大學（上海交大前身）授課時講稿，也是他平生第一部學術著作。該書前有陳氏民國十八年《重刊莊子內篇學自序》《莊子內篇學例言》《莊子內篇學目録》《莊子內篇學敘》《莊子內篇學自敘》《史記·莊子列傳》，後有陳氏民國十六年《跋》。陳氏以《天下》爲《莊子》書敘文，移至內篇前，一并予以闡釋，故該書所收《莊子》文章實爲八篇。就該書體例而言，諸篇都包括通讀、通論及通釋。通讀即録《莊子》原文，有句讀，並在眉欄加以評點，側重文評，『使讀者易通其理解』（《例言》）；通論即論《莊子》原文大旨，『使讀者易明其全篇大旨』，常以『守玄子曰』發論；通釋即將《莊子》原文詞條或短句列後，擇取古今諸家注解，間或斷以己意，順文雙行小字作注解。需要説明者，是陳氏所録《莊子》原文中，有阿拉伯數字1、2、3……和中文數字一、二、三……兩種序號，前者爲通讀眉批中序號，後者爲通釋中序號。該書有多篇附録，《天下》篇後附司馬談《論六家要指》、公孫龍《通變論》，《齊物論》篇後附公孫龍《白馬論》《指物論》，《德充符》篇後附公孫龍《堅白論》，可一并參看。

陳柱《莊子內篇學敘》云：『故世之治莊子學者，鮮能通其條貫，明其玄恉，而往往一二俗儒啚夫，又復偏於一曲之見，强爲穿鑿，支離附會，既失莊子之本意，復詒學者之戚於無窮，豈不憾哉！』此是從莊子學角度對治莊者提出批評，以説明其著《莊子內篇學》之必要性。《莊子內篇學自敘》則認爲，在當今之世，想讓人們『絶聖棄知，滅禮殘義，以求消搖之真樂，行齊物之玄理』，誠爲不可能，『然使世之學者，稍聞玄理，心知其意，小之則稍殺其身家之私，大之則稍殺其國界之私，則夫天地之厄運，萬物之殺機，或可稍息與？此則走今日所以述是書之意也。』則是從世用角度説明其著述《莊子內篇學》之重要性。

陳氏以內七篇爲一整體，認爲它們體現了天道人事之本末等方面，《莊子內篇通論》予以較詳細論述。概言之，《逍遥遊》是前提，祇有『能心與天遊，而可以語於大理之方也，故首以《消搖遊》』；《齊物論》則『實莊子之要道，內篇之大本』，《養生主》《人間世》《德充符》《大宗師》《應帝王》五篇皆以《齊物論》篇作爲立論之基。陳氏在《大宗師通論下》中還認爲，《大宗師》篇兼有前五篇之旨，而《應帝王》篇爲《大宗師》篇之緒餘，因而《大宗師》篇爲内篇之終。何以《齊物論》篇爲内篇之本而不列於内篇之首？《大宗師》篇爲内篇之終而不列於内篇之末？陳氏解釋説：『蓋以《消搖遊》之道，爲《齊物論》之先導；《應帝王》之道，爲《大宗師》之餘事也。』陳氏在通論内七篇時，還間引西方心理學、化學、物理學等知識，如《齊物論通論下》以化學元素解釋《齊物論》篇之旨。中西方思維習慣不同，莊子思維本以整體直覺爲特徵，陳氏將其分解開，以化學元素來説明問題，有違《莊子》之旨趣。

在《莊子内篇學》中，陳氏還認爲莊子學説自成一家，有別於老子、孔子之學。他在《天下》篇通論中，首先批駁莊子宗老、尊孔兩種觀點，指出：『世之論莊子者衆矣。爲老子之學者，則曰：「莊子，吾師之弟子也。」爲孔子之學者，亦曰：「莊子，吾師之弟子也。」於是各以其師之學以窺《莊子》，覩其有異於己者，則曰：「此非莊子之文也，莊子之徒爲之也。」見其有稱其師之説者，則曰：「莊子之尊我至矣，莊子何嘗非我哉！」此胥管窺之見，錐指之論也，惡足以知莊子？』並且，陳氏又指出孔、莊之區別：『蓋莊子，處嘗有得於六經者，故常稱道孔子；然孔子勞形於人間，而莊子遊心於消搖，故又與孔子異。蓋孔子遊於方内，天之戮民也；莊子遊於方外，天之君子也。故其於孔子未嘗不尊，亦未嘗不訕。』又指出老、莊之區別：『若夫老子，以虛無無爲爲宗，其大指蓋與莊子同，故稱之曰「博大真人」，然而不自列於老子之術，則又顯與老子異矣。蓋老子以知雄守雌爲指，尚有福禍之見，而莊子則獨與天地精神往徠，已無死生之念者也。故其於老子，未嘗不稱，亦未嘗不別也。』此等説法較有見地，值得重視。

今影印陳柱《莊子内篇學》，據華東師範大學圖書館藏民國五年中國學術討論社排印本。

闡莊

陳柱撰

陳柱事蹟，已見《莊子内篇學》提要。其所著《闡莊》，分上、中、下三卷，在《子二十六論》中。陳氏認爲：『《莊子》之書，大恉盡在内篇，而内篇之中最要者，則在《消搖遊》《齊物論》兩篇而已。《消搖遊》者，絕對自由之恉；《齊物論》

者，一切平等之談也。』（《闡莊上》）故陳氏立足《逍遙遊》《齊物論》兩篇，聯繫《天下》篇，對《莊子》之道、學術源流、孟莊學術異同等問題進行論述，雖然篇幅不長，但甚見功力。

《闡莊上》重在論莊子之道。陳氏説：『以天地萬物爲一體，不大天地，不小豪末，不貴金玉，不賤糞溺，大小精麤，漠然莫不平等，莊子之道也。此《齊物論》所由作也。然其視天下必如此之平等者，其指在乎《消搖遊》。是故《消搖遊》者，莊子之目的；而《齊物論》者，莊子之方法也。』並且，陳氏將莊子之道分爲三個層次：『《莊子》書所言道，有三等義諦：有内聖之道焉，有内聖與外王之道焉，有外王之道焉。』所謂内聖者，即《天下》篇所謂天人、神人、至人；所謂内聖與外王者，即《天下》篇所謂聖人；所謂外王之道者，即《天下》篇所謂君子。三等義諦雖有高下，但『法天無爲則未始不一貫焉』。明乎此，則是讀《莊》、治《莊》之基礎。

《闡莊中》主要論人與學術源流。陳氏論人，依《天下》篇，將人分爲七等，即天人、神人、至人、聖人、君子、百官、生民，並指出：『莊子之意，蓋以此七等，別天下人之品類，以謂道無乎不在。』陳氏論學術源流，首先指出古代學術存乎史官，由史官而傳於儒家，而諸子學術多出於儒家所傳六藝，由是他解釋了《莊子》書中爲何時而薄孔、時而尊孔之矛盾：『是故莊子論内聖之道，固不能不薄儒家；而論外王之道，而深有取焉。故《人間世》篇多引孔子、顔回之説以言治，而《天下》篇盛道儒家之學爲百家之淵原，且無詆訶儒家之論也。』接下來，陳氏以莊子逍遥齊物之自由平等爲準則，對《天下》篇所列各家各派進行評論。如評論老子之學，陳氏認爲其爲『爲道家之正宗，且爲莊子之學所自出者，故稱之爲博大真人，而絶無貶詞焉。然老子之學，雖法天而知雄守雌，知與爲取，尚不免有人事作用，此則兆於變化，内聖而外王之學，篇首所謂聖人者也。莊子則不然，其道更出乎老子之上，而直欲與天爲一』，則『豈非篇首所謂天人、神人、至人者乎？』即認爲莊子之學比老子之學更高一層。同時，陳氏還討論了莊子與老子、惠施學術之異同。他説：『老、莊之學，人皆知其同而不知其末同而本異；莊、惠之學，人皆知其異而不知末異而本同。何者？莊子之學出乎比較，老子之學出於對待，其本異也。老子對於對待，則由有對待而歸於無對待；莊子出於比較，則由有比較而歸於無比較，此則異而實同矣。故莊子於老子，雖不盡同而終無譏焉。惠施則不然，雖與莊子同出於比較，其本未嘗異也。然惠施則役於比較而歷物，莊子則因比較而齊物，歷物則所明不過物之分，而不能齊物則不能觀物之通，斯莊、惠之所大異也。』所論讓人耳目一新。

《闡莊下》重點闡釋莊子與孟子學說之異同。陳氏在討論了莊、孟在辯論、禮教、是非等方面之不同後，從解決莊、孟互不提及問題入手，重點探討莊、孟學術之相同點，即有共同之的鵠（人之天性）、有共同之淵泉、有共同之敵論（楊朱、墨子），認爲『莊子之説與孟子雖相反而實相成者也』。陳氏此論，雖有牽强之意，但亦可備作一家之言。

此次影印陳柱《闡莊》，據華東師範大學圖書館藏民國二十四年北流陳氏十萬卷樓刊《子二十六論》本。

莊子内篇證補

朱桂曜撰

朱桂曜（1898—1929），初字瑤圃，後更芸圃，浙江義烏人。畢業於北京師範大學，先在南開大學執教，後任厦門大學教授。民國十八年應河南大學聘請，途中患傷寒病，卒於沛縣。著作有《中國修辭學》《修養録》《莊子内篇證補》。

《莊子内篇證補》爲札記體，摘録内七篇有關文句，加以詮訂、補正。書前有蔡元培民國二十三年序言、朱桂曜民國十七年自序。朱氏自序云：『注《莊子》者，向多馳騖玄談，而鮮綜實義。清儒崛起，頗加釐正，然亦裁十之一二耳，且間亦不能無所得失。兹編之作，凡篇中稍涉疑難而爲管見所能及者，輒加詮證；文字之有訛舛，六朝清儒諸家詁訓之有未當者，則勘正之；其義已爲前人闡發而例證或有未備者，則補充焉。』確實如此，《莊子》内篇及後人解説得朱桂曜詮訂、補正之處頗多。如《齊物論》篇以『毛嬙、麗姬』並言，朱氏謂『此言「毛嬙、麗姬」者，蓋因下文「麗之姬，艾封人之子」而誤改耳。』今案陸德明《經典釋文》引崔譔本『麗姬』正作『西施』。《初學記》一九、《白氏六帖事類集》七、《太平御覽》三八一引並同。説明當依朱説，改『麗姬』爲『西施』。又《養生主》篇有『指窮於爲薪』語，俞樾云：『《廣雅・釋詁》：「取，爲也。」然則「爲」亦猶「取」也。「指窮於爲薪」者，指窮於取薪也。以指取薪而然之，則有所不給矣。』朱桂曜則指出：『俞説非是。「指」爲「脂」之誤，或假。《國語・越語》「勾踐載稻與脂於舟以行」，注：「脂，膏也。」

脂膏可以爲燃燒之薪，故《人間世》篇云：「膏火自煎也。」此言脂膏有窮而火之傳延無盡，以喻人之形體有死而精神不滅，正不必以死爲悲，此秦失之所以三號而出也。郭以「前薪」訓「爲薪」，崔以「薪火」連讀，皆失之。』今細審各家解釋，以朱氏之説於義爲長，故聞一多《莊子内篇校釋》從之。而且，朱桂曜還敢於對幾乎已爲大家所公認之説法提出質疑。如對於《逍遥遊》篇『鯤』字，自宋末羅勉道以來，學者越來越傾向於解釋成小魚之名，而朱桂曜卻敢於力辟衆説，以大量文獻資料證明其爲大魚之名。他所持看法未必正確，但這種敢於大膽質疑之精神卻值得肯定。

朱桂曜《莊子内篇證補》對《莊子》内七篇所作詮訂、補正條目之多，爲前人所撰同類著作皆不及，此亦爲體現該書學術價值之重要方面。但條目既多，難免出現錯誤。如《逍遥遊》篇有『水擊三千里』語，朱桂曜謂『「擊」蓋通「激」』，並云：『水擊三千里，猶言水激起三千里也。』其實，此句乃在表示大鵬有所憑藉，謂其始飛之時，兩翼拍水而行，至三千里而後高升。若依朱氏之説，則頓失莊子所謂萬物皆『有所待』之旨，而與下句『摶扶搖而上者九萬里』，即憑藉飇風盤旋而上之意相抵牾。《人間世》篇有『故解之以牛之白顙者』語，朱桂曜謂『「解之以」猶《吕氏春秋》之言「解在乎」』，『亦猶《墨子》書中之言「説在」』，即謂『解』爲我們今天所謂『解説』之『解』。但今案《漢書·郊祀志》『古天子常以春解祠』，師古注：『解祠者，謂祠祭以解罪求福。』《淮南子·修務訓》『禹之爲水，以身解於陽盱之河』，高誘注：『爲治水解禱，以身爲質。』則『解』爲祭祀之名，決不可依朱氏讀爲『解説』之『解』，也不可將『解之以』三字連爲一詞讀。當然，此僅爲小疵，而細審《莊子内篇證補》全書，正有如蔡元培序言所説：『其糾繆補遺，謹嚴縝密，徵引博而抉擇精，不惟《莊》書之功臣，抑且注家之諍友也。』

茲影印朱桂曜《莊子内篇證補》，據華東師範大學圖書館藏民國二十四年上海商務印書館排印《國學小叢書》本。

莊子引得

聶筱珊等編纂

聶筱珊（1903—1962），名崇岐，天津薊縣人。畢業於燕京大學歷史系，並長期留校工作。曾任燕京大學引得編纂處編輯、副主任，北平中法漢學研究所研究員兼通檢部主任，燕京大學圖書館代理主任、教授、代理教務長。建國後，任中國科學院近代史研究所研究員。著有《宋史叢考》。

《莊子引得》由燕京學社引得編纂處聶筱珊等編纂，前有齊思和民國三十六年《序》《凡例》。全書主體部分由《筆劃檢字》《拼音檢字》《中國字庋擷表》《莊子本文》《引得》等組成，其中以《莊子本文》《引得》兩個部分所占比重最大。齊思和《序》云：『蓋《莊子》旨既深奥，文亦繁富，披閲爲難，貫通非易，前人之所以於是書成績較少者，蓋亦由於工具書之缺乏也。哈佛燕京學社引得編纂處有鑒於斯，乃仿西洋「堪靠燈」之例，既據郭氏（慶藩）《集釋》原刊本精校全文，並字爲引得，以便檢案。』此書初成於民國三十年，印刷方畢，而日寇占據燕大，印本爲其所毁，唯一本因人假閲，倖免於刦灰，日寇戰敗後，乃得以據此排印，重與世人見面。

此書《莊子》正文以清光緒二十一年思賢書局刊郭慶藩《莊子集釋》爲準。《莊子本文》部分依次收録《莊子》三十三篇原文，凡正文字句有異文見於郭注者，則於該字或句之上標以數碼，而於當頁下端另辟一欄，按碼列其異文。爲便利檢覓計，《莊子》正文各篇皆依次標以數碼，而於每篇中隔五行加以數碼，列之欄外。《引得》部分排列方法是，先將各條目字分爲五體，然後化爲數碼，至於次第，則以數碼小者在前。《引得》以一句爲主，逐字或辭爲之，字或辭皆綴其原句。如此等等，其編纂工作甚是細緻而繁重，而在相當長時期内，治《莊》者每得益於此書。

兹影印《莊子引得》，據華東師範大學圖書館藏民國三十六年哈佛燕京學社排印本。

莊子内篇校釋

聞一多撰

聞一多（1899—1946），初名亦多，族名家驊，字益善，號友山、友三，湖北浠水人。民國十一年赴美國，習美術、文學。十四年回國，任教於北京藝專，參加新月社。十七年任武漢大學文學院院長，後歷任青島大學、清華大學、西南聯大教授。抗戰勝利後，因支援學生愛國民主運動，在昆明被國民黨特務暗殺。早年以寫新詩著稱於世，是新月派代表人物之一，上世紀二十年代末期開始從事古典文學研究，在《周易》《詩經》《楚辭》《莊子》、唐詩及上古神話等領域均取得突破性成果。

所著《莊子內篇校釋》，民國三十二年發表於重慶《學術季刊》第三期，後收入民國三十七年開明書店版《聞一多全集·古典新義》，爲聞一多《莊子》考據學研究中最爲成熟、完整之著作。此著以郭慶藩《莊子集釋》爲底本，從音、形、義三個方面對《莊子》文字進行校勘，對部分詞意進行詮釋，對誤文、倒文、脱文、衍文進行勘誤，並補足一些佚文。歸納起來，主要有如下特徵：

其一，聞一多在對《莊子》文本校正詮釋中表現出極强之邏輯性與嚴密性。如他爲證明《逍遥遊》篇『大鵬』即『爰居』，先從《國語·魯語》記載中引出爰居曾因大風而止於魯郊，以證此與鵬因海運而南徙相似；又從《至樂》篇與《爾雅·釋鳥》郭注中證得爰居爲大鳥，而鵬恰也爲大鳥；接着從《爾雅·釋鳥》樊注與《文選》材料證明爰居似鳳，而『鵬』『鳳』本爲一字。由以上三者，聞一多方纔得出結論：『是鵬與爰居蓋一鳥，海運（渾）與海大風亦一事也。』又如《大宗師》篇中自『故聖人之用兵也』至『而不自適其適者也』一段，聞一多認爲是莊子後學之言，除指出該段與上下詞旨不類外，他還舉出三個疑點：『且「聖人之用兵也，亡國而不失人心」，寧得爲莊子語？可疑者一也。務光事與許由同科，許由者《逍遥遊》篇即擬之於聖人矣，此於務光乃反譏之爲「役人之役，適人之適，而不自適其適者」，可疑者二也。朱亦芹以《尸子》《秦策》證胥餘即接輿，其説殆不可易。本書內篇凡三引接輿之言，是莊子意中，其人亦古賢士之達於至道者，乃此亦目爲徇名失己之徒，可疑者三也。「利澤施於萬世」，又見《天運》；「適人之適而不自適其適者也」，又見《駢拇》，並在外篇中。以彼例此，則此一百一字蓋亦莊子後學之言，退之外篇可耳。』由此可見聞一多校正文本之嚴謹與周密。

其二，聞一多所引材料十分豐富，除對前人研究成果廣爲徵引外，他還從神話、文化學、民俗學等方面尋找材料，提出一些新見解。如《齊物論》篇『與王同匡牀』之『匡牀』，今本寫作『筐牀』，聞一多認爲有誤，他説『匡牀』之名來源於『床三面有圍，其形如匚，匚亦古「匡」字，故謂之匡牀』；之後又從北方民俗中尋找依據，説『北人累磚爲寢牀，三面連壁，亦呼曰匟，即古匡牀之遺。』又如《人間世》篇『挫針治繲，足以糊口，數策播精，足以食十人』，前人多將『挫針治綳」釋爲縫衣洗衣，將「數策播精」釋爲揚糠簡米，但聞一多卻將此二者解釋爲用針石治療跌打損傷之醫術及卜卦占兆之巫術，並從上古巫醫文化中尋找解釋：「挫針治綳，醫術也。數筴播精，巫術也。古巫亦即醫，故兼治二術。」並引用《淮南子・説山訓》中以醫用針石與巫用精藉並言來與《莊子》相發明。聞一多還將神話作爲重要依據，如在解釋《德充符》篇「天選子之形」一句時，他便根據《太平御覽》卷七八中所引《風俗通義》「女媧摶黄土作人」神話，認爲「『天選子之形』，即摶子之形，亦摶土作人之遺説也。」

其三，聞一多運用現代語言學對《莊子》文本進行校正與詮釋，此爲前人所未曾嘗試。如他在解釋《逍遥遊》篇「摶扶搖而上者九萬里」時，認爲「摶」與「扶搖」義同，皆動詞作副詞用，二詞連用是古人自有複語，此種複語在《楚辭》《漢賦》中並不少見，是戰國以來接近口語之新文體，因此崔譔注將「摶」改爲「搏」，是因爲將「搏」當成動詞，而將「扶搖」當成名詞，作「摶」字賓語之緣故，顯然甚爲錯誤。而在解釋後文「摶扶搖羊角而上者九萬里」時，聞一多也同樣認爲「扶搖」「羊角」皆是副詞，若將二者當成大鵬所乘之風，則「誤副詞爲名詞，按之語法，爲不可通耳」。

其四，聞一多還表示其進行訓詁考據之目的在於「明莊子思想之背景」。如在解釋《德充符》篇「彼且擇日而登假，人則從是也」時，他認爲「登假」猶「登霞」，又作「登遐」「升霞」等，其義有二：一指源出於西戎火葬風俗，如《墨子・節葬》之「登遐」，張華《博物志》之「登霞」，劉晝《新論・風俗》之「升霞」，皆指「靈魂乘火焰以上升」；二指世人所稱之「升仙」，但從《列仙傳》等記載，仙人多以火化後魂氣上升而升仙，因而此一意義應當是源於火葬，由前義發展而來。聞一多之所以對「登假」一詞做如此詳細解釋，據他自己説就是因爲「諸家雖知本篇之文當從徐讀，而不能質言『登假』之義，故具論之，以明莊子思想之背景焉爾」，即在他看來，祇有在對文本作具體校正與詮釋之後，纔能説明莊子思想背景，真正理解莊子思想來源與內涵，而這纔是其《莊子》研究之最終目的。

此次影印聞一多《莊子內篇校釋》，據華東師範大學圖書館藏一九四九年開明書店版《聞一多全集》本。

莊子章句

聞一多撰

聞一多生平事蹟，已見《莊子内篇校釋》提要。其所著《莊子章句》與《莊子校補》《莊子校拾》《莊子義疏》，生前均未發表，一九四九年開明版《聞一多全集》亦未收入。聞氏在一九四〇年致清華大學校長梅貽琦之休假研究報告中，附有其關於上古文學之研究結果，其中《莊子章句》之内七篇已完成，比其所著《莊子内篇校釋》之發表至少早三年。

中國國家圖書館所藏聞一多《莊子章句》手稿，該館將其標爲『《莊子章句》一』『《莊子章句》二』『《莊子章句》三』『《莊子章句》四』『《莊子章句》五』，實際上應歸爲三種。《莊子章句》一，録《逍遥遊》篇全文，分爲七個章節，順文雙行夾注，以解釋字義句意爲主，間有考證訂訛文字。篇末辟『校補』欄，對篇中缺文、衍文等進行校補訂訛，所據文獻豐富，用力亦勤，所得結論，多可信從。又辟『釋義』欄，對篇中難解字句作重點解釋，不僅引經據典，借鑒前人研究所得，還大膽推證、闡釋，敢言他人所未敢言，故每能新人耳目。《莊子章句》二，録《逍遥遊》《齊物論》《養生主》《人間世》《德充符》《大宗師》《應帝王》七篇原文，順文雙行夾注，其中前六篇皆已分定章節，並以紅筆連續標號，至《大宗師》篇末章爲『五一』，而《應帝王》篇僅以鉛筆標碼，有『52』『53』『54』『55』等標號，兼以七篇中塗抹修改處甚多，則今所見《莊子章句》二，當爲未徹底完成之稿。另外，《莊子章句》三，録《逍遥遊》《齊物論》《養生主》《人間世》《德充符》《大宗師》六篇，順文雙行夾注，並以紅筆連續標號，至《大宗師》篇末章爲『六三』；《莊子章句》四依次録外篇十五篇原文，《莊子章句》五依次録雜篇十一篇原文，皆順文雙行夾注，前者以紅筆連續標號始於『七〇』而終於『一七五』，後者始於『一七六』而終於《庚桑楚》篇末章，標號爲『一九八』。今視《莊子章句》三、四、五，實爲相對完整之稿，應當歸爲一種，且據其塗抹修改處多於《莊子章句》二等跡象，則此稿當完成於《莊子章句》一、二之前。但其中缺《應帝王》篇，不知何以如此。

今執聞一多手稿《莊子章句》之相關文字，與其發表於一九四三年之《莊子内篇校釋》作比較，則其考校文字顯然有所不及，又爲不及徹底完成之稿，但此著實爲聞氏唯一涉及《莊子》全書之研究著作，尤其值得珍貴。

此次影印聞一多《莊子章句》，據中國國家圖書館藏手稿本。

莊子校補

聞一多撰

聞一多生平事蹟，已見《莊子內篇校釋》提要。其所著《莊子校補》，亦爲未曾發表之手稿，涂抹修改之處較多。《莊子校補》扉頁題『坿録一（校補）』。前列有王念孫、王懋竑、李楨、俞樾、孫詒讓、郭慶藩、王闓運、劉師培、劉秀生、奚侗、馬敘倫、劉文典、朱桂曜、章煜然等十四人名字，聞一多著述此書時當借鑒過其成果。此書爲劄記體，是對《莊子》內篇之校補，計有《逍遙遊》篇校語九條、《齊物論》篇二十六條、《養生主》篇五條、《人間世》篇三十五條、《德充符》篇十七條、《大宗師》篇四十八條、《應帝王》篇十六條，數量相當可觀。今以此書與聞氏《莊子內篇校釋》相比對，部分內容大致相同，而與《莊子章句》一之後『校補』欄所收條目相較，則兩者內容基本相同。如此稿《逍遙遊》篇有校語云：『本無「者」字。案：吹之者生物，被吹者野馬、塵埃，吹下若無「者」字，則吹之者與被吹者之關係不明。《類聚》六、《一切經音義》九引並有「者」字，是，今據補。』《莊子章句》一之『校補』云：『今本無「者」字。《一切經音義》九、《類聚》六引有。案：有「者」字，是。此謂野馬、塵埃，皆因生物之吹息而浮游，蓋吹之者生物，被吹者野馬、塵埃也。吹下若無「者」字，則吹者與被吹者之關係不明。今據補。餘詳集注。』兩者詞序雖不一致，但內容卻基本相同。今從涂抹修改情況來看，則《莊子校補》成稿於前，而《莊子章句》一之『校補』欄所收條目，顯然係整理此稿中有關條目而成。在《莊子校補》中，聞一多旁徵博引，並斷以己意，每有所得。如謂《逍遙遊》篇『搶榆枋』下當補『而止』二字，《齊物論》篇『山林之崔隹』之『山林』當爲『山陵』之訛，《人間世》篇『吉祥止止』之『止止』當爲『止之』之誤，《大宗師》篇『子來』當爲『子永』之形誤，皆在前人校釋基礎上作進一步推斷，具有一定學術眼光。他還往往提出一些獨到見解，讓人耳目一新。如據《列子・湯問》、唐神清《北山録》等相關文字而謂《逍遙遊》篇『湯之問棘也是已』下有脱文，據《人間世》篇『與天爲徒』『與古爲徒』等文字而推斷『與人之爲徒』衍一『之』字，皆可備作一說。

此次影印聞一多《莊子校補》，據中國國家圖書館藏手稿本。

莊子校拾

聞一多撰

聞一多生平事蹟，已見《莊子内篇校釋》提要。其所著《莊子校拾》，亦爲不曾發表之手稿，其中有一半條目以毛筆劃去，多爲他書所引《莊子》原文，當爲聞氏著述時已予利用之材料。

《莊子校拾》前有《徵用書目》，字跡工整、清晰，其中抹去者僅有四字。此書目列示如下：傅肱《蟹譜》、何承天《論渾象體》、孫虔禮《過庭書譜》、洪興祖《楚辭補注》、陶宗儀《經子法語》、任淵《山谷内集注》、羅苹《路史注》、贊寧《荀譜》、陳仁玉《菌譜》、王瓘《廣黄帝本行記》、葛洪《神仙傳》、徐子光《蒙求集注》、潘自牧《記纂淵海》、羅願《爾雅翼》、邵博《邵氏聞見後録》、韓鄂《歲華紀麗》、洪邁《容齋隨筆》、彭乘《續墨客揮犀》、王應麟《困學紀聞》、史容《山谷外集注》、史溫《山谷别集注》、唐玄宗《御制道德真經疏》、杜光庭《道德真經廣聖義》、宋徽宗《御解道德真經》、寇才質《道德真經四子古道集解》、王守正《道德真經衍義手鈔》，以及《文選注》《藝文類聚》《初學記》《群書治要》《太平御覽》《玉篇》《後漢書注》《六帖》《輔行記》《原本玉篇》《北堂書鈔》《意林》《山海經注》《水經注》《史記索隱正義》《玉燭寶典》《世説新語注》《宏（弘）明集》《列子釋文》《荀子注》《謝靈運山居賦自注》《漢書注》《懶真子》《説文繫傳》《廣韻》《廣弘明集》《事類賦注》《錦繡萬花谷》《一切經音義》《列子注》《抱朴子》、江澂《道德真經疏義》、黄鶴《杜工部詩史補遺注》、蔡夢弼《杜工部草堂詩箋》。此書目雖係爲《莊子校拾》開列，卻亦真實反映出聞一多在長期校釋《莊子》過程中，所過目、梳理之文獻資料極其繁富，兼以其思維敏捷，研究方法新穎，故能獲得如此豐碩成果。

《莊子校拾》主體部分，是將所列書目中與《莊子》有關文字，按順序予以列示。如摘録於《一切經音義》者依次有：『一八、注者激也。』『二〇、心術形焉。』『四五、龍伯國人鉤鼇。』『四六、虺二首。』『五七、疾瘦死喪憂患其中也；憒憒然爲世俗之禮也。』『五九、汙有激，司馬彪注：急流也。——車輪不輾地。』『六二、子胥抉眼。』『六七、蝯之於木，若蟣蠓於蛇也。』『七二、終日視而目不瞬。』『七七、遞臥遞起。』『八九、以屐屩爲服。』『九三、誇父與日角走，渴死於北地。』各條前所標數字，表示各自在《一切經音義》中所屬卷數。以這些條目與《莊子》相比對，可見其或爲《莊子》之原文，或是對《莊子》有關文字之意引、發揮，而聞一多將其一一摘出，而且在摘録其他書中文字時，大多還標明出自《莊子》何篇，説明其用力甚勤。

此次影印聞一多《莊子校拾》，據中國國家圖書館藏手稿本。

莊子義疏　聞一多撰

聞一多生平事蹟，已見《莊子内篇校釋》提要。其所著《莊子義疏》，同樣爲不曾發表之手稿，其中有不少涂抹修改之處。

《莊子義疏》於《逍遥遊》篇前題『坿録二（義疏）上』，《人間世》篇前題『坿録二（義疏）下』，内容與《莊子内篇校釋》《莊子章句》《莊子校補》多有重複。前有名録列示如下：錢大昕、阮毓崧、錢坫、劉師培、宣穎、王引之、郭慶藩、劉秀生、馬敘倫、章炳麟、奚侗、俞樾、裴學海、洪頤煊、朱桂曜、吴汝綸、朱駿聲、王念孫、王敔、羅勉道、陳鱣、王先謙、胡遠濬、李楨、德清、王懋竑、劉文典、陶光、陳壽昌、馬其昶、孫詒讓、錢穆。説明聞一多著《莊子義疏》，對上述學者成果或有所借鑒，或有所批駁、疏正，用力不可謂不勤。

與傳統注疏體不同，聞一多《莊子義疏》僅是對《莊子》内篇部分字句之疏證。如在《養生主》篇中，僅摘取『緣督以爲經』『合於桑林之舞，乃中經首之會』『技經肯綮之未嘗』『而況大軱乎』『謋然已解』『善刀而藏之』『向者吾以爲其人也』『指窮於爲薪，而火傳也，不知其盡也』等八條予以疏證，體例與其《莊子内篇校釋》相似，而且『合於桑林之舞』『指窮於爲薪』二條與《莊子内篇校釋》相關條目比較，在内容方面也有些重複。從疏證字句方面看，《莊子義疏》仍帶有校釋時旁徵博引之特徵。如其於《逍遥遊》篇『北冥有魚』條下云：『《釋文》引嵇康曰：「溟，取其溟漠無涯也。」

成疏曰：「溟，猶海也。」案：海從每聲，溟、海古雙聲字。海之言晦也。《老子》二〇章「澹兮其若海」，《釋文》引嚴遵作「晦」。《呂氏春秋·求人》篇「夏海之窮」，《淮南子·時則》篇作「夏晦」。《博物志》一引《尚書考靈曜》《釋名·釋水》篇、《爾雅·釋地》舍人孫李等注並訓「海」爲「晦」。溟之言冥也，是海謂之溟，猶晦謂之冥。』可見此處疏證『冥』字，仍是采用校釋方法，與傳統注疏僅求疏通字義句意而止者有所不同。又於《德充符》篇『德爲接』條下云：『案：德之言得也。接、捷古通。《説文》：「捷，獵也，軍獲得也。」《淮南子·兵略》篇「百族之子捷捽招抒船」，注：「捷，疾取也。」蔡邕《月令》章句：「獵者，捷取也。」「接」讀爲「捷」。此言德之所得，同乎軍戰之捷取也。』此處之疏證，雖目的還是在疏通字句，但仍有校釋時旁徵博引之特徵。

此次影印聞一多《莊子義疏》，據中國國家圖書館藏手稿本。

莊子新探

施章撰

施章（1901—?），字仲言，雲南昆明人。畢業於雲南高等師範學校，又入南京國立東南大學國學系，獲文學士學位。歷任江蘇東海、安徽宣城各中學教員，《中央大學半月刊》編輯，東陸大學師範學院教授。著作有《詩經研究》《莊子新探》《史記新論》《五言詩發達概論》《六朝文學概論》《唐詩研究》《中國古代的田園文學》《文學論叢》《新興文學論叢》《農民文學概論》《唯物史觀的中國文學史綱要》等。

《莊子新探》共分四章，即第一章《莊子評傳》、第二章《莊子人生之分析》、第三章《莊子文學》、第四章《莊子哲學》。前有施章所作自序，及戴季陶、壽昌、胡遠濬所撰序言各一篇。壽昌序言云：『近年雖有應用科學方法來整理莊子的著作，但他們沒有將《莊子》全書加以分析，而輕下案語，所以也不能瞭解《莊子》的本來面目。施君花費幾年的心力，把《莊子》全部加以分析與綜合的研究，於是有這理論出衆的一册《莊子新探》。這樣研究的成績，在國學上實是少見的。……施君脱出了傳統的觀念，對於《莊子》一書作整個的研究而清晰的指出他的文學上與哲學上之方向，這的確是歷來《莊子》

研究上的奇跡；以西洋哲學的研究方法作一比較的研究，這更是開發了新的研究的途徑。』今讀施章《莊子新探》，確實采用了一些較新的研究方法，取得了不少超越前人的研究成果。

一、關於莊子其人其書。在第一章《莊子評傳》中，施章通過綜合運用大量文獻資料，認定莊周之出生地爲今河南商丘縣，在春秋戰國時屬宋，戰國末楚滅宋後屬楚，西漢時屬梁。因而施氏説：説莊周是宋人，是指戰國時代説；説他是楚人，是指楚滅宋後説；説他是梁國人，是指西漢時説。施氏這些看法，應當比較符合實際。而且，他所提出的『内篇爲莊子的自著，外篇、雜篇乃由莊子的思想演化出來的結晶』之説，也同樣具有一定學術價值。

二、關於莊子的人生觀。在第二章《莊子人生之分析》中，施章首先批評魏晉人『衹是截取莊子的片面生活，自詡是步莊子的曠達』，以及現今人以西方實用主義眼光來衡量莊子之人生態度。並指出，莊子的精神生活已能『超越經濟生活的範圍以外，而進於更高的生活中』，他的情『不是占有的物欲的好惡之情，而是藝術的最高上最純潔的情』，這反映在他的政治生活上，就是表現爲對沒有人治的政治即『藝術社會』的追求。施氏這裏指出莊子的人生與老子截然不同，主要表現爲對逍遥無爲的純藝術人生境界的嚮往和追求，確實甚能揭示莊子人生理想的真諦。

三、關於莊子的文學。在第三章《莊子文學》中，施章認爲莊子的人生既然表現爲天樂般的藝術境界，則其所創作的文學必具有喜劇的特徵。我們知道，自南宋末黄震提出莊子爲『千百世詼諧小説之祖』（《黄氏日抄》）的説法以來，後世如胡應麟《二酉綴遺中》、林雲銘《莊子因》、胡文英《莊子獨見》、劉鳳苞《南華雪心編》等，皆認爲《莊子》中某些篇章具有小説作品特徵。施章在這裏更以獨特眼光，指出莊子文學具有明顯的喜劇 Comedy 性質，並認爲莊子是我國歷史上『最大的喜劇家』，從而爲莊子文學研究提供了一個新的視角。

四、關於莊子的哲學。在第四章《莊子哲學》中，施章不同意自司馬遷以來所謂莊子意在發明老子之旨的傳統説法，而是認爲莊子哲學與老子别立門户，即並不像老子那樣與宇宙『相對』，而是獨與天地精神往來，把自我的生命充溢於宇宙之中。他還進而指出：『他（莊子）的哲學思想，是受四種關係孕育而成。就是：一方面受道家思想的啓示；一方面受楚、宋兩國地理環境的影響；另一方面則由時代的混亂和名家的爭辨所激成。因這四種縱横交錯的關係，使他孕育成功爲我國思想史上博大精深、空前絶後的惟一人物。』應當承認，這一看法比前人的説法都顯得全面而客觀些，因而同樣具有一定學術價值。

此次影印施章《莊子新探》，據南京大學圖書館藏民國十九年國立中央大學出版部排印本。

南華直旨

楊文煊撰

楊文煊，字熙齋，河北文安人，生平事蹟不詳。著作有《南華直旨》。

據版權頁，《南華直旨》全套爲四册，但今可得者僅第一册，而版權頁完整，疑其餘三册尚不及付梓，唯於第一册版權頁預標『全四册』字様而已。此册僅解内七篇，前有民國二十五年魯欽承、吴海珊、李翼林、管亞强所撰序言各一篇，正文部分則先列内七篇原文，次爲《弁言》，然後對七篇依次作詳細解説。楊文煊在《弁言》中説，『莊子之書，矯儒家之弊者也』，而『謂莊子爲尊崇孔子者，固失之迂；謂莊子爲詆毁孔子者，更失之妄耳。』認爲蘇軾等人的『尊孔』説不免『失之迂』，司馬遷的『詆毁』説更『失之妄』，皆不如王安石的『矯弊』説顯得有道理。同時又指出，『莊子之認識宇宙，確與老子同其本源，而以道爲宇宙之本體』，但『莊子之思想方法，則與老子全不相同』，『莊子之政治主張，更與老子相遠』。楊文煊的這些説法，多有真知灼見，值得重視。但其中也有值得商榷的地方，如他説『老子主革命，主無爲，主愚民，主弭兵』，固然不無道理，但説『莊子則主團結，主機巧，主牖民，主鬥爭』，卻並非知言，因爲莊子是反對『機心』『機巧』的，亦決不主張采取『鬥爭』的方式方法。

對於《莊子》其書，楊文煊在《弁言》中説：『《莊子》之書，雖有内、外、雜篇之分，但旨趣從同，初無判别之必要；隨機説理，更無真僞之可言。若覺古人可疑，則不妨全視爲僞，屏棄之可也；若知真理可貴，則不妨全視爲真，奉誦之可也。惟内篇命題，原屬有心，告人以求真作聖之法，則屬實事。其餘則就興之所之，發揮而暢釋之。』意謂對《莊子》全書要作整體來看，但内篇屬於『有心』之作，而外、雜篇則屬於『就興之所之，發揮而暢釋之』。基於這一認識，楊文煊進而對内七篇展開詳細論説。今審其論説《逍遥遊》篇，以爲此篇是在昭示『興趣』；論説《齊物論》篇，以爲此篇是在確定『認識』；論説《養生主》篇，以爲此篇是在闡明『養生全身』之理；論説《人間世》篇，以爲此篇是在指示『宅心處世』之方；論説《德充符》篇，以爲此篇是在揭示『立德掩形』之旨；論説《大宗師》篇，以爲此篇是在指示『求法積學』之要，而論説《應帝王》篇，則以爲此篇是在『創造新論，指示正理』。他説：『此篇（指《應帝王》）與前六篇，大旨全異。前六篇意在訓真，訓真示人以見道之方也。此篇則爲作聖，作聖告人以用世用時之法也。』應當承認，楊氏這些説法基本上符合實際，尤其是指出《應帝王》篇與前六篇之『訓真』不同，旨在『告人以用世用時之法』，則更具隻眼。當然，他在具體論説内七篇時，其中有不少説法卻值得商榷，本提要不作一一指明。

此次影印楊文煊《南華直旨》（第一册），據華東師範大學圖書館藏民國二十五年北平星星日報印刷部排印本。

莊子天下篇自述其學説九句之解釋

胡子霖撰

胡子霖，四川大學教師，生卒年不詳。著作有《周易之新研究》《莊子天下篇自述其學説九句之解釋》。

在《莊子天下篇自述其學説九句之解釋》中，胡子霖首先指出：『《莊子》難讀。《莊子・天下》篇自述其學説九句，尤爲難讀。不瞭解全部《莊子》，則此數句，意義模糊；不明瞭此九句，則全部《莊子》，亦等於世説雜撰。莊子學説，推演之，爲現存三十三篇洋洋大文；精約之，則僅此寥寥九句。』所謂莊子自述其學説之九句，即指《天下》篇如下文字：『芴漠無形，變化無常，死與生與，天地並與，神明往與！芒乎何之，忽乎何適，萬物畢羅，莫足以歸。』胡子霖認爲，此九句即足以濃縮《莊子》一書全部精神。

基於這一認識，胡子霖便彙輯郭象《莊子注》、陸德明《莊子音義》、郭慶藩《莊子集釋》、王先謙《莊子集解》、劉鳳苞《南華雪心編》、阮毓崧《莊子集注稿本》、顧實《莊子天下篇講疏》、錢基博《讀莊子天下篇疏記》、譚戒甫《莊子天下篇校釋》、馬敘倫《莊子義證》、蔣錫昌《莊子哲學》、胡遠濬《莊子詮詁》、李大防《莊子王本集注》中有關此九句之注疏及音義；並將此九句分爲五個意義單元，通過大量引述《莊子》中有關文字充分展開論述，最後説：『余意讀《莊子》，當先《天下》篇，《天下》篇學術概論也；次《寓言》篇，《寓言》篇莊子著書之體例，及著書之宗旨也；次《外物》篇，掃盡物累，靈臺通明，方能澈悟人生，瞭解莊子也。』總的看來，胡氏此著主要乃是搜集有關資料而成，即使他對《天下》篇中九句所作的直接論述，亦大致是排比有關資料而成。但他如此看重《天下》篇中此九句而爲之撰寫專著，這在歷史上實屬破天荒。而且，他還指出：『莊子精演人學中之死生、治亂兩大端。治亂之學，在責上責賢，指責三王，譏評五帝，排除聖知，貶斥孔子。其他不必責，不足責也。死生之學，曰完生待死。完生在養神，待死則宴然。全部《莊子》，即闡發此兩點，尤注重於後者。其不明死生之學者，不足以言治亂也。』認爲莊子之學，首重了悟生死之理，所以凡治《莊子》者，除應看重《天下》《寓言》兩篇外，還必須認真對待《外物》篇，方能『掃盡物累，靈臺通明』『澈悟人生，瞭解莊子』。胡氏此説甚有見地，值得重視。

茲影印胡子霖《莊子天下篇自述其學説九句之解釋》，據武漢大學圖書館藏民國二十九年成都黄埔出版社排印《黄埔季刊》第二卷第四期。

南華經解選讀

周學熙選

周學熙（1866—1947），字緝之，別號止庵，安徽至德人。清光緒十九年舉人，二十四年報捐候補道，派爲開平礦務局會辦，次年升總辦。二十七年任山東大學堂總辦，次年轉往直隸候補，並籌辦直隸銀元局。二十九年赴日本考察工商業，歸國後任直隸工藝總局督辦。辛亥革命後，任財政總長，還在天津、青島、唐山、衛輝開辦華新紗廠等企業，是民國初期北方實業界著名代表。民國十六年以年高引退後，以讀經、賦詩及念佛自遣，著有《東遊日記》等。

《南華經解選讀》乃是選録清宣穎《南華經解》中十四篇，予以重刊而成。此書《篇目》末附有周氏自識云：『右十四篇，皆義境高超，章法完整，循繹玩味，於養心作文之道，大有裨益。宣注顯豁，尤便初學，故選録之爲家塾讀本云。壬申孟冬周學熙識。』卷端題『至德周學熙選』。則此書乃周學熙於民國二十一年（壬申）爲家塾所選刊之讀本。今考周氏家族，世居安徽至德，有讀書著述之家風。如學熙之父周馥，於從政之餘，不忘庭訓，要求族中以《顔氏家訓》爲法，並著有《易理彙參臆言》《負喧閑語》《玉山詩集》《周愨慎公全集》。周學熙亦曾親擬家乘數十萬言，分授各房子弟，意在樹立書香禮義之家庭風範，並且還手編《周氏師古堂所編書》。由此推之，則學熙選刊《南華經解選讀》，當主要是爲周氏各房子弟在家塾者提供一個讀本。

出於上述目的，周學熙選録了世所公認爲莊周本人手筆而宣穎最爲著意疏解評點之内七篇，和外篇中『章法完整』、大有裨益於『作文之道』的《駢拇》《馬蹄》《胠篋》三篇，以及外、雜篇中『義境高超』，或有裨於治世、處世、瞭解先秦學術史的《秋水》《天道》《山木》《天下》四篇，而删去其餘篇章，及書前康熙六十年張芳所作《序》和宣穎所作《南華經解序》《莊解小言》《南華經解内篇》小引。應該説，由於宣穎之疏解評點本身甚能揭示《莊子》文章奇致，而周學熙之選録又顯得頗爲精純，所以《南華經解選讀》便比較適合初學者，尤其是私塾教學。

兹影印周學熙《南華經解選讀》，據華東師範大學圖書館藏民國二十一年周氏師古堂刊本。

莊子拾遺一卷

楊樹達撰

楊樹達（1885—1956），字遇夫，號積微，湖南長沙市人。清光緒三十一年赴日留學，回國後曾先後任北京高等師範學校國文系教授、清華大學中文系教授、湖南大學中文系主任、中央研究院院士、湖南省文史研究館館長、中國科學院哲學社會科學部委員等職。是著名的漢語語言文字學家，長於金石、甲骨和古文字訓詁、音韻及漢語語法、修辭等研究。著作有《高等國文法》《詞詮》《中國修辭學》《積微居甲文説》《積微居金文説》《積微居讀書記》等。

《莊子拾遺》在《積微居讀書記》内，據郭慶藩《莊子集釋》，分條節録《莊子》文句，予以考證，凡一百十二條。楊氏此著，博采衆家注解，並校以《左傳》《國語》《淮南子》《説文》等典籍以及《莊子》文本，斷以己意，每有新見。總體而言，此著主要包括以下幾個方面内容：一是諟正，即正《莊子》舊注之誤，這在該書中占很大比例。如於《逍遥遊》

篇『子獨不見狸狌乎？卑身而伏，以候敖者』條下云：『敖，《釋文》云：「徐、李五到反。支云：伺彼怠敖，謂承夫閑怠也。司馬音遨，謂伺翱翔之物而食之。」樹達按：諸説皆非也。《説文》六篇下出部云：「敖，出遊也。從出，從放。」此「敖」字正用本義。』於《山木》篇『絶學捐書，弟子無挹於前，其愛益加進』條下云：『樹達按：《説文》十二篇上手部云：「挹，抒也。」此謂孔子絶學捐書，故弟子於孔子之前無所取得；文言「抒」者，以水爲喻耳。《田子方》篇云：「夫子不言而信，不比而周，無器而民滔乎前。」與此文義相同，可以互證。郭云「去飾任素」，成云「無揖讓之禮」，李云「無所執持」，皆非也。』二是正音，即校正讀音。如於《人間世》篇『獸死不擇音』條下云：『樹達按：音，假爲「蔭」，郭注以本字讀之，非是。』於《知北遊》篇『汝瞳焉如新生之犢而無求其故』條下云：『樹達按：瞳，當讀爲「惷」，《説文》十篇下心部云：「惷，愚也。從心，舂聲。」新生之犢惷愚無所知，故云「惷焉如新生之犢」也。《淮南子·道應》篇云「惷乎若新生之犢而無求其故」，正用此文。』三是通義，即考釋文義。如於《齊物論》篇『夫大塊噫氣，其名爲風』條下云：『樹達按：《説文》二篇上口部云：「噫，飽食息也。」此謂大塊出息之聲。』於《徐無鬼》篇『顔成子入見曰夫子物之尤也』條下云：『樹達按：昭二十八年《左傳》云「夫有尤物足以移人」，杜注云：「尤，異也。」』另外，楊氏有時也考證《莊子》文字之脱衍。如於《知北遊》篇『知形形之不形乎』條下云：『樹達按：文義不完，「知」上當有「孰」字。《淮南子·道應》篇作「孰知」，是其證矣。』諸如此類，皆能自成一説，可以備作參考。

此次影印楊樹達《莊子拾遺》，據華東師範大學圖書館藏中華書局一九六二年排印《積微居讀書記》本。

章太炎莊子解詁駁義二卷

劉武撰

劉武（1883—1975），字策成，湖南邵陽人。曾留學日本，加入同盟會，與孫中山、黄興交往甚密，與蔡鍔爲同鄉摯友。歸國後，歷任廣西優級師範、湖南第一師範、湖南工業學校教師。民國九年棄教從政，任瀏陽縣長、湖南省警察廳長及湖南郴縣、衡山、衡陽等縣縣長，爲官清正廉明，人稱『劉青天』。解放後到北京文史館工作。著作有《章太炎莊子解詁駁義》《莊子集解内篇補正》等。

《章太炎莊子解詁駁義》二卷，今缺卷上，存卷下，朱格抄本。卷下首題『邵陽劉武譔』，末有抄者識語云：『一九五三年十月，北京圖書館借劉武先生稿本鈔存。』則此本爲原北京圖書館借劉氏稿本抄寫而成，但究竟當時原稿本已缺卷上，抑或所抄卷上日後散佚，均已未可知。今存《章太炎莊子解詁駁義》卷下，起於《天運》篇『文武倫經』條，終於卷末所附『補録』中《天道》篇『夫形色聲名，果不足以得彼之情』條，正文部分涉及《天運》《繕性》《秋水》《至樂》《達生》《山木》《田子方》《知北遊》《庚桑楚》《徐無鬼》《則陽》《外物》《寓言》《讓王》《盜跖》《漁父》《列禦寇》《天下》等十八篇，所附『補録』涉及《駢拇》《馬蹄》《天道》三篇，所有條目皆是對章炳麟《莊子解故》相應條目之駁正，針對性甚强。

劉武此著對章炳麟《莊子解故》幾乎予以逐一批駁，且每能自圓其説。如《天運》篇有『一死一生，一僨一起，所常無窮』語，章炳麟云：『常，從向聲，當借爲「向」。』劉武駁正説：『「常」借「向」，非。上文云「文武倫經」，注：「經，常也。」故此「常」字，承上「經」字説。蓋死生僨起，相續不斷，如循環之無端，故曰所常無窮也。又如日月之升降，振古如斯常也，何嘗有窮乎？』此説於義爲長，值得重視。又《盜跖》篇有『貪財而取慰』語，章氏云：『《詩・小雅》傳：「慰，怨也。」貪財而取慰，猶言放於利而行，多怨。』劉氏駁正説：『郭慶藩云：「《淮南・繆稱訓》高注：慰，病也。與竭對文，皆疾也。」郭説是也。下文云「静居則溺，體澤則馮，可謂疾矣」，即承「慰」字説。』此處在援引郭説基礎上，再申之以己意，斷言章氏之説不可從，亦可備作參考。總之，劉武此著與其《莊子集解内篇補正》一樣，敢於質疑權威，大膽陳述獨特見解，對推動《莊子》文本研究具有積極意義。

今影印劉武《章太炎莊子解詁駁義》（缺卷上），據中國國家圖書館藏手抄本。

莊子集解内篇補正

劉武　撰

劉武生平事蹟，已見《章太炎莊子解詁駁義》提要。其所撰《莊子集解内篇補正》，卷首題『長沙王先謙益吾集解、邵陽劉武策成補正』，書末識『一九四八年仲秋劉武時年六十六』，則此書爲劉氏晚年所著。

《莊子集解內篇補正》主要是對王先謙《莊子集解》內七篇之補正，雜證博引，考據詳盡，頗有新見。如劉武在《德充符》篇『遊心於德之和』句下指出：『道家所重在養生，而養生之要，則在養此生生之和。莊子之道，即在於此。故「遊心於德之和」句，爲莊子之道要，不僅爲本篇之主旨，亦全書之主旨也。』並廣引儒、釋之説予以論證，立論頗爲獨到。在劉氏看來，儒、道、釋『三家之名雖別，其理則同，其保合太和之道，亦未嘗不同也』，『天無二道，理無二致，爲道與釋者，同秉此陰陽二氣而生，亦同修此陰陽二氣之和而已，烏在其能異哉』，但他卻不主張以釋解莊、以儒解莊，並指出『吾之此説，非援釋入道，援道入儒也，特旁證側引，以曲暢本文之義而已』。爲達到『曲暢』《莊子》文本之目的，劉氏以莊解《莊》，前後互證，頗能得『補正』之要。

劉武在解《莊子》時，對舊注多有駁正，常給人耳目一新之感。如他在《養生主》篇末『指窮於爲薪，火傳也，不知其盡也』後正曰：『注非。歷來修詞家，均以薪傳爲師弟傳受之喻，謬誤相承，由來已久。不知此段以薪喻生，以火喻知，以薪傳火喻以生隨知。蓋薪有盡，而火無窮，以薪濟火，不知其薪之盡也。以喻生有涯而知無涯，以生隨知，不知其生之盡也。蓋儆人不當以生隨知也，即證明首段「吾生也有涯」四句。』劉氏以薪喻生，以火喻知，並與《養生主》篇開頭連結，首尾呼應，足可作一家之説。另外，劉氏對《莊子》篇章結構之理解也頗有心得。如《逍遥遊》篇『湯之問棘』一段話，與前兩段文字似涉重複，劉武則解釋説：『此段辭意，與前文複。所以引之者，以前語近怪，且出《齊諧》，恐人疑其不典，故引湯棘問答以實之。且前後詳略各異，足以互明。如前言北冥，謂爲北方窅冥之天或窅冥之地皆可，此則以「窮髪」、「天池」句明之。前言鯤之大，此則言其廣與修。前言鵬背幾千里，當指其修也，此則以泰山形其高與大。扶搖不知其狀也，此則以羊角形之；野馬等不知其實也，此則以「雲氣」二字釋之。騰躍而上，明槍之勢也；數仞而下，明槍之高也。「飛之至也」句，則所以笑之意較前益明矣。非此，則前語未了，前意未申，且不足徵，故複而非複也，夫豈漫爾引之乎！』認爲以『湯之問棘』段與前兩段相呼應，並引申前文之意，故不爲重複，而是結構上之匠心。説明劉氏對《莊子》文章結構上之把握也頗有識見。

此次影印劉武《莊子集解内篇補正》，據華東師範大學圖書館藏古籍出版社一九五八年排印本。

莊子札記

馬敘倫撰

馬敘倫（1884—1970），字彝初，又作夷初，號石翁、寒香，浙江杭縣（今餘杭）人。早年加入中國同盟會。曾任上海《國粹學報》編輯，上海勞動大學校長，清華、北京大學等校教授，北洋政府及國民黨政府教育部次長。抗日戰爭時期，從事抗日反蔣活動。一九四六年在上海發起組織中國民主促進會。一九四九年出席中國人民政治協商會議第一届全體會議。建國後，歷任中央人民政府委員、政務院文化教育委員會副主任及教育部、高等教育部部長等職。著作有《古書疑義舉例札迻》《説文解字六書疏證》《石屋餘瀋》《石屋續瀋》《老子覈詁》《莊子札記》《莊子義證》《莊子天下篇述義》等。

《莊子札記》卷首題『杭縣馬敘倫』。書前有馬敘倫所撰《莊子札記目録》云：『今列本書原目如左方，即以篇次爲卷次：《逍遥遊》《齊物論》《養生主》《人間世》《德充符》《大宗師》《應帝王》，都七篇，原目爲内篇第一訖第七，今爲自卷第一訖卷第七；《駢拇》《馬蹄》《胠篋》《在宥》《天地》《天道》《天運》《刻意》《繕性》《秋水》《至樂》《達生》《山木》《田子方》《知北遊》，都十五篇，原目爲外篇第八訖第二十二，今爲自卷第八訖卷第二十二；《庚桑楚》《徐無鬼》《則陽》《外物》《寓言》《讓王》《盜跖》《説劍》《漁父》《列禦寇》《天下》，都十一篇，原目爲雜篇第二十三訖第三十三，今爲自卷第二十三訖卷第三十三。』今審此處所列目録，與世所傳《莊子》之三十三篇全皆吻合，但馬氏此著實際排列次序爲：第一部分爲《在宥》第十一、《天地》第十二、《天道》第十三、《天運》第十四、《刻意》第十五、《繕性》第十六、《秋水》第十七、《至樂》第十八，並有附言云：『本册自卷十一訖卷十八，凡八卷。卷一訖卷十暨卷十九訖卷三十三續出。』第二部分爲《駢拇》第八、《馬蹄》第九、《胠篋》第十、《達生》第十九、《山木》第二十、《田子方》第二十一、《知北遊》第二十二。又書末有《莊子札記勘誤表》，所涉及者依次爲卷第八、第九、第十、第十九、第二十、第二十一、第二十二、第十二、第十四、第十六、第十八，並云：『《莊子札記》外篇札記已完，内篇、雜篇札記仍待嗣出。又擬先出《天下》篇札記及《莊子年表》已付印。』説明馬敘倫所撰《莊子札記》僅完成外篇部分，至於何以不依目録所擬篇目順序撰寫，又爲何不按篇目次序排印等原因，則不得而知。

馬敘倫《莊子札記目録》謂，《莊子》一書，閎辭眇義，而縱觀歷代注釋，亦且十家，莫不牽於常詁，雜以臆言，若郭象、成玄英、林希逸、釋德清等，『皆聞至理而潰圓音，亦以暗於小學，致令莫成全美』，而王念孫、洪頤煊、俞樾、郭慶藩、孫詒讓、章炳麟等人，於此書文字『各有校諟之功』，故以『略涉六書』『粗探内典』所得，『籀諷本書』，遂若『奥衍之辭隨目而疏，隱約之義，躍然自會』。今細審馬氏此著，大抵亦以校釋《莊子》文字爲主，與其《莊子義證》相類似，但各條之論述更爲詳盡，可惜未能撰成全帙，治莊者罕有知之者。

今影印馬敘倫《莊子札記》，據上海圖書館藏民國間排印本。

莊子義證三十三卷　馬敘倫撰

馬敘倫生平事蹟，已見《莊子札記》提要。其所著《莊子義證》三十三卷，卷首題『杭縣馬敘倫』，並云：『依古逸叢書本』『用涵芬樓續古逸叢書本、崇德書院本、世德堂本校。』書前有馬敘倫自題七言絶句一首、民國十七年《莊子義證自序》《莊子義證目録》等。

馬敘倫自序謂，陸德明所見司馬彪五十二篇本已『非莊生之舊文』，而今所傳郭象三十三篇本則更是錯訛百出，因『取黎（庶昌）本爲主，以涵芬樓影宋本、世德堂本及明刊崇德書院本，及陳景元《莊子闕誤》所記各本異文，兼取《北堂書鈔》《藝文類聚》《初學記》《白孔六帖》《太平御覽》《文選注》《後漢書注》覈之』，以辨正《莊子》文字，取得不少成果。如《庚桑楚》篇有『則蟻能苦之』語，馬氏指出：『《御覽》九三五、又九四七，及《文選》賈誼《吊屈原文》注引，「蟻」上有「螻」字。……本書《列禦寇》篇「在下爲螻蟻食」，亦「螻蟻」連文。疑當依《六帖》補「螻」字。』今依馬氏之説補『螻』字，方可與上文『罔罟』二字相耦。《説劍》篇有『晉魏爲脊』語，馬氏指出：『《書鈔》一二二、《類聚》六〇、《御覽》

三四四引「魏」作「衛」。倫案：下文曰「韓魏爲夾」，則此「魏」字，當依《書鈔》引作「衛」也。」馬氏此説可從，《道藏》陳景元《南華真經章句音義》本、日本高山寺古鈔本亦皆作『衛』。《徐無鬼》篇有『夫大備矣，莫若天地』語，馬氏指出：『「備矣」二字涉下句而羨，當以「夫大莫若天地」連讀。』此説甚是，故福永光司、池田知久、陳鼓應等皆從之。《盜跖》篇有『子教子路菹此患，上無以爲身，下無以爲人』語，馬氏指出：『此三句當在「身菹於衛東門之上」下。』審上下文義，此説亦可從。但綜觀《莊子義證》全書，其説不可從者較多，甚或有明顯錯誤者。如《則陽》篇『漂疽疥癰』之『漂』，當依《經典釋文》所引本及《道藏》褚伯秀《南華真經義海纂微》本作『瘭』，而馬氏卻謂爲『剽』之借字，顯然於義不順。《逍遥遊》篇於引述《齊諧》之後，再次引重言湯棘對話以證之，充分顯示出莊子文章喻復生喻、層委叠屬之特徵，而馬氏卻未能窺知，竟謂此番對話『蓋一本異文，校者旁寫於下，誤入正文也』，對理解《逍遥遊》篇思想藝術價值皆甚有害。

在馬叙倫看來，《莊子》辭趣華深，『其用字多以音類比方假借爲之，復有字之本義世久不用，而猶存於《莊》書，學者多不明文字本義，又昧古今音讀變遷之跡』，所以他著《莊子義證》，主要還是從『音類比方假借』方面來辨正《莊子》文字。如他在《逍遥遊》篇『絶雲氣』下説：『絶，借爲「越」，聲同脂類。《説文》曰：「越，度也。」』又在《駢拇》篇『呴俞仁義』下説：『陸德明曰：呴，本又作「傴」；俞，本又作「呴」。王念孫曰：《説文》曰：「欨，笑意也。」呴、欨，古通用。倫案：句、俞、區，聲並侯類。《逸周書·官人解》「欲色嫗然以愉」，即借「嫗」爲「欨」。呴、俞，叠韻連綿詞。』凡此説法，皆可備作參考。但馬氏視《莊子》『音類比方假借』現象過於嚴重，致使其許多辨正無法被學人認可。如他在《人間世》篇『其作始也簡』下説：『簡，借爲「禪」，聲同元類。《説文》曰：「禪，衣不重也。」』在《大宗師》篇『敢問臨尸而歌』下説：『敢，借爲「可」，同淺喉音。』在《在宥》篇『躬身求之』下説：『躬，借爲「冬」，今通作「終」，聲同侵類。』在《盜跖》篇『秉人之知謀以爲明察』下説：『察，借爲「焯」，脂宵通轉也。《説文》曰：「焯，明也。」』諸如此類，可謂俯拾皆是，多屬牽强附會，故後人信從者希。

《莊子義證》末有附録多種。一爲《莊子年表》，主要依據《莊子》中對魏文侯、武侯皆稱謚號，而對惠王則初稱其名，又稱爲王，便推定莊周當生於魏文侯、武侯之世，最晚也在惠王初年，此説似略勝衆家，故爲學人所重視。《莊子年表》後附有《莊子宋人考》，主要依據古本《莊子》佚文及《左傳》《史記》《淮南子》《水經注》等，斷定莊周爲宋國蒙人，其説言之鑿鑿，爲多數學者認可。附録二爲《莊子佚文輯録》，繼王應麟、閻若璩、翁元圻等人之後，又從張湛《列子注》、顧野王《玉篇》、劉孝標《世説新語注》、杜臺卿《玉燭寶典》、虞世南《北堂書鈔》、歐陽詢《藝文類聚》、李賢《後漢書注》、司馬貞《史記索隱》、李善《文選注》等書，輯得《莊子》佚文『六七十事』，『合之舊輯，得一百餘事』，對《莊子》輯佚貢獻殊多。

此次影印馬敘倫《莊子義證》三十三卷，據華東師範大學圖書館藏民國十九年上海商務印書館排印本。

莊子天下篇述義

馬敘倫撰

馬敘倫生平事蹟，已見《莊子札記》提要。其所著《莊子天下篇述義》，前有馬氏一九五六年十二月所撰序言之一、一九五七年二月所撰序言之二，後有馬氏所撰《莊子年表》及後記。正文録《天下》篇全文，分節予以闡述，是馬氏繼其《莊子札記》《莊子義證》之後，專爲闡釋《天下》篇而作。

馬敘倫序言之一謂，《莊子》一書，僅内七篇爲莊周本人所撰，『至於《天下》篇，我認爲是作一個時代的學術的結論，可能也是莊子寫的。我們如果説不是莊子寫的，很難找出另外一個人有這樣精通一個時代的學術，更有這樣的大手筆。』此即爲其撰寫《莊子天下篇述義》之主要動因。馬氏撰寫此著，除擅長運用考釋手段，對篇中字義句意進行訓釋外，還相當重視從大處入手，梳理莊子與各學派之關係。如《天下》篇謂彭蒙、田駢、慎到能『知萬物皆有所可，有所不可』，馬氏認爲此『與莊生《齊物論》標義相符，故下文有「皆嘗有聞」之歎』。又謂關尹、老聃爲『古之博大真人』，馬氏闡釋説：『「真人」即上文「不離於真謂之至人」之「至人」也。然則莊生以「至人」推老君，而自居「天人」，故下文别出。後世耳食之徒，並老、莊爲一道，或謂莊不及老，是猶未讀斯篇矣。』又有敘述惠施一節文字，馬氏闡述説：『夫歷説諸子而特終於此章，前儒謂施是方術，未嘗聞道，故曾不足比於墨、宋之流，倘亦然與？余謂郢匠既標夫契合，斯章復致其悲憐，則莊生之於惠子，宜若沆瀣之相投，鍼石之互引，乃觀「濠梁」之詰，迅霆不發聾瞶之聞，「無用」之談，大覺難齊倒迷之夢。然則啓予者商，而「一貫」之告無與，亦斯類矣。』如此論説莊子與彭蒙、田駢、慎到，尤其與老聃、惠施之關係，多能言前人所未言，對治莊者不無啓發。

但通讀馬氏此著，其最大特點還表現在引佛解莊上。其序言之二説：『在我國商代，印度已與今新疆之于闐、莎車有交通，而新疆之東與甘肅接壤，則佛法在周末自有傳入删丹、張掖之可能。而舤者蓋達摩之儔，其聲遠著，故莊、荀皆援而説之。莊書記及此事，而其書述義大氐與佛法相同，其爲受印度思想之影響可知。』故馬氏闡釋《天下》篇，每引佛説比附，特別是對此篇開頭至『民之理也』一節，幾乎全引佛理予以闡釋。如謂『無乎不在』，即『《密嚴》所云「如來非蘊，亦非異蘊。非依蘊，亦非不依蘊。非生，非滅。非知，非所知。非根，非境。」』又於『聖有所生，王有所成，皆原於一』下説：『一者，又復即是「體大」，謂一切法「真如平等」，不增不減故；謂「法性」從無始來，唯是一心，無一一法而非心故；謂諸法從本已來，平等一味，獨存真理。無二體故，爲「相」「用」所依故。故云「聖有所生，王有所成，皆原於一」也。』如此闡釋《天下》篇，實爲歷代所未有，佛理化傾向甚爲嚴重，雖具特色，然未足信從。

今影印馬敘倫《莊子天下篇述義》，據華東師範大學圖書館藏一九五八年上海龍門聯合書局排印本。

莊子天下篇校釋一卷（油印本）

譚戒甫撰

譚戒甫（1887—1974），原名作民，字介夫，曾用名石奇，湖南湘鄉人。少時入私塾讀經史，清光緒三十一年考入湖南遊學預備科，宣統元年考入上海高等實業學堂。民國十七年聘爲武漢大學中文系講師，後歷任西北大學、西北師範學院、貴州大學、貴陽師範學院、武漢大學等教授。一生主要研究先秦諸子，次爲楚辭、西周金文。著作有《墨辯發微》《公孫龍子形名發微》《墨經分類譯注》《莊子天下篇校釋》《校呂遺誼》等。

《莊子天下篇校釋》是譚戒甫在武漢大學任教時所撰教本，幾經修改，累年而成。此書民國間湘潭譚氏油印本，題『譚戒甫』撰。正文録《天下》篇全文，分章、分節、分層進行闡釋。全書分爲六章，各章後有小標題，第一章後標《總論道術所在及其分裂竟》，第二章後標《兼論墨翟禽滑釐竟》，第三章後標《兼論宋鈃尹文竟》，第四章後標《兼論彭蒙田駢慎到竟》，第五章後標《兼論關尹老聃竟》，第六章後標《專論莊周竟》，而以『惠施多方』以下別爲《惠施》篇，以爲『殆經後人糅合以成今形者也』。通讀譚氏此著，可見其於校釋甚有功力。如其於『其數散於天下而設於中國者』句，以《孟子・滕文公》《韓非子・難勢》《荀子・儒效》《左傳》昭公十七年諸文爲釋，謂『至「天下」言「散」，「中國」言「設」，固自有別』，則『中國』當指諸夏而言，『天下』當『賅中國與外邦』而言；於『接萬物以別宥爲始』句，以《尸子・廣澤》《呂覽・去宥》及《莊子・徐無鬼》等文爲釋，謂『宥』與『囿』古字通，『別宥』謂不爲物所錮蔽。凡此，皆能自圓其説，值得重視。而求其與前人相異之大端，則可歸納爲如下所示：

一、爲天人、神人、至人、聖人、君子、百官、民定等次與歸屬。譚戒甫在《總論道術所在及其分裂竟》一章中認爲，『內聖外王之道，即道術之全』，而『道術』則是『今人』所治『方術』之總和。依據這一理解，他説：天人屬於『神聖之第四層』，神人屬於『神聖之第三層』，至人屬於『神聖之第二層』，皆爲『內聖之上焉者』；君子屬於『明王之第二層』，百官屬於『明王之第三層』，民屬於『明王之第四層』，皆爲『外王之下焉者』；聖人則既爲『神聖之第一層』，又即『明王之第一層』，是『道術之總匯』。譚氏如此劃定等次與歸屬，確實甚有創意，但畢竟衹是一種推測，不可作爲定論。

二、創圖以佐闡釋。譚氏在闡述《天下》篇首章第一、二節時，覺得僅用文字難以闡明經文深義奧旨，所以便創第一圖以揭示天人、神人、至人、聖人、君子、百官、民之等次與歸屬。接着又創第二圖以表示：天人、神人、至人可以配『天』，體現爲『道』『神』『聖』『內』『大』『精』『本數』『無爲』；君子、百官、民僅可配『地』，體現爲『術』『明』『王』『外』『小』『粗』『末度』『有爲』；而聖人則『備於道術之極效』，可以『六通』『四辟』而達到無所不備之境界。在上述二圖基礎上，他復又在第六章末創制一個總合圖，爲墨翟、禽滑釐、宋鈃、尹文、彭蒙、田駢、慎到、關尹、老聃、莊周劃定層次與歸屬，認爲他們都是治『方術』者，但墨翟、禽滑釐、宋鈃、尹文、彭蒙、田駢、慎到、關尹、老聃『偏於外王』，莊周則『偏於內聖』，二者合而爲一，便是『古之道術』。今綜觀以上三圖，思路甚爲清晰，所定層次、歸屬犁然分明，具有一定創見，但其中之具體内容，可能會受到許多學人之質疑。

三、别名家爲《惠施》篇。譚氏在第六章《專論莊周竟》後説：「以下别爲《惠施》篇，殆經後人糅合以成今形者也。《北齊書・杜弼傳》「弼注《莊子・惠施》篇」，則《莊子》原有《惠施》篇無疑。《漢書・藝文志・諸子》名家有「《惠子》一篇」，又未知即此篇否也？」故别爲一篇。對於譚氏這一做法，雖不能論定其正確與否，卻可備作參考。

今據北京大學圖書館藏民國間湘潭譚氏油印《莊子天下篇校釋》本予以影印。

莊子天下篇校釋一卷（排印本）

譚戒甫撰

譚戒甫生平事蹟，已見民國間湘潭譚氏油印《莊子天下篇校釋》本提要。另有民國二十四年華中日報社排印本，題『湘鄉譚戒甫著』。書前有民國二十一年譚氏自序及劉永濟序，後有谷若虚民國二十四年跋語。

譚氏自序云：『《天下》篇文理密察，精深獨創，奥醞要指，號極難通。余初治此，倦於舊説，沈思苦究，彌歷歲年，輕以管窺，旁求衆雜，舉凡《子略》之書，其今存者，罔不縋幽鈎隱，剔抉刮磨，窮其所本，極其所至，因得推其終始以彙其歸，由是門張戶列，徑達途通，方諸前修，微謂有異。』則其用功之勤，可以想見。全書分爲《總論道術所在及其分裂竟》《兼論墨翟禽滑釐竟》《兼論宋鈃尹文竟》《兼論彭蒙田駢慎到竟》《兼論關尹老聃竟》《專論莊周竟》等六章，而以『惠施多方』以下爲『後人糅合以成今形者』，故别爲《惠施》篇。然譚氏以爲，首章闡釋猶難，故注文至二千言，稿凡十數易，並佐以二圖：創第一圖旨在揭示天人、神人、至人、聖人、君子、百官、民之等次與歸屬。創第二圖用來表示：天人、神人、至人可以配『天』，體現爲『道』『神』『聖』『内』『大』『精』『本數』『無爲』；君子、百官、民僅可配『地』，體現爲『術』『明』『王』『外』『小』『粗』『末度』『有爲』；而聖人則『備於道術之極效』，可以『六通』『四辟』而達到無所不備之境界。應當説，譚氏自序所謂『明佐以圖，本指森羅，豁然開朗』，可謂不誣，但其説過於坐實，讀者不可盲目信從。

谷若虛於民國二十四年所撰跋語謂，譚戒甫曾於此前六年爲武漢大學學生講授《天下》篇，『迨後《校釋》脱稿，印發諸生』，『今年秋，師忽授以改本，屬爲訂定付梓，且當校字之役。』據此，則《子藏》所收民國間油印《莊子天下篇校釋》本當爲『印發諸生』之本，而『今年秋』所『訂定付梓』之排印本，即在此油印本基礎上訂定，最明顯處是增添譚戒甫、劉永濟分别所作之序言及谷若虛之跋語。

今據上海圖書館藏民國二十四年華中日報社排印《莊子天下篇校釋》本予以影印。

莊子瑣記

劉文典撰

劉文典（1889—1958），原名文聰，字叔雅，安徽合肥人。清光緒三十二年入蕪湖安徽公學，受到老師陳獨秀、劉師培影響，積極參加反清活動，次年加入同盟會。宣統元年東渡日本，就讀於早稻田大學，其間積極參加革命活動，隨章炳麟學習《説文》。民國元年回國，同于右任、邵力子等在上海辦《民立報》，任編輯及翻譯。次年再度赴日，任孫中山秘書處秘書，並參加中華革命黨，從事反對袁世凱復辟活動。民國五年回國後，由陳獨秀介紹到北京大學任教。民國十六年出任安徽大學校長。次年重回北京大學任教。民國十八年任清華大學國文系教授兼主任，同時兼任北大教授。民國二十七年輾轉至昆明，任教於西南聯大。民國三十二年任雲南大學文史系教授，直至退休。著作主要有《淮南鴻烈集解》《莊子補正》《三餘札記》《説苑斠補》《群書校補》《杜甫年譜》等。

民國十二年，劉文典在出版第一部專著《淮南鴻烈集解》後，便開始從事《莊子》《説苑》等書校勘工作，著成《三餘札記》，於民國十七年由上海商務印書館排印出版。此書卷二有《莊子瑣記》，乃是校訂《莊子》之札記，凡三十餘條。如《天運》篇有『殺盜非殺人自爲種而天下耳』語，舊多以『人』字屬下句讀，劉文典則認爲此當以「殺盜非殺人」爲句，並引《荀子·正名》《墨子·小取》有關文句及其注疏爲證，其説甚是。《繕性》有『繕性於俗俗學』語，劉氏云：『「繕性於俗學」、「滑欲於俗思」，相對爲文，「學」上「俗」字不當重。』此説可從。《德充符》篇有『彼且擇日而登假，人則從是也』語，郭象、成玄英皆以『假人』二字連讀，前者解爲『假借之人』，後者謂爲『虚假之人』，而劉氏則認爲『登假即登遐』，亦即登升之意，『人』字當屬下句讀，郭、成之説皆誤。此説亦有理，可以信從。但劉文典有些説法卻值得商榷，如《齊物論》篇有語云：『昔者莊周夢爲蝴蝶，栩栩然蝴蝶也，自喻適志與，不知周也。』劉氏説：『「自喻適志與」五字，疑是後人注語誤入正文者也。「昔者莊周夢爲蝴蝶，栩栩然蝴蝶也，不知周也」，文義正相連貫，羼入此五字，則上下隔絶矣。「自喻適志與」正是後人語意。』今案陸德明《經典釋文》出示『志與』二字，並引崔譔云：『與，哉。』崔氏注《莊》早於向秀、郭象，其所見本就有此五字，非獨後世傳本如此，則劉説不可遽成定論。

茲影印劉文典《莊子瑣記》，據華東師範大學圖書館藏民國十七年上海商務印書館排印《三餘札記》本。

莊子補正十卷

劉文典撰

劉文典生平事蹟，已見《莊子瑣記》提要。其撰寫《莊子補正》，大約始於一九二三年之後，時斷時續，至一九三八年殺青定稿，一九四七年由上海商務印書館排印出版。其間，雲南大學曾予石印，作爲學生教材。一九五八年，雲南人民出版社曾將《莊子補正》列入出版計劃，並於一九六二年發排，但因『文革』而告中斷，直至一九八〇年始有斷句本出版，書前有劉文典所作《自序》，末附張德光於一九六二年所撰《莊子補正跋》。

雲南大學圖書館藏有鈔本《莊子補正》，約八萬字，僅於補正處出示《莊子》原文，當爲尚未寫定之稿本。商務印書館所排《莊子補正》十卷，則收録《莊子》全部原文及郭象注、成玄英疏、陸德明音義，而校以歷代重要《莊子》版本及《太平御覽》等類書，並廣采盧文弨、王念孫、王引之、俞樾、孫詒讓、郭慶藩、章炳麟、奚侗、劉師培、馬敘倫等家説，以作『補正』。《莊子瑣記》所收條目，經改動後，也基本彙入此書『補正』之中。卷首有陳寅恪於一九三九年所作序，末附《補遺》一頁。歸納起來，劉文典『補正』主要包括如下三個方面内容：

一、探求《莊子》字義。《莊子》字義不明者所在多有，劉文典往往予以精心探究。如《逍遥遊》篇有『而後乃今培風』

語，劉文典同意王念孫謂『培』通『馮（憑）』，並進一步探究説：『培、馮一聲之轉。訓培爲乘，亦正合大鵬御風而飛之狀。』《在宥》篇有『吐爾聰明』語，劉文典説：『「吐爾聰明」，文不成義。吐，疑「絀」字之壞。《淮南子・覽冥篇》「隳肢體，絀聰明」，即襲用此文，字正作「絀」，是其塙證。《大宗師》篇作「墮枝體，黜聰明」。黜、絀音義同。』劉氏這些説法，皆極有眼光，值得重視。

二、校訂《莊子》原文。劉文典博覽古籍，長於訓詁，且玩索《莊子》有年，故其所校每有所得。如他於《逍遥遊》篇『槍榆枋』下説：『「而止」二字舊敚，今據碧虚子校引文如海本、江南古藏本補。《文選》江文通《雜體詩》注、《御覽》九百四十引亦並作「搶榆枋而止」，與文本、江南古藏本合。上文「去以六月息者也」，郭注「小鳥一飛半朝，搶榆枋而止」，是郭所見本亦有「而止」二字。』此説極是，當據前人所引《莊子》文補上『而止』二字。劉氏於《外物》篇『若是勞者之務也，非佚者之所未嘗過而問焉』下説：『此言勞者之務，逸者未嘗過問。有「非」字則非其指，且與下四句不一律矣。』今細審文義，確實當依劉説刪去『非』字。

三、諟正舊注舊疏。劉文典鑒於『前人校釋是書，多憑空臆斷，好逞新奇，或有所得，亦茫昧無據』（張德光《莊子補正跋》引），便對舊注舊疏每予諟正。如《德充符》篇有『彼且擇日而登假，人則從是也』語，郭象訓『假』爲『假借』，並屬下句讀，劉文典便指出：『登假，即「登遐」也。《列子・黄帝》篇「又二十有八年而天下大治，幾若華胥氏之國，而帝登假」，張注：「假，當爲遐。」《周穆王》篇「世以爲登假焉」，注同。假、遐古字通用。郭注「故假借之人，由此而最之耳」，以「假」字屬下，既失其讀，又非其指矣。《大宗師》篇「是知之能登假於道者也若此」，《淮南子・精神》篇「此精神之所以能登假於道也」，亦並以「登假」連文，與此文一例，尤其確證。』劉氏此説極確，當從之。《天運》篇有『殺盗非殺人，自爲種而天下耳』語，郭象注以『人』字屬下句讀，成玄英疏從之，劉文典便在孫詒讓《莊子札迻》基礎上進一步指出：『《墨子・小取》篇「殺盗非殺人也」，亦以「殺盗非殺人」爲句。注、疏並以「人」字屬下爲句，失其讀矣。』劉氏此説有理，亦當從之。

此次影印劉文典《莊子補正》十卷，據華東師範大學圖書館藏民國三十六年（1947）上海商務印書館排印本。

莊子詁義十卷

范耕研撰

范耕研（1893—1960），名慰曾，字冠東，自號耕研退士，江蘇淮陰人。卒業於國立南京高等師範學校，曾先後執教於揚州省立第八中學、揚州中學、鹽城亭湖中學、興化中堡中學、上海暨南大學、南光中學、蕪湖師範學院。爲人沉靜淵雅，學養深厚，授課之餘，專治周秦諸子，偶爾涉獵經史。其爲學之道，既承繼乾嘉樸學家法，又不拘成見，旨在闡發幽微，別開新境。著作有《章實齋年譜》《管子集證》《辯經疏證》《莊子詁義》《呂氏春秋疏證》等。

《莊子詁義》十卷，卷首題『淮陰范耕研伯子』。全書無序跋、目録，録《莊子》三十三篇，每篇分爲若干章，順文雙行夾注。注釋除大量引用陸德明《經典釋文》有關文字外，還涉及郭象、成玄英、呂惠卿、羅勉道、陸西星、宣穎、姚鼐、王念孫、俞樾、王闓運、馬其昶、章炳麟、蘇輿、王先謙、奚侗、馬敘倫、胡遠濬等人著作。今通讀此書，其注釋每引前人之注爲之。如《達生》篇有『無入而藏，無出而陽』語，范耕研説：『郭（象）云：「藏既内矣，而又入之，此過於入也。」馬敘倫云：「陽借爲揚。《説文》：飛揚也。」宣（穎）云：「恐其過靜過動。」』《外物》篇有『自制河以東』語，范氏説：『《釋文》：制河，依字應作「浙」。王先謙云：「古折、制字通。」』但范耕研之功夫，更體現在斷以己意上。如《逍遥遊》篇有『北冥有魚，其名爲鯤，鯤之大，不知其幾千里也』語，范氏説：『《釋文》：「冥，海也。梁簡文帝云：窅冥無極，故謂之冥。鯤，李頤云：大魚名。崔譔云：鯤，當爲鯨。《説文》：朋及鵬，皆古文鳳字也。」按：鳳雛爲羽蟲之長，未聞其巨大，鯤鯨雖大，亦何嘗有幾千里之長？且魚鳥異類，焉能互化？前人觀物不審，創爲異説，雀蛤蜾蠃，見於經傳。又如本書《至樂》《天運》，徵引尤繁，舉不足信。此鯤鵬變化，亦聊以爲喻。郭象謂：「達觀之士，宜要其會歸而遺其所寄，不足事事曲與生説。自不害其弘旨，皆可略之也。」』莊生寓言至夥，皆當以此説解之。這裏不僅旁徵博引，而且善於辨識，多有發明，對讀者不無啓發。甚而至於，范氏還無所依傍，每多直發議論。如他於《天下》篇『氾愛萬物』下説：『惠施徧爲萬物説，因知萬物各有其可愛之處，因而氾然以愛之耳。如儒家之由親及疏、氾愛衆之愛，固別，與墨家兼愛之旨尤相逕庭。某君以此謂惠施出於墨子，何其不察也！至於道家忘己忘物，何有於愛？而或者乃謂此語爲道家言之，究竟義以證惠施出於莊子，何其誤邪！』」此説甚是有理，值得珍視。

今據河北大學圖書館藏手抄本《莊子詁義》十卷予以影印。

莊子新釋

張默生撰

張默生（1895—1979），山東臨淄人。北京高等師範學校國學系畢業，曾先後任復旦大學教授、四川北碚學院教授兼文史系主任、重慶大學中文系教授、四川大學中文系教授兼主任等，以治中國古代文學爲業，尤精於諸子之學。

《莊子新釋》注解《莊子》内七篇，前有張默生民國三十七年《自序》《凡例》《莊子研究答問》《莊子傳略及其學説概要》，正文録《莊子》原文，每篇有詳細題解，分段，加新式標點，每段後附集注、譯釋。集注兼采衆説，解釋疑難字、句，並常作按語申以己意；譯釋以白話文翻譯《莊子》原文，並扼要説明莊文大意。

《莊子新釋》既通俗易讀，又頗見功力，尤其是《莊子研究答問》《莊子傳略及其學説概要》兩部分内容，涉及莊學研究之文體結構、解莊方法、莊子思想等諸多方面問題，集中反映了張默生《莊子》研究之成果。

張默生將《莊子》全書之文體分爲四等，認爲：第一等作品，在形式上，又分爲甲、乙兩類，甲類是先總論，次分論，無結論；乙類是先分論，次結論，無總論。如《逍遥遊》《齊物論》《養生主》《人間世》《德充符》《秋水》《至樂》等篇，就屬於這種情況。第二等作品，祇有分論，沒有總論及結論，篇中每段各自成篇，意義不甚連屬，絕似雜記體裁，如《在宥》《天地》《天道》《山木》《知北遊》等篇。第三等作品，沒有總論及分論，全篇一氣呵成，有近於後世之文體，産生時間較晚，如《駢拇》《胠篋》《馬蹄》《繕性》等篇。第四等作品，則是模仿前三類作品，文理頗膚淺，産生時間更晚，如《讓王》《盜跖》《説劍》《漁父》等篇。張氏還據此對《莊子》諸篇真僞問題予以簡單辯證，使得該問題之研究得以拓展。

對於《莊子》之中心思想，張默生以『道』『因』二字予以概括。他説：『《莊子》的中心思想，可説是一個「道」字和一個「因」字。「道」是他的本體論，「因」是他的人生論。』並且，他還指出莊子論『道』有幾種方式：有明白説出者，有借寓言喻道者，有托理想人物使道成爲具體化者，這幾種方式反復地、層叠地爲《莊子》中心思想作注解，從而確定了莊子之本體論；其他講人世間之動象及變化，是對人事上之看法，一切又都因任自然，契合於道。在具體闡釋過程中，他也注意將莊子思想與諸子特别是老子思想比較，明確他們之異同。在《莊子傳略及其學説概要》一節中，他則從莊子論道、莊子名學、莊子物化説、莊子人生觀、莊子養生論、莊子處世態度、莊子政治思想等方面，全面剖析了莊子思想。張默生雖亦倡導以莊解《莊》，但其解莊之視角較爲特殊，他認爲寓言、重言、卮言（『三言』）是《莊子》之鑰匙，其中寓言是言在彼而意在此，重言是借重古先聖哲或當時名人之話以壓抑時論，卮言是漏斗式之話、無成見之言，它們三位一體，交互錯綜，類似《詩經》之賦、比、興。這裏需要指出者，張默生是第一個較爲詳細論述『三言』、且從『三言』角度解莊之現代學者。

今據華東師範大學圖書館藏民國三十七年濟東印書社排印《莊子新釋》本予以影印。

莊子文選

張默生撰

張默生生平事蹟，已見《莊子新釋》提要。其所撰《莊子文選》，在《先秦諸子文選》中。共録《逍遥遊》《養生主》《秋水》《天下》四篇，每篇前有題解、後有注釋，所有文字皆用新式標點，甚是方便讀者。

在張默生看來，《莊子》作品可分爲數等，『凡第一等作品是有總論，有分論，而無結論』（《逍遥遊》題解）。依據這一標準，他進而指出：《逍遥遊》篇就是如此，『自篇首至「故曰至人無己、神人無功、聖人無名」爲總論，以下則分證「至人無己、神人無功、聖人無名」諸項』（同上）；《養生主》篇『亦莊子之上等作品，自篇首至「可以盡年」爲總論，以下各節爲分論』（《養生主》題解）；《秋水》篇『是《莊子》書中最有名的一篇，文體屬於第一等，更無疑義，自篇首至「是謂反其真」爲總論，以下各節爲分論』（《秋水》題解）；《天下》篇『在學術史上是最有價值的一篇』，『律其文體，衡其思想，都是持之有故，言之成理的。』（《天下》題解）故録此四篇，予以詮釋，以饗讀者。

張默生詮釋此四篇，雖注語比較簡單，題解亦甚爲通俗，而對莊子奥義卻把握較準。如他説：『逍遥遊，究是何等的境界？此不外「有所待」與「無所待」兩言而決。如係「有所待」，雖九萬里上的鵬鳥、泠然善也的列子，不得爲之逍遥遊。以列子必待御風而行，鵬鳥必待扶搖羊角而後始可飛騰的。必也「無所等待」，以遊無窮之天者，始可達到逍遥遊的境界。』（《逍遥遊》題解）這一詮釋無疑已探尋到《逍遥遊》篇之主旨。他又認爲，《養生主》篇重要之點有五：即養生之人，一是『不可作知識上的追求』，二是『不可爲善』，三是『不可爲惡』，四是『當處之以虚』，五是『當打破生死關頭』。這一詮釋也大致符合《養生主》篇本意。

今影印張默生《莊子文選》，據華東師範大學圖書館藏民國三十七年濟東印書社排印《先秦諸子文選》本。

莊子新證二卷

于省吾撰

于省吾（1896—1984），字思泊，號雙劍誃主人、澤螺居士、夙興叟，遼寧海城人。民國八年畢業於瀋陽國立高等師範，後歷任輔仁大學、北京大學、燕京大學、東北人民大學教授，及中國古文字研究會理事、中國考古學會名譽理事，中國語言學會顧問兼學術委員、中國訓詁學會顧問、國務院古籍整理出版規劃小組顧問等。著作有《甲骨文字釋林》《商周金文録遺》《雙劍誃詩經新證》《雙劍誃易經新證》《雙劍誃諸子新證》等。

《莊子新證》二卷，在《雙劍誃諸子新證》内，爲札記體，分條節録《莊子》文句，予以考證，凡六十七條。于省吾《諸子新證序》云：『諸子流别，各有師傳，自師傳之道中絶，而其書之幸而存於今者，又益之以篆籀分隸之演變，竹帛棃棗之迻易，注解訓釋之紛歧，浸假，而篇不可尋繹，詞句不可屬讀，其高文奥義晦而不彰，由來尚矣。』由此可知，《莊子新證》亦當爲解『晦』而作，目的是要《莊子》文通字順，彰顯高文奥義。基於此，于氏《莊子新證》雜引諸家，考證繁富。如於《齊物論》篇『以言其老洫也』條下説：『郭注「老而愈洫」，章炳麟云：「洫，借爲侐。《説文》：侐，静也。」按，二説並非。《釋文》：「洫，本亦作溢。」按，作「溢」者是也。《管子·小稱》「滿者洫之」，洪頤煊謂：「洫，當作溢。」亦其證也。溢、泆、佚、逸，古字通。《書・禹貢》「溢爲滎」，《史記》「溢」作「泆」；《酒誥》「淫泆於非彝」，《釋文》「泆又作逸」；《多士》「大淫泆有辭」，宋玉《九辯》「顏淫溢而將罷兮」，《楚語》「不敢淫逸」；《書》「無逸」，《論衡》作「毋佚」；《論語・微子》「夷逸」，漢石經「逸」作「佚」，並其證也。《大宗師》「佚我以老」，《釋文》「佚音逸」，郭注「老爲我佚」，成疏「老即無能，暫時閑逸」。然則「老溢」即「老佚」、「老逸」也。上言「其厭也如緘」，「老逸」與厭緘之意，正相因也。』這裏，于省吾綜合運用旁證、本證、實證、通假等多種考據方法，考證繁富，可資參考。

此次影印于省吾《莊子新證》二卷，據華東師範大學圖書館藏民國二十九年北京大業印刷局排印《雙劍誃諸子新證》本。

莊子選注

沈德鴻撰

沈德鴻（1896—1981），字雁冰，筆名茅盾，浙江桐鄉縣烏鎮人。一九一四年考入北京大學預科，畢業後入商務印書館編譯所從事譯著及編輯工作。積極參加五四運動，與鄭振鐸、葉聖陶等發起成立中國新文學運動最早文學團體『文學研究會』。文學代表作有《蝕》（三部曲）、《子夜》《春蠶》《林家鋪子》等，學術著作有《中國神話研究ABC》等。一九四九年七月當選爲中華全國文學藝術界聯合會副主席及中國文學工作者協會（後改爲中國作家協會）主席，中華人民共和國成立後擔任中央人民政府文化部部長，嗣後任全國政協第四、五届副主席等職。

《莊子選注》爲上海商務印書館民國十五年出版《學生國學叢書》之一種，旨在爲中學以上國文功課作課外閱讀用，是一種普及性讀物。根據該叢書『選輯各篇，以足以表見其書、其作家之思想精神、文學技術者爲準』編例原則，沈德鴻僅選録《莊子》之《逍遥遊》《齊物論》《養生主》《德充符》《應帝王》《馬蹄》《胠篋》《秋水》《至樂》《山木》《知北遊》《天下》等十二篇，並以當時通行方式予以注解，每篇分爲數段，在段中注解處標以序號，段後予以統一注解；采用新式標點句讀，以反切注音並附舊式注音字母。書前《緒言》作於一九二五年。

根據《學生國學叢書》『諸書卷首，均有新序，述作者生平、本書概要，凡所以示學生研究門徑者，不厭其詳』編例原則，沈氏在《緒言》中頗爲用力，對莊子籍貫、生卒年、莊子與孟子互不提及原因、《莊子》諸篇真僞、莊學發展歷史、莊子思想等諸多問題都進行論述，但較爲簡要。沈氏認爲，莊子爲宋人，與梁惠王、齊宣王同時，『逝世至早亦在西曆前二八〇年頃』；孟子衹是批評異端中近似『聖道』者，如楊、墨、許行等，莊子學説與孔門迥異，故不置評，且莊子主逍遥出世，而孟子主用世，二人思想上雖然相反，而在行動上卻不相妨礙，故莊、孟互不提及不足爲怪；《莊子》原五十二篇，現存三十三篇，其中内篇爲莊子自作，外、雜篇僞者過半；向、郭以前注《莊子》者已有數十家，向、郭以後至明代注者更多，惜大半逸亡，然都不及郭注精審，之後考據家校讀《莊子》，用力甚劬，發現甚多；莊子根本思想是懷疑到極端後否定一切之虛無主義；莊子人生觀是一切達觀，超越形骸之出世主義。

這裏，特別需要注意沈氏以革命觀點對莊子思想之評論。他説：『他否定一切，固然像是高超，固然像是極革命的，但是他把一切都看作毫無價值，失了自己進取的地步，故衹能逍遥物外，竟成了進步革命的障礙物。依莊子的處世哲學，所謂願爲「祥金」，願爲「不材之木」，最好不過造成一種不關社會痛癢，不問民生痛苦，樂天安命，聽其自然的廢物，下焉者且成爲阿諛依違、苟且媚世的無恥小人！』這是一個革命者對莊子之評論，但從學術上説則有失公允。

沈德鴻《莊子選注》有民國十五年上海商務印書館《學生國學叢書》初版排印本、民國十七年再版排印本、民國十九年《萬有文庫》第一集排印本、民國二十一年國難後第一版排印本、民國二十三年國難後第三版排印本、民國二十六年《中學國文補充讀本》第一集排印本等。此次影印，據華東師範大學圖書館藏民國十五年排印《學生國學叢書》本。

莊子哲學

蔣錫昌撰

蔣錫昌（1897—1974），又名海庭，別號思常，江蘇無錫人。民國十年畢業於南京高等師範文學系，與同鄉錢穆等爲友。曾先後任教於廈門集美中學、重慶第二女子師範、江蘇省立第三師範等學校。畢生研究老莊學説，著作有《老子校詁》《莊子哲學》《莊子解題》（未出版）等。

《莊子哲學》原名《莊子哲學及逍遥遊齊物論天下校釋》，包括四篇文字：《莊子哲學》《逍遥遊校釋》《齊物論校釋》《天下校釋》。在《自序》中，蔣錫昌曾説明此四篇文字之内在聯繫：『《哲學》一篇，敍述《莊子》全部之思想，而其根據則爲訓詁；《校釋》三篇，理其訓詁，而其根據則爲哲學。』可見此書分爲兩個部分，即由哲學及訓詁兩大部分組成。前者主要體現民國時期西方文化中國化與傳統文化現代化這一文化主潮，後者則基本上承襲乾嘉樸學通經自小學始之傳統路數。正是由於傳統與現代相結合，纔使得此書在當時能夠别開生面，獨成一家之言，也爲蔣錫昌其人在近現代莊子學史上占有一席之地。

可以説，蔣錫昌《莊子哲學》一書最大特點就是『務使哲學與訓詁合而爲一』。蔣錫昌在此書《自序》中指出，研究《莊子》，『不根其文字，則流於空』，『不本其哲學，則失諸碎』，而『世之治《莊》者，不偏於此，即偏於彼』，『偏於哲學者，多便辭巧説；偏於訓詁者，務碎義逃難』，結果必然是『皆不足以知莊意之真與全』。應該説，蔣氏對於治《莊》中『哲學與訓詁』二者關係之見解頗爲精到，能道出歷史上治《莊子》者通病。爲避免偏頗，求得『莊意之真與全』，就必須力求會通，做到『務使哲學與訓詁合而爲一』。從莊子學史上有些人常根據自己需要來闡釋《莊子》之情況來看，蔣錫昌這種强調『莊意之真與全』主張無疑有其合理性及優越性。若推此主張之理論根據，則似可從蔣氏對於老莊學説之整體認識上找到答案。蔣氏認爲祇有老莊之説『能得古道之全』，而其他諸子之學，祇是『均得「道術」之一端』（《老子校詁自序》）而已；那麽，要研究獨『得古道之全』之老莊，就自然要特别重視探求其『意之真與全』。

確實，蔣錫昌研治《莊子》，一方面重視對其思想之探求，另一方面又重視對其字句之訓釋。他從《莊子》三十三篇中選取『其要者』，詳加訓釋，時有發揮，成《逍遥遊校釋》《齊物論校釋》《天下校釋》三篇文字，目的在於使『每以不能卒讀全部古書爲苦』者『可得大概』（見《自序》）。蔣錫昌認爲，不論從思想（『其要者』）還是從風格（有『寓言』與『莊語』之分）上看，此三篇均爲《莊子》一書之代表篇目，可以反映全書之概貌。在研治這三篇代表篇目時，蔣錫昌爲力求莊子本義，便極力主張『合訓詁與哲學爲一』，其校釋即有此特點。在義理探究方面，蔣錫昌《莊子哲學》雖然在一定程度上具有調和儒、道，以及將西學納入莊學之特徵，但在其三篇《校釋》中，則大量運用以莊解《莊》手段，即主要表現爲大量運用《莊子》全書資料，較少理會內、外、雜篇之劃分，或引單篇，或引多篇，用以闡釋《莊子》中詞語或文意。這種研究方法，顯然值得肯定。

此外，蔣錫昌在《莊子哲學》中特辟一節文字，對莊子與孔子、老子、宋鈃、彭蒙、田駢、慎到及辯派之關係加以探討。如在莊子思想與老子關係上，蔣錫昌繼承司馬遷關於『其要本歸於老子之言』(《史記·老子韓非列傳》)等看法，並大量引用《老子》《莊子》原文，從三方面加以證明：一、莊子於老子推崇備至；二、莊文引用老子之文極多，且獨於《老子》如此，其他古書均不引用；三、莊子思想，幾全以《老子》爲根據，莊子分道爲天道、帝道、聖道與臣道四種，皆可於《老子》見之，唯《老子》文字最詳帝道，而莊子則最詳天道。應該説，蔣錫昌這些證明，在一定程度上豐富了司馬氏之説法。在探討莊子思想與其他各家各派關係時，蔣錫昌也提出獨特看法。如他認爲：宋榮子、宋鈃、宋牼、宋子、宋榮均爲一人，並且推測莊子《徐無鬼》『囿於物』等言論得於宋子『別宥』之説；莊子《齊物論》是據田駢『貴齊』之説所作；莊子《天運》《知北遊》中『不得已』等言辭，則來自慎到『棄知去己，而緣不得已』之説；莊子《天下》中所謂『辯士』乃統指儒、墨、辯者、楊朱、秉等五派而言。凡此種種説法，皆具有一定合理性，可備作參考。

此次影印蔣錫昌《莊子哲學》，據華東師範大學圖書館藏民國二十六年上海商務印書館排印本。

莊子釋義

張栩撰

張栩，號巢民居士，浙江姚江（即餘姚）人，生平事蹟不詳。

《莊子釋義》在《古學叢刊·學篇》內，卷首題『姚江張栩述』。前有《凡例》九則，正文有題解，每篇爲一卷，細分爲數段（條），詳加闡述，不另加注解。《凡例》作於民國丁卯年秋八月，末又附戊寅年冬月『又記』，可知該書撰寫於民國十六年，付印於民國二十七年。

在《凡例》中，張栩集中闡釋了莊學之大略。張氏認爲：《莊子》一書以觝排小德歸於大道爲宗，内篇每篇命題皆舉全篇之要旨，《逍遥遊》至《應帝王》環環相扣，章法嚴整；外雜篇既無章法又無體制，《駢拇》《馬蹄》《胠篋》三篇爲長篇鴻文，其他則忽似語録，忽似札記，忽爲莊子所自述，忽爲弟子所結集，都無次序；寓言、重言、卮言爲《莊子》之『書例』，以著書人之意而寓諸他人之口，言者無罪，聞者足戒，故莊子言道，泯然無跡，讀者應以意逆志，方能略有所得；又性與天道不可形求，故於冥合玄微之處，應參合佛教定品、智品之語，相互證明，或可略有玄會；《莊子》一書最足以輔翼經典之處，在言道之名詞，其界説謹嚴而真確，使後儒儱侗含糊之弊一掃而空，如道德、生命、性情、心理之類，全書拈用無論數十百處；莊子有一特别筆法，凡爲文所不能隱晦而嫌其所指之太直，則用拆字法行之，如『柴』爲『此木』『槐』爲『木鬼』等等，雖文法不可通，而於諧聲會意之外别出蹊徑，其寓意便一目了然，此莊子之絶異處；雜篇往往於最要意義語次，忽夾入一段無關宏恉之文，如《外物》篇之有『莊子貸金』一事、『任公子釣魚』一事，似别有寓意，然實毫無關會，特散金於沙中，使好學者知所慎擇而已。

從張氏上述論點中可以看出，《莊子釋義》既采用以佛解莊、以儒解莊等多種闡釋方法，又涉及《莊子》體例文法，内容較爲豐富。

《莊子釋義》刊於民國二十八年至二十九年《古學叢刊》第一至九期，僅排印至《養生主》『道大窾』止，爲未完之書。今據復旦大學圖書館藏《古學叢刊》第一至九期予以影印。

莊子諸篇考辨

蔣復璁撰

蔣復璁（1898—1990），號慰堂，浙江海寧人。一九二三年北京大學哲學系畢業。曾任臺灣『中央圖書館』館長、『故宫博物院』院長，當選臺灣『中央研究院』院士，並兼任臺灣文化大學、輔仁大學等校教授。著作有《易經集目》《論語集目》《孟子集目》《四書集目》《莊子諸篇考辨》《圖書與圖書館》《中國圖書分類論》《圖書館管理法》等。

《莊子諸篇考辨》前有《導言》，末附《參考》書目，包括陸德明《經典釋文》、郭象《莊子注》、成玄英《莊子注疏》、褚伯秀《南華真經義海纂微》、王雱《南華真經新傳》、林希逸《莊子口義》、焦竑《莊子翼》、王夫之《莊子解》、屈復《南華通》、周金然《南華經傳釋》、宣穎《南華經解》、林雲銘《莊子因》、陳壽昌《莊子正義》、姚鼐《莊子章義》、王先謙《莊子集解》、王闓運《莊子解》、馬其昶《莊子故》等。正文分八個部分，就《莊子》内、外、雜篇真僞等問題進行考辨，見解比較獨特。

蔣復璁在《導言》中説：『惟内篇七篇，文筆渾古，陳義精粹，最爲無疵，疑真出於莊子門弟子之手。餘篇於義，或得或失，或密或疏，或本訓釋之書，或乃羼入之文，要皆非《莊子》之舊，可斷言也。辨其體例，論其文詞，考史事之後先，綜義理之同異，三十三篇之真僞，昭然可識。』並在正文中展開詳細考辨，認爲：内篇七篇，標題皆有深意，且義理宏深，才思精闢，文亦汪洋諔詭，而氣勢銜接，各篇分之則篇明一義，合之則首尾相承，『有非莊生莫能發者』。外篇之《駢拇》《馬蹄》《胠篋》《刻意》《繕性》五篇，『文氣平衍，詞句凡近，通篇一意到底，有如後世之策論，於諸篇之中，自爲一體，其所陳者，不過《老子》緒餘之論，毫無發明。』外篇之《達生》《山木》《田子方》《知北遊》四篇，『雖不能如内篇之連貫一義，然每篇亦各有主旨，且隱約與内篇相應，證佐其義，而不解釋其詞』，此『必後世學者，因《莊子》之内篇，復輯其逸言逸事』而成之者。外篇之《在宥》《天道》《天運》《秋水》《至樂》五篇，或爲『數段湊合而成』，或『意膚文雜』，或『爲儒者之言』，蓋『淺學者之所爲』，並非莊生本義。雜篇之《庚桑楚》《徐無鬼》《則陽》《外物》《寓言》《列禦寇》六篇，多爲『殘編斷簡，無甚理致』，『與内、外篇非出一手，不待智者而可知也。』雜篇之《讓王》《盜跖》《説劍》《漁父》四篇，或『絶無深意』，或『膚殘冗曼』，或爲戰國策士之言，皆爲贋品無疑。《天下》篇，『本是他人綜論百家流别之文，初與是書無與，不過於諸家道術之中，最尊莊子，世見其推尊莊子，遂取入《莊子》書中，以爲徵驗，又以其是總論道術，而諸篇皆是言行雜事，無可附麗，故舉而編之篇末，如是而已。』蔣復璁所論，多爲其本人心得，尤其對《天下》篇作者問題之論述，更爲前人所未曾言，但皆不可視作定論，祇能備作參考。

莊子諸篇考辨　蔣復璁撰

今影印蔣復璁《莊子諸篇考辨》，據中國國家圖書館藏民國間油印本。

莊子逍遥遊講録等

鄭奠輯録

鄭奠（1896—1968），原名斐恭，字介石，號石君，浙江諸暨人。一九二五年考入北京大學中文系，師從黄侃、錢玄同。曾任北京大學中文系教授、北京師範大學中文系主任、浙江大學中文系教授兼系主任等。解放後曾任浙江省文學藝術界聯合會副主席、浙江師範學院教授、中國科學院語言研究所研究員兼漢語史研究組副組長等。主要從事古漢語及現代漢語語法、修辭研究，著作有《中國修辭學研究法》《古漢語語法學資料彙編》（與麥梅翹合編）、《古漢語修辭學資料彙編》（與譚全基合編）等。

《莊子逍遥遊講録》題『鄭奠輯録』。前有《莊子逍遥遊》，録《逍遥遊》全文，版心題『文名著選』；正文輯録《史記》莊子傳、各志書相關著録及陸德明《經典釋文》等大量相關文字，並附有《齊物論義證》，版心皆題『文名著選附録』。此書眉目頗欠清晰，體例亦嫌紊亂，但細審其輯録，亦有可取之處。如所輯各志書著録，内容相當豐富，大致能滿足讀者之需求；辟出『義證』一欄，如於《逍遥遊》篇『蜩與學鳩笑之』下引《庚桑楚》篇『是蜩與學鳩同於同也』，『辯乎榮辱之境』下引《則陽》篇『榮辱立然後覩所病』，『御六氣之辯』下引《在宥》篇『六氣不調』，『名者實之賓也』下引《至樂》篇『名止於實』等，而所附《齊物論義證》全用此種方法，將篇中大量語句與他篇有關語句相發明，更爲前人所未曾爲，具有一定學術價值。

尤其值得指出，鄭奠在輯録《逍遥遊》篇過程中，還運用了語法學、修辭學知識，實可謂别開生面。如他於『釋文法』欄下列出『彼且奚適也』『彼於致福者未數數然也』『其言謂何哉』『其大若垂天之雲』『逍遥乎寢卧其下』『憂其瓠落無所容』，並於其中『彼』『其』右邊劃雙條竪綫，復標明此二字皆爲『他稱代詞』；列出『孰肯以物爲事』『奚以知其然也』『何不樹之於無何有之鄉』『安所困苦哉』『豈惟形骸有聾盲哉』『彼且惡乎待哉』，並於其中『孰』『奚』『何』『安』『豈』『惡乎』右邊劃雙條豎綫，復標明此六字（詞）爲『疑問詞』。又於『論本篇修詞』欄下列出『是其塵垢秕糠將猶陶鑄堯舜者也』『夫子猶有蓬之心也夫』，並標明此二句爲『比喻』；列出『大浸稽天而不溺，大旱金石流、土山焦而不熱』『舉世而譽之而不加勸』，並標明其中『稽天』『金石流』『土山焦』『舉世』四詞皆爲『誇飾』。凡此現象皆爲以往莊學著作所不曾見，説明鄭氏將其所治語法、修辭之學運用於《莊子》研究，確實具有開創風氣之意義。

今據中國國家圖書館藏民國間排印《莊子逍遥遊講録》本予以影印。

莊子天下篇箋證

高亨撰

高亨（1900—1986），又名晉生，初名仙翹，吉林雙陽人。早年在清華國學研究院師從王國維、梁啓超兩位大師，一生篤志於弘揚我國傳統學術。歷任河南大學、東北大學、武漢大學、齊魯大學、西北大學、山東大學教授，並曾受中國科學院哲學研究所之聘，兼研究員。所治涉及《周易》《詩經》《楚辭》《老子》《莊子》《墨子》《商君書》、文字學、上古神話等領域，著作有《周易古經今注》《周易古經通説》《周易雜論》《周易大傳今注》《諸子今箋》《莊子天下篇箋證》等。

《莊子天下篇箋證》題『高亨撰』，録《天下》篇全文，分七章予以箋證。第一章爲《論百家之術所由生》，第二章爲《論墨翟禽滑釐之術》，第三章爲《宋鈃尹文之術》，第四章爲《論彭蒙田駢慎到之術》，第五章爲《論關尹老聃之術》，第六章爲《論莊周之術》，第七章爲《論惠施之術》，分章合理而清晰，甚是方便讀者。此著既直接訓釋《天下》篇正文，也給前人相關文字作箋證，於郭象《莊子注》、成玄英《莊子注疏》、陸德明《經典釋文》、王雱《南華真經新傳》、羅勉道《南華真經循本》、王念孫《莊子雜志》、俞樾《莊子平議》、劉鳳苞《南華雪心編》、郭慶藩《莊子集釋》、陳壽昌《南華真經正義》、馬其昶《莊子故》、王闓運《莊子注》、梁啓超《莊子天下篇釋義》、武延緒《莊子札記》、章炳麟《莊子解故》、奚侗《莊子補注》、錢基博《讀莊子天下篇疏記》、譚戒甫《莊子天下篇校釋》、馬叙倫《莊子天下篇述義》等皆有所涉及，並每能見出其獨特見解。如《天下》篇有『皆以其有爲不可加矣』語，郭象注：『爲其所有爲，則真爲也；爲其真爲，則無爲矣，又何加焉！』此以『有爲』二字連讀。羅勉道云：『各挾其所有，以爲人莫加之。』（《南華真經循本》）此以『其有』二字連讀。高亨指出，羅説『甚韙』，並箋證説：『治方術者，皆以其所有爲盡美盡善，不可復益。《呂氏春秋·分職》篇：「先王用非其有，如己有之。」此「其有」二字連用之例。』又《天下》篇有『不可與莊語』語，陸德明云：『郭云：「莊，莊周也。」一云：「莊，端正也。」』高亨箋證説：『按莊，訓正是也。若指莊周，則當作「周」，不當作「莊」。』高亨這些説法，皆甚正確，足可信從。

尤其值得指出，高亨對名家諸多命題所作闡釋，還往往能新人耳目。如《天下》篇載名家命題云：『輪不蹍地。』高亨解釋説：『車行而蹍地者，輞也。輞非輪，輞蹍地非輪蹍地，故曰輪不蹍地。』又載名家命題云：『一尺之捶，日取其半，萬世不竭。』高亨解釋説：『今日爲半捶，明日爲半捶之半，再明日爲半捶之半之半，以數理論之，一以二遞除之，終不等於零。故曰萬世不竭。』凡此解釋，多能超越舊説，讓人耳目一新。

今影印高亨《莊子天下篇箋證》，據武漢大學圖書館藏民國間油印本。

莊子今箋

高亨撰

高亨生平事蹟，已見《莊子天下篇箋證》提要。其於民國二十一年所撰《諸子今箋》，至民國二十四年由開封岐文齋刊印，《莊子今箋》即爲其中一部分。《莊子今箋》題『雙陽高亨晉生甫著』，前有高氏民國二十一年《莊子今箋自敘》《莊子今箋述例》；正文乃是據明世德堂本《莊子》，每篇中摘録重要文句，加以校勘箋注而成。其《莊子今箋自敘》謂，今本《莊子》之内篇爲莊周自撰，外、雜篇皆其弟子所述，並從思想、文辭、篇名以及所涉史實等六個方面予以證明，分析細緻深入，可備作參考。

比較起來，高亨《莊子今箋》之成就主要還是體現在對《莊子》文字之校箋上。如《逍遙遊》篇有『覆杯水於坳堂之上』語，高亨説：『坳堂，疑原作「堂坳」，轉寫誤倒。坳，窊也，坎也，陷也，俗字作「凹」。堂坳，謂堂之凹陷，若作「坳堂」，其義難通。《釋文》：「崔云：堂道謂之坳。」此崔譔本原作「堂坳」之證。六朝諸家《莊子》以崔本爲最善，此又一事也。庾信《小園賦》「山爲簣覆，地有堂坳」，殆即本於《莊子》。」此說頗有見地，可供參考。《田子方》篇有『至陰肅肅，至陽赫赫。肅肅出乎天，赫赫發乎地，兩者交通成和而物生焉』語，高亨說：『「肅肅出乎天，赫赫發乎地」，疑原作「肅肅出乎地，赫赫發乎天」，「天」、「地」二字轉寫誤倒。陰出於地，陽發於天，理不可易。本書《在宥》篇：「我爲女遂於大明之上矣，至彼至陽之原也。爲女入於窈冥之門矣，至彼至陰之原也。天地有官，陰陽有藏。」至陽之原正謂天，至陰之原正謂地，亦足證此文「天」、「地」二字誤倒。』此說甚是，可以信從。《寓言》篇有『終生言，未嘗不言』語，高亨說：『《文選·遊天台山賦》李注引《道藏》成玄英疏本、褚伯秀《義海纂微》本、林希逸《口義》本、羅勉道《循本》本，皆無「不」字，是也。』（《莊子今箋述例》）此說尤確，可據以删去『不』字。但細審高氏校箋，亦多有可商榷之處。如其疑《養生主》篇『指窮於爲薪』之『指』借爲『稭』，謂《駢拇》篇『無所去憂』之『去』借爲『怯』，訓《寓言》篇『所以已言』之『已』爲『紀』，皆有牽强附會之嫌，並不能作爲依據。

今影印高亨《莊子今箋》，據北京大學圖書館藏民國二十四年開封岐文齋刊《諸子今箋》本。

莊子天下篇要詮

王蘧常撰

王蘧常（1900—1989），字瑗仲，號滌如，又號明兩，浙江嘉興人。民國十三年畢業於無錫國學專門學院，遂留校任教。民國十六年起，先後執教於光華大學、大夏大學。解放後，任復旦大學中文系教授，後調任哲學系教授，直至去世。在史學、子學、詩文及書法等方面均有很深造詣，著作有《諸子學派要詮》《荀子新傳》《國學講演稿》《王蘧常章草藝術》等。

《莊子天下篇要詮》爲《諸子學派要詮》之第一篇。據《諸子學派要詮》前王蘧常《自序》，王氏於民國十六年始治諸子時，曾『走書請業於梁任公年丈』，此篇即爲廣任公《莊子天下篇釋義》之指而著，次年爲大夏大學諸生授課時又有所增訂，至民國二十一年爲光華大學諸生論諸子時乃最後寫定。但今觀全篇，諸如郭象《莊子注》、成玄英《莊子注疏》、宣穎《南華經解》、馬其昶《莊子故》、郭慶藩《莊子集釋》、王先謙《莊子集解》、章炳麟《莊子解故》、顧實《莊子天下篇講疏》、錢基博《莊子天下篇疏記》、方光《莊子天下篇釋》及呂思勉對名家有關命題之闡釋，皆在援引之列，非獨欲廣梁氏之指而已。

《莊子天下篇要詮》之體例，與以往順文作注者不同，而是將原文分段分句後，標以注碼，於段末依次作句解，將《老子》《莊子》等諸子之文及後世解釋《天下》篇之文字引入其中。《諸子學派要詮》前有孫德謙所撰序，謂此書蓋有『三善』。其所謂前二善云：『以子證子，以本子證本子，不涉己見，而源流短長畢具，一也。折衷諸家之説，而必於至愼，蕲於至當，二也。』持此以概括《莊子天下篇要詮》之特徵，也同樣合適。如於《天下》篇『以深爲根』句，引《老子》五十九章、《韓非子·解老》之文爲釋；於『不以身假物』句，引郭象《莊子注》、成玄英《莊子注疏》爲釋；於『決然無主』句，引宣穎《南華經解》爲釋；於『以濡弱謙下爲表』句，引顧實《莊子天下篇講疏》爲釋；於『其於物也何庸』句，引錢基博《莊子天下篇疏記》爲釋；於『其小大精粗』等句，引方光《莊子天下篇釋》爲釋；於惠施諸多命題，則大量引呂思勉之説爲釋。凡此，皆可見出其以子證子、以本證本、折衷諸家之特徵，持論允當而不偏激，實可作爲授課之範本。但因王氏務以『至愼』求『至當』，故無『己見』可見，學術價值也就不高。

此次影印王蘧常《莊子天下篇要詮》，據華東師範大學圖書館藏民國二十五年上海中華書局排印《諸子學派要詮》本。

莊子研究　葉國慶撰

葉國慶（1901—2001），又名谷馨，福建漳州人。民國十年考入廈門大學教育系，爲廈大第一届畢業生。民國十九年考入燕京大學國學院歷史研究部，師從洪業、許地山等名教授攻讀中國古代史，民國二十一年獲碩士學位，受聘於廈門大學，先後任教授、歷史系代主任、人類博物館館長，百越民族史研究會理事等職務，在先秦史、史學史、民族史、福建地方史、民俗學諸領域多有建樹。所著《莊子研究》一書，主要論述莊子事略，《莊子》版本、篇章、體裁及各篇著作時代，《莊子》一書淵源及其産生之時代背景，《莊子》一書主要思想學説，《莊子》對後代之影響，莊注之派别，《莊子》中之古史等問題。

作爲一位歷史學者，葉國慶研究《莊子》首先關注到《莊》書作者問題。他依據《史記・老子韓非列傳》司馬貞《索隱》引劉向《别録》、《淮南子・修務訓》高誘注及張衡《髑髏賦》，認定莊周是宋蒙人，而不同意王安石《蒙城清燕堂》詩、蘇軾《莊子祠堂記》所暗示之所謂亳州蒙城縣爲莊周故里之説法。至於莊周所處時代，他一方面同意司馬遷關於『與梁惠王、齊宣王同時』（《史記・老子韓非列傳》）意見，一方面又以《莊子》内篇爲據，熟練運用歷史學知識，進一步考證莊周生卒年代，認爲『莊子約生於紀元前三六〇年左右，卒於二九〇年左右』，並取惠施、公孫龍事蹟加以驗證。這個論斷雖然包含假設較多，其真實性無從得知，但比起馬敘倫『周之生，或在魏文侯、武侯之世，最晚當在惠王初年』（《莊子年表》）之結論更爲確切，在莊子學史上是一種大膽嘗試。接着，葉氏對《莊子》一書版本、篇章、體裁、各篇著作時代及《莊子》一書之讀法進行系統論述，既對前人説法有所總結，又每能提出獨特見解，具有一定學術價值。

葉國慶對莊子學説之闡釋是在『説明背景』前提下進行。他首先考察了莊子學説之淵源，認爲《道德經》不會出在《莊子》内七篇之前，因此『莊子沒有接承它的事』。而且他還提出，歷史上曾有兩個老子，《禮記》中所載孔子問禮之老子與《道德經》無關，著《道德經》之老聃應該是太史儋，是司馬遷將兩人混淆作了一人，故『總而論之，莊子的思想幾乎每一點都與他前時或同時的思想發生關係，由此可知他的學説是時代的産物，時代的結晶，既非接承老聃學説，亦非徒然憑空飛下。』對於内篇與外、雜篇之差異，葉國慶主要是從『道與政』『種種的無爲觀』『神仙説』『純素説』『儒家的思想』五方面來闡述。他指出，内篇衹有一個『道』，到外篇便分爲天道與人道，所以政治觀上外篇便主張君臣、上下、尊卑説；内篇説無爲是從本體論出發，而外篇説無爲之動機都很淺薄，有的是憤世嫉俗，有的是悲觀，有的似失意政客之語，並非真的希望無爲；内篇寫至人之神化，雖然説他們『御風而行』『吸風飲露』，但都是比喻，而外篇則直截説出神仙來，欲求長生久視，與内篇大不相同；内篇説至人或真人，强調養神，外篇則加上守純守素説；外篇材料駁雜，所謂天尊地卑、君先臣從、尚賢尚齒、忠孝等説法都是儒家思想被竄入《莊子》之中，至《列禦寇》篇孔子九徵之説不但非莊子所有，亦非儒家之言。從《莊子》一書實際情況看，葉國慶所謂内篇與外、雜篇之差異確實存在，説明他所作分析具有一定眼光。

更爲重要者，是葉國慶還對《莊子》中所謂古史進行了專門探討。他認爲《莊子》中被誤作信史者主要有兩個方面：一是古帝王之系統，一是孔子之事蹟。據他研究，儒家所説之古帝王一般衹推到堯舜，再也不能往上説，《荀子》雖提出『五帝』一名，但也説不清究竟五帝是誰；可是《莊子》卻在堯舜上面列舉出一大批古帝王，計十餘人之多，『例如《大宗師》有狶韋氏、伏戲氏、黄帝、顓頊；《應帝王》有泰氏，有儵、忽、渾沌；《馬蹄》有赫胥氏；《天地》有渾沌氏；《天運》《山木》有有焱氏；《人間世》有伏羲、几蘧；《則陽》有冉相氏，有容成氏；《至樂》有燧人、神農；《田子方》有伏羲、黄帝；《知北遊》有黄帝，有神農；《盜跖》有有巢、神農、黄帝；《外物》有狶韋氏』。並指出，莊子身處戰爭頻仍之戰國社會，他所持之理想社會很自然地投射於古代世界，創造出許多古帝王來寄寓其理想，因而讀者不可將其作爲信史來看待。同時，在《莊子》一書中，被儒家尊爲聖人之孔子，其面目亦不一樣，有的甚至形象猥瑣，這顯然是莊派爲打擊儒家、宣揚自家學説而虛構之孔子形象，因而讀者亦不可視其爲真實歷史。應當承認，葉國慶對於《莊子》中古史之探討，不僅在史學界有其重要意義，對從事《莊子》研究者也同樣有價值，它提醒我們要正確理解《莊子》寓言，絕不能穿鑿附會。

葉國慶《莊子研究》有民國二十五年上海商務印書館排印《國學小叢書》本、民國二十七年上海商務印書館再版排印本、民國三十六年三版排印本等。茲據華東師範大學圖書館藏民國二十五年《國學小叢書》本予以影印。

莊子精華

上海中華書局編

上海中華書局民國間所編《莊子精華》一册，從《莊子》中選録二十二篇文章，包括内篇之《逍遥遊》《齊物論》《大宗師》，外篇之《駢拇》《馬蹄》《胠篋》《在宥》《天地》《天道》《天運》《刻意》《繕性》《秋水》《至樂》《達生》《山木》《田子方》《知北遊》，雜篇之《庚桑楚》《徐無鬼》《則陽》《外物》，每篇分爲若干段，上頭有眉批，篇末有總評，又有『音釋』，比較方便讀者。

今審《莊子精華》全書，一律使用新式標點，分段亦按現代版式，而『音釋』仍用傳統方法。如《逍遥遊》篇於『北冥』下云：『《釋文》：「本亦作溟，覓經切，北海也。嵇康云：取其溟溟無涯也。梁簡文帝云：窅冥無極，故謂之冥。」』《徐無鬼》篇於『於蟻棄知，於魚得計，於羊棄意』下云：『《釋文》：「司馬云：蟻得水則死，魚得水則生，羊得水則病。一説云：真人無羶，故不致蟻，是蟻棄知也；共處相忘之大道，無沾濡之德，是魚得計也；羊無羶行而不致蟻，是羊棄意也。」』凡此音釋，皆引古人爲之，而編者幾乎不置一詞，似與新式標點、現代版式不協。且篇末總評與上頭眉批，亦皆引前人之語，所涉及者有陳止齋、余同麓、楊升庵、王守溪、姜鳳阿、章楓山、王陽明、王龍溪、唐荊川、陳廣野、商素庵、趙定宇、陳眉公、汪南溟、蘇紫溪、宗方城、宗子相、孫月峰、王鳳洲、陳如岡、陳古白、諸理齋、陶石簣、袁了凡、陳明卿、林雲銘、雷伯石、宣穎、朱大復、李光垣、陸樹芝、王先謙等，多爲明清學者，與現代讀者意識有一定距離。

然編輯者既以『精華』二字命名此書，意在擷取前人精粹以饗諸者，則此書之體例便成新舊理念互爲結合之特殊模式，自有其問世理由及學術價值。且細審其『音釋』，確實精粹而不煩瑣，而所列眉批與篇末總評，亦皆經過精心挑選，能夠互爲配合、補充。如《馬蹄》篇眉批依次爲：『孫月峰曰：起處一段，章法絕腴煉，馳騁中自具嚴栗。』『陳明卿曰：世之稱伯樂，與其稱伯夷一也。伯樂未嘗害馬，伯夷何故死名？信乎其反言也。』『陳明卿曰：連之羈馽，便爲害馬，繫羈禽獸，豈獨不然？乃知莊生純是寓言。』『孫月峰曰：撰出許多字眼。』『王守溪曰：分明是一幅畫馬圖。』『陳明卿曰：伯樂不任罪。』『陳明卿曰：自古能任過者聖人。』並有篇末總評云：『孫月峰曰：是小規格，然卻精峭可取。前言馬，語煩；言埴木，語簡；又總用兩語收，詳略相錯，是步驟法。』眉批與篇末總評如此配合，既能揭示各節各層大意，又能總體把握全篇結構藝術特徵，誠可謂相得益彰。

今影印《莊子精華》一書，據華東師範大學圖書館藏民國三十年上海中華書局排印本。

莊子講解

張貽惠撰

張貽惠（1907—?），筆名張劍聲，福建福州市人。一九三〇年畢業於福州協和大學。曾任省立福州中學、廈門中學等校語文教員。一九四三年轉入福建師範學院中文系，歷任講師、副教授、教授，講授古代漢語語法修辭、現代漢語語法修辭、歷代文選、國學專書選讀等課程。著作有《莊子講解》《古漢語語法》《漢語積極修辭》等。

《莊子講解》題『張貽惠著』，爲著者在大學國文系擔任『國學專書選讀』課程時，講授《莊子》之講稿。書前有張貽惠民國三十五年《序言》《莊子講解目次》，末有附録一《内篇旨要》、附録二《莊子傳略》。以張氏認爲『内篇爲莊子手筆，餘則爲其徒屬所推衍者（僅《天下》篇爲莊子自序），内容思想既不出内篇旨蘊，文字技巧復平淡易曉，略讀即可，固毋勞詳釋矣』（《序言》），故正文僅録《莊子》内七篇，每篇前有『本篇大旨』（即題解），各篇分成若干段，每段後依次爲『詮釋』（即注釋）、『講解』（即譯文）、『要義』（即段落大意），不僅眉目頗爲清晰，思維亦富有現代意識。

張貽惠《序言》説：『著者常懷一理想，認爲吾人今日亟應謀中西文化綜合匯通之道，即以中國先哲政治倫理哲學思想以指導西洋科學，使科學所造成之成果能收服務人生之實效，此即「正德利用厚生」之意。誠能如是，庶可進而建立世界新文化之體系。』故張氏講解《莊子》，不無以中、西互爲發明之處。如他在《齊物論》篇『本篇大旨』中説：『德儒黑格爾正反合之辯證法，其後馬克斯更染以唯物之色彩，此法莊子早已知之，故曰：彼亦一是非，此亦一是非，是亦一無窮，非亦一無窮。所不同者，黑、馬二氏從對立矛盾不斷演變中以求獲得知識，莊子之意則以爲此所得之知識將爲支離破碎者，唯有以直覺方法使此心與大道相證，方能徹悟道之全體，故凡是非爭辯，衆説紛紜，實可齊一視之。』像這樣以中、西哲學互爲發明者，雖在當時各種學術著作中屢見不鮮，但在直接闡釋《莊子》文本之專著中卻甚是罕見，所以具有一定開風氣意義。但綜觀張氏此著，其詮釋主要還是以舊注爲依據，受郭象莊學思想影響尤爲明顯。如他在《逍遥遊》篇『本篇大旨』中説：『郭象云：「夫小大雖殊，放於自得之場，則物任其性，事稱其能，各當其分，逍遥一也，豈能勝負於其間哉！」』並進而據此來分別撰寫篇中各段後之『要義』，顯然是對郭象『適性逍遥』説之因襲，與莊子『無待』纔能逍遥之思想有很大差別。

今影印張貽惠《莊子講解》一册，據復旦大學圖書館藏民國三十五年綜合學術社排印本。

莊子天下篇薈釋

單晏一撰

單晏一（1909—1989），亦名演義，字慧軒，江蘇蕭縣（今屬安徽省）人。曾就讀於山東大學文科研究所，師從高亨（晉生）等先生。後執教於西北大學，著有《莊子通論》《莊子薈釋》兩部書稿。解放後，改治現代文學，尤致力於魯迅研究，著作有《康有爲在西安》《魯迅在西安》《魯迅與郭沫若》《魯迅與瞿秋白》《魯迅小説史大略》等。

《莊子天下篇薈釋》原爲《莊子薈釋》書稿之一部分，於民國三十七年先行校竣付梓。前有蕭一山題辭、孫道昇《單著莊子天下篇薈釋小序》、單晏一《自序》，末附《諸子家數比較表》《參考書志舉要》及張芝友跋語。正文分爲：一、《前論》，包括《解題》《考證》《提要》三部分；二、《本論》，包括《總論道術》《論鄒魯之士之方術及道術分裂之原由》《論墨翟禽滑釐之方術》《論宋鈃尹文之方術》《論彭蒙田駢慎到之方術》《論關尹老聃之方術》《論莊周之方術》《論惠施之方術》八部分；三、《後論》，爲全書之結語。著者如此構思章節，甚有新意，故孫道昇序謂其『一變中國學者注疏之陋規，爲千數百年注《莊》者闢一新紀元，創一新體例，恢恢乎有遠略矣。』

通觀《莊子天下篇薈釋》，確實顯得氣局恢宏、體例新穎，而其『彌編群言，鈎玄提要』（蕭氏題辭），尤見功夫。據其《參考書志舉要》，所引歷代注解及其他文字，就有魏晉至民國時期凡七十餘家。在《前論》中，如既薈輯陸德明、釋性通、林雲銘、馬驌、宣穎、錢基博之説作爲《天下》篇題解，又對錢基博關於『以篇首「天下」二字爲題』説法表示異議，認爲『以首二字名篇爲外、雜篇之通例，錢説似非』。在《本論》中，如既薈輯陸德明、成玄英、武内義雄、顧實、劉文典、王叔岷之説以解『公而不當，易而無私』之義，又斷以己意曰：『《秦策》「盡公不還私」、《管子·問下》「不阿以私」，即此二句之義。』總之，此書薈輯材料之富贍，實爲其他任何疏解《天下》篇之著作所不及，而單氏所下斷語，亦每有新見。

所謂『彌編群言，鈎玄提要』，還包括單晏一對『群言』逐一否定，而據大量文獻資料，提出自己新看法。如他在『爲之大過，已之大順』下薈輯俞樾、郭慶藩、章炳麟、王叔岷等人校勘訓釋文字，但對他們謂『順』『循』相通，或訓『順』爲『馴』『踳』『退』，皆予以否定，而以《詩經・巷伯》『亦已大甚』、《雲漢》『旱既大甚』爲證，認爲『大甚』與『大過』義同，此二句當謂『墨子摩頂放踵，力行兼愛，既已大過，而節用、節葬、非儒、非樂，亦已大甚也。』這一説法甚爲新穎，可以備作參考。他又在『關尹老聃聞其風而悦之』下説：『按老子姓氏問題，自《史記・老子傳》稱其「姓李氏，名耳，字聃」以後，懷疑者少，惟至近世，精研諸子者衆，而老子之姓名，亦大成問題。』於是，對錢穆所謂『即老萊子，老萊子即荷蓧丈人』説、唐蘭所謂『與老子爲一人』説、羅根澤所謂『即太子儋』説、馬敘倫所謂『老彭即老聃』説、胡適所謂『老或是字，或是姓』説、馮友蘭所謂『老聃非李耳』説、陳柱所謂『李、老雙聲，老聃猶言李聃，老子猶言李子』説等，皆表示否定。並據《天道》篇及《國語・周語》《史記》之《老子傳》《張湯傳》《管蔡世家》之文，大膽推定：『老聃姓聃，爲文王子聃季之後。』這雖然不能爲大多數人所接受，但他引經據典，排比鈎玄，並非無稽之談，故亦可備作一説。

更值得注意者，單晏一還引進現代人學術理念，對天下治『方術』者從宏觀上作新評價。他在《本論》中説：『按春秋以前，王朝世襲，政教一統，異不相非，故道未裂。迨周室東遷，兼并日亟，於是新思想、新政治乘機而起，學術研究自由，諸子百家爭鳴，道術遂爲天下裂矣。實則分裂乃學術漸進之自然現象，不足憂也。試思中國學術之黄金時代，有過於春秋戰國者乎？』衆所周知，自來評釋《天下》篇所謂『道術』與『方術』，皆認爲『道術』高於『方術』，而單晏一則一反傳統觀念，大膽倡言『道術』分裂爲『方術』乃是社會政治發展之必然結果，也是學術發展之自然現象，並不值得擔憂。他甚至還讚揚『方術』並作之春秋戰國時代爲中國學術黄金時代，爲其他任何時代所不及。這一評釋雖然有違《天下》篇著者本意，卻表現出現代學者所具有之獨特眼光，從而改變了《天下》篇研究中一個重要評價標準。

此次影印單晏一《莊子天下篇薈釋》，據武漢大學圖書館藏民國三十七年西安黎明日報社排印本。

莊子校證

楊明照撰

楊明照（1909—2003），字弢甫，四川大足人。著名學者，先後任教於燕京大學、中國大學、四川大學等高校，是解放後全國首批博士生導師，曾任中國古代文學理論學會會長、中國《昭明文選》學會會長、中國蘇軾研究學會會長、中國《文心雕龍》學會名譽會長。著作有《文心雕龍校注》《文心雕龍校注拾遺》《文心雕龍校注拾遺補正》《劉子校注》《抱朴子外篇校箋》《莊子校證》《學不已齋雜著》等。

《莊子校證》爲札記體，前有楊明照所撰小序；正文分條節録《莊子》文句，予以考釋，凡九十九條，完成於民國二十六年三月。楊氏小序云：『《莊子》一書，解人夥矣，其奇詞奥旨，固已多所抉發，然亦有未之盡者。余嘗參校衆本異同，而爲之疏證，一隙之照，尚望博雅君子，有以教之。』楊氏所謂『參校衆本』者，即據明世德堂本《莊子》爲底本，而校以《古逸叢書》本、《道藏》本、《四部叢刊》本、涵芬樓影印本、明嘉靖六年天水胡氏刊本等《莊子》，以及敦煌唐寫本《莊子》殘卷、日本高山寺古鈔本《莊子》遺篇、《太平御覽》《經典釋文》等。

綜觀楊氏《莊子校證》，主要包括以下幾個方面内容：一是校讎異文，如於《齊物論》篇『作則萬竅怒呺』條下云：『《太平御覽》九引「呺」作「號」。按林希逸《南華真經口義》《南華真經義海纂微》並作「號」，《文選》謝希逸《月賦》李善注引，亦作「號」，是古本原作「號」而不作「呺」也。《逍遥遊》篇「非不呺然大也」，陸德明《釋文》引李云「呺然，虚大貌」，施之於此，義不可通。《説文》：「號，呼也。」斯其詁矣。』二是考釋文義，如於《胠篋》篇『天下每每大亂』條下云：『按《左》僖二十八年傳「晉侯聽輿人之誦曰：原田每每，舍其舊，而新是謀」，杜預注曰：「原喻晉軍美盛，若草之每每然。」彼以「每每」喻晉軍之盛，此則以「每每」狀天下之亂，皆用其本義。《説文》：「每，艸盛上出也。」』三是校訂衍文、脱文，如於《逍遥遊》篇『若夫乘天地之正，而御六氣之辯，以遊無窮者』條下云：『敦煌唐寫本「而」字無。按唐本是也。褚伯秀《南華真經義海纂微》即無之。《楚詞・九歌・大司命》洪興祖補注引，亦無「而」字。本篇下文「乘雲氣，御日月，而遊乎四海之外」，《齊物論》篇「若然者，乘雲氣，騎日月，而遊乎四海之外」，句法並與此同，亦可證。』四是斠論疑義，如於《駢拇》篇『若其殘生損性』條下云：『按上文：「其於傷性以身爲殉，一也。」又：「其於殘生傷性，均也。」並以「傷性」連文，則此「損」字，似當作「傷」，始能上下一律。』由上可知，楊明照《莊子校證》使用本證、旁證等多種考據方法，較爲精細，足資參考。

此次影印楊明照《莊子校證》，據華東師範大學圖書館藏民國二十六年排印《燕京學報》第二十一期。

莊子校釋五卷

王叔岷撰

王叔岷（1914—2008），號慕廬，四川簡陽人。幼習詩書，及長，喜讀《莊子》《史記》《陶淵明集》，兼習古琴。一九三五年就讀於四川大學中文系，一九四一年考入北京大學文科研究所，師從傅斯年、湯用彤先生。後任職於中央研究院歷史語言研究所。一九四九年後，任臺灣大學中文系副教授、教授。一九六三年後，先後任教於新加坡大學、臺灣大學、馬來西亞大學、新加坡南洋大學等校。一九八四年，自中研院史語所及臺灣大學中文系退休，仍擔任史語所兼任研究員及中國文哲所籌備處諮詢委員。著作有《莊子校釋》《莊學管窺》《莊子校詮》《諸子斠證》《先秦道法思想講稿》《左傳考校》《史記斠證》《列仙傳校箋》《陶淵明詩箋證稿》《鍾嶸詩品箋證稿》《劉子集證》《世説新語補正》《文心雕龍綴補》《顔氏家訓斠注》《斠讎學》《古籍虛字廣義》《慕廬演講稿》《慕廬雜著》《慕廬雜稿》等。

王叔岷治學，由斠讎入義理，兼好詞章，尤精於先秦諸子研究。所著《莊子校釋》，正是從校勘版本、考訂字義角度出發來研治《莊子》，也是他校釋古書之初步嘗試。此書始撰於一九四一年八月，完稿於一九四四年八月，歷時凡三載。前有一九四四年所撰《自序》，末附《莊子校釋補遺》《莊子逸文》《評劉文典莊子補正》。全書共分五卷，以《續古逸叢書》所收影印宋刊本《莊子》爲底本，以條舉方式對《莊子》三十三篇進行校勘、補遺及考訂，凡一千五百六十九條。王叔岷博綜群籍，補苴罅漏，采摭魏晉以來各類著作數十百種，諸如郭象《莊子注》、陸德明《莊子音義》、成玄英《莊子注疏》、陳景元《莊子闕誤》及《昭明文選》《藝文類聚》《一切經音義》《群書治要》《記纂淵海》《白帖》《太平御覽》等皆在網羅之列，涉及歷代莊子學著作及訓詁、校勘、詩賦文學、佛學經典等多個領域，在文獻資料收集方面有集大成之功。他還摒棄人云亦云，彙聚諸家之長，援古證今，匡校舊誤，辨僞存真，去訛補挩，每能發人之所未發。如他於《逍遥遊》篇『北冥有魚』下，廣徵博引，以證其中『冥』字實與『溟』字相通，這在《莊子》研究史上實在前無古人。於《則陽》篇『文武大人不賜，故德備』之『文武』下補『殊材』二字，亦極有眼光，值得信從。更於《外物》篇『儒以金椎控其頤』下云：『案《藝文類聚》八四引「儒」作「而」。王念孫從之，云：而、儒聲相近，上文又多「儒」字，故「而」誤爲「儒」。其説是也。惟謂「而，汝也」，則非。「而」乃承上之詞，意甚明白。以「而」爲「汝」，則「而」字當在上文「接其鬢」上，不當在此句矣。』細審文義，王叔岷之説極是，足可訂正乾嘉大師王念孫之失誤。

當然，《莊子校釋》作爲王叔岷青年時期校釋古書之初步嘗試，其中必有一些不夠成熟甚或錯誤之處。所以自一九四七年出版以後，著者續有補充修訂，先後寫出《莊子校釋後記》《蜀本南華真經校記》《倫敦博物館敦煌莊子殘卷斠補》《莊子校釋補録》等，或偶將其修補意見寫入其他文論中。如《徐無鬼》篇有『天地之養也一，登高不可以爲長，居下不可以爲短』之語，王叔岷在《莊子校釋》中認爲『「一」字疑淺人妄加』，但他在晚年所著《莊子校詮序論》中卻不僅糾正其此一錯誤説法，還指出其當年據以立説之郭注、成疏及《淮南子》之失誤。

茲影印王叔岷《莊子校釋》五卷，據華東師範大學圖書館藏民國三十六年上海商務印書館手稿影印本。

郭象莊子注校記五卷

王叔岷撰

王叔岷生平事蹟，已見《莊子校釋》提要。其所撰《郭象莊子注校記》五卷，卷首題『簡陽王叔岷』。書前有王氏民國三十七年季秋所撰《自序》《目録》，末有附録《佚文》。其小引云：『今本《莊子》三十三篇，《説劍》篇郭象無注，《漁父》篇之注僅篇末一處，《讓王》《盜跖》二篇之注僅各見三處，未知有無遺佚。古籍中，偶有稱引郭注爲今本所無者，至爲可貴。茲隨正文輯録於後，以供同好參考。』正文五卷是對郭象注之校勘，用以校勘底本之書十分豐富，諸如歷代《莊子》

刻本、類書、筆記、佛典、道經及各書注疏等，凡可能涉及郭注者，皆在搜尋、校對之列，實爲前人所未曾爲，表明郭注已成爲獨立研究對象。

今所傳郭象之注，一般皆分散附於《莊子》語句之後，但既已流傳千年有餘，又歷來未有定本，故異文佚文，甚或錯訛者，在在而有。王叔岷繼其《莊子校釋》之後，乃發願編撰此書，以饗同好。其《自序》云：『岷昔年校《莊子》，兼校郭注，《莊子校釋》付印時，未將郭注録入。今春得暇，重加整理，經夏徂秋，繕寫方竣，偶有佚文，輯附篇末。夫治《莊子》者，固不必泥於郭注，郭注直是借《莊子》大旨，自成一書，則此《校記》，未與所校正文合刊，亦無不可。惟校勘乃治學粗跡，所冀讀者，本此粗跡以探其義藴耳。』如他於《逍遥遊》篇郭象注『順物而王矣』下云：『《釋文》：「王，本亦作至。」案趙諫議本、《道藏》成玄英本、覆宋本、焦竑本，皆作「至」。「至」字本正文「至人」而言，「王」疑「至」之壞字。』又於附録《佚文》所收《庚桑楚》篇『以北居畏壘之山』下，輯得《史記·莊子列傳》索隱所引郭象佚注云：『畏累，今東萊也。』凡此所輯，雖似爲『治學粗跡』，然對莊藴郭義之探求，不無助益之功。

此外，王叔岷此著還對郭注與《莊子》之關係有所探究。其《自序》謂，『郭象之注《莊子》，乃郭象之《莊子》，非莊子之《莊子》也』，而『陸德明稱郭注特會莊生之旨，非惟不解郭注，並不解《莊子》矣』，因爲『郭注爲清言，多失莊子之意』，故『郭注之失，正郭注之本色也』。王叔岷此説，雖多非首創，但他直斥陸氏『非惟不解郭注，並不解《莊子》矣』，同時指出郭注之失正爲郭注之得，即謂郭氏借注《莊》以發揮其『清言』，正是其成功之處，卻不失爲王氏獨見。

今影印王叔岷《郭象莊子注校記》五卷，據華東師範大學圖書館藏一九五〇年上海商務印書館石印本。

敦煌莊子殘卷附黑水城莊子殘本

葉蓓卿輯

葉蓓卿（1980—　），女，上海人。華東師範大學文學博士、復旦大學文學博士後，現任職於華東師範大學先秦諸子研究中心，並擔任《子藏》編委、《諸子學刊》執行編輯。主要從事諸子學研究，著有《莊子逍遥義演變研究》《列子》（譯

注)，輯《敦煌莊子殘卷、附黑水城莊子殘本》，主編《『新子學』論集》等。

清光緒二十六年，在敦煌莫高窟藏經洞發現四萬多件手寫本及少數木刻本文獻。不久，英、法、俄、日等國探險者接踵而至，各有所獲，數量可觀。除中國國家圖書館收藏一萬餘件外，其餘絕大部分已成爲英國國家圖書館、印度事務部圖書館、法國國家圖書館、俄羅斯科學院東方研究所聖彼得堡分所及日本文化機構之藏品。在這些文獻中，有一部分是有關《莊子》之殘卷。大約在民國初年，羅振玉就已搜集整理過少量敦煌莊子殘卷。其後，王重民、王叔岷等學者又在羅氏基礎上有所推進，但因限於當時條件，他們所見敦煌莊子殘卷數量有限。今葉蓓卿廣爲搜集，所得超越前人，並裒爲一集，甚是方便治《莊》者。

敦煌莊子殘卷主要爲英國國家圖書館、法國國家圖書館、俄羅斯科學院東方研究所聖彼得堡分所所收藏。二十世紀八十年代臺灣新文豐出版公司出版過《敦煌寶藏》，不久後四川人民出版社推出《英藏敦煌文獻》，上海古籍出版社推出《法國國家圖書館藏敦煌西域文獻》及《俄羅斯科學院東方研究所聖彼得堡分所藏敦煌文獻》，存世敦煌莊子殘卷基本上皆可從此四部書中找到。葉蓓卿搜集敦煌莊子殘卷，以此四部書所收爲主，所輯莊子殘卷涉及《逍遙遊》《齊物論》《養生主》《人間世》《大宗師》《應帝王》《駢拇》《馬蹄》《胠篋》《在宥》《天地》《天道》《天運》《刻意》《秋水》《達生》《山木》《田子方》《知北遊》《庚桑楚》《徐無鬼》《外物》《讓王》《漁父》《天下》等篇。其中標有『S』或『斯』字者表示爲斯坦因所得而藏於英國國家圖書館之殘片，標有『法 Pel.chin』或『伯』字者表示爲伯希和所得而藏於法國國家圖書館的殘片，標有『俄 Дх』字者（『敦煌』俄譯縮寫）表示藏於俄羅斯科學院東方研究所聖彼得堡分所之殘片。而鑒於率先出版之《敦煌寶藏》一書係據縮微膠卷影印而成，往往模糊不清，因此葉蓓卿此次裒輯莊子殘卷，又以《英藏敦煌文獻》《法國國家圖書館藏敦煌西域文獻》《俄羅斯科學院東方研究所聖彼得堡分所藏敦煌文獻》三書所收爲主，而其同時見於《敦煌寶藏》一書者，則以『亦見《敦煌寶藏》』字樣說明之。

葉蓓卿所輯莊子殘卷，其內容包括三大部分，即一爲《莊子》原文殘卷，二爲郭象《莊子注》殘卷，三爲陸德明《經典釋文·莊子音義》殘卷，其中片數最多者爲郭象《莊子注》殘卷。今細審這些殘卷，除英藏 S.796/1、2 莊子郭璞（象）

注（胠篋）、S.1603/1、2 莊子郭象注天道篇第十三、S.615/1、2、3、4、5、6 南華真經達生品第十九、S.77/1、2 莊子郭象注外物，以及法藏 Pel.chin.3204 莊子逍遙遊、Pel.chin.2563 莊子大宗師篇郭象注(2－1)、(2—2)、Pel.chin.2508A 南華真經刻意品第十五(3－1)、(3—2)、(3—3)、Pel.chin.2531 莊子山木篇郭象注（8－1）、（8－2）、（8－3）、（8－4）、（8－5）、（8－6）、（8—7）、（8—8）、伯三七八九號莊子田子方郭注（1）、（2）、（3）、Pel.chin.2508B 莊子徐無鬼篇郭象注（5－1）、（5－2）、（5－3）、（5－4）、（5－5）、Pel.chin.2688 莊子外物篇（3－1）、（3－2）、（3－3）、Pel.chin.4988 莊子讓王（1）、（2）、俄 Дx 00178R《莊子》等爲據各原本照抄而外，其餘多係摘抄而成，書寫也顯得較爲隨意。但無論是何種莊子殘卷，皆爲現在所見最早莊子學原物，文獻資料價值極高，對我們校勘或從其他方面研究《莊子》文本及郭象注、陸德明釋文皆有很大幫助。

同時，葉蓓卿還搜輯了俄探險家柯兹洛夫 1908—1909 年在中國内蒙古黑水城遺址發掘之莊子殘本。一是原整理者標之爲「俄 TK97《南華真經》」者，即金刻本郭象《莊子注》殘本，共二十八面，起自《徐無鬼》篇「曰勿已」，終於《列禦寇》篇「孰協唐許」，中間偶有殘缺，是現存最早郭象《莊子注》刻本之一，具有較高文獻價值。二是呂惠卿《呂觀文進莊子義》殘本，共一百零九面，起自《齊物論》篇「解者，是旦暮遇之也」，終於《天運》篇「今蘄周於魯，是猶推」，中間偶有殘損，多數學者斷其爲北宋刻本。由於很久以來人們一般衹能從宋末褚伯秀《南華真經義海纂微》、明焦竑《莊子翼》中來讀呂惠卿《莊子義》之壓縮文字，民國時陳任中所輯《宋呂觀文進莊子義》也不過以此爲底本而校以俄國博物院所贈黑水城《呂觀文進莊子義》殘本膠片（共五十一面）而成，而中國國家圖書館所藏金大定十二年（1172）刻本《壬辰重改證呂太尉經進莊子全解》十卷，又爲海内外孤本，普通讀者難覩真顔，所以將黑水城《呂觀文進莊子義》殘本一百零九面摘出並進一步推向學術界，尤其顯得重要。

此次裒輯《敦煌莊子殘卷》，凡標有「斯」或「伯」字者皆據臺灣新文豐出版公司《敦煌寶藏》，標有「S」者皆據四川人民出版社《英藏敦煌文獻》[一]，標有「法 Pel.chin」者皆據上海古籍出版社《法國國家圖書館藏敦煌西域文獻》[二]，標有「俄 Дx」字者皆據上海古籍出版社《俄羅斯科學院東方研究所聖彼得堡分所藏敦煌文獻》。而影印《黑水城莊子殘本》則皆據上海古籍出版社《俄羅斯科學院東方研究所聖彼得堡分所藏黑水城文獻》[三]。

說明：

[一]《英藏敦煌文獻》所標『S.796/1 莊子郭璞注（胠篋）』『S796/2[莊子郭璞注胠篋]』之『郭璞』，皆爲『郭象』之誤，當改正。又『S.3395V/1 莊子郭象注摘抄（知北遊、田子方）』原件抄有《庚桑楚》《徐無鬼》之文字，而出版者未予標出，當重新標示。

[二]《法國國家圖書館藏敦煌西域文獻》所標『法 Pel.chin.2495 2. 莊子郭象注（12 – 11）』，其中原件所書『莊子外篇第十三天地』之『天地』，爲『天道』之誤，當改正。

[三]《俄羅斯科學院東方研究所聖彼得堡分所藏黑水城文獻》所標《呂觀文進莊子義》之 P26 應置於 P29 之後。